中国政治学人 Academics of Chinese Politics

理解政治：全球视野与中国关怀

清华政治学系建系九十周年志庆

Understanding Politics:
Global Perspectives and Chinese Issues

张小劲 景跃进 主编

中央编译出版社
CCTP Central Compilation & Translation Press

清华园中的标志性建筑之一——清华学堂

清华政治学系所在地——明斋

清华政治学系史前史
（1911—1925）

第一批庚款留学生中出身圣约翰的诸学友：后左起唐悦良、程义藻、程义法；前左起邝煦堃、谢兆基、张福良。其中唐学政治学，张学公法，均属当时的政法门，后为清华政治学的建立作出特殊贡献。

1912年，中国留学生在康乃尔大学召开年会。耶鲁旗下Y字下为唐悦良。唐学成归国后，成为清华第一位政治学课程教员。

1922年1月，清华政治学研究会成员合影，这是清华校内第一个政治学专业团体。其中，前左二是余日宣，中为魁格雷。政治学研究会为清华政治学完成学系建制奠定了人员基础。余成为清华政治学系的首任系主任，照片中的青年学生日后留美时大多选择以政治学为志业。

1923年9月，清华学堂赴美留学生合影于美国哈佛大学校园。后右四为陈岱孙，前二排右起第二人为钱端升。学成归国后，陈担任清华法学院院长，钱任政治学教授。

校园生活：浦薛凤在清华学堂时的作业

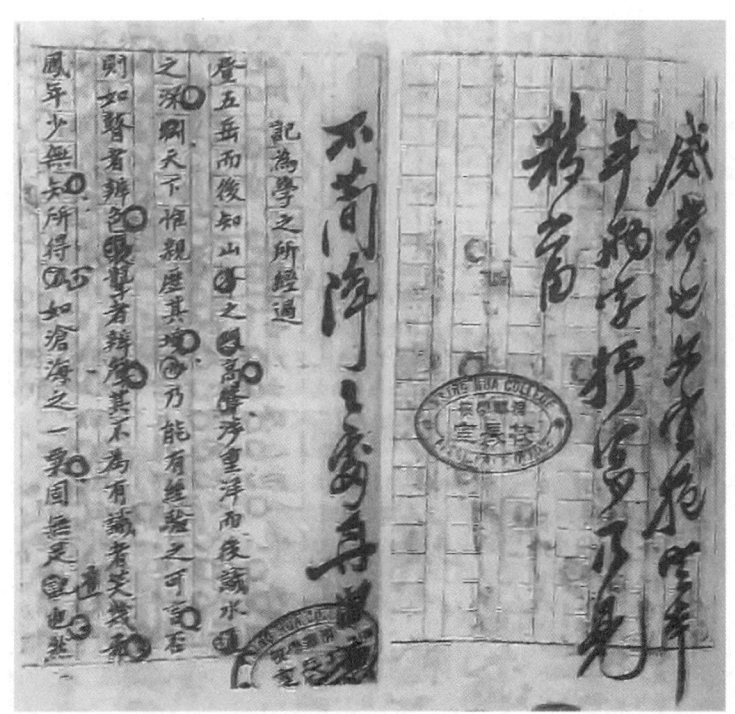

教师批语：不简净之处再减删。
浦在留美学成归国后任清华政治学黄金十年时期的系主任。

清华政治学系的黄金十年
（1926—1936）

赵元任
1926年4月，在清华第九次教职员会议上提议"本校学程以学系为单位"，得到清华评议会同意和采纳。

曹云祥
时任清华校长，主持完成清华开办大学。

余日宣
先后任"校务调查会会长"、"课程委员会"委员、"大学筹备委员会"委员和"校务委员会"委员，首任政治学系主任。

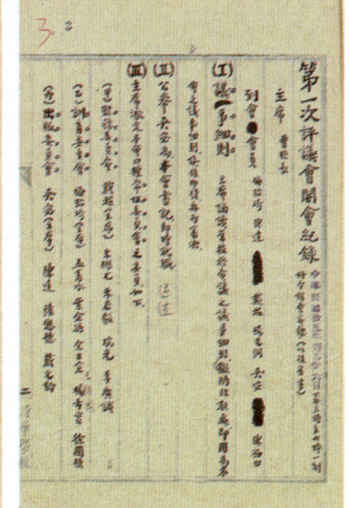

1926年4月26日评议会决议文件；4月29日，政治学在清华成为真正的学科建制。

西南联大时期的清华政治学系
（1937—1946）

1945年，西南联大时的张奚若（左）与钱端升。

清华政治学系学生个案

叶叶琴
1932年毕业；是清华第一批女生之一，第一批女研究生之一；民国时代国民大会代表。

杨绛
1932—1933年借读一年；后考入清华外文系研究生，与钱钟书结识相恋在清华园。

郑秀
1936年毕业，与曹禺在清华园相识相恋，并协助曹禺写出《雷雨》。

张遵修
1948年毕业；后为《大公报》记者，《中国大百科全书·法学卷》专职编辑。

清华园初秋

久惯飘零客不家 万处心绪乱如麻 风掠荷叶无清露 雨溅杨枝起暮鸦 草际秋蛩犹有响 溪边古木已无花 露衣濡鬓归来晚 倦鸟投林日向斜

清华园夏日

曲槛迴廊夏日长 清风时送芰荷香 柳阴草软人闲坐 一派钟声下夕阳

凤城姜书阁

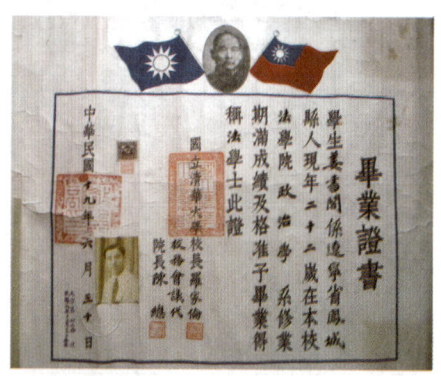

姜书阁
19岁考入清华大学，曾受教于罗家伦、梁启超、陈寅恪诸国学名流，在校读书期间，即撰成《桐城文派评述》和《中国治外法权史》两部专著。

清华政治学系历任系主任

余日宣
（1926—1928）

吴之椿
（1928—1931）

浦薛凤
（19231—1937）

张奚若
（1938—1950）

陈岱孙
（1948—1950）

曾炳钧
（1950—1952）

清华政治学系海外名师

魁格雷 / 桂克礼
Harold Scott Quigley
1921年9月—1923年6月，清华访问教授；后任美国明尼苏达大学政治学系主任。

克尔文 / 恪而温
E. S. Corwin
1928年9—12月，清华访问教授，后任普林斯顿大学政治学系首任主任，美国政治学会主席。

麦克洛伊
Robert M. McElroy
1916年9月—1917年6月，清华访问教授。

劳力
Selden Gale Lowrie
1922年9月—1923年6月，清华访问教授。

昆西·莱特
Quincy Wright
1929年9月至1929年12月，清华访问教授；芝加哥大学教授，美国政治学会主席。

清华政治学系
现职教员

张小劲　　　景跃进

任剑涛　　　谈火生

刘瑜　　　　苏毓淞

于晓虹　　　孟天广

清华大学政治学系同仁简介

张小劲 教授、系主任、博士生导师。中国人民大学政治学博士，曾任中国人民大学国际关系学院政治学教授。研究兴趣为比较政治学、中国政府与政治、政治学方法论。主要著作有《比较政治学导论》（主编，2010）、《政治学原理》（主编，2015）、《社会党国际：变化中的组织、思想与政策》(2015)，《农村治理体系和治理能力现代化：慈溪农村专职干部制度研究》(2016)；并在《清华大学学报》、《华中师范大学学报》、《教学与研究》、《国家行政学院学报》、《中国社会科学辑刊》、《中国书评》等发表学术论文数十篇。

景跃进 教授、系副主任、博士生导师，清华大学社会科学学院学位委员会主任。中国人民大学政治学博士，曾任中国人民大学国际关系学院政治学教授、公共管理学院政治学首席教授。研究兴趣为政治学理论、中国政府与政治。主要著作有《当代中国农村"两委关系"的微观解析与宏观透视》(2004)；《政治空间的转换：制度变迁与技术操作》(2004)；《理解中国政治：关键词的方法》（主编，2012）；《政治学原理》（主编，2015）；《当代中国政府与政治》（主编，2016）等。

任剑涛 教授、博士生导师，教育部"长江学者"特聘教授。中山大学哲学博士，曾任中山大学和中国人民大学政治学教授。主要从事政治哲学、中西政治思想与中国政治的研究；承担有国家社会科学基金项目"现代国家建构理论研究"、"公共理论研究"、教育部基地重大项目"反思中国公共行政学"等研究课题。出版著作近 20 部，包括《建国之惑：留学精英与现代政治的误解》(2012)、《社会的兴起：社会管理创新的核心问题》(2013)、《复调儒学：从古典解释到现代性探究》(2013)、《拜谒诸神：西方政治理论与方法寻踪》(2014)、《除旧布新：中国政治发展侧记》(2014)、《重思胡适》（主编，2015）等，并在《中国社会科学》、《政治学研究》、《哲学研究》、《探索与争鸣》等发表学术论文 200 多篇。

谈火生 副教授、系副主任、博士生导师，清华大学治理技术研究中心主任。中国人民大学政治学博士，曾任中国人民大学国际关系学院副教授。主要研究领域为政治思想史、民主理论和中国政治，曾于 2014 年借调至中共中央办公厅参与起草《中共中央关于加强社会主义协商民主建设的意见》。已出版的著作包括：《民主审议与政治合法性》(2007)、《审议民主》（主编，2007）、《多难兴邦：汶川地震见证中国公民社会的成长》(2009)、《百年卢梭》（主编，2009）、《协商民主的技术》(2014)，《当代中国政府与政治》（副主编，2016）等，并在《开放时代》、《经济社会体制比较》、《教学与研究》、《学海》、《政治思想史》等发表论文 20 余篇。

刘 瑜 副教授。美国哥伦比亚大学政治学博士，哈佛大学费正清研究中心博士后，曾任英国剑桥大学政治学系校级讲师；2009 年入职清华，曾入选"清华大学 221 人才计划"。研究兴趣为比较政治学、民主理论和民主转型。主要著作包括《观念的水位》(2013)、《民主的细节》(2010)，并在《开放时代》、《中国人民大学学报》、《读书》、《学海》、《新史学》、《新政治经济学评论》、*China Quarterly*、*The Washington Quarterly*、*Modern China* 等发表学术论文近 20 篇。

苏毓淞 副教授、博士生导师,清华大学定量分析方法研究所主任。美国纽约市立大学政治学博士,哥伦比亚大学博士后;曾入选"清华大学 221 人才计划",并获第七届教育部高校优秀科研成果二等奖。主要研究领域为政治学方法论(贝叶斯方法、因果推论、缺失值插补、多层次回归分析、数据可视化)、比较政治学。曾在《清华大学学报》、《拉丁美洲研究》、*Journal of Statistical Software*、*Research Policy*、*The Annals of Applied Statistics*,*Survey Research*:*Method and Application* 等发表学术论文十多篇。

于晓虹 副教授、清华大学地方治理研究中心主任。美国哥伦比亚大学政治学博士;哈佛大学费正清研究中心王安博士后,曾任哈佛大学政府学系客座讲师。2010 年任教于清华大学。主要研究领域为中国政治、地方治理、比较司法政治、中国司法改革等。曾在《清华法学》、《开放时代》、《国家行政学院学报》、《江苏行政学院学报》等发表近十篇学术论文。

孟天广 助理教授、北京大学中国社会调查中心兼职研究员、清华大学数据治理研究中心主任。北京大学政治学博士,优秀博士论文奖获得者。曾任清华大学政治学系博士后研究员并获 2015 年度清华大学最佳博士后称号。研究兴趣包括中国政府与政治、比较政治与比较治理、政治学研究方法等。曾在 *Comparative Political Studies*、*Social Science Research*、*International Journal of Public Opinion Research*、《政治学研究》、《清华大学学报》、《公共管理学报》、《经济社会体制比较》等发表过 20 多篇中英文论文。

目录

薪尽火传：清华政治学系的历史发展与知识追求　张小劲　景跃进　　I

现代思想与古典资源　　1

建国的三个时刻：马基雅维里、霍布斯与洛克的递进展现　任剑涛　　3
 一、天壤之别：传统国家与现代国家的分界　　4
 二、设计现代国家：建国三个关键时刻的逻辑起点　　10
 三、设计现代国家：统一国家呈现的强大与规范时刻　　17
 四、建国时刻的断裂视点与连续再现　　26

"直接民主"抑或"代议民主"？——卢梭民主理论初探　谈火生　　35
 一、民主制与选举式贵族制：孰优孰劣？　　37
 二、"主权是不能被代表的"　　43
 三、卢梭：直接民主制的理论先驱　　50
 四、卢梭民主思想的制度设计　　55
 五、结语　　61

目录

现代儒学的浮现：从独享政治权威到竞争文化资源　任剑涛　63
- 一、祛经之儒：从一家独尊到一家之言　63
- 二、政教—知行的疏离：儒家权威的失落　69
- 三、政教复合：儒家难以再现的政治荣光　75
- 四、经典归位：儒家重整与文化资源的竞争　81

中国民主的话语与实践　89

民主化理论的中国阐释：关于一种新的可能性之探索　景跃进　91
- 一、西方主流民主化理论的逻辑　92
- 二、如何看待中国政治发展？　99
- 三、民主化理论的中国阐释　104
- 四、余论　113

"民主"话语的意义变迁——以中国共产党代表大会政治报告为文本的分析　张小劲　李春峰　118
- 一、历史样本与历时性变迁：民主话语的通贯性描述　120
- 二、改革开放以来的民主话语：从价值到制度　130
- 三、十六大以来的民主话语：系统化努力中的创新性、民本性与实用性　135
- 四、结语："民主是个好东西"　145

目录

"群众路线"与当代中国政治发展：内涵、结构与实践　景跃进　162
 一、群众路线的经典表述　162
 二、群众观点的内在结构　164
 三、对群众路线的新阐释：以村民自治的实践为例　172
 四、新阐释的意义：代表基础的扩展与充实　177

民主化后国家能力的变化：对"第三波"民主化国家/地区的
类型学分析（1974—2014）　刘　瑜　183
 一、导论　184
 二、文献回顾　185
 三、概念与测量　189
 四、研究策略与经验结果　193
 五、总结　200

转型中国与国家治理现代化　221

国家治理现代化的语义图解与模式理解　张小劲　李　岩　223
 一、语义图解的形式定位：《决定》文本中的治理　227
 二、词源脉络的历史定位：政治发展中的治理　231
 三、文本解读的模式定位：关于治理问题的框架性理解　236

转型期中国的政治信任：实证测量与全貌概览　孟天广　242
 引言　242

目录

一、政治信任的测量及其中国应用	243
二、转型期中国公民的政治信任：水平与变化	245
三、政治信任的国际比较：水平与结构	248
四、政治信任产生及变化的社会基础	250
五、转型中国政治信任的特征	253
六、结论：转型中的政治信任生成模式	259

转型期中国县级政府的治理绩效与政治信任　孟天广　杨　明　264

一、问题的提出	264
二、文献回顾与分析框架	265
三、研究设计：数据、变量与模型	268
四、转型期的政府治理与政治信任	270
五、发现和讨论	275
六、结论	281

"宪法司法化"：对中国司法实践的一种政治解读　于晓虹　286

一、"宪法司法化"的源起	288
二、对"宪法司法化"的批判	291
三、摒弃"违宪审查"之后	294
四、"宪法司法化"的政治意涵	300
五、"宪法司法化"的比较意义	301

目录

"策略性服从"：我国法院如何推进行政诉讼　于晓虹　**304**

 一、我国行政诉讼发展：文献及方法论综述　**306**

 二、最高人民法院与行政诉讼　**309**

 三、地方法院与行政诉讼："策略性服从"的地方性发展　**312**

 四、策略性行为何以产生：条块缝隙间的不确定性　**328**

 五、代结论：我国行政诉讼与司法权　**333**

比较政治与国别研究　**337**

两种民主的概念和第三波民主化的稳固　刘　瑜　**339**

 一、研究问题与背景　**339**

 二、文献回顾与分析　**342**

 三、两种民主观念与民主稳固　**348**

 四、案例分析　**358**

 五、总结　**374**

公民社会与西班牙民主化　谈火生　**377**

 一、引言　**377**

 二、西班牙公民社会的性质与特点　**380**

 三、公民社会与西班牙民主转型　**392**

 四、何种公民社会、何种民主化？　**405**

目录

作为可传授知识的拉丁美洲研究：比较观察　陆楠楠　苏毓淞　**407**

　一、拉丁美洲研究在中国的现况　**409**

　二、拉美教学在美国学界情况　**417**

　三、拉美教学在中国高校的情况　**423**

　四、结语　**426**

美国、欧盟、中国与拉美双边经贸关系的比较研究　苏毓淞　**428**

　一、"新来者"的新姿态　**430**

　二、共同点：相似中有所差异的双重分布　**432**

　三、差别点：更加平衡的中拉经贸关系　**442**

　四、交集点：美拉双边贸易对中拉双边贸易的影响　**446**

　五、结束语　**450**

附录：清华政治学人掬英　**451**

　一代宗师　**453**

　海外名师　**454**

　学子丰彩　**454**

编后记　**456**

薪尽火传：清华政治学系的历史发展与知识追求

张小劲　景跃进

清华政治学的发展，就其学科教学而论，始自于清华学堂成立之时；就其学科建制而言，则成形于1926年清华学校改制而为大学之际；尔后历经波折，终成建制完备的学术机构，且因学术创新卓著而被外界誉为国内政治学第一学府。更具体地说，清华政治学从1928年清华成为国立大学至1937年清华与北京大学和南开大学合并为西南联合大学为止，仅有九年的黄金发展期，但就此留下的历史印痕却至深且巨，影响延绵至今；虽因抗战兵兴而不得不迁移长沙、昆明，与北大和南开共同组成西南联大，筚路蓝缕，艰辛办学，却成就了一段战火中弦歌不辍、英才辈出的教育传奇；延至战后回到北京，再兴计划却是运命多舛，1952年迎来了专业关闭的结局。但学脉既存，终有复兴之望，清华政治学终在校庆百年之际实现重新整合，又开始了新的旅程。回顾清华政治学系的变迁演化，概括闻人先贤的学思行迹，无疑可以帮助我们在建系九十周年之际更好地理解这一历史发展的丰富内涵，理解其间知识追求的根本真谛。

一、早期发展：清华政治学的萌生

一般说来，1909—1911 年，属于清华政治学发展的"史前史"；按照清华校史的正式称谓，这一时期是所谓"史前期"，是指在清华学堂正式得名之前而以"游美肄业馆"之名义处于诸事草创、教务筹办的阶段。① 这一阶段为时相当短暂，但影响却相当深远。即有"游美肄业馆"的草创，才有后来之清华学堂及至清华学校和清华大学的创生；同时，这一阶段所选派赴美的留学生对清华以及清华政治学之发展贡献尤多，奠定了此后学科发展的根基。

这一时期所选派出国的庚款留美学生共三批 180 人，前两批是由肄业馆的主管机构"游美学务处"直接甄别考试的，第三批是由考入清华学堂的学生中选拔的，因而这三批留美学生也被称为"甄别生"。② 尽管这三批留美学生直接赴美而未曾入馆修习，但其学籍保管、学业归属乃至学缘认同始终由清华担当，因而他们也被列为"清华留学生"或"清华毕业生"之属。③ 更重要的是，清华学堂由"游美肄业馆"改名而来，"游美肄业馆"实为清华之前身，因而 1909—1911 年当属清华之历史的组成部分。

依据 1909 年（宣统元年）《遣派游美学生办法大纲》，专为办理美国归还超收庚款留学事务而设立了游美学务处，其职能是"考选学生、管理肄业馆、遣派学生"等事宜；而肄业馆乃为"选取各省学生暂留学习"之机构，意在采用美式教育方式，以便"学生熟习课程，到美入学可无扞格"。④ 依据原定计划，这批归还庚款的使用办法，为前四年每年派遣百人至美国留学，自第五年起，每年至少派遣 50 人赴美留学，一直至该项退还赔款用毕为止。⑤ 但

---

① 冯友兰在其自序中就曾称这一时期的校友为"史前期"校友。见冯友兰：《三松堂自序》，人民出版社 1998 年版，第 316 页。
② 程新国：《庚款留学百年》，东方出版中心 2005 年版，第 17—26 页。
③ 谢青、汤德用主编：《中国考试制度史》，黄山书社 1995 年版，第 655—658 页。
④ 《清华大学史料选编》第 1 卷，清华大学出版社 1991 年版，第 120 页。
⑤ 参见《外务部致柔克义公使》，《美国外交关系》，1908 年，收入《清华大学史料选编》第 1 卷，清华大学出版社 1991 年版，第 102—103 页。

由于各种原因，1909—1911 选派的前三批留美学生并未达预定人数。

按照书面规定，庚款留美学生的选拔标准是：质地聪明、性格纯正、身体强壮、身家清白、恰当年龄、中文程度要有作文数百字的能力、中国古典文学及历史要有基本知识、英文程度要能直入美国大学和专门学校听讲、要完成一般性学习的预备课程。① 实际上，清末科举废止后，许多有志好学的青年已经有若干年不曾有更合适的渠道接受正规的高等教育。恰好于此际问世的庚款留美考试，无疑让那些已经沉浸国学多年且在西学方面初有所成的青年学子有了大显身手的机会，积蓄多年的大量天资聪慧的一流人才终于有了堂皇的出路。从当时的报考人数之多而入选者之少来看，就后来最终成材者之多而失败者之少而论，清华留美考试从一开始即设立了相当苛严的标准并奉行"宁缺毋滥"的原则。其实，在庚款留学存世期间，举国难度最大、淘汰率最高的考试，当属庚款留学考试。凡能从这样的考试中脱颖而出者，无疑是出类拔萃之辈。

构成清华成材第一个高峰期的这三批留美学生中，梅贻琦、金邦正都曾担任过清华校长，并因而对清华及至清华政治学的发展有重要的影响；尤其是梅贻琦，其主政清华的年代正是清华政治学的黄金发展时期。其他那些佼佼者中，后来任教或任职清华者亦不在少数。而依据《清华同学录》②，这三批留美学生中或以第一学位而论或以最后学位而论，曾以政治学为专业者至少有 19 人之多。

表1　1909—1911 年选读政治学专业的庚款留美学生状况

1909 年第一批 1 人		
唐悦良	教育 B. A.，Yale，1913	政治 M. A.，Princeton，1915；
1910 年第二批 4 人		
胡　适	政治 A. B.，Cornell，1914	哲学 Ph. D.，Columbia，1917
何峻业	政治 B. A.，Wabash，1917	政治 M. A.，Chicago，1918

---

① 《派遣美国留学生的章程草案》，《美国外交关系》，1908 年，收入《清华大学史料选编》第 I 卷，清华大学出版社 1991 年版，第 107 页。
② 国立清华大学校长办公处印行：《清华大学同学录》，1937 年。

续表

1910 年第二批 4 人		
胡继贤	政治/经济,普通文科 B. A.,Michigan,1914	
刘寰伟	政治经济 B. A.,Cornell,1914;土木工程 C. E.,Cornell,1915	军事工程 Graduate,U. S. Army Service Sch.,1916
1911 年第三批 14 人		
王 赓	历史,政治,经济 B. Litt.,Princeton,1915	军事,西点军校,1918
司徒尧	宪政 B. A.,Cornell,1915	政治 Ph. D.,Cornell,1917
徐 光	政治 B. A.,Wisconsin,1912	法律 Ph. D.,Heidellery,1916
梁基泰	政治 B. A.,Wisconsin,1914	政治 M. A.,Columbia,1916
柴春林	政治 B. A.,Wisconsin,1915	
张国辉	经济,历史 B. A.,Michigan,1914	法律 L. L. B. A. M.,Columbia,1916;J. D. Chicago,1917
张福运	法律,经济 A. B.,Harvard,1914	法律 LL. B.,Harvard,1917
陈嘉助	政治,经济 B. S.,Columbia,1915	政治 M. A.,Columbia,1916
黄宗法	法学,经济 L. L. B.,Michigan,1917	法律 J. S. D.,NYU,1917
陆守经	政治 B. A.,Wisconsin,1914	
陆懋德	政治 B. A.,Wisconsin,1913	教育,M. A.,Ohio State,1914
邓宗瀛	政治 A. B.,Wisconsin,1914	政治 M. A.,Columbia,1916
卫挺生	文理 B. A.,Michigan,1915	政治经济 A. B.,Harvard,1916 银行财政 M. B. A.,Harvard,1918
谭齐蓁	政治 B. A.,Michigan,1915	经济 M. A.,Michigan,1916

这 19 位选择攻读政治学专业学位的庚款留美学生,在前三批庚款留美的 180 人中,几乎属于类别最少的一种,只占总数的约 10.6%。这与当时的留学政策有着密切的关联。依据宣统元年五月二十三日(1907 年 7 月 10 日)

《会奏收还美国赔款遣派学生赴美留学办法折》，当时"选取学生，以十分之八习农工商矿等科；以十分之二习政治学理财师范诸学"①。然而，作为选择政治学专业的第一批清华毕业生，他们的影响之所及，完全超出了其人数之所限；他们的功业之所系，仍与政治学有不解之缘。他们的求学道路、专业偏好以及学校选择，乃至论文选题，皆成为清华政治学子借鉴和学习的榜样和典范。他们在归国后的从业趋势、治学取向乃至活动结果，亦与清华政治学有着千丝万缕的联系。

例如，第一批中唯一的政治学专业学生唐悦良（1888—1956），原籍广东中山，家族声名显赫，其堂叔唐绍仪乃民国初期的国务总理。唐悦良本人毕业于上海圣约翰大学，而后考取庚款留美。学成归国后，又曾任教于清华以及燕京、辅仁、师范、北大诸校，于政治学的教学有重要贡献。此外，他还曾出任民国政府农商部秘书、驻古巴公使、外交部次长和短期的代理部长之职，因之首开清华学生入职国民政府外交部之先河。②其长子唐统一也是清华大学教授，曾任图书馆副馆长。这给人们留下了父子皆在清华任教的一段佳话。

再如，第二批赴美的庚款学生中最负盛名的无疑是胡适。胡适（1891—1962），原籍安徽绩溪，中国公学毕业后考取庚款留学，自康乃尔获政治学学士学位后转往哥伦比亚大学，师从著名哲学家杜威而专攻哲学。但终其一生，胡适之于现实政治高度关注，之于政治学教学多有见解，同道好友间亦以政治学人为多。尽管其知识范围、学术影响和历史作用，早已超越于政治学领域之外，但其对于中国现代政治学以及清华政治学之发展的贡献仍是不可磨灭的。③

---

① 《清华大学史料选编》第1卷，清华大学出版社1991年版，第116页。《派遣美国留学生的章程草案》也有类似的表达："派出的留学生中将有百分之八十专修工业技术、农业、机械工程、采矿、物理及化学、铁路工程、建筑、银行、铁路管理以及类似学科。另外百分之二十将专修法律及政治学。"《美国外交关系》，1908年，收入同卷，第107页。
② 参见 [加] 唐世一：《怀念先父唐公悦良清华毕业90周年》，见《校友文稿资料选编》(清华校友通讯丛书，第6辑)，清华大学出版社2000年版，第193—195页。
③ 白吉庵：《胡适传》，人民出版社1993年版。

又如，第三批赴美学生中的张福运（1890—1983），原籍山东福山（今烟台），本科和研究生均就读于哈佛大学且成为第一位就读于哈佛大学法学院的中国人。回国后任教于北京大学，讲授国际法；后入北京政府交通部和外交部工作，历任交通部航政司司长等职，曾担任中国代表团秘书，参加华盛顿"国际限制海军军备会议"，1922—1925年间又担任交通大学（北京）校长；1927年应哈佛同窗、国民政府财政部长宋子文之邀，担任国民政府财政部首任关务署署长兼国定税则委员会委员长，具体实施恢复关税自主权及改革海关行政管理体制的工作；其后曾在全国经济委员会、中国国防供应公司等处工作，并担任联合国大会中国代表团的法律与经济委员会代表。张福运对清华十分热心，曾在1920年与梅贻琦、薛桂轮、蔡正、黄凤华等共同组织了一个"清华幸福委员会"，致力于推动清华和清华同学会的发展。① 1924年2月，他还同范源濂、张伯苓、胡适和丁文江等被清华聘为大学筹备顾问②，负责就学校规程、基本制度和重要人选等提供意见，从而为清华改制为大学作出了重要贡献。

同属第三批赴美留学的陆懋德（1885—1961），原籍山东历城，本科就读于威斯康星大学政治学系，1913年获学士学位后转到俄亥俄州立大学转读教育学，于次年获得硕士学位后即回国，曾任民国总统府礼官等职；后辞官从教，先在北京法政专门学校授课，1922年时返回清华教书，在高等科国文部讲授"法制"。在清华政治学尚未有现代分科教学的最初年代里，成为在清华讲授政治学课程的教员之一。此后，他侧重史学研究，在《清华学报》和《学衡》杂志上发表了许多论文，如《中国第一篇古史之时代考》（载《清华学报》1924年第1卷第2期）以及《学衡》上连载的《中国文化史》等。他后来又在北平师范大学、辅仁大学、西北师范学院等校任教授，1937年起历任国立西安临时大学、国立西北联合大学、国立西北大学历史系教授和系主

---

① 参见程麟荪、张之香主编：《张福运与近代中国海关》，上海社会科学院出版社2007年版；清华大学校史研究室编：《清华大学史料选编》第1卷，清华大学出版社1991年版，第233—234页。
② 黄延复：《梅贻琦教育思想研究》，辽宁教育出版社1994年版，第45页。

任。依据早年的中外学术训练,他强调治史应以"无所谓中西,取其长而求其是"为宗旨,以考古史料与文献材料并重的史料观审查、检验史料的真实性,用物质和心理的解释:"二者当参用而不可偏用"的观点来解释历史变化、发展的过程;他据此写作的《史学方法大纲》极获学界好评。

在选派直接赴美的留学生的同时,"游美肄业馆"也开始招收入馆修业的学生,因力求与美国大学相衔接,且有分科择业之需求,所以在课程体系中,也包括有与政治学相关的课程。只是由于学生人数不多,而除英语外,其他专业课程开设较少,因而也许是一些入门性质、综论性质的课程。且由于相隔日久,当时的学校制度亦在草创之中,因而当时的专业教学状况究竟如何,尚无完整档案可以说明。

二、清华学堂—清华学校时期:清华政治学的奠基

1911—1926 年,是清华正式得名、却延续其原有考选和训练留美学生之功能的时期,因之又被称为"留美预备部"时期。在这一时期,清华政治学完成了由零散课程到课程体系的提升,又经历了由课程体系向学科建制的过渡,进而为大学时代清华政治学的迅速发展奠定了可靠的基础。

1910 年 12 月(宣统二年十一月),鉴于"游美肄业馆"之学生因名额限制无法全部赴美留美,有相当部分学生将滞留国内继续求学或从业,为求名实相符之效果,"肄业馆"改名为"学堂"方为妥切;又因为"肄业馆"设于清华园旧址,且有咸丰帝御书匾额,因而外交部与学部呈请将"游美肄业馆"改名为"清华学堂"。[①] 其后民国肇建,又循教育部令改名为"清华学校"。[②]

依据 1911 年 2 月(宣统三年正月)的《清华学堂章程》的规定,学堂以

---

① 《外交部学部呈明游美肄业馆改名为清华学堂缘由》,清华大学档案,全宗号 1,目录号 1,案卷号 3,收入《清华大学史料选编》第 1 卷,清华大学出版社 1991 年版,第 141 页。
② 《呈外交部文》,清华大学档案,全宗号 1,目录号 1,案卷号 3,收入《清华大学史料选编》第 1 卷,清华大学出版社 1991 年版,第 158 页。

进德修业、自强不息为教育之方针。① 学校参照中美两国学科制度，力求各有兼顾，分设中等科与高等科，各长四年。其中的高等科注重专门教育，以美国大学及专科学校为标准，课程设置则参考美国大学一、二年级课程标准，原初的设想是保证清华高等科的毕业生在赴美留学时可直接插入二三年级就读，待一二年后即可转入研究生教育阶段。其学科大致分为十类，包括有哲学教育类、本国文学类、世界文学类、美术音乐类、史学政治类、数学天文类、物理化学类、动植生理类、地文地质类、体育手工类。在每一类目之下，分有通修功课与专修功课两种，前者"种期博赅"，后者"种期精深"。属于史学政治类的课程，则贯穿中等科与高等科共八年的教学。② 尽管囿于学时数量和生源质量以及未来可能出国深造时所能选择的专业限额，因而政治学的课程设置相对比较简陋和实用，教学内容则相对浅陋和通俗。然而，就后来清华毕业生赴美留学的效果而论，清华的教学效果是值得肯定的，几乎所有的赴美学生均能按照最初的计划完成学业。

1911 年到 1912 年，在推翻帝制、成立民国之后，为昭证新的世纪，清华学堂改称清华学校，但受中美双边协约的限定，清华的兴学功能与办学宗旨并未发生变化，仍是"以造成能考入美国大学与彼邦人士受同等之教育为范围"。但为明确分科特征，清华学校将原先的全部学科简化为西文与中文两大部分且以西文为主，课程则分为必修和选修两类；在高等科内，又有文科与实科两大类别。专门的政治学课程只设在高等科四年级，作为文实两科学生的通开必修课程，课时为每周 2 小时。③

但这一安排为时并不长久。1916 年，在国内外各种力量的推动下，基于各种考虑，周诒春校长正式提出清华改办大学，得到外交部批复同意后，清华开始着手改办大学。此后，随着改办大学工作的推进，清华学制进入了一种频繁调整的状态。按照 1916 年的高等科课程表④，政治学又改为选修课，

---

① 《清华大学史料选编》第 1 卷，清华大学出版社 1991 年版，第 146—147 页。
② 《清华学堂章程》（1911 年 2 月），见《清华大学史料选编》第 1 卷，清华大学出版社 1991 年版，第 146 页。
③ 《北京清华学校近章》，载《神州》杂志第 1 卷第 2 册，1914 年 7 月。
④ 见苏云峰：《从清华学堂到清华大学，1911—1929》，台北，中研院近代史研究所专刊，第 165 页。

与新增设的公民学、国际法等课程并列为仅供三、四年级高等科学生的选修课;课程门类有限,而课时亦有限,课程内容当然是比较浅显的。依据其他二手资料,除"公民课"类同美国高中课程而未必有资深专讲教员外,此时的政治学课程大概是由麦克洛斯(Robert M. McElory)讲授的,他原任普林斯顿大学历史和政治系教授兼系主任,在1917年初来到清华,直至1921年7月返国。期间,他曾就西方代议问题发表了系列演讲,主题涉及"代议思想史纲要"、"希腊和罗马的代议思想"、"日耳曼民族的代议思想"、"英国的代议思想"以及"代议思想与美国革命"等等。"国际法"课程则是由留英归来的刁作谦主讲。①

  1922年之后,清华政治学又有明显的发展。先是清华1913年毕业生、在威斯康星大学和普林斯顿大学攻读政治学专业并在哈佛进修的余日宣,放弃南开大学教授兼教务长的职位而应聘清华,于1920年6月来到清华任教。接着,时年33岁的美国威斯康星大学政治学博士、现任明尼苏达大学助教授的魁格雷(H. S. Quigley)也在1921年9月来到清华,签订了两年任教合同,担任"现代文化"与"政治学"两门课程的教学工作。1922年9月,俄亥俄州的辛辛那提大学政治学系主任教授劳力(Selden Gale Lowrie)利用学术休假到清华,担任了"长期演讲员",主讲宪政政府,包括宪法功能、内阁体制、代议方法、权力分配与国家财政收支等问题。同一年,第三批庚款留学生陆懋德,也应邀回到清华任教,主讲"法制"课程。在教员配置增加的基础上,清华的政治学课程也有相应的扩展。依据1922年的高等科功课表②,此时的清华课程分为英文、方言、自然科学、数学、艺术、社会科学和国文七部;在社会科学部的课程中,有余日宣开设的"公民学"和"比较法制"、魁格力开设的"政治学"、"东亚邦交史"和"泰西文化"三门课程。此外,还有江之昶开设的"劳动法"和"商法";在国文部的课程中,则有陆懋德给二年级开设的"法制"课程。

---

① 据苏云峰所列的《清华职教员与圣约翰关系表》。
② 见苏云峰:《从清华学堂到清华大学 1911—1929》,生活·读书·新知三联书店2001年版,第167—171页。

1924年9月,清华1919年毕业生、刚刚从哈佛大学获得政治学博士学位、并将在日后对清华政治学发展有重要贡献的钱端升回到清华任教;次年,两位清华学校1920年的毕业生也回到母校清华,一是先后在哈佛大学和哥伦比亚大学获得硕士和博士学位的刘师舜,另一位是在哈佛大学获得学士和硕士学位的陈复光,他们担任了有关政治学课程的主讲教员;另还有郑麐,也担任了政治学课程主讲。但郑和刘两位还兼任着西洋文学系的讲师,他们两位也许主要分担着原来由美国教授主讲的课程。连同此前已经在清华任教而此时在清华改制中承担重要角色的余日宣,清华政治学的课程完成了由主要聘任美国学者任教转向由留学归国的华人教员主讲的转变。

这些新聘教员的到来恰逢清华体制变动最大的时期。在清华历史上,1925年是体制改革较大的一年;这一年,清华新设了大学部与研究院,因而校内同时存在着大学部、旧制留美预备部、研究院三个相对独立的教学单位。改革仍遵行此前"布新不除旧"的原则,新旧两制并存,以期旧制渐退而新制渐生,也即所谓"新生新学制,老生老办法"。"旧有之高等科中等科一律逐渐停办",同时,"在本校开办大学,……纯以在国内造就今日需用之人材为目的,不为出洋游学之预备"。大学部成立后,正式招收大学一年级生,开始向完全大学过渡。于是,1925年所招收的新生便成为清华历史上的第一批大学生。为示区别,大学部学生称为新制生,仍在校内的留美预备部及其学生则相应地称为旧制部和旧制生。

这时的大学部分为普通科与专门科,"普通训练为期两年或三年;专门训练之期限视其门类之性质而定,亦约为两年或两年以上"。普通科不分系,"为大学之前二年或三年,以使学生知中国之已往与世界之现状,籍以明了中国在此过渡时代之意义,并鼓励学生使为择业之考虑为宗旨"。教学上,"重综合的观察",即学习一些普通的基础课程,学习期满后由学校发给修业证书与成绩单,"学生或入本校所设之各项专门训练,或转学他校,或出外就事,一听其便"。专门科则基础与理论、研究与实践并重,"完全采取个人指导制,令学生各就所选之门类,为自动的、专精的研究;同时要能知该门类全部之大意"。专门科课程包括三类：文理类；应用社会科学类，如商业、新闻业、教育及法政等；应用自然科学类，如农业、工程等。学生成绩合格后，可发给毕业证书与学位证书。普通科学生如愿意继续升入本校专门科，则需经过一次入学考试合格方可。

在这样的安排下，实施"文理并重的通才教育"的大学部普通科当然未曾开设精深的政治学课程，而专门科的教学也尚未提上日程。因此，政治学课程集中开设在仍在培训留学预备生的旧制部之中。依据 1925 年秋教员授课表①，这年的旧制部中，有钱端升开设的"比较政治"课程和余日宣开设"政治学及远东政治"课程。而其他政治学课程则未见详细记载。对此，1934 年时代理政治学系主任的王化成曾总结说："民国十四年以前，清华为留美预备部时代，当时学校亦设有二三关于政治学之课程，惟以办学目的，在求深造于国外，故课程性质，尽属基本浅显学科。"②

然而，身逢自古千年未有之变局，目睹民国现实政治中方生未死之困局，怀抱未来留学美国之期待，那些最为激进活跃的清华学子莫不以研习政治学、进而以所学所长诉诸改造中国政治，作为自己的修业选择和职业志向。唯其如此，在清华学堂和清华学校利用庚款而派遣出国留学的人员中，尽管有学科的限额和政府指派的定向要求，但无论行前还是走后，选修政治学课程和专业的清华学子并不在少数。而担任政治学课程的教员亦尽心竭力，力求在有限的课时里讲授更多的专业内容，进行更多的学术训练。例如，依据《1924—1925 年的课程表》"科目说明"，此时开设的《公民学》课程，意在使学生知公民之责任。研究项目包括：（一）群众生活，分家族、学校及市区观察之。（二）市区之公益事件，如卫生、保安、观瞻、道德等。（三）工业社会之雏形。（四）中国中央省区、地方政治之组织及概况，并鼓励学生留心时事及考虑现今中国之政治社会各问题。研究方法有讲演、问答、讨论、报

---

① 清华大学校史研究室编：《清华大学史料选编第 1 卷清华学校时期（1911—1928）》，清华大学出版社 1991 年版，第 338—341 页。
② 王化成：《政治学系概况》，载《清华周刊》向导专号，1935 年 6 月 14 日。

告等。① 而"政治学及远东政治"课程则规定,本学程前项为政治学初步,令学生习知政治学之性质范围及方法,国家成立之要素及其机能与范围,公民权与国籍,宪法之性质、来源及种类,政权之分配,选民等问题。后项将中国、日本现今政治上之组织及实际运用,作比较的研究,以讲演及读书方法为之。② 由此可见,此时清华政治学课程的教学已经与现代教学方法接轨,而授课教员不唯传授知识,也希图在思想观念上影响学生。

在此同时,清华政治学的课程教员还充分利用丰富多彩的课外活动,为满足青年学生旺盛的求学欲望,组织了许多与政治学的知识学习、学术训练乃至强化专业选择有关的活动。例如,1922 年 12 月,政治学教员魁格雷曾率政治学同学 30 余人专程赶赴民国众议院,旁听有关议案的讨论;1923 年 6 月,政治学课程教员余日宣和魁格雷同率政治学课程班 17 人以及非政治学课程班同学 4 人,晋见当时的民国大总统黎元洪,而黎在训词中勉励清华同学说:"诸君既有国学根底,又有游美机会,将来截长补短,定可为祖国尽一份力量,行将见诸君握中国大权矣。"③ 这番话固然不无客套的成分,但当时社会之于清华学生的期望或可由此略见一斑。再如,大概是为了矫正中国学生传统上不善言辞、不喜辩论的习惯,清华特别重视学生的演说辩论活动,不仅将演讲辩论列为学生的课外作业之一,而且特设若干奖励载入学校奖罚规则章程之中。而在这些演讲辩论活动中,所设论题有相当部分与政治学知识以及时政时局相关。例如"如何使中国之共和成为永久的制度"、"共和政体不宜于今日之中国"、"中国现阶段的改革政治应重于社会"、"中国究竟应当加入国联抑或放弃国联"以及"中国之内政问题及解决之道"等等。而那些平素选修政治学课程而于基础知识和时局变化相当敏感的清华政治学学子,经常会在演讲辩论或演讲比赛中获得优胜。

这些课外的活动甚至以相当系统化的方式展开,从而极大地弥补了政治

---

① 《清华一览》,1925—1926,载《清华大学史料选编》第 1 卷,清华大学出版社 1991 年版,第 320 页。
② 《清华一览》,1925—1926,载《清华大学史料选编》第 1 卷,清华大学出版社 1991 年版,第 322 页。
③ 清华大学校史研究室编:《清华大学九十年》,清华大学出版社 2001 年版,第 29 页。

学课时的相对有限以及政治学尚未分科建系所造成的局限。而其中最值得注意的是两个方面，即政治学学术团体的建立以及学术刊物的出版。

一是政治学学术团体的建立。1920 年 11 月，清华高等科同学十人组织成立了"政治学研究会"。11 月 6 日的成立会上，讨论通过了会章、组织细则以及一应职守人员，包括书记、会计和干事；该会以"纠合同志，公共讨论及研究而切有关于政治之问题及学理，一为扩充公民智识提倡公民责任，一为将来肄业专科中预备起见"为宗旨，特邀请校长金邦正以及政治学课程教员余日宣、沈楚纫担任顾问，以讨论会、请名人演讲政治学理及各国政情、法庭模拟演习、实地参观政治等方式展开活动。自成立始，这个研究会就成为清华园里最为活跃的社团，在校内外著名学者和社会名人的积极支持之下，研究会组织了许多演讲活动，演讲者皆一时之选，而演讲主题无一不紧扣时事政治与治学方法，因而这些演讲吸引了许多清华同学的参与。[1]

在此同时，研究会的内部研讨活动更加频繁和积极。1922 年上学期，研究会甚至将会员分成三组，专聘政治学教员为顾问，进行读书心得交流、研究报告撰写以及报告会讨论，这些小组因而又被称为"读书团"或"研究班"。下学期，研究会还进而要求会员确定研究题目，或单独或合作撰写论文。

政治学研究会的活动历经数年而从未懈怠，至 1926 年政治学系正式建立之后，研究会在 1927 年 11 月又与大学部的政治学系同学会合并，共同组成了"清华政治学学会"，设宗旨为"研究政治学术，联络感情，并辅助清华政治学系之发展"；定内部机构为总务股、调查股、出版股、研究股和讲演股；同时，会员既包括政治学系师生，也允许他系学生中对政治问题感兴趣者入会。这个政治学学会与清华政治学系共同经历了清华政治学的黄金发展时期，持续活动直到南迁昆明。

政治学研究会以及后来的清华政治学学会对清华学子的专业选择和基础训

---

[1] 转引自孙宏云：《中国现代政治学的展开：清华政治学系的早期发展，一九二六至一九三七》，生活・读书・新知三联书店 2005 年版，第 249—250 页。

练有极大的影响。从两会会员名单以及参与活动的积极分子中，可以看到许多在随后赴美留学之际选读政治学专业的清华学子，更可以辨认出日后在政治学界和现实政治生活中声名显赫的人物。例如后来成为学术大家且任教于清华的浦薛凤、张忠绂、胡敦元、翟桓、吴文藻、张锐、沈宗濂、李迪俊、王化成和王铁崖等人；也有日后得意于官场的吴国桢、尚传道；也有以议政闻名的王造时、施滉、梁朝威、张彝鼎、金通艺、张企泰、高荫棠、谌志远等人。

二是政治学学术刊物的编辑出版。说来有意思的是，清华政治学的专门性学刊竟然首先是由清华留美学生在海外开始创办的。初闻有些令人惊异，但仔细想来却也是合乎情理的。因为这批留美学生是国内最早开始接受系统且先进的政治学学术训练的中国学人，他们从一开始就进入了名校名师之门下，能够广泛接触现代政治学的知识积累和发展前沿，能够较之旁人更加全面地掌握政治学的专业知识，更何况他们在写作博士学位论文的时候还会有更多更好的阶段性研究成果不断产生。

例如，1918 年 11 月，部分清华留美学生在哥伦比亚大学成立了政学社并随后发行了《政学丛刊》。1920 年 1 月出版的《政学丛刊》第一期说明了当初建社的情形："留美政治学者（本社以政学名，包含政治、经济、法律及社会学，非狭义的政治学 politics 之谓也）日愈众，而无一学社以交换知识，无一学报以发表言论，此留美学界政学诸子所引为大耻者也。同人等用是不揣冒昧，于民国七国十一月九号第一交会议于纽约哥伦比亚大学哲学馆，是日实为政学社诞生之期。"① 政学社还特别声明"其立言以讨论政治经济法律社会学等科原理为旨趣，不主偏激议论亦不涉党争臭味"，《政学丛刊》年出四期，由上海商务印书馆代印。吴之椿、卢锡荣等成为主要作者。

在此同时，在哥伦比亚大学学习政治学专业的张奚若、金岳霖和徐志摩以及部分已经回国的留学生则在 1919 年 12 月先行创办了相对更加狭义的

---

① 《政学丛刊》第一卷第一期，1920 年 1 月。转引自孙宏云：《中国现代政治学的展开：清华政治学系的早期发展 (1926—1937)》，生活·读书·新知三联书店 2005 年版，第 64 页。

《政治学报》（Political Science Quarterly）。政治学报社设在北京，主要社员除张金徐三位外，还有王伯衡、王徵、朱中道、朱经、沈沅、陈达诸位；上海的中华书局负责印制发行。

而尚在国内读书的清华学子也着手编辑发行相关出版物。利用日益活跃的组织和人员，清华政治学会经过精心准备和筹划，决定于1927年出版《政治书报指南》，意在编辑和收纳西方学者有关中国问题的研究著述之概要，英文学刊论文之索引，中文有关政法问题的要籍之介绍以及相关中文杂志的论文索引，从而为政治学的研究者提供资料方面的支持。尽管由于各种原因，《指南》延至1929年3月才正式出版，但马上获得学界好评，燕京大学教务处甚至正式致函清华政治学会，要求出版续编。因而清华政治学会开始着手将《指南》办成连续出版物，计划每三月出版一册。同时，清华政治学会还认真讨论和拟定了出版《政治学月刊》（Political Science Monthly）的计划。几经周折，月刊改为季刊并终于在1931年1月正式出版了《清华政治学报》。第一期《学报》上，除学生的译述和书报介绍外，清华政治学的教员也以撰写著述和书评的方式提供了极其重要的支持。尤其是书评一项，专请教授负责，意在"作为每位教授在课外赠予他的学生的补助品"。当时应允支持的大多是那些曾经在读书时期同样致力于学术出版和学术活动的积极者，如张奚若、王化成、钱端升、浦薛凤、吴之椿、萧叔玉、蒋廷黻、何基鸿等知名教授。

尽管由于各种原因，特别是经费方面的困难，上述政治学学刊几乎都未能按照原初的计划持续下去，长则数年、短则一年后都不得不半途而止。然而，这些办刊活动，从计划筹备到正式运作乃至最后的停办事宜，都会给主事者以莫大的训练，给供稿者以宝贵的机会，给读者以长久的感召。

说到底，尽心尽责的"海归"教员，内容充实的授课内容，丰富多彩的课外活动，活跃异常的学生社团以及多次尝试的办刊事业，无疑极有效地引领和培育了清华学子的治学兴趣和择业偏好。正是由于这样一些原因，尽管有家长所爱、家庭所需以及留学配额的限制，但清华学子中选修政治学专业者始终有稳定的增长，出国深造政治学专业者亦不在少数，由此而成就名山事业者更屡见不鲜。

依据1937年《清华同学录》，从1912年到1928年清华改制为国立大学之前，留美预备部共有973人放洋，其中学习政治学的有133人，约占总数的13.7%，其中1920—1926年甚至明显超出了配额限制，达到了一个高峰。除此之外，清华这一时期还有所谓的专科生、幼年生和津贴生和补助教部官费生，其中亦有不少学习政治学之人。而在这些清华学子中，日后成为大家和名师者为数众多，罗隆基、王造时、潘大逵、彭文应、时昭瀛、梅汝璈、张忠绂、施滉、史国刚、张汇文、林同济无疑是典型的代表者。

如果说现代学科的产生和形成必须首先有专项研究的实践空间和场域，必须以学科机构的建制、学者群体的聚集、专业社团的组成和专业学刊的创办为其显露在外的规定性特征，那么，到1925年的时候，清华政治学几乎是万事俱备，唯缺正式的机构建制了。这意味着，1926年清华大学改制为大学，而政治学成为首批正式建系的单位，尽管有着诸多因素的共同作用，但就清华政治学的发展轨迹而论，实在是水到渠成、顺理成章之事。而正是在这样的基础上，建系后的清华政治学飞快地步入正轨且成长为国内第一学府。

三、清华大学—国立清华大学时期：清华政治学的黄金发展

1926年4月8日，清华第九次教职员会议通过赵元任关于"本校学程以学系为单位"的提议；接着，4月26日，清华学校评议会决定首先在前一年已经设立的大学部设立17个系，其中11个系先行设立专修课程，包括中国文学系、西洋文学系、历史学系、政治学系、经济学系、教育心理学系、物理学系、化学系、生物系、农业学系、工程学系；4月29日，教授会选举产生了各系主任，政治系主任为余日宣。从此，清华政治学开始以学系的建制方式开展活动。此后两年，历尽政治风波和人事更叠，清华又于1928年改制为国立大学并实行了新的规章，清华政治学至此获得了更加优厚的条件。以1926年为始，清华政治学步入了一个前所未有的黄金发展期，直至抗日战争

的爆发强行中止了这一进程。

在这一时期,尽管政局时有动荡而校内亦时有纷争,先是主导完成清华改制大学的校长曹云祥于1926年辞职,接替他的温应星在1927年6月又辞去校长职务,先有余日宣、后有梅贻琦暂代校长;1928年6月后,随同北伐军进京的罗家伦出任清华校长一职,但随即又在各种压力之下而于1930年5月辞职;接着,受阎锡山指派而继任的乔万选竟因学生阻隔和教员反对而未能入校掌权,由叶企孙和冯友兰先后代行公事;相隔十一个月之后,国民党中央政治学校副教务主任吴南轩在1931年4月被任命为清华大学校长,但到任仅仅一个多月,又被赶出清华,至9月又正式提出辞职;在翁文灏和叶企孙相继代理校务之后,直到10月14日,教育部才正式任命梅贻琦为清华大学校长。至此,清华终于结束了校长频繁更换的风波,进入了校政稳定的时代。而梅贻琦则以其卓越的领导才干、谨慎的处事态度和谦虚的个性风格,加之于对教授治校之原则的遵奉和对务求卓越之学风的追求,使清华很快步入了正轨。

与这一时期的校政风波相呼应,政治学系也经历了特定的人事动荡。1926年4月出任政治学系第一任系主任的余日宣,次年8月底即离开清华,转赴沪江大学任教,系务由时任清华教务长的梅贻琦兼代。而此前政治学系亦有多位教员因奉系军阀入关、大肆迫害知识界人士而避走南方。应罗家伦之邀而在1928年8月就任政治学系第二任主任的吴之椿,仅仅三年之后便由于各种原因而于1931年9月先辞所兼清华教务长职务,后又以病为由请辞政治学系主任职务,一年后再接受山东大学之聘而彻底离开清华,此前的系则由陈岱孙代理。随着梅贻琦新任清华大学校长一职,已任清华教授三年的浦薛凤被委以专责,负责政治系各项事务从而成为清华政治学系的第三任系主任。浦薛凤与梅贻琦从此以后相互配合,全力经营政治学系的发展,直到1937年清华、北大和南开组成长沙临时大学后由张奚若出任政治学系教授会主席。

尽管有如此变化多端的人事动迁,但较之于当时国内的其他高校,清华的办学经费相对充足，学系建制十分稳定；尤其是政治学系，尽管建系六年三换主任［余日宣（1926—1927）、吴之椿（1928—1930）和浦薛凤（1930—1937）］，但三位主任之间有着极深的同学之情、师生之谊和清华之缘：余日宣与其接任者吴之椿同样毕业于武汉文华学校，相隔仅有三年；余日宣与浦薛凤曾为师生，余离开清华之际恰好是浦薛凤手执余之邀约而到清华报到任职之时，当面致谢当年业师的机会竟变成告别今日之同僚的场合，这曾令浦薛凤感叹不已；而吴之椿与浦薛凤也亦属哈佛大学的前后系友。但更重要的是，办一流大学，教一流人才，做一流学问，可以说是整个清华的共识，也是清华政治学同人的共同期待，因而整个清华以及政治学系始终保持着稳定且快速的发展，进入了一个堪称黄金发展的阶段。

首先，清华政治学的黄金发展，突出地表现为师资队伍的整体充实和学者个人的出类拔萃。正如梅贻琦所言："所谓大学者，非谓有大楼之谓也，有大师之谓也。"① "吾人常言，大学之良窳，几全系于师资与设备之充实与否，而师资为尤要。是以吾人欲图本校之发展，欲图提高本校之学位地位也，亦以充实师资为第一义。"② 清华政治学自建系伊始即将充实一流师资视为第一要务，连续三任系主任无不以引进超绝人才为首要职责。他们在这方面一直是亲力亲为，或动之以同学之谊，或感之以母校之情，或诱之以优厚研究条件之供给，或晓之以中华学术发展之大义，竭尽各种办法延揽优秀人才。1926年4月政治学系建系之际，政治学系教授有余日宣、郑麐、刘师舜和钱端升，是当时清华校内教授数量仅次于外文系的师资配备。因清华整体教员缺乏而政治学系学生仅有一个年级，因而郑与刘还同时兼任西洋文学系讲师，钱则兼历史学系讲师。未久，刚刚回国的金岳霖也补入政治学系为教授，随后，杨光泩也到清华主讲国际法和国际关系课程。

清华改制为国立大学后，新聘政治学系主任吴之椿在新任校长罗家伦的支持下以绝大力气招聘师资，1928年10月新学期开学之际，政治学系新聘教

---

① 梅贻琦:《就职演说》，杨东平主编:《大学精神》，文汇出版社2003年版，第236页。
② 梅贻琦:《致全体校友书》，杨东平主编:《大学精神》，文汇出版社2003年版，第238页。

授为浦薛凤、王化成、胡元义以及讲师郭闵畴、刁敏谦和克尔文（E. S. Corwin）。同时，为解决已聘教员因各种原因而未到任的缺憾以及应对课程开设的急需，清华政治学系还采用了相对灵活的安排，聘请了一些兼任教授和讲师，如北平大学法学院经济系主任刘懋初，以及黄右昌、何基鸿和刘彦等人。到1929年8月，清华政治学又增聘张奚若、胡道维、莱特（Quincy Wright）为教授，潘昌煦、程郁庭为讲师。至此，清华政治学系的实力之强，不仅在清华校内首屈一指，而且在国内政治学界独占鳌头。一如当时的政治学系学生潘如澍在《校刊》上所报道的那样："本校的政治系，年来赖吴主任及诸教授的努力，蒸蒸日上，大有一日千里之势！就同学说罢，全系同学共有101人，占全校人数的五分之一，以系别的人数而论，仅次于经济系。就教授说罢，本系连主任、教授、讲师，共有十位，除了中国外国二文学系外，亦首推本系，但中国外国二文学系的教授有几位是教全校同学必修的国文英文等学科而并不是专门教该系的同学的，所以事实上，本系的教授是全校中最多的一系了。即就课程而论，本年度开班有二十几门。这种种现象都是令人十二万分满意的。"①

至1931年10月，梅贻琦新任校长，浦薛凤亦接替以病为由离开清华的吴之椿，清华政治学系的发展又掀开了新的一页。继1930年钱端升回到清华任教，1932年萧公权又来到了清华，1933年则有沈乃正和陈之迈的加盟。而1932年始聘的讲师邹文海和赵德洁，不仅是清华政治学自1930年设立研究院后自己培养的一代年青学者，而且在日后清华政治学的发展中也发挥了重要的作用。至此，清华政治学的主要师资队伍不仅稳定下来，而且成为清华政治学在国内学界居于一流的核心竞争力之所在。

其次，清华政治学的黄金发展还体现为一批优秀学术成果的涌现。由此，冠绝一时的清华政治学师资，以其创造性的学术研究工作，造就了中国现代政治学发展中的一个峰巅所在。按照何炳棣的说法，"30年代的清华文法两

---

① 潘如澍：《对于"充实政治系内容"的一个新建议》，载《国立清华大学校刊》第144期，1930年2月26日。

院表现出空前的活力。除各系师资普遍加强外,教授研究空气较前大盛,研究成果已非《清华学报》所能容纳,于是不得不另创一个新的学术季刊《社会科学》。冯友兰师的《中国哲学史》和萧公权师的《中国政治思想史》两部皇皇综合巨著更足反映文法教学研究方面清华俨然已居全国学府前列"。其实,1920年代末至1930年代末,清华政治学同人所发表的学术著述,至今仍不失其意义。例如,张奚若继在留美期间发表《社(会契)约论考》和《主权论》之后,又在1930年和1931年连续发表了广受好评的长篇学术论文《自然法观念之演进》和《法国人权宣言的来源问题》。这两篇论文奠定了张奚若作为西方政治思想史学者的地位,其对自然法观念的解读和分析,对法国人权宣言的考证和评价,实际上也是中国对于人权概念和人权文件的第一次引介。

浦薛凤在已发表的多篇论文的基础上,贯通编辑了《西洋近代政治思潮》一书并在1936年经严格审批后被列入"国立清华大学丛书"（唯因战祸延至1939年正式出版）。同时,在实证科学趋势的影响下,浦薛凤又创立了"政治五因素说",以此为分析中国现实政治提出科学的分析框架和理论模型。在清华大学所主办的《社会科学》学刊上,浦薛凤发表了长文"政治学之出路:领域、因素与原理",他认为:"政治,即人类共同事务之有组织的管理,共含有五项因素:(一)政治现象,(二)政治制度,(三)政治观念,(四)政治势力,与(五)政治人物。"在系统论证的基础上,他认为由此五因素可以探讨关于治乱兴亡的规律,确定中国现代政治学的原理,俾使政治学成为真正的科学。

1928年,清华留美学生萧公权的博士论文《政治多元论》在伦敦被列入"国际心理学哲学及科学方法丛书"之一而获出版,且被牛津大学指定为"当代巨著"（Modern Greats）的课程必读书目;而于1940年脱稿的70万字煌煌巨著《中国政治思想史》实际上也是1932—1937年任教清华的五年期间大部完成且以讲稿形式印行于学生之中的。按照1940年代曾任武大政治学教授的樊德芬之所言,萧公权的写作是一种注重将中国之固有的政治材料加入进去,使中西两方面互相比较，藉以引申政治原理的理路。① 至今仍有极大影响的《中国政治思想史》一书，将中国政治思想的发展立基于政治制度的变迁而分为封建天下、专制天下和近代国家之思想三阶段，又以政治思想的传承发展为主线而分为创造时期、因袭时期、转变时期和成熟时期四个时期；其写作意图是"采政治学之观点，用历史之方法，略叙晚周以来二千五百年间政治思想之大概"②；其写作方法是，"叙述各家思想，力守客观之态度。偶有论评，亦意在辨明其历史上之地位，非敢任意抑扬，臆断得失"③。这种"以事实为历史以及以历史为史观"④ 的研究方法和写作原则，无疑是在倡导着一种客观和科学的研究路径。而萧公权的更深用意，在于驳斥那种以为中国古代有人生观而无政治思想，有片断感言而无系统思维的论调，在于反对那种主张全盘西化、而以中国政治思想附会为西方政治思想一派一系之附庸的做法，还在于否定那种盲目自大、唯我独尊而以为中华文明居于世界之巅的井蛙之见。这也就是他所主张的"以学心读，以平心取，以公心述"⑤。

钱端升教授则在1930年印行了《法国的政治组织》，1934年又修改再版了《法国的政府》并发表了《德国的政府》一书。尤其是《德国的政府》一书，是钱端升庞大的比较政制研究中的个案之一，其目的主要是对德国《魏玛宪法》及1919年后的德国政制作出全面的介绍。德国《魏玛宪法》是德国走向真正的议会民主制的开始，其缜密的制度设计成为吸引学者驻足关注民主政制的绝好样本。此书以《魏玛宪法》为研究重心，但迥然不同于宪法研究中单调的条文解释，而是以历史梳理和实际运作为基础勾画了整个宪法条文下的政制结构与运行过程。全书从德国宪法史的历史发展为开端，勾勒出《魏玛宪法》的源流，并标示出《魏玛宪法》之不同，既具有民主政治的精神，也有社会主义的色彩；并且分章介绍了权利与义务、政党、总统、政府

---

① 见樊德芬：《近代政治学的特色》，载《现代学术文化概论》第二册：《社会科学》，上海：华夏图书出版公司1948年版。
② 萧公权：《中国政治思想史》，凡例，新星出版社2005年版。
③ 萧公权：《中国政治思想史》，凡例，新星出版社2005年版。
④ 邹文海：《记萧公权先生》，载《清华校友通讯》第14期，1965年10月29日，第1页。
⑤ 萧公权：《问学谏往录》，黄山书社2008年版，第70—71页。

与行政、莱希院、经济院、国会、法院、联邦制度、各邦政府、地方政府。

王化成在 1931 年《清华周刊》第 8—9 期发表了《最后二十年国际关系》，在 1932 年《清华周刊》第 7—8 期连载了《世界军缩运动之经过与困难》，在 1935 年《社会科学》第 1—4 期发表了《意阿纠纷之由来》，在 1936 年《独立评论》第 221 期发表了《论最近中日事件的责任》；在 1932 年《清华学报》第七卷第二期发表《国际犯法的国家责任》；还有《国际公法与抵制日货》、《国际公法与满州国之承认问题》等文章，1936 年在《社会科学》发表《西班牙内乱与国际公法》。而他于 1932 年出版的《现代国际公法》一书，公认具有较高的水准。按照当时学术界的评价，此书对国际公法进行了不同于以往理论引介的自主探讨，"在用极清楚地文字，叙述国际公法的基本原则，总求简而不略，使读者对于国际公法得一整个的观念"，同时，又针对中国的问题进行了探讨。

沈乃正不仅编译出版了《政治学总论》（1930）、《美国政党》（1931）、《比较政治制度》（1934）和《法国地方政制》（1937），而且发表了有关当代中国地方政府和自治制度的多篇论文和研究报告。陈之迈有关民国政府中央政制研究的系列论文也引起了广泛的关注。就连助教邹文海，据说通读了清华所藏的 400 外贸部英文典籍，也发表了《自由与权力》一书。这些学术著述，一经出版便成为中国现代政治学的经典，直到今天仍有巨大的影响。而由清华教授蒋廷黻和萧公权先后担任总编辑（Managing Editor）的英文学刊《中国社会及政治学报》（*The China Social and Political Science Review*），自 1931 年创刊后几乎是当时国内唯一纯学术的英文学刊，为欧美各大学图书馆所订阅。

最后，清华政治学的黄金发展还体现为一系列高水准课程的开设。自 1926 年 4 月选定余日宣担任政治学系主任之后，6 月的《清华周刊》即公布了政治学系的学程大纲，除国文、英文、世界史和自然科学等学校通开课程以外，属于政治学自己开设的课程有 9 门之多，包括政治概论、市政学、比较政府、远东政府、世界政治、政治理论、政党论、现代帝国主义研究、中国外交。但这一设计既留下了此前清华政治学课程的痕迹，又没有涉及更多的创新理念，因而首先遭到清华留学同学的批评，包括王化成、吴景超和雷海宗等五人组成的清华文科课程委员会对政治、经济、历史和教育心理四个系的课程设置提出了改进建议："清华大学的文科，其职务不只在灌输学生以欧美的智识。大学文科的教员，应与学生一同研究中国的问题，使中国的社会科学，将来有独立的希望。"① 他们所提出的方案中，不仅要求增加有关中国政治的课目，而且要求提升课程的层次以强化内容的研究性，其中，100—200课程有中国宪法，200—300课程有中国政府、欧战前中国外交史、现代中国外交问题、满蒙藏问题，300—400课程有中国政治思想史、中国政治组织史。同时，他们对教学法问题也有特定的主张，要求用科学方法组织材料，用现代教学法讲授材料。

由此，至1927年4月公布的政治学课程设置即有新的调整，以（政治学）入门、政治思想、政府、法律和国际为五个组别，列出了总共27门课程。其中大大增加了有关中国政治的内容（由1门增至5门），同时也补充了许多法律方面的课程（同样由1门增至5门）。前者显与当时学生们的呼吁以及社会的要求相联系，后者则与清华当时未设法律系而相关课程不得不栖身于政治学系相关涉。但较之于清华政治学系当时的师资配备，这个计划却过于雄心勃勃，超出了实际的承担能力了。但这个课程设计的总体框架却对后来的安排有极大的影响。究其根本，这是在清华力图造就能够报效国家的人才的意图下，针对当时中国所面临的内外问题而设计的。

1928年新学年由吴之椿接任系主任之后，公布的课程大纲又调整为五个组别，一是关于政治基本科目的5门，二是关于国际科目的5门，三是关于外交科目的5门，四是关于政治思想方面的5门，五是关于政法科目的9门。有关国际科目和外交科目之课程的增加，显与吴之椿本人曾参与武汉国民政府对外交涉和收回租界有关，且当时国人对民国之"革命外交"寄以期待，

---

① 吴景超等：《关于清华大学文科课程的商榷》，载《清华周刊》第416期，1927年10月14日。

以为由此可以一举改变国家积贫积弱、备受凌辱的境地，废除列强在华特权和租界。依据这个计划，到 1930 年时，政治学系开班的课程多达 28 门，较上一学年多出 7 门。尽管应修学科的限制略有放宽，但修订后的学程仍规定政治学系本科 4 年修业，需修满 136 个学分，其中本系科目 34 门，有关的其他系科目 17 门。由于课程门类太多而专任教员不敷支用，政治学系不得不聘用了许多外校教授来清华讲课。

1931 年浦薛凤接掌政治学系后，亦以课程调整为首要，并且特别提出"编制课程之目标，在（一）灌输学生以政治科学之基础知识，训练其思想之缜密，理解之确切，并授以研究学问之经验与方法，使能独立作高深学术之探讨；（二）养成学生应付社会环境之学识与技能，使于毕业后，或服务社会，或参加考试，皆能兴措裕如，悬鹄以赴，是以本系之课程，理论与事实并重；同时对于各种考试（如留学考试，高等试验，县长考试）之科目，亦求其能互相衔接"①。按照这一原则，政治学系的课程分为（研究生）三类（本科生）五门，三类为公法、制度和思想；五门是宪法与行政法、国际法与国际关系、政治制度、市政学、政治思想。同时还特别关注于中国国情的课程，如近代中国外交史、中国政府、中国历代政制专题研究、中国法制史、中国政治思想、中国地方政府研究等等。其实，"务期学生于了解深邃的理论后，对于本国切身问题，能触类旁通，实际应用"②；这种想法也是清华同仁的共识。

考究新的课程安排原则及其内容编排，可以看到，其中的重点有二：一是秉承清华传统，特别关注学生的去向与出路，因此希望能在通识与精专两个方面达到均衡，在学以致用和学求深造上皆有所得，在深邃理论与实际应用上两全其美。二是推进清华学术，特别关注以国际视野和科学方法研究中国问题，以现时的政治需求鼓励教员开设中国问题课程，"为造就吾国应用人

---

① 浦薛凤：《政治学系概况》，载《清华周刊》向导专号，1936 年 6 月 27 日。
② 王化成：《清华政治学系之概况》，载《清华周刊》向导专号，1934 年 6 月 1 日。

才起见，对于本国政治方面及市政学，尤加注重"①。而此时方面的课程，特别是民法方面的课程有关减少，则与此时清华法律系正在筹建之中有关；但此事终因教育部的制止而未能成功，法律类的课程重又回到政治学系的课程设置之中。

根据1937年的《清华大学一览》以及此前《清华周刊》各期有关介绍，1931—1937年期间政治学系开设的课程大体如下表所示。其体系之完整，编排之科学，与今相比有过之而无不及。

表2 课程表

101—199（大学本科课程）
政治学概论　近代政治制度　行政学原理　市制度　市行政法学原理　宪法　民法通论　刑法通论　国际公法　国际关系　西洋政治思想史　近代中国外交史　行政法
201—299（本科四年级及研究院课程）
议会制度　独裁政治　中国政府　中国历代政制专题研究　地方政府　中国法制史　国际公法判例　国际私法　国际联盟　国际组织　外交程式　近代政治思潮　当代西洋政治思想　西洋政治思想名著选读　中国政治思想
301—399（研究院课程）
专门选读与研究（公法、政治制度、政治思想）　政党论　德国政治制度研究　不列颠帝国　近代政治制度专题研究　中国地方政府研究　英国宪政史　条约论　近代中国外交史专题研究　柏拉图政治哲学　卢梭政治哲学　当代政治思想问题　西洋政治思想专题研究　中国政治思想专题研究

同时，清华政治学还特别重视教学的效果和课程的质量，为此，各门课程都有极其规范的要求。

由此可见，清华政治学已经较早且普遍地使用了注重研究性学习的现代教学方法。特别是在研究生层次上，阅读理解、讨论报告和论文写作等皆是常规操作。旧式教育那种以教师为中心、以课堂为中心和以课本为中心的基本模式，已经代之以强调自主能动、关注创新理念和重视科研操作的现代教

---

① 王化成：《清华政治学系之概况》，载《清华周刊》向导专号，1934年6月1日。

学环节；而过去那种专制性、权威性、统一性为特色，以封闭型、重复型、记忆型为特征的旧式教学亦为注重开放型、创造型、思辨型的教学规范所取代，从而体现出科学性、民主性和多样性的基本特性。所有这些无不是清华政治学人从美欧现代大学以自己的亲身经历所习得，且面对国内特定情景和特定对象而有所变通的结果。

正是在师资充实和课程完善的基础上，清华政治学又成为清华乃至全国最早开办政治学研究生教育的学术机构。1930 年夏，正值清华第一届和第二届大学本科生毕业之后，清华研究部开始招生，政治学系、经济学系以及中文系、外文系、历史系和物理系六系为首批开办研究生教育的学系，共招收 14 人。其中政治学系招收 3 人，在六系中与外文系并列而仅次于历史系的 4 人。到梅贻琦出任清华校长时，重新调整格局以加强清华理科，因之专设文、理、法三科研究所，另新增四系招收研究生。其中的法科研究所，则内设政治学和经济学两部，招生规模亦有扩大。

按照清华规程，研究院之宗旨在"训练大学毕业生继续研究高深学术之能力，并协助国内研究事业之进展"；按照 1931 年 3 月评议会通过的《清华大学研究院章程》，研究院具体制度已经完备。就政治学的研究生教育而言，其起步伊始即秉承清华传统，严格且规范；在学校规定的范围内又加以细化。依据 1937 年《清华大学一览》上的《法科研究所政治学部》之介绍和《法科研究所政治学部学程一览》（民国廿五年至廿六年度），主要的课程和教学环节以有深度的专题研究为基准，编号为 300 以上。首先是诸教师联合开设的《专门选读与研究》，涵盖公法（宪法或国际公法）、政治制度和政治思想三个方向；然后在此三个方向上分别细化为《英国宪法史》、《条约论》、《政党论》、《不列颠帝国》、《近代中国外交史专题研究》、《近代政治制度专题研究》、《中国地方政府研究》、《西洋政治思想专题研究》和《中国政治思想专题研究》以及《柏拉图政治哲学》、《卢梭政治哲学》、《当代政治思想问题》等课程。

同时，政治学部的研究生教育规定异常严密，第二外语、课程学分考试、毕业初试、论文考试环环相扣；每一环节又有更加具体的要求和细则。在今天看来，清华政治学教授对开展研究生教育在态度上是慎之又慎，在做法上是求全毋缺。他们完全明白，在中国首创研究生教育，不能不采用更高的标准。他们不仅要以最高水平的授课教诲学生，而且要以最为严格的规矩约束学生；他们不惮以最为苛刻的要求加诸于学生，唯恐不能培养出最高水准的毕业生；他们宁愿自己付出更多的心血和精力，唯恐送出的学生难以同其他一流大学的学生相匹敌。而在这些规定的实施中，清华政治学更是不遗余力。政治学教授们非常注重夯实学生之理论基础，再养成其专精。据何炳棣回忆[1]，当年靳文翰（1935年政治学系毕业，同年进入研究生院）曾对他大谈基本功的重要性，谓其把奥本海姆（Oppenheim）的国际公法包括小注，已然通读了八遍。这足可佐证当时的政治学系研究生教育中严谨扎实、注重基础之学风。

　　总括而论，清华政治学的黄金发展，是以当时出类拔萃的清华政治学人为核心，辐射到学术成果、学制设置、课程教学、人才培养等多个方面而形成的一种学术繁荣现象。在这个意义上讲，1920年代末至1930年代末的这批清华政治学人，又有人称之为"清华学派"，亦有人视为"清华典范"。其实，尽管托马斯·库恩在讨论"范式"问题时，是泛指某一学术共同体的；但人们往往更多地从更严格的意义上理解范式的形成与发展及其替代所赖以为物质基础的学术共同体。这种学术共同体似乎更多地是指严格意义上的"学派"，是那种往往以某种学术理念主张或方法论观点为名而聚集起来的学者群体，其内部往往存在着师门渊源，大体上是在同一题域内从事类似或近似的研究工作。即便是涉及同一学术机构，往往也是立基于高度的学术认同而有意地汇集在一起的。但就清华的情形而论，无论冠之以清华学派或清华典范，其中的主要人物，由于教学分工的不同，因而研究领域有较大的差异；由于研究重点的不同，因而所使用的研究方法亦有较大的区隔。然而，具体

---

[1] 何炳棣：《读史阅世六十年》，广西师范大学出版社2009年版，第99页。

考量起来，清华政治学人确实明显存在着学术上的共同点。倘以较为宽泛的方式来讲，则清华学派确乎存在。以较为宽泛的语言来讲，则清华学派的特征即在于前面已经简要论说过的，"中国情怀、世界眼光和科学方法"。

然而，日寇入侵，抗日军兴，清华政治学的黄金发展时期在1937年宣告中止。清华政治学进入了一个艰难图存的发展阶段。

四、西南联大时期：清华政治学的艰难图存

1937年7月7日，"卢沟桥事变"爆发，日寇开始大规模入侵华北，抗日战争全面爆发；至7月底，北平已经沦陷。清华师生暂避城内，接着就不得不按照此前已经制订的应变计划开始南迁至长沙；教育部于此时提出"为使抗战中战区内优良师资不至无处效力，各校学生不至失学，并为非常时期训练各种专门人才以应国家需要起见"，组建若干临时大学，于是在同年10月，清华大学与同时南迁的北京大学和南开大学共同在湖南长沙组成临时大学。三校师生感念于"以军事对抗军事、以文化对抗文化、以学术对抗学术"的号召，着手恢复教学和学习，长沙临时大学竟于11月1日正式开学。清华政治学系的教师，特别是已经成家的教师，不得不首先安顿家小生活，然后南下归校；系主任浦薛凤等，先是在庐山参加商讨抗战事宜的国民政府谈话会，赶回北平后又曾迁家大同，再回迁北平，诸事多磨。因此，在长沙临大的17个学系中，政治学系先推选北京大学政治学系主任、清华出身的张佛泉教授被任命为教授会主席，因其坚辞不就而后又改推清华政治学教授张奚若担任主席职务。自此直到抗战结束、三校复员之时，一直由张奚若执掌政治学系；当其因公外出时，则由钱端升代理。

然而，就在长沙临大开学的11月底，上海沦陷；12月，南京失守，武汉随之告急而长沙也紧张起来，长沙临时大学的三校师生不得不再次启程，西迁昆明，部分师生辗转经海路过越南进云南，另一部分则组成"湘黔滇旅行团"，步行3000里到达昆明，这被誉为"世界教育史上的一次创举"。全程参加此次"小长征"的清华政治学二年级学生钱能欣根据自己的途中日记整理

而成《西南三千五百里：从长沙到昆明》一书，于1939年交由商务印书馆出版发行。这是较完整地介绍湘黔滇旅行团的第一部著作，为我们今天留下了极其宝贵的记录。

1938年5月，仍由清华、北大和南开三校组成的西南联合大学正式开学。其时，因昆明房屋不敷支用，西南联大文、法学院又不得不暂时迁到蒙自办学，政治学系的师生先后在此学习生活了三个月。而后来于1940年入学的新生，也全部到叙永办学；政治学教师吴之椿和龚祥瑞亦专程迁居叙永，为大一新生授课，讲授"政治学概论"和"西洋政治思想史"等课程。但无论在蒙自、还是叙永，抑或昆明，政治学师生的生活都十分困顿。携眷教员仅有蜗居一间，单身或独居教员只能与他人拼住，学生的住宿房间更是拥挤不堪；薪水和补贴永远不够，口粮和食品经常缺乏，衣物鞋袜破败不堪。加上日寇飞机轰炸，战警不时响起，学习生活条件极其恶劣。

但就在这样一种艰难困苦的情形中，清华师生仍然坚持教学和学习。西南联大开学后不久，就在1938年5月8日，蒙自分校的清华师生举行了27周年校庆纪念会。会上，一位清华女生代表全体学生献旗，上书"寿与国同"四字，下有题词："经兹国难，寄迹滇南；西山苍苍，永怀靡已。"这相当经典地体现了清华师生抗战必胜、重返校园的信念，也传递着一种与国家共存亡、与民族同生灭的誓言。

其实，在其先后存续的八年当中，西南联大聚集了一批中国政治学的最优秀学者，成为中国政治学在抗战时期的产出专业知识和培养专业人才的重心所在。1937年11月组建成长沙临时大学时，政治学系的教员有来自清华的7位教授，包括浦薛凤、张奚若、萧公权、沈乃正、王化成、赵凤喈、陈之迈，又加入了北京大学的4位教授，有张忠绂、钱端升、崔书琴、张佛泉，其阵营之庞大和水平之超绝竟非战前所能想象。到1938年5月西南联合大学政治学系组成时，除上述教员外，又增聘了客座教授陆伯慈。但到1939年3月至5月间，浦薛凤、王化成、陈之迈进入民国政府，分别任职于国防最高委员会和内政部；萧公权亦受中英庚款委员会之聘，到四川大学任教。至此，清华政治学黄金发展时期的骨干师资竟有一半离开了西南联大。为增补他们遗留的空缺，西南联大在1940年时聘来了曾任清华政治学系主任的吴之椿，以及同为清华学子、而后留英回国的罗隆基为教授。

但最难能可贵的是，从1939年到1940年，西南联大政治学系还先后新聘了5位清华学子，一是提前从国外回来以参加抗战的龚祥瑞，另一是在清华研究所毕业后留学英国的楼彦邦，三是从清华大学毕业后在哈佛大学获得博士学位的周世述，他们都先后由清华聘为副教授；同时，南开又新聘清华学子、刚从国外学成归国王赣愚为讲师，而他很快崭露头角，在接下来的两年期间经副教授而被聘为教授；接着，清华本科和研究所出身的邵循恪亦学成回国，先在武汉大学任教，后被清华直接聘为教授。不经意间，西南联大政治学系实际上完成了一次新与老的渐进式交替。这五位新人都是在清华政治学系正式建系后入读本科或研究所，毕业后再赴国外深造，接受了系统化的学术训练，再回国报效祖国的；他们是清华政治学的第二代典型人物，从西南联大开始起步直至日后又成为学术大师。他们不仅以勤勉的教学培育西南联大的学生们，而且以自身的榜样力量熏陶着当时更年轻的一代，从而培养出邹谠、端木正、罗典荣、陈体强、赵宝煦等一批优秀的学生。这些优秀学生在日后也以贡献于中国政治学发展的独特作用而回报了西南联大的培养之恩。

这样一批优秀的师资，在西南联大的宽松自由的学术气氛中，在本职承担的学术科研工作中，为抗战时期的学术发展作出了巨大的贡献。例如，1939年9月，钱端升主持成立了"西南联大行政研究室"，主要从事行政制度方面的研究工作，曾经以"西南联大行政研究室丛刊"的名义，出版过陈体强的《中国外交行政》、施养成的《中国行政制度》等专著；他自己也完成了《战后世界之改造》和《建国途径》两部文集。王赣愚则连续发表了《中国政府》、《县政府》等专著，又被其他高校援用为教材，足见其影响之大。邵循恪则专门启动了有关日本问题的研究，专门起草了《国际法与中日事件研究计划》，提出要对抗日战争所涉及的国际法问题进行全面的研究，用以回应日本教授从日本观点对有关国际法问题的研究和解释。

同时,西南联大的政治学教师们还以不同的方式参与了抗战实务。就在"七七事变"后不久,钱端升就随胡适和张忠绂一道,以民间人士身份访问北美欧洲,利用学界联系和社会关系,走访昔日学界师友,演讲普通大众,意在揭露日军的凶恶残暴,宣传中国的抗日决心,从而争取国际同情。他们在外几乎整整一年,走遍了欧美诸国。回国后,钱端升还专门写作了《论外交根本政策》一文,详尽分析国际形势和各国对日本侵华的态度,并且提出了中取的对策。而前面提到的浦薛凤、王化成、陈之迈等教授,与社会学系的吴文藻等人一道,直接进入了抗战时期的民国政府。其中,浦薛凤和王化成自1939年后担任了国民政府负责指导抗战的最高机构——最高国防委员会的参事,他们先后在此任职七年之久,潜心研究国际动态,提出针对性的对策意见。整个抗战期间,参事室最初成员几乎全是教授出身,并以清华教授为多。这实际上也是学者对国民政府决死抗战的认同。陈之迈则于1938年5月任职行政院,利用其研究地方政治的专长,负责办理抗战时期地方行政事务。所有这些学者,在政务繁忙的同时,还坚持撰文授课,宣传抗日。

除了这些全时供职政府的教授以外,整个西南联大还有八位教师成为抗战时期国民参政会的参政员,其中有三位出自政治学系,即张奚若、罗隆基和钱端升。他们在参政会上为抗战出谋划策,为民众呼吁团结,代表了参政会中最为坚决的抗日斗士。1939年4月,当汪精卫叛逃出走,日本展开"诱和"攻势之际,政治学系教授钱端升在由他主编的《今日评论》上发文强调:"凡是认识敌人及国际情势者决不会主'和'。与敌人言'和'就等于降,真正的和平必在摧毁敌国中的侵略势力之后,更必须经过国际会议的程序。"同年7月,当汪精卫计划组成傀儡政权、投降言论再度喧嚣尘上的时候,西南联大的参政员们联名致电国民政府主席林森和参政会议长蒋介石,表示坚持抗战、反对汪伪的决心和诉求。随后,王赣愚写下了《汪逆决不配称政治家》,钱端升发表了《日伪订约》,邵循恪则发表了《傀儡组织与伪约》等文章,进而又使刊载这些文章的《今日评论》成为当时反对投降、坚决抗日的舆论阵地。

同时，西南联大的政治学师生又极力支持"民主抗战"的主张，要求政府开放言路，松弛党禁，体恤民众以利长久抗战，惩处汉奸以固抗战根基。特别是在抗战临近胜利而国共冲突再度激化的时候，清华政治学的教师大力支持青年学生的正当主张，如钱端升、张奚若和罗隆基，他们被并称为"民主斗士"。

但正是从这时起，过去的清华政治学同事之间，或者说，清华出身的政治学教师之间，发生了相当程度的分裂和分化。在今天看来，这种分化与分裂在某种程度上也许可以归因于他们的个人所处位置的不同而生发出不同的看法和理解。那些身在政府高位者，面对抗战的艰巨和国力的衰败深感无力与无奈，进而而将出自民间的意见与学人的批评视为无理与无度；而人在江湖底层者，深陷于日常的困顿之中，焦虑于我军节节败退的消息，故易于视政府为无能与无为，亦感觉原来的同事、今天的官员变得无情与无义。在日益极化发展的政治格局之中，双方又渐行渐远，留在西南联大的政治学教师如张奚若和钱端升等日益走向激进化。例如，张奚若经常教导西南联大学生，读政治学不是为了做官，对学生说"立志当一个社会改革家，是为上策；立志当一名正派学者，是为中策；二者都不成就做一个普通人。若趋炎附势，钻营求官，则是下策"①。对于时局，他更是以其直快性情，不畏威权，直陈其见；因不满蒋介石的统治政策，他曾在国民参议会上激烈批评国民党的独裁，后又拒绝出席国民参政会，并对国民党的腐败大加指斥，多次讲演、发表文章，呼吁"废除一党专政，取消个人独裁"②。相反，身居政府高位的浦薛凤和王化成等却有身不由己之势，开始向保守转化；这也是浦薛凤等人后来在清华复员北平后仍未归队的重要原因之一。

在愈演愈烈的政治斗争中，地处昆明的西南联大日益成为"民主的堡

---

① 杜如楷：《怀念尊敬的张奚若老师》，见《张奚若文集》，清华大学出版社1989年版。
② 《废止一党专政，取消个人独裁!》，见《张奚若文集》，清华大学出版社1989年版；孙敦恒：《杰出的爱国民主人士张奚若》，载北京市政协文史资料委员会编：《北京文史资料第六十七辑》，北京出版社2004年版，第168页。

垒"，要求民主抗战的呼声随着抗战的胜利而开始转变为反对内战、反对独裁的政治主张。在 1945 年 10 月，在发动大规模内战前夕，蒋介石首先乘云南地方部队大部开赴越南参加受降之际，派杜聿明率大军包围昆明，以武力改组云南省政府，任命李宗黄代理云南省主席，关麟征为云南省警备总司令。经此改组后的云南省当局，仇视民主运动，决心压制包括西南联大学生在内的昆明青年学生的抗争运动。当局的行为引起了学生激烈反弹，在共产党的支持和领导下，西南联大、云南大学、中法大学与英语专科学校四所学校的学生自治会计划于 11 月 25 日联合举办一次反对内战的时事晚会，准备邀请钱端升、伍启元、费孝通、潘大逵等教授发表演讲。当晚会冲破重重阻拦终于举行时，当局却派人采取掐断电线、鸣枪、放炮等拙劣方式试图加以阻挠，但与会学生不为所动，晚会照常举行，氛围更形热烈。在题为《对目前中国政治的认识》的演讲中，政治学教授钱端升慷慨陈词，明确地指出"内战必然毁灭中国！"，"我们需要联合政府！"费孝通先生则激动地说"不但在黑夜中我们要呼吁和平，在枪声中，我们还是要呼吁和平！"听众则回以"用我们的声音来反抗枪声！"的口号，大会在反内战的歌声中结束。次日凌晨，联大民主墙、图书馆四周墙上，贴满了学生连夜赶制的抗议书、呼吁书与罢课倡议书。更大规模和更为激烈的抗争行动由此正在酝酿之中。

当局对此却决定动用武力进行镇压。12 月 1 日，从上午 8 点开始，特务们首先冲入云南大学，殴打西南联大学生，接着联大工学院、联大附中、南菁中学师生也都遭到特务攻击。在与学生的冲突中，特务使用了手榴弹，最后造成了死亡 4 人、重伤 29 人的"一二·一"惨案。这一暴行激起了广大师生的斗争怒火。12 月 2 日，学生的罢课委员会为四烈士举行入殓仪式；从 12 月 4 日起，全市大中学教师 400 多人公开声明"无限期罢教，直到学生复课为之"，几乎整个昆明城都卷入了这次抗争运动。经过一个月的抗争，对罢课委员会提出的惩凶、保障人身自由、取消非法"禁令"等复课条件，当局不得不公开口头表示接受，关麟征、李宗黄二人亦被调离云南。这次抗争运动是全国范围内反内战、争民主的先声，引起了巨大的反响。

在这次抗争运动中，西南联大的教师大都站在了进步学生一边，以张奚若和钱端升为代表的政治学系教师更是以积极的姿态参与了抗争的全过程，他们同情和支持学生，抗议和谴责当局。他们受到共产党地下组织和进步学生的关注，开始结成更加紧密的关系；同时，他们又以自己的学术声望和社会威信进一步影响着青年学生走向进步。随着西南联大宣告结束、清华师生北上返校，随着内战的发展日益有利于共产党人而国民党统治当局施加了更加严酷的政治迫害，学生抗争、教师支持的情形在清华园里再度出现。

五、起伏跌宕的历史命运

1945 年 8 月，抗日战争获得胜利；1946 年 5 月，西南联合大学宣告结束。清华师生先后于 8 月至 10 月分批北上，全部回到清华园。1946 年 10 月 10 日，清华大学在原有的清华园里正式开学。此时清华大学的学科院系又有所发展，扩大到五院 26 个学系；其中，政治学系与社会学系、经济学系以及新建的法律系共同组成为法学院。政治学系时有本科学生 66 人，此后三年又陆续招收 45 人，因而始终维持在近 60 人的规模。这在当时已是不小的数字了。

然而，复员后回迁北平的清华政治学系，在教师方面却是一幅人员凋零的景象。按照 1947 年 1 月的校刊报道，原本答应回到清华任教的许多教员，由于各种原因，几乎都没有到职。其中，曾为清华黄金十年发展之中流砥柱的若干位教授因局势变化而放弃了回校任教的计划，王化成和陈之迈因在外交部任职而被派驻国外，浦薛凤出任战后救济总署副署长并转台湾省府秘书长，萧公权则因为清华未能满足其任职条件而改任国立政治大学教授；新聘的林㑌圣参与联合国的创建而留在纽约未归，甘介侯则忙于政治活动而放弃教职；甚至连时任系主任的张奚若也因回避政治迫害而请假脱离了教学岗位、后又因参与和平解放北京的工作而干脆放弃了系主任的职责。此时，支撑着清华政治学系教学的，只有教授邵循恪和助教端木正，还有从北京大学聘来暂代若干课程的吴恩裕、崔书琴和邸维周。

为解决师资队伍的问题，清华向已任武汉大学政治学教授的清华学子曾炳钧发出聘约。1948年2月，曾炳钧正式就任清华政治学系教授，随即从法学院院长陈岱孙手中接过了代理系主任的工作；一个学期后，经清华任命，曾炳钧正式担任了政治学系的系主任。此时的曾炳钧，不仅承担了相当繁重的教学工作，而且负有重组教师队伍，再整政治学系的责任。他多次写信给正在英国学习的陈体强，述说清华政治学的困难，诉诸母校情怀而敦请陈尽快返回清华任教；同时，又说动已担任北京大学政治学系主任的清华学弟王铁崖兼代清华政治学系的课程。同时，他还帮助此时来清华任教的杜汝楫晋职讲师，以便承担更多的责任。在这些清华政治学教师的努力下，教学秩序得以维持，课堂教学得以发展。然而，国家正值多事之秋，政局的巨大变化打乱了政治学系原有的一切安排。

从1947年起，国民党军队在战场上节节败退，在统治区内加紧了政治控制与迫害。已经积淀起进步传统的清华师生则以进一步的抗争运动对抗之，清华园内的进步社团异常活跃，各种抗争行动此起彼伏。每一次社会事件几乎都会酿成对抗统治当局的政治运动，而清华政治学的教师几乎全部参加了这些政治运动。先是1946年12月的沈崇事件，有《为沈崇事件致司徒雷登大使的抗议信》；1947年2月，又有《保障人权宣言》；5月24日，有平津八院校教职员的呼吁和平的宣言；同月29日，又有北大清华教授的《为反内战运动告学生政府书》；1947年11月，又有北大清华47位教授《我们对于政府压迫民盟的意见》；1948年6月，北平院校104位教授的《抗议轰炸开封》宣言。清华政治学教师都曾在这些文件上签字表态。

到1948年下半年，在共产党地下组织的引导下，清华进步师生们开始为迎接解放进行大量的准备工作；那些加入共产党地下组织的学生们，传递信息，宣讲形势，组织成立纠察队以保护学校财产和文物档案，接近和接触那些同情进步学生的知名教授，说服动员他们留在北平。因此，在1948年11月，清华政治学师生与全校师生一道，先是拒绝了所谓"迁校"的计划，又使所谓"挽救平津学术教育界知名人士"计划遭到破产，除极少数例外，全校近270位教师留校等待解放。此时，人民解放军已完成对北平的包围。12

月 13 日，解放军到达北平西郊，并接近清华园；15 日解放军进驻海淀镇，清华大学亦成为华北地区最早获得解放的高校。

此时的清华园，进步学生和教师以更加积极的姿态迎接北平的解放。12 月 18 日晚上，政治学系教授张奚若带领解放军前线部队干部来到梁思成教授家，请梁思成在军用地图上标出北平地区重要古建筑和文化古迹的位置，画出禁止炮击的地区，以备不得已而攻城时使用。同时，张奚若还参与了和平解放北平的大量工作。

在北平宣布和平解放后，清华园迎来了新政权所造就的全新的政治局面。而对于正担任着系主任职务的曾炳钧及其同事而言，这是一个百废待兴的时刻，又是一个百新待展的时刻，因而曾炳钧也许成了清华园里最繁忙的教员之一。他担任了新成立的校工会委员会里的政治学系代表，负责组织政治学系的教员和学生下乡参加土改运动，参与解决政治学系教师工资按照解放区薪酬计算办法换算成小米斤两数量的问题。与此同时，政治学系又迎来了由上级派遣来的"老八路"、时任中共中央高级学校哲学教研室副主任的孙定国；清华政治学系开始了课程体系的修订和改革，成立了大课委员会；刚过而立之年的杜汝楫在组织的安排下开始了新的学习，准备按照上级的统一要求，在新的学年里讲授新设置的"新民主主义理论"课程。

1949 年 10 月，清华大学着手进行改革和调整。在经过师生讨论而通过的 1950—1953 年发展计划里，清华大学提出要在 15 年的时间里将当时只有 3000 在校学生的大学建成一所能够容纳 2 万学生的综合性大学。1950 年初，按照清华大学校部的安排，政治学系的教员被划分为两组，一为行政学组，另一为外交组。这年 3 月，按照教育部的部署，清华大学又开始了一次内部的院系调整，其中主要是根据中央政府各个部委的需求而调整专业设置，并以此为基础调整院系结构。经过酝酿和讨论，清华规定了新的院、系、教研组的职责；政治学系原有的两个组别终于演变成两个科系，即行政系和外交系。按照学校公布的院系职责，行政系要"培养学生使具有马列主义的观点和方法，分析国内政治问题的能力并掌握必要的专门知识及技能，俾能充任相关政法方面的行政干部和研究工作干部。(本系与政法委员会配合)",而外交系要"培养学生使具有以马列主义的观点和方法分析国际情势,研究国际问题的能力,并掌握必要的专门知识,俾能充任外交干部及国际法国际关系专业人才及师资"。

但随后的政治活动又冲击了学校的日常安排,行政系和外交系的计划未能得到实施。1951年2月,北京大学、清华大学等高校教授63人组成三个土地改革参观团分赴华东、中南和西北等地区,参观当时的土地改革;清华政治学系主任曾炳钧作为中南区参观团副团长,负责带队出行;政治学系的其他老师也同样分赴各地。先是参观,后是参与,清华政治学师生最终在各地农村盘桓了近一年。

然而,新中国的中央政府决定进行更大规模的院校调整并取缔了政治学以及社会学等专业设置,全盘按照苏联的院校模式重组所有高等教育机构。1952年6月26日,教育部的通知下达到了清华大学,次日便成立了"京津高等学校院系调整清华大学筹备委员会"。清华大学受命取消文科和理科,改造成为综合性工科大学。经过集体学习,组织动员,个人表态以及组织再动员等一系列程序,调出清华的教师便纷纷开始起身,赶赴新的单位报到。这时,调到北京政法学院的清华政治学教师有系主任曾炳钧,还有杜汝楫、陈体强、赵德洁等人,全部学生也随之而去。至此,清华政治学系在建立和存续了26年之后,退出了历史的舞台。

清华政治学人并没有就此消沉。曾炳钧等人在北京政法学院遇到了许多昔日的清华学子,其中有不少出身于政治学,居首的就是新任院长钱端升,还有曾任清华政治学系第二任系主任的吴之椿,以及龚祥瑞、吴恩裕和戴克光等人。按照钱端升的设想,这个新建机构将会建成为中国的"伦敦政治经济学院",新聚集起来的资深教授和新锐学人,将会调整治学重点,在宪法和比较宪法、西方政治思想史的教学和科研工作中打开一个新的天地。但不幸的是,随后持续不断的各次政治运动,不仅湮灭了他们最初的计划,而且他们自身也受到了严重的冲击;他们也曾与北京政法学院的同事一道,再次经历了所在机构的被撤销;他们当中还有一些人,由于各种原因,早早地告别了人世。但这一代的大多数清华政治学人,仍然见到了政治学的再度复兴,而且为之作出了独特的贡献。

1978年中共十一届三中全会之后,国内局势发生了根本性的转变。尤其是改革和社会发展的迫切需要,使中国政治学重建得到强大动力。1979年3月,改革开放的总设计师邓小平同志指出:"我并不认为政治方面已经没有问题需要研究,政治学、法学、社会学以及世界政治的研究,我们过去多年忽视了,现在也需要赶快补课。"1980年5月,时为北京政法学院教师的杜汝楫与其清华学长和西南联大时的同学和同事王赣愚、龚祥瑞、王铁崖、赵宝煦以及夏书章、杜若君、朱挹清、高原等人一道,在北京以《关于在高等学校设置政治学系的建议》为题,联名致信中央领导同志,要求恢复政治学学科,他们指出:"为了在学术理论上拨乱反正,总结三十年来我国上层建设中政治建设的经验教训,为了在马克思主义指导下积极开展和深入进行对政治学的研究和培养造就政治学专门人才,因此普及政治学教育、重建政治学系是刻不容缓的。"显然,清华政治学人及其同行对恢复政治学所举证的理由是极其恰当的,而他们的努力更是功不可没的。1980年12月,中国政治学会在北京成立,清华政治学人钱端升被推选为名誉会长,杜汝楫等人被推选为常务理事;接着,北京大学、复旦大学和中山大学相继恢复了政治学学科的招生和培养工作。从此,中国政治学在蛰伏了近三十个春秋后,学科地位又得以恢复,学术队伍又开始重建,中国政治学迎来了发展的"新时期"。

正是在这个"新时期",在清华大学建设综合性、研究型、开放式大学的进程中,政治学系在2000年终于恢复了建制;2009年,又经历了全面的重组。重组后的政治学系十分重视学术布局的完善和师资队伍的建设,强调在学科发展和队伍建设中坚持"古今贯通、中西融会、文理渗透、综合创新"的办学理念,贯彻"中国情怀、国际视野和科学方法"的治学原则,主张继承清华政治学的学术传统,重振清华政治学的辉煌历史,力图使清华政治学成为国内一流、国际知名的学术重镇。

六、总结与展望

从 1909 年到 1952 年,清华由学堂而为学校,再为大学和国立大学,直至教育部直属大学,清华的政治学教育随之经历了一个由筚路蓝缕、从无到有的艰苦创业,后经基石底定、奋发图强的辉煌发展,再到战火弥散、沐风栉雨而不缀学业的西南联大,直至 1952 年时受命停办,其过程之曲折,起伏之悬殊,足以令后人惊叹不已。而纵观这一历史,当可发见有若干特点浮现其间,其脉络之清晰,走向之延绵,亦足堪后人记取。

其一是以中国情怀受业授教

超收庚款的返还,之于美国而言,固然与其传统中的理想主义相关,却也与其更深刻的功利考量相涉。但对于那些深感国力已弱而无法为青年才俊提供官方资助的有识之士而言,这是一个引进外国先进知识而徐图强国之路的可行途径;对于那些因家庭贫寒而难有留学之想的青年学子而言,这更是开通了一条成就自身才能而报效乡梓的难得途径。因此,清华立校伊始,培养人材以辅国自强便是其公开宣布的宗旨。依据 1911 年 2 月的《清华学堂章程》,学堂以进德修业、自强不息为教育之方针;1912 年的《北京清华学校近章》明示,学校以培植全才、增进国力为宗旨;而 1928 年 9 月的《国立清华大学条例》则载明,清华大学"以求中华民族在学术上之独立发展,而完成建设新中国之使命为宗旨"。按照梅贻琦的说法,这就是"造就专门人才,以供社会建设之用"。对此,陈寅恪亦曾评论:"吾国大学之职责,在求本国学术之独立。……而清华为全国所最属望,以谓大可有为之大学,故其职责尤独重,……此重公案,实系吾民族精神上生死一大事者。"在 1927 年 5 月应邀为即将放洋的清华学生而发表的"赠别大一级诸君"中,梅贻琦更是明确地提出:"诸君当临别的时候,预备正忙;赠别的话,不宜太多。所以吾最后只要劝诸君在外国的时候,不要忘记祖国;在新奇的社会里面,不要忘掉自己;在求学遇着疑难问题的时候,务要保持科学的态度,研求真理。"[①]

[①] 转引自黄延夏:《梅贻琦教育思想研究》,辽宁教育出版社 1994 年版,第 52 页。

相对而言，清华从学堂到大学，始终是国内物质条件最好的学府。但优渥的学习环境和工作条件，并未使清华学人对于自己的责任或有稍忘。清华教师的薪酬来自于庚款，清华的留学生名额也是根据各省赔付庚款的份额而分配的，因而清华教师以及来自各省的学子无时无刻不敢忘记自己的父老乡亲为庚款所作出的巨大牺牲。那些选择理工科的学生大多对国家的积贫积弱心有不甘而怀有实务救国之信仰，而那些选择社会科学专业的学生大多对现实政治意有不满而怀有改造社会之理想；途有殊而归宿同，道有别而心意通。一如清华学子张忠绂所说："自幼就服膺'天下兴亡，匹夫有责'的成语，深信每个人都应当替国家社会做点事，尤以我们这些官费培植出来的学生为然。"① 亦如今人在评论庚款留学生时所说的，"不管人们如何去评价他们，事实是这些人在 20 世纪主导了中国科学与教育的发展；而更为不易的是，不管他们在社会上处于什么地位，都能固守以国家和民族兴衰为己任的道德观念和价值精神，努力地去为国家的建设服务"②。

而对于祖国的责任，在大多属于留学归国者的清华教员那里，则上升为以学问立身安命、以知识强国强种的学术理念。早在 1922 年时，后来出任国立清华大学第一任校长的罗家伦就提出："自己的学术界程度与标准不提高，向国外剽窃是无用的。民族要有独立的思想，当有独立的研究、学风、方法，及材料之策源地。"1925 年，时任清华教授的梁启超在《清华周刊》上发文曰："一国之政治独立及社会生活独立，俱以学问为之基础"；并由此严重告诫，"故我同学在留学中，不容徒费全副精力以习彼国之实务而忘我国之实务，当常常注意其研究方法，思及回国后与本国实务接触，如何始能应用。"③ 1933 年，清华大学评议会还专门通过社会科学各系的课程应尽量向有关国情方面发展的决定，并建立了专门机构和专门措施以推进相关工作。

在此种趋势的影响之下，清华政治学的课程体系逐步完善，到 1930 年浦

---

① 张忠绂：《迷惘集》（近代中国史料丛刊续编第五十三辑），台北：文海出版社 1978 年版，第 46 页。
② 程新国：《庚款留学百年》，东方出版中心 2005 年版，第 322 页。
③ 《清华周刊》第 350 期，1925 年 9 月 13 日。

薛凤出任第三任系主任后，清华政治学系同仁"为造就吾国应用人才起见，对于本国政治方面各学科及市政学，尤加注重"①。而清华学子不仅在课堂上可以习得相关知识，而且在求学期间还组织了多个政治学术团体，旨在合力探讨政治理论和实际问题，表达对现实政治的关怀。1918年11月，留美学生在哥伦比亚大学成立了政学社并发行《政学丛刊》；而张奚若、金岳霖等政治学留学生又办起了《政治学报》；1920年11月，在校的清华学子则成立了"政治学研究会"。1924年时，正在美国读书的王化成曾修书《清华周刊》，建议清华增设有关中国社会科学的课程；当他于四年后学成回国任教于清华，越六年又升任教授职务并兼代政治学系主任时，在清华政治学课程设置中，有关中国历史政治和现实政治的课程已经占总课时的三分之二。而相应的教材建设和学术著述不仅满足了清华政治学学生的求学需求，而且为中国政治学的知识积累增添了最为光彩的部分。

作为一个道统相继的学术团体，清华政治学的这种中国情怀始终如一，导引着清华政治人的受业与授教，贯穿着清华政治学的整部发展史。

其二是以国际视野求学治学

清末民初，中国新式学堂的开办大多源起于引进外来智识，包括从日本以及欧美各国引进学制、课程、教材和教习。而最初以留美预备学校开办的清华，在这方面更是突出；"以造成能考入美国大学与彼邦人士受同等之教育为范围"的办学功能，使清华实际上与美国学校为蓝本而力图与美国大学实现全面的接轨，其目的是使清华学生能够在赴美留学时可以直接插入美国大学本科高年级学习，最终既能使清华学生直接对接美国大学教育、尽快适应美国大学的学习，又可相对节省留美时间，从而在章程所规定的五年资助期内完成学业，获得较高的学位。

而此时的美国，正处在全面而快速的发展之中；从1909年持续到1937年的庚款留学活动，恰好与美国崛起为世界头号强国的最后里程相啮合。相

---

① 王化成：《政治学系概况》，载《清华周刊》向导专号，1935年6月14日。

形之下，第一次世界大战的战火摧残和第二次世界大战日益迫近的现实压力，使得欧陆国家难有全面发展的良机，始自于1930年代的排犹浪潮又使一大批犹太裔学者先后涌入美国，因而美国几乎在自然科学、工程科学乃至社会科学方面开始全面超越旧大陆，在世界上独占鳌头。这样一些条件的配合，使得优中选优的清华学子如鱼得水般地在美国大学里从事知识学习，进而造成了人类文化交流史上几乎从未有过的特异情形：在不到30年的时间里，中国具有了一批掌握了世界先进科学知识的人才，而他们对于中国的发展和进步起到了巨大的作用。

在1909—1911年的前三批庚款留学生共180人中，有学习政治学的19人；从1912年至1929年，清华留美预备部期间留学美国的有973人，其中学习法政的有133人；另有专科生和幼年生出国共132人，其中有学习政治学的40人左右。据另一项统计，1905—1937年期间，中国留学生获得政治学博士学位者共42位，其中清华出身者22人；获得国际关系和国际公法博士学位者共45位，其中清华出身者13人。① 而仔细考察那些经由清华之后而赴美学习的清华政治学子，可以发现他们大多依据着这样一条"路线图"：从中西部较小规模的大学开始起步，经历一至两年的插班学习之后即以优秀成绩获得本科学士学位，随即转入东部著名高校投入名师门下进入研究生阶段的学习，或以高分获得硕士学位或以优秀论文获得博士学位，再以一年时间赴欧陆入著名高校游学进修。② 这样，他们在五年、最多六年的时间里，以庚款资助的定额生活费尽可能地在美欧一流名师名校中展开学习和研究；他们的勤勉，他们的刻苦和他们的学习成绩，往往会得到师友的好评。他们学成归国后大多安身立命于学界与政界，或参与实际政治与行政，或进入高等学府与科研机构，对学术和政治均有重大影响。直至1930年代末，清华政治学不仅从无到有、完成了学术建制，而且已经成长为国内一流的学术机构，而从

---

① 袁同礼编：《中国留美同学博士论文目录 1905—1960》（*A Guide to Doctoral Dissertations by Chinese Students in Amerca, 1905 - 1960*）。

② 参见孙宏云：《中国现代政治学的展开：清华政治学系的早期发展，一九二六至一九三七》，生活·读书·新知三联书店2005年版，第25—67页；亦可从浦薛凤、钱端升、陈之迈等清华政治学人的留学经历中看出。

1926 年分科建系直到 1952 年停办政治学，清华政治学的四任系主任均是留美学生，任教者亦大多为留美学生。同时，在全国各主要大学中，政治学系的领导者和学术骨干更有不少是出身清华的留美政治学者。他们以丰富的留学经历、丰厚的知识积累和丰实的研究实践，成为学兼中西、智融四海、语通内外的又一代"放眼看世界"的志士仁人。他们在输入与传播现代政治学知识，分析与研究中国社会政治问题，创建与推动中国政治学科发展，培养和扶植中国本土知识传承以及向世界介绍中国政治经验和政治智慧等多个方面都扮演了重要的角色。

正是在他们的身体力行和影响推动之下，中国学术的基本形态发生了根本性的变化：就知识论的范畴而言，由传统的四部形态的知识分类转变为七科形式的学科设置；就学术活动的场域而言，由官学一体的科场场域转入为学术而学术的学校教育场域；就学术人的社会角色而言，由传统的士大夫转变为比较纯粹的知识生产者和传播者；就学术写作的形式而言，由随感式的语录体转变为比较规范的论文写作形式。凡此种种，使得中国文化得以与世界各国的文化进行沟通和交流，进而汇集为人类文明的共同宝库。而在这一过程中，中华民族也获得了世界社会的认识与赞赏。而在他们的教育和培养之下，更多的清华学子也同样系统地学习了世界文明和先进知识，具备了国际的视野，从而为中华民族与外部世界的交流和对话奠定了最基本的人力资源之基础。而直到 1980 年代中国复建政治学科之际，那些走在前沿的政治学者如端木正、赵宝煦、杜汝楫、曾炳钧、龚祥瑞等等也都是出身于清华政治学的。

由此可见，国际视野与清华政治学与身俱来的学术品格，既是清华政治学孑然于世的学术风范，更是清华政治学人求学治学所培植、遵循和坚持的学术传统。

其三是以科学路径开展教研

中国情怀与国际视野的结合，说到底，对于清华政治学人而言，就是体现为用现代科学的路径开展政治学的教学与科研。前者使他们关注于中国问题和本土知识，后者使他们能够以现代学术的理路和方法处理中国材料，并且以现代学科的方式和方法教授和传播由此而形成的现代中国政治学知识。

在中国现代政治学的发展脉络中，严复早在 1905 年时就指出："盖政治一宗，在西国已成科学"，"西国至十九世纪，政治一门已由各种群学分出，故其理易明，其学易治。"且"吾人考求此学，所用者是天演术，是历史术，是比较术，是内籀术"。① 至 1920 年代，由清华留美归国而后曾任北大政治学系主任的张慰慈曾出版了一部得到国内各大学政治学系广泛采用的政治学教科书《政治学大纲》，在他看来："政治学当然是包括在科学范围之内，政治学的原理原则是人造的假说，拿来解说政治社会中万事万物现象的。这些原理原则都是应付环境的一种工具。"② 他特别强调，科学家求科学律例，至少要用三层功夫，一是在搜集事实，其方法是观察与试验；二是提出暂定假说；三是在实地试验，检验与证明假设的真理。1926 年钱端升在清华学校也曾专门演讲政治学的科学性问题，他认为，政治学"如能成为科学，则当可自成一家，在社会科学中，当可占位置。否则恐仍不免介于哲学法律之间"；而对于政治学未来的发展，他坚持乐观的态度，以为"当不难成为科学"。③ 这样一些关于政治学之科学性质的理解显然带有实证主义社会科学的色彩，应当是受到了彼时美国政治学发展之主流的深刻影响。

在这一取向之下，清华政治学的教员和学生展开了独立的政治学研究。更确切地说，在当时党派林立、军阀割据的情势下，清华政治学者大多能够弃绝党派之分野而对社会现实展开深入研究；在制度缺失、当局颟顸的条件下，清华政治学者仍能够坚守独立客观之立场而对制度得失进行学术探讨。也正是在这种实证科学趋势的支配下，浦薛凤创立了"政治五因素说"，以此为分析中国现实政治提出了科学的分析框架。在清华大学主办的《社会科学》学刊上，浦薛凤发表了长文《政治学之出路：领域、因素与原理》，他认为：

---

① 严复：《政治讲义》，载王栻主编：《严复集》第 5 册，中华书局 1986 年版，第 1249—1280 页。
② 张慰慈：《政治学大纲》，上海：商务印书馆 1930 年第 8 版，第 14 页。
③ 见钱端升讲：《政治学》，载《清华周刊》，1925 年第 17 期。

"政治,即人类共同事务之有组织的管理,共含有五项因素:(一)政治现象,(二)政治制度,(三)政治观念,(四)政治势力,与(五)政治人物。"①在系统论证的基础上,他认为由此五因素可以探讨关于治乱兴亡的规律,确定中国现代政治学的原理,俾使政治学成为真正的科学。

如果说浦薛凤所代表的是一种由现实分析方法所开通的理路,那么,萧公权则走出了另一条略有不同却异曲同工的路向。按照1940年代曾任武大政治学教授的樊德芬之所言,这是一种注重将中国之固有的政治材料加入进去,使中西两方面互相比较,藉以引申政治原理的道路。② 至今仍有极大影响的《中国政治思想史》一书,其写作意图就是"采政治学之观点,用历史之方法,略叙晚周以来二千五百年间政治思想之大概"③;其写作方法是"叙述各家思想,力守客观之态度。偶有论评,亦意在辨明其历史上之地位,非敢任意抑扬,臆断得失"④。而这种"以事实为历史以及以历史为史观"⑤的研究方法和写作原则,无疑是在倡导一种客观和科学的研究路径。

其实,萧公权写作《中国政治思想史》一书的更深用意,在于驳斥那种以为中国古代有人生观而无政治思想,有片断感言而无系统思维的论调,在于反对那种主张全盘西化、而以中国政治思想附会为西方政治思想一派一系之附庸的做法,还在于否定那种盲目自大、唯我独尊而以为中华文明居于世界之巅的井蛙之见。这也就是萧公权所主张的"以学心读,以平心取,以公心述"⑥。当然,与萧公权处于同一时代而取同样立场的不乏其人,一如其早年弟子鲁光恒在谈到那个年代时所指出的那样,"那时,……学术界可说是一大片的原始的园地。中国通史是钱宾四先生首先踏进去的;中国哲学史是冯友兰先生踏进去的;中国佛教史是汤用彤先生踏进去的,中国外交史是蒋廷

---

① 浦薛凤:《政治学之出路:领域、因素与原理》,载《社会科学》,1936年第4期。
② 见樊德芬:《近代政治学的特色》,载《现代学术文化概论》第二册:《社会科学》,上海:华夏图书出版公司1948年版。
③ 萧公权:《中国政治思想史》,凡例,新星出版社2005年版。
④ 萧公权:《中国政治思想史》,凡例,新星出版社2005年版。
⑤ 邹文海:《记萧公权先生》,载《清华校友通讯》第14期,1965年10月29日,第1页。
⑥ 萧公权:《问学谏往录》,黄山书社2008年版,第70—71页。

黻先生踏进去的；中国政治思想史则是萧公权先生踏进去的"①。这些大师级的人物在抗战前夕或抗战期间，在颠簸游离、艰难困苦之际以绝大气力与心血写出了至今为人传道的煌煌巨著且多采取通览通史的写法，其现实的目的还在于用自己的学术研究力证中华文明之延绵不绝，中国历史之融会贯通，提振国人之抗战决心与信心。② 这正是大师以为大师之根本，正如清华政治学第四任主任张奚若之所言："学问要往大处着眼，不然就是精深也是雕虫小技。"③

正是在这个意义上讲，清华政治学的中国情怀、国际视野和科学路径，归结到底，就是以报效祖国的期许从事学术研究，以学术研究的志业关怀家国命运。而清华政治学的历史沿革，在某种程度上就是一部中国本土的政治经验、政治智慧和政治问题进入现代学科框架的历史；在这一历史过程中，清华学人以中国材料写就了堪与世界学界展开平等对话的学术著述，以先进的学科知识培育了堪与世界学界展开公平竞争的专业人才。

而从学科的视野来说，从清华政治学的发展中还可以看到，作为社会科学的主流学科之一，作为积累和沉淀着数千年人类政治智慧的知识门类之一，政治学供给着进行理论思维的要诀与关窍，凝练着进行从事现实社会分析的手段和方法。因而，世界一流大学莫不以绝大精力与财力投资于政治学以期占据学术领先之地位和知识教育之高地。而清华亦从建校始即强调政治学的发展以期造就领袖群伦的学术精英和引领社会的事业先锋，相应地，清华政治学所取得的辉煌成就，与清华社会科学的其他学科一起，共同奠定了清华大学作为国内一流学府的根基。

当下正是中华民族走向振兴的关键时刻，清华政治学无疑会在这一历史发展的重大关头作出自己的知识贡献。

（本文的最初版本刊于钱颖一、李强主编：《老清华的社会科学》，清华大学出版社2011年版，此次发表作了较大的调整）

---

① 中华民国史料研究中心编：《中国现代史专题研究报告》第 II 辑，第38页。
② 见钱穆：《八十忆双亲师友杂忆》，生活·读书·新知三联书店2005年版。
③ 周培源编：《张奚若文集》，清华大学出版社1989年版，第20页。

现代思想与古典资源

- 建国的三个时刻：马基雅维里、霍布斯与洛克的递进展现
- "直接民主"抑或"代议民主"？
- 现代儒学的浮现：从独享政治权威到竞争文化资源

建国的三个时刻：马基雅维里、霍布斯与洛克的递进展现

任剑涛

现代国家是"人为设计"（artificial design）的结果。这有两个基本涵义，一是现代国家乃是各个致力建国的政治家们自觉追求的政治活动结果，二是现代国家乃是政治思想家们理性提炼的规范政治体。就现代政治家们对国家建构的尝试来讲，其理性性质弱于后者，但实践特征胜于前者；就政治思想家对现代国家建构的贡献而言，其理性成果强于前者，但实践引导弱于前者。但从政治思想史的视角看，政治思想家对现代建国的设计，具有从理论上探究的优先性。

一般而言，政治思想界习惯于就某个政治思想家的论述来处理现代国家的设计问题。比如就马基雅维里区分政治与道德的界限来看现代国家的本质。这是一种局限性很大的思考方式。因为现代国家的设计，经由数代政治思想家的共同努力，才克尽理论建构之功。从现代政治思想史来看，如果不是马基雅维里、霍布斯与洛克对现代建国三个关键时刻（three critical moments of state construction）的递进展现，人们是不可能完整地把握现代建国的总体状况的。而对这三个时刻，政治思想界习惯于将其分别加以观察和论述。① 本文认为，这是对现代国家设计不连贯、因此也就是一种扭曲性的理解。为此，将三人递进展现的建国三个关键时刻连贯起来进行分析，便成为人们准确理解现代国家建构情形的前提条件。围绕这样的建国时刻立论，致力于建构现代国家的人们，才足以规避现代国家设计的理论—实践陷阱。

一、天壤之别：传统国家与现代国家的分界

现代建国的政治理论有一个复杂的展开过程。但清理这一历史演进过程的前提条件，则是古今之争维度呈现出来的国家形态差异问题。如果说古今国家形态并无根本差异的话，那么古人也就替今人一劳永逸地解决了国家的理论建构任务。如果说古今国家形态具有根本差异的话，那么今人就必须另起炉灶，构建"现代的"国家框架。只有在弄清楚这一问题的基础上，人们才足以进一步揭示建构现代国家的政治思想进程是不是由某一个思想家一次性、一揽子地解决了的问题。

一般而言，论及国家建构和国家发展的理论，都将之放在一个自然历史延续的过程中，藉此消弭古今国家之间的界限，力图把国家看作是政治体自然演变的过程。在国家作为统治机制的本质特征上讲，这一看法是有根据的。但如果从国家的历史结构特征上看，这一看法则掩盖了国家发展过程中出现的根本结构变化。在古今两个时间端点上，传统国家（古）与现代国家（今）结构上的本质性特点，就存在根本的区别。②

---

① 譬如影响最为昭著的，就是美国著名政治思想史家波考克提点人们注意共和国危机状态中必定呈现的"马基雅维里时刻"。不过他对马基雅维里时刻的论述，主要是基于他的共和主义理念，因此并不在本文重点关注的范围内。J. G. A. Pocock, *The Machiavellian Moment: Florentine Political Thought and the Atlantic Republican Tradition*, Princeton University Press, 1975, pp. viii-ix.

② 在西方政治学界，对于现代早期（early modern）的研究，集中在现代国家与传统国家分道扬镳，据以成型的政治史研究上。参见〔美〕托马斯·埃特曼（Thomas Ertman）：《利维坦的诞生——中世纪及现代早期欧洲的国家与政权建设》（*Birth of the Leviathan: Building State and Regimes in Medieval and Early Modern Europe*），郭台辉译，上海人民出版社2010年版，导论，第1—4页。

传统国家与现代国家既在实践上、也在知识上区分开来。实践中的国家形态是一个政治史的问题，不属于这里要考察的对象。知识形态的国家是本文关注的核心。简而言之，在马基雅维里、霍布斯和洛克递进性地从理论上自觉、系统、深刻地对现代国家进行知识学概括之前，一切关于国家的知识形态上的论说，都属于传统国家的知识言述。

在对现代国家进行理性设计以前，传统国家以其呈现的实际型态，可以区分为几个类型：第一，暴力征服型国家。众所周知，古典的帝国（ancient empire）形态，都是暴力征服型国家，中国历史上的秦帝国、元帝国、清帝国，西方历史上的古罗马帝国，更早的亚述帝国，都是典型。这些超大型的古典帝国的建立，都是诉诸战争征服的结果。而征服的共同特点之一，就是骑马民族或者游牧民族对农业民族的征服。在简单的暴力逻辑基础上，古典帝国成功建立起来。国家之作为暴力基础上产生的一套复杂政治建制，就此获得了它延续至今的公认特质。①

第二，家庭结构放大构成的政治社会。古代中国承自周代的国家结构是最典型的。众所周知，中国从野蛮社会进入文明社会、从一般社会结构进入政治社会结构，"拖曳着氏族血缘的巨大尾巴"。周代的宗法制，就是一种家国同构的体制。君臣、父子、夫妻、兄弟、朋友，这样的伦理—政治关联结构，构成国家的基本结构。② 将家国统合起来的方式是"事父以孝，故忠可移于君"，这一原则构成了中国古典统治史的基本法则。

第三，城市—国家（城邦）类型。以古希腊的城邦制度为代表。这一国家结构呈现了初始文明结构（家火制度），以及抽象的、理性设计的古典制度两种型态。前者的国家结构型态与东方国家类似，主要是在家庭关系扩展基

---

① 参见〔美〕斯塔夫里阿诺斯（L. S. Stavrianos）：《全球通史：1500年以前的历史》（*The World Since 1500: A Global History*），吴象婴等译，上海社会科学院出版社1999年版，第六章"古代文明的结束"，尤其是该章最后三节对"游牧民族进入历史"的记述，第149—165页。
② 参见何兹全：《中国古代社会》，北京师范大学出版社2001年版，第一部分"由部落到国家"，第四节"早期国家形式"，第95页。作者指出，周代"大宗、小宗的族长同时就是天子、诸侯、卿大夫。他们在家的族权和在国的统治权是合一的"。

础上构成国家体系。① 后者则是由苏格拉底、柏拉图、亚里士多德三代师生着手设计的。柏拉图的"理想国",便是希腊作别家火制度,建立在超越血缘关系、立于政治关系基础上的国家型态,进入以公正为导向的古希腊典范国家型态的标志。这一型态是其他所有古典文明国家未曾出现过的国家形式。② 家火制度的崩溃,导致了国家结构的萌生。这一崩溃的动力,不仅是家庭规模的扩大,而且是古代战争的频仍。古希腊城邦之间频繁的战争,使家庭、家族的成员日益无法应付战争兵员的需要。家火制度时期的希腊城邦,人数不可能太多,封闭性过强,资源明显短缺。于是,外邦人、奴隶逐渐成为兵员来源,并借助战功取得了公民的政治权利。因此,古希腊城邦制度不得不改变其家庭—国家紧密联系的初始制度,逐渐建立起一种包容性的、公正取向的城邦制度。随着获得公民身份的城邦成员的增多,国家规模的扩大,家庭议事式的政治结构就不敷应用了。基于相对周全考量的民主制度的设计,就成为希腊人的独特创制。在库朗热看来,希腊古典国家的诞生,是四次革命的产物:首先是去君主的革命,这场革命将教权与政权分离开来。接着是家庭组织革命,将长子特权废除,促使氏族社会解体。跟着是国家成员革命,使得平民进入城邦。最后是公民权利革命,不仅拉近了富人贵族与下层阶级的距离,而且以公众利益作为政制运作的导向,民主制度就此确立起来。③

古希腊(罗马)经历四次革命之后,政治体运行于新的民主准则之下。苏格拉底三代师生因应于城邦制度变迁的新需要,发现需要有一种抽象的、理性国家设计,以便引导国家的发展。柏拉图的《理想国》应运而生。柏拉图的"理想国"将所有现实中的政治制度都宣判为不合理的制度,他完

---

① 参见〔法〕库朗热:《古代城邦——古希腊罗马祭祀、权利和政制研究》,谭立铸译,华东师范大学出版社2006年版,第三章"圣火",第四章"家庭宗教",第15—38页。
② 参见日知主编:《古代城邦史研究》,人民出版社1983年版。该书将世界范围主要古代文明型态的初期国家形式,都放到"城邦史"的框架中加以比较研究。唯独古希腊(尤其是雅典)晚期对现实制度进行批评的、柏拉图式的"理想国"城邦制度,是其他古代城邦制度所没有的建构。见该书第三章"古代城邦政治形式发展的四个阶段",第61—83页;以及第十一章"公元前6—4世纪雅典民主政治的若干问题",第237—260页。
③ 参见库朗热对四次革命的描述与分析。〔法〕库朗热:《古代城邦——古希腊罗马祭祀、权利和政制研究》,谭立铸译,华东师范大学出版社2006年版,卷四"革命",第228—306页。

全凭借自己的超凡想象力,构思了一个理念性的国家。这个"理想国"与现实中所有的国家型态都无关,因此它不受现实政体优劣的评价束缚。这个国家完全是理念性的,是对理想型态的国家进行的全面勾画。它完全脱离了神旨。① 这一国家型态为颠覆现实中的任何政体准备了政治理论。可以说此后的国家理论在现实与理想之间的展开,是由柏拉图提供的原初精神动力。

第四,政教合一国家。中世纪欧洲的国家型态是为典型。尽管中世纪早中晚期的国家型态存在相当大的差异,但是,以教权为中心的政治布局始终构成这一阶段政体安排的核心。"重要的只是未经分化的基督徒:宗教不与政治分离,政治不与道德分离,诸如此类。最要紧的只是人的基督教信仰,而不是他的社会或道德行为。至少在公共领域中,他的行动不能以基督教以外的其他任何规范来判断。这种整全性的观点,或者换一个更合适的名字,叫做'极权'的观点(虽然我们需要马上补充,这和极权主义的现代涵义并无关系),是一个需要记住的特征,只有这样才能知道我们所谓的政治理念和概念在最初是如何产生的。"② 中世纪这种政教合一的国家特征,与古代和现代都极为不同。

传统的国家型态,分别与呈现这些型态的地区的政治情形紧密联系在一起。这些国家型态,并不具有世界范围内的普遍适应性。在形式构成上讲,古代的、传统国家型态具有可比较的类似性质(如都经历了城邦制度阶段)。但从实质结构上讲,这些传统意义上的国家都是其区域环境的产物。只有现代国家型态,才具有了跨区域、跨文化的普适性特点。这是因为,现代国家的生成动力,与传统国家完全不一样了。从物质角度讲,现代国家在15世纪的国家征服逻辑当中建立起来,但这样的国家征服逻辑,并不单纯是古代那种纯粹武力性的。更为重要的现代征服逻辑蕴含在市场经济形式中。从观念

---

① 参见〔美〕谢尔登·S. 沃林 (Sheldon S. Wolin):《政治与构想——西方政治思想的延续和创新》(*Politics and Vision: Continuity and Innovation in Western Political Thought*),辛亨复译,上海人民出版社2009年版,第35页。
② 〔英〕沃尔特·厄尔曼 (Walter Ullmann):《中世纪政治思想史》(*A History of Political Thought: The Middle Ages*),夏洞奇译,译林出版社2011年版,第12页。

视角看，15、16世纪兴起中的现代国家，还缺乏政治理论上的系统归纳。现代统一国家，最初呈现为绝对君主制国家。其成熟型态是施行宪政民主制度的民族—国家（nation state）。在绝对主义君主制国家向民族—国家转型的阶段，开始出现现代国家理论。一直到民族—国家完形的时候，现代国家随这一过程展开的国家理论建构，才相应趋近于成熟。此时，国家的基本理念如自由、平等、博爱，国家的制度安排如宪政、民主与法治，国家的现代宏观结构如国家与社会的二元分离与互动，才由政治理论家加以正当化，成为国家建构理念的诸构成要素。对上述国家要素的综观性论证，不仅仅依靠政治学来完成，而依赖于现代人文—社会科学的多学科来证成。

就现代国家在实践上的推进过程来讲，法国在绝对主义君主制国家建构上力拔头筹。它率先在欧洲建成令人艳羡的统一国家。但是，法国并没有提供具有世界意义的现代早期国家建构的理论论证。倒是尾随在法国后面，以法国为楷模、试图建构统一国家的意大利，为这样的国家形态提供了理论证明。从而为现代国家之由绝对主义君主制国家奠基，演进到自由—宪政主义的民族—国家的规范状态，提供了最初的国家理论范式。在法国之后，英国人在经济形式的先行探索，将荷兰较为成熟的市场经济模式，推衍到与之适应的政治建构领域，从而为现代国家的结构状态——从国家的强大到国家的规范，提供了政治理论的两次论证。现代国家的兴起、发展与成熟过程告诉人们，它是与传统国家完全不同的、理性化设计的产物。这样的设计，完全不同于希腊晚期阶段柏拉图三代师生对古典国家的理性设计，这一设计完全是终结古典国家的理论形式。而现代国家的理性建构理论，则是开拓国家建构的现代局面之理论总结和实践引导。

传统国家与现代国家的结构性区别，体现在三个方面：首先，诚如德国哲学家康德对现代人精神状态根本特征所做的概括，现代人不再寻求神的庇护，也不再在神秘的观念中确立规则，理性让"人为自己立法"。康德呼吁人类"要有勇气使用你的理智"，走出受到蒙蔽的状态。而"这种启蒙所需要的无非是自由；确切地说，是在一切只要叫做自由的东西中最无害的自由，亦即在一切事物中公开地运用自己理性的自由"①。康德哲学相对于现代国家建构理论的出现，自然属于晚起。但他却相当准确地概括了先起的现代国家哲学精神。现代国家是其所有成员即公民，以天赋人权为依据，共谋建立起来的政治实体。这一建立过程，由政治家们和政治理论家们自觉推动。它不是神性、暴力或道德的产物，而是政治谋划的结果。在现代国家的建构中，神归神的逻辑，人归人的逻辑；道德的逻辑归道德，政治的逻辑归政治。政治成为政治体成员表达其意志，实现其自由的工具。理性，就此成为现代国家建构最重要的动力。

其次，在现代国家建构中，国家主体不再是神性力量，也不再是城邦传统，更不再是德性力量。这些支撑古典国家型态的观念基础，各有自己擅长的政体型态——神性主体支持政教合一的世界帝国，德性力量支持超民族的世界国家（或"天下"）体系，城邦传统维系着城市国家的精神基础。现代国家尽管是人类运用理性建构起来的政治实体，但这一政治实体直接呈现为民族—国家的型态。那些在政治上成熟的民族，自觉地建构适应于民族政治利益的国家实体。普遍国家的想象依然富有吸引力②，但民族—国家的想象构成国家建构理论的主调。

再次，现代国家是在政治家们的实际操作和政治理论家们的设计之间，逐渐凸显出来的国家型态。政治实践逻辑的优先性和政治理论逻辑的滞后性和跟进性，构成现代国家建构的突出特点。但这并不意味着国家理论仅仅是国家建构的副产品。相反，对于现代国家来说，萌芽状态的绝对主义国家有些无知冥行的特征。但从意大利建构现代国家开始，政治理论与国家建构如影随形：马基雅维里的建国理论与意大利的建国实践不分先后，而英国的现

---

① 〔德〕伊曼努尔·康德：《回答这个问题：什么是启蒙？》，见李秋零主编：《康德全集》第八卷，中国人民大学出版社2010年版，第40—41页。恰如论者所指出的，霍布斯政治理论的形而上学基础，就是"理性国家"(rational state) 理念，这一理念对后起研究者影响显著。Peter J. Steinberger, *The Idea of the Sate*, Cambridge University Press, 2004, p. 93.

② 共产主义的国家理论，尤其是它对国家消亡的想象，是在民族—国家时代凸显出来的、美轮美奂的世界帝国蓝图。对于现代主流的政治理论来讲，哪怕是设想永久和平，也是在民族—国家之间约定的基础上展开的。参见康德国家间永久和平的三条确定条款，见李秋零主编：《康德全集》第八卷，中国人民大学出版社2010年版，第353—366页。

代建国理论更是由霍布斯、洛克直接从建国进程中及时抽离出来①,这是与现代国家兴起的历史复杂性相关的。现代国家范型,不是由一个国家而是由数个国家完成的。而现代国家建构理论,也不是由一个政治思想家提出的,是由数代政治理论家完善的。相比而言,由意大利开端,到英国建成的现代国家范型,从政治理论上也分别由马基雅维里、霍布斯、洛克递进地予以证成。他们堪称政治理论上的"现代国家之父"。

二、设计现代国家:建国三个关键时刻的逻辑起点

在现代国家建构的过程中,政治理论的自觉成为意大利、英国建国最令人瞩目的特质。诚如前述,法国在现代早期的建国中脱颖而出。但政治理论上的阐释相对滞后,未能提供富有典范意义的、系统的现代建国理论。意大利接过法国建国的政治理论阐释任务,由马基雅维里给予了现代建国理论的首次系统说明。此后,由于英国的现代建国领先西欧国家,相应促成英国现代建国的政治理论优势。霍布斯和洛克联手拿出了现代建国的典范理论,制约了此后国家建构的基本理论思路和实践进路。何以举出马基雅维里、霍布斯与洛克三人来讨论现代建国的政治理论呢?原因很简单。那就是他们三个分别在建国的政治理论上凸显了三个关键时刻,阐释了国家必须统一、国家必须强大、国家必须规范这三个连贯的建国理念,为现代国家建构打下了最稳定的三角理论支架。

现代国家是在世界社会的基础上产生的。② 这意味着,即将脱胎而出的民族—国家,没有建国上可以依傍的对象。在希腊阶段,城邦并不是一个民族的统一政治建构,星罗棋布的城市国家及其相互征战,证明同一个古典民族

---

① 自然,意大利的建国理论不是马基雅维里一个人完成的。J. G. A. Pocock 就指出马基雅维里同时代的 Savonarola, Guicciardini, Giannotti 构成了一个政治理论研究群体。参见氏著:*The Machiavellian Moment*, Princeton University Press, 1975, p. vii. 至于霍布斯-洛克前后活跃的英国政治思想家,就更是发挥了引领他们思想的先导作用。参见〔美〕乔治·萨拜因(George Holland Sabine)等:《政治学说史》(*A History of Political Thought*)下卷,邓正来译,上海人民出版社 2010 年版,第 23—27 章,第 113 页及以下。

② 乔治·萨拜因将城邦之后的政治世界命名为"世界社会",并以此概观罗马与基督教时代的政治结构。参见氏著:《政治学说史》上卷,邓正来译,上海人民出版社 2008 年版,第 181 页及以下。

可以建立多个政治体。罗马与基督教世界的政治建构是世界社会的。只不过罗马的世界政治社会是世俗的，而基督教时代的世界政治社会是神性的。现代国家则是以政治上自觉要建立国家的民族作为行动主体的。这一民族，既具有历史、语言、文化、土地等既有要素对之的塑造，在实际从事建国时则更具有政治上主权、政府与成员身份资格的推动。因此，民族的既成要素必须被激活，它才能对民族国家建国的"民族"因素进行有效聚集；同时，进一步需要对民族的政治建国之"国家"因素进行谋划，以期收到民族认同基础上的政治认同效果。由此，民族—国家的建国才具有了双重保障：一个具有明确政治意志的民族，致力建构自己的主权国家。围绕这一目标，必须作别世界社会的宽泛认同模式，克服建国中的政治分裂，建构统一的中央权力机制。一旦这些目标的达成在体制上遭遇困难，具有雄才大略的政治家，就成为国家建构的决定性条件。正是因应于这样的时机，马基雅维里为国家必须统一进行了原创性的论证，从而凸显了现代建国的第一个关键时刻。

马基雅维里的建国思想，明显具有两面性：在政治理想上，他是认同古典共和主义立场的。这在《论李维》中得到淋漓尽致的表现。这也是波考克撰著《马基雅维里时刻》着力张扬的一面。在政治现实上，马基雅维里着力申述的则是政治家统一国家的不计一切，从而断然将道德与政治切割开来。这在《君主论》中得到鲜明的体现。显然，从现代建国史的角度看，《君主论》的原创性远远强于《论李维》。尽管论者强调指出，《君主论》比看上去的专制主义蕴含着更多的共和主义，而《论李维》则比看上去的共和主义蕴含着更多的专制主义。但无疑，《君主论》的定位是在政治现实维度指向的国家统一，而《论李维》的定位则是在政治理想指向的共和主义。如果说后者是马基雅维里写给自己的朋友看的一部书，因此表明的确实他的政治价值选择的话，前者则实实在在是在指点意大利的当下统一事业。[①] 人们常常将《论李维》的共和主义倾向视为马基雅维里对作别神权政治、进入世俗社会的辩

---

① 参见〔美〕哈维·曼斯菲尔德：《导论》，见〔意〕马基雅维里：《论李维》，冯克利译，上海人民出版社2005年版，第5—13页。

护书，并且把《君主论》作为权谋诡诈之术的集合，因此将前者的价值远远置于后者之上。其实，这是对《君主论》阐释国家必须统一的现代建国关键时刻之独创性观点的贬抑。① 无疑，马基雅维里对于世俗政治社会兴起的共和主义表达，具有不可忽视的现代性内涵。但共和主义的古典蕴含，是世界社会赋予的。对于一个民族国家的兴起来说，共和主义的政治驱动力明显弱于现实驱动的国家统一要求和实用主义的政治术。不过，当《君主论》与《论李维》在共和主义的基点上重合的时候，政治实用术的价值指向就凸显出来；当《论李维》对冲《君主论》的政治实用术时，后者的现代指向也就更为鲜明。不过，如果没有《君主论》对统一国家这个现代建国关键时刻的凸显，《论李维》也就不过徒发思古之幽情而已。还需要注意的是，马基雅维里看重的古典共和主义，主要是因为他对罗马国家扩张能力的推崇。但他对君主威权的重视，则直接源于统一国家建构的需要。国家建构的实际处境是，尚未统一的国家，是完全不可能具有向外扩张的强大能力的。这也是《君主论》的现代品质高于《论李维》的地方。

这样的论说与马基雅维里的处境有关。现代国家建构创生的第一个重要资源就是民族认同基础上的国家政治统一。缺乏政治统一的国家，不可能进入建构民族国家的政治进程，这样的国家，极大可能处于一种民族意志涣散、政治实体划界而治的分离状态。只有一个具有共同民族认知的统一政治主体，才能构成一个具有主权支持的强大国家。而马基雅维里所生活的意大利，恰恰就处在四分五裂的国家状态中。马基雅维里的参政生涯，尤其是他驻法国的经历，从内外两个向度上塑造了他的建国思维：就意大利国内情况来讲，马基雅维里因为自己深厚的人文修养，而得到了佛罗伦萨共和国第二国务秘书的职位。并且被派驻当时欧洲最强盛的法国，担任外交官。由于这样的经历，使他深度介入了作为共和政体的佛罗伦萨政治事务。但佛罗伦萨在意大

---

① 参见〔意〕马基雅维里：《论李维》，冯克利"译后记"，第468—470页。作者指出，《君主论》更像一部"策论"，而《论李维》探讨的是共和国兴衰之道。后者与现代人的相关性程度更高。其实，现代人如何脱离神性庇护，进入"人"的政治世界，建立"人"的国家，并且免于道德对人的单纯规定性，将人显现为复杂的聚合体，并在此基础上建立国家，与现代人的关联程度，一点也不弱于后者。

利不同政治体之间的竞争中处于劣势，而且这一政体很快遭到惨重打击。另一方面，他出使法国，首先使他看到了当时意大利分裂形成的教皇国、米兰公国、佛罗伦萨共和国、威尼斯贵族王国、那不勒斯王国五个政治体，造成意大利国家能力的弱小。其次他还看到法国在欧洲政治中，以其建立起来的绝对主义王权国家，领尽风骚。以其周旋在法国上层的经验及他对操作国家权力的主事者能力的观察，他痛切地发现，君主权能的大小，对于国家命运具有决定性影响。基于这样的实际经历，当马基雅维里被迫赋闲、并致力寻求重新启用的时候，他几乎同时撰写的《君主论》与《论李维》，展现了现代建国的共和主义理想，以及切合君主建国需要的君主论。①

诚如前述，《论李维》的着眼点在于古典共和主义的国家扩张效用，尤其是对于罗马国力的增强与势力范围扩展的积极作用。这当然也是马基雅维里关注的建国主题。但是，相对于意大利的统一之仰赖君主的政治能力而言，这一问题明显处于次要地位。② 尤其是马基雅维里试图回到美第奇的宫廷中发挥作用，这驱使他对维护统治权的能力高度重视。但这不是一个政治理想与政治现实划分出来的界限。而是建国的政治事务呈现的问题次序。在罗马人以其共和政体取得强盛地位的历史基点上，马基雅维里当然可以从容地融入自己的政治理想。但在意大利根本就没有一个统一政治体的情况下，国家强盛的想象必定要让位给统一国家的设计。《君主论》就此不能被看作政治技巧的大汇编，而应当被看作是现代建国先导事务的系统铺陈。就此而言，《君主论》处理的主题是建国，而《论李维》处理的主题是国家实力的扩张。两者的先后主次因之而得到呈现。

《君主论》一书应当颠倒写作秩序来阅读。从是书的后半部分开始阅读，

---

① 参见〔英〕昆廷·斯金纳（Quentin Skinner）：《马基雅维里》（*Machiavelli*），王锐生等译，中国社会科学出版社1992年版，第一章"外交官"，第8—34页。
② 从稍后霍布斯的出场可以看出，国家统一，即依赖统治者高超的政治技能统一国家之后，才会出现国家如何强大的问题。这是一个政治实践与政治理论逻辑共同呈现的问题线索。这也正是马基雅维里开辟出两个建国论题，但只能处理好国家如何统一论题的缘由所在。但霍布斯的处理表明，共和主义并不是构成现代国家强大的精神与制度基础。按照政治逻辑讲，国家自身的赋权，才是它具有的能力高低的显现指标。对此，马基雅维里自己也有直白的表达，在《君主论》中他指出，一个君主首先的目标是创立国家，然后才是促使国家繁荣昌盛。〔意〕马基雅维里：《君主论》，潘汉典译，商务印书馆1985年版，第116页。

我们可以发现马基雅维里并不单纯是把本书当作晋身之阶来处理的。毋宁说他在进言洛伦佐·美第奇的时候，一方面想着被其启用，另一方面想着启用之后统一意大利的重大建国事务。在《君主论》的最后一章，马基雅维里着意强调，"意大利此时此刻是不是可以给一位新的君主授予荣誉的吉日良辰，是不是现在有某种要素给一位贤明的有能力的君主提供一个机会，让他采取某种方式，使自己获得荣誉，并且给本国人民带来普遍的幸福；我觉得许多事情合在一起都是对新君主有利的，我不知道什么时候比现在对君主的行动更合适"①。这句话中自然是有明显的献媚于洛伦佐·美第奇的意味。但从大处看，更关键的指向是他对意大利统一的强烈期盼，这是给君主展示自己能力设定的、更为宏大的目标，也是他对超越君主权谋技巧之外指示的现代建国宗旨。

正是在《君主论》最后部分设定的这部著作的宏大目标基础上，马基雅维里采取回溯的方式，着手总结归纳"意大利的君主们为什么丧失了他们的国家"。他说，"如果我们考虑一下我们这个时代在意大利丧失了他们的国家的那些统治者，像那波利国王、米兰公爵以及其他的人们，我们在他们身上首先发现，由于上面已经详述的原因②，他们的军队都有一个共同的缺点；其次，我们看到，他们当中有些人或者是被人民敌视，或者是，尽管人民对他们友善，他们却不知道怎样使自己免于贵族为患。君主们如果没有这些缺点，只要他们有足够的力量能够保持一支作战的军队，他们就不会丧失他们的国家。"③ 在此，马基雅维里强调君主维持统治国家权力的前提条件，不是单一的权谋诡诈之术，而是三个相互关联的因素：一是保有一支强大的军队，二是与人民友善，三是施展权谋技巧。可见，权谋技巧在马基雅维里建国理念中的地位，并不像人们想象的那么高。国家建构的任务在前，君主的品质在后。"意大利的政治现实需要一个新的国家，这个国家的领导应当具有智慧、

---

① 〔意〕马基雅维里：《君主论》，潘汉典译，商务印书馆1985年版，第122页。
② 这些原因主要指建立强大军队的种种举措之不得力。参见〔意〕马基雅维里：《君主论》，潘汉典译，商务印书馆1985年版，第12、13、14章。
③ 〔意〕马基雅维里：《君主论》，潘汉典译，商务印书馆1985年版，第116—117页。

勇气和能力。"① 这是对马基雅维里《君主论》申述的君主技巧的目的性设定。人们不能无视他的建国目的性，被其推崇的君主权谋论道所迷惑。

循此思路再阅读《君主论》的前半部分，就会明白马基雅维里高度重视君主政治权谋技巧的缘由。一方面，这固然存在他谋求洛伦佐·美第奇之用的意图，因此夸大地张扬君主的德行（virtue）。② 另一方面，需要指出的是，马基雅维里重视君主的权谋技巧，是由于他的控权能力高低，直接关涉国家内部的几个基本关系是否得到周全处置的问题：君臣之间是不是可以精诚合作，君民之间是不是愿意相互支持，君主军队之间是不是可以贯通命令与忠诚。政治操权的状态，注定政治建国的直接后果。按照这一思路，就不难理解马基雅维里将权谋诡诈之术提升到现代建国高度对待的理由。马基雅维里并不将自己论述君主的目光，停留在一般政体意义上的君主制度上面。他的这些论述被论者认为缺乏真知灼见。③ 他真正具有创见性的论述，在于对"新君主国"的论述。他首先断言，那些基于自己武力与能力获得的新君主国，在一个高度腐败的时代是可遇不可求的。于是其次，他将目光聚焦在"依靠他人的武力或者由于幸运而取得的新君主国"。这类国家登上王位的新君主，"为了确保他的新的王国领土安全免遭敌人侵害，有必要争取朋友，依靠武力或者讹诈制胜，使人民对自己又爱戴又畏惧，使军队既服从又尊敬自己，把那些能够或者势必加害自己的人们消灭掉，采用新的办法把旧制度加以革新，既有严峻的一面又能使人感恩，要宽宏大量且慷慨好施，要摧毁不忠诚的军队，创建新的军队，要同各国国王和君主们保持友好，使他们不得不殷勤地

---

① Jean. Pierre Barricelli, *The Prince: Text and Commentary: Presentation and Analysis of the Treatise on Power Politics*, Barron's Educational Series, Inc., 1975, p. 18.
② 马基雅维里的"virtue"不能被读作一般伦理学意义上的"美德"。这一概念既有道德美德的含义，也有政治与军事上的意涵，以及其他复杂的意蕴。在政治军事上的涵义，包括"干劲"、"决断力"、"勇气"、"技巧"、"能力"等意思。参见〔英〕罗素·普赖斯：《马基雅维利的 virtu 诸义》，傅乾译，载《政治思想史》2011 年第四期。
③ 昆廷·斯金纳在他所著的《马基雅维里》一书中指出，"任何阅读《君主论》的人，一开始会感到，此书除了对君主权力的类型以及'获得和保持它们'的手段作出枯燥的和过分程式化的分析以外，没有提供更多的东西。在开头的那一章，他从分解统治权的概念开始，并对它作出规定说：一切统治权'不是共和政体的，就是君主政体的'。然后他抛开前项，说他暂时略去关于共和政体的任何讨论，着重分析君主的权力。接下的观点并无灼见，认为一切君主的政体不是世袭的，就是夺取的。"见该书，第 38—39 页。

帮助自己，或者诚惶诚恐不敢得罪自己"①。此处的新君主国，直接的意思是指美第奇的佛罗伦萨，间接的意思则是指现代建国中的新型统一国家。马基雅维里对新君主的这些进言，之被读作阴损的权谋之术，在上述言辞中体现得较为鲜明。

但是，透过这些言辞应当看到的是，新君主处理国务的政治艺术。这恰恰是自亚里士多德以来西方政治思想对政治应有之义的阐释传统。只不过马基雅维里使用日常辞藻加以表达，导致人们理解的浅白性和下意识特点。于是，它就成了纯粹的权谋之术了。因而再次，君主对于德行善恶的决断，并不是围绕权谋自身展开的，而是围绕国家安危施展的。"如果没有那些恶行，就难以挽救自己的国家的话，那么他也不必要因为对这些恶行的责备而感到不安，因为如果好好地考虑一下每一件事情，就会察觉某些事情看来好像是好事，可是如果君主照着办就会自取灭亡，而另一些事情看来是恶行，可是如果照办了却会给他带来安全与福祉。"② 基于这样的原则，君主宁愿选择被人畏惧也不愿选择被人爱戴；宁愿运用诡计也不愿诚实守信；宁愿表现伟大而不愿被人蔑视和憎恨。唯有如此，马基雅维里心中所想的意大利，才有希望成为法国那样"组织得最好、统治得最好的王国"③。只有在他直白地将权谋诡诈之术的最后效用陈述出来的时候，我们才得以知晓马基雅维里是从建国的高度看待政治权谋或机巧问题的。

公认的是，《君主论》最让人刻骨铭心的就是道德和政治相分的理念。依照前面的简述，马基雅维里作出这一区分的进路，基本是将君主"政治的"权谋与"伦理的"德性传统分离。政治上君主可以无所不用其极，此时他们在伦理上不必有所顾忌；如果一个君主首先基于伦理上考量行为得失，政治上就一定被人制约。这是君主生活在险恶的政治环境之中注定的。可惜，人

---

① 〔意〕马基雅维里：《君主论》，潘汉典译，商务印书馆 1985 年版，第 36—37 页。
② 〔意〕马基雅维里：《君主论》，潘汉典译，商务印书馆 1985 年版，第 74—75 页。
③ 〔意〕马基雅维里：《君主论》，潘汉典译，商务印书馆 1985 年版，第 90 页。马基雅维里对法国的羡慕，正体现出《君主论》致力思考建国的核心关注。至于他对西班牙君主的欣赏，反而表现出有关君主个人能力的典范致思。

们在注意到马基雅维里这一关乎"现代性"政治凸显出来的重大贡献的同时,却忘记了他这一区分的目的是为了意大利的统一这一现代建国目标。目的被其手段所遮蔽甚至被掩盖了。于是,马基雅维里成为一个政治阴谋论的倡导者。但追原他的关注宗旨,围绕建构现代统一国家的目的,君主所采取的种种政治手段才具有正当性。由此往前进一步推论,假如君主不是为了建构统一的现代君主国,那么他使用阴损的政治手段,也就丧失了正当性。在马基雅维里看来,在"国家必须统一"这一建国宗旨的引导下,与道德疏离的政治手段才显示出极端重要性。如果丢弃了建国目标,只是空谈各种政治的权谋技巧,并认为那就是他所作出的现代政治理论贡献,实在是严重误读了马基雅维里。

三、设计现代国家:统一国家呈现的强大与规范时刻

马基雅维里在构想现代君主国据以建构的政治理论时,围绕建国目标提出权谋的重要性。他所凸显的论述宗旨,就是国家统一问题。为了实现这个目标,他不仅将共和主义的古典理想放置到国家扩展的第二级地位上,将建国的优先性夸张地放大,而且还断然将限制政治按照自身逻辑运行的德性伦理规范的地位,调低到忽略不计的低位上。但是,马基雅维里的建国逻辑往下展开,却处理不了关联着的其他重要问题:一个国家统一了,难道它的维系,只能依靠君主持续不断的权谋诡诈?国家是否存在其自身的生命力,抑或国家仅仅是君主主观政治意志与权谋支撑的产物?进而,国家在君主权谋技巧的支撑下面,就有不被规范的先天权力,从而使其成员不得不永远受制于国家、或长期承受作为国家生存意志的君主的淫威?这两个问题,不是马基雅维里所关注的,也就不是他着意要处理的政治理论问题了。因为在分裂的意大利构想统一君主国的建构,这一艰难的任务已经让马基雅维里全神贯注、无暇他顾了。只有在一个国家的统一问题解决了的前提条件下,这个国家的延续方式、规范与否的问题才有机会凸显出来,并促使政治理论家们去加以刻画和解释。

霍布斯的登场，在这里就具有了现实动力。霍布斯生活的时代，大不列颠民族也处于现代国家建构的特殊时期。这一时期，王党分子与自由分子、革命分子之间的建国思维对峙与政治实践纷争，直接作用于霍布斯的建国理论思路。他本人在上层社会的生活经历，在欧洲大陆与英国之间为逃避政治风险的流亡，对他的建国思维发生了重大影响。同时，由于霍布斯对当时欧洲的自然科学有较为系统的了解，尤其是对精确性很高的几何学甚为醉心，因此他试图建构一门关于社会政治的精确科学。《利维坦》就是在这样的政治目的与知识意图基点上撰著的。诚如列奥·施特劳斯所说，"霍布斯的政治哲学是为近代所特有的第一次尝试，企图赋予道德人生问题，同时也是社会秩序问题，以一个逻辑连贯的、详尽的答案。……只有在霍布斯那里，这些此前孤立地浮现出来的因素，才找到它们独特的近代性质的统一存在形式"①。

霍布斯的国家建构理论，需要拨开他的几何学形式，以及对君主制度的刻意示好，才能发现其现代建国的理论旨趣。一般而言，人们将霍布斯的建国理论切成三个部分来理解：一是建构国家之前的自然状态，二是建构起来的国家状态，三是国家主权丧失之后的情形。对这三个问题的论述，构成了霍布斯建国理论凸显国家如何强大的三个支点。而展开三个论述的政治前提是，国家是一个人造之物。"因为号称'国民的整体'或'国家'（拉丁语为 Civitas）的这个庞然大物'利维坦'是用艺术造成的。它只是一个'人造的人'；虽然它远比自然人身高力大，而是以保护自然人为其目的；在'利维坦'中，'主权'是使整体得到生命和活动的'人造的灵魂'；官员和其他司法、行政人员是人造的'关节'；用以紧密连接最高主权职位并推动每一关节和成员执行其任务的'赏'和'罚'是神经，这同自然人身上的情况一样；一切个别成员的'资产'和'财富'是'实力'；人民的安全是它的'事业'；向它提供必要知识的顾问是它的'记忆'；'公平'和'法律'是人造的'理智'和'意志'；'和睦'是它的健康；'动乱'是它的'死亡'。最

---

① 〔美〕列奥·施特劳斯 (L. Strauss)：《霍布斯的政治哲学》(The Political Philosophy of Hobbes: Its Basis and Genesis)，申彤译，译林出版社 2001 年版，第 1 页。

后，用来把这个政治团体的各部分最初建立、联合和组织起来的'公约'和'盟约'，也就是上帝在创世时所宣布的'命令'，那命令就是'我们要造人'。"① 这段话是霍布斯对国家现代性特质的准确定位。它鲜明地体现出霍布斯关于国家建构的理论特质：一是将现代国家落定在人为建构物的平台上，从而为自己清理出一块条分缕析国家这一对象的政治理论地盘。二是他将现代自然科学用以分析现代国家结构，对国家的各个组成部分进行了科学区分。三是确立了国家建构的契约主义进路，从而明确与神造国家切割开来，彻底解构了上帝之城与人间之城关联在一起的政治论述框架。

由于霍布斯对国家作出了人造物的定位，因此，从国家起源的视角重新厘定国家建构的进路，就是顺理成章的事情。他拒斥了神学的国家神定论，认为国家起源于自然状态，而不是神定秩序。在国家出现之前的自然状态，有两个特点尤其令人瞩目，一是人与人之间因为体力和智力总体上呈现的平等，二是一切人对一切人所处的战争处境。前者促使霍布斯申述了特别具有现代意味的个人主义立场；后者推动霍布斯阐述基于自我保全而建构国家的主张。就前者言，由于人们为了利益、安全和荣誉必然展开争斗，"在没有一个共同权力使大家慑服的时候，人们便处在所谓的战争状态之下。这种战争是每一个人对每个人的战争。因为战争不仅存在于战役或战斗行动之中，而且也存在于以战斗进行争夺的意图普遍被人相信的一段时期之中"②。在这样的时期，"最糟糕的是人们不断处于暴力死亡的恐惧和危险中，人的生活孤独、贫困、卑污、残忍而短寿"③。同时，一切政治规则荡然无存。"是和非以及公正与不公正的观念在这儿都不能存在。没有共同权力的地方就没有法律，而没有法律的地方就无所谓不公正。暴力与欺诈在战争中是两种主要的

---

① 〔英〕托马斯·霍布斯 (T. Hobbes)：《利维坦》(Leviathan)，黎思复等译，商务印书馆1985年版，第1—2页。
② 〔英〕托马斯·霍布斯：《利维坦》，黎思复等译，商务印书馆1985年版，第94页。论者指出，霍布斯的这一假设是基于人类总体状况，而非心理利己主义，这种假设是无效的。论者承认这一假设对理解人类互动的重要问题做出重要而持久的贡献。参见 G. S. Kavka, "Hobbes's War of All against All", in Preston King (ed.): *Thomas Hobbes: Critical Assessments (Volume3: Politics and Law)*, Routledge, 1993, p. 38.
③ 〔英〕托马斯·霍布斯：《利维坦》，黎思复等译，商务印书馆1985年版，第95页。

美德。公正与背义既不是心理官能、也不是体质官能。"① 人们为了自我保全、避免战争，不得不遵循达致和平的自然律及契约法。前者即自然律是理性的产物，构成人们行为的自然法则。"自然律是理性所发现的诫条或一般法则。这种诫条或一般法则禁止人们去做损毁自己的生命或剥夺保全自己生命的手段的事情，并禁止人们不去做自己认为最有利于生命保全的事情。"② 为此，只要人们能够求得和平，就愿意放弃自然状态中拥有的权利。权利的转让不是单方面的，而是相互。这就是后者即契约。契约需要建立在守信的基础上，人们才会遵守契约。守信意味着避免失信。而国家的建立，是保证失信不会出现的条件。

在自我保全不足以成功的情况下，大家一致将自己的权利交付给一个足以保全大家的权力，就是必然的选择，国家就此产生。"我承认这个人或这个集体，并放弃我管理自己的权利，把它授与这人或这个集体，但条件是你也把自己的权利拿出来授与他，并以同样的方式承认他的一切行为。这一点办到之后，象这样统一在一个人格之中的一群人就称为国家，在拉丁文中称为城邦。这就是伟大的利维坦（Leviathan）的诞生，——用更尊敬的方式来说，这就是活的上帝的诞生；我们在永生不朽的上帝之下所获得的和平和安全保障就是从它那里得来的。因为根据国家中每一个人授权，他就能运用付托给他的权力与力量，通过其威慑组织大家的意志，对内谋求和平，对外互相帮助抗御外敌。国家的本质就存在于他身上。用一个定义来说，这就是一大群人相互订立信约、每人都对它的行为授权，以便使它能按其认为有利于大家的和平与共同防卫的方式运用全体的力量和手段的一个人格。"③ 这是典型的现代国家结构：它建立在个人主义的基础上，依赖于个人的保全需要，仰仗和平秩序为其提供理由，依托于内外的划分显示它的保护性与排斥性，取决于人人的授权彰显它的权威性。但很显然，自然权利一经授予绝对主义的国

---

① 〔英〕托马斯·霍布斯：《利维坦》，黎思复等译，商务印书馆1985年版，第96页。
② 〔英〕托马斯·霍布斯：《利维坦》，黎思复等译，商务印书馆1985年版，第97页。
③ 〔英〕托马斯·霍布斯：《利维坦》，黎思复等译，商务印书馆1985年版，第131—132页。

家，就再无保留的必要了。①

问题在于，当人人将权利授予国家之后，国家凭借什么足以让人人得到保全。具有权威性的国家，就此必须体现出它的真正可靠的权威性，以便每一个成员都能够信任这个统一的人格，而国家本身也就因为这样的权威性表现，得到强大的维续动力。对此，霍布斯一方面透过国家的奖赏、惩罚、教化功能来确证它对成员的优先性与权威性，并彰显国家的强大力量；另一方面则透过国家主权丧失后的危险状况的描述，向人们证明强大国家维续的必要性与重要性。就前者言，惩罚只是为了保护国家利益，促使公民守法。如果惩罚针对无辜臣民，就违犯了自然法。奖赏不是国家对臣民的赠与，而是根据契约作出的行为。② 就后者言，霍布斯举出了一系列违反国家本质的说法，他高度看重自己认定的、最有利于维持国家稳定的君主政体。改变人们对于国家认识的种种不当观念，依赖于国家对人民的教导。国家对人民的教导主要着重于他们对自己政府的信赖，尊重主权者，树立蔑视主权代表者是一种大的过错观念，随时牢记国家的绝对权力，可靠区分正义与不义。当然，国家这种教导人们的行动，是以下述条件为前提的：国家保障人民安全、地位平等、公平征税、制定为人民利益所需而又清晰明确的法律、正确执行赏罚、甄选良好的参议人员。在这样的情况下，国家主权的稳定自然有充分的保证。"对主权拥有人所共知的权利本身就是一种众望所归的尊荣地位，拥有这种权利的人只要让人们看到他能果断地治理自己的家务，就可以使人民归心，而本身不需要其他什么东西。"③ 国家自身的强大力量，由此得到充分的展现。

霍布斯之所以能够在马基雅维里的建国论述，也即是在国家必须统一的基点上进一步阐述国家如何强大的建国理论，从外部因素上讲，是因为他生

---

① 参见 Q. Skinner, "Hobbes's 'Leviathan'", in Preston King (ed.), *Thomas Hobbes: Critical Assessments (Volume I: Back-ground: Texts and Context)*, Routledge, 1993, p. 86
② 参见〔英〕托马斯·霍布斯：《利维坦》，黎思复等译，商务印书馆 1985 年版，第二部分"论国家"，第二十八章"论赏罚"，第 241—248 页。
③ 〔英〕托马斯·霍布斯：《利维坦》，黎思复等译，商务印书馆 1985 年版，第 276 页。本段对霍布斯主张的概括，参见氏著：《利维坦》，第二部分"论国家"，第三十章"论主权代表者的职责"，第 260—276 页。

活的英国，已经完成了国家的统一任务。但国家处在战争的状态，维持国家的统一和秩序，进入和平的秩序状态，成为驱动霍布斯国家思维的重要动力。从观念背景看，则是因为霍布斯对国家之能推动人走出战争状态，进入和平处境的殚精竭虑的对应性思索。对霍布斯来讲，马基雅维里统一国家的国家建构问题已经不再成其为问题。需要慎重对待的问题是，统一国家如何能够维护和平的政治秩序。因此，霍布斯为国家赋予了极重的权柄。不过对国家的这种赋权，霍布斯总是在保护人民和施展权力之间来立论的。因此，显现出了与马基雅维里不惜代价统一国家的不同建国趣意。

但是，霍布斯并没有将建国的关键时刻完全展现出来。在霍布斯那里，主权国家的行动总是在"国家要如何如何"的句式得到表达的。因此，国家的至上性是国家行动力的保证。让人存疑的是，国家是不是能够自觉和理性地行使它的至上权力？这个问题不是霍布斯所关注的重点。统一的强大国家，如果真正想实现长治久安的规范状态，不能依靠一个权力不受制约的主权者，而必须依托受到严格限定的国家体系。这时，现代国家才真正进入一个足以自我保全并且长期维续的规范状态。给出这个规范的现代国家答案的，是展现建国第三个关键时刻的约翰·洛克。

洛克跟霍布斯一样，都是从自然状态出发，设定政治社会即国家建构进路的。但洛克的自然状态与霍布斯的自然状态相去甚远：洛克将自然状态与战争状态相区分。他认为自然状态"是一种完备无缺的自由状态，他们在自然法的范围内，按照他们认为合适的办法，决定他们的行动和处理他们的财产和人身，而无须得到任何人的许可或听命于任何人的意志。这也是一种平等的状态"，是"人类互爱义务的基础"。[①] 在这一状态中，理性，即自然法引导人们，人们既是平等和独立的，任何人就不得侵害他人的生命、健康、自由和财产。不过在自然状态中，人们会因为偏私，处处为己，并过分惩罚别人。这种自然状态，不同于战争状态。战争状态是一种敌对的和毁灭的状

---

① 〔英〕约翰·洛克 (John Locke):《政府论》（下篇）(*The Second Treatise of Government*)，叶启芳等译，商务印书馆1964年版，第3页。

态。自然状态下人们都是自由的，没有共同裁判者；战争状态下人们都处于敌对和毁灭之中，强力是一切的裁判者。"不存在具有权力的共同裁判者的情况使人们都处于自然状态；不基于权利以强力加诸别人，不论有无共同裁判者，都造成一种战争状态。"① 在这种情况下，受害者意图获得救济，就只有诉诸上天这个唯一的途径。因此，人们要想方设法避免战争状态，并且在诉诸上天，寻求救济之外，设想出现世救济之法。这就成为人类建立社会、脱离自然状态的重要动力。公民政府得以建立的理由在这里得到凸显。"公民政府是针对自然状态的种种不方便情况而设置的正当救济办法。"② 公民政府一旦建立，就成功地区分开了自然自由和政府之下的自由两种状态。"人的自然自由，就是不受人间任何上级权力的约束，不处在人们的意志或立法权之下，只以自然法作为他的准绳。"而"处在政府之下的人们的自由，应有长期有效的规则作为生活的准绳，这种规则为社会一切成员所共同遵守，并为社会所建立的立法机关所制定。这是在规则未加规定的一切事情上能按照我自己的意志去做的自由，而不受另一人的反复无常的、事前不知道的和武断的意志的支配；如同自然的自由是除了自然法以外不受其他约束那样"。③

人类之所以建立政治社会的救济目的性，规定了公民与国家间的规范关系。"任何地方，不论多少人这样地结合成一个社会，从而人人放弃其自然法的执行权而把它交给公众，在那里、也只有在那里才有一个政治的或公民的社会。其形成的情形是：处在自然状态中的任何数量的人们，进入社会以组成一个民族、一个国家，置于一个有最高统治权的政府之下；不然就是任何人自己加入并参加一个已经成立的政府。这样，他就授权社会，或者授权给社会的立法机关（这和授权给社会的性质一样），根据社会公共福利的要求为他制定法律，而他本人对于这些法律的执行也有（把它们看作自己的判决一样）尽力协助的义务。"④ 这样的断论，显然是一种契约论的断论，而不是一

---

① 〔英〕约翰·洛克：《政府论》（下篇），叶启芳等译，商务印书馆1964年版，第13页。
② 〔英〕约翰·洛克：《政府论》（下篇），叶启芳等译，商务印书馆1964年版，第8页。
③ 〔英〕约翰·洛克：《政府论》（下篇），叶启芳等译，商务印书馆1964年版，第15页。
④ 〔英〕约翰·洛克：《政府论》（下篇），叶启芳等译，商务印书馆1964年版，第54页。

种进化论的断言。公民们放弃权力组成政府，政府成为保护公民权利的政治建制。洛克的国家建构理念推论至此，与霍布斯的差别不大。但是，当洛克进一步论述公民们转让哪些权力给国家的时候，尤其是论述国家如何构成才足以发挥组成国家的工具性功能的时候，便显示出与霍布斯包办公民奖赏、惩罚与教化事务的国家趣味迥然相异的国家旨趣。

洛克的国家不同于霍布斯的国家。一个最明显的区别就是霍布斯极力为国家赋予权力，以推动国家成为一个具有自身目的性的、强大的政治体。而洛克则极力限制或规范国家，以促使国家成为有效保护公民利益的工具性政治体。洛克从两个端点上将国家（政府）规范起来。一方面，他强调，当人们让渡权力给国家的时候，生命、财产和自由权利是没有且不能转让的。另一方面，他着力规范一个可能侵蚀公民权利的国家，强调国家（政府）不能越位为独占一切权力的单一机关，而必须实行分权制衡的权力运作体制。据此，他一面反对独占权力的君主制，"只要有人被认为独揽一切，握有全部立法和执行的权力，那就不存在裁判者；由君主或他的命令所造成的损失或不幸，就无法向公正无私和有权裁判的人提出申诉，通过他的裁决可以期望得到救济和解决"①。专制君主的存在，仿佛反讽式地说，人们在摆脱自然状态的时候，承诺了一种除开一人（君主），大家都受法律约束的状态。而这个君主却独自保留着自然状态中的全部自由，不仅因为他掌权而扩大了自由，而且因为免于受罚变得无所顾忌。这就好像人们试图免于狸猫和狐狸的搅扰，却心甘情愿被狮子吞噬。这显然于理不通。因为人们转让权力给国家，就是为了安全和保障。因此，一种建立在多数决基础上的民主制度就成为势所必然。在设定了民主制度的基准之后，洛克另一面则设计出足以规范国家权力的分权体制。洛克将国家的特定用语确定为"commonwealth"，即共同体。在这一指向极为明确的国家概念之下，他将国家权力分解为立法权、执行权与对外权三种权力形式。立法权是国家的最高权力。这一权力来源于社会的同

---

① 〔英〕约翰·洛克：《政府论》（下篇），叶启芳等译，商务印书馆 1964 年版，第 55 页。

意，得自公众选举和委派。但这一权力不能超越公民的财产权，不得以临时专断的命令而只能以法治的方式行使。这一权力不能转让给其他机关。权力运行的宗旨是为人民谋福利。行政权负责执行被制定和继续有效的法律，这是一种"经常存在的权力"。对外权作为国家对外国媾和或宣战的权力而运作。后两种权力实际上是内政与外交紧密联系在一起的权力形式，很难分别。甚至两者如果掌握在不同的人手里，会导致纷乱与灾祸。① 为了保证三种权力有序运行，洛克将立法权安置在最高位置，将内政外交权力安顿在从属地位。不过这并不意味着立法权可以偏离人民意志行事。"滥用职权并违反对他的委托而施强力于人民，这是与人民为敌，人民有权恢复立法机关，使它重新行使权力。"② 洛克论及的行政权与立法权的分离，成为18世纪宪政建国追随者的信条。③ 可见他展现的国家必须规范这一建国关键时刻所具有的重要价值。

依据国家致力于捍卫人民福利的最高原则，那种不利于人民福利、且违反法律而裁处权力的特权必须反对。至于那种可以褫夺人生命的专制权力，就更是要予以抵制。就此而言，依靠强制力量展开的征服，是不能建立起规范政府的。至于那种试图将国家权力用来谋求私人利益的政府，实施的就必然是暴政。这样的政府就违逆了组成它的本来目的。那样就会导致"政府的解体"。政府解体的具体导因，可能由于立法机关性质的变更，也可能由于屈从外敌。但为洛克所重视的政府解体形式，一是立法机关和君主在行动上违背他们的委托，二是"当立法机关力图侵犯人民的财产，使他们自己或社会的任何部分成为人民的生命、权利或财富的主人或任意处分者时，他们背弃了他们所受的委托"④。这个时候，人民就可以自由地建立一个新的立法机关。此时，政府解体了，但这不能被视为社会解体。政府的解体，只是人民就此将权力授予新的被委托者。围绕这一转变，洛克既指出了人民对政府些小失

---

① 参见〔英〕约翰·洛克：《政府论》（下篇），叶启芳等译，商务印书馆1964年版，第十章到第十二章，第81页及以下。
② 〔英〕约翰·洛克：《政府论》（下篇），叶启芳等译，商务印书馆1964年版，第97页。
③ Sir Frederick Pollock, "Locke's Theory of the State", in Richard Ashcraft (ed.), *John Locke: Critical Assessments (Volume 3)*, Routledge, 1991, p. 9.
④ 〔英〕约翰·洛克：《政府论》（下篇），叶启芳等译，商务印书馆1964年版，第139页。

误的容忍,以及对政府一连串滥用权力、渎职行为和阴谋诡计奋身而起的反抗。同时他也强调,立法者一直忠诚于人民的授权,是他们行使立法权的前提条件。假如他们不信守承诺,导致人民的叛乱,那不能责怪人民,人民叛乱的真正导因是立法者违反了法律,采用了强力,因此立法者才是真正的叛乱者。向立法者指出犯下这样错误的危险性和非正义性,乃是防止政府解体弊害的最适当的方法。①

很显然,洛克关于国家建构的运思,至此已经展现了完全不同于霍布斯的关注焦点:诚然,霍布斯也限定了国家的保护功能,但他更为关注的是国家对于公民的奖赏、惩罚和教化功能。并且后者构成了国家之为"利维坦"的基本支撑点。洛克则明显将国家建构的问题转向了如何将国家限制在规范状态即民主—法治之下这一新主题上面。他对国家的分权制衡体制的框架设计,试图解决的问题是国家如何可以得到有效规范的关键问题。这是继霍布斯阐释国家必须强大的建国关键时刻之后,对必然凸显出来的国家如何可以规范而真正实现长治久安的强大目标之建国关键时刻的有力回答。洛克解开国家如何规范问题的症结,扎扎实实地坐实了国家统一之后如何维持,以及国家以其强大实力成功绵延两者背后所隐匿着的问题的答案——一个在权力上严格规范起来的国家,才足以显示强大并维持国家统一与人民忠诚。

四、建国时刻的断裂视点与连续再现

从马基雅维里到霍布斯再到洛克,经由他们的建国理论,将现代建国的三个关键时刻逐个展现出来:现代国家作为统一的民族—国家,统一大业是为国家建构的最基础性工作。因为国家未能统一,长期陷入分裂割据状态,国家就必然处于受别国宰制的悲壮处境之中,也就根本无法在国家间的竞争中取得优势。马基雅维里凸显了现代民族—国家建构的统一民族基础上建构统一国家的建国关键时刻:那就是在国家面临统一的建国关键时刻之际,必

---

① 参见〔英〕约翰·洛克:《政府论》(下篇),叶启芳等译,商务印书馆1964年版,第十九章"论政府的解体",尤其是第141—142页。

须不惜一切代价，借助一切政治谋略，实现国家的统一。在马基雅维里那里，国家的强大还没有进入他法眼的契机。因为意大利的处境是四分五裂的，国家统一是思考建国问题的人们满心对付的难题。实现国家统一，就是建国思考的核心主题。至于国家如何强大，现实的法国摆在那里，意大利完全可以悉心模仿。唯有意大利先行实现法国式的统一国家建构目标，意大利才有可能走出分裂割据、被动挨打的不利处境。因此，马基雅维里不计一切地请出玩弄权谋技巧的君主，以期实现国家建构的起码目标。至于这样建构起来的统一国家，其目的性是什么、对付建国的逻辑起点和历史起点问题如何有效，怎样确定国家的结构状态与运行模式，都还在马基雅维里的思考兴奋点之外。建国的实际处境，注定了马基雅维里的建国思路，也相应决定了他将建国时刻确立在统一国家这一起点上的特定进路。①

霍布斯与洛克凸显的建国时刻不同于马基雅维里。与马基雅维里将建国视为政治任务，而不是道德建构，从而为现代建国凸显统一国家的建国关键时刻不同，霍布斯无须面对国家统一问题。他面对的国家建构问题，是对付国家可不可以具有终结战争、维护和平的能力建设问题。因此，霍布斯足以从自然状态到政治社会的变迁切入问题，从容设想国家建构如何可以处理好国家的自我结构与功能发挥问题。在英国的王党风雨飘摇之际，在英国革命骤然推进的时期，霍布斯不再可能像马基雅维里那样去想象一个在统一国家是无所不能的超级君主。尽管他对君主表达了非常的恭敬态度，但王党并不认同。因为这种表达的真实性被他的个人主义所颠覆。对于国家建构来讲，如何终结王党与革命者的政治对峙，保证国家运行在强有力的政治平台上，成为霍布斯必须直面的、国家建构的首要问题。因此，在战争与和平之间审视国家维持社会—政治秩序的问题，成为国家统一之后必定会呈现出来的重

---

① 这正是列奥·施特劳斯强调马基雅维里才是近代政治学的创始人，这一荣誉不能归于霍布斯的原因。参见氏著：《霍布斯的政治哲学》，美洲版前言，第9页。从现代建国的逻辑上讲，不首先处理统一国家的问题，国家自身的结构状态这些跟进性的问题根本就浮现不出来。霍布斯的强大国家建构是马基雅维里统一国家建国建构背后呈现出来的问题。霍布斯因此没有必要从现代建国统一民族、统一国家的起点上讨论建国问题。因此，马基雅维里对霍布斯的历史—逻辑优先性，使其成为现代政治学的真正开创者。

大建国问题。① 审视这一问题的进路，既规定了霍布斯不同于马基雅维里焦虑地看待国家统一问题，而从容地进行政治理论谋划的进路；也规定了霍布斯不同于马基雅维里动用人文知识储备论述国家建构，而从当时疾速发展的自然科学中汲取论述资源的特点。如果说马基雅维里将建国问题从道德慎思中解放出来，为政治地思考建国进路奠了基的话，那么霍布斯则将建国问题从复杂微妙的政治事务中解放出来，取知识进路地解析建国问题开辟了空间。正是这种论述进路，促使霍布斯对统一国家的自我维续，提供了一个以契约论奠基、以国家的赏罚教化支撑的强大国家建构方略。

不过现代建国的理论任务到霍布斯那里并没有完成。即使从纯粹的逻辑推导上讲，人们还可以对霍布斯提出这样的质疑：国家依约建立，但凭什么国家一旦建立之后，似乎其履约无须严密的制度保障，而仅仅专注于对臣民进行奖赏、惩罚和教化呢？难道国家一经成员的授权，国家就必定会自动保护臣民的权利？因此不必设想限制国家的方式方法和举措，只需要精心考量国家如何驯化臣民、臣民如何忠诚于国家？霍布斯在国家与臣民关系上确立了对应性处理的大思路。但是，霍布斯在这一思路中着重诠释的国家建构问题，则基本上落在国家赏、罚、教的能力建设上面。这不能不说是霍布斯国家建构理论的一个疏忽。正是这一疏忽，一方面使霍布斯的国家潜伏着国家漠视臣民，而仅仅在意国家自身强力延续的危险。而且，也使霍布斯没有将国家建构的第三个关键时刻展现给人们。洛克的出场，就此有了必要。从建国的政治理论上讲，由于马基雅维里已经将国家统一问题陈述清楚，霍布斯已经将国家能力的问题阐述明白，洛克需要解析的问题就只能是国家如何保证它行为的正当性。这就是一个国家必须统一、国家必须强大后面潜蛰着的现代建国的第三个关键时刻：国家必须规范。一般认为，这是洛克对英国光荣革命加以正当化的必然进路。更为重要的是，从英国呈现的欧洲建构现代

---

① 有论者指出，霍布斯"给自己提出的任务是：一劳永逸地确定，为什么只有人类彼此之间活得这么麻烦。他也提出一些看法，以说明为什么人类的战争不是可怕地持续着，和平也会经常出现"。参见〔美〕马歇尔·米斯纳 (Marshall Missner)：《霍布斯》(*On Hobbes*)，于涛译，中华书局2002年版，第2页。

国家的总体进程上看，到洛克时期，国家建构的实际进程和政治理论阐释，都已经进入了一个想方设法规范国家的阶段。霍布斯对强大国家的构想，埋下了国家垄断一切政治权力甚至社会权力的伏笔。这样的国家，事实上不可能如其所愿地自我维持和长盛不衰。至于马基雅维里对国家统一的君主登临式设想，就更是将国家命运寄托于个人身上，一方面存在以君主权术的技巧雕饰，掩盖国家建构的制度设想重要性的危险，另一方面存在国家命运寄予一人的不稳定风险。霍布斯对建国的设计，一定程度上缓解了马基雅维里的理论危机。但是，由于霍布斯在政治理论上没有将国家彻底驯服，因此国家长治久安的兴盛之道，并没有完整地揭示出来。这个时候，霍布斯的国家建构思路，就可以衍生出可以进一步前行的两条道路：一是国家以赏罚教的强大能力自我维持，让臣民不得不被迫生活在国家这个政治体之中；二是国家以其自身的法治约束、分权制衡，保证公民的心悦诚服，从而为国家延续提供规范的政治权能。这两条道路，都可以从契约论出发，都能够认同强大国家理念。但国家的存在形态大不一样：霍布斯在强大国家的国家建构目的性上打住了，而洛克则将其推进到规范国家才足以强大的新境地。这是洛克对马基雅维里提出的建构现代强大国家之进取性构思的最后保障方案。因为洛克的设计，旨在驯服霍布斯的"利维坦"，从而完整地回答了国家统一的前提条件问题、国家具有强大能力的自身先决条件问题，因此也就回答了国家足以自我维续的决定性理由何在的问题。现代国家建构的三个关键时刻，由此全幅展现出来。

分析起来，在英国最终呈现的现代建国规范时刻，终于将意大利开始呈现的国家统一时刻的建国终极指向展现出来。但是，从马基雅维里时刻、霍布斯时刻到洛克时刻，并不能在任意国家的现代建构过程中，循序兑现为建国的实际进程。相反，这三个建国的关键时刻，存在着三种断裂的可能。第一，现代建国的三个关键时刻没能连贯呈现。一方面，现代建国完全可能停留在马基雅维里时刻而无法推进；另一方面，也可能停留在霍布斯时刻而无力步入规范状态；再一方面，更可能停留在洛克时刻的起始状态，而无以完成规范国家的全部任务。法国的绝对主义君主国家的建构，是现代国家创制史上最早的统一国家型态。但后来法国无力进至霍布斯时刻。因此，从17世纪开始，法国的中落与英国的崛起相互写照。而英国之所以能够开创现代建国的新局面，就是因为它率先凸显了马基雅维里时刻背后的霍布斯时刻，将国家的强大能力问题作为现实政治问题和建国理论问题视为国家建构的重大问题付诸解决进程。从推导的角度讲，倘若英国停留在霍布斯时刻而拒绝进一步的推进，从而遮蔽了洛克时刻的显现契机，那么英国就会陷入王党与革命党竞争强大国家机器掌控权的混乱状态，完全无法进入霍布斯期待的避免战争、保障和平的秩序境地。唯有洛克时刻的展现，英国才完成了现代国家的建构任务。如果洛克时刻初步展现出来，一个国家却没有落定洛克时刻提出的国家建构任务，总是迈进在规范国家而不得、限制国家很艰难的泥泞道路上，那么这个国家也无望进入洛克规划的国家规范运作轨道。

第二，三个建国时刻互不连贯的呈现，导致实际的建国状态走向设计方案的反面。这也可以区分为三种情形：就国家必须统一的时刻而言，统一的国家完全可能是一个暴虐的国家。它对自己的公民没有发挥任何使其安宁有序生活的保障作用，反而将公民作为国家施展权谋技巧的对象。这样，国家的统一是不是能够成功维持，便是一个疑问。就国家必须强大而言，强大国家完全可能对公民进行粗暴的奖赏、惩罚和教化。公民只有被迫接受国家的这种施暴，但对国家的内心认同已经完全丧失，国家的强大不过是昙花一现而已。就国家必须规范而言，动态的规范国家完全可能是国家自认的一种状态。结果国家不仅不能落定在真正规范的平台上，反而成为国家约束公民的口实。

第三，现代建国的三个关键时刻可能会出现某一时刻呈现，以及连贯呈现过程中的瞬间中断。国家统一进程的戛然而止，强大国家施行赏罚教的骤然失效，规范国家的努力一时付诸东流，都是在现代建国进程中出现过的事情。这是因为，当国家统一完全依赖于英明君主的时候，君主自然生命的限制、政治立意的改变、权谋之术的考量，都可能成为计谋性建国的障碍。而强大国家施行赏、罚、教的时候，也会因为实行者的自我限制、被施行者的抗拒而夭折。规范国家依赖的公民自主自治与自律的社会力量，与夫国家分权制衡的法治体系的建构，决非一蹴而就的事情。因此，即便洛克时刻凸显而出，因为公民的疏忽和国家的刻意，规范国家的时刻也可能处于一种一现再现、不能落定的尴尬状态。

为了避免三个建国时刻的断裂呈现，从而避免现代建国历程的中断，就必须强调三个建国关键时刻连续呈现的必要性与重要性。所谓建国时刻的连续呈现，具有两个明确的指向。第一，不能把马基雅维里、霍布斯、洛克分别解释的建国时刻隔离为完全不同的建国阶段，并且对之加以孤立对待和独立处理。他们三人在不同的建国处境中，对相异的建国问题进行了有效处理，凸显了具有逻辑递进性关系的建国进程。这是一种具有逻辑继起性的历史进程。倘若拒绝将他们对建国时刻的阐释进行连贯处理，那就是一种残缺的建国思路，也未能全面呈现建国的关键时刻，因此也就无法真正完成现代建国任务。第二，不能将三人展现的三个建国关键时刻之反向的呈现认作是建国的阶段性特征。仅仅强调国家的统一，这样的国家显然是抽象的政治躯壳；仅仅强调国家必须强大，这样的国家必定是惩罚式的国家；仅仅强调国家必须规范，完全可能落空为单纯的呼吁，而不是实际的兑现。人们必须以对现代国家建国时刻连续性的高度敏锐感，抓住建国任务完成、即落定在洛克时刻呈现的国家状态之前，一定会不断再现的建国关键时刻，有效推进现代国家建国进程。就此而言，洛克时刻不仅是规范国家建构的关键时刻，也是规范霍布斯时刻和马基雅维里时刻的现代建国价值基准。

所谓不断再现的建国时刻，是指现代国家建构的进程中，只要还没有最后完成规范国家的建构任务，由于其间存在着三个建国时刻断裂的危险，因此国家建构的三个时刻会不断出现在国家运行的过程之中。即使是一个国家建构已经实现了规范建构的目的，维持这种规范状态，也需要国家处在持续紧张的国家建设（state building）状态，否则国家也会丧失已经获得的规范秩序。为此，有必要对马基雅维里、霍布斯与洛克递进展现的三个建国关键时刻之实际的把握情形进行预估。这种预估可能遭遇到三种情况：第一种情况可以称之为顺取。即现代国家建构从马基雅维里的国家统一时刻，顺畅进至霍布斯的强大国家时刻，最后落定在洛克的国家规范时刻。这个顺取的结构，是现代国家尤其是那些在国家间竞争中脱颖而出的优胜者显现出来的国家建构状态。18、19世纪的英国，20世纪的美国，其国家建构都是顺取的结果。第二种情况可以命名为逆取。即国家已经解决了统一和强大的问题，处在规范国家的关键时刻。但是，国家却迟迟不能落定到规范的宪政法治状态。反过来，不能被成功规范的国家，逐渐丧失规范的可能性，堕入国家能力衰变的状态，逐步或迅即失去维护国家统一的条件，成为国家建构的失败者。一切建构现代国家而归于国家崩溃的政治体，都是逆取的结果。第三种情况可以表述为截取。即国家的统一问题获得了解决，但国家的规范问题成为一个巨大难题。于是，国家试图在回避规范自身问题的基础上，去建设一个能够长期维持的强大国家。因此，在国家建构进程中，独独截取出强大国家建构的关键时刻，作为国家建构的唯一任务来对待，是完全不可取的建国思路。当代国际政治学界不谈国家结构，只问国家建设成败的说辞，就属于对待建国三个关键时刻的截取型思路。①

  现代建国绝不可能"毕其功于一役"。马基雅维里统一国家时刻展现的是国家基本框架的搭建时刻，霍布斯做强国家的时刻展现的是国家能力的不断提升，洛克的规范国家时刻展现的是国家合法依规运行的长治久安状态。先且不说这三个时刻的建国任务分别完成的艰难困苦，仅仅是强调三个关键时刻连贯呈现的困难，就足以让人们知晓建构现代国家的不易。一切建国者——不仅包括政治家、政治思想家，而且也包括一切政治体的普通成员在内，必须充分认识建国时刻的断裂性和连续性的复杂关系，清醒甄别三种建国时刻到来之际的建国决断。为此，建国者应当掌握甄别三个建国关键时刻的政治艺术。现代建国第一个关键时刻的甄别技巧是，在一个国家几乎不足

---

① 参见〔美〕弗兰西斯·福山（Francis fukuyama）：《国家构建》(State-Building: Governance and World Order in the 21th Century)，黄胜强等译，中国社会科学出版社2007年版，序，第1页及以下。

以维持文化边际界限、人际认同边际界限、领土边际界限以及主权边际界限的当口，国家统一便成为国家建构头等重要的大事。此时，马基雅维里时刻就浮现在建国者面前。当统一的主权国家建构起来之后，国家对臣民行使赏、罚、教的时候，国家就按照自身的建构逻辑显现寻求强大的种种冲动。国家建设成为建国的最重要事务。此时，霍布斯时刻进入建国者的政治视野。当霍布斯的建国天平倾向国家一方，无力展现公民与国家的对等建制之时，国家的法治化治理、分权化体制，就成为国家足以保证公民政治认同的先决条件。规范国家就成为国家建构的优先事务。此时，洛克时刻开始考验建国者的政治智慧和技能。

现代国家建构具有庞大性、复杂性、微妙性、渐进性以及断裂性的特点。这些建国特质，容易在任意一个建国环节或建国时刻，遮蔽建国者的政治视野，蒙蔽他们的政治智慧之眼。为此，有必要强调建国者着意避免的、关系到现代建国三个关键时刻的三大陷阱。首先，就是在现代建国的起始点上不惜代价的统一。这是一个马基雅维里陷阱。马基雅维里在《君主论》中对国家统一的设想，目标设定为国家的统一，手段是君主的权谋技巧。但建国者常常被政治技巧引导到玩弄政治阴谋的极端，而忘记了统一国家的政治建国目的。这是人们之所以将马基雅维里严重地误读为教唆人施展政治阴谋的权术家的原因。此时，不应遗忘马基雅维里表达国家扩张能力之所寄的共和主义理想，也不要忘记了他在《君主论》中随时随地透露出来的君主建国以保护臣民的目的性主张。其次，就是在现代建国直接目标上不计工本的维持。这是一个霍布斯陷阱。霍布斯极度重视国家维持和平秩序的能力，因此对国家的赏、罚、教相当推崇。这很容易给人们留下一个霍布斯在声张"国家至上"理念的印象。这也是大多数人对霍布斯容易产生的理论误解。其实，霍布斯在国家之上设定了他保护个人利益的绝对限制。因此，绝对不能遗忘霍布斯对强大国家施加的种种限制，并拒绝将霍布斯视为一个简单的国家主义者。再次，就是在现代建国规范权力的时候不顾后果的改变。这是一个洛克陷阱。改进国家的状态，就是对国家进行规范。但是，规范国家的过程与举措，都是有条件的。设定国家的民主宪政法治目标，不等于设定了一蹴而就的国家建构模式。国家的规范，必定是一个渐进的过程。这一过程的目标不能模糊和替代，但这一过程的时间偿付则是非常必需的。公民的权利认知与自我维护，国家的制度设计及其改进，在在需要渐进的社会政治磨合。一切不计后果的、对国家的强制性规范，往往落得事与愿违的结果。现代国家尤其是那些努力跻身强国之林却陷入失败的国家，总是不顾国家实际处境，试图一步登天进入规范的强国之列的结果。

（本文原刊于《社会科学战线》，2013年第2期）

"直接民主"抑或"代议民主"?
——卢梭民主理论初探

谈火生

卢梭通常被认为是直接参与民主理论的原型。例如，参与民主理论的代表人物之一卡罗尔·佩特曼（Carole Pateman）在其被广为引用的名著《参与和民主理论》中就写道："在参与民主理论家中，卢梭或许可以被认为是最为卓越的代表。他在《社会契约论》中对政治体系本质的理解对于参与民主理论的贡献是非常重要的"，"尽管卢梭的写作是在现代民主制度诞生之前，而且他的理想社会是非工业化的城市国家，但在他的理论中，我们可以看到关于民主政体中参与功能的基本假设"，"卢梭的整个政治理论集中围绕政治决策过程中每个公民的个人参与。"① 但是，就在被佩特曼认为对参与民主理论作出了重要贡献的《社会契约论》中，我们发现了一些与佩特曼的观点正好相反的证据。例如，在《论民主制》这一章中，卢梭明确指出："就民主制这个名词的严格意义而言，真正的民主制从来就

---

① 〔美〕卡罗尔·佩特曼：《参与和民主理论》，陈尧译，上海人民出版社2006年版，第22页。

不曾有过，而且永远也不会有。多数人统治而少数人被统治，那是违反自然的秩序的。我们不能想象人民无休无止地开大会来讨论公共事务"，"如果有一种神明的人民，他们便可以用民主制来治理。但那样一种十全十美的政府是不适于人类的。"① 在卢梭的其他著作中，对直接参与民主的批评亦不少见，如在《论政治经济学》中，卢梭就否认人民应该经常性地集会以通过法律，他反问道："是否一遇意料之外的情况，就得召集全国的人开会呢？当然不是，这样的大会根本就不必开"，"对于人口众多的国家，这种方法也不是实际可行的；而且，只要政府具有善良的意愿，这样的会也没有什么必要。"②在一封私人信件中，卢梭更是直截了当地声称："很显然，我不是一个空想家，我在《社会契约论》中并未为民主进行辩护。"③

在这些证据面前，我们不禁会心生疑窦：卢梭对民主制到底是持何种态度？卢梭是否是佩特曼所说的参与民主理论的先驱？如果是，在什么意义上是？本文试图对这些问题提出一个初步的解答，文章将分为三个部分：文章的第一部分（第一节）将解读卢梭对民主制和选举式贵族制这两种政府形式的分析，本文该部分的结论是：在政府层次上，卢梭所青睐的不是直接民主制，而是代议民主制。文章的第二部分试图解答由第一部分的结论所引发的两个问题：第一，如果说卢梭青睐的是代议民主制，那么，如何解释卢梭对代表制的斥责？（第二节）第二，如果说卢梭反对直接民主制，为什么后人一直将卢梭作为直接民主制最重要的理论先驱？（第三节）这两个问题其实都与卢梭对主权者和政府的功能定位相关。在回答这两个问题的过程中，笔者将提出本文的基本主张：在政府层次上，卢梭反对直接民主，而主张代议民主；但在主权者层次上，卢梭则主张公民的直接参与，而反对主权被代表（第四节）。最后，我们将对卢梭民主思想对当代的意义做一个简要的讨论。

---

① 〔法〕卢梭：《社会契约论》，何兆武译，商务印书馆2003年版，第84、86页。
② 〔法〕卢梭：《论政治经济学》，王运成译，商务印书馆1962年版，第11页。
③ Mads Qvortrup, *The Political Philosophy of Jean-Jacques Rousseau: The Impossibility of Reason*, Manchester University Press, 2003, p. 58.

一、民主制与选举式贵族制：孰优孰劣？

在《社会契约论》中，卢梭关于民主问题的讨论主要集中在后半部分，特别是第三卷关于政府形式的讨论。卢梭对政府形式的划分基本沿袭了孟德斯鸠的观点，按照纯粹的数量标准将政府划分为三种类型：当政府是委之于全体人民或绝大部分的人民时，这种形式就称之为民主制；当政府仅仅是委之于少数人时，就是贵族制；而当整个政府都集中于一个独一无二的行政官之手，所有其余的人都从他那里取得权力时，它就叫做国君制。① 尽管卢梭对于"什么是最好的政府形式"这一问题持保留态度②，认为"每一种形式在一定的情况下都可以是最好的，但在另一种情况下又可以是最坏的"③。但是，在随后关于这三种政府形式的讨论中，卢梭似乎倾向于认为选举式贵族制是最好的政府形式，在他看来民主制不仅不可行，而且不可欲。

让我们先考察卢梭对民主制的否定态度。要理解卢梭的这一立场，我们首先需要弄清楚在卢梭那里"民主"一词到底是什么意思。在"论民主制"一章的开篇，卢梭就对民主制进行了界定，所谓的民主制就是"能把行政权与立法权结合在一起的体制"④。这样一种体制用我们今天的话来说，就是直接民主制，或者叫纯粹的民主制（pure democracy）。在这种体制中，全体人民不仅是主权者，而且"都是行政官或司法官"⑤。在卢梭看来，这样的民主制"从来就不曾有过，而且永远也不会有"，原因在于它既不可行，也不可欲。

---

① 〔法〕卢梭：《社会契约论》，何兆武译，商务印书馆 2003 年版，第 81—82 页。注意，卢梭和孟德斯鸠一样，仅以掌握权力的人数之多寡来判定一个政体的类型。但与之不同的是，在孟德斯鸠那里，只有民主制和贵族制属于共和体制。参〔法〕孟德斯鸠：《论法的精神》（上卷），张雁深译，商务印书馆 1961 年版，第二章，特别是第 7—8 页。而对于卢梭而言，这三种政府类型都属于共和体制，不管掌握行政权力的人数多寡，只要其意志与公意相符，它就是共和政体。
② 《社会契约论》第三卷第 8 章的标题就是"论没有一种政府形式适宜于一切国家"。
③ 〔法〕卢梭：《社会契约论》，何兆武译，商务印书馆 2003 年版，第 83 页。但是，他仍然指出，按照一般的原则（最高行政官的人数应与公民的数目成为反比），民主政府适宜于小国，贵族政府适宜于中等国家，而君王政府则适宜于大国。
④ 〔法〕卢梭：《社会契约论》，何兆武译，商务印书馆 2003 年版，第 83 页。
⑤ 《山中书简》第 8 书，见〔法〕卢梭：《社会契约论》，何兆武译，商务印书馆 2003 年版，第 83 页注释 3。

说它不可行是因为民主政府得以成立和维续的条件过于苛刻。在卢梭看来，起码要满足以下条件才有可能：（1）国家的规模必须很小，以便人民很容易集会，并使公民之间相互熟悉；（2）公民在地位和财产上要高度平等；（3）要有极其淳朴的风尚，以免发生种种繁难的事务和棘手的争论；（4）很少有或者根本就没有奢侈，以免公民们遭到腐蚀；（5）公民美德的存在是民主制政府得以维续最重要的前提。① 卢梭显然认为这样严苛的条件是很难具备的，不仅地位和财产的高度平等这种结构性的条件难以满足，而且对公民的要求——将知识、智慧与美德集于一身——更是难以实现，因此，他才会感叹道："如果有一种神明的人民，他们便可以用民主制来治理。但那样一种十全十美的政府是不适于人类的。"

看到这里，人们也许会说，卢梭其实是将民主制视为一种理想的政府形式（"一种十全十美的政府"），只不过它太高妙而难于实现罢了。但是，这样的理解可能偏离了卢梭的原意，因为卢梭对我们今天所谓的直接民主制的反对主要并不是因为它过于理想，从而缺乏现实可能性；甚至也主要不是因为它易于发生内战和内乱，从而缺乏稳定性；② 而是因为它根本就是错误的，从而是不可欲的。为什么这么讲呢？卢梭在对民主制进行界定之后，他马上指出："也正是这一点（把行政权与立法权结合在一起）才使得这种政府在某些方面非常不够，因为应该加以区别的东西并没有被区别开来。"③ 所谓"应该加以区别的东西"指的就是行政权与立法权。用卢梭自己的术语来讲就是，应该将立法者与政府分开。这是卢梭的一个重要的理论创新，因为"谈论民主制的人，还不曾有哪一个是充分区别了主权者与政府以及立法权与行政权的"④。

在第三卷第1章"政府总论"中，卢梭用了一个类比来说明二者之间的差别："一切自由的行为，都是由两种原因的结合而产生的：一种是精神的原

---

① 〔法〕卢梭：《社会契约论》，何兆武译，商务印书馆2003年版，第84—85页。
② 〔法〕卢梭：《社会契约论》，何兆武译，商务印书馆2003年版，第85页。
③ 〔法〕卢梭：《社会契约论》，何兆武译，商务印书馆2003年版，第83页。
④ 《山中书简》第8书，见〔法〕卢梭：《社会契约论》，何兆武译，商务印书馆2003年版，第83页注释3。

因，亦即决定这种行动的意志；另一种是物理的原因，亦即执行这种行动的力量。当我朝着一个目标前进时，首先必须是我想要走到那里去；其次必须是我的脚步能带动我到那里去……政治体也有同样的动力，我们在这里同样地可以区别力量与意志；后者叫作**立法权力**，前者叫作**行政权力**。"① 其中，立法权属于作为立法者的人民，"而且只能是属于人民"；行政权则属于政府。在此，卢梭将主权者比喻为共同体的灵魂与意志，政府则是执行此意志的力量。这一比喻的意义在于，它强调了政府的从属地位，强调了政府只是执行主权者意志的工具。

这样的有机体类比虽然很清晰，但并不能完全说明问题，所以接下来，卢梭又提出两条理由来说明为什么要将政府从主权者中分离出来。其一，主权者所针对的对象是普遍的事物（generality），其"一切行为都只能是法律"，主权者无法针对个别事项采取行动，一旦采取个别行动就背离了主权的本质。因此，针对个别事项的行动（particular act）便需要找一个代理人（agent）来完成，这个代理人就是政府，由政府来保证这个行动或那个行动是否符合法律的规定。其二，政府作为一个适当的代理人可以将公共力量结合起来，使之按照公意的指示而活动。他可以充当国家与主权者之间的联系，他对公共人格所起的作用很有点像是灵魂与肉体的结合对一个人所起的作用那样。② 卢梭指出，这就是国家之中所以要有政府的理由，"政府就是在臣民（法律的服从者）与主权者（法律的制定者）之间所建立的一个中间体，以便两者得以互相适合，它负责执行法律并维持社会的以及政治的自由"③。卢梭通过区分主权者和政府，建立起一个基本的结构："主权者——政府——臣民"。关于这一结构及其意义已有论者进行过详细的分析，此不赘述。④

反过来讲，如果在主权者和政府之间不加区分，"以制订法律的人来执行

---

① 〔法〕卢梭：《社会契约论》，何兆武译，商务印书馆2003年版，第71页。
② 〔法〕卢梭：《社会契约论》，何兆武译，商务印书馆2003年版，第72页。
③ 〔法〕卢梭：《社会契约论》，何兆武译，商务印书馆2003年版，第72页。
④ 陈端洪：《主权者——政府——臣民：政治法的平衡结构》，载氏著：《宪治与主权》，法律出版社2007年版，第97—146页。

法律，并不是好事；而人民共同体把自己的注意力从普遍的观点转移到各别的对象上来，也不是好事"，因为"没有什么事是比私人利益对公共事物的影响更加危险的了"①，一旦主权者将自己的注意力从普遍的观点转移到各别的对象上来，公民就会走向腐败，丧失其保持公正的能力，因为人民持续地关注某些特定的目标不可避免地会刺激其特殊意志，支配其思想的就不再是公共利益，而是私人利益，长此以往，特殊意志就会战胜公意，政治共同体就面临着解体的危险。

在明了了卢梭关于主权者与政府的区分后，我们就不难明白卢梭为什么会反对民主制（也就是我们今天所谓的直接民主制），因为民主制恰恰混淆了主权者和政府之间的区别。由此，我们也不难理解为什么被我们今天视为民主之源头和典范的雅典在卢梭那里几乎是隐匿不见，而与之相对的斯巴达倒是卢梭一直惊羡不已的目标。在整个《社会契约论》中，提到雅典的地方只有两处，其中一处即是对雅典民主政体的批评："当雅典人民任命或罢免他们的首领，对某人授勋或对另外某人判刑，并且不加区别地以大量的个别法令来执行政府的全部行为时，这时候人民就已经不再有名副其实的公意了；他们的行动已经不再是主权者，而是行政官了。"② 这一批评的要害恰恰是认为雅典的民主政体混淆了主权者和政府。

在否定了民主制之后，卢梭似乎对选举式贵族制情有独钟。在"论贵族制"中，卢梭首先区分了三种贵族制：自然的、选举的与世袭的。它们之间的共同点是由少数人来实施治理，差别则在于这些人的产生方式。在自然的贵族制中，政府官员的产生方式是依自然的年齿，由长者来充任；在选举的贵族制中，政府官员则通过选贤任能的方式产生出来；而在世袭的贵族制中，政府成为世袭的，由若干世家所把持。卢梭认为，"第一种只适于纯朴的民族；第三种是一切政府之中最坏的一种。第二种则是最好的；它才是严格说

---

① 〔法〕卢梭：《社会契约论》，何兆武译，商务印书馆2003年版，第84页。
② 〔法〕卢梭：《社会契约论》，何兆武译，商务印书馆2003年版，第39页。

来的贵族制",并指出这种严格意义上的贵族制是"最好的而又最自然的秩序"。① 那么,为什么选举式贵族制不仅在贵族制中是最好的,而且在所有政府形式中都是"最好而又最自然的"?

卢梭给出的理由与他对民主制缺点的论述正好相应。其一,选举式贵族制"具有可以区别两种权力(即立法权力和行政权力)的优点"。而这正是他反对民主制最主要的理由。其二,选举式贵族制"还具有可以选择自己成员的优点",它将行政权仅限于少数人,这样,那些正直、明智、经验丰富的成员就可以通过选举成为政府的官员,就恰好成为政治修明的保证(在此,经选举产生的贵族其实成了卢梭心目中"理想公民"的化身)。这一点和民主制恰好形成对照,在民主制下,全体公民生来都是行政官,但并非所有的公民都具有自治所需的知识、智慧和美德,因此,民主制不可行。其三,将治理之权委托给这些人数有限的贵族可以有效地提高效率。由于人数少,集会更便于举行,实行起来也更有秩序、更加迅速;由于这些经选举产生的贵族乃是将知识、智慧和美德集于一身的理想公民,因此,对公共事务的讨论也会更好。据此,卢梭说只要能确定他们治理群众真是为了群众的利益而不是为了自身的利益,那么,让最明智的人来治理群众就是最好的而又最自然的秩序。②

那么,这种选举式的贵族制到底是一种什么样的政治制度呢?其实,如果用我们今天的话来说,它就是一种代议制政府,或者说代议民主制。这一认识并不是什么新鲜的观点,早在法国大革命时期 Roederer 伯爵(Pierre-Louis Roederer,1754—1835,西耶士最亲密的政治同盟者)就明确地指出,卢梭的"选举式贵族制"就是时人所谓的代议民主制。③ 其后,很多研究者也在

---

① 〔法〕卢梭:《社会契约论》,何兆武译,商务印书馆 2003 年版,第 86—87 页。注意,前面卢梭在谈到民主制时认为民主制"是违反自然的秩序的"。
② 〔法〕卢梭:《社会契约论》,何兆武译,商务印书馆 2003 年版,第 87 页。选举式贵族制的实践原型是当时日内瓦的政治制度,关于这一点,有学者做过详细而精彩的考证,请参考:Helena Rosenblatt, *Rousseau and Geneva: from the First Discourse to the Social Contract, 1749 - 1762,* Cambridge: Cambridge University Press, 1997。
③ Michael Sonenscher, *Before the Deluge: Public Debt, Inequality, and the Intellectual Origins of the French Revolution,* Princeton University Press, 2007, p. 84.

他们的著作中得出了同样的结论。如著名的卢梭专家罗杰·马斯特斯（Roger D. Masters）在1960年代后期就指出，被卢梭称之为"选举式贵族制"的政府制度"不过是议会制政府或代议制政府的另一个名称"①。这不禁让人疑惑，卢梭为什么不直接用"代议制政府"，而是采用"选举式贵族制"这个在我们今天看来极易引起误会的词汇来指称他所中意的政府形式呢？要理解这一点，需要回到卢梭生活的18世纪中叶。

在某种程度上，这种状况的产生乃是因为政治词汇本身的贫乏。据考证，最早使用"代议制民主"（representative democracy）一词的是《联邦党人文集》的作者亚历山大·汉密尔顿，1777年5月19日，他在一封信中首次使用该词。在此之前，古典的民主与代议制基本没有什么关系。即使在近代早期出现了等级代表，但它与民主也没有什么关系。因此，毫不奇怪，在18世纪和19世纪，很多理论家都觉得很难将我们今天称之为"代议制民主"的这种政治构想归入当时已有的政治范畴之中。② 十年后，"代议制政府"（representative government）一词就出现在美国的政治词汇之中，并影响到法国的政治思考，如法国大革命时期的重要理论家西耶士就采用了这一词汇，并就该词汇的具体含义与潘恩展开过讨论。③ 了解了这一背景，我们就可以明白，要卢梭在1762年就提出"代议制政府"的观念多少有些苛刻。

如果我们这里的解释是成立的，那么，我们可以说卢梭所青睐的就不是直接民主制，而是代议民主制了。但是，这种解释会引发两个问题：第一，如果说卢梭青睐的是代议民主制，那么，如何解释卢梭对代表制的斥责？第

---

① Masters, R. D., *The Political Philosophy of Rousseau*, Princeton: Princeton University Press, 1968, p. 402. 与之持类似观点的还有：Marini, Frank, "Popular Sovereignty but Representative Government: The Other Rousseau", *Midwest Journal of Political Science*, Vol. 11, No. 4 (November 1967), pp. 451 - 470. Ira O. Wade, "Rousseau and Democracy", *The French Review*, Vol. 49, No. 6, 1976, pp. 926 - 937. Christopher Bertram, *Routledge Philosophy Guide Book to Rousseau and The Social Contract*, Routledge, 2004, p. 159。
② Frank R. Ankersmit, "Representative Democracy: Rosanvallon on the French Experience", in Kari Palonen, Tuija Pulkkinen and José María Rosales, ed., *Ashgate Research Companion to the Politics of Democratization in Europe: Concepts and Histories*, Ashgate Publishing Limited, 2008, pp. 17 - 36.
③ Terence Ball ed., *The Federalist*, Cambridge University Press, 2003, p. 309. 更详细的考证可以参考：Bernard Manin, *The Principles of Representative Government*, Cambridge University Press, 1997。

二，如果说卢梭反对直接民主制，为什么后人一直将卢梭作为直接民主制最重要的理论先驱？这两个问题其实都与卢梭对主权者和政府的功能定位相关，我们先来看第一个问题。

二、"主权是不能被代表的"

众所周知，卢梭在《社会契约论》中曾明确地斥责代表制：

> 正如主权是不能转让的，同理，主权也是不能代表的；主权在本质上是由公意所构成的，而意志又是绝不可以代表的……英国人民自以为是自由的；他们是大错特错了。他们只有在选举国会议员的期间，才是自由的；议员一旦选出之后，他们就是奴隶，他们就等于零了。
>
> 不管怎么样，只要一个民族举出了自己的代表，他们就不再是自由的了。①

我们应该如何理解卢梭对"代表"的斥责呢？至少有以下三个方面的问题需要注意。

1. 历史背景

在卢梭生活的年代，政治参与绝对是贵族的特权。在当时的东欧，政治参与的权利由贵族垄断，而且是掌握在为数不多的一些富有的土地所有者手上。在西欧的君主制国家，尽管参与政治过程的人范围有所扩大，但人口中的绝大多数仍被排斥在外。即使在当时可算是最民主的英国，由于财产资格的限制，具有政治权利的人占总人口的比例非常低，在第一次议会改革前，英国2400万居民中，仅有40万人有选举权，约占成年居民的3%。经过1832年的议会改革，这一比例才提高到8%。② 此时距卢梭发表《社会契约论》还

---

① 〔法〕卢梭：《社会契约论》，何兆武译，商务印书馆2003年版，第120—121、123页。
② 阎照祥：《英国政治制度史》，人民出版社1999年版，第285、292页。

有70余年。在卢梭生活的年代，在欧洲大陆的绝大部分地方，代表制度要么根本就没有，要么有也是奄奄一息。法国自1614至法国大革命前夕，都不曾召开全国范围的三级会议。当然，地方的三级会议还有若干活动，但其权力十分有限，而且沦为贵族的政治工具。① 即便是作为代表制度之典范的英国议会也境况不佳，国王和贵族的影响力仍然很大，选举过程舞弊盛行。1790年，议会改革家亨利·弗勒德断定："下院是一个二流的贵族机构，而不是大众代议机构。"② 生活在这一历史时期的卢梭对代表制没有好感其实是很好理解的。

不过，仅此不足以解释卢梭为什么对会强烈地反对"代表制"，要真正理解这一问题，还有两个更重要的背景需要了解：其一，当时的"代表"观念；其二，卢梭如何在自己的思想脉络中对"代表"进行定位，也就是卢梭如何基于其自身的理论预设来反对"代表"这一观念的。

我们先来看第一个问题。应该说，卢梭的"代表"观念本身并没有什么独创之处，他对"代表"的理解与其生活的时代——18世纪中期欧洲的"代表"观念和实践——是保持一致的。与我们今天的代表观不同的是，18世纪中期的代表观有两个突出的特征。第一个特征是，它关涉的是群体，而不是个体；它直接关涉的是利益，而不是地域。③ 众所周知，西欧的议会制度以及与之相关的代表制度起源于封建时代，封建社会最重要的特征是等级，而且是固化的、与生俱来并传之后代的身份等级。尽管代表制的产生从历史的角度来观察无疑是欧洲历史上的一大进步，但是，这种进步的制度安排仍是以封建制度的等级为其前提，所谓的"代表"们所代表的就是作为群体的不同等级的利益。这一点在法国表现尤为突出，我们只要看看"三级会议"这个名称就不难理解。④ 换句话说，在当时的法国乃至整个欧洲，"代表制"是以等级的存在为其前提的，它预设了一个不平等的社会。而且，在实践中很多

---

① 郭华榕：《法国政治制度史》，人民出版社2005年版，第45页。
② 阎照祥：《英国政治制度史》，人民出版社1999年，第276页。
③ Nadia Urbinati, *Representative Democracy: Principles and Genealogy,* Chicago University Press, 2006, p. 66.
④ 在这一点上，英国和法国的情况还不太一样，法国是严格按照教士、贵族和平民三大群体分别组成为三个等级会议。英国分上下两院，上院既有高级教士，又有世俗贵族；而下院的产生也不是以社会等级的名义，而是以地方郡和自治市代表的名义产生。阎照祥：《英国政治制度史》，人民出版社1999年，第86页。

代表都是通过世袭或任命的方式产生，代议机构为贵族所把持，并进一步强化了原有的不平等的社会结构。这和我们今天所理解的代表观念完全不同，今天的代表观念是以人人平等为其前提，就像托克维尔所言，欧洲过去700年的历史是一个不断朝着平等方向转变的历史，整个社会的民主转型带来了代表观念的变化。现代的代表观念有两个前提假设：一是个人主义基础；二是存在多元化的意见和利益。代表们所代表的就是这些多元分殊的意见和利益。它们不仅不是与生俱来的，而且是变动不居的，代表制度就是要通过制度化的方式对之进行聚合，并以此来重构社会与国家之间的关系。① 而在卢梭生活的时代，代表观念却与之相反，是以不平等的社会图景为其前提预设。我们知道，不平等是卢梭最不能忍受的罪恶，所以，卢梭会说："代表的观念是近代的产物；它起源于封建政府，起源于那种使人类屈辱并使'人'这个名称丧失尊严的、既罪恶而又荒谬的政府制度。"②

18世纪中期代表观的第二个特征是，代表是纯粹的受托人（delegation）。我们知道，在代表理论中有一个经典的问题，就是皮特金所谓的所谓"命令与独立之争"（mandate-independence controversy），有时，这一问题也被表述为：选举产生的代表是选民的代理人（delegate），还是选民的受托人（trustee）。处于命令立场的理论家主张，只有当代表者按照其选民发出的明确指示和命令行为时，才是真正的代表；任何自作主张的行为都是对此理想的违背。处于独立立场的理论家则主张完全的独立性，一旦一个人当选为代表者，他就必须可以完全自由地去使用自己的判断。③ 在18世纪中期，占主导地位的代表观念还是命令立场。卢梭接受了这样的代表观念，即使在后期的《论波兰政府》中，他还特别强调："要求代表们切实遵循指示，并就他们在议会中

---

① Nadia Urbinati, *Representative Democracy: Principles and Genealogy*, Chicago University Press, 2006, p. 68.
② 〔法〕卢梭：《社会契约论》，何兆武译，商务印书馆2003年版，第121页。
③ 〔加〕弗兰克·坎宁安：《民主理论导论》，谈火生等译，吉林出版集团2010年版，第121页。关于这一问题更详细的讨论请参考：Pitkin, Hanna F., *The Concept of Representation*, Berkeley: University of California Press, 1967, chapter 7。

的行动向他们的选民进行严格汇报。"① 在这一前提下，如果我们再结合前面提到的等级代表观念，我们就会发现，卢梭眼中的"代表"必须准确无误地再现各自等级的意志，而不是站在社会整体的角度来思考问题，因此，代议机构要反映的是不平等的社会经济结构，它追求的是特殊利益而不是公共利益。② 如果社会按照这种方式来进行统治，那么，它就是一种世袭的贵族制，而"这是一切政府形式中最坏的一种"。为了防止这种最糟糕的状况，必须反对代表制。

下面，我们再来考察卢梭如何基于其自身的理论预设来反对"代表"这一观念的。

2. 卢梭反对代表制的理由

卢梭对代表制最明确的反对体现在我们前面援引的那句名言之中："意志是绝不可以被代表的。"我们到底该如何理解这句话呢？

第一，从其目的上讲，卢梭强调"意志不能被代表"所针对的是主权者的主权权力，换句话说，"意志不能被代表"要说明的是"主权不能被代表"，因为按照卢梭的逻辑，"主权在本质上是由公意所构成的"。因此，卢梭在此要反对的是作为主权者的代表，主权者的主权权力最重要的体现就是立法权，由此卢梭才会明确地讲"在立法权力上人民是不能被代表的；但是在行政权力上，则人民是**可以**并且**应该**被代表的"。③ 为什么"在行政权力上人民是**可以**并且**应该**被代表的"？"应该"的问题我们在第一节已经阐明，"可以"的问题则涉及主权者和政府的职能分工问题，这一问题我们留到第四节再来处理。现在，我们先来看意志为什么就不能被代表的问题。

第二，从理论上讲，卢梭强调"意志不能被代表"主要是一种防御性机制，意在防止公意遭到破坏。为什么这么讲呢？因为按照18世纪的代表观念，代表是特定等级的代理人，他们代表是各自等级的意志。不管他们代表

---

① Victor Gourevitch, ed., *The Social Contract and Other Later Political Writings*, Cambridge University Press, 1997, p. 201.
② Fralin, Richard, *Rousseau and Representation*, New York: Columbia University Press, 1978, p. 130.
③ 〔法〕卢梭：《社会契约论》，何兆武译，商务印书馆2003年版，第120、122页。黑体为笔者所加。

的是哪个等级的意志，相对于公意而言，这些意志都是特殊意志（particular will），而不是公意（general will），即使这些特殊意志全部都能够得到反映，其结果也不过是众意（will of all），而不是公意。在这个意义上，代表的意志所体现的是特殊利益，是意见，而不是公意所要求的理性。① 在卢梭看来，只有公意才应该成为立法的根据，如果采取代表制，由代表来行使立法的权力的话，那么，立法的过程就是一个特殊利益竞逐的过程，代表机构就成为不同派系利益相互竞逐的场所，其结果无疑是公意的消亡，从而将私意转化为国家的法律，这是卢梭所担心的。而且，随着私意转化为国家的法律，卢梭所设想的社会联合形式——每一个个体"只不过是在服从其本人，并且仍然像以往一样地自由"——也土崩瓦解，人民会被分裂为两个阶级：一部分人制订并服从法律；另一部分人则只是服从他人所制订的法律。换句话说，代表制度不仅是对不平等的社会结构的再生产，而且会生产出新的不平等，它将一部分社会成员变成纯粹的臣民，使他们不再是兼具主权者和臣民的双重身份，这对于卢梭来说无疑是一件非常危险的事情。

第三，从实践上讲，是为了防止政府对人民主权的篡夺。在此，我们需要注意"代表"出现的时机。"论议员或代表"是第三卷第15章，它紧接着前面三章关于"怎样维持主权权威"的论述而来。按照卢梭的思路，政府（行政机构）天然具有滥用职权并走向蜕化的倾向（第三卷第10章）②，因此，为了避免这一结果，就必须考虑如何维持主权权威（第三卷第12—14章），维持的手段就是作为主权者的人民现身，通过定期的集会对政府进行监督和约束，而"当人民合法地集会而成为主权者共同体的那个时刻，政府的一切权限便告终止；于是行政权也就中断"。但是，"在这种中断的期间，君主（the prince）要承认、或者应该承认有一个实际的在上者，这对于他来说总是可怕的事……于是他们总是不惜用尽种种心机、种种反对、种种刁难与

---

① Nadia Urbinati, *Representative Democracy: Principles and Genealogy*, Chicago University Press, 2006, p. 259, note 103.
② 〔法〕卢梭：《社会契约论》，何兆武译，商务印书馆2003年版，第112页。

种种诺言，力求抗拒公民的集会"。① 如果任凭行政机构的这种"反抗的力量就是这样不断地在增长着，而主权权威便终将消逝，于是大部分城邦也就会过早地倾覆与灭亡"。但是，"在主权的权威（Sovereign authority）与专断的政府（arbitrary Government）之间，有时候会出现一种中间的力量"，这种中间力量就是"议员或代表"。②

请注意此处的"有时候"这三个字，它说明作为卢梭批判对象的"主权者的代表"的出现是有条件的，是一种例外状态。什么条件呢？"假如公民是贪婪的、懦弱的、畏缩的、爱安逸更有甚于爱自由的话，他们就不能长期抗拒政府这种一再的努力了"，此时，"公共服务不再成为公民的主要事情，并且公民宁愿掏自己的钱口袋而不愿本人亲身来服务"，"需要出征作战吗？他们可以出钱雇兵，而自己呆在家里。需要去参加议会吗？他们可以推举议员，而自己呆在家里。由于懒惰与金钱的缘故，他们便终于有了可以奴役自己祖国的军人和可以出卖自己祖国的代表"。③ 换言之，此时无论是主权者还是政府都思出其位：主权者不愿履行自己的责任，将自己的主权权力拱手相让；行政力量不愿意终止自己的权限，议员们不再谨守人民的办事员的角色，而是替人民行使立法权（关于主权者和政府的分工问题，请参考本文的第四部分）。这样的代表其实是针对公民腐化和政治冷漠的一种权宜之计，代表的出现其实是主权者衰落的**征兆**，而不是其衰落的**原因**。④ 这样的代表实际上已经逾越了卢梭为主权者和政府所设定的界限，它由**行政权力的代表**摇身一变，成为**主权的代表**。对于卢梭而言，这是一种变态，当然会遭到卢梭的痛斥。⑤

---

① 〔法〕卢梭：《社会契约论》，何兆武译，商务印书馆 2003 年版，第 118 页。
② 〔法〕卢梭：《社会契约论》，何兆武译，商务印书馆 2003 年版，第 118—119 页。
③ 〔法〕卢梭：《社会契约论》，何兆武译，商务印书馆 2003 年版，第 119 页。
④ Nadia Urbinati, *Representative Democracy: Principles and Genealogy,* Chicago University Press, 2006, p. 99.
⑤ 这种变态还可以从历史的角度来加以解读，卢梭将代表制视为罪恶的封建制的产物是有其特定含义，这不仅因为代表制在历史上确实诞生于西欧的封建时代，更因为在卢梭眼里封建制是古代共和国的对立面。如果说古代的共和国（斯巴达、罗马）是卢梭心目中的三代理想的话，封建制度的产生是这一理想衰落之后，在一个腐朽的社会基础上所建立起来的，它偏离了人类正常的或者说理想的秩序。在这个意义上，卢梭反对代表制的目的是要在现代社会重建共和国的理想。尽管卢梭对历史的解读可能并不能让我们信服，但其逻辑却是我们不能不加以留意的。

反过来讲,如果立法机构谨守法度,只是提供立法建议,那卢梭就没有什么理由反对它了。① 在这个意义上讲,卢梭真正反对的其实不是"意志被代表",而是行政权的滥用。②

3. 卢梭对代表的看法有一个发展变化的过程

有论者指出,卢梭对代表的看法并不是一成不变的,它起码经历了以下几个阶段的变化:③ （1）在《论不平等》之前,如在《论政治经济学》中,卢梭对代议制是消极接受的;④《论政治经济学》是卢梭为《百科全书》撰写的词条,正是在这篇文章中,卢梭第一次提到"代表",当时,卢梭的思想深受百科全书派的影响,消极地接受了"代表制"观念。例如,他在谈到税收制度时说,税制必须征得人民的同意,同意既可以直接由人民作出,也可以由其代表来表达。⑤ 与此同时,卢梭贬低公民大会的作用,认为"这样的大会根本不必开,因为决难保证大会的决定就能代表公共意志"。相反,只要政府具有善良的意愿,就能识别出公意,知道哪项政策能最好地服务于公共利益。⑥ （2）卢梭为《论人类不平等的起源和基础》一书撰写的献词《献给日内瓦共和国》是卢梭关于政治制度论述的分水岭,正是在这个献词中,卢梭开始以他心目中的日内瓦为模板来构想其理想的政治制度;⑦ 也正是在这篇献词中,卢梭第一次有了批评代议制的萌芽,偏好公民大会更甚于代议机构。⑧

---

① 后来在《论波兰政府》中,卢梭曾提到,由一个代议制的立法机构来充当立法者或主权权威,而且,他还明确地讲,对于一个像波兰这样的大国而言,最大的不便在于,只能通过代理的方式来行使立法权（第7章）。关于卢梭在这两本著作中的差异,有些学者认为是卢梭的思想本身发生了变化,有的学者则认为是论述的重心不同所致。Nadia Urbinati, *Representative Democracy: Principles and Genealogy,* Chicago University Press, 2006, p. 62. 笔者更倾向于认为,卢梭在《论波兰政府》中的立场是出于实用的考虑而做出的权宜之计。
② Fralin, Richard, *Rousseau and Representation,* New York: Columbia University Press, 1978, p. 92.
③ Fralin, Richard, *Rousseau and Representation,* New York: Columbia University Press, 1978, pp. 10 - 12.
④ 关于《论政治经济学》的写作时间,学界存在分歧。尽管其发表是在1755年的11月,但据勒内·于贝尔（Rene Hubert）考证,其写作则是在1754年的年初。参 Fralin, Richard, *Rousseau and Representation,* New York: Columbia University Press, 1978, p. 29.
⑤ 〔法〕卢梭:《论政治经济学》,王运成译,商务印书馆1962年版,第33页。
⑥ 〔法〕卢梭:《论政治经济学》,王运成译,商务印书馆1962年版,第11页。
⑦ 在这一时期卢梭其实并不知道日内瓦共和国的真实性质,他只是在《爱弥尔》发表之后,才对日内瓦共和国的政府认真地加以研究。〔法〕卢梭:《论人类不平等的起源和基础》,李常山译,商务印书馆1962年版,第50页,注释2。关于卢梭和日内瓦的关系,请参见 Rosenblatt 的出色研究, Helena Rosenblatt, 1997。
⑧ 〔法〕卢梭:《论人类不平等的起源和基础》,李常山译,商务印书馆1962年版,第51页。

(3) 在《社会契约论》中，献词中批评代议制的萌芽发展为明确地否认代议制。(4) 到了卢梭写作《山中书简》时，其态度有所缓和，从明确反对转为有限地反对，这可能与他更多地了解日内瓦共和国的真实情况有关，随着研究的深入其观点也发生了改变。(5) 到了后期的《论波兰政府》时，卢梭开始有限地接受代议制，这次接受不再是消极地接受流行的意见，而是出于实践的需要勉强接受了这一曾经坚决反对的制度。因为当时的波兰既不是日内瓦，也不是科西嘉，而是欧洲的一个大国，其地域之辽阔和人口之众多都让卢梭觉得代议制不可避免，"立法权不能象小国那样展示自己，而只能通过代表来行动"。之所以说卢梭是有限地接受，是因为卢梭意识到"通过代表来行动，这既有好处也有坏处，但坏处是主要的"，因此，需要建立相应的制度来防止代议机构"从自由的机体蜕变为奴役的工具"。①

三、卢梭：直接民主制的理论先驱

现在我们转向第二个疑问，既然卢梭反对直接民主制，那为什么后人一直将卢梭作为直接民主制最重要的理论先驱？

笔者认为，这里的关键在于，我们要清楚卢梭对于直接民主制和代议民主制的反对或提倡可以在两个不同的层面上展开：在主权者层次上，卢梭是提倡公民的直接参与，认为主权不能被代表；但在政府层次上，卢梭则反对公民的直接参与，认为应该将行政权力交给那些德能兼备的明智之士。政府层面的问题我们前面已有论述，下面我们再就主权者层面的问题申述一二。

《社会契约论》的读者常常会对卢梭的文字感到困惑。就我们此处关心的问题而言，一方面，卢梭在"论民主制"一章中反复强调"我们不能想象人民无休无止地开大会来讨论公共事务"；另一方面，他在后文中又说："有人会说：把人民都集合在一起，这是多么妄想！在今天，这是一种妄想；但是在两千年以前，这却不是一种妄想"，"罗马人民很少有一连几个星期不集会

---

① Victor Gourevitch, ed., *The Social Contract and Other Later Political Writings*, Cambridge University Press, 1997, pp. 200 - 201.

的，而且甚至还要集会许多次"（"怎样维持主权权威"）；"至于合法集会次数的多少我们只能一般地说，政府愈是有力量，则主权者就愈应该经常地表现他自己"["怎样维持主权权威"（续）]；"在一个真正自由的国家里，一切都是公民亲手来做"，"国家的体制愈良好，则在公民的精神里，公共的事情也就愈重于私人的事情"，"在一个政绩良好的城邦里，人人都会奔向大会去的；而在一个坏政府之下，就没有一个人愿意朝着那里边出一步了"（"论议员或代表"）。而且，卢梭在第四卷中还花了相当的篇幅来讨论罗马的人民大会。表面上看，卢梭似乎自相矛盾，但是，如果我们分清楚卢梭的这些话是站在政府层次上说的，还是站在主权者的层次上说的，所有的困惑就会涣然冰释。在卢梭看来，作为主权者的公民理应承担起自己的职责，行使好自己的主权权力。具体内容主要有二：第一，立法。通过公民集会的投票来不断重新识别和构建公意，并将其转化为法律；第二，对行政权力的监督和控制。为什么公民通过投票就能识别和构建公意？这一问题笔者在别处已有讨论，此不赘述。[①] 下面我们对主权者的监督权做一点简要的分析。

公意是卢梭政治思想的核心，无论是对主权者与政府的划分，还是对二者职能的界定，卢梭想做的就是保证公意之流行。前文已述，如果在主权者和政府之间不加区分，主权者将自己的注意力从普遍的观点转移到各别的对象上来，其特殊意志就会战胜公意；但是，在主权者和政府已经区分之后，仍然面临着类似的危险。因为：

> 在行政官个人的身上，我们可以区别三种本质上不同的意志：首先是个人固有的意志，它仅只倾向于个人的特殊利益；其次是全体行政官的共同意志……我们可以称之为团体的意志，这一团体的意志就其对政府的关系而言则是公共的（general），就其对国家——政府只是国家的一部分——的关系而言则是个别的（particular）；第三是人民的意志或主权

[①] 拙著：《民主审议与政治合法性》，法律出版社2007年版，第106—109页。

的意志，这一意志无论对被看作是全体的国家而言，还是对被看作是全体的一部分的政府而言，都是公意。在一个完美的立法之下，个别的或个人的意志应该是毫无地位的，政府本身的团体意志应该是极其次要的，从而公意或者主权的意志永远应该是主导的，并且是其他一切意志的唯一规范。①

但在现实中，"公意便总是最弱的，团体的意志占第二位，而个别意志则占一切之中的第一位"②。在此，卢梭明确地警告我们，政府一旦建立，它就会形成自己的公意（a general will），但是，这种公意相对于主权者来说，只能说是一种特殊意志（particular will）。因此，政府总是会趋向于削弱主权者："既然个别意志总是不断地在反对公意，因而政府也就继续不停地在努力反对主权。这种努力越加强，则体制就改变得越多；而且这里既然根本没有别的团体意志可以抵抗君主的意志并与之平衡，因此迟早总有一天君主终于会压倒主权者并毁坏社会条约的。这就是那种内在的、不可避免的弊病之所在。"③"世界上的一切政府，一旦假之以公共力量之后，迟早都是用这种简便的方法来篡夺主权权威的"④。

为了防止政府的蜕化及其对政治共同体所造成的威胁，卢梭认为主权者应该对政府进行监督和控制，这才是治本之策，而监督和控制的方式就是通过定期的集会来对政府进行审查。这种集会不需要政府来召集，政府也不能以任何理由取消或延缓。⑤ 对于这种集会的性质，卢梭指出这种人民的集会对于政治共同体来说是"一种保护"，而对于政府来说则是"一种约束"。⑥ 因为"当人民合法地集会而成为主权者共同体的那个时刻，政府的一切权限便告终止"，主权者的意志就有机会得以彰显。此时：

---

① 〔法〕卢梭：《社会契约论》，何兆武译，商务印书馆2003年版，第78—79页。
② 〔法〕卢梭：《社会契约论》，何兆武译，商务印书馆2003年版，第79页。
③ 〔法〕卢梭：《社会契约论》，何兆武译，商务印书馆2003年版，第108页。
④ 〔法〕卢梭：《社会契约论》，何兆武译，商务印书馆2003年版，第129页。
⑤ 〔法〕卢梭：《社会契约论》，何兆武译，商务印书馆2003年版，第115页。
⑥ 〔法〕卢梭：《社会契约论》，何兆武译，商务印书馆2003年版，第118页。

这种只能是以维护社会条约为目的的集会,永远应该是以两个提案而告开始;这两个提案绝不能取消,并且要分别地进行表决。

第一个是:"主权者愿意保存现有的政府形式吗?"

第二个是:"人民愿意让那些目前实际在担负行政责任的人们继续当政吗?"①

通过这种方式,主权者人民不仅将政府永远置于主权者的审查之下,而且,在这一过程中主权者行使着宪法上的罢免权和宪法修改的权利。②

但是,这里有一个问题:这种可以使"政府的一切权限便告终止"的人民集会其实是一种非常态的政治权力,其运用隐含着巨大的危险,它不仅可以更换领导者个人,甚至还可以对政府形式本身进行更改,也就是说,它不仅可能伤筋,而且可能动骨。因此,它在什么情况下可以召开?如何启动?这都是值得探讨的问题。可以说,卢梭是明确地意识到了其危险性,他并不希望人民经常性地使用这一权力,特别是第一种权力。他警告道:"这种改变总是很危险的;所以,除非是政府已经变得与公共福利不能相容,否则就千万不要触动已经确立的政府。"③ 正是基于这种考虑,卢梭在第三卷第13章中区分了两种人民集会形式:特别集会(extrodinary assemblies),主要处理各种意外情况;定期集会(periodic assemblies),进行日常的立法工作。④ 定期集会是无权废止或修改现存的法律的。卢梭指出,主权者应对古老的法律保持尊敬。这样,在一切体制良好的国家里,法律不但不会被削弱,反而会不断

---

① 〔法〕卢梭:《社会契约论》,何兆武译,商务印书馆2003年版,第129页。
② 陈端洪先生认为,人民针对第一个问题所行使的是修改政府组织法的权力(陈端洪:《主权者——政府——臣民:政治法的平衡结构》,第124页)。但是,笔者认为卢梭此处所预设的权力应该比这更高,因为卢梭紧接着在下文中又说:"在国家之中,并没有任何根本法是不能予以废除的,即使是社会公约也不例外;因为如果全体公民集合起来一致同意破坏这个公约的话,那末我们就不能怀疑这个公约之被破坏乃是非常合法的。"因此,卢梭此处所谓的"现有的政府形式"可能比我们今天的"政府组织法"的含义要广,它应该属于现代的宪法原则或基本法的层次。
③ 〔法〕卢梭:《社会契约论》,何兆武译,商务印书馆2003年版,第128页。
④ 〔法〕卢梭:《社会契约论》,何兆武译,商务印书馆2003年版,第115页。

地获得新的力量。① 可以说，紧急权力在卢梭的政治构想中是备而不用的，定期召开的公民大会也是防御性的，其功能之一就是周期性地提醒政府官员对人民负责，警告他们："行政权力的受任者绝不是人民的主人，而只是人民的官吏；只要人民愿意就可以委任他们，也可以撤换他们。对于这些官吏来说，绝不是什么订约的问题，而只是服从的问题；而且在承担国家所赋予他们的职务时，他们只不过是在履行自己的公民义务，而并没有以任何方式来争论条件的权利"②，通过这种象征性的警告来维持主权权威。因此，卢梭会说："政府愈是有力量，则主权者就愈应该经常地表现他自己"③，而显示自己的手段就是定期的人民集会，这就要求公民保持公共精神，不仅要直接参与，而且要积极参与。

如果我们上述分析——在主权者层次上，卢梭是提倡公民的直接参与——能够成立，那么，我们就不难理解为什么后世的参与民主论者会到卢梭那里寻找理论资源，甚至将卢梭奉为直接民主或参与民主最重要的理论家。但是，通过上面的分析，我们也发现卢梭的民主思想其实和当代参与民主论者是有一定差距的，他对代议民主的看法也和当代参与民主论者对他的解读有一定差距。一方面，卢梭并不反对一切形式的代议制，他所反对的仅仅只是主权代表；另一方面，他对我们今天所提倡的参与民主倒是可能持保留态度，起码对于佩特曼以南斯拉夫的工厂民主为模型设计出来的直接参与民主，卢梭可能会持保留态度。如果硬要卢梭在现行的各种民主体制中选择一款他所中意的样式的话，我想他可能会选择其母邦瑞士④，通过公民投票（referendum）的制度设计将立法权和重大事项的决定权牢牢地掌握在人民的手中，

---

① 〔法〕卢梭：《社会契约论》，何兆武译，商务印书馆2003年版，第113页。
② 〔法〕卢梭：《社会契约论》，何兆武译，商务印书馆2003年版，第127—128页。
③ 〔法〕卢梭：《社会契约论》，何兆武译，商务印书馆2003年版，第116页。
④ 卢梭民主思想的产生与18世纪上半叶日内瓦的政治经验是有直接关联的，在《山中书简》第6书中，卢梭说："你读到我的书（《社会契约论》）中那段质朴的分析时，有什么感想呢？我猜猜看。你会自言自语说：这是日内瓦政府的历史呀"。何兆武先生在第三卷第13章的标题加了一个译者注，指出该卷以下各章大体上系以日内瓦共和国小会议的演变为其蓝本。此说有理。见〔法〕卢梭：《社会契约论》，何兆武译，商务印书馆2003年版，第115页，注释2。关于这一问题的详细分析，可以参看：Miller, James, *Rousseau: Dreamer of Democracy*, Yale University Press, 1984, pp. 14 - 43; 以及 Ira O. Wade, 1976; Helena Rosenblatt, 1997。

同时还不妨碍政府的正常运行。①

四、卢梭民主思想的制度设计

综上,卢梭创造性地区分了主权者和政府两个层次,并分别在这两个层次上展开对民主问题的思考。在主权者层次上,卢梭的确主张直接民主制,强调公民要积极参与,强调主权不能被代表;在政府层次上,卢梭则反对直接民主制,而主张代议民主制,强调知识、经验和智慧在决策中的作用。但是,这样的民主构想如何落实到具体的制度层面呢?法律和政策的执行权当然是属于政府的,这毫无疑问,卢梭对此也着墨不多,他更关注的是作为主权权力最重要组成部分的立法权应该如何运作。应该说卢梭的想法非常独特,其中,最值得探讨的问题是,在法律和政策的制定过程中,人民集会和政府各自应该承担什么职能?

在进入这一问题之前,我们首先需要对卢梭的政府概念做一点解释,因为当我们说卢梭赞成代议制政府时,我们马上会产生一个疑问:按照我们通常的理解,所谓代议制政府不仅意味着通过定期选举产生的官员来进行治理,而且意味着将权威授予给一个立法机构(即议会),由它来批准一般性的法律。但是,卢梭明确地讲,政府所掌握的只是行政权力,它并没有立法权,立法权必须掌握在人民的手中,政府只是执行人民所立之法。在这种情况下,政府谈何"代议"?"议"从何来?

对此,我们应明白,尽管卢梭将主权者与立法权力相对应,将政府与行政权力相对应;尽管在卢梭之前孟德斯鸠就将立法权赋予给立法机构,而将行政权力赋予给了行政机构;并且,卢梭对孟德斯鸠的观点非常熟悉,常常引用。但我们不能简单地按照孟德斯鸠和现代人的常识来理解卢梭此处的论

---

① 瑞士这个只有 600 万人口的小国是世界上运用公民投票最频繁、也最成功的国家。在过去的 150 年中,全世界公民投票的一半以上是发生在瑞士。从 1848 年到 2006 年,瑞士仅联邦层次的公民投票就有 540 次;而从 1970 年到 2003 年,33 年间发生在州层次上的公民投票竟然高达 3709 次,平均每年 112 次。换言之,每三天就有一次,其频率之高令人咋舌。Bruno Kaufmann, Rolf Büchi, and Nadja Braun, eds., *Guidebook to Direct Democracy in Switzerland and Beyond,* Initiative and Referendum Institute Europe, 2006.

述,将行政权力和行政机构对应起来,从而将卢梭所谓的"政府"理解为狭义的行政机构。因为卢梭所谓的"政府"是将我们现代所谓的立法、行政、司法这三个分支集于一身的。关于这一点,我们在卢梭对维持主权权威的论述中看得很清楚。在《社会契约论》第三卷第14章中,卢梭指出:"当人民合法地集会而成为主权者共同体的那个时刻,政府的一切权限便告终止;于是行政权也就中断",接着,卢梭以罗马为例来说明这一点:"罗马人民大会里所出现的骚乱,大部分是由于不知道或者忽略了这条规则的缘故。执政官这时候只不过是人民的主席,保民官只不过是单纯的议长,而元老院则毫无地位可言。"① 注意,在这里罗马人民大会毫无疑问指的是主权者一方,而执政官、保民官和元老院则属于政府一方,它们分别代表我们现代所谓的行政机构、司法机构和立法机构。但无论是执政官、保民官,还是元老院的元老们,他们都只是主权者人民的办事员而已。因此,当卢梭谈主权者与政府的区分时,他并不是指我们现代意义上的立法机构与行政机构的分立;当他说立法权只属于主权者时,他并没有说立法权属于议会,相反,他倒是强调人民的议员"只不过是人民的办事员罢了",他们是没有立法权的。在这一点上,他和孟德斯鸠是不同的。这一点对于我们理解主权者和政府之间的区分以及二者的分工是很重要的。

卢梭在《社会契约论》中没有在司法与行政之间进行明确的区分,他对司法独立也并未给予注意[尽管他知道孟德斯鸠对此留意甚深。当然,我们也应注意到他在第四卷第5章中关于保民官(Tribunate)的讨论颇类似于最高法院的角色]。因此,我们此处的讨论主要集中在行政机构与立法机构上。应该说,无论是在我们现代的知识框架中,还是在卢梭的思想框架中,作为政府之重要组成部分的行政机构的职能是很好理解的。但是,在卢梭的思想框架中,我们如何理解立法机构的职能呢?事实上,卢梭对此并没有清晰的论述,但是,我们可以借助卢梭关于立法者的论述来理解立法机构的功能。

---

① 〔法〕卢梭:《社会契约论》,何兆武译,商务印书馆2003年版,第118页。

在笔者看来，对于卢梭而言，如果说立法者的任务是在一个国家草创时期，帮助人民建立一套合理的宪政体制的话，那么，立法机构的任务则是在宪政体制已经建立之后，帮助人民维护和更新其宪政体制。立法机构其实就是常态情况下的立法者，其功能并不是立法，而是提供立法建议，真正的立法只能由作为主权者的人民自己来完成。这也是他批评英国议会的原因之所在。因为英国的议会不仅拥有提供立法建议的功能，而且具备了立法的职能。而这在卢梭看来，显然是对主权者权力的一种僭越。① 而要提供恰当的立法建议，对公共事务的讨论就是必不可少的。不仅要讨论，而且还要是高质量的讨论，这也是卢梭对选举式贵族制赞赏有加的原因所在。

进一步讲，就具体操作而言，按照立法的流程，一项法律的制订要经过创制、起草、讨论、批准等步骤，主权权力在哪个层次上发挥作用？政府又在哪个层次上发挥作用？可以说，在制度设计上，卢梭的想法非常独特，除了批准法律的权利属于人民之外，其余的权利均属于政府。立法权归主权者人民，法律的创制、讨论、草拟、解释都归立法机构；人民是决而不议，立法机构是议而不决。对于这一制度安排，有几个问题需要澄清：

第一，人民为什么没有立法创制（legislative initiative）的权利？立法创制的权利所涉及的是立法之必要性的问题，换句话说，就是应该由谁来决定应该创制新的法律，这一启动和议程设置的权利应该归谁所有？本来，按照民主的逻辑，人民应该是最具资格拥有这一权利的。但是，作为人民主权理论最强有力的倡导者的卢梭的看法似乎并非如此。早在《献给日内瓦共和国》中，卢梭就明确地指出，只有官员们才有提出新法律的权利。而人民则应满足于自己有权批准法律。② 卢梭之所以反对赋予人民以立法提案的权利，一方

---

① 需要注意的是，尽管卢梭对英国议会一直持批评态度，但在不同时期，他批评的理由有所不同。在《社会契约论》中，卢梭批评英国议会是因为它是一个代议机构；而在《论波兰政府》中，他批评英国议会不是因为它是一个代议机构，而是因为其议员的任期太长。这样，议会容易脱离人民的控制。Lund, Nelson Robert, "Rousseau and Direct Democracy", in *Journal of Contemporary Legal Issues*, Vol. 13, No. 2, 2003 - 2004, pp. 459 - 510. 有论者指出，卢梭批评英国人民不自由，并不是否定英国宪政体制，而是说它并不完美。应辅之以对代表的制约机制，至少应赋予人民以否决的权力。Mads Qvortrup, *The Political Philosophy of Jean-Jacques Rousseau: The Impossibility of Reason*, Manchester University Press, 2003, p. 61.

② 〔法〕卢梭：《论人类不平等的起源和基础》，李常山译，商务印书馆1962年版，第54页。

面是因为他以日内瓦的政治实践作为其制度设计的模板,在当时的日内瓦,立法提案权掌握在小议会(Petit Conseil)手中,而不是大议会(Conseil General)手中;另一方面,因为卢梭担心一旦人民拥有这项权利可能会导致法律的不稳定,他常常强调,要把一个国家治理好,只需很少的法律,法律的繁琐是风俗败坏的象征。所以他反对对法律的轻易更改,在他看来,"以改良为借口忽视旧日的习惯",会"由于纠正小的弊端,反而引起更大的弊端"①。后来,在《社会契约论》中,卢梭承认在某些特殊时刻确实需要通过召开特别集会的形式对现存的制度进行修订,但是,他同时指出,这种特别集会的召集权在政府手中,而不在人民那里。②

第二,人民为什么没有讨论的权利?卢梭在"防止政府篡权的方法"这一章中,对人民集会的论述,只是谈到人民应该就这两个提案进行"表决",而根本没有谈到对之进行"讨论",似乎根本无需讨论。而且,当我们在读到第四卷第4章"论罗马人民大会"时,我们同样会碰到这样一个奇怪的现象,卢梭竟然完全没有谈到公民们在大会上讨论的问题,他只是谈到了投票,仿佛公民们聚在一起,就是为了投上他神圣的一票,而完全没有必要就需要投票的事务进行讨论。考虑到该章是全书篇幅第二大的章节(中文共14页,篇幅最大的章节是"公民宗教",共18页),这一点就更奇怪了。关于这一点,《社会契约论》第四卷第1章也可以提供一些旁证,例如,卢梭在该章的结尾处指出:"在主权的一切行为中,仅就**投票**这一项权利——这是任凭什么都不能剥夺的公民的权利——我在这里就有很多的意见可写。此外,还有关于发言权、提议权、分议权、**讨论权**等等,这些权利**政府**总是煞费苦心地要全部保留给它自己的成员。"③ 换句话说,在立法问题上,卢梭赋予人民的地位很

---

① 〔法〕卢梭:《论人类不平等的起源和基础》,李常山译,商务印书馆1962年版,第54页。
② 〔法〕卢梭:《社会契约论》,何兆武译,商务印书馆2003年版,第115—116页。
③ 〔法〕卢梭:《社会契约论》,何兆武译,商务印书馆2003年版,第133—134页。黑体为笔者所加。乌比娜蒂也认为,在卢梭看来,立法的准备工作(提议、讨论和法案的起草)不应由主权者自己来完成,而应该交给政府来做。但最后的决定权一定要留给公民自己,之所以如此,一个重要的原因在于,立法准备工作太过艰巨,非普通公民的能力所能承担,因此,卢梭不主张公民直接参与政策制定的全过程,他们需要亲自参与的仅仅是最后的决策。Nadia Urbinati, *Representative Democracy: Principles and Genealogy*, Chicago University Press, 2006, pp. 74-82.

高，但其所要做的工作其实很少，仅仅限于批准或否决由政府提交的法律或政策草案。在集会的过程中，不仅不要求人民讨论，甚至要禁止他们之间的讨论，其目的在于防止公民之间的讨论影响其健全而独立的判断。① 但为什么讨论会影响公民健全而独立的判断呢？这涉及卢梭对人性的看法，其实卢梭对人性的看法是相当悲观的，在论述公意的相关章节中，他反复强调"人们总是愿意自己幸福，但人们并不总是能看清楚幸福。人民是决不会被腐蚀的，但人民却往往会受欺骗"。② 也正是因为这个原因，他才强调政府的作用，强调将法律草案的讨论和起草工作交给德能兼备的政府官员，由他们来保证立法的质量。③ 不仅如此，卢梭还认为人民集会上的讨论对于公意的揭示有害无益，因为"冗长的争论、意见分歧和乱吵乱闹，也就宣告了个别利益之占上风和国家的衰微"④。

在这一问题上，卢梭与哈贝马斯的政治构想可以说有同有异，他们的相同之处是均强调人民主权的超越性地位，强调人民在立法过程中的作用，强调人民对政府的导控和监督；他们的不同之处在于，卢梭的人民主权的重心在立法过程的末端，更强调人民最后的决定权。而哈贝马斯的人民主权则将其重心放在了立法过程的开端，按照其双轨制审议民主的制度设计，哈贝马斯强调通过公民社会的话语实践形成公共舆论，通过公共舆论来导控立法机构的决策，并以这种方式将人民主权落到实处。在这一制度设计中，法律的创制权就落在了以匿名的公共对话形式体现出来的人民主权身上。在此，人

---

① 此处的论述见卢梭：《社会契约论》第二卷第 3 章，中译本，第 36 页。但学界对该段落的理解有分歧，笔者对此曾有讨论，见拙著：《民主审议与政治合法性》，法律出版社 2007 年版，第 105 页，注释 115。近读理查德·弗拉林（Richard Fralin）旧著，发现他在 1978 年即已提出与笔者同样的观点。弗拉林原文如下："Rousseau also seems to rule out debate by the people in Contrat social II, 3, in which he specifies as one of the conditions for realizing the general will that citizens not communicate among themselves during their deliberations"。Fralin, 1978, p. 220, note 3. 需要注意的是，此处的"deliberations"含义为"慎思"，即古丁所谓的"内部审议"，关于这一问题的详细讨论，请参考：Goodin, Robert E., "Democratic Deliberation Within", in *Philosophy & Public Affairs*, 2000 (29), pp. 81 - 109。
② 〔法〕卢梭：《社会契约论》，何兆武译，商务印书馆 2003 年版，第 35 页。
③ 这一点其实是古典共和主义传统的一个共识，共和主义明确地将"讨论"的权利局限于政治精英。例如，在哈灵顿的共和国中，就是"元老院建议、人民批准、行政官执行"。
④ 〔法〕卢梭：《社会契约论》，何兆武译，商务印书馆 2003 年版，第 134 页。

民不仅拥有法律的创制权,而且是以公共讨论的形式来行使其主权。也就是说,人民有讨论的权利,而且其讨论所形成公共舆论能影响议程的设置,并对立法机构的偏好产生约束。①

接下来的疑问是,如果卢梭对人性并不乐观,那他为什么还要将批准法律的权力交给人民?在卢梭的观念中,通过人民集会的方式来批准法律是出于两个方面的考虑:其一,合法性的要求,合法的法律必须经过人民的同意。这一点无需做进一步的解释,因为它已经成为近代以来政治的基本前提;其二,认识论的要求,通过人民集会的投票来识别符合公意要求的法律和政策。这不仅让人疑惑,卢梭不是对人性非常悲观,认为人民往往会受欺骗吗,他凭什么认为人民的投票就能识别公意和符合公意的法律和政策呢?有一种解释认为,尽管卢梭对作为个体的公民的能力持怀疑态度,但对作为整体的人民的能力则持乐观态度,当然,其背后的原理是卢梭的同胞孔多塞提出的"陪审团原理",关于这一点,笔者在别处曾有介绍,此不赘述。②

与卢梭对人性的悲观看法相关的另外一个问题是,立法机构的另外一个作用是型塑"习俗",就像立法者所做的那样。这样,我们才能理解卢梭对政府的定位:使臣民与主权者两者得以互相适合。这是什么意思?从一个较浅的层次上理解,它意味着行政机构通过法律的执行,使得公民们遵纪守法,此时臣民的行为和主权者的意志(法律)就互相适合了。但这只是最基本的要求,更理想的情况则是:通过公民教育,使得公民的特殊意志逐渐让位于公意,此时臣民与主权者的身份就合二为一了。很显然,卢梭更青睐后一种思路(卢梭自己最满意的作品既不是让他一夜成名的第一论文或第二论文,也不是后人研究最多的《社会契约论》,而是《爱弥儿》,于此可见一斑),

---

① 萧高彦先生已经注意卢梭民主思想与哈贝马斯审议性政治之间的关联,见氏著:《从共和主义到激进民主——卢梭的政治秩序论》,载袁贺、谈火生编:《百年卢梭》,吉林出版集团有限责任公司 2009 年版,第158—183 页。关于哈贝马斯的双轨制审议民主构想,可以参考拙著:《民主审议与政治合法性》,法律出版社 2007 年版,第五章第 3 节。

② 拙著:《民主审议与政治合法性》,法律出版社 2007 年版,第 106—109 页。更详细的论述请参考:Grofman, Bernard and Scott L. Feld, "Rousseau's General Will: A Condorcetian Perspective", in *The American Political Science Review*, Vol. 82, No. 2, Jun. 1988, pp. 567 - 576。

如果后一种思路实现了，前面那一步根本就没有必要。那么，怎么实现这一点呢？靠立法机构。因为立法机构的基本工作就是讨论，对公共事务的讨论，这个过程本身就是最好的公民教育。

五、结语

卢梭对民主问题独特的思考不仅在当时形成了一种新的关于民主的想象，而且对于今天亦不乏借鉴意义。

首先，卢梭创造性地区分了主权者和政府这两个层次，并分别在两个层次上展开对民主问题的思考。在主权者层次上，卢梭的确主张直接民主制，强调公民要积极参与，强调主权不能被代表；在政府层次上，卢梭则反对直接民主制，而主张代议民主制，强调知识、经验和智慧在决策中的作用。卢梭的思考似乎在提示我们，直接民主和代议民主并非不可调和，卢梭为我们提供了一条能很好地将二者结合起来的可能路径。① 同时，这种两分我们还可以从时间的维度上来加以理解，即常态与非常态。在常态政治下，卢梭是反对公民的直接参与的；但是，在非常态政治下，他则强调公民要现身，积极参与到政治过程中来。当然，卢梭对非常态的理解可能要比阿克曼更宽泛，它可能不仅包括阿克曼所谓的"宪法时刻"，而且包括共同体面临重大的抉择之时，此时的抉择也许不涉及基本的宪法架构，但是对共同体之发展可能会产生重大影响。当此之时，卢梭呼吁公民积极地投身政治之中，就这些重大问题进行抉择。但是，卢梭也呼吁，当此之时公民应保持审慎与克制，以免频繁的变更影响政治的稳定。如何在"常"与"变"、"稳定"与"创新"之间保持适当的张力与平衡，这是卢梭留给我们的一个重要思想遗产。

其次，卢梭对主权者和政府的区分以及他对政府进行制衡的思想，在今天仍有启示意义。有论者评论道，在卢梭之前，宪政主义已经完成了法治和

---

① Mads Qvortrup, *The Political Philosophy of Jean-Jacques Rousseau: The Impossibility of Reason*, Manchester University Press, 2003, p. 65.

分权的制度设计，但没有完成民主化，这一任务留给了卢梭。[①] 卢梭在试图对政府进行制衡时，不是采取孟德斯鸠和联邦党人的思路，通过政府内部的相互制约，以野心对抗野心的方式来实现相互之间的制衡；而是在政府之外，通过主权者对政府的监督来实现。这种监督最重要的机制是政策输出的控制，即最后的决定权应留在人民自己手中。强调主权者高于政府，应该将政府永远置于人民的监视之下。当然，囿于时代的局限，卢梭所能想象出来的办法是在小国寡民状态下人民的经常性集会。尽管这样的建议在今天看来毫无可能性，但是，我想如果卢梭能活到今天的话，他应该能同意瑞士对公民投票机制的运用。1999年美国佛罗里达州针对公民投票所做的一份民意调查数据显示，有高达八成以上的人支持公民投票制度。[②] 尽管这80%的人可能并不全都认为人民有足够的能力对复杂的政治或政策问题作出明智的决定，但如此高的支持率仍提醒我们，卢梭对代议制民主和直接民主问题的思考对我们今天仍是有启发意义的，如何在二者之间寻找平衡并走出一条新路，这仍是民主的理论和实践面临的一个重要任务。

2010年6月初稿
2012年1月二稿

（本文原刊于《政治思想史》，2012年第1期，第18—42页）

[①] Mads Qvortrup, *The Political Philosophy of Jean-Jacques Rousseau: The Impossibility of Reason*, Manchester University Press, 2003, p. 56.

[②] Matthew Mendelsohn & Andrew Parkin, eds., *Referrendum Democracy: Citizens, Elites and Deliberations in Referrendum*, Campaigns, NY: Palgrave, 2001, pp. 34-36.

现代儒学的浮现：从独享政治权威到竞争文化资源

任剑涛

现代儒学是一个与传统儒学相对而言的概念。两者共享儒学这一核心词汇，意味着它们之间具有基本价值的共同性。同时，因为分处传统与现代两个时期，也就必然呈现其鲜明的差异：传统儒学主要是与传统中国对应的观念形态与制度设计，现代儒学主要是应对中国现代转变生成的文化理念与制度思维。前者具有超逾时代的普遍内涵，后者具有继承传统并应接现代的崭新意蕴。在相关性视角对之加以分析，既具有助人理解儒学的历史绵延性与当下创新性的效用，也具有促人省思儒学适应现代变迁之道的积极作用。

一、祛经之儒：从一家独尊到一家之言

现代儒学的浮现，可做长过程审视，也可做短视距观察。在短视距中，现代儒学的兴起，时限上在20世纪，结构上依托于兴起中的现代中国。在长过程中，现代儒学的兴起，在时限上有其前史，这一前史可以追溯到晚明王学

左派，落点在明清之际三大家（顾炎武、黄宗羲和王夫之）的思想，逐渐下延至晚清中西文化交汇中兴起的新儒学思潮。但正式的落定，则在20世纪上半叶。迄今，现代新儒学已经繁衍出蔚为大观的港台海外新儒学与初起的大陆新儒学两支。但前史毕竟不是正史。只有在儒学应对现代变迁的时候，才能真正着力处理它避无所避的现代主题，从而正式转进到儒学的现代发展阶段。

不过，人们确切知道的是，现代儒学与传统儒学是勾连在一起的。理解现代儒学，就此需要与传统儒学关联起来分析。现代儒学与传统儒学的关联分析，可以在具体论题上展开，也可以在总体特征上比较。但相对于两者在中国社会中的处境而言，大可以"尊经之儒"与"祛经之儒"来定位。

尊经之儒，是中国古代皇权全面而直接支持和利用儒家形成的状态。中国古代一旦形成稳定的皇权体制，帝制之下，儒家的处境是一家独尊。儒家的一家独尊，表现为它既占据政治权威地位，同时又占据文化霸权地位。这是一种总体上为其他诸家诸派所难以企及的高位。儒家之占据政治权威地位，是由国家权力决定的态势。秦"焚书坑儒"，对儒家的转型发挥了特殊的政治功能：它将"学在民间"之儒，转变成"学在王官"之儒。这对儒家后来与汉代政权全面合作、内在联系，发挥了政治引导作用。秦设博士官，成为汉设五经博士的先声。这也是"汉承秦制"的一项内容。不论汉代兴起的经学，是先期由官方直接倡导的今文经学，还是后起由民间升入庙堂的古文经学，都一无例外地成为古代中国的"官学"。这样的官学，一是由国家权力直接推行，因此具有强大的理论吸纳能力，将此前各有渊源的诸子百家内卷入儒家，形成一家独大的"务为治者也"的"达名"之儒。① 二是儒家积极主动地为国家权力运作筹谋、端正人心、出谋划策，从而登堂入室，成为国家必须仰赖的统治哲学。三是国家权力与儒家思想相互支撑，国家直接走上一条以儒家之经开科取士的制度道路，真正将儒家之经固化为驱动公众承诺权威、寻求向上流动的不二之选。经学的兴起，就是尊经之儒浮现的理论标志；以儒

---

① 达名之儒，是一个概观中国古代学术的词汇。参见章太炎：《原儒》，见氏著：《诸子学略说》，广西师范大学出版社2010年版，第91—92页。

家之经开科取士，则是儒家稳居官学位置的制度象征；儒家之学得以吸纳诸家于自身，乃是儒家高居庙堂之上的文化产物。儒家之维持这样的地位，一直到晚清时期。就此而言，儒家与中国古代政治权力的同构程度之高，众所公认。此如董仲舒所言：

> 《春秋》大一统者，天地之常经，古今之通谊也。今师异道，人异论，百家殊方，指意不同，是以上无以持一统，法制数变，下不知所守。臣愚以为诸不在六艺之科孔子之术者，皆绝其道，勿使并进。邪辟之说渐息，然后统纪可一而法度可明，民知所从矣。①

这一被后人表述为"罢黜百家，独尊儒术"的政治事件，不仅是思想一统的举措，而且是政治一统的实施；不仅是对官权的有力统一，也是对民间力量的官权整合；不仅是对政治秩序的建构，也是对社会秩序的重构。千年经学传统、儒家独尊地位，就此确立。尊经之儒，在这一意义上，首先是政治权力直接支持之儒，同时是深具思想霸权之儒。缺乏国家权力一贯且大力的支持、抑或缺失儒家代不乏人的思想承传，尊经之儒都是不可想象的。"儒家经学的'定于一尊'，始于西汉武帝；自此以后，经学成为中国封建文化的主体"② 这样的断言，也就是由此出台的。

在作别帝制过程中，儒家迅速蜕变为一家之言。作别帝制，是三次政治变迁过程的产物：一是明清之际的政治变局，引发人们对儒家致力正当化的皇权的反思。对"天下"与"国家"关系的重新审视，具有拆解儒家思想霸权与国家政治权力内在关联的潜在功能。二是晚清大一统政治定势的松动，造成一种动摇儒家与权力内在勾连关系的局面。在这样的变迁过程中，晚清所发生的两个重大事件，对儒家独尊地位造成巨大撼动：其一是晚清政府在1905年废除科举制度。这从根本上动摇了儒家获得的制度动能。就此儒家不

---

① 《汉书·董仲舒传》。
② 汤志钧等：《西汉经学与政治》，上海古籍出版社1994年版，第1页。

再具有国家权力无条件支持的强大政治背景。随之而起的新式学堂、现代学术取儒家而代之。儒家经学独尊的地位，从此不再；其二是晚清政府派遣大臣出国考察宪政，预备立宪。这证明儒家不再成功提供国家的统治秩序正当化资源，宣告儒家成为可以替代的国家统治哲学。这比之于后起的新文化运动对儒家经学解体造成的影响，有过之而无不及。三是民国以降，经学家与帝制复辟的勾连，造成经学论说与现实政治的对峙状态，因此让经学无以重现整顿山河的进取态势，迅速退出中国政治演进的主流舞台。

由上可见，儒之祛经，不是单纯的文化转型所致，而是复杂的社会政治与古今文化交错变化所促成的结果。其呈现为三个交织在一起的变迁过程：

一是思想过程。在时间上起自晚明讫于新文化运动。经历了晚明王学左派、明清之际的三大家反思、晚清经学内部的省思、清民之际的新文化运动。其间，对独尊之儒的批判性反思，逐渐成为思想主流。终至民国初期新文化运动对传统伦理宣告"吾人最后之觉悟"①。这一思想变迁，从历史长过程来看，是内生和渐进的；从历史的结局上看，则是外生与骤进的。从思想主题上看，初期是中国内生思想的自我反思，即儒家内部对自身无以供给强有力的文化与政治秩序的省思，后期变成以源自西方的现代价值颠覆儒家主题的状态。总的说来，儒之祛经，首先是思想界自我除祛儒之魅惑的事宜。自晚明始，中国思想界就开始了一个漫长的、脱离汉儒建构的经学传统，回归先秦的百家争鸣的征程。这样的变化，并不是晚清民国一个短促的时间内瞬间浮现的文化事件，它受儒学逐渐的衰变所驱使，也受思想界逐渐疏离儒学权威的进程所诱导，更受晚明以后中西交通大局的左右。换言之，祛经之儒的结果，乃是一个中国思想史内生过程的必然结果，不是所谓西化学人主观偏好的产物。

二是政治过程。这一过程，在时间上起自晚清讫于人民共和国，先后经历了晚清的废除科举、民国的宪政冲击、人民共和国的政治颠覆。诚如前述，晚清废除科举，是对尊经之儒的致命一击。从尊经之儒得以兴起的政治条件

---

① 陈独秀：《吾人最后之觉悟》，见任建树主编：《陈独秀著作选编》，第一卷，上海人民出版社2009年版，第202页。

来看,儒之走向独尊,就是因为国家权力提供了无条件的政治支持。倘若国家权力取消了对儒家的无条件政治支持,儒家就不可能具有在国家理念上整合诸家的权能,也就失去了引导社会人士潜心儒家典籍的动力。这是今天论及儒家失去独尊地位便指责新文化运动,而不反思晚清政局影响的最大误区。晚清政府之倡导新学、之拟议新政,就是因为明确意识到儒学不再能够供给国家统治哲学所致。民国时期,像蒋介石那样的权势人物,既反对中国走西化道路,也反对中国走俄式路线,试图将中国引导到礼义廉耻治国的道路上。其用心之良苦,天人共鉴。但其脱离中国社会现代运行轨道之显见,已为经验验证。民国在其统治全国与偏安一隅的艰难历程中,终于验证的还是共和"国父"孙中山所设定的宪政共和方案。这证明儒家如不努力建构现代政治论说,完全无以影响中国的政治进程。至于取代民国而起的人民共和国,一开始就将儒家安置在国家的对立面位置,置于封建意识形态的批判地位。最后,在"批林批孔、评法批儒"的政治运动中,将儒家作为历史遗留物处置。[①]这也从一个侧面证明,儒家未能引导中国现代政治的变化进程。这当然不能用来证明儒家全无现代价值,但起码可以说明,儒家顺应现代变迁,重建自己因应于现代变局的论说,对其发挥现代牵引作用的极端重要性。

三是社会过程。这一过程,在时间上起自明清之际迄于人民共和国。经历了明清之际的社会生活变迁、民国的新生活运动、人民共和国的移风易俗。论及中国现代变迁尤其是中国革命的人士,常常指出,中国的革命,不仅是一场关乎权力交替的政治革命,更是一场对整个社会进行伤筋动骨改造的过程。这是一种全局意义上的革命。这场革命,确实动摇了整个中国既定的社会政治结构。政党国家(party state)的崭新国家形态,取代了绵延千年的帝制国家(empirical state);被国家全方位控制的总体社会的兴起,完全颠覆了乡村社会的宗族秩序。政党捕获了国家,国家捕获了社会,社会受到国家权力的

[①] 大陆政局骤变以后,移居港台的现代新儒家之发出中国文化"花果飘零"的浩叹,就很明确地显现出国家政治结构变化后,儒家的尴尬处境。参见牟宗三等:《为中国文化敬告世界人士宣言》,见封祖盛编:《当代新儒家》,生活·读书·新知三联书店1989年版,第1—52页。

强有力控制。① 这种新的社会政治结构，相对于中国的千年社会政治结构来讲，是全新的，也是动荡的。其变迁过程，历经晚清新式生活方式的初始冲击。

从清末以来，一种物质生活中"崇洋"的倾向也悄然出现。早在辛亥之前夕，由于西方资本主义思想文化在中国传播的影响，物质生活领域已有人带头"洋化"。辛亥以后，资产阶级民主制度的确立，为这种"洋化"提供了有利的社会条件。有些人认为，谁接受西方的社会生活习尚，谁就是文明、开化，属于新派人物，否则就是保守、顽固。"官绅宦室，器必洋式食必西餐无论矣，其少有优裕者亦必备洋服数袭必示维新。下此衣食艰难之辈，亦加多舍自制之草帽，而购外来之草帽，今夏购草帽之狂热，竟较之买公债券认国民捐，跃跃实逾万倍。"②

面对这样的变化，人们当然有理由去谴责大众的随波逐流，不能扎下传统文化之根。但社会变迁不是随某个人、某些群体的偏好而转移的。社会风气常常是社会结构变迁最自然的呈现。始自晚清的这一变局，常常为政治人物所痛心疾首，认为是必须纠正的偏失。蒋介石花大力气倡导的"新生活运动"，旨在端正社会风气、更新道德现状、提升人生境界，也恰好体现出政治人物重启传统的主观用意。"我可以告诉大家，我现在所提倡的新生活运动是什么？简单地讲，就是使全国国民的生活能够彻底军事化！能够养成勇敢迅速、刻苦耐劳，尤其共同一致的习性和本能，能随时为国牺牲！"③ 尽管蒋介石这种国民生活军事化的表达所填充的伦理内涵是礼义廉耻，但由国家筹划国民的日常生活，从根本上颠覆了传统中国的日常生活秩序。到了人民共和国阶段，由于社会革命向纵深的发展，国家权力对国民日常生活的再组织力

---

① 参见任剑涛：《社会的兴起：社会管理创新的核心问题》，第一章"基础理论：国家与社会——历史扭曲与现实调适"，新华出版社2013年版，第15—30页。
② 乔志强主编：《中国近代社会史》，人民出版社1992年版，第256页。
③ 蒋介石：《新生活运动之要义》，载《总统蒋公思想言论总集》第12卷，第78页。转引自茅家琦等：《中国国民党史》上卷，鹭江出版社2005年版，第502页。

度之大，远非此前所可设想。以阶级斗争为指针，执政党全盘重整中国社会，将社会划分为应当团结和必须斗争的两大部分，从而在根本上颠覆了以"和为贵"为目标组织起来的传统社会秩序。① 儒家典籍，在这样的政治变迁过程中，也就逐渐成为简单粗暴的政治批判对象，沦为政治归罪的历史遗留。直到这样的政治颠踬告一段落，儒家才重获"成一家之言"的机会。换言之，儒家长期所处的那种被国家权力遣用或被弃用的非正常状态，才得以改变。儒家之回归原始儒家那种一家之言的本来状态，也就成为儒家在现代处境中的正常态势。

二、政教—知行的疏离：儒家权威的失落

儒家之处于一家独尊的地位，可以说基于两重动力：一是中国古代皇权统治秩序的需要，这是政治动力；二是儒家之回应国家权力需要所具有的既定理论特质，这是思想动力。就前者言，春秋战国时代，中国处在社会政治秩序重建的特殊时期，因此，诸家陈说，不同治术，纷纷出台。到了秦朝，大一统政治制度建构起来，思想上的一统，也就成为现实需要。在"百家争鸣"之际浮出台面的诸家，就此具有竞争性获得政治秩序设计权的机会。换言之，诸家都不能再维持一种拒斥政治的愿望，而会处于一种被政治选择或拒斥的境况。就后者看，古典时代的儒家，之所以具有政治权威与文化霸权，就是因为它切中了中国古代社会的双重需求：在国家统治哲学上，切合了政治与教化合一的需求；在社会政治文化理念上，切中了理论与实践合一的需求。这是儒家得以在西汉一朝开启"一家独尊"历史的深层理由之所在。可见，儒家在诸家中脱颖而出，成为古代政治秩序重构时期力拔头筹的一家，不是儒家一厢情愿的产物，而是儒家与大一统中国成功进行政治互动的结果。

这是一个需要分析的双向互动过程。一方面，从政治权力筛选统治思想一端来看，儒家并不处于先发位置。如果说春秋战国时期诸家立说，因应于诸侯国所需的话，那么，只有到了战国后期，国家需要重归一统的时候，诸

---

① 参见金冲及：《二十世纪中国史》，第三卷，第二十一章"社会主义建设在曲折中前进"，社会科学文献出版社 2009 年版，第 944—950 页。

子百家才会分出一个优胜劣汰的结果。适应战国时期中国重归一统的政治需要，先行登场的是法家。当秦王嬴政阅读《韩非子》一书，发出"寡人得见此人与之游，死不恨矣"①的慨叹时，表明足以推动国家重归一统的政治思想与足以让国家重归一统的政治家之间，达成了一种契合。但秦政失于严苛，不能不说与法家主张的"严刑峻法"有关。"万世之基业，二世而亡"②的政治痛史，告诉人们，一种崇尚暴力的统治模式与一种推崇权势的思想，结构不起一种有助于维持政治稳定的秩序。秦之苛政被推翻以后，汉推出的首先是"与民休息"③的宽政。黄老道家的无为政治，获得了主导汉初五十年政局的思想契机。但宽松无为之政，并没有呈现长治久安之功，国家没能够从黄老道家那里发现有助于长期统治的理念。直到汉武帝昭告天下，举贤良对策，征求长治久安方略，才让儒家获得主导中国古代政治秩序的机会。从秦至汉，统治者都在寻求国家一统江山的统治哲学，这一寻找过程，以发现儒家的政治功用宣告结束。可以将这一过程理解为聪明睿智的统治者对有利于国家建构稳定秩序的政治理念的发现：如果未能发现有效维持国家稳定秩序的统治哲学，这一寻求过程就不会终止；一旦发现有利于维持国家长期稳定的统治哲学，这一过程就进入一个相对静止地维护政治统治与政治理念匹配关系的状态。

另一方面，从思想人物争取政治介入机会来看，法家、道家的政治介入意识，并不逊于儒家。韩非、李斯与秦始皇的互动，黄老道家与汉初统治者的契合，都是明证。但法家仅仅适应了以霹雳手段统一国家的暂时需要。黄老道家也只是因应了汉初民众疲于战乱的休息需求。两者都没有提供深植于中国社会、适应现实政治需要、切中稳定政治秩序根脉的统治哲学。唯有儒家，既具有自觉的政治介入意识，又具备综合先秦诸家政治智慧的能力，还能够抓住重建政治秩序的英明君主心思，从而提供长治久安的治国之道。这

---

① 《史记·老子申韩列传》。
② 秦始皇宣布，"朕为始皇帝。后世以计数，二世三世至于万世，传之无穷。"（《史记·秦始皇本纪》）
③ "海内虚耗，户口减半，光知时务之要，轻徭薄役，与民休息。"（《汉书·昭帝纪》）

在战国末期荀子那里，已经奠基。到了董仲舒手里，则被锻造成了综合各家、独具匠心的国家统治哲学。董仲舒之所以能够贡献古代中国的统治哲学，首先与他成功寻找到与皇帝进行政治对话的方略有关。天人三策，让董仲舒在武帝的策问中鹤立鸡群，成为唯一一位把准统治者极度关心的稳定政治秩序脉搏的思想家。同时，董仲舒精研《公羊春秋》的大一统理论，将神秘理念与儒家理智主站高度融合，在理论上准备了一套足以打动统治者的综合性政治哲学。这是他抑制诸家，张扬儒家，而能"应帝王"的深厚观念基础。"天人相副"、"天人感应"、"天人遣告"① 成为高级法与人间法对应而在的完备统治结构，恰好与尊君、一统的政治主张匹配，帮助其理论准确落定在国家所需要的统治哲学位置上。董仲舒的理论，显然比法家、道家的理论要高明，也更适应汉代及其后各朝建构稳定政治秩序的需要。

更为重要的是，本来起于基层社会的儒家，由于其思想基础扎根于宗族建制，因此，深具其他各家所无法比拟的、立于宗法关系之中的雄厚社会根基。君臣、父子的内在勾连建制，让儒家具备了贯穿社会与国家、打通政治与教化、联结知识与实践的超级能力。人们尽可以说儒家没有道佛两家深刻的本体论建构，也没有法家那种直入权术的政治操控技艺，但儒家确实具有其他各家所绝对不及的道德本体建构、政治总体筹划、伦理生活安排。三纲（明明德、亲民、止于至善）八目（格物、致知、诚意、正心、修身、齐家、治国、平天下）将至善的道德境界与修德亲民紧密勾连起来，并且将德性的亲知层层递进到天下太平，这就建构起了一个围绕做人、做事与为政的完备体系，完全能够引导人与社会朝向理想中的大同社会发展。这岂是其他各家所具备的、引导国—家稳定绵延的能量？！由此可以知晓，孔子所获"至圣先师"称号，乃是人们深明儒家社会政治功能的表现。

但转换场域，进入现代时段的中国，儒家却成为中国落后挨打的归咎对

---

① 参见《春秋繁露·王道通三》等篇。

象。现代处境中儒家的巨大失落，主要是因为政治与诸社会要素的分流发展。这种发展模式，肇始于西方，但迅速流播全世界。马基雅维里确立了政治与道德分流发展的现代基调，切割了在西方古代与中世界也曾紧密勾连在一起的政治与道德的关系。这种关系，在中世纪，更是以宗教教规的形式，得到强化。在古希腊那里，柏拉图奠立的道德理想国，曾左右了西方政治的古典思维世界。亚里士多德则以伦理学为政治致思鸣锣开道。其《尼各马可伦理学》作为《政治学》的直接思想根源，确立起了西方道德哲学与政治哲学内在关联的思考模式。在中世纪，基督教以神性道德主导人间生活。尽管其间的"天上之城"与"人间之城"预设，似乎建构了一个德性世界与罪恶世界的二元结构，但基督教确信，天国不在人间之外，信教的人间信众，不必在另外的世界去寻找理想天国。这种思路，其实就是一种拉大理想的德性世界与现实的社会世界的距离，从而夸张放大亚里士多德一个世界的两个结构面。其思维模式，仍然不出亚里士多德关联思考德性世界与政治世界的大思路。但这样的思路，在马基雅维里那里彻底被打破了。在一个现实世界的德性极度败坏的状态中，人们很难设想贯通的德性世界与政治世界。最好的办法，就是让两个世界各自独立。断言这是一种旨在以政治手段治理德性败坏的主张也好，抑或说这是一种将德性作为最后的防护方式也好，重点都落在不直接以德性观察政治的崭新思维方式上。① 正是政治与宗教的分流发展，促使西方走上立宪民主的政体之路。

在中国，类似于现代西方政治与宗教、道德分流发展，是政治与教化的明显疏离。政教的分离，乃是国家与社会分流发展的必然结果。此前，中国古代政治与教化的合一，是国家与社会合一化建构的结果。三纲八目得以坐实的前提条件，就是国家权力与社会建制的同构同化。君臣父子的社会—政

---

① 论者指出："文艺复兴时代佛罗伦萨思想家马基维利冲决了中古经院哲学自然法体系之网罗，成为第一个在世俗化的条件下，以此世导向重新进行政治理论建构的思想家。其共和主义与古典理论有两个巨大的差异：第一，他着重分析政治秩序的创建议题，而非其伦理目的；第二，他所倡导的共和体制为一'平民国家'(popular state)，并主张唯有平民积极参与政治过程，共和国方有可能获致伟大荣光。在这两个议题上，马基维利颠覆了亚里士多德之目的论以及'自足'的政治理想。"萧高彦：《西方共和主义思想史论》，联经出版事业有限公司2013年版，第9页。

治秩序建构，就更加直接地体现出这一特点。问题在于，国家与社会的分流是不可避免的吗？如果是可以避免的，那么就可以相应避免政治与宗教或教化的疏离；如果是不可避免的，那么政治与宗教、教化的分流，就是必须认可的现代事件。从社会变迁的既定事实来看，这一分化久已落定，无可怀疑。但这并不足以用来证明二者分离的正当性。因为反历史的思考，常常被证明是确当的。只有在历史与逻辑两个向度上，都证明了这一分化的不可逆转，方才证明这是一种不可阻挡的分流。从逻辑上讲，政治与宗教、教化之所以必然分离，是因为它们是完全不同的社会结构要素。在初民社会中，三者的混同，乃是由于当时人们对社会要素边际界限的辨认能力相对低下。一旦这些社会要素在社会变迁中逐渐呈现出较为清晰的边界时，人们就很难维护那种混淆它们之间界限的传统思维。在中西传统思维中，只要遭遇政治危机，人们习惯于用道德力量去拯救；而在特定阶段（如西方的中世纪、中国的中古阶段），人们甚至希望用宗教解决政治的衰败和道德的堕落。但这样的努力，由于混同了不同社会要素，最终归于徒劳。在现代处境中，由于社会要素的分化程度甚高、国家与社会建构逻辑的完全分化、个人与社会国家的边际界限明显呈现出来，因此，无论从哪种途径尝试恢复统合一切社会要素并最终解决一切社会政治弊端的努力，都无法奏效。

  这种分化，源自并成熟于西方。但它并不是专属于西方社会的遽变，而是属于人类社会发展的一般处境。中国社会之踏入近代门槛，相应分化的激烈程度，并不逊于西方社会。尤其是由市场带动的赢利社会，与受利他的德性观念驱动的公益社会理念，迅速与国家权力的统治理念，划分出明显界限。儒家因此遭遇了前所未有的重整秩序难题：家国同构的既定政治结构很难再维持下去，从晚清到新文化运动中对家庭约束成员发展的批判，进而对国家权力只是控制成员守规的痛斥，呈现出中国传统文化向现代文化跃迁的新气象。晚清政府倡新学、废科举，正是呼应这一变化的直接举措。而辛亥革命也正在这样的变化中酝酿、发生。民国对帝制的取代，也就在其中获得了强大动力。这不是由一班革命分子就可以煽动起来并星火燎原的事件。这是不可逆转的现代变迁。① 这种变迁，乃是各个社会构成要素内蕴能量的释放。这样的释放，不是那些试图以宗教或教化一个社会要素去整合整个社会机制的人士所可以拒斥的。

随着中国社会政治结构的变迁，国家权力不能再包办一切社会政治要素的合宜性运转。国家的主要资源，日益投向维持统治权的政治专属领域。而且，致力整合所有社会政治要素的儒家，也就此无法提供给社会所需要的各种制度资源。应对国家急遽现代变迁的儒家资源，显然处于一种短缺的状态。国家力量的收缩，与儒家资源的短缺，两相扣合，造成国家权力对儒家的疏远，儒家对国家变迁的反应乏力。结果就是两个意料之中事件的浮现：儒家政治权威地位的失落，儒家的文化霸权也相应丧失。

儒家政治权威地位的失落，出现在国家权力不再将儒家典籍作为诠选的依据之时。当汉代统治者将儒家经典作为国家统治哲学的时候，主要着力于确立儒家典籍在国家权力运作中的政治权威地位。解读儒家经典，因此不再是文化传承的行动，而是政治权威认取的表现。汉武帝与董仲舒的"天人三策"，便是一个儒家思想从单纯的文化经典升级为政治权威的象征：人们不再能够从儒家经典中获取可靠历史记载的信息，而只能从中确认臣服于当权者的政治符号。因此，对儒家典籍的竞争性解释，就成为多余。对儒家典籍的一言九鼎式的政治定解，就成为必须。将儒家典籍确立为国家权力支持的"经"，是儒家真正能从诸家中脱颖而出最大的动力。一旦国家权力从"经"的背后抽离，儒家典籍所具有的政治动能，就会严重衰变。晚清政府在1905年终结科举考试，就正正发挥着这样的作用。这岂是一场新文化运动所可奏效的事情。当下一些儒家谴责新文化运动断送儒家现代机运，就此可见是欺软（文化运动）怕硬（政治权力）的说辞。

儒家文化霸权的丧失，体现为中国社会不再以儒家为全方位的、无须反思即成立的文化主导理念。在"人往高处走、水往低处流"的社会运行逻辑

---

① 参见乔志强主编：《中国近代社会史》，第三编，第363—499页，相关论述表明了，社会政治控制功能的转变、教育体制的重新塑造，并非近代中国社会偶然发生的变化。

面前，国家确立儒家典籍所具有的"经"的定位，并实际上以儒家经典的诵读及其成效来诠选官员，事实上就足以养成一个社会趋之若鹜的诵经氛围。这是一个社会学意义上的事实陈述。其间，当然也容有升华人们道德境界的伦理学意味。不过，在社会变迁之际，首先需要描述清楚，人们不再诵读儒家经典的原因，主要不是因为人们任由自己道德堕落，而拒绝从儒家经籍中寻找升华人生的精神动力，而是因为国家不再以儒家经籍作为诠选官员的依据。因此，人生的发展无须依托诵读儒家经籍。既然变迁社会打开了人们向上流动的大门，向上流动的渠道已经多元化，那么，万民诵读儒家经籍的盛况，也就景象不再。这是现代儒家必须承诺的一种社会逻辑。再大的遗憾与怨恨，也改变不了儒家从一家独尊衰变为一家之言的事实。必须承认，儒家处在中国古代历史阶段的文化霸权，来源于它支配性地作用于中国古代的社会政治与文化生活，成为人们不经意之中践行的人生理念、政治意念和生活哲学。其中，国家权力的全力支持，是决定性的因素。当然，社会在其间也获得了德性发展的动力。国家一旦不再直接且全面支持儒家，那么儒家就只能安于社会领域，为社会大众提供相应的优化精神生活的资源。

三、政教复合：儒家难以再现的政治荣光

儒家的兴盛，从根本上讲，仰赖于国家权力的倡导、支持与维护。儒家的衰落，从根源上看，也是因为国家权力的釜底抽薪，不再全力支持儒家的结果。儒家自有儒家在伦理生活方面的独到发现，具有引导人们寻求良善生活答案的独特理念，具备绵长地影响社会稳定秩序的内在精神动能。就此而言，近代致力切割儒家思想与国家权力内在勾连关系的人士，不太恰当地扩大了审视儒家思想并加以否定性批判的范围，没有能够将自己的批判与拒斥锋芒保持在适度的范围内。儒家之谓儒家的精神合理性，不是政治批判和拒斥，就可以随意宣判死刑的。但审视儒家的批判与拒斥锋芒，一旦保持在儒家与国家权力相互支撑的准确范围内，那么，它之还儒家以思想活力，之给予中国政治走出皇权专制的活力，则是可以确认的事情。让儒家与国家权力

脱钩，是一件双赢的事情。但是，延续千年的中国古代政治权力与儒家思想内在勾连的关系，岂是进入现代就可以轻而易举切割开来的。尤其是在"落后挨打"的悲情处境中，一种文化民族主义主导的政治意识，常常会将儒家的现代重建，引向光复儒家独领政治风骚的古典境地。

这是需要关联起来分析的两个问题：一是儒家被晚清政府终结独占国家统治资源的地位以后，儒家无所寄托的孤独境况。这样的境况，复加西学的传入，人们忙于在西学中寻求拯救国家的方案，因此更形疏离儒家。加之江山易手，认同儒学价值的新儒家流落海外或港台，大陆为接受外来意识形态的政党所控制，就更是加重了新儒家被连根拔起的流离感。这正是现代新儒家充满悲情表达的、中国近代文化的"花果飘零"景象。这样的感觉，自然与新儒家心目中立定的保守传统文化价值的立场有关。此一保守，固然不能被理解为"为保守而保守"，而是一种非得守持住的文化底线立场。

> 以守之标准，看今日之中华民族之失其所守，于土地不能守，于历史文化不能守，于礼俗风习不能守，于朋友夫妇师弟之谊不能守，于语言文字不能守，乃至神明子孙，如大树之花果飘零，随风吹散，纷纷托异国之苟存，此中纵无人之可责，亦皆有其不得已之原因与外在之理由，毕竟是个中华民族分子之心志，离析散驰，而失其所以为中国人，亦失其所以为一真人而具真我者。谓之非一民族之大悲剧，不可得也。吾人若能自己承认此为一悲剧而正视之，而以坚忍心、悲悯心承担之，吾人尚可救药。若再加以浮薄之学者之知见，以凡事实皆有原因，即有理由之理论，形成一合当如此之思想与意识，以推波助澜，则吾人将万劫不复矣。①

这是何等悲壮的文化意识，让读者内心充满同情与敬意。但是，一种巨

---

① 唐君毅：《说中华民族之花果飘零》，详见氏著：《说中华民族之花果飘零》，台北三民书局1977年版，第1—29页。

大的政治变局下出现的文化流落,岂是文化寻根可以解释得清楚的事情。这种化政治问题为文化问题的思路,一方面有助于国人重建文化自信,从根救起,重造中国文化的辉煌。但另一方面也促人偏离决定文化发展态势的社会政治处境。尤其是让人难以弄清楚,究竟如何重建中国文化,其进路绝对无法自然浮现出来。因此,政治大变局的导因无以彰显,文化出路的寻求也就隐而不彰。一切关乎中国现代文化健康发展的设想,也就化约为一种文化态度的选择了。与这种文化悲情感受关联在一起的文化出路设想,也就成为一种自我鼓舞的文化心态表达。

> 一切人们之自救,一切民族之自救,其当抱之理想,尽可不同,然必须由自拔于奴隶意识而为自作主宰之人始。而此种能自作主宰之人,即真正之人。此种人在任何环境上,亦皆可成为一自作主宰者。故无论其飘零何处,亦皆能自植灵根,亦必皆能随境所适,以有其创造性的理想与意志,创造性的实践,以自作问心无愧之事,而多少有益于自己,于他人,于自己国家,于整个人类之世界。则此种中国人之今日之飘零分散在四方,亦即天之所以"苦其心志,劳其筋骨,饿其体肤,困乏其身,所以动心忍性,增益其所不能",而使其有朝一日风云际会时,共负再造中华,使中国之人文世界花繁叶茂,于当今之世界之大任者也。①

这是一种何等坚韧的文化心态,也是一种何等自觉的自做主宰的文化精神,更是一种何等自信的中国文化筹谋。但不能不看到,这种筹划的文化决定论意识,是筹划者无以发现解决中国文化现代出路问题的政治前提。毫无疑问,港台海外新儒家身当国家政局骤变,自觉认同民主与科学价值,并在此基础上极力矫正文化的自贱自毁,努力勾画一种富有自信的文化图景,从而挣脱晚清以来逐渐形成的文化自惭形秽定势。

---

① 唐君毅:《花果飘零及灵根自植》,详见氏著:《说中华民族之花果飘零》,台北三民书局1977年版,第30—61页。

二是儒家寻求现代转型的尝试。与现代新儒家致力矫正文化的自卑心态相关联，他们同时致力于推动中国的现代转型，以期实现中华文化的现代跃升。就港台海外新儒家的主流而言，尽管他们自觉认同民主与科学，但在这方面的阐释，着墨不多。牟宗三写完"新外王三书"（《道德的理想主义》、《历史哲学》、《政道与治道》）以后，就将几乎所有精力，投向现代心性儒学的建构。牟氏的新心性儒学建构，可以说是现代新儒家哲学理论建构的高峰。牟氏致思方向的转变，就此具有特殊的象征意义：现代港台海外新儒家缺乏政治资源，无法拨正中国政治发展的方向。因此一切关于"外王"的论题，都是一种基于信念的逻辑推断。基于此，用心于"内圣"论题，可以得到基于个人心性历练的现代创获。因此，港台海外新儒学家大多以非政治的论说载入思想史册：牟宗三自不必多说，唐君毅的文化论说、徐复观的思想史研究、张君劢的儒学史探究、钱穆的中国历史书写，都体现出文化心理—历史积淀的论说旨趣。这与他们几乎处在中国政治变迁的圈外，有着密切的关系。换言之，一种置身于中国政治圈外的学者身份，使他们只能论说围绕个人经验的历史与哲学问题，而无法富有针对性地处理中国政治问题。悲情的表达、信心的呈现，都可以在政治事务之外展现出来。但政治表达则只能在政治实际进程中浮现并接受检验，而这恰恰是中国政治秩序尚未落定，处在革命的动荡状态所提不出的任务，也被同一政治处境中无从检验某种政治论说恰切性所限定。

港台海外新儒学的代表人物，在我国台湾出现民主政治转型之际出现的失语，至今让人感到遗憾。这与他们的代表人物要么作古，要么垂垂老矣的生命状态紧密相关。后起儒家对台湾民主转型的失语，也许是一个值得深入探究的问题。因为现代新儒家一直坚持吁求民主，但何以民主到来之际，新儒家的传人反倒有些接不住民主的话题呢？迄今，台湾的新儒家传人，也还未给出台湾民主转型富有说服力的论证。这也许是秉持儒家立场的大陆新儒家转而探索一种更加具有儒家特性的政治论说的动因之一？

姑不论港台海外新儒家在吁求民主之后，遭遇民主转型之时的失语，以及其中所具有的复杂蕴含。在中国大陆历经 30 余年的改革开放之后，国家走到了政治决断的关头。此时，身处大陆、认同儒家价值的人群，不得不检视他们曾经高度同情的港台海外新儒家的论说，并转而寻求一种更加具有"中国性"或中国文化主体性的政治论说。这就促成了现代新儒家论说主题的转变：从港台海外新儒家重点着力的心性儒学，转向大陆新儒家主要着力的政治儒学。出现这样的转向，一方面与现代新儒家两支的处境具有密切关系。犹如前述，港台海外新儒家兴盛之际，并未遭遇政治现实推动的外王论说压力或动力，抑或说缓解相应的压力与建构外王说的动力不足。因此，他们只能在心性儒学场域展开儒者之思。大陆新儒学家则正好处在国家政治转型的关键时期——中国的市场经济发展，既引导出相关的政治论题，也诱导基于不同立场的论者论述国家政治转型的种种论题。因此，外部的政治动力与儒学内部的精神结构，都驱动大陆新儒家将论题集中到"政治儒学"论域中。这正是大陆新儒学以蒋庆的"政治儒学"标榜群体符号的直接原因。①

另一方面，则与儒学的论说生长点转移有关。原始儒学的建构，本是心性儒学与政治儒学的相容性结构。但孟子儒与荀子儒，各将原始儒家的两个结构面发挥到极致，因此出现心性儒学与政治儒学的两个子结构。后起儒家，依据不同偏好，传承和发扬不同支脉，形成各有源流的儒学组成部分。进入现代场域，由于儒学中人大多认同解决现代难题需要从心性这一根本上着手，因此对之所下功夫巨大，创获自然更多。随着心性儒学在中西哲学比较方面的全幅展开，儒学的相关现代论说，显得相当深刻和精致。沿循这一论说路线前行，已经很难超越既有论说的水准。倒是在中国大陆政治转型的现实处境中，转而对政治问题进行儒家式论说，有可能开出不同于港台海外新儒学的新论域，收到现代儒学论述的新创获。

再一方面，自然与国家的政治局势紧密相关。中国陷入革命僵局已久，

---

① 参见任重主编：《政治儒学评论集》，中国政法大学出版社 2013 年版，第 2—3 页。书中有论者认定，"蒋庆先生是六十年来大陆唯一思想家"，而"讨论蒋庆先生之思想贡献，首当注意者自然为'政治儒学'概念之标举"。

中华民国政权转移到台湾之后 30 余年，终于走出革命困境，开出一片民主天地。对大陆而言，由于政治体制改革明显滞后于经济体制改革，因此，政治转型的出路问题，一直是一个迫切需要解答的政治理论命题。对大陆国家权力方面来讲，已经自觉意识到政治转型的重要性与紧迫性。执政党领袖明确提出了从革命到执政的政治主题转变。但如何可以既保有政治稳定，又促成政治转型，从而落定在现代民主政治的平台上，则是一个亟须解答的难题。因此，稳中求进，就不仅是经济持续发展的满意选项，也是政治转型的满意进路。而稳中求进的政治转型，最好是从中国传统政治智慧中寻找资源，用以支持中国当下政治的发展。于是，国家领袖自然转向有利于稳定国家的儒家政治思想，试图从中发现国家建构稳定政治秩序的思想资源。正是在执政党领袖直接表达亲和儒家思想之际①，大陆新儒家获得了前所未有的发展动力。这是港台新儒家从未得到的恰切政治支持。②

正是在上述因素的驱动下，大陆新儒家提出了一系列令人耳目一新的创见，在蒋庆"政治儒学"的总名下，儒家宪政主义、公民宗教、新经学、海外儒学的种种论题，一时呈现出大陆新儒学的蓬勃声势。总的说来，大陆新儒家已经显现出一种复合政教的强烈意欲，试图重光古代儒家统合政治与教化的传统。而且，由于大陆新儒家有一种明确的儒家宗教化的努力，其重光儒家的政教合一，显现出一种宗教化的儒家致力整合政治与宗教的尝试。并在此基础上建构起由儒家主导的中国政治体制。蒋庆阐述的儒教三院制，可以说鲜明体现了这一特点。他设计的通儒院、国体院与庶民院三院制，就将儒家领袖组成的通儒院，作为国家合法性的最高来源。这是政教合一，合一

---

① 中共中央总书记习近平指出："中华文明绵延数千年，有其独特的价值体系。中华优秀传统文化已经成为中华民族的基因，植根在中国人内心，潜移默化影响着中国人的思想方式和行为方式。今天，我们提倡和弘扬社会主义核心价值观，必须从中汲取丰富营养，否则就不会有生命力和影响力。"他所列举的优秀传统价值，主要就是传统儒家价值。见氏著：《习近平谈治国理政》，外文出版社 2014 年版，第 170—171 页。
② 在台湾，儒学焕然区分为官方儒学与民间儒学两支。前者以陈立夫为代表，后者以新儒家为载体。前者主要想以儒学辅佐国民党的统治，因此，儒学之"学"未尝是其关注重心。后者则以认同民主与科学为条件，致力推动儒学的现代建构，因此对儒学之谓"学"的贡献很大。前者所得到的权力支持固不小，后者与权力的疏远甚明显。

于儒教的典型表现。① 自然，蒋庆的这些设想，有其理据。但作为一种政治制度设计，不免就需要处理好设计制度与现行制度的代换机制。换言之，现行政治制度退出政治舞台，是蒋庆设计方案进入操作过程的条件。蒋庆自己意识到这种替换关系的必然，但只是表达了一种趋势性的意见。他并没有设想一种政治机制转换的路线图和时间表。与此同时，当政者也没有任何要退出政治舞台，并将政治权力转交儒家行使的表示。因此，蒋庆的设计就有双重挂空的尴尬：他自己没有设计执政党与儒家的政治权力交接，当政者也没有交出权力的意欲。因此，蒋庆欲求重光儒家的政教合一，便是一种学者的书斋玄想。很显然，在一个多元化的现实处境中，作出蒋庆这种设计，就有一种脱离政治处境想象政治生活的危险。加之完全逆转中国现代政治发展趋势，重回一元化的儒家主宰政治的状态，就更显现出一种不知今夕是何年的错位感。无论中国是否走向现代民主政治，蒋庆的设计所具有的现实性程度，都不会太高：不走向民主政治，以党治国的现行体制就会长期绵延下去；走向民主政治，中国就会步入一个多元竞争局面，儒教很难独领风骚。就此可以说，大陆新儒家的现代之路，很难走通。

四、经典归位：儒家重整与文化资源的竞争

如前所述，儒家之成为中国古代的国家哲学或古典意识形态，就是因为儒家在汉代获得了国家权力的直接支持。儒家的经典，就此升格为诸家无望企及的"经"。"经"之谓"经"，不能从它具有的崇高文化地位来理解，而应该被理解为由国家权力赋予其以政治所支撑的文化高位。这就使儒家经典蜕变为唯国家权力是用的"经"。这对儒家本身而言，悲喜参半：喜的是，它为国家的长期稳定发展、为国家的乱后修复，提供了精神支持。同时，也为

---

① 蒋庆非常明确地认定，"在议会中设置'通儒院'，就是为了在立法系统中通过稳定的制度安排保障儒家政治精英——儒士——获得更高、更大、更有效的'代圣人行政'的权力。"可见，儒教士不是供给世间法的群体，而是提供高级法的群体。这是典型的政教合一体制的标志。见氏著：《再论政治儒学》，华东师范大学出版社2011年版，第118页。

儒家的发展壮大，寻找到了最为丰厚的权力支持资源。这似乎是一种相得益彰的政学关系建制。悲的是，儒家为国家权力所用，限定了儒家的论述主题，让儒家一直无法开出探问权力来源、供给精确知识的论域，更为致命的是戕害了儒家的思想活力。这是儒家古代思想史呈现衰变之态，到明末时几乎耗竭思想活力的重要原因。如果说儒家最后遭遇解构，导因不在外部，而在儒家与权力的直接勾连。一部人类思想史证明，凡是与权力勾连过紧的思想体系，到头来都会丧失思想活力，成为自我颠覆的思想体系。政教合一的西方中世纪基督教思想，在近代遭遇的批判命运，差可作为典型案例。儒家则是另一个例证。

儒家经学必然崩溃。这是一种与政治紧密勾连的思想体系的既定命运。原因很简单，为政治权力所用的思想体系，在权力一方，会无所不用其极地榨取它可以利用的思想资源，因此一定会耗竭被利用的思想体系的活力与公信力。在中国古代社会，国家权力利用儒家思想，主要是因为儒家思想有利于维护一种稳定的社会政治秩序。历朝历代，孔子都成为国家权力推崇的政治符号，因此成为权力自我固化的标志性人物。从汉代起到民国止，孔子接受了不少的国家封号。据粗略统计，计有汉平帝元始元年的"褒成宣尼公"，东汉和帝永元四年的"褒成侯"，北魏孝文帝太和十六年的"文圣尼父"，北周静帝大象二年的"邹国公"，隋文帝开皇元年的"先师尼父"，唐太宗贞观二年的"先圣"，唐太宗贞观十一年的"宣父"。唐高宗乾封元年的"太师"，武则天天授元年的"隆道公"，唐玄宗开元二十七年的"文宣王"，后周太祖广顺二年的"至圣文宣师"，西夏仁宗三年的"文宣帝"，宋真宗大中祥符元年的"玄圣文宣王"，宋真宗大中祥符五年的"至圣文宣王"，元成宗大德十一年的"大成至圣文宣王"，明世宗嘉靖九年的"至圣先师"，清世祖顺治二年的"大成至圣文宣先师"，中华民国二十四年的"大成至圣先师"。① 这些封号，并不意味着表彰孔子与儒家的思想价值，但确实表明儒家对于国家权

---

① 引自人民网：http://bbs1.people.com.cn/post/1/1/2/142189968.html（访问时间：2015年7月10日）。

力的极端重要性。这样的断言,并不是因为先设了一种"权力即恶"的价值立场。但权力确实内涵一种自私的本性,尤其是对"家天下"的中国古代国家权力结构而言,就更其如是。这本来与儒家"公天下"的理想是相去甚远的。因此,为国家权力看重的儒家,就有一种悖逆自身基本价值而为权力利用的危险。

为权力所用的经学之儒,就是疏离原始儒学精神的政治之儒。秦设博士,已经明显显现出一种将所有上古经典的阅读权与解释权收归国家的意图。汉代正式设立五经博士,让今文经学与古文经学围绕权力需要展开残酷博弈,其实已经成功实现秦所没能实现的归化儒家的目标。就此而言,经学的出现,乃是儒家接受权力驯化的结果。在这种权力与思想联姻的定势中,儒家不可避免地会遭遇两种重大损失:一是损失原始儒家所具有的"大丈夫精神",损失"说大人,而藐之"①的与权力分庭抗礼的士人品质。这是就一般状况作出的断言。二是损失儒家引导政治、评价政治的德性高位,造成儒家与政治同处一个平面的悲剧性结果。董仲舒的结局,就是一个最佳注脚。董氏成功做到了"仰以观天文,俯以察地理,中以建人极",以自己整合诸家形成的新儒论说,辅佐汉武帝确立影响整个中国古代的统治哲学。但他终于在自己确立的仰以察古、俯以观今的天人遣告实践中,遭恶人告状,尽管免罪,但削职为民。这是一个颇具象征意义的事件:它表明,儒家无法矫正至高无上的皇权,最后还会被皇权弃用甚至惩罚。可见,直接为皇权推崇的儒家,直接为国家权力提供智力支持的经学,实在是逃不掉被权力宥限的命运。

与国家权力推崇而占据古典意识形态高位的处境不同,儒家自身在权力旋流中的自处之道,对自身精神活力的影响,甚关紧要。必须首先承认的是,古代儒家并未因于权力的利用,而完全丧失思想活力。倒相反,儒家传人一直顽强维持着自身的思想活力。这正是魏晋之际儒家终于胜出道家一等,重回思想高峰的原因;也是宋明时期,儒家终于化解佛道两家的思想压力,重

---

① 《孟子·尽心章句下》。

新登上中国古代思想巅峰的缘由。但是，也有必要看到，处在权力旋流中的儒家，从总体上呈现出一个衰变曲线：原始儒家的那种超强思想活力，那种疏离权力、藐视权力、诱导权力的自信，在汉代已经蜕变为董仲舒顺应权力、进入权力、被权力取弃，进而在宋明时期再次蜕变为朱熹的权力谋求、边缘处境、为权力正当化殚精竭虑的状态。晚近阶段，中国处在从传统向现代变迁的紧要阶段，康有为以重整儒学声威，将今文经学内蕴的某种现代能量发挥到了极致。但康有为是一个失败者：他致力的"托古改制"迅速归于败局；它努力筹建的孔教与衰朽的皇权勾连。康有为的举措，可谓经学家的最后一击。国家权力的掌控者也试图与经学联姻，既保证大权不致旁落，又发挥振兴国家的效用。惜乎以经学干政的儒生（康有为），与利用经学的皇上（光绪皇帝），双方都缺乏为后世立法的武帝与董仲舒的才智，因此两人均归于失败，等于宣告经学寿终正寝。

  1905 年晚清政府终结科举考试，是对经学现代命运的最佳诠释。这既是对戊戌维新失败的一个政治附笔，也是对经学"托古改制"尝试的一个否定。处在现代转变局面中的儒家中人，不得不首先面对一个崇经的国家权力消逝、诵经的社会氛围不再的局面。这样的局面，自然不利于儒家独占政治鳌头的"复兴"。但是不是在这样的局面中，儒家就一定是处于衰颓而无以复苏呢？答案是，未必。原因在于，当国家权力与社会状态分流运作的时候，尽管国家权力不再推崇儒家经籍，但并不意味着儒家经籍就失去了社会阅读的所有机缘。恰恰相反，经学退出国家权力舞台，反倒成全了儒家之谓儒家的社会文化活力。因为被权力推崇的儒家经籍，被限定在政治权力所用的狭小空间之中，它所携带的丰富的历史文化信息，也就被干瘪化为单纯的政治信息。就此而言，经学的终结，明显有利于释放儒家经籍内蕴的丰富社会文化信息。而且，在现代思想学术传入中国之际，经学的裂变，为中国现代学科如哲学、史学与文学诸学科的兴起，提供了历史滋养。这就从两个向度为儒学的复兴奠定了基础：一是儒学逐渐获得了它的现代表达机制，从而为儒学切入现代思想学术体系提供了动力；二是儒学作用不了权力但却深耕社会公众领域，从而成为重要的社会文化思潮。这两个领域自然不是当下以经学家自认的儒家所乐意承诺的作为空间。但只要这些学者愿意承认，在中国已经确定无疑地转向现代政治的时代，很难由一家一派独占政治鳌头的情况下，他们也完全可以认可，儒家要恢复"经学时代"那种兼得政治与社会两个领域的强大影响力，不再可能。国家权力不再崇经，那么就只能仰赖社会公众基于道德熏习、价值提升和文化陶冶，在社会领域中诵读作为社会文化经典的儒家典籍了。儒学在上述两个向度上的发展，让儒学能够保有两个重要的作为地盘：一是在高端文化学术领域，成为强有力的现代价值表达者、阐释者与批判者，成为社会必予重视的主流价值倡导者之一。这是儒家在现代处境中必须具备的基本价值与基本制度诠释能力。以具有可公度性（commensurability）① 的标准，也就是诸家都可以接受的共同判准来阐释儒家主张，而不是以小圈子互认的方式传承儒家，是有志于复兴儒家的志士所必须肯认的现代态度。二是在社会公众领域，以对儒家价值的传播、弘扬，促使儒家成为人心秩序与社会秩序的有力供给者。这是儒家需要确立的、借助社会力量影响国家权力，但并不直接介入权力运作的现代进路。古典儒家阐释的是关乎人类本性与发展前景的基本价值与基本制度规则，它的恒久性与绵延力是毋庸置疑的。但在现代立宪民主制度体系中，儒学试图保有那种独家制导国家政治权力的权势，放弃作为诸家之一的现代价值阐释者与传播者的社会定位，无疑等于是儒家自己放弃了它的现代生长契机。

不再得到国家权力庇护的儒家，需要走向研究领域与传播领域的儒家，有必要确立一个退出和一个进入的策略：一个退出，就是退出它熟络运作千年的国家权力领域，放弃那种光复儒家意识形态地位的尝试，承诺儒家就是一家之言，就是各种完备的宗教、哲学与道德学说（comprehensive doc-

---

① 现代多元社会存在的各种完备性论说之间，由于各自的基本价值之间存在的差异，常常显现出一种"不可度性"或"不可通约性"(incommensurability) 特质。因此，不同完备性学说之间，要达成有效对话，就有必要寻找一种相互理解和接受的可公度性准则。对此，约翰·罗尔斯与阿拉斯戴尔·麦金太尔两人在其重要著作（如《政治自由主义》、《谁之正义？何种合理性？》）中都有阐释。

trines）① 之一种。一个进入，就是以一家之言进入诸家、诸派自由言说的社会领域，以自己言说的思想洞察力、逻辑严谨性、观照周全性，体现其具有的文化高位性、资源丰厚性和效用保障性。这对儒家形成其现代品格，具有决定性作用：如果儒家能够成功实现退出政治权力领域但保有影响政治生活的能力，能够成功建构起现代表达和传播机制并保有对社会公众的强大影响力，儒家的现代生机就是一个无须挂虑的事情；如果儒家仍然怀想那种针对国家元首的登堂入室、独占政治权力制导空间，而且对现代多元社会亟须的价值引导、文化竞争冷漠拒斥，那么儒家的现代活力就很难发挥出来。

但进退之间，使儒家的现代转变难度变大。这首先涉及儒家确立现代态度的问题。无疑，儒家传统，主要地是一种经学传统。因此，儒家熟络于心的，也主要是与国家权力打交道。从汉代到晚清，吸纳了诸家精华的儒家，成为庙堂上的座上客，一直受到国家权力、尤其是皇权的礼敬。整个国家的诠选制度，大致围绕儒家经籍来设计。因此，儒家经籍成为精英与准精英悉心恭颂的作品。向社会基层下移，儒家所制作的蒙学或普及读物，也获得了整合社会人心的功用。诸如《三字经》、《弟子规》、《女儿经》一类的读物，将儒家理念深深印入公众脑海。这是一种何等完备且直接与国家权力同构的古典意识形态。儒家的光荣记忆，内在地与经学记忆联系在一起。崇经之儒，就是荣光之儒。祛经之儒，就是失落之儒。这种对峙性的认知，大致左右了近代以来立场最为坚定的儒家的社会政治思维。尤其是在中国国家实力增长，而国家意识形态需要转型之际，大陆新儒家表现出了更加强烈的重建经学的冲动。这是完全可以理解的儒家抉择。这是儒家的一种自认。这种自认，几乎没有可能获得国家权力的呼应。此如前述，此处不赘。

需要确认的是，如果儒家真正试图进入现代状态，就有必要确认它与国家权力的疏离态势。这种确认，并不是基于儒家的明智态度，而是立于现实处境的直观感知：儒家一旦脱离国家权力的独大庇护，原来寄托在儒家名义

---

① 参见〔美〕约翰·罗尔斯：《政治自由主义》，万俊人译，译林出版社 2000 年版，导言，第 4 页。

之下的诸子百家，就会释放自身的观念能量，不再以寄居的方式传承。这正是当下现代道家、现代法家、现代墨家等纷纷登台的缘故。① 与此同时，原生的现代区域的各种思想体系也强力楔入中国社会，发挥着左右中国现代走向的强大影响力：不说是作为政党—国家意识形态的马克思主义所具有的那种气吞山河之势，即使是作为民间理念的基督教、保守主义与自由主义，也不是儒家所可以吸纳于自身的完备性学说。加之全球化时代普遍流播开来的各种非西方思潮，在中国均有其信从者，就更增加了儒家像古代那样整合诸家的难度。儒家自然可以孤芳自赏地认定唯有自己才能引导中国前行，拒绝理会其他各家各派认同与否，但这实际上完全是一种自我安慰而已。儒家必须在中国思想源流上学习与"达名"之儒的诸家诸派进行对话，理解并尊重各家各派的价值立场与政治主张，从而寻求在中国范围内的思想共识。同时，就中外交流而言，儒家与基督教、伊斯兰教的对话，儒家与激进主义、保守主义与自由主义之间的对话，也是必须展开的。以一种狭隘的"私名"之儒②心态对待海内外诸家陈说，儒家就会因为自闭而丧失融入现代世界、引导现代健全发展的机会。

为了儒家自身重新焕发思想活力，有必要促使儒家脱离国家权力的庇护与利用。这既意味着儒家脱出"经"的体系，重回文化经典的初始状态；也就意味着儒家主动投入思想竞争天地，既争夺思想资源，又争夺人心，为获得公众的认同，改进自己的论述、改善传播方式。就前者来讲，现代儒家有必要建构一种立于儒家基本价值的对话机制，从而确立起儒家价值的现代特性。与诸家开放式竞争，既有利于促成儒家脱离国家权力庇护后必需的开放心态，也有利于儒家形成更为宏大的话语建构气势。一种基于原始儒家的普遍主义情怀，一种脱离汉儒之后的权力中心思维，相携出场，构成儒家雍容大度的现代气质。就此而言，现代儒家与其选择回到汉代确立起来的经学立

---

① 只要看看陈鼓应连续 20 余年编辑出版的《道家文化研究》，活跃的"法家网"，以及新近与大陆新儒家抗辩的新墨家言论，就可以知道儒家一统古典重释天下的思想局面完全是一种想象。
② 参见章太炎：《原儒》，见氏著：《诸子学略说》，广西师范大学出版社 2010 年版，第 93 页。

场，不如选择回到先秦的原始儒家主张。这既体现出现代儒家追寻儒家本来宗旨的旨趣，也体现出现代儒家不与权力直接联姻的开明态度。在一个多元而开放的社会世界，儒家自身所重视的伦理问题，完全具备与各家竞争文化资源的历史积累和现实动能。脱离国家权力领域的儒家，社会空间的作为余地之大，完全可以容纳儒家的任意想象，发挥儒家所可以发挥的各种作用：儒家经典的诠释和创造性发挥，成为儒家之作为现代思想学术重要流派的保证；儒家经典的公众性阅读、儒家式社会组织的建构、儒家政治团体循法治渠道的权力介入，也在在呈现出儒家发挥矫正人心与社会政治秩序作用的有为进路。一种从独享政治权威到竞争社会文化资源的儒家演进性定位，将给儒家真正带来现代活力。

（本文原刊于《政治学研究》，2016 年第 1 期，此次发表时略有修改）

中国民主的话语与实践

⊙ 民主化理论的中国阐释：关于一种新的可能性之探索

⊙ "民主"话语的意义变迁——以中国共产党代表大会政治报告为文本的分析

⊙ "群众路线"与当代中国政治发展：内涵、结构与实践

⊙ 民主化后国家能力的变化：对"第三波"民主化国家/地区的类型学分析（1974—2014）

民主化理论的中国阐释：
关于一种新的可能性之探索

景跃进

本文写作的出发点是笔者近年来逐渐形成的这样一个认识：在如何解释改革开放以来中国政治的实践，以及预测未来发展这一问题上，依据西方主流民主化理论得出的判断难以令人满意。这一认识不是源于价值原则的逻辑推演，而是基于30年来中国政治的现实变化。迄今为止，这种变化为我们提供了两个基本事实：第一，既有体制具有很强的调适能力，其程度超越了许多学者的设想；第二，在摸石头过河的改革过程中，中国的政治发展已逐渐显露一条具有自身特色的演化轨迹。在笔者看来，这些事实具有非常重要的学理意义，它不但为人们思考中国政治未来之路提供了不同于流行预言或预期的可能性，而且要求我们反思既有的研究立场以及其中的价值定见，从内部解析的角度，而不是简单的外部批判，来重新思考中国政治民主化的问题。

显然，这是一项需要花费很多笔墨和时间的学术工程，其内涵之博远非一篇论文的篇幅所能容纳。在此，笔者尝试以蜻蜓点水的方式简要勾勒本人当下思考的大致轮廓。

文章的第一部分以达尔的《多头政体》(Polyarchy)以及第三波民主化研究的反思为蓝本，解析西方主流民主化理论的内在逻辑。在此基础上，第二部分试图解释为什么西方主流民主化理论与改革开放以来中国政治改革的实践两相无关，或更精确地说，中国政治的发展超越了西方主流民主化理论的解释框架。由此产生的问题是，我们应当如何正视并克服两者之间存在的这一鸿沟？这是第三部分关注的主题，也是本文的运思所在。文章的最后部分对整个讨论做一个小结，并提出需要进一步研究的一些问题。

一、西方主流民主化理论的逻辑

基于下述两个理由，对西方主流民主化理论的分析从当代公认的研究民主问题的大家罗伯特·达尔开始是适宜的：第一，达尔在传承和光大熊彼特的精英民主理论的同时，对经验民主理论的发展起到了关键性的作用，丰富了人们对民主问题的思考方式；第二，这种经验维度的民主分析使得达尔有可能首次从操作角度对民主化问题作出系统的论述，这集中体现于达尔的《多头政体》一书。

1. 达尔的民主化理论

《多头政体》于1971年由耶鲁大学出版社刊印。如果将巴林顿·摩尔的《民主与专制的社会起源》视为历史社会学（或政治社会学）研究民主化的立基巨擘，那么，达尔的《多头政体》可以说是第一部基于经验分析的民主化策略之作。在这部著作中，达尔对民主化问题的思考逻辑可简述如下：①

第一，公民在民主国家中居于核心地位，他们在政治上应当被一视同仁；政府对公民的选择必须不断地作出回应。完全地或者几乎完全地回应所有公民的要求，是理想的民主政治制度的一个特点。②

---

① 笔者所作的归纳是逻辑意义上的，与达尔在《多头政体》一书中的叙述结构有所不同。
② 在民主问题研究上，达尔始终将"民主"一词保留给其理想的形态，现实世界中的民主国家总是以这种或那种方式偏离理想，因此达尔发明"多头政体"一词来称谓之。对此，另一位对民主研究有深刻洞察力的学者萨托利持有不同的看法（参见〔美〕萨托利：《民主新论》，第172页）。笔者以为，达尔作出的这种区分在现实与理想之间制造了一种张力，它的存在为进一步的民主化，或民主深化提供了逻辑上的可能性，而在萨托利那里，这个问题被消弭了。

第二,欲实现政府完全回应公民要求这一目标,达尔认为,所有公民都必须拥有三种充分的机会,即(1)公民能阐释他们的选择;(2)通过行动表明他们的选择;(3)他们的选择受到平等的对待。这三种机会被达尔视为民主的必不可少的条件。

第三,在民族国家的背景下,这三种机会需要一系列的制度条件来加以保障。达尔指出,必须至少提供八种制度性的保证(分别应对上述三种机会),它们是:(1)建立和加入组织的自由;(2)表达自由;(3)投票权;(4)取得公共职务的资格;(5)政治领导人为争取支持(选票)而竞争的权利;(6)可选择的信息来源;(7)自由公正的选举;(8)根据选票和其他的民意表达制定政府政策的制度。

第四,这八项保证性制度构成了两组有着内在联系但又略有区别的关于民主化的理论尺度——自由化(公开争论、政治竞争、竞争性政治、公开反对等,达尔在等值意义上替换使用它们)以及包容性(选举性参与)。所谓内在联系,是指这两组理论尺度皆涉及自由公正选举中的投票权;所谓区别是指自由化强调的是政治竞争(有无竞争以及竞争的程度),而包容性侧重的是政治竞争的参与范围(有多少人参加)。这两个理论尺度构成了民主化分析的基本框架。(参见图1)

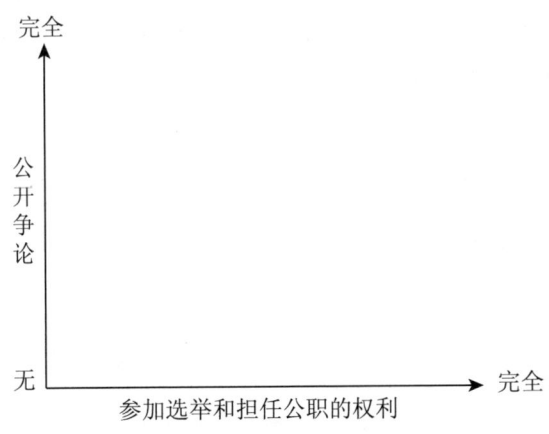

图1 关于民主化的两种理论尺度

资料来源:〔美〕罗伯特·达尔,《多头政体》,商务印书馆2003年版,第16页。

第五，上述理论尺度所要解决的核心问题是："假如在一种政体下政府的反对派不能为了在自由公正的选举中与政府相对抗而公开合法地组织政党，那么，要由这种政体转变为一种政府反对派可以这样做的政体，什么情况会有利于这种转变，什么情况会妨碍这种转变呢？"①

第六，达尔从七个角度来考察能有效增加公开争论和多头政治的可能性，它们是：（1）历史的序列；（2）社会经济生活的集中程度；（3）社会经济发展水平；（4）不平等；（5）亚文化的分裂；（6）外国的控制；以及（7）政治行动的信念。②

上述六条逐层类推、环环相扣。其中，政府对公民的完全回应构成了整个叙述的逻辑起点。③ 第二点（机会结构）和第三点（制度保障）是条件式的反推，由此降及具体的民主制度设施。接下来的第四点是一个重大的转折，对民主理想和民主制度的讨论由此转入民主化的领域。图1"关于民主化的两种理论尺度"奠定了西方学者思考民主化问题的核心和边界，提供了判别民主化与否以及程度的标准。第五点和第六点构成相对独立的单元，从抽象的理论讨论化入经验层面的分析，其中第五点明陈《多头政体》一书的问题导向，第六点则试图说明从哪些方面来回答这个问题。

在这一逻辑脉络中，以下几个方面的特征对于本文的分析尤其重要：

第一，民主化理论是从民主理论中分衍出来的，它的前置原则和基本问题皆源于民主理论，并受其理论逻辑的支配。因此，在文字表述上将民主化理论与民主理论并列起来，并不意味着它与民主理论处于同等阶位。严格地说，民主化理论只是民主理论的一个组成部分或特定的研究分支。将其单列

---

① 〔美〕罗伯特·达尔：《多头政体：参与和反对》，刘惠荣、谭君久译，商务印书馆2003年版，第11页。
② 以上六个方面的概述基于达尔《多头政体》一书，其中前五点内容来自第一章，第六点来源于第二章。
③ 对于这一起点的设置，只有在代议制民主的脉络中方能领悟。然而，代议制民主的精英色彩又带来一个无可回避的事实：如何对待政治领导（权）的问题。在此，我们不妨听听萨托利的见解吧："……但是，回应能力只是代议制政府的因素之一，一只会向各种要求让步，只会屈从的政府，将变成一个极不负责的政府，不能尽职的政府。代表不但要对人负责，还要对事负责。也就是说，代议制本身含有两个要素：回应能力和独立负责精神。政府越是为了讨好而损害负责精神，我们就越是有可能被错误地统治或失去统治。同样也可以说，我们越是沉迷于迎合，就越是需要独立负责的精神——这才是领导权的真正含义。"（重点号为原文所有。——引者注）参见〔美〕萨托利《民主新论》，第188页。需要指出的是，这种不同的立场并不妨碍后面的推论以及得到的结果。

出来，纯粹是学术分工和便利研究的需要。

第二，无论是对民主的理解，还是对民主化过程的把握，熊彼特的竞争性选举概念占据了核心地位。达尔从民主概念中分解出来的考察民主化过程的两个维度，正是竞争性选举这一概念所内在包含的因素——政治竞争的深度与广度。在此，达尔第一次系统地阐释（确立）了民主与民主化这两个概念之间的根本一致性。

第三，以选举为中轴的民主化理论，将合法反对派的登台竞争以及政权更替作为民主化的基本内容和衡量标准。借用近年来流行的一个术语，西方学者的民主化研究具有浓烈的唯选举主义色彩。

第四，在达尔的理论逻辑中，隐含着选举与回应之间一种内在的、单向性的联系。[①] 选举意味着民众对官员的授权（权力来源），官员对民众的回应以及可问责性由此分延出来，没有选举也就不存在或无法设想制度化的回应和可问责性。选举与回应之间的这种单向度联系意味着一种双重排除：一方面在经验层面排除了非选举回应的可能性，另一方面即使在经验层面存在这种可能性，它也无法纳入民主和民主化的理论范畴来考察。

最后，但并非最不重要，西方学者从自身文化传统及历史经验出发，对民主化的理解具有强烈的对抗性特征。这一点在达尔《多头政体》一书的副标题中充分反映出来："参与和反对"。这一对抗性理解与西方学者看待国家与市民社会的（对抗）关系是一致的。

达尔在《多头政体》一书中确立的上述分析框架，成为日后第三波民主化研究的圭臬。

2. 世纪之初民主化研究对选举主义的反思

如果说达尔在 20 世纪 70 年代初对民主化前景还比较"悲观"的话[②]，那

---

① 这是西方主流民主理论"环型结构"所具有的一般特征，参见〔美〕查尔斯·J. 福克斯、休·T. 米勒在《后现代公共行政——话语取向》一书第二章所作的相关论述。近年来，越来越多的中国问题研究者发现，选举与回应之间的关系不是唯一的。

② 在《多头政体》一书的中文版序言中，达尔指出，当时所作的错误预测并不否定他的理论分析，因为他的错误在于没有预见到促成民主化的这些条件发展得如此迅速。参见《多头政体》，"中文版序"，第 3 页。

么90年代兴起的民主化研究借着亨廷顿所谓的"第三波浪潮"的推力,一时蔚为大观,卓然成显学之势。第三波民主化研究在内在精神和学术理路方面明显脉承并发展了达尔的开创性探索。达尔在《多头政体》一书中表达的关切,在亨廷顿的《第三波》中得到了同样的体现:"如果用普选的方式产生最高决策者是民主的实质,那么民主化过程的关键点就是用在自由、公开和公平的选举中产生的政府来取代那些不是通过这种方法产生的政府。"[①] 尽管表述不同,但两者的分析旨趣是高度一致的。

当然,由于写作所处的时代不同,第三波民主化浪潮研究作品与达尔《多头政体》一书的分析存在着一定的差异。例如,由于写作在第三波民主化浪潮之前,达尔考察的民主化对象主要是西方老牌民主国家以及部分非西方国家,而第三波民主化研究的分析对象主要是前苏联阵营、亚非拉发展中国家以及部分欧洲国家。达尔写作的处境使他更多地考虑促成民主化的条件(探究因果关系,辨析促成民主化的重要前提)[②],而对于民主第三波研究者来说,民主化是一个突如其来的变化,针对大量涌现的转型国家,其面临的挑战是如何总结转型经验——诸如威权统治的民主化突破时机、条件和方式,民主化的动力,新民主制度的设计与构建,对威权统治遗留问题的处置,如何巩固新兴的民主政体(制度选择与条件)等,并将其提升为理论模式。此外,即使是对相同因素的分析——如民主化的条件,也由于环境的变化而有所差异。

尽管如此,在民主化研究中,反对派的合法存在、多党制、自由选举、竞争性政治、威权政体的退场等术语的大量使用,表明了这样一个基本事实:西方学者对民主化的研究设置了一条基本的界线:只有涉及竞争性选举和政

[①] 〔美〕塞缪尔·亨廷顿:《第三波——20世纪后期民主化浪潮》,刘军宁译,上海三联书店1998年版,第7页。
[②] 虽然社会现象之间的因果关系很难理清,但达尔还是努力辨析民主政体所需要的各种条件,并根据这些条件提出民主化的策略建议。在达尔看来,民主化不但是一个可欲的价值目标、一项值得为之奋斗的事业,而且更为重要的是,民主化是一个可以对其进行科学分析的过程,可以作为一项社会工程来看待。这种分析方式丰富了人们对民主化的讨论维度。不管是赞成民主,还是反对民主,人们都必须尊重民主化过程中的因果关系。区别在于,赞成民主化的人,试图去促成这些因素(条件),而反对民主化的人则努力去消解这些因素(或不让这些条件发生或成熟)。从这一角度去认识民主化,不但对从事研究的学者具有丰富的启发,对于实际从事民主实践的人来说,也是值得认真思考的。

权更迭的政治变化才是民主化的研究对象。用亨廷顿的话来说,"选举既是民主化的目标,也是民主化的工具。"①"在最简单的层次上,民主化涉及:(1)威权政权的终结;(2)民主政权的创设;(3)民主政权的巩固。"② 由此可以理解为何在第三波民主化研究中,相当一部分学者致力于归纳民主转型的模式。③

不过在经历了早期的、有那么一点盲目的乐观情绪之后,人们很快就清醒过来。选举之后(after election)所面临的问题也许并不比政体转型来得简单;即使向威权政体的回归不复可能,但经由选举产生的政府运作及其治理绩效却远非人们希冀的那么美好。许多新兴民主化国家虽然经历了具有竞争性的选举,但是在人权和自由方面的记录却相当糟糕。曾经在《第三波》一书中持相当乐观态度的亨廷顿④,此时也承认,在新兴民主化国家,选举可能会导致那些严重威胁到民主的政治领袖和政治团体的胜利;由选举产生的行政首脑常常以专断的和不民主的方式行事,压制其对手;选举产生的政府常常对个人和权利漠不关心,歧视少数民族,扼制新闻自由,甚至鼓励警察滥施暴力;选举也常常诱使政治家提出那些最能为他们带来选票的诉求,而这些诉求往往带有种族主义、宗教主义和民族主义的色彩,鼓励排外主义和反西方的政治运动,等等。⑤ 戴蒙德(Larry Diamond)亦指出,"现在的问题不是民主国家集体死亡,而是许多国家民主被逐步地空洞化了,只剩下一个多党选举的外壳。"⑥ 他强调,"在选举民主与自由民主之间的这种差距,已经

---

① 〔美〕塞缪尔·亨廷顿:《第三波——20世纪后期民主化浪潮》,刘军宁译,上海三联书店1998年版,第213页。
② 〔美〕塞缪尔·亨廷顿:《第三波——20世纪后期民主化浪潮》,刘军宁译,上海三联书店1998年版,第43页。
③ 这方面的研究除了亨廷顿的《第三波》之外,还可参阅林茨和斯泰潘的《民主转型与巩固的问题:南欧、南美和后共产主义欧洲》;Ruth Berins Collier, *Paths Toward Democracy, the Working Class and Elites in Western Europe and South America*, Cambridge University Press, 1999; Gerardo L. Munck and Carol Skalnik Leff, "Modes of Transition and Democratization: South America and Eastern Europe in Comparative Perspective", in Lisa Anderson edited, *Transition to Democracy*, Columbia University Press, 1999 等。
④ 亨廷顿认为,造成这种现象——非西方国家的选举结果不同于西方社会的选举结果——的原因在于不同的政治传统。在西方,选举民主建立在并产生于以人权和法治为核心价值的自由主义的政治传统之上,但在非西方国家选举式民主与政治自由之间的这种联系很大程度上被消解了。
⑤ 刘军宁:《民主与民主化》,商务印书馆1999年版,第424—425页。
⑥ 刘军宁:《民主与民主化》,商务印书馆1999年版,第408—409页。

成为'第三次浪潮'的一个显著特征。这种差距将对理论、政策和比较分析产生严重后果。"[1]

对选举式民主的反思正是在这一背景下形成的。研究拉美国家民主化的美国学者特丽·林恩·卡尔（Terry Lynn Karl）教授提出了"选举主义的谬误"的概念，籍以指出选举式民主的缺陷。[2] 此一时期，反映选举式民主缺陷的类似术语还有"Delegative democracy"、"Illiberal democracy"、"Semi-democracy"等等。

在时代酿成的新语境中，熊彼特的选举式民主概念得到了部分的校正。一如戴蒙德所说，"当代民主的底线定义，即我这里所称的选举民主，是与自由民主相对应的。这种最低限度的民主概念承认确保最低限度的公民自由必要性，这样，竞争和参与才可能是有意义的。不过，通常这样的民主观并不十分注重所涉及的基本自由，也不试图把这些自由纳入对民主的实际测量中。这种熊彼特式的概念，特别是在西方那些追踪和庆祝民主扩张的政策制定者中特别普遍。然而，这种民主观的风险是，正如卡尔所称之为的'选举主义的谬误'。这种错误的危险在于过分强调选举的竞争性，而忽略了民主的其他维度，忽略了多党选举，即使真正是竞争性的话，也会有效地拒绝给人口中的一部分人以机会来竞争权力或伸张并捍卫其利益。这一错误还在于把决策权的重要领域置于由选举产生的官员控制之外……"[3]

这种反思为第三波民主化研究带来了两个重要的结果：第一，一种新的分类得以建构，即"自由民主"与"选举民主"的并立，并出现了所谓"选举威权主义"[4]（Electoral Authoritarianism）这样的术语。这一概念分类表明，

---

[1] 刘军宁：《民主与民主化》，商务印书馆1999年版，第395页。
[2] 对"选举主义"的解释可以参见菲利普·施米特（Phileppe Schmitter）和卡尔的如下论述："有些人甚至认为，仅选举这一事实，即使是某些政党或者候选人被排除在外，或者其中相当一部分人不能自由参选，就构成了民主政治存在的充分条件。这种谬见被称为'选举主义'。"参见施米特、卡尔：《民主是什么，不是什么》，见刘军宁编：《民主与民主化》，商务印书馆1999年版，第24—25页。
[3] 刘军宁：《民主与民主化》，商务印书馆1999年版，第392—393页。
[4] Andreas Schedler, "Electoral Authoritarianism", in Todd Landman and Neil Robinson (eds.), *The SAGE Handbook of Comparative Politics*, California: Sage Publications, 2009.

选举不是民主（化）的唯一特征，还应强调自由价值（人权与法治）的重要性，从而超越了熊彼特的选举式民主概念。① 第二，（由此）民主质量成为第三波民主化研究的一个重要议题。②

需要指出的是，虽然第三波民主化研究对"选举主义谬见"进行了反思和校正，但是这种反思并没有否定选举在民主（民主化）概念中的核心地位。对于亨廷顿而言，选举是民主的本质③；在威廉姆逊（Richard Williamson）那里，选举是民主体制的核心④；对于戴蒙德来说，选举民主是"当代民主的底线定义"⑤。因此，第三波民主化研究对选举式民主的批判，不是否定选举，而是不满足选举，试图在选举的基础上实现自由的价值。尽管这一反思存在一些缺陷，笔者仍以为，对选举主义谬见的揭示是第三波民主化研究留给我们最有价值的"遗产"之一。

二、如何看待中国政治发展？

达尔在《多头政体》一书中，没有（也不可能）具体讨论中国政治发展的问题，但是通过他关于民主化发展历史序列的分析，可以作出一个基本推断，即他将中国政治的民主化过程定义为如何从开放性的霸权政体转型为多头政体。

图2可以帮助我们理解这一点。

---

① 如果说熊彼特在《资本主义、社会主义和民主》一书中对古典民主概念作出了修正，那么，对选举主义谬见的揭示可以说是对熊彼特修正的再修正。熊彼特对古典民主概念的修正是强调民主的程序性，第三波民主化研究对熊彼特民主概念的再修正，恰恰是通过强调民主的内涵性来实现的。可见，人们对民主观念的认识和理解是不断发展的。也许更为重要的是，这种修正式的发展与西方民主事业的国际考虑联系在一起。
② 对民主质量的评估涉及八个维度的指标，它们是法治、参与、竞争、纵向问责、横向问责、自由、平等、回应。参见 Larry Diamond and Leonardo Morlino (eds.), *Assessing the Quality of Democracy*, The Johns Hopkins University Press, 2005, "Introduction"。
③ 刘军宁：《民主与民主化》，商务印书馆1999年版，第432页。
④ 刘军宁：《民主与民主化》，商务印书馆1999年版，第43页。
⑤ 刘军宁：《民主与民主化》，商务印书馆1999年版，第392页。

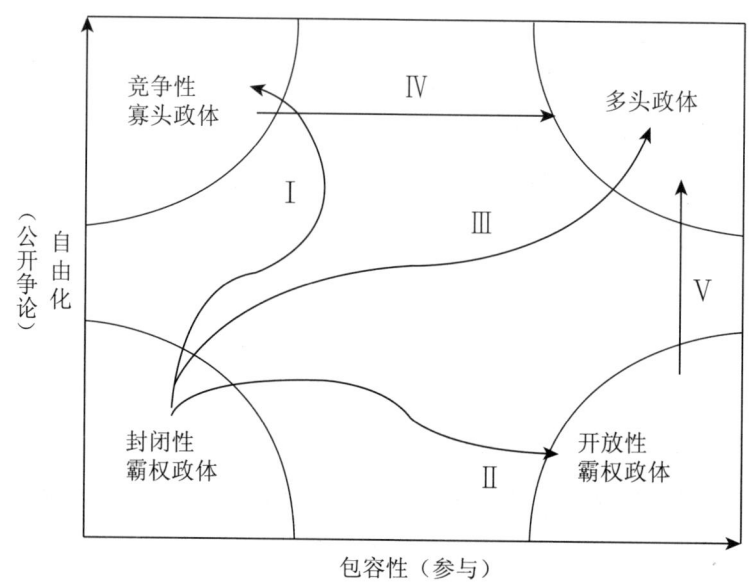

图 2　自由化、包容性与民主化

资料来源：〔美〕罗伯特·达尔：《多头政体》，商务印书馆 2003 年版，第 18 页。
注：图中的Ⅳ和Ⅴ箭头所表示的演化路径，为引者所加。

结合达尔在《多头政体》一书中的相关论述，此图所包含的信息可解读如下：

第一，民主化可理解为从封闭性的霸权政体向多头政体的历史演变。

第二，"一个政体可以沿着一个尺度变化，而不涉及另一个尺度"[1]。换言之，民主化过程的方向不是单线的。[2]

第三，既有的历史经验和逻辑分析表明，存在三条民主化的道路，它们是（1）从封闭性霸权政体，经由竞争性寡头政体，发展到多头政体（有一个

---

[1] 〔美〕罗伯特·达尔：《多头政体：参与和反对》，刘惠荣、谭君久译，商务印书馆2003年版，第17页。
[2] 自由化与参与虽然在分析维度是并立的，但它们的实际意义有着重要的差别。达尔认为，"一个政体发生的任何使它向上并向右——譬如沿着路线Ⅲ——转变的变化，都可以被说成是体现了某种程度的民主化"（《多头政体》，第18页）。换言之，离开了竞争选举的参与（这是有可能的），并不被看成是民主化的组成部分。

从不充分到充分的程度序列）；(2) 从封闭性霸权政体向多头政体的直接转型或过渡；(3) 从封闭性霸权政体经由开放性霸权政体，再到多头政体的演进。

第四，民主化的过程不是一蹴而就的；在上述民主化路径中，除了 III（直接转型）之外，其余两条民主化路径都由两个环节（阶段）构成。故对民主化的理解具有层次和程度的区分。对一个国家的具体判断，取决于论者所选的参照点。

第五，由于历史和现实的双重原因，民主化的第 I 条道路已经不复可能。

在上述图式中，右下角所标志的"开放性霸权政体"是达尔用来描述包括前社会主义阵营国家在内的政权类型。所谓"霸权政体"是指不存在合法的反对派，政权是不可竞争的（不存在西方意义上的多党竞争和轮流执政）。所谓"开放性"是指实现了普遍的选举权，或至少在宪法上作出了相应的规定。① 显然，在达尔的政体分类中，当下的中国被置于这一位置。从原点来看，这一定位表明中国已经历了第一个阶段的重要变化（从封闭性霸权政体向开放性霸权政体的演进）；相对于民主化的目标而言，这一定位意味着中国政治将经历从开放性霸权政体向多头政体的发展，所面临的问题或挑战是路径 V 所显示的如何提高自由化（政治竞争）的程度。

在这一分析思路下，只要没有沿着政治竞争这一方向前进，中国政治的变化无论多么重大，无论如何深刻，都不能纳入民主化的范畴来处置。因此，在第三波民主化研究及反思中，中国是被作为"例外"来处置的。所谓"例外"是指在第三波民主化浪潮中，中国是一个没有被民主化浪潮卷涉的国家，它依然维持了一党统治的政治框架或所谓的威权主义政体。② 在一些西方学者看来，中国、越南等几个社会主义国家是一个正在消失的物种的几个残余标本。因此，对选举主义谬误的反思，并不适用于中国的情形。选举虽然不再

---

① 达尔指出："本世纪最引人注意的变化之一，就是对公众参与政治的合法权利直接予以拒绝的情形实际上已看不到了。"（《多头政体》，第 15 页）
② 在谈到中国时，达尔指出："地球上人口最多的国家，世界的一个大国，中国，至今还没有实现民主；在他们四千年灿烂的文明历程中，中国人从来没有体验过民主；而近期它能否转变成民主国家，前景也很可疑。"参见〔美〕达尔：《论民主》，第 154 页。

是唯一的，但依然是判别是否存在民主化进程的前提条件和基础，或用戴蒙德的话来说，是"底线"。

由此产生的一个问题是，应如何看待所谓的威权主义国家内部的不涉及最高领导职位选举的诸多政治变化？在亨廷顿看来，这些变化应该归入另一类范畴来加以考察，"自由化"概念承担了这一任务。所谓"自由化"是指："……威权主义体制的局部开放，这种开放没有通过自由的竞争性选举来选择政府领导人。正在经历自由化的威权政权通常会释放政治犯、开放某些问题供公众辩论、放松新闻检查、为那些权力很小的官职举行选举、允许市民社会的某种复兴，以及朝着民主化的方向采取其他步骤，而不把最高层的决策者交由选举来考验。自由化可导致也可以不导致全面的民主化。"① 按此界定，中国改革开放30余年来所发生的变化，大致可纳入此一范畴。（我不知亨廷顿本人是否采用此词来描述中国，但其概念的经验指向功能是明显的。）②

主流民主化理论的影响也渗透到海外研究中国问题的领域之中。对于研究中国政治的专家来说，中国改革开放30年有两个需要解释的相关现象：一是为什么社会主义阵营中前苏联和东欧国家的共产党政权纷纷垮台，而中国却坚持了下来？二是为什么中国不但坚持了下来，而且在经济建设等方面取得了令人瞩目、举世公认的发展成就？毋庸讳言，在1989年北京"天安门风波"以及1991年前苏联解体之后，西方世界的许多人一直在期盼和等待中国的"崩溃"和民主转型，然而，期盼的东西没有到来，意想不到的结果却出现了。在事实与理论的张力面前，一些学者作出了新的判断。2003年美国哥伦比亚大学中国问题专家黎安友在《民主杂志》（*The Journal of Democracy*）

---

① 需要指出，此处亨廷顿所谓的"自由化"与达尔在《多头政体》一书中运用的"自由化"不是一个概念。在达尔那里，自由化是指政治竞争。对于开放性霸权政体来说，达尔意义上的自由化也就是民主化。亨廷顿所谓的"自由化"只是威权主义国家内部的局部性变化，不涉及到全国性政权开放的问题。参见〔美〕亨廷顿：《第三波——20世纪后期民主化浪潮》，第8页。

② 对于中国的现状，亨廷顿是这样评述的："……像中国的政府愿意向世界开放它们的经济，以促进经济发展却又继续维持一个封闭的政治体制，因而使其面临显然是不可解决的冲突。专制与发展是一项绝不可能的结合，而发展与自由接受国外的影响则是不可避免的结合。"参见〔美〕亨廷顿：《第三波》，第76页。在同一书的第166页，他又写到，第三波经验告诉我们："自由化的威权主义绝不是一种稳定的平衡；折衷的办法行不通。"现在看来，亨廷顿的看法值得细细商榷。

上发表了一篇短文，提出了一个很有意思的概念，叫做有弹性的威权主义（"authoritarian resilience"或"resilient authoritarianism"）。① 更多的学者在经验研究中提出了"适应性"②（Adaptation）的概念。③ 无论是"有弹性"还是"适应性"，其修正的命题是威权主义政体即将垮台，但是对这个政权的威权主义性质之判断并没有变化。换言之，达尔意义上的民主化任务依然存在，只是现在尚不具备条件而已。④ 因此，我们完全可以理解黎安友在最近一期《民主杂志》上发表的观点：不管威权主义怎样适应和改变，最终无法摆脱民主化的命运，因为它从根本上解决不了统治/政权的合法性问题。⑤ 这一陈述的实质依然是等待崩溃，无非是将时间之轴往后伸延而已。

可见，"民主"、"选举"、"威权主义"、"崩溃"、"适应性"是西方学者分析中国政治的五个关键词，"选举主义"则是贯穿它们的一根红线。只要这一中轴不加以改变，对中国政治的认识就必然处在"期待式的"逻辑推演的外在层面，而无法考察和把握中国政体的内在运作逻辑和制度创新潜力。

在这种情况下，我们面临着两种不同的学术策略：第一种选择是，承认和接受西方民主化话语的合法性，以及由此衍生的一系列论断。第二种策略则相反，基于改革开放30年的政治实践（尤其是地方治理层面的制度创新），对西方主流民主化理论进行审思。

笔者选择了第二种分析策略。一如本文开篇所述，这一选择是经验归纳

---

① Andrew Nathan, "Authoritarian Resilience", in *Journal of Democracy*, Vol. 14, No. 1, 2003.
② Bruce J. Dickson, *Red Capitalists in China: The Party, Private Entrepreneurs, and Prospects for Political Change*, Cambridge: Cambridge University Press, 2003; David Shambaugh, *China's Communist Party: Atrophy and Adaptation*, Woodrow Wilson Center Press and University of California Press, 2008.
③ 在1997年的研究中，Bruce Dickson 旨在比较列宁主义政党在大陆和台湾的不同版本，其目的并非要说明中国大陆为何没有垮台或所取得的成就，而是认为中国共产党很难走台湾的民主转型道路。但他提出的"适应性"概念在若干年后获得另一种意义的表达。
④ 在海外学者中，沃玛克（Brantly Womack）的研究别具特色。在《党国民主与"三个代表"：一个理论的视角》（Party-State Democracy and the Three Represents: A Theoretical Perspective）一文中，他尝试对中国民主政治的发展进行新的阐释。参见中国人民大学国际关系学院政治学系、中国选举与治理网编印，《"政治文明与中国政治现代化"国际研讨会论文汇编（3）》，2004年6月，第157—178页。也可参见其英文论文，"Party-State Democracy: A Theoretical Exploration", in *Issues and Studies*, 25: 3 (March), pp. 37 - 57.
⑤ Andrew Nathan, "China Since Tiananmen: Authoritarian Impermanence", in *Journal of Democracy*, Vol. 20, No. 3, 2009, pp. 37 - 40.

基础上的反思之果，它假定，西方主流的民主概念以及在这一概念支配下的民主化理论已无法有效地帮助我们理解和把握当下的中国政治过程以及近期的演化（至少就目前的经验而言），为此需要对其进行新的阐释，以便发展出一种适合于中国现实的新的认识视野。

三、民主化理论的中国阐释

从历史上看，西方民主的发展首先解决的是政治竞争问题（英国议会的演化是一个典型例证），然后通过不断扩大的政治参与得以逐步完善。这一进程集中体现在参与人数的增加（选举的包容性）和参与形式的发展两个方面。因此，西方学者倾向于将选举视为民主政治的关键变量以及区分民主与不民主的试金石。作为一种自然延伸，在讨论民主化问题时，他们总是强调选举的重要性，将有否竞争性选举作为民主化的衡量标准。考虑到历史经验对于人类社会的重要性，这一现象是可以理解的。然问题在于，西方民主化的历史经验是否意味着民主化过程的一般逻辑？

这一质疑意味着对他种可能性的探索，人们通常用"具有中国特色的民主化道路"来称谓之。对于这一可能性的命题，需要反问的是，"具有中国特色的民主化道路"是否意味着对西方民主化理论的彻底否定？

这实在是一个需要认真思考的问题。

对于这一问题可以存在众多的争论。对此，笔者的立场是简明的：我们必须超越西方民主化理论中的选举主义，但是这种超越的力量或资源不在民主化理论之外，而在民主化理论之中。我们需要做的，是回归民主和民主化理论的源头，将民主化的一般逻辑与特定的西方历史经验区分开来，基于中国的本土经验重新思考民主化的路径选择问题，从而将被达尔封闭了的可能性开放出来。

1. 历史视野下的民主发展：演化的多元维度

就全球范围看，民主的发展具有一种溢出效应，这可以从不同的角度来观察。首先，代议制民主本身就是在一个不断发展的过程中最终成型的。在历史上，最早得以确立的是寡头竞争体制；通过公民权的缓慢扩张，寡头竞争政体经历了一个民主化的过程，从而发展为多头制；又从不充分的多头制，发展到充分的多头制。其次，针对代议制民主的诸多不足，民主政治又沿着不同的方向得以"外溢"：例如从选举民主到行政民主（或民主行政）、从政体民主到社会民主（包括经济民主与地方性参与）、从投票民主到审议民主、从国别民主到国际关系民主乃至全球民主等等。此外，还可以从其他角度观察，而得到电子民主（或互联网民主）、党内民主、治理民主等概念。除了左派的激进民主之外（他们希望借其他的民主形式来否定或取消代议制民主），上述这些外溢的民主形式都是对代议制民主的补充或发展。它们都可以在达尔的民主化分析框架找到自己的位置——在民主化的发展序列中属于从充分多头制向理想民主迈进的阶段，用达尔的话来说，这是"第三波民主浪潮"。（注意，这不是亨廷顿意义上的"第三波"，下文将解释）。

在上述诸多的民主发展形式中，我特别关注行政民主的发展。相对于20世纪60年代的参与式民主和90年代兴起的审议民主所得到的重视程度，这是一个被理论界（尤其是政治学界）相对忽视的议题。在西方国家，行政民主的出现与福利国家或行政国家的登台紧密相关。在传统的小政府大社会模式下，政府承担的公共职能非常有限，其权力行使（经由公共政策）的范围很小。但是福利国家的出现从根本上改变了这种情况。传统的国家与社会关系、政府与公民关系、行政机构与政府其他部门的关系、官僚制的运作方式等，都发生了惊人的巨大变化。相对于传统的最小国家或"守夜式"政府，现代国家可谓是真正的"利维坦"。政府权力无远弗届，无孔不入。庞大的官僚机构不但垄断了执行权，而且拥有了越来越多的决策权（委托立法权）和行政审判权（行政司法），传统意义上的三权分立模式已经面目全非了。

由于政府制定的大量公共政策直接影响到民众的日常生活，因此，如何使政策的制定者和执行者充分回应公民的需求，成为一个重要的问题。从理论层面看，这一问题的实质可以表述为：是否需要以及如何使政府权力的行使民主化？在传统代议制民主下，公共政策过程有两个特点，一是政治家

（议员和行政部门的政治官员等）制定政策，二是职业文官负责政策的执行。民众在每隔数年举行一次的选举之后便沉睡了；而行政民主在公共政策领域开拓了公民参与的新空间。

在此，我们发现民主化过程的一个重要转折。新的思考在起点上与达尔是一样的，即政府如何回应公民的需求？但是，回答的方式却有所不同：达尔从选举入手，而行政民主强调政府过程的开放性，让公民有机会参与政策过程。[①]

作为一种理论主张，行政民主要是从公共行政学当中发展出来的。准确地说，源于采用政治途径来研究公共行政的学者对美国政府权力大转移的一种认识提炼。他们对美国新政及"二战"期间公共行政脱离政治的趋向进行了批判，强调公共行政是一个政治过程，其核心价值是"代表性"、"回应性"和"问责"。在他们看来，"'公共行政面临的核心问题在于，确保公共行政管理者能够代表并回应民众利益。'否则民主制度便可能无以为继。"（罗森布鲁姆等，2002：9）

由此，传统的政治与行政二分法被化解了。通过各种形式——诸如咨询委员会、公民委员会或类似的制度安排，公民得以参与行政决策过程。[②]

为了把握这一转折的重要性，我们有必要对这个问题进行相应的理论建构。图3反映了政府民主化的两个维度，其中A体现了结构的维度，B体现了过程的维度：[③]

[①] "公民参与的思想基础在于这样一个理念：在技术性的公共政策事务方面，公民没有必要成为专家，他们也能对公共政策提供有价值的意见。作为'政策消费者'，普通公民是公共政策问题和利益的最好法官。"（〔美〕罗森布鲁姆：《公共行政学：管理、政治和法律的途径》，第213页）

[②] 1972年美国国会制定了《联邦咨询委员会法》（Federal Advisory Committee Act），使利益团体对行政部门的游说正式合法化。据说，这样的委员会是建议和信息的有价值的来源，其主要目的是通过确保游说过程的代表性，改善利益集团与行政机关互动的质量，其中要求咨询委员会与行政机关之间的官方会议必须向公众公开。尽管研究发现这些目标并没有实现，但"真正重要的一点是，国会愿意承认公共行政部门在与利益集团的互动中，以及政策制定的过程中，应该加强其代表性。传统上，代表性是立法机关的功能，而不是行政机关的功能。这一变化抓住了政治途径的公共行政之本质。政治与行政的界限变得模糊不清，因为'咨询委员会与行政机关有密切的联系，国会在设立委员会时，是把它们当成行政机关看待的。'正如亨利·斯特克（Henry Steck）解释的那样，'国会和行政机关希望咨询集团可以将代表性和参与性的合法性引入行政过程。'"（引文转自〔美〕罗森布鲁姆：《公共行政学：管理、政治和法律的途径》，第89页）

[③] 作者在《行政民主：意义与限度——温岭"民主恳谈会"的启示》（载《浙江社会科学》，2003年第一期）一文中，提出了此一分类，并作为政体区分的一个标准。

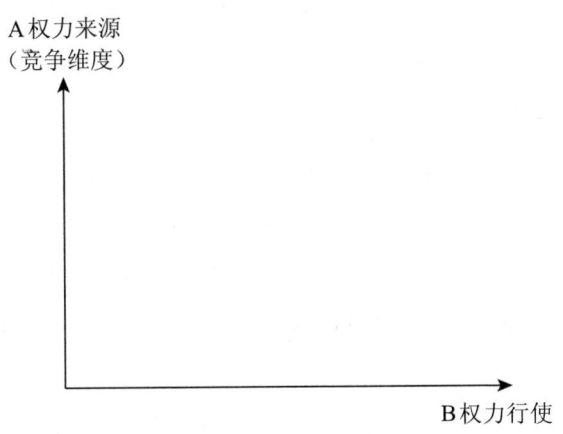

图 3　关于民主化的两个新维度

资料来源：作者自拟。

从发展角度看，西方民主国家首先解决了 A 的问题，然后经历了 B 的过程。就此而言，A 是 B 的历史前提。但是，历史前提不等于逻辑前提。行政民主一经产生便具有自身的相对独立性。这种独立性显示在两个方面：（1）即使与西方代议制民主（以多党竞争和定期选举为基本特征）不同，也并不妨碍其他政体采纳行政民主；（2）即使在实行代议制民主的国家，完全可以设想行政民主缺场的情形。

这一分析对于我们下面将要讨论的民主化序列问题具有特别重要的意义。笔者提出的问题是：民主形式的新近发展以及行政民主的相对独立性对于正在追求民主政治的发展中国家意味着什么？如果将这一问题意识置于民主化的历史过程来考虑，问题便转化为：行政民主的实践对于非西方国家的民主化道路、程序、途径、次序有着怎样的影响？民主化是否一定要从竞争性的选举开始（强调多党制与反对派的价值）？我们是否可以设想一条从行政民主开始，然后逐渐扩散或波及其他领域的民主化过程？换言之，如果说民主的实质是各种形式的公民参与，是政府对民众的回应和负责，那么，我们是否可以设想这种实践从行政过程——更精确地说,从政策过程或政策领域——开始呢?

2. 民主发展的序列是否可以选择?

在现代化理论中,关于发展序列的研究具有重要的意义。作为现代化事业的一个组成部分,发展序列(包括过程、阶段、路径、策略、时机、方法/手段等因素)自然也成为政治民主化的重要议题。对于我们当下的讨论而言,有两个问题特别重要:一是如何从整体上认识民主化的发展阶段?一是与此紧密相关的发展策略,即在既有体制、多元发展目标和资源约束条件下,如何确定民主化实践的主要投资领域,从而以最小的代价和风险,在回应公民需要方面实现最大化?

我们先来看第一个问题。在《多头政体》一书中,达尔概括了西方世界民主发展的三次浪潮。他这样写道:"最好是把民主化过程看成是由几次广泛的历史演变构成的。一是由霸权政治和竞争性寡头政治向近似多头政治的演变。这基本上就是19世纪西方世界所发生的过程。二是由近似多头政治向完全多头政治的演变。这是20世纪末和第一次世界大战之间的30年左右的时间里在欧洲所发生的事情。三是完全多头政治的进一步民主化。这个历史过程或许可以追溯到大萧条发生后民主福利国家的迅速发展;后因第二次世界大战而中断;在20世纪60年代后期,这一过程似乎以迅速发展的要求各种社会组织民主化的形式——这在青年人中尤为显著——又一次复兴。"[①](达尔,2003:11)

达尔虽然没有明确指出,民主化三个发展阶段之间有着不可逾越的内在序列,但由于他是从实质意义上(而不是广延的角度)区分民主化的发展阶段,因此这一划分便不可避免地具有依次推进的性质。在下面的表述中,我们可以窥见达尔的这一思路——他认为第三个民主化浪潮只发生在最"先进"的国家,"世界上的大多数国家还不具备实现这一特别演变的可能性"(达尔,

---

① 达尔在此书中没有提及现在颇为流行的审议性民主,这与该书的发表年代有关(1971),那时是参与民主理论勃兴的时代,而协商民主理论尚未提出。

2003：22）。达尔的这一处置方式可以理解为：民主化有着内在的固定程序，第一步没有走完，就无从涉及第二阶段；因此，第三波民主只是西方民主国家面临的挑战，处于低度发展阶段的国家与此无关。可见，在民主化的发展序列问题上，达尔倾向于一种进化论的立场：民主化的演化进程具有某种内在的逻辑，它体现为发展的不可超越的前后阶段性。

因此，虽然达尔强调"一个国家通往多头政体的道路在很大程度上取决于它的历史、前期的发展以及有利于多头政体条件已在多大程度上存在。在这些方面，每个国家都会有某些方面的特色。大概不存在任何通往民主化的唯一道路。看来，有许多条不同的道路"（达尔，2003：5）。而且认为，当今环境下对于那些尚在进行民主化的国家来说，重复英国的民主化模式（图2中的I，IV）已经不复可能（因为排斥机制已经无法实现了），然而，这种对民主化过程多样性的重视，只有在更重要的前提下方能得到准确的理解，即选举民主是其他民主的基础，在缺乏选举民主的前提下，民主化的任务便是争取实现民族国家层次上的竞争性选举，只有在选举民主落实之后，才有可能追求其他形式的民主。

图4用来表示达尔在《多头政体》一书中叙述的西方国家民主化的三次波浪：

对于达尔的这一观点，可作出以下几点评论性说明：第一，虽然达尔使用了民主化第三波浪潮（the third wave of democratization）一词，（Robert A. Dahl，1971：11）但其所指与目前学术界流行的、亨廷顿意义上的概念有着重大的区别。达尔的民主化第三波关注的是代议制民主国家的民主深化问题，而亨廷顿的民主化第三波讨论的是具有包容性的政治竞争如何发展的问题，前者专属发达民主国家的问题（至少达尔是这样认为的），后者更多地与非西方的发展中国家相关。如果对两者进行实质性的比较，那么亨廷顿意义上的民主化第三波所要解决的问题，相当于达尔的民主化第二波的内容。第二，虽然《多头政体》关注合法反对派和竞争性选举，但是达尔对民主和民主化的理解并不局限于选举。达尔将民主一词保留给理想之域，现实世界中

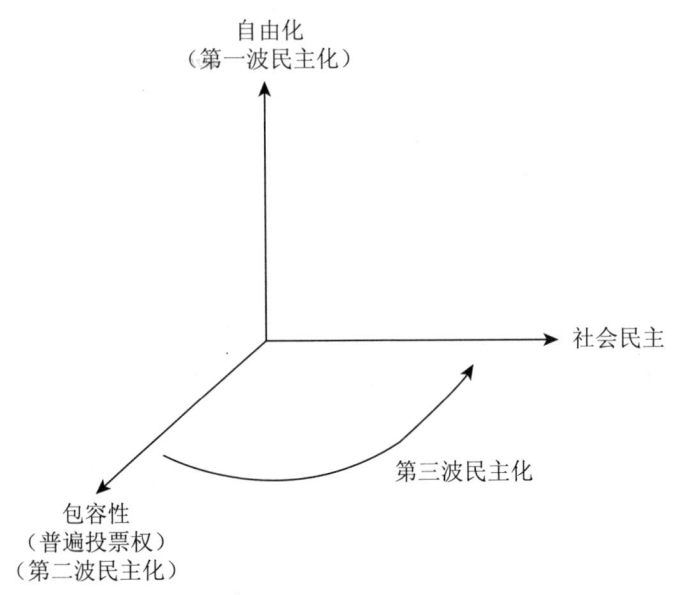

图4　西方国家民主化的三次浪潮

资料来源：作者自拟。

实际存在的民主国家总是具有这样或那样的缺陷而偏离民主的理想，故他发明了"多头政体"一词来称谓之。就此而言，多头政体可以视为一种残缺的民主制。尽管实现真正的代议制民主是许多国家面临的挑战，但是就民主内部而言，代议制民主依然存在诸多需要克服的弊端。第三，（由此）在达尔看来，即使那些通常被认为已实现了民主政治的国家，依然面临一个民主深化或继续民主化的问题，这便是民主化第三波的主题。第四，民主化第三波究竟包含哪些因素？除了达尔在《多头政体》一书中提及的"二战"前与福利国家发展联系在一起的民主化，以及60年代的社会组织民主化之外，是否还包括其他的内容？考虑到达尔此书出版后出现的审议民主（deliberative democracy）等新情况，这一题域显然是开放的。

可见，就达尔民主思想的本质而言，他采取的是一种广义民主化的立场。

只不过《多头政体》一书的主题以及民主化发展序列的观点（尤其是民主化第三波只有在发达民主国家才具有现实性的判断）局限了他的讨论视阈。① 笔者以下试图做的，便是根据中国改革开放30年的政治实践，在民主化长周期的视野中，将被封闭的他种可能性开放出来。

首先，我们对达尔的民主化三波图式做一点小的修正和补充，得到下面的图5：

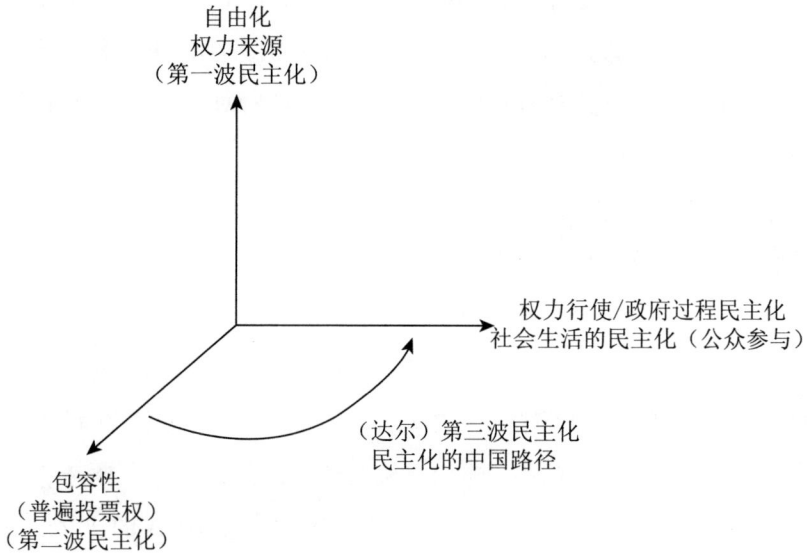

图5 民主化的中国路径（Ⅰ）

资料来源：作者自拟。

对图5的构成及意义说明如下：第一，笔者将达尔的"自由化"与"参与"坐标（图1）与图3"权力来源与权力行使"二分法结合了起来，构成了一个三维图表。其中，"自由化"与"权力来源"是同一命题的不同表达，前者强调的是选举中的政治竞争（程度），后者强调的是选举与否（性质）。在

---

① 民主化道路的多样性是学者的基本共识，差别在于，西方学者的共识建立在对民主及民主化概念的经典理解的基础上，因此他们中的许多人无法或很难想象缺乏竞争性选举（多党制、媒体自由）的民主化过程。将第三波民主的实践与中国联系起来，似乎超越了达尔的想象。在1999年为《多头政体》中文版所作的序言中，达尔提出了"一种可能的民主化进程"，它由一个基于压制代价考虑而……由浅入深的序列组成。（第6页）可见，达尔恪守原先的立场。

达尔的坐标中,与"自由化"相对的"参与"强调的是选举意义上的参与,即哪些人具有参加选举和担任公职的权利,强调的是政治竞争的包容程度。为叙述方便及避免混淆起见,我们不妨称之为狭义的参与。而与"权力来源"相对的"权力行使"也强调公民参与,但特指选举形式以外的广泛实践。

第二,在第三波民主所涉的内涵方面,除了保留达尔强调的社会组织的民主之外(理论上还应包括社区和地方基层),我突出了行政民主的维度。这不光是因为在当代行政国家的背景下,形式多样的行政民主是公民参与的重要内容和形式,由此政府过程得以不断的优化,政府对民众的回应得以实现,而且它体现了民主化的一个重要思路:在权力来源问题相对搁置的条件下,行政民主的实施具有相对的自立性。事实上,在公民权利具有广泛包容性的国家,权力来源问题上的搁置会导致更大的压力(动力),促使政府过程的民主化,通过公共政策的合法性和施政绩效来回应民众。

第三,由此,我们进入了一个实质性的问题,达尔所主张的民主化三波的发展序列是否可以重新解释?达尔对于"开放性霸权政体"①设想的民主化道路是单向的,或唯一的——走向多头政体,故他论述的主题是"反对和参与",分析哪些因素有利于反对派的合法化和政治竞争秩序的建立。由于将民主和民主化的钟摆安装在选举装置上,因此,西方学者眼中的民主化只能是反对派的存在与合法化,多党制的成熟,竞争性选举的制度化等,他们无法想象和思考其他形式的民主化。

然而,如上所述,西方社会的民主化过程(次序或序列)未必是非西方国家民主化的普遍历程。在新的图式中,我们是否可以设想另一种民主化路径,即在尚未完成自由化的前提下,直接从"开放性霸权政体"(我们姑且使用达尔发明的这一术语)直接切入达尔意义上的民主化第三波?

这种"跳跃",准确地说,是"倒序"或"逆序",在理论建构中只要遵循一定的规则是可以设想的。在此,我想到了邹谠先生——笔者对中国政治

---

① 为理解的方便,我们姑且暂时使用这个词。命名涉及政体如何分类的重要问题,笔者将另文专述这个议题。

发展的思考深受他的影响。在如何看待中国政治发展的问题上，邹谠提出了一个很有启发意义的观点。他认为，西方公民权利的发展过程，按照马歇尔的观点依次经历了三个阶段——市民权利（civil rights）、政治权利（political rights）和社会—经济权利（social and economic rights）。在中国的语境下（考虑到几十年社会主义实践及其制度遗产），邹谠认为，可以设想一个不同于西方社会的发展序列，如首先发展社会—经济权利，然后再实现其他形式的公民权利。（邹谠，2002：16，63）虽然公民权利的发展序列与民主化发展序列不能完全等同起来，但"隔行不隔理"（更何况两者之间存在着固有的紧密联系）。

当然，问题的关键不在理论如何构建，而在于所构建的理论能否解释现实经验。笔者以为，改革开放30年来中国政治改革走的正是这样一条民主化的道路。无论是基层社区的民主建设（包括民主选举、民主决策、民主管理、民主监督四个方面），乡镇干部的公选，还是行政听证、民主恳谈、政府开门决策、民意收集技术的发展以及在政府决策过程中的体现等等——仅举数例，这些实践为公民参与政府过程提供了越来越多的机会和空间。尽管高层公共政策过程的开放相对缓慢，但改革的发展趋势是明显的。考虑到中国政治的结构特征和过程特点，行政民主所具有的意义更容易理解。

四、余论

本文以达尔的《多头政体》和第三波民主化研究为切口，从"选举前设"和"民主化内在序列"两个角度对达尔的民主化理论进行了逻辑解析。在此基础上，尝试拼写能解释中国政治发展经验的民主化图式。

本文的核心观点是，选举（权力来源）固然是政府与民众之间建立回应关系的重要环节，但它不是唯一的；在这一点上，达尔在《多头政体》一书建构的论述逻辑过于绝对了。在权力行使（公共政策）的环节，我们同样可以建立起强固的政府对公众的回应关系。用来描述这种联系的行政民主具有独立的价值。由此，我们可以探索一条在非选举领域从事民主化建设的道路。

经由这一分析,笔者希望能开放民主化过程的多向度性,改变对民主化序列的传统认识,从而以一种新的目光来看待中国政治的发展。

这一理论建构努力自然有它的边界,笔者想说明的是以下两点:

第一,对民主化理论的重构,其经验基础是中国的,但智力资源根植于西方民主的知识脉络。籍此,笔者希望在特殊性与一般性关系的问题上,保持一种平衡的立场。

第二,对选举主义偏见的揭示和批判,决不意味着对选举的否定。

无论从哪个方面看,选举对于代议制民主来说是根本性的,我们无法想象离开选举的民主。在民主与民主化关系的问题上,**本文重申的是两个基本命题:(1)民主的概念逻辑不等于民主化的过程逻辑;(2)西方民主化的经验逻辑未必是民主化过程的一般逻辑。**

就最终目标而言,纵向维度的选举当然是不可回避的,我相信它体现了民主的一般价值。图6有助于说明这一点。

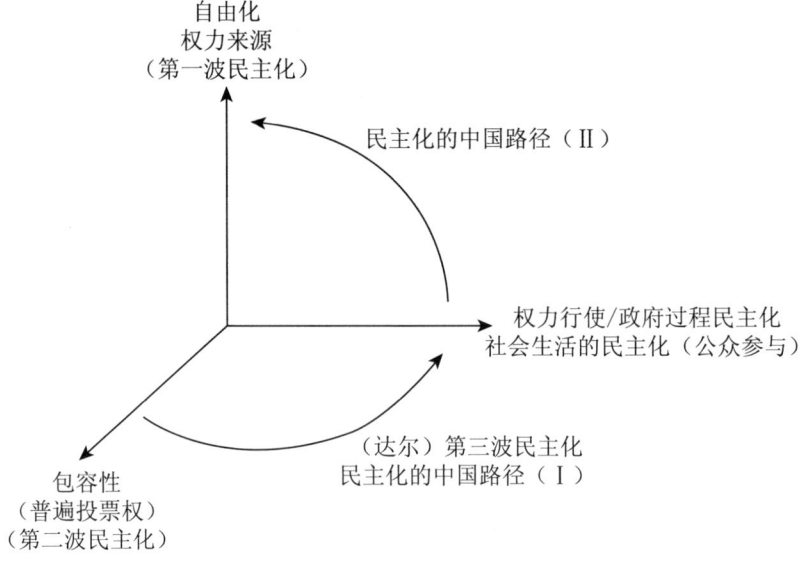

图6 民主化的中国路径(Ⅱ)

资料来源:作者自拟。

可见，在民主化问题的讨论中，将价值与经验、过程与结果区分开来是相当关键的。民主化理论的要害在"化"字，因此，条件、过程、路径、序列、时机、策略等概念具有十分重要的地位。这也是有助于我们解释这样的现象：在逻辑上是死结的东西，在经验过程中却有可能得以化解。

任何理论就其本身而言，都是一种逻辑建构，越是成熟的理论，其内部的逻辑关系就越趋于严密。因此，理论大厦任一个部位的微小调整，其所产生的连带效应也就相应增大。对主流民主化理论所做的解析以及框架重构，也确实产生了一系列需要进一步反思的问题。例如，在中国政治的层面，我们怎样看待1949年建立的中国基本政治制度？如何看待改革开放30年的变化？如何看待改革过程中遇到的矛盾和问题？如何看待这个体制的学习能力以及解决问题的能力？如何看待中国政治体制改革的前景？等等。在理论层面（由经验事实引发的）问题包括，如何看待选举与民主的关系？如何看待选举与回应的关系？在选举不在场的情况下，是否就无法讨论诸如回应、问责、责任等话题？在现实生活中，政府是如何回应民众的需求的？选举与治理是什么关系？选举必定能带来良好的治理么？诸如此类，不一而足。

现在要得到充分而明确的答复为时尚早，中国正处在一个伟大的转型过程之中，其复杂性超越了我们当下智慧能够把握的能力。过程是一个有魅力的词眼，在当下的中国，它意味着不确定性、开放性，因此不同的人可以投射自己的不同想象。在这一意义上，本文的写作旨在添加一种可能性。至于最终哪种可能性能得以实现，取决于历史如何散步。

参考文献

1. 〔美〕乔万尼·萨托利：《民主新论》，冯克利、阎克文译，上海人民出版社2009年版。

2. 〔美〕罗伯特·达尔：《多头政体：参与和反对》，商务印书馆2003年版。

3. 〔美〕查尔斯·J. 福克斯、休·T. 米勒：《后现代公共行政——话语取向》，楚艳红、曹沁颖、吴巧林译，中国人民大学出版社2002年版。

4. 〔美〕塞缪尔·亨廷顿：《第三波——20世纪后期民主化浪潮》，刘军宁译，上海三联书店 1998 年版。

5. 〔美〕胡安·J. 林茨、阿尔弗莱德·斯泰潘：《民主转型与巩固的问题：南欧、南美和后共产主义欧洲》，孙龙等译，浙江人民出版社 2008 年版。

6. 刘军宁编：《民主与民主化》，商务印书馆 1999 年版。

7. 〔美〕罗伯特·达尔：《论民主》，李柏光等译，商务印书馆 1999 年版。

8. 〔美〕黎安友：《从极权统治到韧性威权：中国政治变迁之路》，台北：巨流图书公司、台湾清华大学当代中国研究中心合作出版，2007 年。

9. 〔美〕罗森布鲁姆、克拉夫丘克：《公共行政学：管理、政治和法律的途径》，张成福等译，中国人民大学出版社 2002 年版。

10. 〔美〕邹谠（甘阳编），《中国革命再阐释》，（香港）牛津大学出版社 2002 年中文版。

11. 〔美〕邹谠（甘阳编），《二十世纪中国政治——从宏观历史与微观行动角度》，（香港）牛津大学出版社 1994 年中文版。

12. 林佳龙主编：《未来中国退化的极权主义》，台湾：时报文化出版公司 2004 年版。

13. 慕毅飞等编：《民主恳谈：温岭人的创造》，中央编译出版社 2005 年版。

14. 王绍光：《中国公共政策议程设置的模式》，载《中国社会科学》，2006 年第 5 期。

15. 〔美〕Benjamin Smith：《政党与政权的生命》，载《开放时代》，2008 年第 3 期。

16. 燕继荣：《中国的改革：另一种民主化经验》，载《人民论坛》，2007 年第 8 期，总第 197 期。

17. Gerardo L. Munck & Carol Skalnik Leff, "Modes of Transition and Democratization: South America and Eastern Europe in Comparative Perspective", in Lisa Anderson edited, *Transition to Democracy*, Columbia University Press, 1999.

18. Andrew Nathan, "Authoritarian Resilience", in *Journal of Democracy*, Vol. 14, No. 1, 2003.

19. Andrew Nathan, "China Since Tiananmen: Authoritarian Impermanence," in *Journal of Democracy*, Vol. 20, No. 3, 2009, pp. 37–40.

20. Robert A. Dahl, *Polyarchy: Participation and Opposition*, Yale University Press, 1971.

21. Ruth Berins Collier, *Paths Toward Democracy, the Working Class and Elites in Western*

Europe and South America, Cambridge University Press, 1999.

22. Andreas Schedler, "Electoral Authoritarianism", in Todd Landman and Neil Robinson (eds.), *The SAGE Handbook of Comparative Politics*, Sage Publications, 2009.

23. David Shambaugh, *China's Communist Party: Atrophy and Adaptation*, Woodrow Wilson Center Press and University of California Press, 2008.

24. Tang Tsou, "Western Concepts and China's Historical Experience", in *World Politics*, No. 21, 1969.

25. Bruce J. Dickson, *Democratization in China and Taiwan: The Adaptability of Leninist Parties*, Oxford University Press, 1997.

26. Bruce J. Dickson, *Red Capitalists in China: The Party, Private Entrepreneurs, and Prospects for Political Change*, Cambridge University Press, 2003.

27. Kjeld Erik Brodsgaard and Zheng Yongnian (eds.), *Bringing the Party Back in: How China Is Governed*, Eastern Universities Press by Marshall Cavendish, 2004.

28. S. Philip Hsu, "In Search of Public Accountability: The 'Wenling Model' in China", in *Australian Journal of Public Administration*, Vol. 68, No. S1, 2009, pp. 40–50.

（原文收录于徐斯勤、余逊达主编：《民主、民主化与治理绩效》，浙江大学出版社 2011 年版；又以《西方经典民主化理论与当代中国政治发展——民主化理论的中国阐释之一》和《关于民主发展的多元维度与民主化序列问题——民主化理论的中国阐释之二》为篇名分载于《新视野》2011 年第 1—2 期）

"民主"话语的意义变迁
——以中国共产党代表大会政治报告为文本的分析

张小劲　李春峰*

"政治家和政治思想家们普遍转向民主是政治历史上最富有戏剧性的重大事件。在刚进入十九世纪之时，民主都还带有贬义，意思是'暴民统治'体系。可是现在，我们都成了民主主义者。自由主义者、保守主义者、无政府主义者，甚至法西斯主义者都极力宣扬民主的优越性并向人显示他们的民主凭证。"（安德鲁·海伍德，2008：156）但正是因为这样，民主不仅成为当今世界最为常见的政治术语，却同时也是最富争议且最为混乱的基本概念之一。按照海伍德的说法，有关民主一类政治概念的争议和混乱，源出于三大原因，一是历史现象描述与政治概念归纳之间的差异，二是政治实践者与政治研究者之间的区分，三是意识形态主张者与学术研究者之间的分歧。（安德鲁·海伍德，2008：3—4）说到底，这是一种以政治学研究者为本

---

* 李春峰，浙江理工大学法政学院讲师。

位的问题认知方法,却多少有些将概念混乱之原由归之外界的意味。然而,政治学研究者不能不研究特定的历史现象,不能不探讨政治实践者的政治主张及其行动结果,也不能不分析特定的意识形态体系的基本特征。当然,在这样一种直面现实的学术努力中,尽管肯定不会澄清民主概念问题上原有的混乱局面,却无疑可以丰富政治学有关民主的知识积累。

由此观之,研究和探讨中国执政党——共产党的民主话语的意义变迁,显然具有了极其特殊的重要意义。这不仅是因为中国共产党曾经武装抗争20多年,建政全国60年,从而构成了值得研究和阐释的历史现象;也不仅是因为中国共产党正领导着世界上人口最多的国家,其政治主张影响着十几亿人民的生活状态;而且还因为中国共产党始终意图开拓一条独特的发展道路,展示一种独特的政治图景;而这首先就集中表现为中国共产党先后经历了曲折的演变过程,试图发展出一整套独特的民主话语。通过这套民主话语,中国共产党为其众多的普通党员确定了统一思想和行动的政治纲领和理论观念,向亿万中国民众公开宣布了政治生活的基本原则和发展方向,也明确提供了可以与世界各国政治制度足堪比较的社会参照和政治模板。

此处所谓"民主话语",从经验操作的概念界定来说,是指中国共产党在其重要文献中就民主问题所做的论述和解说。就其实践功效而论,这些论述和解说往往成为中国共产党的执政理念的组成部分,并在一定程度上演化为具体的执政措施和制度设置;就其理论影响而言,这些论述和解说通常又构成为次一级面向大众的通俗解释和宣讲得以发展的基础性论证。

然而,研究中国共产党的重要文献,却可以发现,中国共产党有关"民主"的理解和用意是多面向的,以至于"民主"一词在这些重要文献中有着极其丰富的使用方式,表现出了历时性变化的特征。那么,中国共产党的民主话语究竟经历了怎样的变迁过程?改革开放以来的民主意涵又发生了哪些变化?中国共产党的民主话语表现出哪些主要特征?本文试图采用内容分析和话语分析,通过对中国共产党重要文献的量性和质性分析,以逐段聚焦的论说方式,对中国共产党民主话语的变化过程与复杂面向给出描述和说明。

一、历史样本与历时性变迁：民主话语的通贯性描述

按照中国共产党的现行党章规定，中国共产党应当每五年召开一次党的全国代表大会。① 然而，在历史上，由于各种原因，中国共产党的全国代表大会的召开并非完全定时，政治报告的形式也可谓多种多样。在中国共产党建政之前，客观条件的限制使处于半秘密状态和长期战事之中的党组织无法从容召集任何意义上的正规集会，会议议程也过于紧凑。因而中共一大建党之时未有政治报告之议程；二大至五大则由党的领导人陈独秀作工作报告或政治报告，但其草拟和准备过程显然相当局促；六大则由布哈林代表共产国际向中共六大代表作政治报告，同时亦由瞿秋白代表中共第五届中央委员会作政治报告。只是到了拥有相对稳固的根据地即中共七大以后，政治报告才最终固定为历届全国代表大会的首要议程并同时予以规范化。（中共中央党史研究室，2002；李颖，2003；李君如，2007）

从那时以来，中国共产党全国代表大会的政治报告往往由指定的党内高级领导人专职负责、由专门组建的写作小组经过长期而审慎的准备过程而写就，其间还需经过党内领导的多次讨论研究和反复修改而定稿，最后则由党的最高领袖或次最高领袖在代表大会上正式宣读，并在会议期间经由代表大会的与会代表再做部分修改而在会后作为党的专门文件而公开发表。因此，政治报告往往代表着党内高层领导所能够形成的政治共识，也能够汇集一般大会代表的关键意见，尽管其间也会出现矛盾和斗争。② 最重要的是，中国共产党代表大会的政治报告是党的各种文件中篇幅最大、字数最多、涉及内容最为广泛，因而是说明论证最为充分的文件。因此，中国共产党全国代表大会的政治报告，具有最权威的代表性、最关键的说明性，可以准确地体现中

---

① 2007 年十七大通过的党章第三章第十八条规定："党的全国代表大会每五年举行一次，由中央委员会召集。中央委员会认为有必要，或者三分之一以上的省一级组织提出要求，全国代表大会可以提前举行；如无非常情况，不得延期举行。"（吴美华，2008：280）
② 例如九大政治报告起草过程中，陈伯达与张春桥等两派间的斗争。（中共中央文献研究室，2003：1545—1546）

国共产党视为最重要的理论主张、价值观念、政策方针和行动略。在这个意义上讲,通过分析中国共产党历次代表大会的政治报告或同类文件的文本,计量和考察民主一词出现的频次以及有关民主的不同用法,我们可以简单地勾勒出中国共产党从建党到21世纪对民主理解的变化过程。

应当指出的是,由于中共二大到六大的报告之议程并未规范化,而中共二大至六大都有较之前者更能体现集体意志和参会者共识的"全国代表大会宣言"及同类性质的《告全体同志书》,因此,我们所采用的分析样本从二大到五大是"中共全国代表大会宣言"及一大的《中国共产党纲领》、六大的《告全体同志书》;① 从七大到十七大则为通行意义上的政治报告。其中,七届二中全会,是中国共产党面临战争胜利、即将建立全国政权的时刻召开的,尽管就序列而言只是一次中央全会,但此次会议不仅内容极其重要,而且也有政治报告的议程,因而我们也将这次全会的政治报告纳入分析范围。这样,我们就有了18个分析样本,其概况如表1所示。

表1 中国共产党全国代表大会政治报告及其他同类文件

代表大会	报告者	报告日期	总字数*	文件
中共一大**	无特指	1921年7月	904	《中国共产党纲领》
中共二大	无特指	1922年7月	9343	中共全国代表大会宣言
中共三大	无特指	1923年6月	835	中共全国代表大会宣言
中共四大	无特指	1925年1月	2860	中共全国代表大会宣言
中共五大	无特指	1927年5月	7338	中共全国代表大会宣言
中共六大	无特指	1928年11月11日	7979	《告全体同志书》

---

① 二大至六大中工作报告/政治报告常引起党内种种或激烈或温和的讨论,在此基础上最终形成并通过各种对外公布的决议案及宣言。例如,比较党的五大期间陈独秀所作的政治报告与大会通过的宣言,可以发现二者在政策方针上有不同之处。五大政治报告在建立政权问题上主张:"民主专政将是最有威望的政权。这种政权,只有在我们力量大到足以镇压反革命的时候才能产生,只有在工农群众中也能实现内部民主的时候才会产生"(任建树,2009:290),而《宣言》则主张:"欲战胜帝国主义干涉及反革命同盟阴谋之急切的危险,必须建立工、农、小资产阶级的民权独裁制"(中央档案馆,1989b:106)又如,在党的六大党代会上,瞿秋白与6月20日所作的政治报告经过讨论又由瞿于6月28日在会议上作《政治和报告讨论后之结论》的长篇发言,从其内容看足可反映出政治报告并非初始即为集体性产物。(瞿秋白,1995)基于《报告》与《宣言》在所反映出的集体意志程度及其个中观点之不同,加之二大至五大《宣言》及其六大《告全体同志书》在发布形式及其性质上的连贯性与相似性,我们以为,《宣言》及《告全体同志书》为分析样本更为恰当。

续表

代表大会	报告者	报告日期	总字数*	文件
中共七大	毛泽东	1945年4月24日	40565	政治报告
中共七届二中	毛泽东	1949年3月5日	8412	政治报告
中共八大	刘少奇	1956年9月15日	44499	政治报告
中共九大	林彪	1969年4月1日	22382	政治报告
中共十大	周恩来	1973年8月24日	9840	政治报告
中共十一大	华国锋	1977年8月12日	31035	政治报告
中共十二大	胡耀邦	1982年9月1日	31629	政治报告
中共十三大	赵紫阳	1987年10月25日	23061	政治报告
中共十四大	江泽民	1992年10月12日	26280	政治报告
中共十五大	江泽民	1997年9月12日	28330	政治报告
中共十六大	江泽民	2002年11月8日	28127	政治报告
中共十七大	胡锦涛	2007年10月15日	28002	政治报告
中共十八大	胡锦涛	2012年11月4日	29041	政治报告

* 为统一统计之规范标准，总字数仅为正文之字数（包括标点符号），题目、署名及日期之字数不包括在内。
**《中国共产党宣言》乃1920年所决定的，故采用《中国共产党纲领》（俄文译稿）作为中共一大分析样本。

对于上述18份分析样本，我们首先可以对"民主"一词进行频次统计。在这里，我们首先将那些有限定说明之意的形容词，如民主管理（democratic management）和民主集中制（democratic centralism）中的民主，以及作为主语的名词，如社会主义民主（socialist democracy），还有组合式的集合名词，如新民主主义（new democracy）等，都视为"民主"作为关键词而出现的情形。由此，我们可以得到一些简单的统计结果：从一大到六大，民主一词仅出现在二大的《宣言》之中（22次）和六大的《告全体同志书》之中（2次），但到了七大则大幅升高至213次，而后的七届二中全会却降至18次，八大又升至76次，此后的九大、十大又有大幅度的减少，从十一大开始则有明显的回升，十一大、十二大、十三大分别出现61次、46次、51次，但十四大较之十三大则又有下降,从十五大开始,民主一词再次逐次增高,至十七大则多达 67 次,十八大更升至 68 次;以至于政治报告一经公布,大众媒体对此便有反复报道。①

具体分析上述 18 个样本,我们还会得到更有意思的发现。例如,相对于"五四时期"知识分子对于"德先生"与"赛先生"的吁求和欢呼,中共一大没有采用任何关于"民主"的词汇,尽管与会者中不乏五四运动的参加者甚至领导者。这似乎表明当时的建党一代更着意于阶级斗争,更关注于阶级专政问题。《中国共产党纲领》开宗明义便指出:"革命军队必须与无产阶级一起推翻资本家阶级的政权","直至阶级斗争结束为止,即直到社会的阶级区分消灭为止,承认无产阶级专政"。(中央档案馆,1989a:3)

表 2 历次党代会政治报告及同类文件中"民主"一词出现的频次

	出现次数	"篇幅系数"		出现次数	"篇幅系数"
一大	0	0	八大	76	17
二大	22	23	九大	7	3
三大	0	0	十大	2	2
四大	0	0	十一大	61	19
五大	0	0	十二大	46	14
六大	2	0	十三大	51	22
七大	213	50	十四大	39	14
七届二中全会	18	21	十五大	57	20
			十六大	58	21
			十七大	67	23
			十八大	68	23

在"列宁和共产国际的帮助"(中共中央党史研究室,2002:96)下,次年召开的中共二大"第一次明确提出了党在现阶段的行动方针和革命任务,

---

① 例如《中共开启政治体制改革新局》,见新华网:http://news.xinhuanet.com/newscenter/2007 - 10/17/content_6896712.htm;《海外媒体高度关注中国共产党十七大召开》,见中国共产党新闻网:http://www.cpcnews.cn/GB/100802/6388907.html 等;直到 2009 年庆祝建国六十周年时,相关媒体仍对此有许多报道。

即进行反帝反封建的民主革命"。（中共中央党史研究室，2002：102）二大《宣言》由此也开始大量采用"民主"词汇，其中出现频次最多是"民主主义"、"民主主义革命"。但此时的民主词汇并非具有独立的实体意义，而是在"资产阶级民主革命"概念框架下的一种对应式延伸。

虽然二大大量采用了"民主"词汇，但三大、四大、五大的《宣言》中却没有"民主"一词。然而，值得注意的是，"民主"词汇为其他一些表意相近、但界定不同的词汇所取代。如在三大《宣言》中，"民主革命"为"国民革命"所取代（中央档案馆，1989a：165—166），到四大《宣言》又代之以"民族革命"（中央档案馆，1989a：329—341），且在四大《对于民族革命运动之议决案》中反复提及"民族德谟克拉西"（中央档案馆，1989a：390—395）。与此类似，在五大《宣言》和六大《告全体同志书》中，"民权"又替代了"民主"而反复出现。其中，在五大的《宣言》中，这一词汇出现的频次竟高达33次，并主张"建立工、农、小资产阶级的民权独裁制"（中央档案馆，1989b：106）。但"民权"的提法到六大时即已严重消退，而在此后也再未出现。这种情形似乎表明当时的共产党在反对政治迫害和镇压的情况下试图提出自己的独特主张，但尚未形成有理据和有影响的概念提法。需要说明的是，"民主"虽然在六大《告全体同志书》中作为非独立词汇出现了2次，但却是用以指称党内组织纪律性欠缺之负面意义上的"极端民主化"。这种批判式的使用是极少见的。

表3 中共一大到六大重要文献中与民主相关联的词汇（频次统计）

	民主	民权	民权主义	民主主义革命	民权革命
一大	0	0	0	0	0
二大	22	0	0	7	0
三大	0	0	0	0	0
四大	0	0	0	0	0
五大	0	33	4	0	1
六大	2	4	0	0	2

有意思的是，到了1945年的七大时，在政治报告中，"民主"一词出现的频次竟高达213次，且主要用于表示反对国民党独裁、建立新民主主义国家制度的内涵。例如，"新民主主义"一词出现46次，"民主的联合政府"有9次、"民主改革"有12次、"民主党派"有11次、"民主分子"有12次。但在全国建政前夜的七届二中全会上，政治报告中出现最多的民主词汇则依次为"人民民主革命"（4次）、"新民主主义"（3次）、"人民民主专政"（2次）以及"民主联合政府"（2次）；其中"人民民主专政"一词在前数次党的全国代表大会重要文件中均未出现过。

相对而言，1956年的中共八大是民主话语发展史上的一个高峰。八大政治报告中"人民民主专政"一词的出现频次高达12次；更确切地说，在这里，"人民民主专政"已取代"新民主主义"而成为具有具体的政体指涉意味的词汇。但八大在强调"人民民主专政"的实质就是"无产阶级专政"的同时，又指出无产阶级专政需要阶级联盟的支持；（中共中央文献研究室，1994：82）同时，八大还提出了"进一步扩大民主生活，开展反对官僚主义的斗争"；（中共中央文献研究室，1994：87）此处之所谓"民主生活"一词并用来表示加强与群众的联系；此外，八大还强调了"党内民主"；这一词汇先后出现3次，且在具体表述中包含有代表大会代表常任制、集体领导和商议合作、党员权利的尊重、少数服从多数等与民主相关的价值要素。

但在八大之后，跟随而来的却是狂风暴雨式的阶级斗争。八大路线的中断，似乎印证着中国共产党部分领导人本想设计出的"有理、有利、有节"的民主将要在阶级斗争的狂潮中演变为"大民主"的狂欢。比较研究"文革"中的九大与十大的政治报告，就会发现，"民主"一词分别仅仅出现7次和2次，且根本没有用"民主"词汇来描述所执掌的政权。在此种政治环境下，有的只是无产阶级对阶级敌人的仇恨与斗争，先前话语中阶级联盟的"民主"已经消散不知何处了。

在1977年举行的十一大上，"民主"一词在政治报告出现的频次虽然高达61次，但却很难将其作为中国共产党开始构建其民主话语的开端。原因在于，十一大政治报告中的"民主"词汇多用于回溯性的说明，如"民主革命"（11次）、"新民主主义革命"（4次）、"民主派"（18次）等等，而并未表现出重建价值和重修政体的用意。相形之下，在十一大政治报告中，"无产阶级专政"一词出现的频次竟高达50次，"民主集中制"一词也有8次之多。

表4　民主词汇在党代表报告中出现的频次

	民主	社会主义民主	社会主义民主政治	人民民主	人民民主专政	民主集中制	民主选举（决策、管理、监督）	党内民主	基层民主	民主权利	协商民主
七大	213	0	0	1	0	2	0	0	0	0	0
八大	76	0	0	11	12	0	0	3	0	1	0
九大	7	0	0	0	0	1	0	0	0	0	0
十大	2	0	0	0	0	1	0	0	0	0	0
十一大	61	0	0	3	0	8	0	3	0	0	0
十二大	46	16	0	0	2	7	1	1	0	1	0
十三大	51	5	12	2	4	2	4	2	2	1	0
十四大	39	3	3	1	4	3	1	2	1	2	0
十五大	57	7	5	2	3	3	11	1	1	1	0
十六大	58	4	10	2	2	2	9	2	2	2	0
十七大	67	3	10	4	0	2	11	5	4	4	0
十八大	68	2	4	7	0	1	9	6	5	4	5

说明：
1. "社会主义民主"出现频次不包括"社会主义民主政治"一词中的"社会主义民主"出现频次。"人民民主"与"人民民主专政"亦如是。
2. "民主选举（决策、管理、监督）"出现频次为此四词出现频次之和。

从1982年的十二大开始，中国共产党开始明显表现出重构社会主义与民主之关系的努力。在十二大的政治报告中，"社会主义民主"一词出现了16

次，并首次以一级标题的方式即在"努力建设高度的社会主义民主"的名目下专门讨论民主建设问题。在其后于1987年举行的十三大上，"社会主义民主"在政治报告中出现的频次有所下降，但"社会主义民主政治"一词则由十二大政治报告的0次上升到12次。十二大报告中并未对"社会主义民主"作出概念界定，而十三大报告则明确指出，"社会主义民主政治的本质和核心，是人民当家作主"。（中共中央文献研究室，1991：44）进一步比较十二大和十三大的民主词汇变化，还可以发现，十三大"民主集中制"一词较之十二大下降了5次；同时，"民主决策"等用于描述政治过程的词汇开始出现；"党内民主"一词比十二大略有提高，且提出"以党内民主来逐步推动人民民主"的见解（中共中央文献研究室，1991：50）。显然，十三大是中国共产党民主话语发展中的又一个高峰所在。

在1989年政治风波之后，民主话语经过短暂的沉寂后又悄然复生。在1992年的十四大政治报告中，"民主"一词出现的频次只有39次，"社会主义民主"与"社会主义民主政治"分别出现3次，较之十三又有大幅的降低。而后，在1997年的十五大政治报告和2002年的十六大政治报告中，"民主"、"社会主义民主"、"社会主义民主政治"等词汇出现的频次都在逐步增加。例如，"社会主义民主政治"一词在十六大报告中出现频次比十五大增多一倍。比较十四大、十五大、十六大还可以发现：一是社会主义民主内涵更加具体化了。十四大并没有给"社会主义民主"作出界定，但指出人民民主是社会主义的本质要求和内在属性。（中共中央文献研究室，1996a：28）十五大则重提"社会主义民主的本质是人民当家作主"（中共中央文献研究室，2000：30），十六大则进一步指出："发展社会主义民主政治，最根本的是要把坚持党的领导、人民当家作主和依法治国有机统一起来"；（中共中央文献研究室，2005：24）二是"民主选举"等政治过程性的词汇开始增多并规范化了。十五大报告中将"民主选举、民主决策、民主管理和民主监督"并列提出，十四大报告中这些词汇出现的频次只有1次，而十五大报告则升高至11次，十六大报告为9次。三是"基层民主"的提法开始在中国共产党民主话语中明显增重。十四大指出"加强基层民主建设",但仅是一句话带过;而十五大却专门论说基层民主,指出扩大基层民主,是社会主义民主最广泛的实践;(中共中央文献研究室,2000:32)十六大则进一步指出"扩大基层民主,是发展社会主义民主的基础性工作"。(中共中央文献研究室,2005:25)四是"党内民主"逐渐成为中国共产党民主话语之重心。十四大到十六大政治报告中,"党内民主"一词出现频次虽然没有增加,但关于"党内民主"的表述其分量却越来越重。十四大、十五大都指出要发扬党内民主,保障党员的民主权利,疏通和拓宽党内民主渠道;十六大报告进一步提出"党内民主是党的生命,对人民民主具有重要的示范和带动作用"(中共中央文献研究室,2005:39),并提出党内民主相关的制度与机制。五是"民主权利"词汇开始显现。比较十二大、十三大、十四大、十五大、十六大报告,"民主权利"出现次数分别为1次、1次、2次、2次、2次,十二大的"民主权利"是用在集体主义意义层面上,十三大、十四大的"民主权利"是用在党内民主层面上,而十五大、十六大的"民主权利"则分别用在基层民主、党内民主各1次。

至2007年,中共十七大政治报告是中国共产党民主话语的一个宣言书。十七大报告论述民主问题的一级标题为"坚定不移发展社会主义民主政治";自十二大以来,"民主"一词在党代会报告中出现的次数,十七大为最多;"人民民主专政"一词没有出现,而"党内民主"、"基层民主"、"民主权利"出现的频次均为历次党代会报告中之最高次数;"人民民主"出现的频次在十二大以来的党代会报告中为最高,"民主选举"等过程性词汇出现频次与十五大同为党代会报告中最高;同时,报告还将"党内民主"作为独立标题,而以往党内民主是放在民主集中制这一标题之下加以论说的。

而2012年的中共十八大报告则更强调了"社会主义民主政治"是有中国特色社会主义政治的构成部分,论述民主问题的一级标题是"坚持走中国特色社会主义政治发展道路和推进政治体制改革"。十八大报告中"民主"一词出现的次数与十七大报告基本持平,但是"社会主义民主政治"一词却从十七大的10次降至为4次,而"人民民主"、"党内民主"、"基层民主"出现的频次则均比十七大有提高;值得注意的是,"协商民主"一词第一次出现于党代会报告中,并高达5次。同时,十八大报告仍然继续将"党内民主"作为独立标题,但比十七大作出了更为具体的制度规定。

如果将上述18个样本的篇幅和字数考虑进来,并对应以民主一词出现的频次,我们还会得到一个可供比较的"篇幅系数",从而能够以更简约的方式表现民主一词出现的频次与整个文件篇幅间的关联性。从频次和篇幅系数来看,18个样本表现出不确定的阶段性特征。从1921年的一大到1928年的六大为一个阶段,但其中的二大有不同的情形;从1945年的七大到1956年的八大,为第二阶段;1969年和1973年的十大,构成了极特殊的样式;而1977年的十一大以后,属于第四阶段,但1982年的十二大和1992年的十四大略低于其他各次代表大会。而在每一阶段之中,也会有一些明显的波动。图1即模拟显示了这种阶段性与波动性兼而有之的情形。

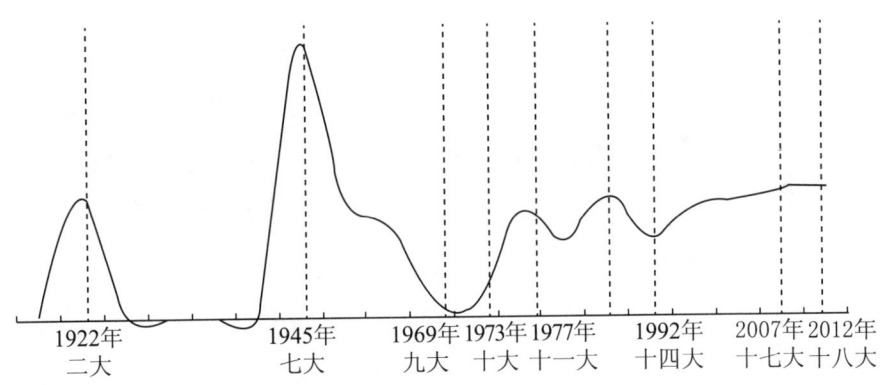

图1　中国民主话语发展的阶段性(以频次/篇幅为标准)

资料来源:作者自拟

这四个阶段的发展情形,与中国共产党在政治生活中的基本处境相关,更与中国共产党最高领导层对民主的认知相联;同时,民主话语也与中国共产党所奉行的政治战略与策略相关。如果说这四个发展阶段的变迁特征可以从中国共产党所经历的政治历程加以解释,那么,从文本分析的角度,我们更看重的是民主话语在第四个发展阶段中更具体的变迁图景和发展线索。

二、改革开放以来的民主话语：从价值到制度

如果说自十一届三中全会以来，中国共产党开始大规模地"拨乱反正"，那么构造其自身的民主话语，并以此既抚慰长期遭受政治运动冲击的党内干部和普通大众，又可凭以建立可阻止过于残酷的政治迫害再次出现的某种机制成为"拨乱反正"工作的重要组成部分。而在这方面，首先面对的问题就是如何建构并呈现民主的元价值。① 所谓元价值，在这里是指那种能够为次一级的其他延伸价值和附加价值赖以为基础的、具有准则性质和核心地位的观念。这种观念的表述，依据传统的话语惯习，未必十分精当，却一定要能够朗朗上口、简单易记，并且能够为后续的解释留下充分的余地和空间。

从十二大以来党代会的历次报告看，中国共产党通常都将民主的元价值视作"人民当家作主"，也即在更正式的表述中则为"人民民主"。这种"人民民主"的重点在于集体意义上的民主，而非个体权利的民主。② 然而，人民或广大人民，作为一个集合名词究竟何指？是每个个体的叠加和累积，还是只能作为集体而存在，这引起无穷的争论；而且，人民民主比崇尚个人权利的"资产阶级民主""民主千百万倍"的断论也无法简单地说服大众。因而，就"人民当家作主"/"人民民主"而言，最为困难的是集体性的价值概念不容易转换成切实的民主实践。③ 随着改革开放进程的深入，经济社会的成长及人民个体权利意识的增长，那种只强调元价值"人民当家作主"/"人民民主"的民主话语已经不能适应实践发展。正如有学者曾言："那种只揭示'人民民主'的

---

① 社会主义民主与社会主义民主政治内涵的变迁，已在党代会民主词汇变化一节中有述。
② 邓小平曾经说过："中国人民今天所需要的民主，只能是社会主义民主或称人民民主，而不是资产阶级的个人主义的民主。"（邓小平，1994：175）关于民主概念的意义表述，十三大政治报告中指出："社会主义民主政治的本质和核心，是人民当家作主，真正享有各项公民权利，享有管理国家和企事业的权力"（中共中央文献研究室，1991：44），将人民当家作主与公民权利联系起来。
③ 相对于西方那种主要的民主概念与话语立基于实践经验而产生的情形，民主在中国则大多是概念与话语的先行导入，对于政治实践者而言，对于民主问题相应地也是先有价值上的演绎，而后再力图付诸实践。此一问题涉及中外民主路径之比较，此处难以详论。

'实质'而对其实现途径语焉不详的做法已经不能满足社会主义市场经济体制下多元利益主体之'民意'的表达和贯彻的要求。"（陈明明，2008）因此，整个改革开放进程中，中国共产党民主话语的发展都必须面对这个核心问题——如何实现"人民当家作主"。观察改革开放以来中国共产党民主话语变迁的基本脉络，显然可以发现，民主话语的生成与变迁过程中所出现的价值与实践互动而生发的经验形式概念、制度性的民主概念与民主制度化的概念之发展、从民主集中制的概念位移到党内民主的话语转换，都体现了中国共产党本身对于其民主元价值如何实现所表达的关切。易言之，人民民主的实践问题成为理解改革开放以来中国共产党民主话语之变迁和发展的重要线索。结合中国共产党最高领导的相关论说，可以使我们更加清楚地认识到这些发展特征。

发展特征之一：价值与实践互动而生发的经验形态概念的提出

对于"人民当家作主"/"人民民主"如何实现这一根本性问题，1990年代以前，在中国共产党的政治文献中曾大量用"民主化"的概念来加以表述。例如邓小平在《党和国家领导制度的改革》中说："肃清封建主义残余影响，重点是切实改革并完善党和国家的制度，从制度上保证党和国家政治生活的民主化、经济管理的民主化、整个社会生活的民主化，促进现代化建设事业的顺利发展。"（邓小平，1994：336）在这里，民主显然是已经确定和确立的，而将之"化"为实践和现实则成为进一步努力的方向。

然而，尽管"民主化"的提法将民主概念的范围扩及政治、经济、社会乃至于文化维度，但并未解决民主化究竟通过何种具体可行的途径和方式来实现的问题。正是在这里，1980年代以来，基层自治与管理的实践发展，人民代表大会制度与政治协商制度形式结构的完善，使"民主选举"、"民主管理"、"民主决策"、"民主监督"等过程性概念分别用之于中国共产党各类政治文献中。概念的大量使用促使了民主话语规范的提升，十五大报告终于将这些民主概念进行了统合处理，指出："共产党执政就是领导和支持人民掌握管理国家的权力，实行民主选举、民主决策、民主管理和民主监督，保证人民依法享有广泛的权利和自由，尊重和保障人权。"（中共中央文献研究室，

2000：31）十六大报告又进一步强调："健全民主制度，丰富民主形式，扩大公民有序的政治参与，保证人民依法实行民主选举、民主决策、民主管理和民主监督，享有广泛的权利和自由，尊重和保障人权。"（中共中央文献研究室，2005：25）显然，这四个过程性概念已用来专指"人民当家作主"如何付诸实践的基本形式概念。时至今日，这又被称之为"四大民主"①，因而又与"文革"时期盛行一时、后又被载入宪法的旧式"四大民主"（大鸣、大放、大辩论、大字报）（王培英，2007：183）构成了有意思的对比。

发展特征之二：制度性的民主概念与民主制度化的概念之发展

改革开放以来中国共产党民主话语中又一个最为显著的特征就是制度性概念不断增多，其中似乎又包含两个层面：一为民主概念的制度性内涵扩展，二为制度修饰民主的概念形式增多。

民主概念的制度性内涵，是指民主词汇本身用以指称制度建设与发展的涵义。最突出的例子即为"社会主义民主政治"的概念。自十三大报告首次提出"社会主义民主政治"之后，此一词汇便成为中国共产党政治文献中的常用语。"社会主义民主政治"与"社会主义民主"虽然看起来差别甚微，但在中国共产党话语体系中却有着微妙的重要意义，相对而言，前者显为经验性概念且着重强调政治生活领域，因而其频繁出现寓意深远，显示出建设民主制度的意识与决心。十六大报告进一步对"社会主义民主政治"作出了更具体的阐发："发展社会主义民主政治，最根本的是要把坚持党的领导、人民当家作主和依法治国有机统一起来。党的领导是人民当家作主和依法治国的根本保证，人民当家作主是社会主义民主政治的本质要求，依法治国是党领导人民治理国家的基本方略。"（中共中央文献研究室，2005：24）在中国共产党民主话语的逻辑里，"人民民主"这一元价值概念的实践推演——"社会主义民主政治"，已成为一个逻辑自洽的结构性制度建设。其他民主概念，

---

① 虽然"四大民主"这一提法并未在中国共产党重要文献中出现，但已在基层机构文书或新闻报道中出现使用。见《农村基层民主建设探索与思考》，http://huitong.mca.gov.cn/article/gzyj/200812/20081200024427.shtml；《"四大民主"：促进农村社会和谐发展》，http://web.yuhang.gov.cn/class/class_43/articles/4446.html。

如"党内民主"、"基层民主"也随着实践经验之发展与中国共产党制度建设意识之增长而日益丰富其制度性内涵。

民主制度化的概念形式，是指用"制度"词汇来修饰民主词汇。改革开放以来，在重要文献的民主话语中，民主一词常与"法制"、"依法治国"一词并联使用①，"法制"、"依法治国"等同于使民主制度化的途径，而"民主制度化、法律化"这一词汇亦不断在党的文献中出现。② 到了十六大，"民主制度化、法律化"又有了提升而表述为"社会主义民主政治的制度化、规范化和程序化"（中共中央文献研究室，2005：24—25）。同时，随着中国共产党对民主制度建设认识的不断深入，"民主制度"一词也在党代会报告中大量出现。十三大、十四大报告中还未出现民主制度，十五大、十六大报告则分别以"健全民主制度"、"坚持和完善社会主义民主制度"为标题而将制度建设内容而列为政治体制改革的重要组成部分。用"制度"推申来"民主"，这一情形的出现和增多不仅反映出民主话语的丰富性，还充分反映出实现"人民民主"的制度性工作已经亟须开启（胡鞍钢，2009）。

发展特征之三：民主集中制的概念位移与党内民主的话语转换

作为民主集中制中的"民主"概念，其内涵本是与人民民主中的元价值内涵是有所区别的。按照规范的表述，"民主集中制是民主基础上的集中和集中指导下的民主相结合"（吴美华，2008：274）。而在外界看来，"民主集中制"主要内涵有二："第一，在政治权力结构（无论是党的权力结构还是国家的权力结构）中，每一机构的成员都是由其下级机构投票选举产生的。第二，虽然在政策形成的初期阶段鼓励自由讨论，可是，一旦最高机构作出决定，

---

① 本文并不探讨"法制"与"依法治国"语意上的用法与区别，这一工作尚需留待他人来做。
② 如十二大报告指出："社会主义民主的建设必须同社会主义法制的建设紧密地结合起来，使社会主义民主制度化、法律化。"（中共中央文献研究室，1986：34）十三大报告指出："社会主义民主和社会主义法制不可分割"，"我们必须一手抓建设和改革，一手抓法制……应当通过改革，使我国社会主义民主政治一步一步走向制度化、法律化。"（中共中央文献研究室，1991：46）十五大报告指出："发展民主必须同健全法制紧密结合，实行依法治国。依法治国，就是广大人民群众在党的领导下，依照宪法和法律规定，通过各种途径和形式管理国家事务，管理经济文化事业，管理社会事务，保证国家各项工作都依法进行，逐步实现社会主义民主的制度化、法律化，使这种制度和法律不因领导人的改变而改变，不因领导人看法和注意力的改变而改变。"（中共中央文献研究室，2000：30—31）

该政治权力结构中的各级下属机构就必须严格执行。"（戴维·米勒、韦农·波格丹诺，2002：205）而在中国共产党的民主话语体系中，民主集中制不仅用之于党内权力结构，还用之于国家权力结构。① 同时，民主集中制还与中国共产党的"群众路线"话语紧密相连。② 群众路线本身所具有的集体性意义与"人民民主"所具有的集体性意义是相通的，都有突出人民主体性的一面。因此，在中国共产党的民主话语中常常出现民主集中制逻辑意义上的"民主概念"位移现象，即用其原有的价值内涵来支撑"人民民主"话语，使本在不同层次上使用的民主话语相交叠。中国共产党政治文献中常用诸如"决策科学化、民主化"、"发扬民主"、"民主推荐"、"民主评议"、"民主测评"等词汇，这些词汇通常是在群众路线的逻辑维度上加以使用的，但是其所指涉的语境却常暗合了"人民当家作主"的价值。③

同时，"党内民主"话语与人民民主话语的相关性也逐渐增强。在中国共产党民主话语中，"党内民主"的使用通常是在"民主集中制"的名目之下，因而党内民主相对于民主集中制而言含意更加有限，如《在庆祝中国共产党成立七十周年大会上的讲话》中就没有提及党内民主，而只是论述了民主集

---

① 《中国的民主政治建设》如是说："民主集中制是中国国家政权的根本组织原则和领导原则。实行民主集中制，就是要求充分发扬民主，集体议事，使人民的意愿和要求得到充分表达和反映，在此基础上集中正确意见，集体决策，使人民的意愿和要求得以落实和满足。实行民主集中制，还要求'尊重多数，保护少数'，反对无政府主义的'大民主'，反对把个人意志凌驾于集体之上。"（中国国务院新闻办公室，2005）
② 十七大通过的《党章》这样表述民主集中制与群众路线的关系：民主集中制"即是党的根本组织原则，也是群众路线在党的生活中的运用"。（吴美华，2008：274）中国共产党文献中也曾这样描述民主集中制与群众路线的关系："靠什么来保证党在组织上、行动上的一致呢？最重要的就是严格执行民主集中制。小平同志多次强调，民主集中制是我们党和国家的根本制度，也是最便利的制度，最合理的制度，永远不能丢掉。我们党历来有个规矩，做一切工作都要坚持从群众中来，到群众中去。在一个问题没有决定之前，充分发扬民主；在这个基础上，经过集中，做出了决定，就必须坚决执行。党员个人服从党的组织，少数服从多数，下级组织服从上级组织，全党各级组织和全体党员服从党的全国代表大会和中央委员会，是民主集中制最重要的原则，也是最重要的组织纪律。"（中共中央文献研究室，1996a：331）
③ 比如，十四大报告指出："选拔任用干部要发扬民主，走群众路线，严格按规定程序办事，坚决防止和纠正用人问题上的不正之风。"（中共中央文献研究室，1996a：41）；十五大报告指出："逐步形成深入了解民情、充分反映民意、广泛集中民智的决策机制，推进决策科学化、民主化，提高决策水平和工作效率。"（中共中央文献研究室，2000：32）；《努力建设高素质的干部队伍》指出："干部的优劣和是非功过，群众看得最清楚，也最有发言权。只有走好群众路线，实行领导和群众相结合，才能真正把人选准用好。要采取包括民主推荐、民主评议、民主测评等多种形式，扩大群众的民主参与。"（中共中央文献研究室，1999：1965）《加强立法工作，建立有中国特色社会主义法律体系》指出："立法要发扬民主，走群众路线。要充分运作用座谈会、论证会、听证会等多种形式，广泛听取各方面的意见，特别是要注意听取基层单位、人大代表和法律相关人的意见。"（中共中央文献研究室，2001：1432）

中制。（中共中央文献研究室，1993：1656—1657）但随着人民民主呼声渐长，党内民主话语及其概念内涵也作为应对人民民主话语之发展而逐渐发生变化。1994年《中共中央关于加强党的建设几个重大问题的决定》中重提十三大报告中的重要命题，并指出："发扬党内民主必然推进人民民主，这也是建设社会主义民主政治的一条重要途径"，"发展党内民主是多层次、多方面、多途径的。"（中共中央文献研究室，1997：961）十六大报告更突显了党内民主的价值："党内民主是党的生命，对人民民主具有重要的示范和带动作用"（中共中央文献研究室，2005：39），并同时提出党内民主的制度建设，其中有党代会常任制、决策机制、党内选举制度、党内情况通报制度、情况反映制度和重大决策征求意见制度等。"党内民主"的内涵进一步得到了制度性的价值附加，并确定为引领"人民民主"发展的动力。

　　上述发展特征体现了改革开放以来中国共产党民主话语发展和变迁的主轴。尽管没有明确的文字证据提供支持，但我们仍可想见，每一次政治报告起草过程中新词汇、新提法和新阐述的出现必然会伴随着党内高层或起草人员的争辩乃至争论，也有不同意见之间特定的妥协与让步；尽管就每一次政治报告而论，起草工作和修订过程是以当时当地的形势评估和价值考量为核心的，是以当时当任的领导人的政治判断和战略思维为依据的，但政治报告的重要性必然会约束其内容的跳跃性，以稳定持重为特色的领导风格更会限定政治报告的持续性，因而，从长时段的发展来看，政治报告的延续性十分突出，并由此构成了可观察的发展趋势。然而，正是由于这种发展趋势的衬托，由于这种延续性的对照，每一次政治报告中的边际性变化却更加引人注目。在这个意义上讲，对于胡锦涛—温家宝执掌最高领导权以来的民主话语变迁，我们理应作出更精细的考察。

三、十六大以来的民主话语：系统化努力中的创新性、民本性与实用性

　　在改革开放持续推进、国家经济实力继续增强的背景下，2002年中共十六大之后逐步接掌了最高政治权力的胡锦涛和温家宝，在已有的民主话语的

基础上，开始建构一整套体系化、逻辑化和人本化的民主话语系统。按照《中国的民主政治建设》白皮书提法，"中国的社会主义民主政治，植根于中华民族几千年来赖以生存和发展的广阔沃土，产生于中国共产党和中国人民为争取民族独立、人民解放和国家富强而进行的伟大实践，是适合中国国情和社会进步要求的选择。"（中国国务院新闻办公室，2005）因此，在现有的民主话语系统之中，人民民主仍然是民主的核心元概念，但以其为中心所推演出的各类经验过程性概念则日益增多，且在用法与形式上明显表现出多层次、创新性、与实践互动性等特点。但在这一时期民主话语丰富和扩展的同时，也出现一定程度的过度泛化的特点，进而使原有的民主概念在外在形式和内涵维度得以扩展扩张的同时，模糊或冲淡了其中所包含的制度性含义与价值。就这一时期民主话语的总体情形而言，我们似乎可以用下述三个观察结论加以概括性的描述。

一是为民主话语的系统化而付出了巨大的努力

尽管十六大的政治报告由江泽民宣读并由此体现了他在这一报告起草中的主导作用，但十六大仍完成了最高领导权的交接。而十六大后走到前台的胡锦涛—温家宝等新的领导人在接下来的一段时间内高密度地谈论民主问题，并且推出了一系列有关民主问题的重要文献，例如 2003 年 1 月 1 日胡锦涛在全国政协新年茶话会上致辞，最后发表的文本不到 2500 字，其中提到"社会主义民主政治建设"，还 2 次提到"社会主义民主法制建设"；2004 年 9 月，胡锦涛连续有《在首都各界纪念全国人民代表大会成立五十周年大会上的讲话》和《在庆祝中国人民政治协商会议成立五十周年大会上的讲话》，其中有关民主的论说极其突出；而最典型的莫过于胡锦涛在 2006 年 6 月 25 日发表的讲话，最后发表的讲话文本仅 4290 字，其中有 14 次提到"民主"。同时，中国共产党还推出了一系列有关党内民主和社会民主的条例和决定，如 2003 年 12 月有《中国共产党党内监督条例（试行）》；2004 年 9 月有《中共中央关于加强党的执政能力建设的决定》和《中国共产党党员权利保障条例》；2006 年 10 月有《中共中央关于构建社会主义和谐社会若干重大问题的决定》；

2009年9月又推出了《中共中央关于加强和改进新形势下党的建设若干重大问题的决定》等等。再者，早已动手起草却始终未能公开的专门性文献也终于问世，例如2003年2月有《关于建设社会主义政治文明》白皮书问世，2005年10月发布了《中国的民主政治建设》白皮书，2007年11月又发布了《中国的政党制度》白皮书；这些文件的重要性自然与党的文件无法相比，但说明性却由此更加充分。

综合考察上述文本，可以明显地发现其中的系统化特点。这首先表现为民主价值的提升与限定。应当说，在2002年之后，中国共产党在其话语体系中逐步提升了民主的价值。比如虽仍继续强调国家政权的性质是工人阶级领导的、以工农联盟为基础的"人民民主专政"，但在谈论"民主"时较少提到"专政"字样，十七大之后，"人民民主专政"一词在党代会政治报告中干脆销声匿迹了。同时，十七大报告强调指出："人民民主是社会主义的生命"（胡锦涛，2007：28），"人民当家作主是社会主义民主政治的本质和核心"（胡锦涛，2007：29）。这是十三大政治报告后首次这样提出后的又一次这样使用，似乎表现了一种用民主定义社会主义而非用社会主义限定民主的动向。但另一方面，民主价值的提升同时伴随着结构性的限定，如在十八大报告中，中国共产党指出"社会主义民主政治"的建设是"中国特色社会主义道路"的构成部分，这似乎又在标识着民主的社会主义制度属性。

第二，表现为结构的明晰化，例如明确将"人民代表大会制度、中国共产党领导的多党合作和政治协商制度、民族区域制度以及基层群众自治制度"共同列为"中国政治制度的核心内容和基本框架"和"社会主义民主政治的集中体现"；（中国国务院新闻办公室，2007）再如，明确区分了民主实践的层次性，且往往以对应的方式将其排列起来，这包括"国家民主"与"基层民主"、"党内民主"—"政府民主"—"社会民主"等等。①

---

① 《中国的民主政治建设》如是说："近20多年来，中国社会主义民主政治建设在实践中取得了许多重大进展。人民代表大会制度、中国共产党领导的多党合作和政治协商制度、民族区域自治制度等国家民主制度不断完善和发展，城乡基层民主不断扩大，公民的基本权利得到尊重和保障。"（中国国务院新闻办公室，2005）

第三，则表现为应用范畴的扩展。在这一时期的各种文献中，民主作为限定词的应用范围有明显的扩张和发展，除了上面提到的制度问题以外，民主概念还用之于党的执政活动、政府与公共行政、司法、立法乃至于干部人事工作等极其广泛的场合，从而形成了诸如"政府民主"、"民主执政"、"司法民主"、"民主立法"、"干部用人民主"等新的概念；甚至在 2012 年中共十八大报告中，进一步将民主延伸至社会生活领域，而提出"学术民主"、"艺术民主"的概念。

第四，则表现了逻辑理性的突显。例如在这一时期关于社会主义民主政治建设的话语中，仍继续强调"坚持党的领导、人民当家作主、依法治国有机统一"；但在发展理路上，则强调党内民主与人民民主的互动关系，"以党内民主带动人民民主"；在推进策略上，继续推行"社会主义民主政治制度化、规范化、程序化"。（胡锦涛，2007）同时，以愈加条理和合乎逻辑的方式讨论民主问题，例如在十七大报告中论述人民民主的一节，所依据的逻辑顺序为：价值命题——过程形式——实践发展。在过程形式中，所使用的动词依次为：健全、丰富、拓宽——依法实行——保障；在实践发展中所应用的层次分别为：人大——政协——民族——公民——人民团体。① 这不仅说明这一时期的话语结构强调了规范化和完整化，更体现出理性化的特点，体现出意图构建不同于西方民主政治的中国民主政治的决心和尝试。②

---

① 原文如下："扩大人民民主，保证人民当家作主。人民当家作主是社会主义民主政治的本质和核心。要健全民主制度，丰富民主形式，拓宽民主渠道，依法实行民主选举、民主决策、民主管理、民主监督，保障人民的知情权、参与权、表达权、监督权。支持人民代表大会依法履行职能，善于使党的主张通过法定程序成为国家意志；保障人大代表依法行使职权，密切人大代表同人民的联系，建议逐步实行城乡按相同人口比例选举人大代表；加强人大常委会制度建设，优化组成人员知识结构和年龄结构。支持人民政协围绕团结和民主两大主题履行职能，推进政治协商、民主监督、参政议政制度建设；把政治协商纳入决策程序，完善民主监督机制，提高参政议政实效；加强政协自身建设，发挥协调关系、汇聚力量、建言献策、服务大局的重要作用。坚持各民族一律平等，保障民族自治地方依法行使自治权。推进决策科学化、民主化，完善决策信息和智力支持系统，增强决策透明度和公众参与度，制定与群众利益密切相关的法律法规和公共政策原则上要公开听取意见。加强公民意识教育，树立社会主义民主法治、自由平等、公平正义理念。支持工会、共青团、妇联等人民团体依照法律和各自章程开展工作，参与社会管理和公共服务，维护群众合法权益。"（胡锦涛，2007）

② 中国共产党多次在重要场合强调中国民主道路与西方的根本不同。如 2009 年《人大常委会报告》指出："中国特色社会主义政治发展道路，是中国共产党领导中国人民选择的符合我国国情的唯一正确道路，是我国发展社会主义民主政治的唯一正确道路。我们深化政治体制改革，是不断推进包括人民代表大会制度在内的社会主义政治制度的自我完善和发展。要积极借鉴人类社会创造的文明成果包括政治文明的有益成果，但绝不照搬西方那一套，绝不搞多党轮流执政、'三权分立'、两院制。"（吴邦国，2009）

二是对已有民主话语的创新性的开发和利用

如前所述，政治报告的重要性和政治领导的稳定性限制了每一次政治报告文本的创新空间。然而，在中国的政治传统中，高明的政治艺术往往表现为继续利用现有的政治话语和通行词汇而加以微妙的改动和挪用，从而带来某些新的内容和涵义。(Michael Schoenhals, 1992) 新的时期对于民主话语也有类似的处理方法，即对中国共产党的民主话语，包括提法、概念以及应用语境等等，都有十分灵巧且极富创新的开发和利用。

这首先表现为对已有概念的创造性转换。这主要是指新时期民主话语使用的一个突出特征即为将原有的民主概念转换成与民主实践之进展具有相契性的话语，从而在旧话语中开拓出新的功能并努力构建使其成为引领性话语。例如，"民主协商"一词早已有之，但仅用在中国共产党与各民主党派和无党派人士的政治协商语境中，它虽然也是一个过程性概念，但是并没有列入与"民主决策"等相当的"人民当家作主"的基本实践形式的四大规范概念之中。基于西方"审议民主"(Deliberative democracy) 话语的兴起与中国基层恳谈式民主实践之发展，同时加之于中文"协商民主"与西文"审议民主"之翻译词汇之契合性（金安平、姚传明，2007），原有概念"民主协商"日益演化为"协商民主"，并以更大篇幅的表述写入了中共十八大报告中。与之类似，由基层村民自治实践所发展出的"民主选举"一词，随着中国社会民主诉求之高涨与中国共产党民主制度之发展，也由原有的概念形式发展为"选举民主"。① 这里的词序转换，既开出了新的政治发展空间，却又模糊乃至淡化了由此所造成的内容变化。

其次，则体现为已有概念使用语境的指向性发展。例如，在民主集中制/群众路线层次上所演绎的民主概念，包括"发扬民主"、"决策的民主化"、"民主评议"、"干部用人民主"等词汇，其逻辑上的元价值通常意指要让群众有表达意见的自由，上级能够听取下级的意见，反对权力的过分集中。但

---

① 《中国的政党制度》指出："选举民主与协商民主相结合，是中国社会主义民主的一大特点。"（中国国务院新闻办公室，2007）但需要指出的是，"选举民主"虽然与"民主选举"只是词序上的变化，但前者在中国共产党政治文件中出现的频率并不高，但后者则是作为人民民主实践转化形式的四大概念之一。

如前所述，它却常用在如何实现人民当家作主的意义轨道上来。而在新时期和谐社会的诉求中，民众反对官僚的体制性腐败的要求得到重视、政府与社会互动日益频繁的背景下，这些词汇常用于来表述人民在权力的运行与使用中能够适度地参与与监督。因此，这一层次上的民主话语在语境上有了新的旨意，其意不仅在于"参与"，也在于"权力约束"，更在于"权力的活力"。

再次，则表现为概念内涵的实践性拓展。例如，在中国共产党话语体系中，许多民主词汇在相当程度上是构建性价值概念而缺少经验实践性的内涵，但随着人民群众的民主意识与参与意识提高，各种维权事件与运动在各地普遍出现，进而使得中国共产党民主话语中原有的民主概念跟随经验上的事实积累而出现内涵上的实践性拓展，这一拓展不仅增加了民主概念的意义分量，且也明晰了以往所没能明晰的特定内涵。"民主权利"这一概念就是一个典型。在以往中国共产党的政治文献中，"民主权利"一词虽有提及却无清晰的界定。随着基层民主政治的发展以及公民权利意识与维权事件的增长，"民主权利"在新时期民主话语体系中的地位愈加重要，例如《构建社会主义和谐社会的纲领性文件》指出："最广大人民享有广泛而充分的民主权利，是政治上实现社会公平正义的重要内容和标志"；（中共中央文献研究室，2008：709）公民权利的说法也随着人民参与意识的提高而在中国共产党话语中有所表述，《中国的民主政治建设》白皮书说道："社会主义民主，就是国家一切权力属于人民，人民切实享有宪法和法律规定的公民权利。中国的社会主义民主，是建立在公民各项权利得到保障和不断发展基础上的民主"；（中国国务院新闻办公室，2005）同时，民主权利也开始清楚地界定为"知情权、参与权、表达权、监督权"（胡锦涛，2007：29）。

三是民主话语中突显民本特性

一般公认的是，"以人为本"已经成为胡锦涛—温家宝接掌最高权力后政治话语体系的关键词和标签语[①]，最具典型意义的是，"人民"一词在中共十

[①] 十七大报告指出："必须坚持以人为本。全心全意为人民服务是党的根本宗旨，党的一切奋斗和工作都是为了造福人民。要始终把实现好、维护好、发展好最广大人民的根本利益作为党和国家一切工作的出发点和落脚点，尊重人民主体地位，发挥人民首创精神，保障人民各项权益，走共同富裕道路，促进人的全面发展，做到发展为了人民、发展依靠人民、发展成果由人民共享。"（胡锦涛，2007）

七次全国代表大会政治报告中的出现频次竟高达 143 次。这种"以人为本"的政治取向，与中国传统思想中"民本"有相同的价值要素，因而有学者曾将胡温执政理念称之为"民本主义"（潘维，2004），也有学者因强调与旧传统的区别而将其称之为"新民本主义"（徐勇，2003：297—302）。无论如何，这是一种极新颖的"民本性"；而这种"民本性"在胡温政治话语中的凸显，恰好与"民主"话语的系统化相伴生。如若依梁启超先生所言中国传统民本主义只有"for the people"、"of the people"，而无"by the people"（梁启超，2003：6—7），那么在中国共产党政治话语形式中，这三者目前已经全部具备了——"执政为民"、"人民共享"、"人民当家作主"，以至于我们可以说胡温时期的民主话语实质上是"民本民主"①。具体说来，胡温民主话语中的民本性体现在这样几个方面。

首先，是民主权力结构中的民本性。中国共产党民主话语中原有的"代表"话语②与"民主集中制"话语，强化了"党的领导"在实现人民当家作主中的作用；但与此同时，新政时期又进一步提出了"立党为公、执政为民"（中央文献出版社，2005：369—373）、"权为民所用、情为民所系、利为民所谋"（中央文献出版社，2005：84）的"新'三民主义'"，从而型构了政治权力与人民之间的规范关系，这就是党/政治权力"for the people"。同时，中国共产党也在政策实施上突出"民生"的重要性，在十七大报告中，"民生"一次高达5次，而至十八大则升至9次，无不反映出中国共产党努力在其话语建构中提升"为民"的一端。此外，新政时期所提出和张扬的科学发展观理念，其中重要的话语表述就是"发展成果由人民共享"，由此"共享"一词也成为政治话语中的关键词之一，从中也可以看到"of the people"在胡温话语中的凸显。

第二，是民众参与的用词大大提升。如果说自改革开放以来，人民作主的涵义经由"人民当家作主"/"人民民主"话语而得到表述，那么，新时

---

① 史天健曾对民本民主与自由主义民主作了区分。根据史天健的研究，中国大陆绝大多数民众对民主的理解是在"民本"的逻辑上，而不同于西方自由主义民主。（Dali L Yang and Litao Zhao, 2009：167 - 194）
② 关于中国共产党代表理论及话语的分析，参见景跃进：《代表理论与中国政治———一个比较视野下的考察》，载《社会科学研究》，2007 年第 3 期。

期在继续强调与提升人民民主之重要性、继续拓展人民民主实现的途径与制度之外,还在新形势下提出并发展了强调人民参与、人民权利的话语。比如,十七大报告中的"政治参与"、"民主权利"出现的频次为历次党代会之最高,而十八大报告中有关人民参与的词汇也高频度地出现,这些似乎表明"by the people"在新时期民主话语中也已占有相对重要的地位。

表5 特定关键词在政治报告中出现的频次

	十二大	十三大	十四大	十五大	十六大	十七大	十八大
人民	135	75	96	116	126	143	145
公民	10	4	0	4	3	5	5
民生	1	0	0	0	1	5	9
共享	0	0	0	1	2	3	6
政治参与	0	0	0	0	1	3	1
公众参与	0	0	0	0	0	2	1
群众参与	0	0	0	1	0	1	1
参与权	0	0	0	0	1	1	2
平等参与	0	0	0	0	0	1	2
有序参与	0	0	0	0	0	0	2

应当说,在新时期民主话语中所包含的这种"民本性"实际上契合了经典意义上的"for the people"、"of the people"、"by the people",这种经由系统化的阐述而开始周全的民主话语,不仅展示着中国共产党建构完整的民主话语的意识和实际尝试,更表现了中国共产党"民主"的论辩中对于"民本性"的刻意强调。在西方自由主义民主话语的发展过程中,一个简单的逻辑是由古代希腊的直接参与为形式的人民统治演进为现代代议制民主、进而发展出由经验的民主概念所强调的民主即选举;在这一过程中,由"by the people"逐渐取得话语的轴心并推演为程序性的选举制度。而在仔细梳理新时期的民主话语之后便会发现,中国共产党话语中的"by the people"虽然在价值上与西方民主话语中的"by the people"有相通之处,即民作主,但在结构制度与实现形式上却与西方有极大不同。同时,新时期的民主话语在强调"by the people"的同时,也一

并提到"for the people"和"of the people",且后者所具有的价值意义不亚于前者。这至少在表象上似乎重构了一套不同于西方自由主义民主话语的话语结构;而从根本上说,这套话语结构的核心正是"民主"的"民本性"。

表6 民本民主与自由主义民主之概念比较

	民本民主	自由主义民主
历史发展背景	民族革命与民族复兴	资产阶级权利抗争
元价值	人民当家作主	人民统治
元价值实践形式	民主选举、民主决策、民主管理、民主监督	选举民主/代议民主
"民"之性质	人民/群众	公民
文化依托	社会本位	个人本位
理论来源	有中国特色社会主义理论	社会契约论/自由主义理论
实践主体	先锋党代表人民,领导人民参与国家管理	代表不同社会结构的政党相互竞争/公民投票选举
发展逻辑	党内民主带动人民民主	商议民主补充代议民主/精英民主
个人与国家	党与国家为人民服务	权力由公民选举构成 公民社会制约国家
自由	人民在权力决策中表达自由	个人自由作为自然权利不受权力干涉
平等	实质平等	程序平等

资料来源:作者拟制,并参考了史天健关于"民本民主"与"自由主义民主"的比较研究(Dali L Yang and Litao Zhao, 2009:167-194)。

四是民主话语的实用导向

从十六大报告到十七大报告,民主词汇的频繁出现皆让外界对于中国共产党民主建设寄予希望。但是与一些西方观察家期望有所不同的是,中国共产党所主张构建的社会主义民主政治有别于自由民主制度,在2000年代后期,特别强调中国政治体制改革不模仿西方三权分立、多党竞争的政治模式,十八大报告更是提出了"既不走封闭僵化的老路、也不走改旗易帜的邪路"，坚持走有中国特色的社会主义道路。（吴邦国，2009；胡锦涛，2012）

事实上，中国共产党民主话语经过系统的构造，已经呈现出实用导向的特点，即以政治稳定为前提条件，依据环境变化与外部任务而有策略地吸收西方民主文明的语言要素，加以概念创造，或弥补话语体系中民主要素的不足，或规定民主的价值导向，或引导相关制度的操作。如果以中共十八大报告为例，比较其与之前党代会报告的细微差别便可以发现实用导向的特点。第一，从话语宣扬到属性限定的变化明显。十六大与十七大报告，"民主"一词皆大幅度上升，十七大报告对"社会主义民主政治"的宣扬似乎更加透露中国共产党加强民主建设的决心。在十八大报告中，"民主"一词同样以高频度出现，但是报告却特别强调了民主建设归属于社会主义发展道路，在对民主价值宣扬的同时，又作出了结构性的限定。第二，价值引导层次的变化。在十七大报告中，"社会主义民主政治"是一个关键词汇，但是在十八大报告中，这一关键词大大降低，而"人民民主"这一关键词却突增至7次，提出"人民民主不断扩大"。显然，中国共产党在社会不稳定性增多的环境里，注意减少了制度民主化的价值导向，而以虚体概念"人民"修饰的"民主"来回应社会参与的问题。第三，更为注重民主的可控性。以往党代会报告在民主话语系统中涉及大量的价值导引，而十八大报告对民主形式与制度的操作给出更多的论述与规定。比如，十八大报告最显著的特点是将"协商民主"一词引入，并将其作为构建中国特色社会主义民主的主要形式；其实，单就操作性而言，先在决策过程、行政过程、议事过程中引入民主，也是中国共产党保持核心制度稳定性前提下实施民主的可能方式；经过多年建设的基层民主似乎已经到达发展的瓶颈，而此次报告对协商民主的话语构造，也说明中国共产党开始将其作为民主制度建设的另一新的突破口。由此观之，党代会民主话语的变化，其背后有一套整体性的价值与制度结构约束，这些结构性的约束也促使民主话语建构呈现实用导向，表现为既注意到普世性民主要素的吸收，也注意到对民主加以不同层次的价值导引，同时更加关注于可控性。

四、结语:"民主是个好东西"

话语本身是社会变迁与主体建构的承载形式,中国共产党民主话语的变迁,充分反映了其作为革命党与执政党在自近代以来的中国政治社会变迁之背景中的一种互动反应与建构。一方面,我们可以说中国共产党民主话语本身是在相应的社会政治环境中产生与发展的,另一方面,我们也应该注意中国共产党本身对于其话语的主动性发展。

国民革命时期,中国共产党民主话语的发展实质上是列宁主义政治话语与中国近代革命话语的糅合,当时的中国共产党必须在"资产阶级民主革命"的话语中根据具体形势调整自身的角色并保持与共产国际的关系,因而"民主"本身更多地用来修饰"革命",并且让位于革命话语。① 而在经历国民革命后期的重创之后,中国共产党逐渐走出一条带有中国式特色的革命道路,并构建出不同于"资产阶级民主革命"话语的"新民主主义"话语,后者在中国共产党的话语中代表进步、理想且可实行的政治发展道路,预示着在"资产阶级民主革命"话语下的一种开放与创新②,所以中国共产党"民主"话语努力彰显其"新"同时以建构革命阶级的联合专政以反对国民党一党独裁为语意指向;而在中国共产党建政以后,对社会主义的渴望逐渐压倒了新民主主义的阶段性设计,"人民民主专政"的话语逐渐取代了"新民主主义"话语③,

---

① 其最典型的表现是三大《宣言》中用"国民革命"取代"民主革命";1920 年代革命话语的高涨,可见王奇生:《中国近代通史:国共合作与国民革命》,江苏人民出版社 2006 年版。
② 《毛泽东传(1893—1949)》这样评价新民主主义理论:"一九三九年、一九四〇年之交,毛泽东接连发表了《〈共产党人〉发刊词》、《中国革命和中国共产党》、《新民主主义论》等文章,在中国第一次旗帜鲜明地提出新民主主义的完整理论,并对它作了系统的说明。这在马克思主义中国化的历程进程中是一次飞跃,是一件前人没有做过的事情。它不仅回答了当前时局中提出的种种问题,而且回答了中国现阶段民主革命和未来建设新中国的一系列根本问题。"(中共中央文献研究室,1996b:556)
③ 八大时,"新民主主义"一词在党代会报告中已由七大的 46 次下降至 2 次,而"人民民主专政"则由七大的 0 次上升至 12 次。同时"人民民主专政"一词在各类政治文献中也反复出现。例如,毛泽东在《正确处理人民内部矛盾》一文中说:"我们的这个社会主义的民主是任何资产阶级国家所不可能有的最广大的民主。我们的专政,叫做工人阶级领导的以工农联盟为基础的人民民主专政。这就表明,在人民内部实行民主制度,而由工人阶级团结全体有公民权的人民,首先是农民,向着反动阶级、反动派和反抗社会主义改造和社会主义建设的分子实行专政。"从中可以看出,"人民民主专政"话语在中国共产党民主话语中已经具有非常重要之地位。(毛泽东,1977:366—367)

虽然八大努力将"人民民主专政"的制度涵义继续保持在阶级联盟的意味上，但阶级斗争的狂热很快便将"人民民主专政"的提法推进到"无产阶级专政下的继续革命"的话语之中①，民主话语在"文革"时期无疑已经变为"革命"的附庸；而确切地说，中国共产党"民主"话语的复生是在十一届三中全会以后，在对"大鸣、大放、大字报、大辩论"的"大民主"形式废除之后，新的民主话语与民主形式亟须建构与发展。同时，改革开放所促动的整个社会的活力，激发了民众作为个体的意识，从而更加要求中国共产党必须对"民主"此一问题作出实践上的回应与话语上的建构。因而，整个改革开放时期，在向市场经济转轨的大背景下，围绕着"人民民主"这一根本性的元价值，并结合革命年代久已存在的民主集中制与群众路线话语，建构出根本区别于"大民主"话语的新"民主"话语——"人民民主"话语逐渐以多样的词汇形式得以生长、丰富和发展。

而在经由胡锦涛—温家宝执掌最高权力的新时期在民主话语建构方面所作出的努力，当下的中国，民主已经成为最为张扬与泛化的词汇。正是在这样的背景下且构成为当下潮流的组成部分，"民主是个好东西"（闫健，2006）以最简易的熟语形式张扬了民主的价值和功用，导引了民主的意义与操作，更推动了民主话语的流布和通行。

有论者指出，在中国共产党术语中，中国近代原本多重含意的"民主"在1924年后逐渐窄化，最后变成指涉"人民民主专政"的专用词，这是一种令人惊异的现象。（金观涛、刘青峰，2008：281）但同样令人惊讶的是，正如前文所指出的那样，在改革开放持续30年的历史进程中，"民主"概念却开始逐渐放大和泛化，并形成多种多样的用法和用语。历史的再现与当下的创新，以往的积淀与当下的发挥，共同构成了一幅繁复的话语景象。

在这幅图景中，民主不仅有作为名词之用的"社会主义民主"、"人民民

---

① 八大党代会报告中"无产阶级专政"一词出现12次，而九大党代会报告中"无产阶级专政"一词出现频次增至42次，同时九大报告中"人民民主专政"一词没有出现，"继续革命"一词出现8次，而此词在以前数次党代会报告中均未出现过。

主"、"国家民主"、"基层民主"、"党内民主"、"政府民主"、"司法民主"、"干部工作民主"、"选举民主"、"协商民主"、"资产阶级民主";还有作为形容词之用的"民主",并由此衍生出"民主选举"、"民主决策"、"民主监督"、"民主管理"、"民主协商"、"民主执政"、"民主立法"、"民主测评"、"民主评议"、"民主权利"、"民主形式"、"民主制度"、"民主渠道"、"民主意识"、"民主作风"、"民主生活"、"民主集中制"、"民主革命"等等;同时还有作为动词化之用的"民主",诸如"决策民主化"、"国际关系民主化"等等,一如附表1所示。

从最重要的政治文件再到最常见的机构文书或部门告示,民主用语得到了一轮又一轮的创意使用。例如"民主理财"、"民主治校"、"民主治厂"、"民主治理"、"民主治村"、"民主管村"、"民主行政"、"民主分配"、"民主评税"、"民主调解"、"民主恳谈"、"民主议事";再如作为名词的"社区民主"、"预算民主"、"议事民主";以及"管理民主化"等等,如附表2所示。

根据这些话语词汇的表达方式及其相关论说所提示的统领—归属关系,我们可以在统一的空间中加以处理和呈现,由此可以得到图2所示的概念图形。这一图形可以笼统地表达中国共产党官方民主词语间的相对关系和联带性,也可透示出中国共产党的民主发展战略与策略。从结构化的角度来看,党内民主无疑具有最重要的意义;而在党内民主中,民主集中制既是中国共产党承继历史与衔接当下的重要环节,又是党组织在现实政治中维系自身凝聚力和政治执行力的重心所在,更是中国共产党以加强民主执政和引领社会民主为两翼而展开进一步的民主建设的关键;同时,在党内民主的实践操作中,干部选拔制度与干部监督制度即"用人民主"是关键中的关键。在高层政治的一翼,宽泛意义上的政府工作领域和工作过程乃至国家权力机构间的关系,均可包括在民主建设的范畴之内,这是中国现行的政治体制所确定的。在基层社会的一翼,则在社会民主名目下包括了大量的基层创新实践,其实施范围从"民主治理"到"民主自治"几乎无所不包,既有诸多未经规范和正式认可的提法,又有许多涉及政府与社会交叠处的"灰色事务"。当然,这两翼都会涉及中国共产党与民主党派的关系，中共干部与一般群众的关系。在这里，前者是中国共产党作为执政党的"民主执政"范畴，处理相互关系的主要方式从非正式的"民主生活会"到"民主协商"，有着不同的程序安排。后者则属于执"发扬民主"的范畴，是在中国共产党领导下的民主治理活动。而从概念的虚实性质而论，民主概念则有着"抽象阶梯"的不同。经常提到的意识、作风、氛围和权利，往往是不加详论和说明的。而在另一端的实体概念也有整体化的特征，也就是说，同样很少给出确切的界定。

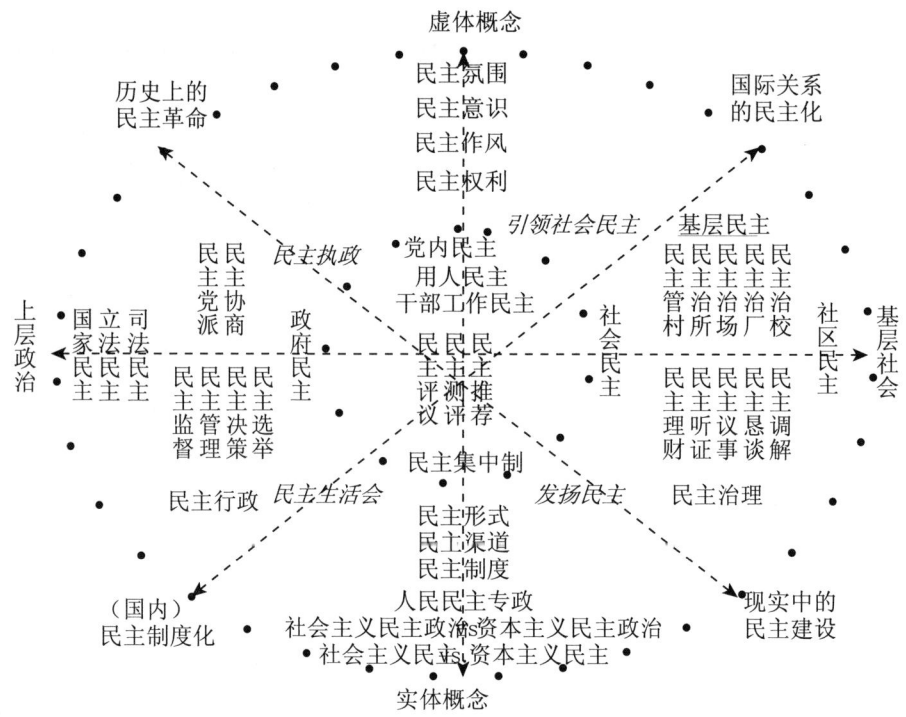

图2 中国共产党民主话语与概念的相关性

资料来源：作者自拟

必须指出的是，在比较的视角下，民主话语之丰富和繁多，无疑是中国共产党整个话语体系的一大特征。简单检索英国工党和英国保守党的官方网站（http://www.conservatives.com/和http://www.labour.org.uk/）即可发现，其代表大会上的领袖讲话和正式报告均很少提到民主推进的主题，这当然是国家政治发展的差异性所造就，却也反衬出，对于中国共产党来说，民主发展问题始终是一个极为关切和重视的问题，是一个承载着巨大压力和期待的问题领域。但在另一方面，这种丰富与繁多却也产生了另外一个问题，那就是民主的核心问题和关键性质在一定程度上变得模糊不清。倘以拉里·戴蒙德对民主程序的强调以及所提出的六大要素（竞争、参与、问责、自由、平等和回应）来考察，那么，中国共产党的民主话语显然缺少了系统性和规范性。这当然首先是政治话语与学术意见的区别之所在，但也在一定程度上体现了中国共产党对于民主的理解与西方既有见解有很大的不同，特别是对某些在西方学者看来是民主之必备属性和不可缺少的制度安排有着不同的看法。这不仅在当下、而且从长远来看，都将是一个充满学术交锋和政治争论的主题。

然而，在中国的特定语境下，由于观察者的基本态度不同，会对上述这种民主话语的基本状况有着不同的判读和认知。悲观的怀疑论者自然会对民主词汇与民主概念的多样化和泛化使用产生特定的疑惑和担忧。在他们看来，这其间可能会孕育着某种过于实用主义和功利主义的态度，进而又会贬低或庸俗化了民主的历史经验和价值内涵，同时，更会压倒甚而消弭民主概念之中至关重要的内涵实质和制度主张。相反，对于谨慎的乐观主义者而言，这远非"坏事"，当人人都在谈论民主的时候，民主的制度建构就会占据政治议程的上端；同时，一如经典的中国传统菜肴——"火锅"那样，当人们随心所欲地在沸腾的热水中投入各式各样的食料之后就会得到极其鲜美却又无法名状的"一锅烩"，当各种有关民主的用词和提法连同其所指代或期待的现象汇集在一起的时候，也许就会生成中国所特有的"民主"。（景跃进，2009）

总之，正是在这样一种用词用语"民主化"的浪潮中，在这样一种伴随着观察者个人的复杂情感中，我们发现，意图探寻民主话语之用法规律与涵义用意的任务变得异常复杂和艰巨。我们在本文中对民主话语的探讨仅仅是开始更长期的经验观察和实证研究的第一步而已。

参考文献

中央档案馆编：《中共中央文件选集（1921—1925）》，中共中央党校出版社1989年版。

中央档案馆编：《中共中央文件选集（1927）》，中共中央党校出版社1989年版。

中共中央文献研究室编：《十二大以来重要文献选编（上）》，人民出版社1986年版。

中共中央文献研究室编：《十三大以来重要文献选编（上）》，人民出版社1991年版。

中共中央文献研究室编：《十三大以来重要文献选编（下）》，人民出版社1993年版。

中共中央文献研究室编：《建国以来重要文献选编（第九册）》，中央文献出版社1994年版。

中共中央文献研究室编：《十四大以来重要文献选编（上）》，人民出版社1996年版。

中共中央文献研究室编：《毛泽东传（1883—1949）》，中央文献出版社1996年版。

中共中央文献研究室编：《十四大以来重要文献选编（中）》，人民出版社1997年版。

中共中央文献研究室编：《十四大以来重要文献选编（下）》，人民出版社1999年版。

中共中央文献研究室编：《十五大以来重要文献选编（上）》，人民出版社2000年版。

中共中央文献研究室编：《十五大以来重要文献选编（中）》，人民出版社2001年版。

中共中央文献研究室编：《毛泽东传（1949—1976）》，中央文献出版社2003年版。

中共中央文献研究室编：《十六大以来重要文献选编（上）》，人民出版社2005年版。

中共中央文献研究室编：《十六大以来重要文献选编（下）》，中央文献出版社2008年版。

中共中央党史研究室编：《中国共产党历史》（第一卷上下册），中共党史出版社2002年版。

中国国务院新闻办公室：《中国的民主政治建设》，载《人民日报》，2005年10月20日，第10版。

中国国务院新闻办公室编：《中国的政党制度》，载《人民日报》，2007年11月16日，第15—16版。

《毛泽东选集》（第五卷），人民出版社1977年版。

《瞿秋白文集·政治理论编》（第五卷），人民出版社 1995 年版。

《邓小平文选》（第二卷），人民出版社 1994 年版。

胡锦涛：《高举中国特色社会主义伟大旗帜，为夺取全面建设小康社会新胜利而奋斗——在中国共产党第十七次全国代表大会上的报告》，人民出版社 2007 年版。

胡锦涛：《在纪念党的十一届三中全会召开 30 周年大会上的讲话》，载《人民日报》，2008 年 12 月 19 日，第 1—3 版。

胡锦涛：《坚定不移沿着中国特色社会主义道路前进，为全面建成小康社会而奋斗——在中国共产党第十八次全国代表大会上的报告》，人民出版社 2012 年版。

吴邦国：《全国人民代表大会常务委员会工作报告》，载《人民日报》，2009 年 3 月 17 日，第 1—2 版。

陈明明：《中国政治制度的价值结构：冲突与调适》，载《社会科学研究》，2008 年第 2 期，第 9—19 页。

胡鞍钢等：《第二次转型：国家制度建设》，清华大学出版社 2009 年版。

金安平、姚传明：《协商民主：在中国的误读、偶合以及创造性转换的可能》，载《新视野》，2007 年第 5 期，第 63—67 页。

金观涛、刘青峰：《观念史研究：中国现代重要政治术语的形成》，香港中文大学出版社 2008 年版。

景跃进：《代表理论与中国政治：一个比较视野下的考察》，载《社会科学研究》，2007 年第 3 期，第 16—21 页。

景跃进：《在纪念温岭"民主恳谈制度"十周年研讨会上的发言》（纪录稿），2009 年 9 月 24—25 日，浙江温岭。

李君如：《中国共产党历次全国代表大会研究》，东方出版中心 2007 年版。

李颖：《从一大到十六大》（上下册），中央文献出版社 2003 年版。

梁启超：《先秦政治思想史》，天津古籍出版社 2003 年版。

潘维：《民本主义与执政能力》，载《凤凰周刊》，2004 年第 31 期。

任建树：《陈独秀著作选编》（第四卷），上海人民出版社 2009 年版。

王培英：《中国宪法文献通编》，中国民主法制出版社 2007 年版。

吴美华：《党章学习读本（最新版）》，中国人民大学出版社 2008 年版。

徐勇：《乡村治理与中国政治》，中国社会科学出版社 2003 年版。

闫健：《民主是个好东西：俞可平访谈录》，社会科学文献出版社2006年版。

王奇生：《中国近代通史：国共合作与国民革命》，江苏人民出版社2006年版。

〔英〕安德鲁·海伍德：《政治学核心概念》，吴勇译，天津人民出版社2008年版。

〔英〕戴维·米勒、韦农·波格丹诺主编：《布莱克维尔政治学百科全书》，邓正来主译，中国政法大学出版社2002年版。

Larry Diamond, "Democracy and Governance Performance: How Are the 'Third Wave' Democracies Doing?", Paper for the Conference on "Democracy and Governance Performance", Zhejiang University, Hangzhou, China, September 11 – 12, 2009 (unpublished).

Michael Schoenhals, *Doing Things with Words*, Berkeley: Center for Chinese Studies, Institute of East Asian Studies, University of California, 1992.

Dali L. Yang and Litao Zhao, *China's Reforms at 30: Challenges and Prospects*, Singapore: World Scientific, 2009.

附录：中国共产党民主话语一览表

附表1　中国共产党重要文献中的民主话语

词汇	原文	出处
社会主义民主	深化政治体制改革，必须坚持正确政治方向，以保证人民当家作主为根本，以增强党和国家活力、调动人民积极性为目标，扩大社会主义民主，建设社会主义法治国家，发展社会主义政治文明	十七大报告
社会主义民主政治	人民当家作主是社会主义民主政治的本质和核心	十七大报告
人民民主	人民民主是社会主义的生命	十七大报告
人民民主专政	坚持中国共产党的领导，巩固和完善人民民主专政的国体和人民代表大会制度的政体，坚持和完善共产党领导的多党合作和政治协商制度以及民族区域自治制度	十六大报告
基层民主	发展基层民主，保障人民享有更多更切实的民主权利	十七大报告

续表

词汇	原文	出处
党内民主	要以扩大党内民主带动人民民主，以增进党内和谐促进社会和谐	十七大报告
国家民主	人民代表大会制度、中国共产党领导的多党合作和政治协商制度、民族区域自治制度等国家民主制度不断完善和发展	《中国的民主政治建设》（2005）
协商民主	选举民主与协商民主相结合，是中国社会主义民主的一大特点	《中国的政党制度》（2007）
政府民主	政府民主	《中国的民主政治建设》（2005）
司法民主	多年来，中国不断建立和完善司法体制和工作机制，加强司法民主建设，努力通过公正司法保障公民和法人的合法权益，实现社会公平和正义	《中国的民主政治建设》（2005）
社区民主	完善村民自治，加强社区民主建设，坚持和完善以职工代表大会为基本形式的企业民主管理制度	《中共中央关于制定国民经济和社会发展第十个五年计划的建议》（2000）
干部工作民主	扩大干部工作民主，增强民主推荐、民主测评的科学性和真实性	十七大报告
选举民主	选举民主与协商民主相结合，拓展了社会主义民主的深度和广度	《中国的政党制度》（2007）
资产阶级民主	社会主义民主的实质是人民当家作主，这种最广泛的人民民主同资产阶级民主有本质区别，也完全不同于不讲纪律和秩序的无政府主义	《中共中央关于加强党的建设几个重大问题的决定》（1994）
用人民主	扩大选人用人民主，建立健全主体清晰、程序科学、责任明确的干部选拔任用提名制度	《中共中央关于加强和改进新形势下党的建设若干重大问题的决定》（2009）

续表

词汇	原文	出处
发扬民主	实行民主集中制，就是要求充分发扬民主，集体议事，使人民的意愿和要求得到充分表达和反映，在此基础上集中正确意见，集体决策，使人民的意愿和要求得以落实和满足	《中国的民主政治建设》（2005）
民主选举	健全民主制度，丰富民主形式，扩大公民有序的政治参与，保证人民依法实行民主选举、民主决策、民主管理和民主监督，享有广泛的权利和自由，尊重和保障人权	十七大
民主决策	改革总的原则和要求是：坚持以人为本、执政为民，坚持同发展社会主义民主政治、发展社会主义市场经济相适应，坚持科学民主决策、依法行政、加强行政监督，坚持管理创新和制度创新，坚持发挥中央和地方两个积极性	《政府工作报告》（2008）
民主监督	民主党派民主监督的内容是：国家宪法和法律法规的实施情况；中国共产党和政府重要方针政策的制定和贯彻执行情况；中国共产党各级党委的工作和中共党员领导干部履行职责、为政清廉等方面的情况	《中国的政党制度》（2007）
民主管理	要全心全意依靠职工群众，探索现代企业制度下职工民主管理的有效途径，维护职工合法权益	《中共中央关于完善社会主义市场经济体制若干问题的决定》（2003）
民主协商	要坚持平等相待、民主协商、真诚合作，不断巩固中国共产党同党外人士的联盟	《中共中央关于进一步加强中国共产党领导的多党合作和政治协商制度的意见》（2005）
民主执政	在半个多世纪的执政实践中，中国共产党形成了关于民主执政的一系列重要思想，建立了民主执政的制度体系，并正在积极探索民主执政的新途径和新方法	《中国的民主政治建设》（2005）
民主行政	政府民主行政能力显著增强	《中国的民主政治建设》（2005）

续表

词汇	原文	出处
民主立法	我们坚持科学立法、民主立法，建立和完善中国特色社会主义法律体系，树立社会主义法治理念	《在纪念党的十一届三中全会召开30周年大会上的讲话》（2008）
民主测评	继续推行和完善民主推荐、民主测评、差额考察、任前公示、公开选拔、竞争上岗、全委会投票表决、党政领导干部辞职等制度	《中共中央关于加强党的执政能力建设的决定》（2004）
民主推荐	正确分析和运用民主推荐、民主测评结果，增强科学性和真实性	《中共中央关于加强和改进新形势下党的建设若干重大问题的决定》（2009）
民主评议	建立各级党代表大会代表提案制度。落实和完善党代表大会代表任期制，建立健全代表参与重大决策、参加重要干部推荐和民主评议、列席党委有关会议、联系党员群众等制度和办法，做好代表联络工作，保障代表充分行使各项权利，充分反映党员意见和建议	《中共中央关于加强和改进新形势下党的建设若干重大问题的决定》（2009）
民主权利	人民依法直接行使民主权利，管理基层公共事务和公益事业，实行自我管理、自我服务、自我教育、自我监督，对干部实行民主监督，是人民当家作主最有效、最广泛的途径，必须作为发展社会主义民主政治的基础性工程重点推进	十七大报告
民主制度	中央政治局认为，必须按照把坚持党的领导、人民当家作主和依法治国有机统一起来的要求，继续积极稳妥地推进政治体制改革，健全民主制度、提高立法质量，充分调动广大人民群众的积极性、主动性、创造性	《在中共十六届四中全会上的工作报告》（2004）
民主形式	中国特色社会主义民主正在不断健全、完善和发展。自20世纪70年代末实行改革开放政策以来，中国在深化经济体制改革的同时，坚定不移地推进政治体制改革，中国的民主制度不断健全，民主形式日益丰富，人民充分行使自己当家作主的权利	《中国的民主政治建设》（2005）

续表

词汇	原文	出处
民主渠道	要健全民主制度，丰富民主形式，拓宽民主渠道，依法实行民主选举、民主决策、民主管理、民主监督，保障人民的知情权、参与权、表达权、监督权	十七大报告
民主意识	中国共产党广大党员的民主意识不断增强，党的各级干部民主作风明显改善	《中国的民主政治建设》（2005）
民主作风	要把弘扬民主作风与健全民主机制统一起来，既要求领导干部发扬民主作风，广泛听取意见，正确对待批评、虚怀若谷，从善如流，使党内生活更加生动活泼；又积极探索发展党内民主的有效途径和形式，制定和实施落实党内民主的具体措施，推行党务公开，改革和完善党内选举办法，健全党内议事和决策程序，推动党内生活制度化、规范化	《认真学习贯彻党章，为加强党风廉政建设和反腐败工作奠定坚实基础》（2006）
民主生活会	完善领导干部双重组织生活会制度，提高民主生活会质量，发挥民主生活会开展思想交流、提高党性修养、增进班子团结的重要作用	《中共中央关于加强和改进新形势下党的建设若干重大问题的决定》（2009）
民主集中制	坚持和健全民主集中制，增强党的活力和团结统一。民主集中制是民主基础上的集中和集中指导下的民主相结合的制度	十七大
民主革命	在救亡图存运动中，一些先进的中国人曾经把目光转向西方寻求救国救民的道路，在中国发动资产阶级民主革命。1911年中国民主革命的先行者孙中山先生领导的辛亥革命，终结了统治中国两千多年的君主专制制度	《中国的民主政治建设》（2005）
民主党派	要贯彻长期共存、互相监督、肝胆相照、荣辱与共的方针，加强同民主党派合作共事，支持民主党派和无党派人士更好履行参政议政、民主监督职能，选拔和推荐更多优秀党外干部担任领导职务	十七大报告

词汇	原文	出处
民主制度化	必须使民主制度化、法律化，使这种制度和法律不因领导人的改变而改变，不因领导人的看法和注意力的改变而改变	《关于建设社会主义政治文明》（2003）
决策的科学化、民主化	推进决策科学化、民主化，完善决策信息和智力支持系统，增强决策透明度和公众参与度，制定与群众利益密切相关的法律法规和公共政策原则上要公开听取意见	十七大报告
国际关系民主化	政治上相互尊重、平等协商，共同推进国际关系民主化	十七大报告

附表2　中国共产党政治体系内机构单位的民主话语

词汇	原文	出处
民主理财	当前及今后一个时期财政改革与发展的总体要求是：全面贯彻落实党的十七大精神，高举中国特色社会主义伟大旗帜，以邓小平理论和"三个代表"重要思想为指导，深入贯彻落实科学发展观，坚持增收节支、统筹兼顾、留有余地的方针，科学理财、民主理财、依法理财，加强和改善财政宏观调控，着力推进经济结构调整和发展方式转变；优化财政支出结构，着力保障和改善民生；深化财税改革，着力完善公共财政体系；加强科学管理，着力提高财政管理绩效；强化干部队伍建设，着力提高财政干部综合素质	《财政部部长谢旭人：财政部门要为国理财为民服务》，见人民网，2008年2月29日：http://finance.people.com.cn/GB/42774/6937561.html
民主治理	村务公开要围绕新农村建设，构建民主治理的新模式	《湖北省荆门市委书记傅德辉：努力适应科学发展新要求》，http://kxfz.people.com.cn/GB/136801/8820016.html
民主治校	高等学校要坚持和完善党委领导下的校长负责制，推进依法办学、民主治校、科学决策，健全学校的领导管理体制和民主监督机制	教育部：《2003—2007年教育振兴行动划》

续表

词汇	原文	出处
民主治厂	推行民主治厂和阳光操作是提升企业管理水平的一项重要措施，在当前情况下，做好这项工作意义尤为重大	《长钢推行民主治厂阳光操作》，http://www.changgang.com/cgxw/newsdetail.asp?id=20759
民主治村	当发展到一定阶段和规模后，仅凭一人之力难以保证可持续发展，同时也容易滋生腐败，必须实行"民主治村"，否则就会走向衰败，所以我们提出了村级重大事务实行"三会治事"的工作运行机制	中共南漳县委组织部：《推行村级重大事项"三会治事"运行机制》，见人民网，2009年10月14日，http://theory.people.com.cn/GB/10188351.html
民主管村	村民自治、民主管村是一项综合性较强的工作，涉及农村工作的方方面面，必须在党委和政府的领导下，充分发挥有关部门的作用，齐抓共管，形成合力	《中共绵阳市委办公室、绵阳市人民政府办公室关于大力推进村民自治民主管村的实施意见》（2003），http://china.findlaw.cn/fagui/gj/23/18806.html
民主社区	近年来，民主社区以邓小平理论和"三个代表"重要思想为指导，全面落实科学发展观，围绕实施固本强基工程，深入开展以创建"五个好"村党组织为主要内容的"联创"活动，加强党的执政能力建设和先进性建设，夯实党在农村的执政基础，取得了显著成效	《民主社区受表彰》，http://www.zsnews.cn/Column/2007/09/14/725503.shtml
民主行政	对办公厅而言，就是要'增强能力、规范程序、提高效率'，使依法行政、民主行政、科学行政建立在科学有序的基础上，使办公厅成为结构优化、行为规范、机制创新、团结协调的坚强集体	《晋中市政府办公厅学习实践科学发展观活动》，http://ccdv.people.com.cn/GB/81438/112137/9990291.html

续表

词汇	原文	出处
民主分配	区队实行民主分配，目的在于使区队的分配公开、公正、公平，在于有效地贯彻社会主义分配原则和更好地调动职工的积极性	天府矿业公司民主管理课题组：《关于区队民主分配的调查与思考》，见中国能源化工会网站：http://nyhx.acftu.org/template/13/file.jsp?cid=25&aid=5804
民主调解	要依法调解、民主调解、科学调解、自愿调解，不要片面追求调解率	《肖扬：把廉洁自律作为确保司法公正的底线》，见新华网，2007年6月21日，http://news.xinhuanet.com/legal/2007-06/21/content_6274829.htm
民主评税	民主评税是税务机关为全面贯彻落实新时期"法治、公平、文明、效率"治税方针的新举措，它政策性强、涉及面广，是纳税人关心议论的热点问题，是优化税收内外部环境、加强队伍党风廉政建设和效能建设的主要手段	《厦门市地方税务局民主评税管理暂行规定》(2001)，http://www.xm-l-tax.gov.cn/wenjianggonggao/2001/dishiqi.shtml
民主听证	开展民主听证制度，要坚持集体决策和群众参政议政相结合的原则，坚持发扬民主和有效集中的原则，保障广大村民（居民）参与基层事务民主管理、民主决策和民主监督的权利，促进村级经济和社会的健康发展	《关于在全区基层推行民主听证制度的试行意见》(2003)，见中共宁波市镇海区纪律检查委员会、宁波市镇海区监察局网站：http://www.zhjw.gov.cn/index.php?read-92.html
民主恳谈	民主恳谈是我市人民群众首创的一种新型的基层民主形式，是扩大基层民主的有效途径	《中共温岭市委关于进一步深化民主恳谈推进基层民主政治建设的意见》(2002)，http://www.wlrd.gov.cn/show.asp?sid=1207

续表

词汇	原文	出处
民主议事	推进民主议事制度是有序推进基层民主的有益尝试，是促进社会和谐稳定的重要载体，是激发群众发展热情的有效办法	《江苏东台加大基层民主议事工作推进力度》，http://jsnews.jschina.com.cn/yc/200909/t169798.shtml
预算民主	为进一步深化、完善预算民主恳谈，加强民主恳谈的规范化、制度化建设，制定本实施办法。本实施办法分预算报告初审民主恳谈、人民代表大会预算民主恳谈、修改并通过预算报告及预算执行与监督四部分内容	《新河镇预算民主恳谈实施办法（试行）》，http://www.wlrd.gov.cn/show.asp?sid=1202
议事民主	议事民主决策公开我区将全面推开"村（居）民论坛"	《议事民主决策公开我区将全面推开"村（居）民论坛"》，载《新锡山》，http://www.xishancity.gov.cn/web/news/content.asp?typeid=481&newsid=5652
社区民主自治	社区民主自治，是城市居民群众依法直接管理社会基层公共事务的一种民主形式，是社会主义基层民主在城市的广泛实践	《中心城区社区民主自治建设的实践与思考》，见九江人大信息网：http://www.jxjjrd.gov.cn/News_Show.asp?Sql8_News_Id=798&Classid=46
教育决策与管理科学化、民主化	通过培训提高教育行政管理干部依法行政和政策执行能力，促进教育决策与管理科学化、民主化和规范化，增强教育行政管理干部的服务意识，促进教育与区域经济、社会的全面协调发展	《福建省2007—2010年中小学校长和教育行政管理干部培训规划》，http://www.fjjyxy.com/article.php?id=140

续表

词汇	原文	出处
管理民主化	进一步加强村务管理民主化工作，是我县适应加强社会主义新农村建设需要，发挥农民群众在新农村建设中的主体作用，实现"管理民主"目标要求的一项重要措施	中共温县县委办公室：《关于进一步加强村级事务管理民主化工作的意见》（2006），http://www.wxdjw.gov.cn/Article/jcdj/ncdj/200904/18.htm

（本文原刊于《中国社会科学辑刊》，2010年春季卷总第30期，现根据最新资料加以补充修订后再次发表）

"群众路线"与当代中国政治发展：内涵、结构与实践

景跃进

一、群众路线的经典表述

群众路线是中国共产党人基于中国革命的实践对马克思主义、列宁主义的一个发展，其表述有两个重要的环节。1943年6月1日，毛泽东在《关于领导方法的若干问题》一文中首次较为系统地阐述了群众路线的思想："在我党的一切实际工作中，凡属正确的领导，必须是从群众中来，到群众中去。这就是说，将群众的意见（分散的无系统的意见）集中起来（经过研究，化为集中的系统的意见），又到群众中去作宣传解释，化为群众的意见，使群众坚持下去，见之于行动，并在群众行动中考验这些意见是否正确。然后再从群众中集中起来，再到群众中坚持下去。如此无限循环，一次比一次地更正确，更生动、更丰富。这就是马克思主义的认识论。……从群众中集中起来又到群众中坚持下去，以形成正确的领导意见，这是基本的领导方法。在集中和坚持过程中，必须采取一般号召和个别指导相结

合的方法，这是前一个方法的组成部分。"① 在这一著名的论述中，毛泽东显然是从领导/工作方法的角度来界定群众路线的。

对群众路线的第二个重要阐释是刘少奇在1945年党的七大所作的关于修改党章的报告（《论党》）。在这个报告中，刘少奇对群众路线的内容作了全面的说明，并把它归结为两个方面，一是群众观点，二是群众路线的领导方法。换言之，在肯定"从群众中来，到群众中去"这一领导方法的同时，增加了群众观点的表述，并将其作为领导方法的前提。在《论党》中，刘少奇对群众观点作了明确的概括："一切为了人民群众的观点，一切向人民群众负责的观点，相信群众自己解放自己的观点，向人民群众学习的观点，这一切就是我们的群众观点，就是人民群众的先进部队对人民群众的观点。"②

之后，中国共产党对群众路线的表述基本定型。1956年邓小平在党的八大所作的修改党章的报告中对以上两方面再次进行强调，而且明确把群众观点列入群众路线之中，把它作为党的群众路线的一个重要内容。"中国共产党坚定地信守马克思列宁主义的这一条真理：人民群众是历史的创造者。人民身上的枷锁，只有靠人民群众自己的双手来打破；人民的幸福生活，只有靠人民群众自己的双手来创造。从这个真理出发，我们的基本工作方法就是：领导和群众相结合，一切工作走群众路线，放手发动群众，有领导地展开轰轰烈烈的群众运动，把群众的智慧和意见集中起来，依靠群众的力量来贯彻执行党的方针政策。"③ 1981年6月，中央作出的《关于建国以来党的若干历史问题的决议》简明地将群众路线概括为"一切为了群众，一切依靠群众，

---

① 毛泽东：《关于领导方法的若干问题》（1943年6月1日），见《毛泽东选集》第3卷，人民出版社1966年版，第854—855页。
② 刘少奇：《论党》，见《刘少奇选集》上卷，人民出版社1981年版，第354页。这一经典概括目前仍为理论界大多数人所认同。对群众观点的另一种概括是《中共中央关于加强党同人民群众联系的决定》提出的六条：要牢固树立人民群众是历史创造者的观点，向人民群众学习的观点，全心全意为人民服务的观点，干部的权力是人民赋予的观点，对党负责与对人民负责相一致的观点，党要依靠群众又要教育和引导群众前进的观点。参见刘毅强：《毛泽东群众路线思想研究述评》，见石仲泉主编：《毛泽东研究述评》，中央文献出版社1992年版，第360页。
③ 邓小平：《中国人民大团结和世界人民大团结》（1959），见《中华人民共和国成立十周年纪念文集》，人民出版社1959年版，第64页。

从群众中来，到群众中去"①。

由此可见，群众路线不仅仅是领导和工作方法问题，而且还涉及政治哲学的基本问题——人民群众的地位、党的性质、党和群众的关系等。作为一个包含诸多因素的综合体，群众路线涉及世界观、认识论和工作方法论，它体现了政治原则与领导方法的统一；政策制定与政策执行的统一；认识功能与利益表达的统一。在群众路线的两个基本组成部分中，群众观点显然居于更为基本的位置。"作为领导方法和工作方法，群众路线是以群众观点为指导思想的。要贯彻群众路线，必须树立群众观点。没有明确的群众观点，就不会有真正的群众路线。"② 换言之，群众观点是群众路线的核心所在。

二、群众观点的内在结构

由于群众路线主要是由中国共产党领导人作为一种意识形态信念和工作方法加以总结和概括的，因此主体的位置在相当程度上被事先假定和隐匿了。当我们从学术角度来分析群众路线时，就必须进行某种程度的"复原"，将施行群众路线的主体考虑进来。我们的分析重点是群众观点，这不但是因为群众观点是群众路线的灵魂，而且在村民自治实践中对群众路线的新阐述很大程度上是在基本观念方面有所突破。

要理解群众观点的内在逻辑，首先要明确群众路线所隐含的结构性前提，这一前提便是先锋队（领导）与群众的两分法。恰如施拉姆所说，强调由政治精英构成一个坚强的领导核心这种特征乃是群众路线本身所不可缺少的部分。③ 从政治角度看，任何社会都存在领导与群众的区分（这不但是精英理论的基本假定，也是一般政治理论所承认的），但群众路线所前设的这种结构区分是以特定的政治论证为基础的。这一论证包含两个重要的方面：首先，基

---

① 《中国共产党中央委员会关于建国以来党的若干历史问题的决议》（1981年6月27日），见中共中央文献研究室编：《三中全会以来——重要文献选编》（下），人民出版社1982年版，第834页。
② 杜李编：《论群众路线》，辽宁人民出版社1984年版，第23—24页。
③ 参见〔美〕斯图尔特·施拉姆（宣道华）：《毛泽东的思想》，中央文献出版社1990年版，第129页。

于对人类社会发展规律的认识，少数掌握了这一理论武器的职业革命家通过组党的方式，动员代表先进生产力的工人阶级和其他被压迫的群众起来革命。在此，对社会发展规律这一真理的掌握是非常关键的。这一真理乃由个别知识分子所揭示，并通过知识分子和先锋队的作用，将工人阶级从自在的阶级转化为自为的阶级。换言之，尽管工人阶级是与大生产联系在一起的，是先进生产力的代表，但是工人阶级的自发运动不可能产生马克思主义，社会主义意识只能从外部灌输进去。这一作用正是由先锋队来承担和完成的。其次，在资本主义国家统治阶级（资产阶级）的意识形态占据了话语的霸权地位，通过大众媒体、学校、教会以及其他公共领域实施的符号控制，各种虚假意识（false consciousness）遮蔽了劳动人民的心智，使他们无法意识到自身的真正利益。因此必须通过批判性的启蒙，通过无产阶级意识形态的宣传，使广大劳动群众摆脱资产阶级意识形态的束缚。

为方便叙述，我们将第一个论证称为"规律—真理"假定；第二种论证称为"真正利益（real interest）不同于感觉到的利益（felt interest）"假定。① 对于群众路线来说，这两个假定非常重要，第一个假定使首先掌握了真理的少数人承担起了某种历史使命，并构成了特定的代表理论——党掌握了先进的理论武器，能洞察社会历史发展的规律，因此能最充分地代表人民群众的利益。一如《共产党宣言》所说，"在实践方面，共产党人是各国工人政党中最坚决的、始终推动运动前进的部分；在理论方面，他们比其余的无产阶级群众优越的地方在于他们了解无产阶级运动的条件、进程和一般结果。"② 这一思想的中国版本则是毛泽东所说的"我们的党是无产阶级政党，是无产阶级的先进部队，是用马克思列宁主义武装起来的战斗部队"③。在实际的运作过程中，这种基于"规律—使命"的代表理论形成了一种政治结构：领袖

---

① 关于 real or genuine interest 和 felt or subjective interest（revealed preferences）的区分及简要讨论，可参见 Andrew Heywood, *Political Theory: An Introduction*, MacMillan Press LTD, Second Edition, 1999, pp. 129 - 130, 241 - 242。
② 马克思恩格斯：《共产党宣言》，见《马克思恩格斯选集》第 1 卷，人民出版社 1972 年版，第 264 页。
③ 毛泽东：《在扩大的中央工作会议上的讲话》（1962 年 1 月），见《毛泽东文集》第 8 卷，人民出版社 1999 年版，第 307 页。

(个人与班子)、政党、阶级、人民群众。其动态关系为：掌握了真理的领袖人物、职业革命家——组织无产阶级的先锋队组织（政党）——通过群众路线的方式，发动、教育广大的人民群众从事革命斗争和社会主义建设。①

第二个假定给先锋队相当大的自主性空间，因为群众很可能局限于眼前利益（短期利益），只有先锋队能够认识到群众的真正利益（及长远利益）。②对此，董必武曾有一个很好的说法："有些同志以为实行群众路线不需要党来领导，这也不对。没有党的领导，群众利益是不能实现的。党领导群众就是为群众出主意，和群众一道去争取群众的利益。如土地问题，照一般农民的想法是用金钱去买，才可以得到土地。没收地主阶级的土地来分，这是我们共产党告诉农民的。政权问题就更明显，无产阶级夺取政权的概念，开始时在无产阶级群众中是模糊的，后来在共产党领导下，才有明确的意识，并在某些国度内建立起自己的政权了。像群众长远的利益或最高的利益，群众自身往往是看不见的，必须有党领导，群众才不致走错路。"③

群众路线的前设假定和内在逻辑结构，引导出了一个如何处理先锋队与群众关系的问题（注意，处理这一关系的主动权不在群众，而在先锋队）。在这个问题上，存在一系列的辨证张力。④

在党的性质与作用问题上，一方面，"党是阶级的先锋队；它的任务决不是反映群众的一般水平，而是带领群众前进"⑤。党的存在的目的就是为了走在群众前面，领导群众。党的领导人训练和管束党的干部，党的干部则训练

---

① 由于党自身存在着领导与被领导、个人与集体的关系，党内也有一个群众路线的问题。刘少奇指出："党内民主的集中制，即是党的领导骨干与广大党员群众相结合的制度，即是从党员群众中集中起来，又到党员群众中坚持下去的制度，即是反映党内的群众路线。"《刘少奇选集》（上卷），人民出版社 1981 年版，第 359 页。

② 相比之下，现代民主制度采取了一种类似经济人的假定：每个人都是理性且自利的，他们最了解自身的利益，没有其他人比他自己更知道自身的利益所在。在代议制民主的条件下，具有宪法赋予的各种权利的公民，通过定期的选举委托民意代表来管理国家。选民与代表之间形成了一种政治上的选举委托代理关系。代表必须反映与表达委托人的利益，否则就有可能被收回赋予的权力。定期的、自由的、公开的、竞争性的选举，在政治领导人与其选民群体之间形成了一种紧密的关系。执政党的执政基础就在于民众这种定期的委托。

③ 董必武：《我们的财政任务与群众路线》，见《董必武选集》，人民出版社 1985 年版，第 174 页。

④ 刘少奇在《关于白区的党和群众工作》（1937 年 5 月）一文，对怎样建立党和群众的正确关系进行了较为系统的论述。参见《刘少奇选集》上卷，人民出版社 1981 年版，第 59—60 页。

⑤ 列宁：《全俄农民代表苏维埃非常代表大会文献》（1917 年 11 月中旬），见《列宁全集》第 33 卷，第 88 页。转引自《列宁、毛泽东和邓小平论民主集中制》，中国方正出版社 1994 年版，第 144 页。

和组织群众。"有的同志说,过去走了'干部路线',现在要走群众路线,只提倡群众当家,反对干部当家。哪里会有不要干部的群众路线?那只能变成群众要怎样办就怎样办。群众怎样当家?总要选派代表吧,不能几百万人一齐当家吧,干部还不就是他们的代表。"①

另一方面,党又是历史的工具,"工人阶级的政党不是把人民群众当作自己的工具,而是自觉地认定自己是人民群众在特定的历史时期为完成特定的历史任务的一种工具"②。它没有自身的独立利益,"共产党是为民族、为人民谋利益的政党它本身决无私利可图"③。"共产党……之所以成为先进部队,它之所以能够领导人民群众,正因为,而且仅仅因为,它是人民群众的全心全意的服务者,它反映了人民群众的利益和意志,并且努力帮助人民群众组织起来,为自己的利益和意志而斗争。"④ "党的全部任务就是全心全意地为人民群众服务,党对于人民群众的领导作用,就是正确地给人民群众指出斗争的方向,帮助人民群众自己动手,争取和创造自己的幸福生活。因此,党必须密切联系群众和依靠群众,而不能脱离群众,不能站在群众之上;每一个党员必须养成为人民服务、向群众负责、遇事同群众商量和同群众共甘苦地工作作风。"⑤

将这两个方面结合起来的理想状态是先锋队与群众之间的血肉相连关系:"在无产阶级革命事业中,党和群众的关系,本来就是'骨肉相连'、'鱼水相依'的关系。党是工人阶级的先锋队,又是人民群众的一部分;党是人民群众的政治领袖,又是人民群众在特定的历史时期为完成特定的历史任务的

---

① 刘少奇:《对华北记者团的谈话》,见《刘少奇选集》上卷,人民出版社1981年版,第405页。
② 邓小平:《关于修改党的章程的报告》(1956年9月16日),见《邓小平选文选(1938—1965)》,人民出版社1989年版,第206页;邓小平:《关于修改党的章程的报告》(1956年9月16日),见《邓小平选文选(1938—1965)》,人民出版社1989年版,第206页。
③ 毛泽东:《在陕甘宁边区参议会的演说》(1941年11月6日),见《毛泽东选集》第3卷,人民出版社1991年版,第809页。
④ 邓小平:《关于修改党的章程的报告》(1956年9月16日),见《邓小平选文选(1938—1965)》,人民出版社1989年版,第206页。
⑤ 邓小平:《关于修改党的章程的报告》(1956年9月16日),见《邓小平选文选(1938—1965)》,人民出版社1989年版,第205页。

革命工具；党需要人民群众的全力支持，人民群众需要党的正确领导。党是一时一刻也不能脱离人民群众的。那么，党怎样才能和人民群众保持最密切的联系，并不断扩大与增强这种联系，而永远不脱离群众呢？那就必须贯彻群众路线，从而，党才能坚持正确的领导，而取得人民群众的信任和拥护。同时，也只有在党的正确领导下，人民群众才能获得解放，获得幸福。"①

在如何看待群众的问题上，一方面，"人民群众是真正伟大的，群众的创造力是无穷无尽的，我们只有依靠了人民群众，才是不可战胜的。只有人民群众，才是历史的真正创造者，真正的历史是人民群众的历史。马克思早就说过：劳动者是自己解放自己。国际歌上说：不是皇帝，不是神仙，也不是英雄豪杰，全靠自己救自己。这就是说，人民群众自己的解放，只有人民群众自己起来斗争，自己起来争取，才能获得，才能保持与巩固；而不是任何群众之外的人所能恩赐，所能给予的，也不是任何群众之外的人能够代替群众去争取的。所以恩赐的观点，代替群众斗争的观点，是错误的"②。

另一方面，群众又是需要唤醒和被教育对象。"人民包括各阶层，要加以区别。"③"我们不但要研究在什么问题上去联系群众，而且要研究着重联系群众的什么部分。""要把联系群众提高到政治原则上来，不是随波逐流，不加选择，没有目标，没有方向地去联系群众。"④"只有**群众**才能创造真正的政治，可是，无党性的、不跟着坚强的党走的群众是没有觉悟的，没有自制力的乌合之众，他们会变成那些总是'及时'从统治阶级中冒出来利用'适当'时机的狡猾政客的玩物。"⑤

在如何联系群众的问题上，一方面要反对命令主义，"在一切工作中，命令主义是错误的，因为它超过群众的觉悟程度，违反了群众的自觉原则，害

---

① 杜李编：《论群众路线》，辽宁人民出版社1984年版，第3页。
② 刘少奇：《论党》，见《刘少奇选集》上卷，人民出版社1981年版，第350—351页。
③ 刘少奇：《对华北记者团的讲话》，见《刘少奇选集》上卷，人民出版社1981年版，第402页。
④ 胡乔木：《关于目前新闻工作中的两个问题》（1950年3月29日），见《胡乔木文集》第二卷，人民出版社1993年版，第336页。
⑤ 列宁：《糊涂的无党性分子》（1913年10月4日），见《列宁全集》第24卷，第69页；转引自中国方正出版社编：《列宁、毛泽东和邓小平论民主集中制》，中国方正出版社1994年版，第255页。

了急性病。我们的同志不要以为自己了解了的东西,广大群众也和自己一样都了解了。群众是否已经了解并且是否愿意行动起来,要到群众中去考察才会知道。如果我们这样做,就可以避免命令主义"。

另一方面,也要反对尾巴主义:"在一切工作中,尾巴主义也是错误的,因为它落后于群众的觉悟程度,违反了领导群众前进一步的原则,害了慢性病。我们的同志不要以为自己还不了解的东西,群众也一概不了解。许多时候,广大群众跑到我们的前头去了,迫切地需要前进一步了,我们的同志不能做广大群众的领导者,却反映了一部分落后分子的意见,并且将这种落后分子的意见误认为广大群众的意见,做了落后分子的尾巴。"① 此外,既要反对冒险主义,也要反对右倾机会主义:"善于把党的政策变为群众的行动,善于使我们的每一个运动,每一个斗争,不但领导干部懂得,而且广大的群众都能懂得,都能掌握,这是马克思列宁主义的领导艺术。我们的工作犯不犯错误,其界限也在这里。当着群众还不觉悟的时候,我们要进攻,那时冒险主义。群众不愿干的事,我们硬要领导他们去干,其结果必然失败。当着群众要求前进的时候,我们不前进,那是右倾机会主义。"②

在决策问题上,一方面要倾听群众呼声,根据群众的意愿决策,听取下面的意见,吸取基层群众的经验。"如果不从认识方法上解决党的主张必须是'从群众中来,到群众中去'的问题。那末,党同人民群众的关系问题仍然不能真正地解决。实践证明,许多人并非在主观上没有为人民服务的愿望,但是他们仍然把工作做坏了,使群众受到重大的损失。这是因为他们自以为是先进分子,是领导者,比群众懂得多,因而遇事不向群众学习,不同群众商量,因而他们出的主意,经常在群众中行不通;但是,他们又不从错误和失败中取得教训,以为错误和失败,只是由于群众落后和其他临时因素地影响,因而滥用党的威信,继续一意孤行,这就使他们的错误和失败愈来愈严重。

---

① 毛泽东:《论联合政府》(1945年4月24日),见《毛泽东选集》第3卷,人民出版社1966年版,第1044—1045页。
② 毛泽东:《对晋绥日报编辑人员的谈话》(1948年4月2日),见《毛泽东著作选读(甲种本)》(下),人民出版社1965年版,第362页。

在我们党的历史上，这种主观主义者给我们党的损失，给中国革命和中国人民地损失，是不可胜数的。主观主义者不懂得，只有首先善于做群众的学生的人，才有可能做群众的先生，并且只有继续做学生，才能继续做先生。一个党和它的党员，只有认真地总结群众的经验，集中群众的智慧，才能指出正确地方向，领导群众前进。"①

另一方面，领导的作用在于将群众中分散的无系统的意见化为集中的系统的意见。换言之，判断人民群众意见是否正确，是属于领导的任务，因此群众路线并不意味着群众直接决策，也不等于群众要怎么办就怎么办，"我们所谓总结和集中，并不是群众意见的简单堆积，这里必须要有整理、分析、批判和概括"②。而这项工作最终是由领导人来进行的。而且判断群众的意见是否正确也是领导者的责任："党和群众的关系问题，应当是：凡属人民群众的正确意见，党必须依据情况领导群众加以实现；而对于人民群众中发生的不正确的意见，则必须教育群众，加以改正。"③

如何处理这一系列的辩证关系是一种高超的领导艺术，也是制定正确政策的关键。 这是一根必须始终保持警醒才能走好的钢丝，只要稍一不慎，就有可能失去平衡。从中国共产党的历史经验来看，群众路线虽然被视为"党的根本的政治路线"和"根本的组织路线"④，但到目前为止，很大程度上仍局限于领导者的一种工作作风，缺乏制度的和程序性的保障措施。群众路线是否得到执行以及执行的程度如何，并不取决于群众，而取决于领导。一如胡伟所说，"党如何联系群众，除了多党合作和政治协商制度外，并无更具体更广泛的制度上的规定，特别是在联系社会上普通群众方面。群众路线对于共产党与其说是一种制度，还不如说是一种作风。虽然就传统而言

---

① 邓小平：《关于修改党的章程的报告》（1956年9月16日），见《邓小平文选（1938—1965年）》，人民出版社1989年版，第206—207页。
② 邓小平：《关于修改党的章程的报告》（1956年9月16日），见《邓小平文选（1938—1965年）》，人民出版社1989年版，第207页。
③ 毛泽东：《在晋绥干部会议上的讲话》（1948年4月1日），见《毛泽东选集》第4卷，人民出版社1967年版，第1205页。
④ 刘少奇：《论党》，见《刘少奇选集》上卷，人民出版社1981年版，第342页。

共产党员联系群众的方式是多样的，如调查研究、蹲点、倾听群众意见等，党可以通过自身的系统实施群众路线，但就一个党员或党的领导干部而言，他是否联系群众以及多大程度上联系群众更多地取决于他个人的民主作风而非制度。"[1]

而且，即使在施行群众路线的情况下，问题依然存在。如上所说，如何处理好群众路线所内含的一系列辩证关系，是一种高超的领导艺术。要达到这一高度并非易事，恰如刘少奇所说这是"不容易做到的"[2]。毛泽东后期所犯的错误充分说明了这一点。正由于群众路线的施行水准端赖于领导者个人的素质和水平，因此其对形势的判断、对群众意愿的了解、对政策目标的热情、对政策不同意见者的看法等，都会以不同的方式影响所作出的决策的质量。在中国政治结构中，"利益表达和利益综合这两种过程功能之间缺乏有机结构性的必然联系"，亦即领导人在决策时拥有充分的自主权，故实行群众路线并不能保证领导人能够真正反映群众的利益和意愿，出现命令主义（或尾巴主义）便是一种经常性的结果。另一方面，一旦作出错误的决策，群众路线本身也没有立即纠偏的机制，一定要等到出现系统性误差时，才能得到反馈，再进行纠正，而此时苦果已经酿成。在特定的政治环境下，领导人将自己的意志冠以群众的名义来强迫实施，群众路线中常采用的方法——群众运动，变成运动群众。而且，面对这种情况，"群众路线本身并没有提供技术性的处理手段"[3]。因此，群众路线的作风需要经常的提倡（因为事实上它不断地被破坏和放弃），错误需要不断地纠正（因为有的同志一犯再犯）。这说明停留在工作作风层次的群众路线是不够的，必须从制度上解决与群众的联系问题。这种制度的安排便是民主程序，它使政治领导人走群众路线变成自觉的行动，而不再是外部的号召。

---

[1] 胡伟：《政府过程》，浙江人民出版社1998年版，第78页。
[2] 刘少奇：《论党》，见《刘少奇选集》上卷，人民出版社1981年版，第358页。
[3] 胡伟：《政府过程》，浙江人民出版社1998年版，第77页。

三、对群众路线的新阐释：以村民自治的实践为例

在农村实行村民自治是我党在新的历史条件下作出的一项重大的政治决策。十多年来，村民自治的实践不但在制度层面取得了丰富的成果，同时在理论层面也开出了新的气象，对群众路线的新阐释便是其中的一个经典事例。

将村民自治与群众路线联系起来、并根据村民自治的实践需要对群众路线进行某种新的阐释经历了一个过程。在公社制度解体、重建基层政权和基层组织之时，彭真就将实行村民自治与恢复党的群众路线联系了起来："建国以来，特别是'文化大革命'以来，在工作作风上，自上而下地坚持下去的意见多，自下而上地集中工、农、兵、知识分子群众和基层组织的意见少；到群众里去的多，从群众中来的少。这个毛病，虽然不是普遍的，也是大量的。三中全会以后这种状况有改变。这个问题，影响到我们党的根本工作路线，即群众路线。我们还是要恢复过去的老传统，即从群众中来，到群众中去，集中起来，坚持下去贯彻执行群众路线。……政社分开，建立乡政权，无论支部、党委、无论政权、无论劳动群众、集体经济组织，都要认真实行群众路线，民主集中制，都要恢复优良的党群关系、干群关系、军民关系。"[①] 尽管彭真的讲话对群众路线的理解是在既有的理论脉络中进行的，是"恢复"被破坏了的"传统"，但是将群众路线与村民自治联系在一起，确立了一个非常重要的基点，其意义在于：随着村民自治实践逻辑的展开，对群众路线的新阐释便会"自然"演化出来。[②]

应当指出，在20世纪后期，中国共产党群众路线的"恢复"与"新阐释"是一个交织的发展过程，而且这一过程在不同的层面同时进行。1987年通过的《村委会组织法》（试行）第十二条将"群众路线"作为村委会的基

---

① 1983年2月26日，彭真在中央政法委员会扩大会议上的讲话，转引自尹文儒主编：《基层民主实践》，中国档案出版社1998年版，第195—196页。

② 对群众路线新阐释的发展过程之考证有待于更为详尽的文字资料。本文对这一过程的描述与其说是历史的，不如说是逻辑的。

本工作方法:"村民委员会进行工作,应当坚持群众路线,充分发扬民主,认真听取不同意见,不得强迫命令,不得打击报复。"1998年通过的《村民委员会组织法》(第二十四条)保留了相关内容,只作了部分的文字增删:"村民委员会决定问题,采取少数服从多数的原则。村民委员会进行工作,应当坚持群众路线,充分发扬民主,认真听取不同意见,坚持说服教育,不得强迫命令,不得打击报复。"显然,法律文本的这一规定没有为创新活动留下多少空间,因此,对群众路线的新阐释,不是依据法律文本进行的,而是围绕村民自治实践的理论讨论展开的,并随着实践的发展经历了一个由浅入深的过程。

众所周知,尽管1982的宪法确立了村民自治的基本原则,1988年试行的《村民委员会组织法》将这一基本原则具体化为可操作的法律,但从一开始村民自治就充满着争议。1989年的"政治风波",使村民自治面临着极大的压力。在这种情况下,如何阐释村民自治的必要性与必然性,不但是一个重大的理论问题,而且在某种意义上,也是村民自治法律顺利实施的一个重要环节。在这一论证过程中,中国共产党的群众路线成为村民自治倡导者和支持者的一个理论武器。无论是高层领导人,还是民政部的官员,都充分利用了这一传统资源,来为村民自治的合法性作出辩护。① 在这种阐释的过程中,我们发现了一种"创造性转化":将村民自治(选举)与发扬和光大党的群众路线联系起来,从而极大地丰富了群众路线的含义。

根据笔者手头掌握的资料,对群众路线的新阐释发生在20世纪90年代初期,主要是由当时负责贯彻村民自治法律的民政部官员进行的。在一篇写于1991年1月的有关群众路线的专题论文中,李学举将推行村民自治与坚持和发扬党的群众路线联系了起来:"全国人大通过的村委会组织法和居委会组织法,是发展社会主义民主,促进基层民主建设的重要法规,我们一定要坚定不移地认真贯彻执行。要在深入宣传贯彻村委会组织法和居委会组织法实践中,增强民主意识,学会民主管理,推进社会主义民主和法制建设。同时,

---

① 将新引入的选举原则(村民自治与乡镇选举)概括为"群众路线"是一种非常保险(旧瓶装新酒)的做法。它有利于新生事物的合法化,从而减低实践中可能遇到的阻力。

通过村民、居民自治，实行村民、居民自我管理、自我教育、自我服务，依法办理群众自己的事情，依法维护自己的合法权益。这对调整党和政府同人民群众关系，处理好群众内部矛盾，调动群众积极性，促进基层的安定团结，坚持和发扬党的群众路线，具有重要作用。"①

在这一表述中，作者从民主和法制（治）的角度，强调村民自治所具有的政治功效——通过处理矛盾、调动积极性和促进安定团结来调整党和政府与人民群众的关系。在此，坚持和发扬党的群众路线与民主和法治的话语联系起来。它体现了一种新的认识取向，其中有两点特别值得关注：首先，群众路线与村民自治的联系是在群众观点的层面得以解说的，将群众路线与民主政治联系了起来，而民主首先意味着贯彻《村委会组织法》，让村民群众自由选举村庄领导人。其次，法治意味着放弃用传统的政治动员方式来落实村民自治的工作。尽管推行村民自治的工作是一场政治动员，但民政部的官员更倾向于将其作为程序性工作来看待："现在是靠行政官员来组织这个事情的，有一系列的法律在制定，有很多工作人员在天天做这项工作，不像战争年代、阶级斗争年代，现阶段有一套法律，有种任期，有具体的程序，逐步地按每三年一届进行，按法律规定做基层民主。"②

到了1991年夏天，对群众路线的新阐释随着自然温度的上升而趋热，有意识的理论努力开始出现。③ 在1991年基层政权建设年会上，民政部副部长连尹指出，"在农村实行村民自治，让群众依法办理自己的事情，实现自我管理、自我教育、自我服务，是我们党在新的历史时期领导方式的根本转变（重点号为笔者所加），是我们党在新的形势下坚持群众路线的具体体现。'群

---

① 李学举：《基层工作要注重群众观点——学习〈中共中央关于加强党同人民群众联系的决定〉体会》，见其著：《中国城乡基层政权建设工作研究》，中国社会出版社1994年版，第13页。
② 王振耀：《在全国村民委员会换届选举工作经验交流会上的讲话》，见尹文儒主编：《基层民主实践》，中国档案出版社1998年版，第329页。
③ 1991年5月30日，当彭真听取民政部部长崔乃夫关于山东章丘民主管理经验的汇报时，高兴地说道："这是一条道路（指村民自治和村民自治章程）。中国这个国家为什么能搞好，根本是群众路线问题。通过群众，由群众通过，自己讨论，集中起来，再坚持下去，自己当家作主。"引自白益华：《彭真与8亿农民的民主》，载《中国社会导刊》，2002年第5期，第25页。村民自治实践的进展以及彭真的这一表态也许是当年对群众路线的新阐释有所突破的背景原因。

众路线'是 1929 年 9 月周恩来在〈中共中央给红四军前委的指示信〉中第一次使用的。后经不断发展,我们党逐渐形成了'一切为了群众,一切依靠群众;从群众中来,到群众中去'的群众路线。如果把党的群众路线运用于农村工作,我认为就应该是'一切为了农民,一切依靠农民;从农民中来,到农民中去'。""如果还按过去的做法,事无巨细,一切都由党包揽起来,只靠干部管,显然不合适。只有走民主之路,相信农民、依靠农民,由农民自我管理、自我教育、自我服务、自我决策,这才是治本的长远的好办法。这种办法,从政治上讲,是民主;从方法上讲,是群众路线;从贯彻《村委会组织法》上讲,是村民自治。"① 在此,对群众路线的阐释被上升到了新的理论高度。近十年之后,王振耀进一步主张"群众路线,是村民自治工作的基本思想路线"②。

在这一阐释活动中,我们发现一个有趣的现象,即随着村民自治实践的深入,对群众路线的阐释空间不断扩展:

——将村民代表会议及其作用与群众路线联系起来。对村民代表会议这种组织形式的肯定以及对其作用的强调也是在群众路线的脉络中进行的:"村民自治要在党支部的领导下进行。党支部领导村民实行自治,是新时期党在农村的重要任务。因此,发挥村民代表会议作用,与加强党的领导是一致的。在一个村,党支部领导村民自治的一个重要方法,就是要善于把党支部的主张、意见变成全体村民的意志,从而实现对全村的领导。但具体工作,党支部对村中重大事务要首先研究,提出建议,然后提交村民代表会议讨论通过。如没通过,应按村民代表会议决定办。这并不意味着党支部丧失了领导权,也不会降低党支部的威信。这是新时期党的群众路线的体现(重点号为笔者所加)。村民代表会议决定的事,党支部不能更改,如需变动,需村民代表会议重新议定。在执行村民代表会议的决定时,党支部应教育全体党员发挥模

---

① 连尹:《村(居)民自治是新时期党和政府的一项重要工作》,见中国基层政权建设研究会编:《实践与思考——中国基层政权建设研究会 1991 年年会论文集》,中国社会出版社 1992 年版,第 4、5 页。
② 参见王振耀等主编:《中国村民自治前沿》,中国社会科学出版社 2000 年版,第 308 页。

范带头作用,带领村民认真实施。"① 值得注意的是,对党支部领导方式的规范(以及两委关系的处理)也是在群众路线的口号下进行的。

——当村民自治的民主逻辑波及村党支部的选举时,人们也是用群众路线的话语来论证其合法性:"实行'两评一选'是农村改革的延续和深化。经济体制改革的深化,必然也要求政治体制改革与之相配套。凤阳在村党支部换届选举中,充分发动群众广泛参与,扩大民主范围,把市场经济竞争、开放、平等、公正的基本要求引入农村基层组织建设,这是我党群众路线的深化和发展。"②

——在两票制受到质疑时,"河曲县的领导在回应中争论说,投信任票不过仅仅是走群众路线的一种更正式的方法。他们依据中国共产党是人民利益的忠实代表这一原则,甚至提出由于村支部实际上是村的领导核心,所以'群众应该有选举支部委员,尤其是支部书记的权利'"③。

——当"两票制"被进一步引入乡镇领导人选举时,论证逻辑以同样的方式延伸:"群众路线是党的根本工作路线和工作方式,让干部群众直接参与镇政府领导班子人选的推荐,就是党的群众路线在干部工作中的具体体现。"④ "两票制"是党管干部原则与群众路线的有机结合。⑤ "'两票制'的最大特点

---

① 李学举:《中国城乡基层政权建设工作研究》,中国社会出版社1994年版,第97—98页。
② 夏树、程福淮:《选的都是俺信得过的人——安徽凤阳县改革村党支部选举办法的调查与思考》,载《农民日报》,2000年4月24日。在党组织发展党员时,群众是否应该参与,以及究竟应该发挥什么样的作用这个问题上,我党曾尝试过不同的方法,其中最为开放的做法是"自报公议党批准"。1950年5月21日《中共中央关于发展和巩固党的组织的指示》指出:"关于'自报公议党批准'的建党方法,是有缺点的,这很容易被误解为尾巴主义,也很容易在实际工作上使党陷于被动。这种方法以后不应继续提倡和采用,而以公开建党的口号来代替它。""所谓公开建党,是指党在劳动人民中间应公开地进行关于党纲和党章的宣传教育,普遍提高他们的觉悟;在考察一切要求入党的人时,不仅听取介绍人的报告、本人的意见及党内的反映,而且还要采取各种方式征求群众的意见,使党的领导与群众的意见相结合,才能对被考察者有较全面的认识。因此,公开建党就必须防止不重视群众意见(或形式地征求群众意见)和放弃党的领导这两种偏向的发生。公开建党的目的,是为了更密切党与群众的联系,把党放在群众的切实帮助与监督之下,建设一个有战斗力的纯洁的布尔什维克式的党。"[中共中央文献研究室编:《建国以来重要文献选编》(第一册),中央文献出版社1992年版,第244页]与历史上曾经出现过的"自报公议党批准"和"公开建党"相比,两票制显然居于两者之间。
③ 参见李连江:《山西省的两票制——让村党支部书记接受村民投票的考验》,唐海华中文译稿(未刊)。
④ 中共大鹏镇委书记纪志龙:《扩大基层民主,两票推选镇长》,见黄卫平主编:《中国基层民主发展的最新突破》,社会科学文献出版社2000年版,第33页。
⑤ 中共大鹏镇委书记纪志龙:《扩大基层民主,两票推选镇长》,见黄卫平主编:《中国基层民主发展的最新突破》,社会科学文献出版社2000年版,第34页。

是把发扬党内民主与走群众路线结合起来，从机制上保证了干部工作置于群众的监督之下，有利于选准农村的'领头雁'"①。

——最后，群众路线直接与选举联系起来："尊重村民的民主权利，让村民群众办理自己事情，就是党的群众路线在新时期的生动具体体现。"②"群众路线在每个时期都有不同的内容。不要一提群众路线，就马上想到打背包，住农村。……在新时期应该怎么办？一是找到适合新时期工作特点的办法，那就是做群众工作；二是紧密地和民主法制建设结合起来。……应该说搞好选举是新时期群众路线生动的体现，因为它是法制化了的群众路线。大家想一想，三年一次，到时候每个人都要表达自己的意愿，每个选民都要参与投票，既参与投票，就表示他对村干部的意见，因此，它是新时期最好的群众路线。"③

人们在为新的做法进行理论论证时——从最早的村民自治到党支部建设的两票制——都在运用一个相同的政治符号：发扬、光大党的群众路线的优良传统。结果产生了一个辨证的互动：传统在为新的实践进行辩护和正名的同时，不但得到了重塑，而且也悄然改变了自身——它得到了新的阐释。

四、新阐释的意义：代表基础的扩展与充实

在新的时代背景下，对群众路线作出新的阐释，具有十分重要的理论意义和实践价值。

严格地说，在中国的政治理论和政治实践中，存在着两种代表性理论。④除了本文第一节讨论的群众路线所表达的先锋队代表理论之外，还有一种基

---

① 《中共龙岗区委书记刘志庚谈干部人事制度改革》，见黄卫平主编：《中国基层民主发展的最新突破》，社会科学文献出版社 2000 年版，第 26 页。
② 李学举：《关于村民自治在农村工作中的作用》（1992 年 1 月），见其著：《中国城乡基层政权建设工作研究》，中国社会出版社 1994 年版，第 86 页。
③ 王振耀：《在河北省第四届村民委员会换届选举骨干培训班上的讲话》（1996 年 6 月 24 日），转自尹文儒主编：《基层民主实践》，中国档案出版社 1998 年版，第 316 页。
④ 〔美〕约翰·布赖恩·斯塔尔（John Bryan Starr）：《毛泽东的政治哲学》，中央文献出版社 1992 年版，第六章"论参与和代表"值得一读。

于公民选举而产生的政府代表性。早在第一次国内革命战争时期，根据地就建立了苏维埃政权组织。抗日战争时期边区政府实行的"三三制"虽然是特殊时期采取的一种临时性的政权建设举措，但通过选举产生政府的原则是共通的。中华人民共和国成立之后，建立了人民代表大会制度，由人民间接选举（通过多层的代表）产生国家最高权力机关以及人民政府。这一代表理论乃基于人民主权（国民主权）的政治哲学原理，用我国宪法的术语来说，叫做"中华人民共和国的一切权力属于人民"，人民行使国家权力的机关是全国人民代表大会和地方各级人民代表大会。用主流政治术语来说，各级干部的权力是人民给的。

　　两种代表理论的存在提出了一个政治学问题：这两种代表性理论之间有什么关系？我们知道，在经典的群众路线表述中，作为先锋队的党对人民利益的代表乃建立在对社会历史发展规律的认识和对阶级使命的自觉之上，而与民众的选举没有必然联系。相反，根据先锋队理论，投票选举并根据选票的多少来决定政治产出（谁来执政）可能会被视为放弃领导，或将自身降低到群众水平的一种错误做法。与此相应的另一方面是，先锋队的代表性优越于经由选举产生的人民代表大会制度的代表性。我国宪法确立了中国共产党的领导地位、各级人民代表大会要接受同级党组织的领导，这两个事实足以说明这一点。这一事实导致了两个政治结果：首先，虽然从法理上讲，全国人大是国家的最高权力机关，但其实际的政治地位并非如此。在相当一个长的时期内，它充当了橡皮图章的功能，在"文革"时期甚至完全瘫痪。其次，从理论上说，人民代表是经由自下而上的过程选举出来的，但实际上往往采取自上而下的方式进行内部控制（党的组织部门在党管干部的原则下实际控制了提名权），选举在很大程度上成为一种过场的仪式。改革开放以来，人大制度建设越来越得到重视，党组织与人大的关系也处在动态的调整之中。由此出现的一个问题是，在人事任免方面，各级党委和组织部与人大代表之间的博弈越来越复杂。[1]

---

[1] 这方面的研究，可参见蔡定剑主编：《中国选举状况的报告》，法律出版社2002年版，第350页。

先锋队代表理论的另一个结果是，长期以来我们缺乏这样一种观念——民主是选举治理者的一种程序，而更多地将民主视为领导与群众之间的一种交流工具（或一种工作方法）。在这一观念中，民主与公民的个人权利关系不大，故而民主的程序保障就相对地变得无关紧要。① 在 1951 年 2 月召开的北京市第三届人民代表会议上，刘少奇有这样一段话："我们首先注重的不是这一套选举的形式，而是它的实质，就是说，要使人民，主要使劳动人民真能选举他们所乐意选举的人去代表自己，并要代表能忠实地把他们的意见和要求反映到政府中去。只要选举能真实地做到这一点，我们就不在选举的方式上去斤斤计较，而尽可能地采用群众所熟悉的和便利的方式去进行选举。"② 尽管我们可以理解当时条件下组织选举所面临的技术困难，但是它也确实反映出那一代领导人对于民主选举的一般性看法。

在某种意义上，村民自治的实践在特定领域、以特定方式，对代表性问题采取了一种崭新的回答方式。村民自治为中国政治引入新的游戏规则和操作程序。它将确定村庄领导人这一政治过程的逻辑起点进行了反向置换，变"自上而下"为"自下而上"。候选人产生方式的民主化（推荐与自荐），公开、平等的竞争，演说的引入，候选人的选举动员，秘密划票等技术的采用，使一些地方存在的"向上跑官"变为"向下拉票"；村干部的权威基础也由"上级授权"变为"村民赋予"。③ 由此，"代表"不再是自我诉求的主张，而是一种需要争取的结果——通过选举程序而获得的资格。任何声称代表村民利益的候选人要接受村民的事先认可，并且一旦当选还要在以后的选举中接受定期的反复检验。

这一变化的实质是将利益代表与选举联系了起来。从学理角度看，这一联系具有双重意义。首先，将选举技术纳入群众路线虽然是程序方面的一个小小变化，但它却是政治原理方面的一个大大进展。村民自治将人民主权的

---

① 〔美〕黎安友（Andrew J. Nathan），《中国的民主》，姜敬宽译，台北五南图书出版公司 1994 年版，第 179 页。
② 刘少奇：《在北京市第三届人民代表会议上的讲话》（1951 年 2 月 28 日），见《刘少奇选集》下卷，人民出版社 1985 年版，第 55 页。
③ 参见景跃进：《选举：传统村庄权力结构的裂变》，载《中国社会导刊》，2001 年第 2 期，第 33—34 页。

理念从抽象原则落实到了选举程序，并在村庄层次真正承认了村民对干部的任命权：对村庄领导人的自由选择。由此，官员应是"人民公仆"的观念便不再只是理论上的口号，而有了具体的操作技术。许多学者因此而将村民自治视为"还权于民"的过程，不无道理。

其次，将选举与利益代表联系起来从一个特定的方面完善和优化了我国的基层政治结构和政治过程。在经典群众路线的程式中，领导者的地位具有某种先赋（或外在）的性质，或者说它没有回答（省略）领导者是从哪里来的问题。在革命战争的年代里，这一问题是通过实践来回答的——领导者是从革命斗争的大风大浪中磨炼出来的，其领导权威和个人威望是非常自然的事情。随着战争年代的结束以及常规化过程的展开，领导者的权威来源以及政治合法性便是一个需要不断考究的问题。在这种情况下，将选举纳入群众路线可谓提供了一个弥补缺陷的环节，由此形成了一个有机的、前后相衔接的完整过程。这就是：领导干部从群众中来（由群众选举产生）——到群众中去（关心群众、调查研究、倾听群众的呼声）——在此基础上从事决策（将群众的意见或利益考虑进来，并加以升华）——再到群众中去（依法行政，在实践过程中，接受群众的检验，并根据这种检验结果来修正政策）……。如果考虑到时间（任期）的因素，那么这一过程还应包括通过定期的群众投票的检验（制约领导人的一个关键变量是未来的选举）。通过"预期反馈"的原理，上下之间的关系形成了一个首尾相接，螺旋式循环，不断调整的动态系统。在这一系统中，政治精英的能动性与群众的基本权利、领导人的政治合法性与政治责任、利益的代表与政策制定均得到了较好的平衡。政治结构与政治过程的优化不但为执政者与群众保持密切联系提供了制度化的机制，而且大大提高了两者之间良性互动的概率。

值得指出的是，群众路线的这一新阐释对于农村党支部建设同样具有不可忽视的意义。两票制意味着作为村领导核心的党支部，其领导人的产生也必须通过村民的民意大关。从政治哲学上看，将民意纳入基层党的组织建设这一技术性举措的意义在于，它提供了一种将先锋队代表性与公民选举的代表性结合起来的中介环节,从而将党内民主与国家民主/社会民主有机地结合起来,丰富和发展了先锋队的代表性理论和实践。在某种意义上,这也是"三个代表"重要思想的具体体现:"如何在'两委'关系问题上改革创新?我们认为,最根本地就是要贯彻'三个代表'的思想。在此基础上,才能真正弄清楚党和群众的关系。……把'三个代表'的思想运用到处理'两委'关系上,就是'两委'成员都要成为农民群众利益的代表者。……其成员都应该是村中的优秀分子。……那些被选进村委会的非支部成员,应尽快让其兼任党支部书记的职务;非党员的应采取措施积极有效地培养其入党,并进而兼任党支部的相应职务。此举的'理论'依据何在?根本点就在于在村这一范围内使村干部得到包括党员在内的大多数群众的拥护和支持,能代表大多数村民的根本利益,从而也就体现了'三个代表'的要求。"①

与此同时,通过群众路线这一环节,两票制选举成为党内民主的催化剂。一如林尚立所说,"党内民主运作是党的民主制度运行和党员民主权利实践的过程。从形式上看,这个过程完全在党内展开,与党外部的群众没有直接关系。其实不然。因为,党的存在不是孤立的存在,不论作为领导力量还是作为执政力量,党都直接存在于社会之中,具体来说就是存在于群众之中。党的性质和宗旨决定了党不仅要存在于群众之中,而且要全心全意为人民服务,代表群众的利益和意志,以群众的利益为最高的利益。这也就决定了党内民主运作不完全为民主而民主,必须以能够实现党的宗旨而发扬民主,只有这样,党内民主才能在促进党内健康发展的同时,保证党的领导地位和执政基础。这样,群众观念就成了党内民主运作的一个重要价值取向;同时,群众力量也成为促进党内民主的重要外部力量。在党内民主运作中,群众观念和群众力量,既是对党内民主运作的一种规范,也是对党内民主运作的一种推动和保障。因为,依据群众路线展开的党内民主运作必然在政治上具有高度的合法性和权威性。这几年在中国农村的村党支部选举中出现的'两票制'

---

① 宇宏、刘书鹤:《有关学者对 57 名村主任、委员的联名上访信的看法》,见李凡主编:《中国基层民主发展报告:2000—2001》,东方出版社 2002 年版,第 458—460 页。

在一定程度上说明了这一点。当村民的预选成为党内正式选举党支部必须经历的一个前提环节时,村党支部的民主选举就必然会更加严格、更加规范,在这其中,党内民主制度的运作也就变得更加神圣和严肃。"①

事实上,村民自治不但对党内民主产生了积极的影响,而且对于国家层面的民主政治建设也具有积极意义。在某种意义上,2002年中央14号文件的规定——提倡拟推荐的村党支部书记人选,先参加村委会的选举,获得群众承认以后,再推荐为党支部书记人选;如果选不上村委会主任,就不再推荐为党支部书记人选——是一个象征性的符号,它意味着村庄党组织的代表性不只依靠先锋队的论述,它也要依靠村民的认可;基层党组织只有首先获得基于民意的代表性(村民的认可),才能具有先进性(具有领导的资格)。由此,在基层党组织与村民的关系方面实现了一个根本性的变化:必须随时随地地获得群众的认同(定期的竞争性的选举是表达这种认同的最为重要的方式),并将这一点作为自身的施政基础。由此,群众路线不单单是领导人实现历史使命的一个工具,而成为(或有可能成为)决定村庄领导人政治命运的一个工具。这一变化所具有的意义只有在历史中才能充分显示出来。

(本文原刊于《湖南科技大学学报(社会科学版)》,2004年第6期)

---

① 林尚立:《党内民主——中国共产党的理论与实践》,上海社会科学院出版社2002年版,第185—186页。

民主化后国家能力的变化：对"第三波"民主化国家/地区的类型学分析（1974—2014）

刘 瑜[*]

民主和国家能力，作为政治发展两个最重要的维度，彼此之间的关系非常重要，也很富有争议。一种流行的看法认为，二者之间具有冲突性紧张关系：民主化会削弱国家能力，而缺乏国家能力不但反过来会影响民主本身稳固的可能性，而且会影响一个国家的社会经济发展，因此，如果必须取舍，应该"国家能力优先"。民主化之后国家能力会降低吗？这是一个理论问题，但同时也是一个实证问题。本文试图采用类型学的方法，对所有的"第三波"民主化国家进行实证性分析。通过匹配"第三波"民主化以来关于政体和国家能力主要维度的数据库，本文对"第三波"民主化国家进行分类，将其归入国家能力提升型、削弱型或无变化型，并得出三者的数量比率，从而为进一步的理论分析提供一个实证基础。尤其是，相比笼统地回答

---

[*] 本研究得到教育部人文社科一般项目"发展中国家民主化的经济和社会绩效研究"的资助，项目编号为20135000370。特此感谢。

这个问题，本文增加了两个观察的维度：第一，国家能力的不同维度会在民主化之后朝着不同方向变化吗？第二，短期的国家能力改变会不同于长期的改变吗？本文最后的发现是复杂的。在国家汲取能力和行政能力方面，"第三波"民主化国家大多数有所提升，但在强制能力方面，更多的国家会下降。比较国家能力的短期改变和长期改变，并没有发现它们之间有显著的不同。

一、导论

随着许多发展中国家出现民主化受挫，民主悲观主义看法在逐渐上升。在新兴民主的各种问题中，一个引起越来越多关注的方面，是民主化对于国家能力可能的削弱作用。如果像很多人指出的那样，"无国家，不民主"，并且如果新兴民主国家的国家能力会受到削弱，那么许多新兴民主国家就会陷入一个恶性循环：民主化会导致弱国家，而弱国家会恶化民主化的条件，从而形成"弱国家"和"劣质民主"之间的漩涡式关系。因此，民主化和国家能力之间的关系是一个在理论和实践层面都非常重要的问题。

民主化之后，国家能力会弱化吗？本文试图通过对"第三波"民主化国家的类型学分析来回答这一问题。本文将根据民主化转型之前和之后的国家能力变化，将1974—2014年间所有经历民主化进程的国家（简称"第三波国家"）分成三个类型："国家能力提升类型"、"国家能力削弱类型"、"无变化类型"，并研究这些类型的比例。作为对既有文献的回应，分类操作将会考虑两个因素。第一，因为很多研究者认为民主化初始阶段是格外"危险"，所以本文会检测短期结果是否与长期结果存在不同。第二，学者们也争论过民主化后国家能力的不同维度会朝着不同方向发生变化，所以这篇文章会区分国家能力的不同维度并检测它们是否会对民主化有着不同反应。

本文的分析路径是数据集匹配，以及必要时的相关案例知识。通过将政体变化相关的数据集与国家能力相关的数据集放在一快，并以民主化为时间上的分隔线，我们得以观察每一个国家民主化后国家能力的主要维度是上升或下降，并基于以上数据对这些国家进行分类。

由于篇幅关系，本文将不涉足多变量的因果分析，仅仅试图对过去40年民主化后各国国家能力的表现做一个系统、全面、描述性的类型学分析。因果分析部分将留待以后另文撰写。在笔者看来，对政治现象的精确、系统的描述性呈现非常重要，因为如果建立在错误的事实基础上，理论解释再精妙也是沙上建屋。只有辨析清楚经验事实到底是什么，我们才能着手分析"为什么如此"以及"如何应对"的问题。同时需要指出，本文格外强调系统性的数据，即避免个案分析可能带来的以偏概全。为此，本文将囊括所有1974年以来的民主化国家（并不意味着它们能够始终维持民主体系）。但是，由于本文只做类型学分析，而不做回归分析，因此分析单位将是"国家"，而不是在大多数时间序列分析中的"国家—年"，这有利于我们直接用案例知识来检验总体性的结论。

本文的余下部分会被分成四节。第二节是对相关研究主题的文献回顾。第三节定义主要概念并解释它们的测量指标。第四节会将数据应用到研究框架并给出结果。第五节会对研究发现进行总结。

二、文献回顾

由于新兴民主国家许多方面的糟糕表现，关于"问题到底出在哪里"的研究逐渐兴起。诊断结果常常指向一个答案：弱国家。有观点认为国家能力需要强大到使民主运转起来，否则民主会"衰败"成新庇护主义，甚至会因政治冲突而崩溃。相应的，一个成功的政治转型需要遵循一个特定的"顺序"：首先应该是国家能力建设；其次才是民主的引入。

Linz and Stepan（1996）是首先强调"稳定"作为民主建设前提条件的两位学者。他们认为，除非国家本身的"国家性"不受挑战，否则一个现代政体很难实现民主巩固。Snyder（2000）and Mansfield/Snyder（2007a，2007b）强有力地阐释了"转型顺序"理论。鉴于新兴民主国家不断爆发的暴力冲突，他们认为"制度建设"应该优先于民主化——原因是，民主会在动员逻辑的支配下，激化而不是平息种族、宗教和地方的裂痕，而一个"制度化程度低下的国家"无力处理由此激发的冲突。"不成熟、不按步骤进行民主化的尝试会使民主化之路,比成熟、有步骤的民主化进程更加困难和更加暴力。比如,当选举在像伊拉克那样的制度废墟举行时,政治竞争会使传统社会中的部族和派系得以合并和强化。"[1]

Back/Hadenius (2008) 是第一批使用时间序列和横断面数据来直接研究民主对国家能力影响的学者。以国家风险国际指数 (ICRG, International Country Risk Guide) 中"官僚机构质量"数据作为国家能力的测量指标,他们发现民主水平和国家能力之间呈现"J型"关系。"J型"关系是指,非常民主的国家在国家能力方面表现最好,但是威权主义国家会比低水平民主国家表现得更好。他们对这个结果进行了解释:高水平民主国家会因为自下而上(市民社会、自由媒体、掌握信息的选民)的压力而增强行政管理能力;威权政体能够自上而下地控制行政人员(科层制);而低水平民主国家以上两点都缺乏。

Fukuyama (2012, 2014, 2015) 是另一位"将国家带回来"的学者。尽管他强调政治发展的三个维度(国家、民主和法治),但当讨论到当代民主困境的时候,他格外关注的是国家能力。"为什么世界范围内民主的表现会如此令人失望,这是一个值得讨论的问题。在我看来,一个重要的核心因素是……在许多新兴和现存的民主国家,国家能力没有跟上人们对于民主的需求。没有成功地建立现代的、良治的国家,是近来民主转型的阿喀琉斯之踵。"[2] 他认为,历史上的许多成功国家,比如英国,是先在威权条件下巩固了一个韦伯式的现代国家,然后再赋予人民普选权。如果违反这个顺序,将民主置于国家机构建设之前,除非及时的成功政治改革会发生,一个"庇护主义国家"而不是一个"现代国家"将会出现。他用美国、希腊、意大利和一些西欧国家的历史来阐释他的观点。

这些对"民主化—国家能力"关系的悲观看法受到了来自另一方的挑战。

---

[1] Mansfield, Edward D., and Jack Snyder, "The Sequencing 'Fallacy'", *Journal of Democracy*, Vol. 18, No. 3, 2007b, pp. 6-7.

[2] Fukuyama, Francis, "Why Is Democracy Performing so Poorly?", *Journal of Democracy*, Vol. 26, No. 1, Jan. 2015, p. 12.

Carothers (2007) 对 Snyder/Mansfield 的"顺序理论"持不同观点：一个强有力的国家的确对民主巩固有益，但威权制比民主制更善于建设国家能力吗？这是非常可疑的，因为一个独裁政府常常缺乏动力去建设国家机构或民主，而更有兴趣去垄断权力或者中饱私囊。"顺序理论有着两个错误前提：大多数独裁者能够并有意愿去推动法治发展和国家能力建设，并且民主国家内在地不适应这些任务。"[①]

Carbone/Memoli (2015) 也通过统计研究发现，不仅一个强有力的政府有利于民主巩固，一个真实推进的民主化进程也有助于国家能力深化。通过对122个国家的面板数据分析，他们发现，一个国家的民主程度及其持续时间的相互作用会积极地、显著地影响国家能力的巩固，无论国家能力的衡量指标是政治稳定，还是行政能力。

Salter (2008) 使用来自东南亚地区的案例研究支持了这一观点。他试图论证，竞争性选举会通过三个方面来提升国家政权的"基础性力量"：政党的建设，将边缘人群引入到政治进程中，以及促使中央政府介入地方割据势力。他列举的东南亚国家的例子，显示民主化进程对于国家能力建设有促进而不是阻碍作用。

从历史的角度看，成功的民主国家也并没有遵循"国家优先，民主在后"的模式。在《民主的中世纪根源》一文中，Moller (2015) 质疑了福山的历史顺序论。他强调，当西方的国家能力建设在16世纪开始时，权力制衡体系已经嵌入到其政治传统中。早期民主国家的成功，是归因于国家能力的强大，还是国家能力的受制？或许两个方面缺一不可。换句话说，在西方，国家能力建设确实是先于大众民主的引入，但精英民主也先于大规模的国家能力建设。在当下，教条化地强调"国家能力优先"而忽视了历史的细微性和复杂性，可能会差之毫厘谬以千里，也会给当代威权统治者提供太多理论上的便利。

[①] Carothers, Thomas, "How Democracies Emerge: The 'Sequencing' Fallacy", *Journal of Democracy*, Vol. 18, No. 1, 2007, p. 14.

许多其他学者介于乐观主义和悲观主义之间。通过对撒哈拉以南非洲的定量研究，Bratton/Chang（2006）发现，国家能力建设与民主之间存在着相互促进的作用。他们的研究支持了高效国家是成功民主化的前提条件这一观点，但是他们也发现，民主也对非洲的法治有提升作用。"特别是，一个单位量的民主供应的增加会引起0.485个国家法律强制力的增加。这个结果验证了我们先前的预设：法治有一部分是民主化的结果。"[1] 因此，界定国家能力建设和民主建设谁应该优先是徒劳的，因为两者的发展相辅相成。

Charron（2010）则强调一个"有条件的"因果关系。通过对125个国家的时间序列研究，他发现，民主化对于政府质量[2]到底是促进还是阻碍，取决于这个国家的经济发展水平。他认为，政府质量不仅取决于制度（民主与否），而且取决于社会需求的性质。当一个国家太穷，人们倾向于将短期需求置于中长期需求之上，这会使民主化的前景黯淡。因此，只有民主转型依附于一定的经济基础，才能产生政府能力。但他也强调，单单经济水平不会改善政府的质量：经济发展也需要依附于民主，才能产生强大的国家能力。

所有这些研究，尽管常会彼此冲突，但对于研究"民主—国家能力"的关系有着重要启示。然而，这些研究或者是案例研究因而缺乏系统性，或者是回归分析，但是由于研究年代、范围、衡量标准或者统计技术的不同得出截然不同的看法。聚焦于"国家—年"而不是"国家"这个分析单位，也常常造成研究结论和经验观察的脱节。对于"第三波"民主化国家——这样一个时间单位和地理范围，仍然缺乏一个系统的、综合性的经验描述。通过囊括所有"第三波国家"，并聚焦于"国家"这个最便于观察的分析单位，本文展开的类型学分析，将有利于我们理解过去40年，民主化之后，到底各国的国家能力发生了什么趋势的变化。

---

[1] Bratton, Michael and Eirc C. Chang, "State Building and Democratization in Sub-Saharan Africa", *Comparative Political Studies*, Vol. 39, No. 9, 2006, p. 1079.

[2] 因为Charron也使用国家风险国际指南中的"官僚机构质量"来测量政府质量，而这一指标常被用来测量"国家能力"，所以这篇文章可被视为属于"国家能力"研究。

三、概念与测量

为了定义"第三波"民主化国家,首先需要先界定研究对象。从时间范围来看,亨廷顿广为传播的《第三波:20 世纪后期的民主化浪潮》一书为"第三波"民主化的时间范围划定了一个被广泛接受的界限:自 1974 年以来的民主化。更为棘手的问题是如何界定"民主化"。由于本文并非一篇政治哲学作品,因此对民主化只寻求操作性定义。从操作性的角度来说,目前国际比较政治学界使用最广泛的政体数据库是 Polity IV(Marshall,2014)。该数据库对各国从 1800 年至今每年的政体表现评分,分值由 -10 到 10 分布(其中 -10 为"最专制",10 为"最民主")。因此,从直观的角度而言,民主化发生意味着一个国家的 Polity IV 分值经历从负值(包括 0)[①]到正值的变化。

然而,界定一个"第三波国家",并非像定位从"负"号到"正"号的变化那样简单。这是因为在 Polity IV 中,"模糊分数"是广泛存在的:-77 表示"无政府战乱状态",-88 表示"转型过程中",还有 -66 表示"外国占领"。[②]为了便于时间序列分析,目前统计研究者将所有"-77"变为"0",并将"-66"作为"系统缺失"处理。事实上,这种武断的做法可能会导致研究结果的偏差。[③]本文则对这些"模糊分数"做具体分析和检测。根据案例国家/地区是否引入了相对"自由而公正"的选举(也是比较政治学界最为常用的民主最低标准),本文决定是否采纳或排除该案例。比如,阿富汗的政体分值,在 1974—2014 年间没有正数分值出现过,但自 2001 年开始的 13 年里分数是 -66("被美国军队占领")。仅仅因为分值是"-66",将美军入侵前后阿富汗的重大政体变化视为"零信息"("系统缺失"),显然会导致

[①] 因为数据库使用手册将 -5 到 0 置于"封闭中间政体"类型(将 1-5 置于"开放中间政体"类型),因此将"0"视为更倾向于威权主义比较合理。
[②] 更多相关解释请参见 Polity IV 项目的数据库使用手册:http://www.systemicpeace.org/inscr/p4manualv2013.pdf。
[③] 例如,在阿富汗,在最近的过去有两个无政府时期:在 1978 年和 1992—1995 年分值是 -77。但用于时间序列分析 Polity II 中,它们的分值都显示为 0。鉴于无政府时期之前的分值分别是 -7 和 -8,跳到 0 就貌似一定程度的民主化已经发生,因此,任何此后发生的混乱都显得是"民主化的后果。"但实际状况是陷入无政府状态而不是民主化。分析来自 Polity 而不是来自 Polity II 的数据,可以避免这种信息扭曲。

研究结果的偏差。事实上，对该案例的具体分析显示，自 2004 年，阿富汗已经开始组织大规模竞争性选举，因此阿富汗可以被视为一个第三波案例，并且转型年份可以大致被设定为 2004 年。

另一个界定"第三波国家"的问题，是新兴民主持续的时间。一个 1974 年后民主化的国家，不管今天（2014 年底）是否成功维持了民主体系，都可以被视为"第三波国家"。当然，如果民主后来崩溃，那么崩溃之后的国家能力不被视为"民主化后的国家能力表现"。但是，只有一个国家在此期间（1974—2014）维持了两年（包括两年）的民主政体，才能进入本文界定的"第三波国家"行列。这是基于技术的而不是概念的考虑。首先，当一个新兴民主政体持续的时间太短，很难定位"民主化后"的国家能力数据。比如，阿塞拜疆的分数从 1991 年的 -3 转成了 1992 年的 1，但是在 1993 年又突然下降到了 -3 并且此后都保持负数。在这个案例中，哪一年可以被看作是"民主化之后"呢？假如选择 1992 年，万一民主化发生在 1992 年 10 月呢？假如选择 1993 年，万一回归威权体系发生在 1993 年 3 月呢？其次，为了避免单个年份信息可能具有的误导性，本研究会使用平均数的方法去比较"民主化之前和之后"的国家能力。但是，对于一个少于两年的时间长度，平均的方法是无意义的。尤其要考虑到，"国家能力"多种测量指标中数据缺失比较广泛，技术上允许多个年份作为"后转型"时期，可以提升数据的可利用性。

根据以上标准，可以划定 95 个国家或地区为"第三波国家"（重申：并不一定意味着目前这些国家或地区都保持着民主制度）。为了得到相对显著的信息，8 个人口少于 100 万的国家被舍弃了。① 本文将对余下的 87 个国家或地区进行分析，这些国家的名称被列在了附表 1 内。在该表中，每个国家的"转型年份"也被列出，"转型年份"是指当政体分数从负转正的年份，或当"模糊分值"出现时，被国际社会承认的第一次选举发生的年份。当民主崩溃时，一个向下的箭头"↓"会被添加，以示变化。

---

① 这些国家是佛得角、科摩罗、吉布提、苏里南、黑山共和国、不丹、圭亚那、斐济。

"国家能力"也是一个充满弹性的概念。在使用这个概念时，不同的学者其实常常所指不同。有时不同学者又会使用不同的概念表达相近的意思："国家性"（stateness），"国家政权建设"（state-building）、"国家能力"（state capacity）、"国家机构"（state institutions）、"国家自主性"（autonomy of the state）、"政府质量"（quality of government）、"官僚能力"（bureaucratic capacity）、"国家基础设施"（state infrastructure），等等。Anderson/Moller/Skaaning（2014）总结了相关的研究并指出，"国家能力"有三个不同的维度：国家对暴力的垄断权、行政管理的有效性和对于国民身份的认同感，每个维度和民主的关系都不尽相同。与此类似，Hendrix（2010）发现，在现有的国家冲突关系研究中，国家能力最被重视的三个维度是：军事能力、官僚执行能力，以及政治制度的一致性。为使"国家能力"区分于其他规范性概念——比如"良治"或"法治"，Hanson/Sigman（2013）简明地将国家能力划分为三个不同的类型：汲取能力、强制能力和官僚能力。通过贝叶斯潜变量分析，他们发现国家能力的这几个维度很难彼此剥离。论及"国家能力"的操作化测量时，方法则更为碎片化。Hendrix（2010）列举了目前研究所使用的15种测量国家能力的方法，并通过主成分分析得出结论：综合使用官僚机构质量和税收能力两个尺度，能够最好地测量国家能力的各种维度。

为避免规范性讨论所导致的理论泥沼，同时保护概念的多维性，本文将国家能力中性地定义为"国家实现其政策目标的能力"。从概念上讲，它包括三个维度：汲取能力、强制能力和官僚能力。一方面，这个定义有些狭义。通过排除规范性因素（"良治"、"合法性"或"法治"等等），它建立了一个相对清晰的概念边界。另一方面，这个概念也是宽泛的，因为它包括了国家能力的三个主要维度：汲取能力、行政能力和强制能力。以这三个维度——资源、人力和暴力——来衡量"国家能力"，也大体合乎我们的直觉，因为一个国家往往需要"钱、人和强制力"来"把事情办成"。更重要的是，正如Anderson/Moller/Skaaning所论证的那样，国家能力的不同维度与民主通过不同的方式发生联系，因此需要分别检验。

从测量的层面而言，"汲取能力"将用政府财政收入与 GDP 比值测量，数据取自税收与发展国际中心（ICTD）的政府税收数据库（2014 年版）。这个中心通过合并、清理和改进多个机构的数据（其中包括 IMF 的政府财政数据、OECD 的政府税收数据和世界银行的世界发展指数），构建了或许是当今最好的跨时间和跨国家政府税收数据。① "强制能力"则以军费开支与 GDP 比值来衡量，数据来自斯德哥尔摩国际和平研究所（SIPRI）的军费支出数据库。选择这个数据库是因为它有军费开支/GDP 的比值信息而不仅是实际军费开销，而比值信息对于跨国和跨历史的比较是比较明智的。② 关于"行政能力"的信息，来自政治风险集团的国家风险国际指数（ICRG）。这一数据库中的"行政质量"指标，在许多研究中被广泛使用。

应该指出，这些数据覆盖的时间有所不同。政府税收数据库覆盖了 1970—2011 年，但军费支出数据库仅覆盖了 1988—2014 年，ICRG 覆盖了 1984—2014 年。同时，缺失数据也较普遍，尤其是在第三波早期和一些较贫困国家。作为补救措施，一方面会在稍后的具体分析中报告数据缺失情况，另一方面，如前所述，会尽量使用数据平均值，以填补某些数据缺失带来的空白。

一个概念性问题也值得提及。以上变量能否有效测量国家能力？这一点值得讨论。一个很大的困难，在于区分"偏好"和"能力"。有可能一个国家"能够"收取更多的税，但它的"偏好"并不在此。同样的道理，一个国家或许"能够"花费更多的军费，但它"选择"不这么做。政策偏好而不是国家能力会影响军费和税收占 GDP 的比值。然而，一个政府的政策偏好常常会部分地受政治制度的影响。大体上，一个民主政府可能会享有更少的"自主性"，因为公众能够对政府产生更有效的压力，进而限制政策选择范围。因此，偏好与能力之间的界限或许不像其表现得那样泾渭分明。除非我们能在操作层面找到一个区分"偏好"和"能力"的方法，以上变量或许是可使用

---

① 参见解释数据库的 ICTD 工作论文：http://www.ictd.ac/sites/default/files/ICTD%20WP19.pdf。
② 有时间覆盖度更好的军事开支数据库，比如，"战争因素项目"（Correlates of War）有一个覆盖 1816—2007 的数据库，但它只有实际军事支出数据（未经通货膨胀因素调整），而不是军事开支占 GDP 比例的数据，因此会使历史比较缺乏意义。

的最好量度，它们也的确是现有的实证研究中被广泛使用的指标。

四、研究策略与经验结果

本文的研究策略主要是数据集匹配。将政体和国家能力数据沿着时间轴铺开，使得对比每个国家或地区民主转型"之前 v. 之后"的国家能力水平成为可能。为了展现国家能力不同维度可能存在的不同变化趋向，本文会分别对汲取念能力、强制能力和官僚能力的变化进行描述。同时，"短期"与"长期"的改变会被区分开以检测可能的"U形"或"J形"关系。这里"12年"被选作为短期和长期的切分点。当然，任何时间上的切割点都有武断性，不过，之所以选12年是基于以下考虑：这个时间长度大致覆盖2—3个大选周期。根据一些研究（Cederman，2012），新兴民主国家初始的几轮选举是最"危险"的。因此，在这个阶段，国家能力的变化可能是波动最严重的。比较在这个"摇摇欲坠"时期和对"趋向稳定"时期国家能力是否存在不同走向，具有一定的理论意义。

分析的第一个角度，是比较民主化之前和之后国家汲取能力的变化。附表2列举了所有第三波国家政府税收占GDP比重的变化。如前所述，为避免潜在离群值年份可能造成的信息偏差，本文使用平均值数据。比如，根据Polity IV的数据，智利转型年份是1989年，所以它转型"之前"税收占GDP的比值取1974—1988年的平均值，转型"之后"短期数据取1989—2000年数据的平均值，长期数据取2001年到最近可得年份的平均值。[①]

数据缺失较为严重。在87个国家中，只有52个国家有转型之前和之后的信息，其中只有23个拥有"转型之前"、"转型后短期"和"转型后长期"

[①] 当一个国家经历了一次民主崩溃，如果民主崩溃的持续时间超过三年（含三年），那么这些年内的汲取能力平均数会被当做"威权体制下国家能力的表现"来使用。如果崩溃时间持续不到三年，这些年的信息不会被纳入统计。比如，阿尔巴尼亚经历了一次民主崩溃，时间是1996年，但在1997年再次民主化，那么，1996年的信息会被忽略以避免技术上的复杂性。但在白俄罗斯的情况下，1995年民主崩溃后，该国再也没有任何再民主化进程，那么1995年后的平均数会作为"威权体制下的国家能力"信息，被用来与民主时期的国家能力信息做比较。在这种情况下，如果民主崩溃后国家能力增加，在我们的分类表格中，将被视为一个"削弱型国家"（即民主化后国家能力削弱）。这适用于国家能力分析的所有三个维度。

的信息（部分原因是很多新兴民主国没有持续超过12年）。14个案例没有理论上有用的信息，因其数据或者全部缺失、或者只存在于一个时间区段从而缺乏前后对比的基础。这14个案例会被报告为"缺失信息"的案例。此外，有21个案例有"转型之后"短期以及长期的信息，但是缺少"转型之前"的信息，这种案例会被标注为"部分信息案例"。

通过比较"转型前后"每个国家税收占GDP的比值，本文得以展开对"第三波国家"汲取能力变化的类型学分析。结果被报告在下面的表1内。如表所示，52个具有前后可比性信息的案例被分为4组：27个属"汲取能力提升型"，10个属"汲取能力削弱型"，1个属"U形型"，还有14个"无变化型"。"无变化"在这里是被定义为一个国家在"转型之前和之后"差别低于2%。允许一定弹性（2%）的存在，是因为这种小幅度变化更多地可能反映了一种临时的波动，而不是国家能力的根本性变化。① "缺失信息案例"放在了第5列。第6列是"部分信息"的案例。向上的箭头表示汲取能力从短期到长期有增长；向下的箭头表示相反情况；"="表示没有变化。从表中可以看出，"部分信息类型"中，提升型、削弱型和无变化型所含案例数量比例是11:2:8。

表1 "第三波"民主化国家转型前后国家汲取能力的变化趋势分类（1974—2011）

提升型	削弱型	U型	无变化型	缺失信息案例	部分信息案例
阿尔及利亚	阿富汗	尼加拉瓜	布隆迪	波斯尼亚	阿尔巴尼亚↑
孟加拉国	保加利亚		克罗地亚	德国	阿根廷↑
白俄罗斯	中非		萨尔瓦多	希腊	亚美尼亚=
贝宁	智利		埃塞俄比亚	伊拉克	玻利维亚↑
刚果（金）	刚果（布）		比绍	科索沃	巴西↑
东帝汶	象牙海岸		海地	利比亚	柬埔寨=
厄瓜多尔	匈牙利		印度尼西亚	马达加斯加	捷克=
加蓬	伊朗		马拉维	尼日利亚	多米尼加↑
加纳	波兰		尼泊尔	葡萄牙	爱沙尼亚=
危地马拉	乌干达		尼日尔	索马里	格鲁吉亚↑

---

① 在一些情况下，政体改变（民主化或独裁化）之后，国家能力会发生相同方向的改变（都增强了或者都削弱了）。这种情况也被纳入"无变化"类型。这适用于所有三个分类操作。

续表

提升型	削弱型	U型	无变化型	缺失信息案例	部分信息案例
几内亚			巴基斯坦	西班牙	拉脱维亚 =
洪都拉斯			巴拿马	台湾地区	立陶宛 =
肯尼亚			赞比亚	突尼斯	马其顿↑
吉尔吉斯斯坦			津巴布韦	乌克兰	摩尔多瓦↑
莱索托					蒙古↑
利比里亚					秘鲁↑
马里					菲律宾 =
墨西哥					罗马尼亚↓
莫桑比克					俄罗斯↑
巴拉圭					斯洛伐克↓
塞内加尔					
塞尔维亚					
塞拉利昂					
韩国					
泰国					
土耳其					
乌拉圭					

表1中可以观察到若干信息。第一，现有信息显示，民主化之后，汲取能力提升的国家明显多于汲取能力削弱的国家。事实上，前者是后者的2.5倍（27∶10）。至少就政府的汲取能力而言，民主化进程似乎没有许多人认为得那样糟糕。第二，尽管理论上有一定说服力，"J型"或"U型"案例在真实国家中并不多现——至少当短期被定义为12年时，并且我们使用平均值法来衡量国家能力时。① 在23个完全信息案例中，只有尼加拉瓜一个国家属于这种类型。第三，有14个案例属于"无变化类型"，数量占了52个案例的四分之一多，这显示出面对政体的变化，国家能力相当程度上的韧性。实际上，如果把"无变化类型"标准从2%的税收/GDP差异扩大到5%，那么会

---

① 在一些情况下，"转型之后短期"与"转型之前"的分值会非常接近，但在"转型之后长期"，分值会明显增加。对于这样的情况，分类操作会将它们标记为明确的提升型或削弱型，以避免复杂的分类系统。同样地，在一些情况下，分值会在"转型之后短期"比"转型之前"明显增加或减少，但与"转型之后长期"非常接近。同样，这种情况会被标记为明确的提升型或削弱型。本文的目标是捕捉明显的"U形"、"J形"（或其倒置情形），而不是过于细微的波动。此规则适用于所有三个分类表格。

再有 18 个案例进入到"无变化"类型，使其成为最大的类型（52 个案例中，有 32 个）。不过，这种情况下，汲取能力提升与削弱类型的数量比值并没有根本上的变化（13∶6）。第四，不少缺失"转型之前"信息的国家是前共产主义国家，尤其是前苏联的加盟国，而那些具有"转型之前"信息的前共产主义国家更倾向于落入"削弱类型"。这暗示，如果缺失信息被补上的话，或许"削弱类型"的数量会明显增加。这在理论上是可以理解的，因为共产主义国家善于汲取资源，它们的垮塌意味着国家汲取能力的下降。第五，许多贫穷国家，尤其是撒哈拉以南的国家，属于"提升类型"。这挑战了 Charron（2010）的观点——如前所述，他认为在穷国，威权主义在国家能力方面表现得比民主政体更好。至少就国家汲取能力而言，看上去与之相反的观点是对的：在非常穷的国家，民主化之后往往国家汲取能力出现提升，而非下降。

接下来的比较是在国家强制能力方面。附表 3 列出了所有"第三波国家"在民主化转型前后的军费与 GDP 的比值。受 SIPRI 数据库（1988—2014）的时间跨度所限，缺失数据也较普遍。在 87 个国家中，只有 49 个国家同时有"转型之前以及之后"的数据，其中 27 个拥有"之前"、"之后短期"和"之后长期"的数据。8 个国家是"缺失信息"案例。余下的 30 个国家是"部分信息"案例。

下面的表 2 整理出强制能力的分类结果。如表所示，在 49 个具有比较信息的国家里，8 个国家属于"强制力提升类型"，28 个属于"强制能力削弱类型"，还有 13 个是"无变化类型"。在这里，"无变化类型"的区间范围被设定为 0.3%。之所以选择 0.3% 这个区间范围——比汲取能力维度将"无变化区间"设定在 2% 要小得多，是因为汲取能力衡量政府财政总收入占 GDP 比例，而军费开支常常是政府总体税收的一小部分而已，因此其 GDP 占比要小得多。① 另外，在部分信息类型的国家中，上升者、下降者和无变化者的比例是 17∶5∶8。

---

① 例如，即使在美国，这个世界上最大的军费花销国，近年军事开支只占联邦政府支出的五分之一左右，或在近些年，和美国军费开支所占比例会明显下降如果分母是总税收而不是之一左右；而如果分母是 GDP 而不是联邦政府支出，比例数值将大大下降。

表 2 "第三波"民主化国家转型前后国家强制能力的变化趋势分类（1988—2014）

提升型	削弱型	无变化型	缺失信息案例	部分信息案例
阿尔及利亚	阿富汗	孟加拉国	德国	阿根廷↓
白俄罗斯*	阿尔巴尼亚	埃塞俄比亚	希腊	亚美尼亚↑
刚果（布）*	贝宁	加纳	洪都拉斯	玻利维亚↓
刚果（金）	保加利亚	比绍	伊拉克	波斯尼亚↓
象牙海岸	布隆迪	海地	科索沃	巴西↓
几内亚	柬埔寨	肯尼亚	葡萄牙	捷克↓
吉尔吉斯斯坦	中非	利比里亚	索马里	东帝汶=
利比亚	智利	墨西哥	乌干达	多米尼加=
	克罗地亚	尼泊尔		厄瓜多尔=
	加蓬	尼日尔		萨尔瓦多↓
	匈牙利	巴基斯坦		爱沙尼亚↑
	印度尼西亚	塞内加尔		格鲁吉亚↑
	伊朗	突尼斯		危地马拉↓
	莱索托			拉脱维亚↑
	马达加斯加			立陶宛=
	马拉维			马其顿↓
	马里			摩尔多瓦=
	蒙古			尼加拉瓜↓
	莫桑比克			巴拉圭↓
	尼日利亚			秘鲁↑
	巴拿马			菲律宾↓
	波兰			俄罗斯=
	罗马尼亚			斯洛伐克↓
	塞尔维亚			斯洛文尼亚=
	塞拉利昂			韩国↓
	台湾地区			西班牙↓
	赞比亚			泰国↓
	津巴布韦			土耳其↓
				乌克兰=
				乌拉圭↓

表中所呈现的信息也比较清晰。与汲取能力相反，强制能力"削弱案例"数量明显多于"提升案例"。事实上，前者（28）是后者（8）的3.5倍多。看来，至少在"强制能力"方面，认为民主化之后国家能力会下降是正确的。此外，和"汲取能力"维度一样，"强制能力"维度也没有发现明显的"J形"

或"U形"变化趋势。也像汲取能力一样,"无变化类型"的数量占可观测案例的四分之一左右（49个中有13个）。如果放宽"无变化类型"的定义：从0.3%扩大到0.5%，"无变化类型"的比例会从13/49扩大到22/49，再一次会成为所有类型中最大的群体。与此同时，提升型数量与削弱型数量的比值并不会因此发生很大的变化（6∶21）。

最后一个维度是行政能力的变化。其数据来自ICRG数据库中的"官僚机构质量"指数。在这个数据库中，"官僚机构质量"有0到4个级别：得分高的官僚机构"在政治压力下有一定程度的自主性，并且在雇佣和培训成员方面有一套既定程序"[①]；得分低的官僚机构则会随着政治的变化而摇摆，软弱且不稳定。

附表4是每个"第三波国家"转型前后"官僚机构质量"的分值。如表所示，在87个国家中，有61个国家有转型之前和之后的数据，其中有43个有所有三个分值。14个国家是缺失信息案例。12个国家是部分信息案例。

表3是基于行政能力对"第三波国家"的分类。从表中可以看出，行政能力提升型、削弱型和无变化型国家三者数量比值是31∶15∶15。在部分信息案例中，提升型、无变化型和下降型的比例是7∶2∶3。

信息仍然是比较清晰的。与汲取能力类似但与强制能力不同，民主化后行政能力提升的国家数量（31）明显多于，实际上两倍多于能力削弱的国家（15）。在所有拥有"转型之前和之后"信息的案例中（61），大约一半（31）的行政管理能力有提升，但大约四分之一是下降的。当无变化的界限基于0—4级别设定为0.3时，四分之一的案例行政管理能力没有变化。如果将无变化的定义从0.3扩大到0.5时，无变化类型的数量会增加11个，使之在总数61个中变成26个，这又使之成为数量最多的类型，而提升型比削弱型数量的比例由此变为23∶12，与之前变化不大。与之前的模式类似，明显的"U形"或"J形"关系并没有被发现。大体而言，民主化常常伴随着行政管理能力的上

[①] 参见PRS集团"国家风险国际指南", http://www.prsgroup.com/wp-content/uploads/2012/11/icrgmethodology.pdf。

升而不是下降,这合乎 Back/Hadenius(2008)认为自下而上压力会强化官僚机构能力的观点。

表3 "第三波"民主化国家转型前后国家行政能力的变化趋势分类(1984—2014)

提升型	削弱型	无变化型	缺失信息案例	部分信息案例
阿尔巴尼亚	亚美尼亚	保加利亚	阿富汗	阿根廷↑
阿尔及利亚	巴西	刚果(布)	贝宁	玻利维亚↑
孟加拉国	刚果(金)	埃塞俄比亚	白俄罗斯	多米尼加↓
智利	象牙海岸	海地	波斯尼亚	厄瓜多尔=
克罗地亚	加蓬	利比里亚	布隆迪	萨尔瓦多↑
捷克	肯尼亚	利比亚	柬埔寨	希腊↑
德国	马达加斯加	莫桑比克	中非	洪都拉斯↑
爱沙尼亚	摩尔多瓦	尼加拉瓜	东帝汶	秘鲁↑
加纳	尼日利亚	尼日尔	格鲁吉亚	葡萄牙↑
危地马拉	俄罗斯	巴基斯坦	吉尔吉斯斯坦	西班牙=
几内亚	塞内加尔	索马里	科索沃	泰国↓
比绍	塞拉利昂	韩国	莱索托	土耳其=
匈牙利	乌干达	台湾地区	马其顿	
印度尼西亚	乌克兰	突尼斯	尼泊尔	
伊朗	津巴布韦	赞比亚		
伊拉克				
拉脱维亚				
立陶宛				
马拉维				
马里				
墨西哥				
蒙古				
巴拿马				
巴拉圭				
菲律宾				
波兰				
罗马尼亚				
塞尔维亚				
斯洛伐克				
斯洛文尼亚				
乌拉圭				

五、总结

本文致力于发现,在民主化之后,多少"第三波国家"经历了国家能力的上升、下降或没有变化,每个类型所占的比例是多少。除此之外,本文也试图找出是否汲取能力、强制能力和行政管理能力会向不同的方向发生变化,以及短期的变化是否与长期的变化不同。

本文的发现是复杂的。在汲取能力和行政能力方面,更多的案例的国家能力得到了加强而不是减弱。汲取能力方面,能力提升的案例是削弱案例的2.5倍(27∶10);行政能力方面是两倍(31∶15),数量的差别比较明显。另一方面,强制能力的改变显示出一个不同的路径。更多的案例中强制能力下降了而不是上升了(28∶8),相差3.5倍。也就是说,民主化与国家能力之间并没有统一的关系。"能力"的内容不同,关系的变化方向也不尽相同。因此,笼统地谈论民主化后国家能力的变化,并不恰当。

尽管如此,"第三波国家"中,民主化后三个测量国家能力维度中的两个提升表现多于下降表现,只有在一个指标上,国家能力的下降案例多于提升案例。这显示出,论断民主化后国家能力必然下降,是非常有问题的,经验发现并不支持这一看法。更为重要的是,与民主化更为兼容的两个指标(汲取能力和行政能力)也更具有道德上的吸引力,而"强制能力"——尽管有其重要性——从道义上而言,并不具有同等的吸引力。

更多国家在汲取能力和行政能力提升的事实,对近年来持续上升的民主悲观主义来说构成一个挑战。过度的悲观主义或许与缺乏历史感有关:人们倾向于对照一个完美的标准,而不是历史的标准,去判断一个国家的状态。对许多国家而言,国家能力仅是从"更糟糕"变成了"糟糕"。而当一个国家的国家能力仍旧是"糟糕"的时候,很难认为其情况正在改善。新闻的国际化和即时化,以及政治新闻的"灾难性偏见",或许也对民主悲观主义的蔓延起到了助推作用。

当然,将汲取和行政能力的提升归因于政体改变是一个逻辑的跳跃。本研究是"事实发现"性质的，更多的因果分析笔者将另文分析。一个可能的情况是，相比政体变化，变化的国际环境、经济发展、政治文化、社会结构等因素对新兴民主国家的国家能力变化影响更大。然而，即便是政体变化没有"导致"国家能力的提升，上述发现至少揭示，很多情况下，二者具有兼容性。这种兼容性需要从知识上与政治上得到更多认可。

另一方面，认识到政体变化影响的局限性非常重要。在国家能力的所有维度中，大约有四分之一的国家属于"无变化类型"。并且，如前所述，在每个维度上，如果对"无变化"的定义尺度略微放宽，"无变化类型"数量就会有显著增长，在所有类型中成为数量最多的类型。这显示出，面对政体变化，国家能力具有相当的稳定性。也就是说，在国家能力方面，政体变化所能带来的变化——无论好的方向、还是坏的方向——是相当有限的，不应过高估计政体对国家能力正面或者负面的影响。

此外，不应将本文的发现片面归结为民主乐观主义的理由。不仅在汲取和行政能力方面，有相当数量的能力削弱案例，而且，强制能力的明显下降也值得思考。尽管"强制能力"听上去似乎具有贬义性，但是它的缺乏却往往意味着政府不能在一定区域内维持暴力垄断，也就是说，广泛的局部性暴力甚至战争。因此，进一步研究、分析为什么有些国家的国家能力会下降、这种下降中民主化所承担的责任有多少，是一个迫切的学术问题。

通过类型学分析，本文从国家能力的变化方面对"第三波"民主化国家进行了系统的分类。在研究方法上，本文使用数据集匹配方法，结合案例知识，对"民主—国家能力"关系的讨论提供了一个新的视角。从理论上讲，本文挑战了对"民主化—国家能力"关系的任何单一性概括，包括常见的"民主化必然损害国家能力"观点。如何解释国家能力不同维度的不同变化，民主化本身在这一变化中的作用和作用机制，将是下一步的理论工作。

参考文献

Andersen, David, Jorgen Moller and Svend-Erik Skaaning, "The State-Democracy Nexus: Conceptual Distinctions, Theoretical Perspectives, and Comparative Approaches", *Democratization*, Vol. 21, No. 7, 2014.

Back, Hanna and Axel Hadenius, "Democracy and State Capacity: Exploring a J-Shaped Relationship", *Governance*, Vol. 21, No. 1, 2008.

Bratton, Michael and Eirc C. Chang, "State Building and Democratization in Sub-Saharan Africa", *Comparative Political Studies*, Vol. 39, No. 9, 2006.

Carbone, Giovanni and Vincenzo Memoli, "Does Democratization Foster State Consolidation? Democratic Rule, Political Order, and Administrative Capacity", *Governance: An International Journal of Policy, Administration, and Institutions*, Vol. 28, No. 1, 2015.

Carothers, Thomas, "How Democracies Emerge: The 'Sequencing' Fallacy", *Journal of Democracy*, Vol. 18, No. 1, 2007.

Cederman, Lars-Erik, Kristian Gleditsch and Simon Hug, "Elections and Ethnic Civil War", *Comparative Political Studies*, Vol. 46, No. 3, 2012.

Charron, Nicolas, "Does Democracy produce quality of government?", *European Journal of Political Research*, Vol. 49, No. 4, 2010.

Fukuyama, Francis, *The Origins of Political Order*, Farrar, Straus and Giroux, 2011.

Fukuyama, Francis, *Political Order and Political Decay*, Farrar, Straus and Giroux, 2014.

Fukuyama, Francis, "Why Is Democracy Performing so Poorly?", *Journal of Democracy*, Vol. 26, No. 1, Jan. 2015.

Hanson, Jonathan and Rachel Sigman, "Leviathan's Latent Dimensions: Measuring State Capacity for Comparative Political Research", 2013 Unpublished Manuscript: http://faculty.maxwell.syr.edu/johanson/papers/hanson_sigman13.pdf.

Hendrix, Cullen, "Measuring State capacity: Theoretical and empirical implications for the study of civil conflict", *Journal of Peace Research*, Vol. 47, No. 3, 2010.

Huntington, Samuel, *The Third Wave: Democratization in the Late Twentieth Century*, University of Oklahoma Press, 1993.

Linz, Juan J. and Alfred Stepan, *Problems of Democratic Transition and Consolidation: South Europe, South America and Post-Communist Europe*, John Hopkins University Press, 1996.

Mansfield, Edward and Jack Snyder, *Electing to Fight: Why Emerging Democracies Go to War*, The MIT Press, 2007a.

Mansfield, Edward D., and Jack Snyder, "The Sequencing 'Fallacy'", *Journal of Democracy*, Vol. 18, No. 3, 2007b.

Marshall, Monty G., Ted R. Gurr and Keith Jaggers, *Polity IV Project*, *Political Regime Characteristics and Transitions*, 1800-2013, http://www.systemicpeace.org/inscr/p4manualv 2013.pdf.

Moller, Jorgen, "The Medieval Roots of Democracy", *Journal of Democracy*, Vol. 26, No. 3, 2015.

Prichard, Wilson, Alex Cobham and Andrew Goodall, *The ICTD Government Revenue Dataset*, ICTD Working Paper 19, 2014.

Slater, Dan, "Can Leviathan Be Democratic? Competitive Elections, Robust Mass Politics and State Infrastructural Power", *Studies in Comparative International Development*, Vol. 43, No. 3, 2008.

Snyder, Jack, *From Voting to Violence: Democratization and Nationalist Conflict*, W. W. Norton & Company, 2000.

The SIPRI, *SIPRI Military Expenditure Database*, Information from the Stockholm International Peace Research Institute (SIPRI), http://www.sipri.org/research/armaments/milex/milex_database.

The ICTD, *The Government Revenue Dataset*, Information from the International Center for Tax and Development, http://www.ictd.ac/en/node/436/#Dataset.

The PSG, *International Country Risk Guide*. Information from the Political Risk Services Group, http://www.prsgroup.com/about-us/our-two-methodologies/icrg.

附表1 "第三波国家"与转型年份（1974—2014）

国家/地区	转型年份
阿富汗	2004
阿尔巴尼亚	1990 1996↓ 1997
阿尔及利亚	2004
阿根廷	1983
亚美尼亚	1991 1996↓ 1998
孟加拉国	1991 2007↓ 2009
白俄罗斯	1991 1995↓
贝宁	1991
玻利维亚	1982
波斯尼亚	1996
巴西	1985
保加利亚	1990
布隆迪	2005
柬埔寨	1993 1997↓ 1998
中非共和国	1993 2003↓
智利	1989
刚果-布拉柴维尔	1992 1997↓
刚果-金沙萨	2006

续表

国家/地区	转型年份
阿富汗	2004
克罗地亚	2000
捷克	1990
多米尼加共和国	1978
厄瓜多尔	1979
东帝汶	2002
萨尔瓦多	1984
爱沙尼亚	1991
埃塞俄比亚	1995 2005 ↓
加蓬	2009
德国	1990
加纳	1996
希腊	1975
格鲁吉亚	1991
危地马拉	1986
几内亚	2010
比绍	1994 1998 ↓ 2005
海地	1994 2000 ↓ 2006
洪都拉斯	1982
匈牙利	1990
印度尼西亚	1999
伊朗	1997 2004 ↓
伊拉克	2005

续表

国家/地区	转型年份
阿富汗	2004
象牙海岸	2000
肯尼亚	2002
吉尔吉斯斯坦	2005
科索沃	2000
拉脱维亚	1991
莱索托	1993
利比里亚	2006
利比亚	2011
立陶宛	1991
马其顿	1991
马达加斯加	1992 2009 ↓ 2011
马拉维	1994
马里	1992 2012 ↓ 2013
墨西哥	1994
摩尔多瓦	1991
蒙古	1990
莫桑比克	1994
尼泊尔	1990 2002 ↓ 2006
尼加拉瓜	1990
尼日尔	1991 1996 ↓ 1999 2009 ↓ 2010

续表

国家/地区	转型年份
阿富汗	2004
尼日利亚	1979 1984 ↓ 1999
巴基斯坦	1988 1999 ↓ 2007
巴拿马	1989
巴拉圭	1989
秘鲁	1980 1992 ↓ 1993
菲律宾	1987
波兰	1989
葡萄牙	1976
罗马尼亚	1990
俄罗斯	1992
塞内加尔	2000
塞尔维亚	2000
塞拉利昂	2002
斯洛伐克共和国	1990
斯洛文尼亚	1991
索马里	2012
韩国	1988
西班牙	1978
台湾地区	1992
泰国	1978 1991 ↓ 1992 2006 ↓ 2008 2014 ↓

续表

国家/地区	转型年份
阿富汗	2004
突尼斯	2011
土耳其	1980 ↓ 1983
乌干达	1980 1985 ↓
乌克兰	1991
乌拉圭	1985
赞比亚	1991
津巴布韦	1987 ↓ 2009

附表2 "第三波国家"民主化转型之前和之后的税收占GDP比重（1974—2011）

国家/地区	转型前	转型年份	转型后（短期）	转型后（长期）
阿富汗	0.24	2004	0.08	
阿尔巴尼亚		1990 1996 ↓ 1997	0.16	0.20
阿尔及利亚	0.33	2004	0.40	
阿根廷		1983	0.08	0.12
亚美尼亚		1991 1996 ↓ 1998	0.18	0.16
孟加拉国	0.06	1991 2007 ↓ 2009	0.09	0.10
白俄罗斯		1991 1995 ↓	0.25 0.21	

续表

国家/地区	转型前	转型年份	转型后（短期）	转型后（长期）
贝宁	0.12	1991	0.14	0.18
玻利维亚		1982	0.12	0.17
巴西		1985	0.12	0.15
保加利亚	**0.40**	**1990**	**0.26**	**0.26**
布隆迪	0.13	2005	0.14	
柬埔寨		1993	0.09	0.10
中非	0.12	1993 2003↓	0.09 0.10	
智利	0.25	1989	0.21	0.22
刚果-布拉柴维尔	0.36	1992 1997↓	0.24 0.33	
刚果-金沙萨	0.07	2006	0.16	
象牙海岸	0.23	2000	0.17	
克罗地亚	0.23	2000	0.21	
捷克		1990	0.28	0.28
东帝汶	0.10	2002	0.47	
多米尼加共和国		1978	0.09	0.13
厄瓜多尔	0.14	1979	0.15	0.17
萨尔瓦多	0.12	1984	0.11	0.13
爱沙尼亚		1991	0.19	0.20
埃塞俄比亚	0.12	1995 2005↓	0.14 0.13	
加蓬	0.30	2009	0.33	
加纳	0.09	1982↓ 1996	0.13	0.14
格鲁吉亚		1991	0.09	0.16
危地马拉	0.09	1986	0.10	0.12
几内亚	0.11	2010	0.17	

续表

国家/地区	转型前	转型年份	转型后（短期）	转型后（长期）
比绍	0.06	1994 1998 ↓ 2005	0.08 0.08 0.10	
海地	0.06	1994 2000 ↓ 2006	0.07 0.09 0.11	
洪都拉斯	0.12	1982	0.13	0.17
匈牙利	0.45	1990	0.29	0.24
印度尼西亚	0.17	1999	0.17	
伊朗	0.24	1997 2004 ↓	0.22 0.27	
肯尼亚	0.17	2002	0.20	
吉尔吉斯斯坦	0.16	2005	0.19	
拉脱维亚		1991	0.18	0.18
莱索托	0.38	1993	0.49	0.57
利比里亚	0.18	2006	0.28	
立陶宛		1991	0.17	0.19
马其顿		1991	0.23	0.32
马拉维	0.21	1994	0.19	0.21
马里	0.14	1992	0.14	0.17
墨西哥	0.15	1994	0.14	0.17
摩尔多瓦		1991	0.18	0.23
蒙古		1990	0.16	0.28
莫桑比克	0.13	1994	0.11	0.17
尼泊尔	0.08	1990 2002 ↓ 2006	0.09 0.11 0.13	
尼加拉瓜	0.23	1990	0.16	0.21

续表

国家/地区	转型前	转型年份	转型后（短期）	转型后（长期）
尼日尔	0.12	1991 1996↓ 1999 2009↓	0.08 0.09 0.12	
巴基斯坦	0.14	1988 1999↓ 2007	0.14 0.13 0.14	
巴拿马	0.19	1989	0.18	0.17
巴拉圭	0.10	1989	0.15	0.17
秘鲁		1980 1992↓ 1993	0.14	0.16
菲律宾		1987	0.15	0.14
波兰	0.31	1989	0.25	0.21
罗马尼亚		1990	0.22	0.16
俄罗斯		1992	0.15	0.22
塞内加尔	0.16	2000	0.19	
塞尔维亚	0.10	2000	0.23	
塞拉利昂	0.08	2002	0.12	
斯洛伐克		1990	0.25	0.18
斯洛文尼亚		1991	0.21	0.22
韩国	0.16	1988	0.16	0.19
泰国	0.12	1978 1991↓ 1992 2006↓ 2008	0.14	0.19
土耳其	0.13	1980↓ 1983	0.11	0.19

续表

国家/地区	转型前	转型年份	转型后（短期）	转型后（长期）
乌干达		1980 1985↓	0.07 0.10	
乌拉圭	0.15	1985	0.17	0.20
赞比亚	0.20	1991	0.19	0.18
津巴布韦	0.22	1987↓ 2009	0.23	

附表3 "第三波国家"在民主化转型之前和之后的军费支出占GDP比重（1988—2014）

国家/地区	转型前	转型年份	转型后（短期）	转型后（长期）
阿富汗	2.3%	2004	1.9%	
阿尔巴尼亚	5.6%	1990 1996↓ 1997	2%	1.5%
阿尔及利亚	2.8%	2004	3.8%	
阿根廷		1983	1.5%	1.1%
亚美尼亚		1991 1996↓ 1998	3.1%	3.6%
孟加拉国	1.1%	1991 2007↓ 2009	1.3%	1.2%
贝宁	1.9%	1991	0.7%	1%
白俄罗斯		1991 1995↓	2.7% 1.4%	
玻利维亚		1982	2.4%	1.9%
波斯尼亚		1996	2%	1.1%
巴西		1985	2.5%	1.6%

续表

国家/地区	转型前	转型年份	转型后（短期）	转型后（长期）
保加利亚	4.4%	1990	2.8%	2.1%
布隆迪	5.3%	2005	3%	
柬埔寨	2.2%	1993 1997↓ 1998	2.4%	1.5%
中非	1.6%	1993 2003↓	1.2% 1.5%	
智利	4.3%	1989	2.8%	2.3%
刚果（布）		1992 1997↓	4.2% 2.5%	
刚果（金）	1.4%	2006	1.8%	
象牙海岸	1.2%	2000	1.6%	1.7%
克罗地亚	8.5%	2000	2.1%	1.6%
捷克		1990	1.9%	1.5%
东帝汶		2002	0.6%	0.6%
多米尼加共和国		1978	0.9%	0.7%
厄瓜多尔		1979	1.9%	2.2%
萨尔瓦多		1984	4.0%内战	1.2%
爱沙尼亚		1991	1.2%	1.9%
埃塞俄比亚	5.9%	1995 2005↓	4.4% 1.3%	
加蓬	1.6%	2009	1.2%	
加纳	0.6%	1982↓ 1996	0.7%	0.8%
格鲁吉亚		1991	1.1%	4.1%
危地马拉		1986	1.2%	0.6%
几内亚	1.9%	2010	3.3%	

续表

国家/地区	转型前	转型年份	转型后（短期）	转型后（长期）
比绍	0.2%	1994 1998 ↓ 2005	0.5% 1.7% 1.9%	
海地	0.1%	1994 2000 ↓ 2006	0.1%	
匈牙利	3.5%	1990	1.9%	1.2%
印度尼西亚	1.3%	1999	0.7%	0.8%
伊朗	3%	1997 2004 ↓	2.7% 3.1%	
肯尼亚	1.9%	2002	1.8%	1.7%
吉尔吉斯斯坦	2.6%	2005	3.3%	
拉脱维亚		1991	1.2%	2%
莱索托	4%	1993	3.2%	2.4%
利比里亚	0.9%	2006	0.6%	
利比亚	2.5%	2011	4.8%	
立陶宛		1991	0.9%	1%
马其顿		1991	2.9%	2.1%
马达加斯加	1.3%	1992 2009 ↓ 2011	1.2%	0.9%
马拉维	1.3%	1994	0.8%	0.9%
马里	2.1%	1992 2012 ↓ 2013	1.5%	1.5%
墨西哥	0.5%	1994	0.6%	0.5%
摩尔多瓦		1991	0.6%	0.5%
蒙古	6.3%	1990	2.1%	1.2%

续表

国家/地区	转型前	转型年份	转型后（短期）	转型后（长期）
莫桑比克	4.3%	1994	1.4%	0.9%
尼泊尔	1%	1990 2002↓ 2006	0.9% 1.6% 1.5%	
尼加拉瓜		1990	1.5%	0.7%
尼日尔	1%	1991 1996↓ 1999 2009↓ 2010	1.1% 1.1%	
尼日利亚	0.7%	1979 1984↓ 1999	 0.9%	0.5%
巴基斯坦		1988 1999↓ 2007	6.1% 4% 3.2%	
巴拿马	2.1%	1989	1.2%	
巴拉圭		1989	1.7%	1.1%
秘鲁		1980 1992↓ 1993	0.5%	1.5%
菲律宾		1987	2.1%	1.4%
波兰	2.5%	1989	2.1%	1.9%
罗马尼亚	4.5%	1990	3.2%	1.6%
俄罗斯		1992	4%	3.8%
塞内加尔	1.8%	2000	1.5%	1.5%
塞尔维亚	4.2%	2000	3.2%	2.2%
塞拉利昂	2.2%	2002	1.3%	0.6%

续表

国家/地区	转型前	转型年份	转型后（短期）	转型后（长期）
斯洛伐克		1990	2.2%	1.4%
斯洛文尼亚		1991	1.5%	1.5%
韩国		1988	3.4%	2.5%
西班牙		1978	2%	1.2%
台湾地区	5.2%	1992	3.6%	2.2%
泰国		1978 1991 ↓ 1992 2006 ↓ 2008 2014 ↓	2.8%	1.8%
突尼斯	1.7%	2011	1.6%	
土耳其		1980 ↓ 1983	3.6%	3%
乌克兰		1991	2.9%	2.7%
乌拉圭		1985	2.9%	2.1%
赞比亚	3.4%	1991	1.8%	1.7%
津巴布韦	3.3%	1987 ↓ 2009	2.2%	

附表4 "第三波国家"在民主化转型之前和之后的"官僚机构质量"（1988—2014）

国家/地区	转型前	转型年份	转型后（短期）	转型后（长期）
阿尔巴尼亚	1	1990 1996 ↓ 1997	1	1.96
阿尔及利亚	1.64	2004	2	
阿根廷		1983	2	2.87

续表

国家/地区	转型前	转型年份	转型后（短期）	转型后（长期）
亚美尼亚	2	1991 1996↓ 1998	1	1
孟加拉国	0	1991 2007↓ 2009	1.28	2
玻利维亚		1982	0.05	1.87
巴西	3	1985	3	2.03
保加利亚	2	1990	2	2
智利	2.12	1989	2.37	3
刚果（布）	1	1992 1997↓	1 1	
刚果（金）	0.54	2006	0	
象牙海岸	2.85	2000	0.01	0
克罗地亚	2.08	2000	3	3
捷克	2	1990	2.97	3
德国	2	1990	4	4
多米尼加共和国		1978	2	1.30
厄瓜多尔		1979	2	2
萨尔瓦多		1984	0.10	1.92
爱沙尼亚	2	1991	2.79	2.50
埃塞俄比亚	0	1995 2005↓	0.96 1.37	
加蓬	2.30	2009	1.42	
加纳	1.97	1982↓ 1996	2.20	2.50
希腊		1975	2	2.86
危地马拉	0	1986	0.33	2

续表

国家/地区	转型前	转型年份	转型后（短期）	转型后（长期）
几内亚	1.41	2010	2	
比绍	1	1994 1998↓ 2005	1 1 1.45	
海地	0	1994 2000↓ 2006	0 0 0	
洪都拉斯		1982	0.60	1.83
匈牙利	3	1990	3.47	3.19
印度尼西亚	0.88	1999	2.18	2
伊朗	1.58	1997 2004↓	2.08 2	
伊拉克	0.45	2005	1.03	
肯尼亚	2.67	2002	2	2
拉脱维亚	2	1991	2.21	2.50
利比里亚	0	2006	0	
利比亚	1.19	2011	1.16	
立陶宛	2	1991	2.21	2.50
马达加斯加	2	1992 2009↓ 2011	1	1
马拉维	1	1994	1.70	2.35
马里	1	1992 2012↓ 2013	1.53	2.26
墨西哥	1.76	1994	2.7	2.98
摩尔多瓦	2	1991	2	1.13
蒙古	1	1990	1.95	2

续表

国家/地区	转型前	转型年份	转型后（短期）	转型后（长期）
莫桑比克	2.10	1994	0.90	1.00
尼加拉瓜	0.83	1990	1.00	1.00
尼日尔	3	1991 1996↓ 1999 2009↓ 2010	1.3 1 1.08	1.5
尼日利亚	1.42	1979 1984↓ 1999	0.96	1
巴基斯坦	1.81	1988 1999↓ 2007	2 2 2	
巴拿马	0	1989	1.09	2.03
巴拉圭	0	1989	1.23	1.00
秘鲁		1980 1992↓ 1993	1	1.79
菲律宾	0.89	1987	0.94	3
波兰	1.00	1989	2.85	3.00
葡萄牙		1976	1.98	2.9
罗马尼亚	0	1990	0.98	1
俄罗斯	2	1992	1.47	1.00
塞内加尔	1.85	2000	1.00	1.00
塞尔维亚	1.64	2000	2	2
塞拉利昂	0.84	2002	0	0
斯洛伐克	2	1990	3.12	3
斯洛文尼亚	1.17	1991	3	3

续表

国家/地区	转型前	转型年份	转型后（短期）	转型后（长期）
索马里	0.18	2012	0	
韩国	3.03	1988	3.24	3
西班牙		1978	3	3.19
台湾地区	3.07	1992	3.23	3.00
泰国		1978 1991 ↓ 1992 2006 ↓ 2008 2014 ↓	3.06	2.4
突尼斯	2	2011	2	
土耳其		1980 ↓ 1983	2.27	2.13
乌干达		1980 1985 ↓	0 1.36	
乌干达	2	1991	1.00	1.00
乌拉圭	1	1985	1.04	2.03
赞比亚	0.92	1991	1.00	1.00
津巴布韦	2.19	1987 ↓ 2009	1.5	

（本文原刊于《学海》，2016年第2期）

转型中国与国家治理现代化

- 国家治理现代化的语义图解与模式理解
- 转型期中国的政治信任：实证测量与全貌概览
- 转型期中国县级政府的治理绩效与政治信任
- "宪法司法化"：对中国司法实践的一种政治解读
- "策略性服从"：我国法院如何推进行政诉讼

国家治理现代化的语义图解与模式理解

张小劲 李 岩[*]

自1978年以来,中国共产党先后召开过十一至十八届中央委员会的第三次全体会议。这八次三中全会都对关涉国计民生的重大议题和发展战略进行了系统且深入的研究和探讨,并就相关问题形成重要决议,对相关工作作出全面规划和深远部署,进而积极推动了改革开放的进程和现代化国家建设事业的发展。三中全会的这种特殊性质及其产生的重大影响,已经在相当程度上成为中国共产党执政活动的重大规则,而且成为中国政治发展和社会进步所特有的递升阶梯。

2013年11月举行的中共中央十八届三中全会,经历了近一年的酝酿、起草和修订工作,以及会议期间高密度的审议工作,最终通过了《关于全面深化改革若干重大问题

---

[*] 李岩,清华大学政治学系2013级博士生。

的决定》(以下简称"决定")①。这一文件既体现了中央领导层的战略共识,更凝聚着全党上下的集体智慧,按照决定起草组组长习近平总书记的说法,从根本上讲,这一文件充分考虑了社会的期待和诉求,直接因应着现实生活中的挑战和问题,要求以全面深化改革引领社会发展。"面对未来,要破解发展面临的各种难题,化解来自各方面的风险和挑战,更好地发挥中国特色社会主义制度优势,推动经济社会持续健康发展,除了改革开放,别无他途"②。

这样一份必将对中国社会发展产生至深影响的文件,自然引起了学界的高度关注。特别是《决定》中有关治理问题的论说,更是《决定》文本中的最大亮点之一,成为政治学界极为重视的论题。究其缘由,一是政治文件中关键术语的变化往往标志着政策主张和指导思想的变化,二是与此相关的论说不仅构成了理解特定关键术语的概念体系,更在一定意义上规范了关键术语所容涵之变化的范畴。③

因此,对于政治文件的研讨和解释,尤其是对其中关键术语及其关联语义的分析和追究,已经成为中国政治研究中的一种常见理路和方法。④ 正是基于这样的认知,本文试图立基于现代社会科学的方法论提示,对《决定》有关治理问题的论述进行解读。

---

① 《中共中央关于全面深化改革若干重大问题的决定》(2013年11月12日中国共产党第十八届中央委员会第三次全体会议通过),见编写组编:《〈中共中央关于全面深化改革若干重大问题的决定〉辅导读本》,人民出版社2013年版,第1—60页。本文引述《决定》的文本均来自同引处,不另说明。

② 习近平:《关于〈中共中央关于全面深化改革若干重大问题的决定〉的说明》,见编写组编:《〈中共中央关于全面深化改革若干重大问题的决定〉辅导读本》,人民出版社2013年版,第85页。

③ 参见景跃进:《中国的"文件政治"》,载北京大学国家发展研究院编:《公意的边界》,世纪文景/上海人民出版社2013年版;又参见 Wu Guoguang, "Documentary Politics: Hypothesis, Process and Case Studies", in Carol Lee Hamrin et al. (eds.), *Decision-making in Deng's China: Perspectives from Insiders*, M. E. Sharpe Inc., April 1997, pp. 24 - 38。

④ 王振耀:《领会文件、政治学习还没完全"过时"》,见同作者:《不变的是原则,万变的是方法》,中国商业出版社2012年版;谢岳:《文件制度:政治沟通的过程与功能》,载《上海交通大学学报》(哲学社会科学版),2007年第6期;施从美、陈小琴:《"文件政治"研究的方法初探》,载《云南行政学院学报》,2008年第4期;施从美:《当代中国文件制度的结构与功能解析》,载《江海学刊》,2010年第1期;韦长伟:《中国政府过程的特殊性:基于政治用语的视角》,载《桂海论丛》,2011年第3期。

一、全面深化改革的重大意义和指导思想

（1）改革开放总论

（2）全面深化改革指导思想与总目标

（3）全面深化改革的立足点与重点

（4）改革开放与四个坚持

全面深化改革的总目标是完善和发展中国特色社会主义制度，推进国家治理体系和治理能力现代化。必须更加注重改革的系统性、整体性、协同性，加快发展社会主义市场经济、民主政治、先进文化、和谐社会、生态文明，让一切劳动、知识、技术、管理、资本的活力竞相迸发，让一切创造社会财富的源泉充分涌流，让发展成果更多更公平惠及全体人民。

紧紧围绕更好保障和改善民生、促进社会公平正义深化社会体制改革，改革收入分配制度，促进共同富裕，推进社会领域制度创新，推进基本公共服务均等化，加快形成退赔效的社会治理体制，确保社会既充满活力又和谐有序。

二、坚持和完善基本经济制度

（5）完善产权保护制度。

（6）积极发展混合所有制经济。

（7）推动国有企业完善现代企业制度。

（8）支持非公有制经济健康发展。

健全协调运转、有效制衡的公司法人治理结构。建立职业经理人制度，更好发挥企业家作用。深化企业内部管理人员能上能下、员工能进能出、收入能增能减的制度改革。建立长效激励约束机制，强化国有企业经营投资责任追究。探索推进国有企业财务预算等重大信息公开。

三、加快完善现代市场体系

（9）建立公平开放透明的市场规则。

（10）完善主要由市场决定价格的机制。

（11）建立城乡统一的建设用地市场。

（12）完善金融市场体系。

（13）深化科技体制改革。

科学的宏观调控，有效的政府治理，是发挥社会主义市场经济体制优势的内在要求。必须切实转变政府职能，深化行政体制改革，创新行政管理方式，增强政府公信力和执行力，建设法治政府和服务型政府。

宏观调控的主要任务是保持经济总量平衡，促进重大经济结构协调和生产力布局优化，减缓经济周期波动影响，防范区域性、系统性风险，稳定市场预期，实现经济持续健康发展。健全以国家发展战略和规划为导向、以财政政策和货币政策为主要手段的宏观调控体系，推进宏观调控目标制定和政策手段运用机制化，加强财政政策、货币政策与产业、价格等政策手段协调配合，提高相机抉择水平，增强宏观调控前瞻性、针对性、协同性。形成参与国际宏观经济政策协调的机制，推动国际经济治理结构完善。

四、加快转变政府职能

（14）健全宏观调控体系。

（15）全面正确履行政府职能。

（16）优化政府组织结构。

加快事业单位分类改革，加大政府购买公共服务力度，推动公办事业单位与主管部门理顺关系和去行政化，创造条件，逐步取消学校、科研院所、医院等单位的行政级别。建立事业单位法人治理结构，推进有条件的事业单位转为企业或社会组织。建立各类事业单位统一登记管理制度。

五、深化财税体制改革

（17）改进预算管理制度。

（18）完善税收制度。

（19）建立事权制度。

财政是国家治理的基础和重要支柱，科学的财税体制是优化资源配置、维护市场统一、促进社会公平、实现国家长治久安的制度保障。必须完善立法、明确事权、改革税制、稳定税负、透明预算、提高效率，建立现代财政制度，发挥中央和地方两个积极性。

六、健全城乡发展一体化体制机制

（20）加快构建新型农业经营体系。

（21）赋予农民更多财产权利。

（22）推进城乡要素平等交换和公共资源均衡配置。

（23）完善城镇化健康发展体制机制。

七、构建开放型经济新体制

（24）放宽投资准入。

（25）加快自由贸易区建设。

（26）扩大内陆沿边开放。

八、加强社会主义民主政治制度建设

（27）推动人民代表大会制度与时俱进。

（28）推进协商民主广泛多层制度化发展。

（29）发展基层民主。

畅通民主渠道，健全基层选举、议事、公开、述职、问责等机制。开展形式多样的基层民主协商，推进基层协商制度化，建立健全居民、村民监督机制，促进群众在城乡社区治理、基层公共事务和公益事业中依法自我管理、自我服务、自我教育、自我监督。健全以职工代表大会为基本形式的企事业单位民主管理制度，加强社会组织民主机制建设，保障职工参与管理和监督的民主权利。

九、推进法治中国建设

（31）深化行政执法体制改革。

（32）确保依法独立公正行使审判权检察权。

（33）健全司法权力运行机制。

（34）完善人权司法保障制度。

十、强化权力运行制约和监督体系

（35）形成科学有效的权力制约和协调机制。

（36）加强反腐败体制机制创新和制度保障。

（37）健全改进作风常态化制度。

十一、推进文化体制机制创新

（38）完善文化管理体制。

（39）建立健全现代文化市场体系。

（40）构建现代公共文化服务体系。

（41）提高文化开放水平。

明确不同文化事业单位功能定位，建立法人治理结构，完善绩效考核机制，推动公共图书馆、博物馆、文化馆、科技馆等组建理事会，吸纳有关方面代表、专业人士、各界群众参与管理。

图1 语义地图："治理"在《决定》中的论说（1）

十二、推进社会事业改革创新
(42) 深化教育领域综合改革。
(43) 健全促进就业创业体制机制。
(44) 形成合理有序的收入分配格局。
(45) 建立更加公平可持续的社会保障制度。
(46) 深化医药卫生体制改革。

深入推进管办评分离，扩大省级政府教育统筹权和学校办学自主权，完善学校内部治理结构。强化国家教育督导，委托社会组织开展教育评估监测。健全政府补贴、政府购买服务、助学贷款、基金奖励、捐资激励等制度，鼓励社会力量兴办教育。

十三、创新社会治理体制
(47) 改进社会治理方式。
(48) 激发社会组织活力。
(49) 创新有效预防和化解社会矛盾体制。

创新社会治理，必须着眼于维护最大多数人民根本利益，最大限度增加和谐因素，增强社会发展活力，提高社会治理水平，全面推进平安中国建设，维护国家安全，确保人民安居乐业、社会安定有序。

坚持系统治理，加强党委领导，发挥政府主导作用，鼓励和支持社会各方面参与，实现政府治理和社会自我调节、居民自治良性互动。坚持依法治理，加强法治保障，运用法治思维和法治方式化解社会矛盾。坚持综合治理，强化道德约束，规范社会行为，调节利益关系，协调社会关系，解决社会问题。坚持源头治理，标本兼治、重在治本，以网格化管理、社会化服务为方向，健全基层综合服务管理平台，及时反映和协调人民群众各方面各层次利益诉求。

(50) 健全公共安全体系。

完善统一权威的食品药品安全监管机构，建立最严格的覆盖全过程的监管制度，建立食品原产地可追溯制度和质量标识制度，保障食品药品安全。深化安全生产管理体制改革，建立隐患排查治理体系和安全预防控制体系，遏制重特大安全事故。健全防灾减灾救灾体制。加强社会治安综合治理，创新立体化社会治安防控体系，依法严密防范和惩治各类违法犯罪活动。

十四、加快生态文明制度建设
(51) 健全自然资源资产产权制度和用途管制制度。
(52) 划定生态保护红线。

建设生态文明，必须建立系统完整的生态文明制度体系，实行最严格的源头保护制度、损害赔偿制度、责任追究制度，完善环境治理和生态修复制度，用制度保护生态环境。

(53) 实行资源有偿使用制度和生态补偿制度。
(54) 改革生态环境保护管理体制。

加快自然资源及其产品价格改革，全面反映市场供求、资源稀缺程度、生态环境损害成本和修复效益……发展环保市场，推行节能量、碳排放权、排污权、水权交易制度，建立吸引社会资本投入生态环境保护的市场化机制，推行环境污染第三方治理。

十五、深化国防和军队改革
(55) 深化军队体制编制调整改革。
(56) 推进军队政策制度调整改革。
(57) 推动军民融合深度发展。

十六、加强和改善党对全面深化改革的领导
(58) 全党同志要把思想和行动统一到中央关于全面深化改革重大决策部署上来。
(59) 全面深化改革，需要有力的组织保证和人才支撑。
(60) 人民是改革的主体，要坚持党的群众路线。

图1　语义地图："治理"在《决定》中的论说（2）

在这一解读中，本文综合使用了语义分析、话语分析和关键词分析的方法。尽管学术界对于这些方法的基本内容和技术方法尚存在着许多争议，对于这些方法的应用范围和边界条件亦有不同意见。但对于本文的写作来说，无论是语义分析模型所揭示的词语依存（Word Dependency）、概念依存（Concept Dependency）和核心依存（Key Dependency）关系，还是话语分析中所强调的"阐释学"和批判性面向，乃至关键词分析中最为基础的频率统计，都给出了宽泛意义上的启发和提示。易言之，本文并未严格按照这些方法所主张的高度专业化的词语提取方法和分析技术，只是在对《决定》文本进行结构化分析和语义阐释时，力图融入上述方法的提示，消解传统解读方式的随意化和意会性，加深对《决定》中有关治理论述的理解。因此，本文将首先通过语义地图的方式精细分析治理在《决定》文本中的语义内涵及其特性，然后再讨论作为关键词的治理所意指的内涵。最后则以理解阐释的方式概括《决定》有关治理问题的论述所实际完成的理论建构。

一、语义图解的形式定位：《决定》文本中的治理

"治理"是中共十八届三中全会《决定》文本中的一个关键术语，更是一个关键性的概念。《决定》将"完善和发展中国特色社会主义制度，推进国家治理体系和治理能力现代化"表述为全面深化改革的总目标。同时，《决定》还在多处论说中提到了"治理"，并且展开了更加具体和全面的论述。具体而言，在引言和结束语以外，《决定》文本包括有 16 小节、总共 60 条的内容。作为一个关键术语，"治理"在《决定》先后出现了 24 次，分布在第一（2），第二（7），第四（总）、（14）和（15），第五（总），第八（29），第十一（40），第十二（42），第十三（总）、（47）和（50），第十四（总）和（53），共 14 处。图 1 以镜像投影的方式具体体现了有关治理的文字位置。从构词方式来看，作为关键术语的治理，在《决定》文本中也有不同的情形。更确切地说，总共出现 24 次的"治理"，实际上有 16 种构词方式。换句话说，除了国家治理（重复 2 次，但其中 1 次又构成为国家治理体系和治理能力）、政府治理（2 次）、法人治理结构（3 次）、社会治理（3 次）、社会治理体制（2 次）有极少重复使用以外，其他的用法竟无一重复。这表明，作为关键术语的治理，在《决定》文本中的分布既多且广，而治理的构词方式更是复杂多样的。

但必须注意的是，这些构词方式以及位置分布又表现出明显的类型学特征。也就是说，如果能够综合考虑词语依存和概念依存的关系，关注治理作为一个关键性概念的使用方式，那么，我们就会得到一些新的发现。

首先，从简单的数量关系来看，包括有治理作为关键词的段落，总字数为 2037，而《决定》文本的总字数，除简短的引言和结束语以外，共有 21428 字。也就是说，有关治理的论述，无论相对复杂的论述还是极其简单的提法，其所在的自然段的字数相当于全文的 1/10 左右。但从自然段的分布来看，却涉及总共 16 个小节中的 9 个小节，进入了 6 项分论中的 5 项，60 条具体论述中的 10 条。就此而言，作为关键词的治理，其分布又是相对均衡的。也就是说，作为关键词，尽管治理所出现的频率远低于那些名列前茅的高频词，如与改革直接关联的关键词，包括改革（137）、市场（81）和经济（74），以及改革矛头所向的关键词如机制（183）、体制（115）和体系（68）等等，但其分布却相对广泛。模拟化的图解也证实了这一观察结论。

其次，从中央文件所强调的"五大建设"即政治建设、经济建设、社会建设、文化建设和生态文明建设的概念体系来看，那么，治理作为关键词在其中均占有一席之地。换句话说，治理在这五大领域均成为重要的关键术语，在一定意义上讲，治理在这五大领域中具有一种重要的联结作用。但治理作为关键术语的使用又有相对聚集的一面。一如图 2 所示，治理在社会建设领域出现的频率最高，相关论述也最多。这无疑说明，治理作为关键术语和重要概念在社会建设领域居于最为重要的地位，也在相当程度上成为《决定》的最突出的特点之一。同时，这一描述性结果实际上还提示着另一种反向观察，《决定》文本中没有提到治理问题或没有将治理作为关键术语所使用的领域，包括有《决定》文本所新增的"国防和军队"以及"党的领导"两个论题范畴。这在某种程度上提示着治理之于这两个论题的意义，或者说"无意义"，进而又在特定的意义上说明了治理作为关键术语和重要概念所包含的特

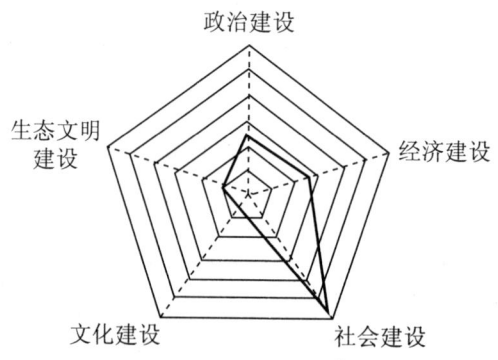

图 2　治理在五大建设领域的出现频率比较

定语义。易言之，在这两个论题领域，强调自上而下的管理、强调由下而上的服从，显然要远重于治理作为关键术语和重要概念所包含着的多元参与和平等互动的内涵。

再次，从类型学的角度来看，以 24 次的频率出现在 14 处且体现为 16 种构词方式的"治理"，可以用图 3 所示的矩阵加以归纳。所谓涵盖层次中的宏观与微观，主要是指治理作为关键词而与其他实词组合而成的词组所指称的对象物，大体上可以区分为宏观与微观两类，宏观是指相对宽泛、抽象和宏大的事物或领域，而微观则是指那些微型和具体的事物或领域；所谓论说重点中的方略与方法，是指治理与其他实词组合而成的词组所指称的对象物，可以划分为与路径和战略有关的方略问题以及与技术、手段和策略有关的方法问题。这样的区分当然是相对的，但这两个区分维度交叉所构成的四个象限，有助于我们更好地认知治理作为关键术语所构成的词组的确切语义。由此而值得注意的是，倘若以创新的角度来观察，则可以发现，在治理的四种构词方式中，宏观和方略维度交叉形成的 A 象限中所包含的五种构词方式具有极其重要的意义，突显了创新的取向。这些正是《决定》文本首次以正式的政治文件方式加以采纳的关键术语，并且进一步上升为重要概念的名词组合。也正是在这样的意义上，长期以来一向作为学术概念的"治理"，第一次

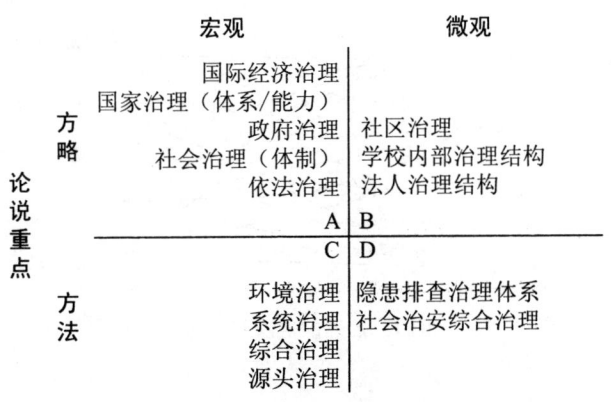

图 3　治理构词的类型分析

上升到了国家战略的更高层次和法理高度,成就了改革理论和改革战略的一次重大突破。①

最后应当指出的是,《决定》文本中有关治理的表述既多且泛,实际上还突显了治理作为关键术语和重要概念的又一种独特的优势。如果说治理在五大建设领域均占有重要的地位并由此形成了一种跨领域的关联性,那么,治理所包括的结构意涵,治理词组所指称的层级内容,使得治理具有了进一步的结构化的关联性。如图4所示,不同层级与不同的建设领域又可以构成特定的对应关系。实际上,治理作为关键术语和重要概念所具有的关联性、包容性和跨域性,是其他那些政治名词或与执政活动有关的术语,如统治和管理、执政与施政、领导与引领等等,所无法替代的;同时,这也突出了治理所具有的普适性和普遍性,这更是那些因为内涵的狭隘和外延的逼仄而附着于某一领域或层级、难以涵盖其他领域或层级的术语和概念所无法比拟的。进而言之,这实际上还开放了更多的思考空间。在某一层级或某个领域所实行的治理举措和机制及其取得的治理成就和经验,完全可以为其他领域或层级的治理所借鉴和学习,在相似的条件下做必要的修改而实现特定意义的移植和扩展。就此而论,治理作为关键术语和重要概念所具有的上述特性提示了全面深化改革所应当具有的开放空间和学习能力。

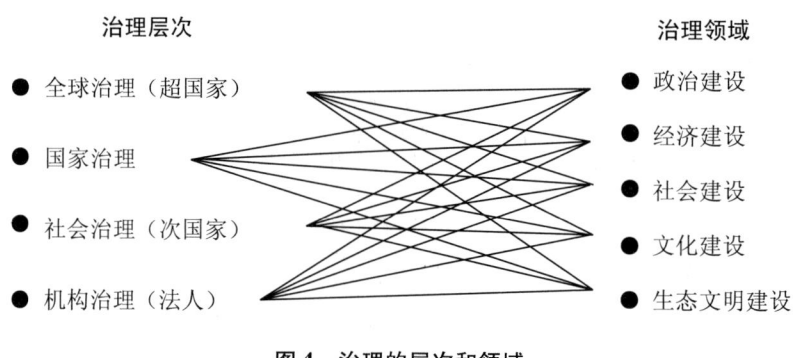

图4 治理的层次和领域

---

① 徐晓全:《从"管理"到"治理":治国方略重大转型》,载《学习时报》,2013年11月18日,第3版。

二、词源脉络的历史定位：政治发展中的治理

显然，治理作为关键术语进入《决定》无疑具有突破的意义，但这一突破并非一蹴而就，亦非"无中生有"。相反，一如其他那些已经成为中国政治文件之常用词的名词那样，根源于中国政治历史的传统、对接中国现实政治的经验，响应现代政治的趋势，是政治文件采用新的关键术语、并提升为重要概念的三大基础条件；同时，经历特定阶段的传播过程，达成社会各界的某种共识，逐步递进式进入文件文本，也是新的关键术语所必然经历的发展进程。就此而论，治理进入《决定》文本而成为关键术语和重要概念再次证明了这些经验发现。

有意思的是，治理在中国政治历史的传统中，不仅包含着相对丰富的意涵，而且这些意涵在当代又与来自其他渊源的政治思维还有高度的契合。具体说来，中国古代文献中的治理，首先是指称完善良好的管理和统治的状态，有良治善政之意涵，最为著名的当为《荀子·君道》中的表述："明分职，序事业，材技官能，莫不治理，则公道达而私门塞矣，公义明而私事息矣"；其次则强调治理的成就和绩效，如东晋文学家、史学家袁宏在其编著的《后汉纪·献帝纪三》中记载"上曰：'玄在郡连年，若有治理，迨迁之，若无异効，当有召罚。何缘无故徵乎？'"，此处的治理意为治国理政的成绩；再次，清代严有禧在《漱华随笔·限田》一文中写到"'由此思之，法非不善，而井田既湮，势固不能行也。'其言颇达治理"，此一治理当是指治理政务的道理。

随着时代的变迁，治理的涵义在现代政治的语境中亦发生了演进和发展。一般而言，治理所对应的英文词汇"governance"，是近年来国际学界和国际媒体的热门用语之一。其意涵在相当程度上受到民主化理论发展的影响，其核心则与多元参与相关联。根据联合国全球治理委员会在1995年发布的研究报告《我们的全球伙伴关系》，治理是各种公共的或私人的个体和机构，管理其共同事务的诸多方式的总和。它是使相互冲突的或不同的利益得以调和，

并采取联合行动的持续过程。① 需要进一步指出的是，鉴于对不同主体的利益和行动进行整合和协同是治理的内在要求，治理在现代社会已发展成为一种重要的民主形式。由此，也可以说，治理是一种内涵式民主发展的特定形式，包括了各种民主协商（立法协商、决策协商和行政协商）的治理过程。

　　在中国的政治实践中，治理也经历了一个不断演进的过程。新中国成立初期，治理的含义主要是治国理政，主要体现在民族区域自治的政治实践之中。在此同时，治理一词多用于治理水患灾难和自然环境，因而治理黄河、治理淮河的提法屡见不鲜。早在 1950 年 8 月，政务院便召开第一次治淮会议；接着又于 10 月 14 日颁布了《关于治理淮河的决定》，还成立了隶属于中央政府的治淮机构——治淮委员会。② 继 1981 年和 1985 年两度举行的"治淮会议"，1991 年 9 月，国务院又召开了治淮治太会议，决定成立由副总理为组长、国务院有关部门和流域四省参加的国务院治淮领导小组，作出了《关于进一步治理淮河和太湖的决定》，提出要坚持"蓄泄兼筹"的治理方针。③ 由此可见，无论是事关政务还是专论河务，无论是过去还是现在，治理作为关键术语一向为中国的政治文件所采用。但更值得注意的是，在这里，治理显然无法为统治、管理或施政等提法所替代，而治理所包含的那种因地制宜、因时制宜和因势利导、综合治理和揆情审势、统筹兼顾的意思却得到了突显。

　　改革开放后，政治文件中作为关键术语的治理，其内涵有明显的扩大和充实，诸如社会治安综合治理、企业法人治理、基层群众自治等一些表述已经成为相当热门的治理词汇，尤其是自中共十六大提出治党、治国、治军以及党要管党、从严治党等概念以来，治理概念日益受到执政党的高度重视。④ 以治理作为关键术语的政治文件本身也不断升级。仅以 1978 年以来中共历届三中全会审议通过的正式文件为线索即可证明，"治理"概念的内涵不断扩

---

① 转引自陈振明：《政策科学：公共政策分析导论》，中国人民大学出版社 2003 年版，第 260 页。
② 《人民日报》，1950 年 10 月 15 日。
③ 《中华人民共和国国务院公报》，1991 年第 41 期。
④ 施芝鸿：《准确把握全面深化改革的总目标》，见编写组编：《〈中共中央关于全面深化改革若干重大问题的决定〉辅导读本》，人民出版社 2013 年版，第 30 页。

大,所指涉的议题领域不断增多,从 1988 年中共十三届三中全会公报中仅仅作为动词使用,又到 2008 年中共十七届三中全会扩大到关涉社会治安、水利、环境保护、公司法人结构等方面,再到 2012 年中共十八大政治报告多次提到"国家治理"和"治理国家",直至 2013 年在中共十八届三中全会的文件中成为位居核心的关键概念之一,治理作为关键术语和核心概念的地位不断提升。更重要的是,"治理"使用频次的增加和范围的拓展,还意味着中国共产党对治理相关理论的理解更加丰富和深化,更表明在过往的执政过程中围绕治理的政治实践已获得了肯定和认可。

表 1 "治理"在中国共产党历届三中全会文件中的使用变化(自 1978 年至今)

		十三届三中	十四届三中	十五届三中	十六届三中	十七届三中	十八届三中
使用频次	公报	11	1	2	1	0	9
	决定	——	1	9	3	9	24
典型用法		治理 (经济环境)	(社会治安) 综合治理	(水利、环境、社会治安) 综合治理	法人治理 综合治理	法人治理 环境治理 综合治理	国家治理 社会治理

注:根据中国共产党历次全国代表大会数据库资料整理,http://cpc.people.com.cn/GB/64162/64168/index.html;2013 年 12 月 20 日检索。十一届三中全会、十二届三中全会审议通过的文件中未包含"治理"提法,故未列入;"——"为当届会议未通过正式决定。

还必须指出的是,相对于治理在政治文件中得到越来越多的采纳和应用,治理作为关键术语和重要概念在社会上、在学术界甚至得到了更多的关注和重视。早在 1990 年代中期,几乎与国际学界对治理问题的研究发展保持着相同的节奏,国内学者对于治理问题也展开了研究,有关治理问题的理解和阐发不仅从国际学界的研究成果中获得启发[①],更因为国内的改革进程而获得了

---

① 俞可平:《治理和善治引论》,载《马克思主义与现实》,1999 年第 5 期,第 37—41 页。

极其丰富的研究资源，这其中既有来自市场经济改革的深入发展而带来的新视野，又有来自社会活力不断释放而涌现的新素材，更有来自中国各级政府的治理变革和创新而产生的巨大成就和丰富经验。① 较之于同一时期国内学界所关注的其他研究主题而言，治理问题研究显然获得了一种得天独厚的条件，并由此取得了其他研究主题难以匹敌的地位。正是因为这样，有关治理问题的研究，在中国学界、特别是政治学界，自1990年代中期以后始终处在持续的增长之中。如表2所示，从1990年至2013年的发展状况来看，1994年发生了突生性的增长，2006年又是一次明显的提升，从那里起到2012年，研究论文的发表数量一直是有升无降。

表2　以"治理"为关键词搜索论文篇名所得到的结果

（总数 = 13967 + 4289）

年份	1990	1991	1992	1993	1994	1995	1996	1997	1998	1999	2000	2001
社科Ⅰ辑	107	91	61	47	135	182	185	184	167	236	275	383
社科Ⅱ辑	47	33	14	9	26	29	35	40	42	41	64	62
年份	2002	2003	2004	2005	2006	2007	2008	2009	2010	2011	2012	2013
社科Ⅰ辑	423	440	488	573	781	964	1120	1210	1432	1494	1663	1326
社科Ⅱ辑	84	93	129	174	244	308	371	435	489	503	548	469

注：2013年12月28日完成检索。根据"中国知网"的说明，2013年12月尚无法获得全年的统计数字。

但值得注意的是，相对于其他论题上歧见纷呈、争议不断的情景，中国学界有关治理问题的研究却难得地从一开始便形成了诸多共识。尽管早期尚有治理与治道用于移译"governance"何者孰优的一般性争论，但在有关治理的界定、治理概念的基本内涵、治理理论的关键内容以及治理创新的经验研究指向等一系列问题上，学者人士大多持有积极而开放的态度。更确切地说，对于治理问题发表过意见的中国学者，大体上都能够同意："治理指的是公共

---

① 俞可平：《中国治理变迁30年（1978—2008）》，载《吉林大学社会科学学报》，2008年第3期。

权威为实现公共利益而进行的管理活动和管理过程。治理与统治（government）既有相通之处，也有实质性的区别。两者的实质性区别之一在于，统治的主体只能是政府权力机关，而治理的主体可以是政府组织，也可以是非政府的其他组织，或政府与民间的联合组织。统治的着眼点是政府自身，而治理的着眼点则是整个社会"。① 而用治理概念来概括和研究中国改革和发展的历史进程及其未来挑战，更因为既可以突显改革的成就和问题，又可以在长时段、跨国界的框架进行比较研究而得到了中国学者的充分肯定。②

如果说中国学界对于治理问题的研讨以共识为特征的话，那么，中国社会对于治理的认知也具有类似的情景。按照图5的显示，百度指数所提供的从2011年11月到2014年2月的网络搜索数据说明，治理、治理理论与政治改革三者之间不仅具有大体相同的搜索数量，而且表现出了基本一致的增长趋势。

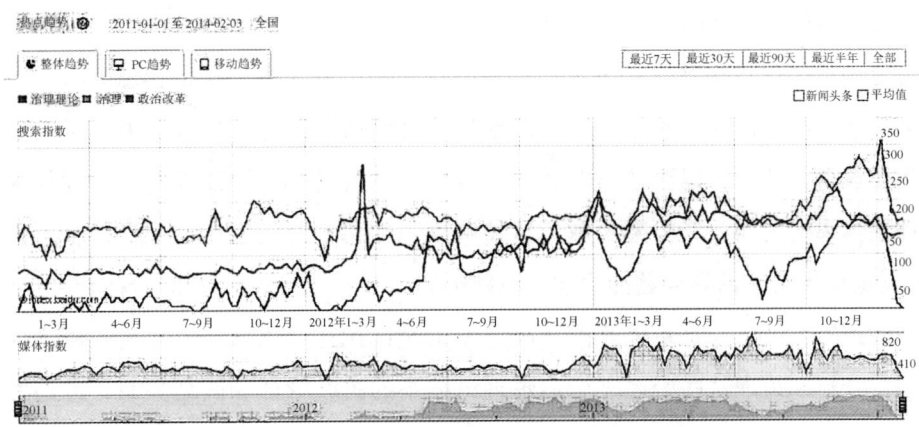

图5 有关治理相关词的网络搜索情况比较

资料来源：百度指数，http：//index. baidu. com/? tpl = trend&type = 0&area = 0&time = 20111101%7C20140203&word2014年2月3日查询。

---

① 俞可平：《中国治理变迁30年（1978—2008）》，载《吉林大学社会科学学报》，2008年第3期。
② 徐湘林：《转型危机与国家治理：中国的经验》，载《经济社会体制比较》，2010年第5期；徐湘林：《中国的转型危机与国家治理：历史比较的视角》，载《转型危机与国家治理》（复旦政治学评论），上海人民出版社2011年版，第42—69页。

相反，其他的词组搭配如加入改革开放、开放和市场经济等词汇的条件下，相关数据过于悬殊而根本无法表达了。这充分证明，治理、治理理论与政治改革作为一组关键术语，在社会大众的一般认知中是类同的，三者之间是相互关联的。

政治领导层、学术界和社会大众之间在治理问题上的趋近和契合，是《决定》将国家治理体系和治理能力现代化确定为全面深化改革的总目标，并且围绕着治理问题展开系统论述的重要原由。

三、文本解读的模式定位：关于治理问题的框架性理解

必须指出的是，《决定》文本中有关治理问题的论述，实际上也是对治理理论的一次系统诠释和全面构建，由此形成了有关治理理论的一个完整框架。易言之，当《决定》明确提出"国家治理体系和治理能力现代化"作为全面深化改革的总目标时，实际上已经明确地提示着我们，应当从这个总目标的设定出发去理解和解读《决定》的基本逻辑和全部内容。这也就意味着，文本形式上的定位和词源脉络上的梳理尽管可以加深理解治理作为关键术语和重要概念的意义，但还必须以对《决定》文本的进一步解读以弄清治理作为理论体系的内涵及其框架关联。这种解读包括两方面的工作，一是综合解读《决定》中有关治理问题的论述，以归纳和综合的方式，发现和呈现这些论述中的逻辑关联；二是系统解读《决定》的全部论述，依据治理理论的概念体系，分析和梳理这些论述之于治理理论体系的关联特征和嵌套关系，进而发现和呈现《决定》文本所阐发的治理理论。

就此而论，《决定》文本中最为引人注目且日后必将影响中国政治发展至深且巨的论说无疑是对全面深化改革总目标的表述："全面深化改革的总目标是完善和发展中国特色社会主义制度，推进国家治理体系和治理能力现代化。"这是一种整体性的表达，但显然又有不同的侧重。中国的改革开放从一开始就是要完善和发展现行的社会主义制度，而改革开放的最大成就也就是现行制度的完善和发展，就是革除现行制度中那些有碍于制度持续完善和长久发展的弊端和弊病；进入到全面深化改革的新阶段，是要在过往成就的基

础上进一步完善和发展现行的制度，革除那些处于深层结构和交错状态的弊端和弊病。而要实现这一点，无疑就是要"推进国家治理体系和治理能力现代化"。相对于以往所强调的工业、农业、科学技术和国防事业的"四个现代化"，这里的"国家治理体系和治理能力现代化"更强调了非物质层面的制度、体制和机制的现代化，强调了在改革开放取得了非凡的物质成就的基础上进一步完善和发展制度建设的新目标；相对于以往所推行的渐进性、单维型改革策略，这里的"国家治理体系和治理能力现代化"更强调了在全面深化改革的新阶段，要"更加注重改革的系统性、整体性、协同性"，要以"国家治理"主题突显全面深化改革的统摄性、配套性和持续性，要统筹兼顾和协调推进市场经济、民主政治、先进文化、和谐社会和生态文明的全面发展；相对于以往注重国家发展的总量规模、数据指标和物化形态，这里的"国家治理体系和治理能力现代化"更强调了激发活力、鼓励创造和公平分享，这是要造就社会大众心情舒畅、精神欢愉、工作创意、生活惬意的环境，这就是"让一切劳动、知识、技术、管理、资本的活力竞相迸发，让一切创造社会财富的源充分涌流，让发展成果更多更公平惠及全体人民"。

围绕着全面深化改革总目标的设定，《决定》还全面论述了国家治理体系和治理能力的概念构成。新年伊始，习近平总书记又发表文章，强调"切实把思想统一到党的十八届三中全会精神上来"，对国家治理体系和治理能力问题作出了进一步的阐释："国家治理体系是在党领导下管理国家的制度体系，包括经济、政治、文化、社会、生态文明和党的建设等各领域体制机制、法律法规安排，也就是一整套紧密相连、相互协调的国家制度；国家治理能力则是运用国家制度管理社会各方面事务的能力，包括改革发展稳定、内政外交国防、治党治国治军等各个方面。国家治理体系和治理能力是一个有机整体，相辅相成，有了好的国家治理体系才能提高治理能力，提高国家治理能力才能充分发挥国家治理体系的效能。"[①] 这些论述实际上已经完整地说明了

---

① 习近平：《切实把思想统一到党的十八届三中全会精神上来》，载《人民日报》，2014年1月1日，第2版。

国家治理体系和治理能力的概念体系，图6即是根据这些论述而生成的一个空间化概念图示。从中可以看到，涉及政治、经济、文化、社会和生态文明五大领域的制度体系、体制机制和法律法规的完善、健全和配套发展，将是全面深化改革新阶段的重点所在，其核心在于执政党本身的制度法规建设，其关键就是民主治理。由此而形成的国家制度安排，就是国家治理体系。实施和运用完备的制度法规从事国家事务的管理，包括治党治军治国，包括完成改革发展稳定的任务，包括处置内政外交国防事务的职责，意味着执政党必须实现科学执政、民主执政和依法执政，政府部门必须严格按章办事、依法办事，履行作为法治型政府和服务型政府的职能。国家治理能力就体现在这样的履职执政行为之中，政府治理首先就要治理政府。同时，对于整个国家而言，科学有效的治理还意味着要实现全社会既充满活力又和谐有序，因此，要有一系列方式方法的健全和完善，要注重解放思想，解放社会活力和解放社会生产力。

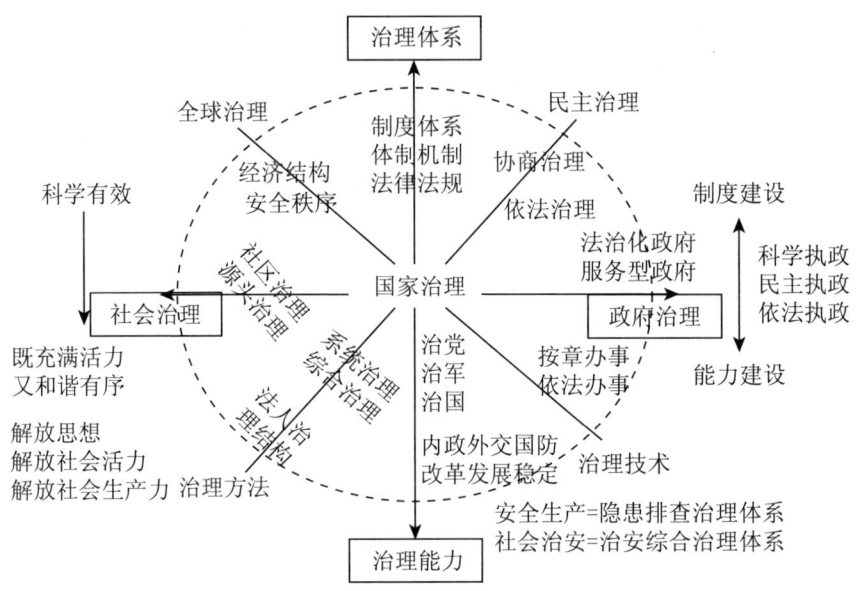

图6　治理概念的框架性理解

依据治理的概念框架来阅读《决定》文本，当可发现，《决定》对国家治理所要面对的"国家与社会"和"政府与市场"这样两大关系问题作出了全面的论说。从事治理问题研究的学者大多认为，所谓良好的治理，必须妥善处理国家—市场—社会三者间的关系，这三大结构性要素之间的互动构成了国家治理必须加以处理的问题。对于处在全面深化改革新阶段的中国而言，国家—政府无疑具有最为关键的作用。这不仅是因为以往长期实行的政治经济体制造成了国家—政府的强大，不仅是因为改革开放以来的经济发展和制度变迁仍然为国家—政府带来了丰富的施政资源和实力，而且还因为中国未来的发展还将在相当程度上取决于国家—政府如何对待自己，如何对待市场与社会。正是在这个问题上，《决定》鲜明地提出了处理市场与社会的指导方针和根本原则。一是在政府和市场的关系上，《决定》强调使市场在资源配置中起决定性作用，更好地发挥政府的宏观调控作用；二是在处理国家和社会的关系方面，《决定》强调"创新社会治理体制，实现政府治理和社会自我调节、居民自治良性互动"。也正是在这里，全面深化改革的新阶段的根本任务也得到了进一步的明确。经济体制改革是全面深化改革的重点，核心问题就是处理好政府和市场的关系。社会体制改革则是经济体制改革取得成功的保障和条件，而核心问题就是处理好国家与社会的关系。经济体制改革的倒逼和牵引，社会体制改革的挑战和压力，汇集在一起，共同指向了国家—政府体制的改革，也就是"推进国家治理体系和治理能力现代化"。

具体而言，《决定》着重在民主法治建设、政府职能改革、和谐社会建设和现代市场建设四个方面，提供了处理上述两对核心关系的系统方案。易言之，对于国家—社会和政府—市场两对核心关系的处理，在推进国家治理体系和治理能力现代化总目标的意义上讲，实际上成为了支配和贯穿《决定》基本内容的逻辑线索。如图7所示，《决定》所提出的改革任务和改革事项，实际上都是围绕着妥善处理国家—社会与政府—市场这样两个关系问题而展开的。

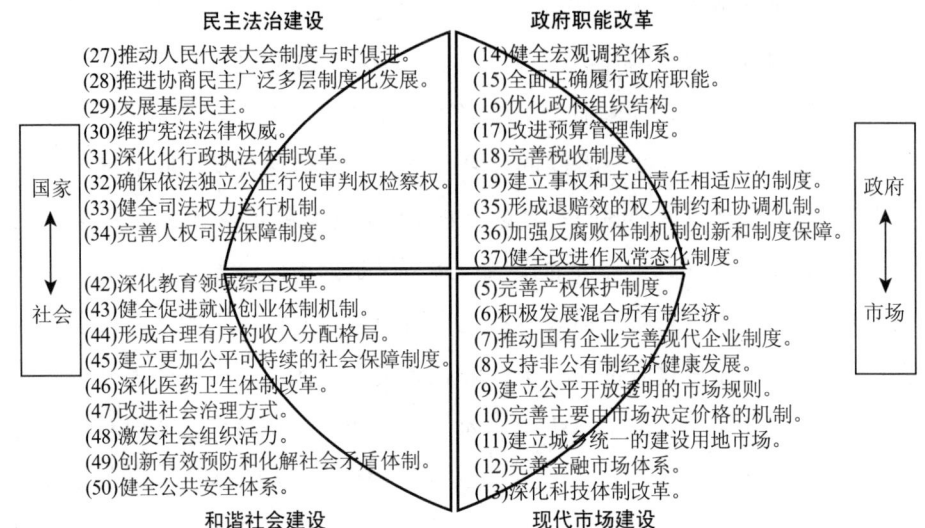

图7 推进国家治理体系和治理能力现代化的改革重点

注：图中的数字为《决定》中所对应的条款。

立基于这样的认知，我们就会进一步理解，就当下的治理现状而言，中国正面临着一系列有待全面研究和系统解决的国家治理问题，需要进行大量的繁复且艰巨的改革工作。例如，如何形成全国统一的、公平竞争的市场体系，如何增强经济发展活力以实现经济持续健康发展，如何提高宏观调控水平、提高政府效率效能，如何增强社会发展活力以促进社会和谐稳定，如何实现社会公平正义，通过制度安排保障公众权益，如何发展和完善现有的人民代表大会制度和协商民主制度以凝聚最广泛的民众意见，如何在民主法治建设方面完善制度建设以保证人民民主权利，如何提高执政党的领导水平和治理能力，更好地发挥党的作用等等。《决定》对这些问题均作出了实质性的回应。概括言之，在国家层面，要突出社会主义民主法治建设，推进协商民主，促进决策的科学化和民主化，并把司法改革列为全面深化改革的重点之一；在社会层面，要维护国家安全和社会稳定，发展各项社会事业，着力解决城乡发展不平衡问题；在政府层面，要转变政府职能，理顺中央—地方财税关系，加大反腐力度；在市场层面，要坚持和完善基本经济制度，提出市场在资源配置中起决定性作用，深化国企改革，完善城乡要素市场。《决定》所已经列出的这些改革决定和改革事项，必将在未来年代里决定性改变国家—社会和政府—市场关系，必将极大地推进国家治理体系和治理能力现代化。

最后必须指出的是，解读《决定》文本有关治理问题的论述，不仅可以使我们加深对全面深化改革重大任务的认知，而且还会使我们更加清醒地认识到，治理是人类社会普遍面临的重大课题。应对挑战而实现良善治理的实践是开放的，总结经验而更好地理解治理的进程也是无止境的，中国目前所启动的全面深化改革的新阶段的历史进程，就是推进国家治理体系和治理能力现代化的进程，也必然是形成中国特色治理概念和治理理论的进程。在这个意义上讲，我们对于治理问题的认知和理解也将是一项持续的工作，更是中国学界责无旁贷的历史使命。

（本文原刊于《当代世界与社会主义》，2014年第1期）

转型期中国的政治信任：实证测量与全貌概览

孟天广

引言

政治信任是现代社会理解公民与政府关系的核心概念，近年来受到中国社会科学界的广泛关注。政治信任是衡量公众对政府之治理资格及其治理绩效的认可和支持程度的重要理论工具（Easton, 1965）。它是联系单个公民与政治机构，乃至整个政治体制的纽带（Almond and Verba, 1963）。政治信任之于国家治理的重要性至少体现在如下三方面。首先，它是政治合法性的重要体现，反映着公民对一国政治体制的认可和支持程度；其次，政治信任与政府绩效感知、政府满意度密切相关，是政府施政结果的晴雨表；第三，它还是政府与公民互动的"社会资本"，是政府公信力的微观基础，更是促成公民合作行为的基础（Braithwaite and Levi, 1998）。从这个意义上来说，任何国家都需要保持较高水平的政治信任以维持合法统治和有效治理。中国也不例外，政治学的实证研究自1990年代起就积极关注政治信任,尤其在测量当代中国的政治信任上作出了有益的探索(Shi, 2001)。本文在现有研究的基础上,将基于对大量实证数据的深入分析呈现现阶段政治信任的水平、转型期政治信任的变化及其社会动力,并概括出转型期中国政治信任的四项结构性特征,以期在理论上为政治信任理论的本土化创新和应用作出贡献,并在实践上为未来国家治理提供知识积累。

一、政治信任的测量及其中国应用

1. 政治信任及其测量方法

很多学者根据伊斯顿的理解测量政治信任(或政治支持),Citrin 和 Muste 发现当前政治信任的测量方法共有六类,表 1 给出了各类指标的重要应用(Citrin and Muste, 1999)。Norris 和 Dalton 将政治信任分为对政治共同体、政治体制和政治权威三者的信任(Norris, 1999),并将三者置于弥散支持和具体支持光谱上的不同位置。简言之,政治共同体信任最接近弥散支持,政治权威信任最接近具体支持,而政治体制信任介于二者之间。尽管不同政治信任通常正相关,但却有着不同根源,更有着不同的政治蕴含,因而选择多项指标来恰当测量公民与政府、政治体制之间的联系是很有必要的。

表 1 现有政治信任测量方法的类型学

指标类型	代表性调查
政府信任量表	密歇根政府信任量表(Miller, 1974)
机构信任量表	GSS, WVS 等(Lipset and Schneider, 1987)
政府关注与回应性量表	ANES(American National Election Studies)
政治犬儒主义	Citrin 和 Elkins(1975)
体制支持和政治合法性	Citrin(1974)
国家认同	Sniderman(1981)

概括起来,现有政治信任的测量主要包括三类。(1)对现任政府的信任:这主要涉及公众对现任政治领袖、官员和机构的信任,测量的是现任政府的绩效、胜任力和动机。这种测量可对应"具体支持"。密歇根政府信任量表是

其代表，在实际研究中其替代性很强，Craig 等认为这种信任是"基于现任政府的信任量表"（Craig etc., 1990）。(2) 对政治体制的信任：这类指标重在了解公众对所处政治系统之制度安排、运行原则、制度表现等方面的信任，重在讨论超出具体人和机构的"弥散支持"。测量的对象是政治体制，集中于政治体制的有效性、政治过程的公正性、回应性、法治性上。Craig 认为这类政治信任是"基于体制的信任量表"。(3) 对政治社群的信任：现有研究主要关注公众对民主国家——这种政治社群的信任，国家荣誉感、国家认同等指标即关注对政治社群的支持。这种信任反映公众对抽象国家（政府）的认同，在国际政治中意义重大。

此外，比较政治学者也致力于探索适用于非西方国家的政治信任指标。Levi 等（2009）提出政府可信度量表，认为政府可信度可以通过政府绩效、行政能力和领导动机三个维度来反映。此外，世界价值观调查、东亚民主动态调查等大型跨国调查使用机构信任量表进行政治信任的跨国比较研究。

2. 中国研究中的政治信任测量

中国研究中政治信任的界定及测量有两个进路：机构信任和体制性信任。体制性信任测量公众对中国现有政治体制及其运行原则的认可。借鉴体制性信任的一般测量方法，史天健在 1993 年测量了城乡居民的政治信任，并从政治文化角度探讨了政治信任的根源（Shi, 2001），他利用四项李克特量表测量了公众对政治制度、政治决策和政治运行的总体评价；陈捷（2004）测量城市居民的政治支持，他将弥散支持理解为体制性信任，通过六个李克特量表集中测量了城市居民对政治体制的价值和规范、对政治系统的总体感知和对政治权威及其运行原则的评价（Chen etc., 1997）。

机构信任的测量方法在 2000 后被广泛使用（马得勇，2007）。机构信任量表通常直接询问受访人"党中央（省委、县委、乡镇党委和村党支部）在农村的威信如何？"（Li, 2004），或受访人对各级党委和政府的信任度（胡荣，2007）。更为一般性的方法是了解公众对包括中央政府、地方政府、人大、中国共产党、法院、检察院、公安等主要政治机构的信任度以获得对中国政治信任的概观性了解（肖唐镖、王欣，2010）。

机构信任量表的广泛使用的主要原因有：一是机构信任量表有更好的效度和信度。具体政治机构比抽象政治价值在人际间更具可比性，不同人群对具体政治机构之内涵和外延的理解基本一致，而且变化很小。同时机构信任量表还消除了体制性信任量表存在的操作化内生性问题（Catterberg & Moreno，2006）。二是为深入分析政治信任的内在结构提供了可能。除了对政治信任总体水平的把握，对政治信任内在结构的类型学研究也是政治信任研究的核心议题。机构信任量表在探讨政治信任的内在结构上有独特贡献，如中国特色的"差序政府信任"（李连江，2012），政治信任中的行政、司法与社会机构的分化（Yang and Tang，2010）等。三是具有跨国可比性，适宜跨国比较的需要。尽管各国政治制度有差异，但现代国家的主要政治机构及其承担功能在各国差异不大，因而基于机构信任量表来测量政治信任具有更好的跨国可比性。本文对政治信任的测量基于机构信任量表。

二、转型期中国公民的政治信任：水平与变化

为了对转型中国的政治信任有概观性了解，本节结合 1990 年至 2009 年间八次全国代表性数据的分析，对政治信任的水平及变化轨迹作出深入分析。

1. 政治信任的水平

政治信任被广泛认为对强化转型中国的政治合法性，促进政府有效治理日益重要，那么，转型中国的政治信任到底位于何种水平？不同政治机构的信任度如何？根据表 2，总体上转型期中国公民具有较高水平的政治信任，除部分年份对公务员的信任较低外，始终有超过一半的公民对军队、中央政府等主要政治机构持有信任。

比较不同政治机构的信任度。首先，军队、中央政府和人大的信任度最高。军队享有高度信任，1990—2009 年间始终有八成以上公众信任军队；中央政府拥有广泛的信任基础，始终有 81.5% 到 95.2% 的公民信任中央政府；作为立法机构，人民代表大会在各年度均受到四分之三以上公民的信任。其

次，公民对地方政府、公安、法院的信任略低。地方政府是距离公民距离较近的一级政府，在各年度受到约七成公民的信任；伴随着法制改革，法院在中国的政治系统中发挥着日益重要的作用，各年度约有67.1%到83.9%的公民信任法院；作为最主要的"一线公务员"，公安在基层治理中扮演着重要角色，其所享有的信任度在各年度约在64.7%和80.7%之间。最后，公务员在各年度享有的信任度在所有政治机构中均最低，约介于47.6%和73.1%之间，2001年和2008年不到一半，这与转型期严重的公务员腐败现象密切相关。

表2　转型期中国公民政治信任的水平与变化（百分比，%）

	1990	1993	2001	2002	2003	2007	2008	2009	2001年2月—2008年9月变化
军队	87.9	95.1	96.0	95.4		80.8	86.1		-9.9
中央政府			95.2	93.2	81.5	86.8	92.1	86.6	-8.6
人大	78.1	77.2	90.2	88.6	83.5	80.3	80.2		-10.0
地方政府				74.0			69.0	70.0	-4.0
公务员	53.6	63.4	47.6	68.9	64.4	73.1	49.7		2.1
公安	64.7	73.2	71.3	75.5	80.7	75.2	70.2	69.0	-2.3
法院	74.3	72.7		71.1	83.9	76.0	72.3	67.1	-4.0

数据来源：1990年、2001年和2007年数据来自世界价值观调查（WVS）；1993年数据来自社会变迁与社会意识调查；2002年数据来自东亚民主动态调查（ABS）；2003年数据来自北大中国国情研究中心主持的中国公民思想道德观念调查；2008年数据来自北大中国国情研究中心主持的中国公民意识调查；2009年数据来自北大中国国情研究中心实施的不平等与分配公正调查。

注：a. 本表列举的百分比为"信任"某政治机构的公众占总体的比例；b. 1990年数据并非全国代表性样本，而是城市代表性样本，仅供参考；c. 1993年用公众对政治机构的印象"好坏"间接测量政治信任，仅供参考。

2. 转型期政治信任的变化

现有研究对转型期政治信任的动态变化缺乏探讨，仅有史天健等（2007）、肖唐镖等（2010）讨论了改革后政治信任的变化，但二者的结论相反。史天健等发现从 1993 年到 2002 年政治信任在下降，而肖唐镖等认为 1999—2008 年间农村居民的政治信任有所上升。事实上，这两项研究的结论并不完全冲突，出现不同结果的原因可能与覆盖时间段不一致、测量工具和调查总体不一致有关。

可以说，恰当地判断政治信任的变化趋势必须基于两个前提：即研究总体的定义和测量工具的使用一致。事实上，即便是现有资料满足上述前提，判断政治信任的变化趋势仍然非常困难，一方面，现代国家的政治制度非常复杂，各种政治机构可能遵循不同的变化轨迹，因而对总体变化趋势的判断在现实生活中可能没有太大意义；另一方面，很多调查数据未提供从样本推论总体的信息，如 Stratum（层）、Cluster（群）、Weight（权重）等，因而难以推论总体政治信任的变化趋势。基于以上原因，下文对各政治机构之信任度的变化轨迹的分析仅供参考。

考虑到数据可比性，表 2 呈现了各年度各政治机构的信任度，还计算了 2001 年 2 月—2008 年 9 月各政治机构之信任度的变化趋势。根据调查样本，2001—2009 年间各类政治机构的信任度经历了复杂的变化轨迹，总体上呈现下降趋势。除公务员外，其他政治机构的信任度均有所下降。首先，军队、中央政府、人大等受到公民高度信任的政治机构在 2001—2009 年间信任度下降幅度较大。军队、中央政府和人大的信任度在这一阶段分别下降了 9.9%、8.6% 和 10%。其次，地方政府、公安和法院等执行性政治机构的信任度同期略有下降。地方政府信任度由 2002 年的 74.0% 下降至 2009 年的 70.0%，公安和法院信任度均经过 21 世纪初的短暂上升后又有所下降，公安信任度和法院信任度分别下降了 2.3% 和 4.0%。最后，公务员的信任度在所有政治机构中最低，2001—2009 年间没有太大变化，只有 2007 年上升至 73.1%。

三、政治信任的国际比较：水平与结构

中国的政治信任在世界上居于何种水平？这是一个引起众多关注且存在争议的问题。跨国比较始终是比较政治学的终极情怀，然而，跨国比较在可行性上存在诸多挑战。通过调查数据实施跨国比较起始于阿尔蒙德对公民文化的分析，此后被英格尔哈特、普特南等人发扬光大，取得了丰硕的研究成果。然而，跨国比较仍然为西方中心论、跨文化可比性等问题所困扰（King etc.，2004）。本文利用世界价值观调查①第五波（2005—2008）的数据，对世界主要国家的政治信任进行比较分析。

根据表3，中国主要政治机构的信任度总体上居于世界前列，然而，并非所有政治机构都享有高度信任。首先，军队信任度在全球范围内普遍偏高，平均为64.4%。中国的军队信任度为91.7%，低于越南的97.7%，高于芬兰、马来西亚、美国的军队信任度，可以说，中国的军队信任度居于世界前列。阿根廷、台湾地区的军队信任度最低，都不超过50%。第二，议会的信任度最低，全球平均为39.7%。中国的议会信任度为92.4%，低于越南的98.8%，高于马来西亚、印度和挪威等国。波兰、阿根廷、乌克兰和台湾地区的议会信任度最低，均在20%以下。第三，中央政府的信任度在六类政治机构中居中，全球平均为47.6%。92.7%的中国公民信任中央政府，其比例仅次于越南（98.3%），高于马来西亚和芬兰，中央政府信任度最低的国家包括波兰（18.0%）和德国（23.5%）。

全球范围内公务员信任度均较低，平均为45.7%。中国的公务员信任度为85.5%，仅次于越南（89.3%），高于马来西亚和瑞典，排名靠后的国家是阿根廷（8.1%）和波兰（18.1%）。总体上人们对司法机构的信任度相对较高。全球范围内警察信任度仅次于军队信任度，平均水平为58.3%。80.1%

---

① 世界价值观调查是目前全球范围内最大规模的跨国比较调查项目，该项目旨在了解自1970年代以来世界范围内的文化、价值观念和行为变化。详情请参见世界价值观调查官方网站：http://www.worldvaluessurvey.org/。世界价值观调查在各国使用一致的提问和题项设计，因而具有一定的可比性。

的中国公民信任警察,这一比例低于芬兰(91.8%)、越南(91.2%)和挪威(87.3%),但高于其他欧美发达国家。最不信任警察的国家有阿根廷和俄罗斯。法院也受到较高信任,信任法院的全球平均水平为53.2%。中国的法院信任度为82.5%,低于越南(90.4%)和挪威(86.0%),基本与芬兰和日本持平,而最不信任法院的国家包括阿根廷和乌克兰。

概括起来,转型期中国的政治信任总体上相对较高,尤其是军队、议会和中央政府等象征性政府的信任度居于世界前列,而警察、法院和公务员等执行性政府的信任度相对较低,有进一步加强的空间。表3也为比较世界不同区域的政治信任模式提供了参考。北欧的政治信任最高,东亚和南亚地区次之,西欧和美国呈现出"司法机构信任度高,中央机构信任度低"现象,东欧和拉丁美洲则集体表现出高政治不信任,这在一定程度上反映了政治信任与国家治理的密切关系。

表3 世界主要国家和地区的政治信任水平(百分比,%)

	信任军队	信任议会	信任中央政府	信任公务员	信任警察	信任法院
全球平均	64.4	39.7	47.6	45.7	58.3	53.2
中国大陆	91.7	92.4	92.7	85.8	80.1	82.5
东亚、南亚						
越南	97.7	98.8	98.3	89.3	91.2	90.4
马来西亚	84.5	67.5	75.4	69.9	74.6	77.7
印度	83.3	62.4	54.9	54.3	64.1	68.9
日本	74.7	23.2	31.1	32.8	66.9	82.0
韩国	52.0	26.2	45.7	62.8	58.6	50.9
台湾地区	42.1	14.1	32.4	40.2	37.5	39.2
北欧						
芬兰	87.9	56.1	64.1	60.1	91.8	82.3
挪威	65.2	62.3	54.1	61.4	87.3	86.0
瑞典	46.8	56.3	42.5	66.6	77.8	74.3

续表

	信任军队	信任议会	信任中央政府	信任公务员	信任警察	信任法院
西欧、美国						
英国	78.6	36.2	33.7	45.8	72.3	60.2
德国	50.1	21.9	23.5	30.9	73.9	57.5
美国	82.4	20.6	38.0	41.5	70.3	57.4
东欧						
俄罗斯	66.5	29.9	45.3	53.0	33.3	38.3
乌克兰	58.8	19.8	30.3	48.8	34.0	32.8
波兰	67.4	12.2	18.0	18.1	47.1	33.3
拉丁美洲						
巴西	69.7	24.9	46.2	52.4	44.8	49.4
墨西哥	63.8	25.4	44.8	25.0	33.6	37.7
阿根廷	32.1	13.6	37.9	8.1	21.3	20.2

数据来源：世界价值观调查。

四、政治信任产生及变化的社会基础

从总体上描述了政治信任的变化趋势仍然是不够的，我们应对政治信任演变的社会基础（动力）有所了解。这部分将从微观层面分析人口学特征、政治代际、教育分层和经济分层对政治信任的影响，尤其是试图讨论当前中国社会的主要群体的政治信任[①]水平及其变化趋势。

1. 人口学特征

行为主义强调年龄和性别等人口学因素对政治态度的影响。经典研究认

[①] "政治信任"指公众对主要政治机构的一般信任水平，在测量上指各年度所有机构信任度的平均值，除1993年取值范围为1—6外，其余年份均为1—4。

为人们随着生命周期的推移，由少年进入青年、中年，最终步入老年时，政治价值观会发生变化（Verba and Norman，1972），简言之，青年人比老年人在政治上更积极，更开放，也更批判，而老年人则会趋向政治保守，拒绝变革等（Almond & Verba，1963）。中国研究也发现类似现象。年轻人更可能参与政治抗议，更不接受现体制的统治规则（Shi，1999）。此外，性别也被认为是塑造政治态度的基础性因素。由于男性和女性在中国的不同性别角色期望，以及与政治生活的不同联系，因而形成不同的政治倾向，城市女性比男性更缺乏政治支持（Chen，2004）。

本文系统分析了 1993—2009 年间五次全国性调查中年龄、性别与政治信任的关系。首先，总体上各年度不同年龄组之间在政治信任上均有显著差异。各年度年龄总体上与政治信任呈现负相关关系，即年龄越大约缺乏政治信任。具体来说，18—29 岁、30—39 岁年龄组的政治信任在所有年度均较低，而 40—59 岁年龄组的政治信任较高，而 60 岁以上年龄组的政治信任始终最高。此外，比较 2002 年至 2009 年，所有年龄组的政治信任均有所下降，然而，50—59 岁和 18—29 岁两个年龄组下降得最快，30—49 岁的中年人群下降得最慢。不同于年龄对政治信任有稳定的负向影响，男性和女性的政治信任差异大多数年份未统计显著。女性的政治信任略高于男性，这与陈捷的发现略有差异，而二者在转型期也都呈现下降趋势，下降幅度基本一致。

2. 政治代际

在理解年龄对政治态度的影响时存在两种路径：一是将年龄影响理解为从"青少年—中年—老年"的生命历程影响；二是将其理解为出生代际的影响。后者在政治学中被称为"政治代际"（Samuels etc.，1977）。尤斯拉纳认为信任变化往往反映的是人口更替产生的信任变化，年轻人比父辈更缺乏信任（尤斯拉纳，2006）。史天健（1999）将年龄差异的影响更多视为政治代际的影响。事实上，中国在过去 100 多年间复杂而重大的政治变化的确在很大程度上造就了区分明显的政治代际，几乎没人能够否认抗日战争、毛泽东时代、"文化大革命"和改革开放等重大政治事件对公众政治社会化的影响。

为检视政治代际更替对政治信任的影响，依据出生年代将人们归为以十年为间隔的代际群，并分析了各年度不同政治代际的政治信任。分析显示，不同政治代际的政治信任存在显著差异。出生于建国前，成长于建国十年社会主义建设时期的"30 后"和"40 后"政治信任最高，这与该时期新中国受到广大人民的拥护密不可分；成长于十年"文革"的"50 后"和"60 后"的政治信任显著低于"30 后"和"40 后"；成长于改革开放时代的"70 后"、"80 后"和"90 后"的政治信任更低，这可能与改革开放后意识形态教育放开和政治文明程度提高的效应有关。此外，所有政治代际的政治信任在 2002 至 2009 年间均有下降，而下降最快的是"80 后"和"50 后"，这与"80 后"和"50 后"在过去 10 多年间的政治和社会经历密切相关，"50 后"先后经历了下岗和老龄化，而"80 后"刚刚进入社会就遭遇了"就业难"、"高房价"等社会问题，这些经历导致这两个代际人群生活水平的相对下降，这可能是其政治信任下降的原因。

3. 教育水平

教育被广泛应用于解释政治态度的差异，这源于教育在社会利益分化和政治意识塑造中扮演的重要角色所致（Abramson，1983）。一方面，教育差异构成社会分层的基本动力，也是社会利益分化的基本动力。高教育人群掌握着更多的社会、经济和文化资源，属于社会优势群体，反之教育水平较低的人们则掌握很少资源，因而他们的政治态度存在很大差异（Verba, Schlozman, and Brady, 1995）；另一方面，教育也是政治价值观形成的重要机制。教育是政治社会化的核心渠道，现有政治体制通常将官方意识形态通过正式教育灌输给公民，同时教育也扩大了人们的信息源，为人们获得更充分的政治信息提供了可能。

本文分析了教育对政治信任的影响，总体上双变量分析的结果与陈捷（2004）一致，教育显著地降低了政治信任。除 2002 年和 2009 年大专及以上人群比高中人群的政治信任略高外，其余年度均呈现出"伴随着教育水平的提高，政治信任逐级下降"的现象。值得注意的是，从2002年到2009年，所有教育水平人群的政治信任都在下降，而初中及以下人群下降得更快。

4. 经济地位

与教育类似，经济地位也被广泛地视为社会经济地位的核心变量，对政治态度有重要影响（Almond & Verba, 1963）。收入水平是经济地位的主要体现，收入越高的人群在社会中越具有优势地位，对政治过程施加着更大的影响（Bartels, 2003），因而也是政治信任的重要社会基础（Stoneman, 2008）。先前研究很少探讨经济地位与政治信任的关系，仅有陈捷发现主观经济地位与政治信任正相关。

本文依据家庭人均收入将所有样本五等分为低收入、中低收入、中等收入、中高收入和高收入五组，并对五个收入组的政治信任进行方差分析。分析结果显示，几乎所有年度不同收入组的政治信任均存在显著差异，但不同年度收入与政治信任的关系并不一致。1993年和2008年收入与政治信任负相关，而其余年度则不同程度地反映出中间收入阶层是高度政治信任的社会基础。具体地，2002年中高收入人群的政治信任水平最高，其次是中低收入和低收入；2003年收入与政治信任存在倒U型关系，即伴随着收入提高，政治信任先上升而后下降；2009年低收入和中等收入的政治信任最高，中低收入和中高收入次之。值得注意的是，收入最高的20%人群的政治信任始终保持低水平，而且其政治信任在2002—2009年下降也较多。

五、转型中国政治信任的特征

尽管现有研究对探讨政治信任的来源有较多研究，然而对于中国政治信任之内在结构，以及政治信任之本质特征的讨论仍然较少。为深入了解中国政治信任的本质，本文结合笔者的观察和对现有资料的分析试图就转型期中国政治信任的核心内在特征作出总结。

1. 政治信任中的"中央—地方"层化

中国公众对政治机构的信任存在"中央—地方"的层化现象。政治机构的信任度呈现由中央向地方逐级下降的谱系，公众对越接近中央的政治机构越信任，而对越基层的政治机构越缺乏信任。李连江称之为"差序政府信任"（李连江，2012），事实上，政治信任的层化现象普遍存在党委系统、人大系统和司法系统中。2010年一项城市居民调查专门探讨了公众对中央和市级政治机构的信任度。

根据表4，公众对中央政治机构的信任度均超过地方政治机构。在中央政治机构中，公众最信任党中央，平均分为7.71；中央政府、全国人大和最高检的信任度居中；最高法院的信任度最低，为7.54。地方政治机构中最受信任的是市政府，为6.69；市党委、市人大和市检察院的信任度居中；市法院的信任度最低，平均值仅为6.58。表4右侧显示因子分析结果，基于主成分法的因子分析区分出**信任地方**和**信任中央**两个公因子。信任地方公因子由所有市级政治机构组成，信任中央包括所有中央政治机构，因子负载基本大于0.90，有力支持了政治信任的"中央—地方"层化假说。

对"差序政治信任"的可能解释有三：一是中国的政治文化长期培养了"中央一贯正确"、金字塔式的"权威崇拜"结构，人们往往会将某些利民政策实施的功劳归为"中央政策好"；二是政治制度上的根源。中国实施单一制政府组织形式，各级政府领导由上一级政府任命，地方政府并不以回应本地公众需求为施政目标，而以取悦上级为首选目标，因而地方政府的施政绩效不能得到本地公众的认可；三是传媒和信息的影响。信任与人们对信任对象的了解程度和距离有关（尤斯拉纳，2006）。相对于从中央电视台等官方媒体获得对中央政府遥远而"美好"的印象，地方政府的施政行为直接暴露在公众面前，公众更容易获得关于地方政府不公正、腐败、低效率等负面信息。此外，政治制度对中央—地方关系的制度性安排对政治信任的"中央—地方"层化发挥着根本性影响。美国等西方国家实施联邦制或地方自治，公民能够影响地方政府的组成、政治过程及政策，因而会给予服务自身利益、邻近自己的地方政府更多信任,而对那些频繁变动的"遥远政府",如州政府和联邦政府的信任就很少(尤斯拉纳,2006)。良好的地方政府绩效显著地提高了地方政府信任度(孟天广、杨明,2012),因而,如何有效地确保地方政府切实地回应本地居民的经济和社会发展诉求在现体制下显得尤为重要。

表4 政治信任的中央—地方层化(2010)

政治机构	平均值 (标准差)	因子负载 信任地方	信任中央	独特值
中央政府	7.65 (1.98)	0.335	0.892	0.092
最高法院	7.54 (1.98)	0.350	0.903	0.062
全国人大	7.63 (1.96)	0.344	0.906	0.061
党中央	7.71 (1.98)	0.334	0.903	0.072
最高检察院	7.61 (1.97)	0.348	0.901	0.068
市政府	6.69 (2.13)	0.902	0.336	0.075
市法院	6.58 (2.14)	0.911	0.343	0.053
市人大	6.64 (2.15)	0.913	0.343	0.050
市党委	6.65 (2.17)	0.912	0.340	0.054
市检察院	6.62 (2.16)	0.911	0.334	0.059

注:a. n=3558; b. 测量问题采用"0—10"量表,0表示"非常不信任",10表示"非常信任"; c. 因子分析方法为主成分法,两个公因子的特征值分别为7.762和1.594,累计解释了总特征值的93.56%; d. 因子旋转方法为正交最大方差法。

2. 政治信任中的人格与制度

中国公民对政治机构的信任高于对政治人的信任。为了检验政治机构信任和政治精英信任的差异,2008年同时进行了"公民文化与和谐社会调查"和"中国公民意识调查",前者测量政治精英信任,后者测量政治机构信任。两项调查分别了解公民对中央、县/市层级政府和领导人的信任,为比较同一层级政府的机构信任和精英信任提供了可能。

首先，比较公民对中央政府和中央领导的信任。中央政府作为政治机构获得的公民信任高于中央领导获得的公民信任，63.8%的公民非常信任中央政府，而非常信任中央领导比例为36.0%；不信任中央政府的仅有4.1%，而不信任中央领导为10.9%；除了信任度上的差异，高达22.0%的公民对信任中央领导"无回答"，而仅有3.8%的公民对信任中央政府"无回答"。其次，比较公民对县市政府和县市领导的信任。类似地，县市政府获得的信任远高于县市领导获得的信任。非常信任县市政府的公民为30.0%，而仅有12.6%的公民非常信任县市领导；对县市政府和县市领导比较信任的公民比例接近；不信任县市政府的公民约占20.9%，低于不信任县市领导的公民6个百分点；此外，无回答的比例在信任县市政府时只有10%，而在信任县市领导时高达22.4%。

概括起来，中国公民对政治机构的信任要高于对政治人（精英）的信任，这反映了公民对近来中国政治"制度化"努力的积极回应。与传统的基于人格化的治理结构不同，现代社会的国家治理主要通过一整套制度和机构来实施，国家的治理主体是政治制度规定下的政治机构。经过一系列政治和经济改革，中国的治理模式逐渐摆脱了传统的"人治"和庇护主义模式，公民与政府的关系不再是"父母官"与"子民"的关系，而转向基于制度的治理（如法治）模式。为适应市场经济和社会发展的需要，传统上全方位干预社会和经济生活的"全能主义"政府逐渐改革其治理方式，将自身定位为服务型政府，回应公民需求，为公民提供公共产品成为政府治理的核心。中国政治制度的上述变化重塑了公民与政府的关系，改观了公民对政治机构的认知模式，其集中反映就是公民对制度化的政治机构赋予比具体的政治人更多的信任。此外，政治精英的低信任也与转型期官员腐败密切相关（Rothstein, 2011）。

3. 政治信任的行政—司法分化

伴随着法制改革和"依法治国"方略的稳步推进，中国公民能够辨识

"行政"与"司法"机构的差异,并对其形成不同的信任水平,即出现"行政—司法"信任的分化(Yang & Tang, 2010)。1990年代实施的法制改革和普法教育空前地促进了现代司法体系在中国的建立,社会大众越来越多地"知法、懂法、用法",从而加强了其与司法机构的互动和联系,这进一步促成了对司法机构的信任的相对独立(Wu & Sun, 2009),以及其形成机制的独立性。

上文表2和表3包含了公民对法院和公安等司法机构的信任。可以发现,司法机构的信任度介于政府和社会机构之间。各年度约有67.1%到83.9%的公民信任法院,法院信任度由2002年的71.1%上升至2003年的83.9%,2007年后下降至67.1%;公安信任度相对低于法院,其信任度也经过2003年的短暂上升,并在2007年后下降至69.0%。司法机构信任度的先升后降一定程度上反映了近来"法制改革"的政治效果。从国别比较来看,尽管中国的警察和法院信任度较高,但并不如中央政治机构那样居于世界前列,而位于北欧国家之后。

有效且具有公信力的司法系统是现代社会的基本要求。公众对司法系统的高度信任有助于司法系统的合法性建构,提高公民对司法裁判的接受,这对于司法系统的有效运行和司法裁判的高效执行至关重要(Tyler and Huo, 2002)。长远来说,公众对司法系统的信任受到公众对程序公正之评价的影响,如果公众对司法机构的信任建立在程序公正认知的基础上,最终会转换为公民的法律合作行为,这将极大地节省司法资源,更进一步有助于确保司法系统高效运行和保障公民基本政治社会权利。

4. 体制性信任、机构信任和政治人信任的高度同构

对于政治信任的理解,现有研究有不同侧重,如很多研究讨论了体制性信任、机构信任和政治人信任。西方政治学对体制性信任、机构信任和政治人信任做了不同界定,并讨论了三者的关系。简单地说,西方民主国家中三种政治信任既可能正相关,也可能负相关,因为西方民主国家在政治体制、现任政府和当选政治家上有严格区分。体制性信任反映公民对政治体制及其

运行原则的认可，更具稳定性和基础性；机构信任则关系到党派属性和政治偏好，只有政治机构由自己党派占据或政策输出符合其偏好，机构信任才会产生；对政治人的信任既受到党派属性和政治偏好的影响，也会受公民对官僚制之认识的影响（Stonoman, 2008）。

与西方国家不同，中国属于一党执政国家，政治体制运行的核心原则受执政党领导，政治机构由执政党占据，并接受执政党领导，而且政治机构的工作人员也绝大多数是党员，因而不存在类似西方国家的情况。从这个意义上，中国的体制性信任、机构信任和政治人信任应该存在较高程度的正相关关系。为此，笔者借助2010年"公共产品与政治支持调查"，利用结构方程模型检验了几种主要政治信任之间的关系，结果参见图1。图1的结构方程模

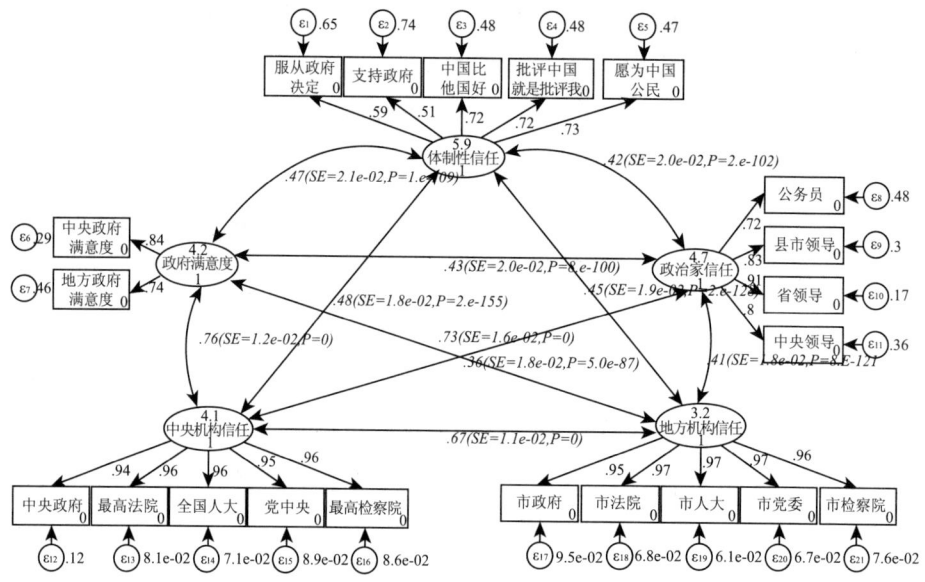

图1 转型中国政治信任的结构图

注：a. n = 2530，对缺失值采取了列删除的处理；
b. 图中所有系数均为标准化系数；
c. 模型的拟合指标为：本模型与饱和模型的 Likelihood ratio Chi^2 = 4806.67***，基线模型与饱和模型的 Likelihood ratio Chi^2 = 62316.88***；RMSEA = 0.097；AIC = 120802.58，BIC = 121135.23；CFI = 0.926，TLI = 0.920；SRMR = 0.069。

型中，笔者分别通过五组外显变量测量了五个潜变量：政府满意度、中央机构信任、地方机构信任、政治家信任和体制性信任，这五个潜变量基本包括了政治信任研究的各个维度。验证性因子分析的结果很好地支持了测量模型，所有外显变量对相应潜变量的因子负载均较高。对潜变量的相关分析显示，所有潜变量之间的相关系数均统计显著，且标准化相关系数的平均值为 0.52，这表明体制性信任、机构信任和政治人信任在转型中国具有很高程度的同构性，三者联系密切。其中，中央机构信任、地方机构信任和政治人信任与体制性信任的相关系数分别高达 0.73、0.41 和 0.67，即前三个潜变量能够很好地反映体制性信任。

六、结论：转型中的政治信任生成模式

本文的目标是对转型期中国的政治信任提供一个概观性的全景图式。基于对 1990—2009 年间八次全国代表性调查数据的分析，本文分析了转型期中国主要政治机构的信任度，政治信任的变化轨迹和社会基础，比较了中国与世界主要国家政治信任的水平和结构。最后总结了中国政治信任的四个结构性特征。

众所周知，政治信任对促进政府治理至关重要，可喜的是转型期总体上中国公民拥有较高的政治信任。一方面，军队、中央政府和人大等象征性政府的信任度很高，而地方政府、公安、法院等执行性政府的信任度略低，公务员信任度最低。另一方面，中国的政治信任总体上居于世界前列。军队、人大和中央政府等象征性政府的信任度居于世界前列，而警察、法院和公务员等执行性政府的信任度则相对较低，有进一步加强的空间。

基于 2001—2009 年的可比性数据，各政治机构的信任度在转型期经历了复杂变化，总体上有下降趋势。军队、中央政府、人大等被高度信任机构的信任度下降幅度较大，地方政府、公安和法院的信任度也略有下降。转型期政治信任变化的根源在于社会基础的变化，人口学变量、政治世代、社会结构的变迁是政治信任变化的基本动力。年龄与政治信任负相关，而性别间的

政治信任差异不大；"30后"和"40后"的政治信任最高，"50后"和"60后"次之，成长于改革开放时代的"70后"、"80后"和"90后"的政治信任最低；教育获得显著地降低了政治信任，初中及以下人群的政治信任下降得最快；收入对政治信任有显著影响，1993和2008年收入与政治信任负相关，而其余年度中间收入阶层是高度政治信任的社会基础。

转型期中国政治信任存在如下四方面的内在特征。第一，中国的政治信任存在一个由中央向地方逐级下降的谱系，公众对越接近中央的政治机构越信任，而对越基层的政治机构越缺乏信任。这主要受传统政治文化、单一制的国家组织形式，以及传媒和信息等因素的影响。第二，政治机构的信任度高于政治人（精英）的信任度，这反映了中国公民对改革后中国政治"制度化"努力的积极回应。中国的治理模式正在由传统的"人治"和庇护主义模式转向基于制度的治理模式，这导致公民对机构的信任胜于对政治人的信任。第三，法制改革的直接后果是公民能够辨识"行政"与"司法"机构的差异，并对其形成不同的信任度，司法机构的信任度介于政府和社会机构之间。国别比较来看，促进司法机构的信任度还有很大空间。第四，对政府满意度、中央机构信任、地方机构信任、政治人信任和体制性信任的结构方程模型结果显示，体制性信任、机构信任和政治人信任在转型中国高度同构。

伴随着改革开放以来快速的社会经济转型，中国政府时刻经受着不断变化的治理挑战，只有及时、有效地应对上述挑战，中国政府才能不断提高公民满意度，保持其执政合法性。政治信任有助于强化变迁社会中的国家能力，并进而促成公民对政府治理的认可和合作倾向。不可否认，转型期中国政府不断取得的经济和社会发展成果离不开来自公民对政府的持续和广泛信任，有效的国家治理离不开稳定且高水平的政治信任。本文之所以讨论转型期中国政治信任的水平、变化及其结构性特征，正是试图为现阶段培育政治信任提供基础性知识源泉。

参考文献

〔美〕埃里克·尤斯拉纳：《信任的道德基础》，张敦敏译，中国社会科学出版社 2006 年版。

胡荣：《农民上访与政治信任的流失》，载《社会学研究》，2007 年第 3 期。

李连江：《差序政府信任》，见景跃进、张小劲、余逊达主编：《理解中国政治：关键词的方法》，中国社会科学出版社 2012 年版。

马得勇：《政治信任及其起源——对亚洲八个国家和地区的比较研究》，载《经济社会体制比较》，2007 年第 5 期。

孟天广、杨明：《转型期中国县级政府的客观治理绩效与政治信任》，载《经济社会体制比较》，2012 年第 4 期。

史天健、吕杰："Political Trust in the People's Republic of China: Continuity and Change, 1993 – 2002"，"经济全球化进程中的和谐社会建设与危机管理" 国际学术研讨会论文，2007 年。

肖唐镖、王欣：《中国农民政治信任的变迁——对五省份 60 个村的跟踪研究（1999—2008）》，载《管理世界》，2010 年第 9 期。

Abramson, P., *Political Attitudes in America: Formation and Change*, San Francisco: Freeman, 1983.

Almond, G. A. & Verba, S., *The Civic Culture: Political Attitudes and Democracy in Five Nations*, Princeton, NJ: Princeton University Press, 1963.

Bartels, L., *Unequal Democracy: The Political Economy of the New Gilded Age*, Princeton University Press, 2003.

Braithwaite, V. & Levi, M. (eds.), *Trust and Governance*, New York: Russell Sage Foundation, 1998.

Catterberg, G. & Moreno, A., "The Individual Bases of Political Trust: Trends in New and Established Democracies", in *International Journal of Public Opinion Research*, Vol. 18, No. 1, 2006, pp. 31 – 48.

Chen Jie, *Popular Political Support in Urban China*, Washington, D. C.: Woodrow Wilson Center Press, 2004.

Chen Jie, ZhongYang, & Hillard, J., "The Level and Sources of Popular Support for China's

Current Political Regime", in *Communist and Post-Communist Studies*, Vol. 30, No. 1, 1997, pp. 45 – 64.

Citrin, J. , "Comment: The Political Relevance of Trust in Government", in *American Political Science Review*, Vol. 68, No. 3, 1974, pp. 973 – 988.

Citrin, J. & Elkins, D. , *Political Disaffection Among University Students: Concepts, Measurement and Causes*, Berkeley: Institute of International Studies, University of California, 1975.

Citrin, J. & Muste, C. , "Trust in Government", in Robinson, J. , Shaver, P. & WringsmanL. (eds.), *Measures of Political Attitudes*, New York: Academic Press, 1999.

Craig, S. C. etc. , "Political Efficacy and Trust: A Report on the NES Pilot Study Items", in *Political Behavior*, Vol. 12, No. 3, 1990, pp. 289 – 314.

Easton, D. , *A Systems Analysis of Political Life*, New York: John Wiley and Sons, 1965.

King Gary etc. , "Enhancing the Validity and Cross-cultural Comparability of Measurement in Survey Research", in *American Political Science Review*, Vol. 98, No. 1, 2004, pp. 191 – 207.

Levi, M. , Sacks, A. & Tyler, T. , "Conceptualizing Legitimacy, Measuring Legitimating Beliefs", in *American Behavioral Scientist*, Vol. 53, No. 3, 2009, pp. 354 – 375.

Li Lianjiang, "Political Trust in Rural China", in *Modern China*, Vol. 30, No. 2, 2004, pp. 228 – 258.

Lipset, S. M. & Schneider, W. , *The Confidence Gap: Business, Labor and Government in the Public Mind*, New York: Free Press, 1987.

Miller, A. H. , "Political Issues and Trust in Government: 1964 – 1970", in *American PoliticalScience Review*, Vol. 68, No. 3, 1974, pp. 951 – 972.

Norris, Pippa (ed.), *Critical Citizens: Global Support for Democratic Government*, Oxford: Oxford University Press, 1999.

Rothstein, Bo. , *The Quality of Government: Corruption, Social Trust, and Inequality in International Perspective*, Chicago, IL: University of Chicago Press, 2011.

Samuels, R. (ed.), *Political Generation and Political Development*, MA: Lexington, 1977.

Shi Tianjian, *Generational Differences in Political Attitudes and Political Behaviour in China*, World Scientific, 1999.

Shi Tianjian, "Cultural Values and Political Trust: A Comparison of the People's Republic of-

China and Taiwan", in *Comparative Politics*, Vol. 33, No. 4, 2001, pp. 401 – 419.

Sniderman, P. M., *A Question of Loyalty*, Berkeley: University of California Press, 1981.

Stoneman, P., *This Thing Called Trust: Civic Society in Britain*, Palgrave Macmillan, 2008.

Tyler, T. & Huo, Y. J., *Trust in the Law: Encouraging Public Cooperation with the Police and Courts*, New York: Russell Sage Foundation, 2002.

Verba, S. & Norman, N., *Participation in America: Political Democracy and Social Equality*, NewYork: Harper and Row, 1972.

Verba, S., Schlozman, K. & Brady, H., *Voice and Equity: Civic Voluntarism in American Politics*, Cambridge, MA: Harvard University Press, 1995.

Wu Y. & Sun, I., "Citizen Trust in Police: The Case of China", in *Police Quarterly*, Vol. 2, 2009, pp. 170 – 191.

Yang, Q. & Tang, W., "Exploring the Sources of Institutional Trust in China: Culture, Mobilization, or Performance?", in *Asian Politics & Policy*, Vol. 2, 2010, pp. 415 – 436.

（本文原刊于《华中师范大学学报（人文社会科学版）》，2014年第2期，第1—10页）

转型期中国县级政府的治理绩效与政治信任

孟天广　杨　明[*]

一、问题的提出

改革开放以来，为应对社会转型的挑战，中国政府在经济和社会发展、制度建设等方面不断进行着治道变革，期望通过治理结构的完善和治理手段的调整来实现良好治理（Burns，2003）。进入21世纪，中国政府加快了治理转型的步伐，逐渐放弃了"经济建设为中心"的一元治理模式，并在全国范围内推行社会和经济增长并重的多元治理模式（Gu and Kelly，2007）。近来和谐社会建设正是这种治理模式的集中体现，政府一方面调整经济结构和收入分配来保证经济的健康稳定发展，另一方面积极推动教育、医疗、社会保障等民生福利领域的治理变革以应对转型期各类社会问题的迫切需要。同时，为了确保改革大局，提高政府治理的能力，政府也非常关注社会治安、公共安全

---

[*] 杨明，北京大学政府管理学院教授。

和法律制度建设等纯公共产品的供给。

那么，这些治理变革及其绩效是否得到公众的广泛认可和支持呢？政治信任是衡量公众对政府及其治理认可和支持程度的重要理论工具（Almond and Verba, 1963; Easton, 1965）。它是联系着个体公民与政治机构的纽带，一方面是政治合法性的重要表现，体现着公民对政府的认可和支持，另一方面也是政府与公民互动的"社会资本"，是政府公信力的微观基础。因此，探讨现阶段政府治理及其变革与政治信任之间的关系不仅在理论上可以检验政治信任的理性选择解释在中国的适用性，更有助于从实践上为未来一个阶段的治理变革提供知识。本文致力于讨论转型期中国的政府治理对政治信任的影响。具体而言：（1）政府治理绩效是否构成政治信任的关键决定因素；（2）哪个领域的治理绩效对政治信任的贡献更大，经济增长还是公共产品（民生福利和纯公共产品）；（3）政治信任主要是基于对现状的满意度还是对未来的预期；（4）客观治理绩效如何影响政治信任。

二、文献回顾与分析框架

1. 政治信任及其影响因素

政治信任研究由来已久。伊斯顿在政治系统论认为政治信任具有支持功能（Easton, 1965），阿尔蒙德的政治文化研究则开创了政治信任的实证传统（Almond and Verba, 1963）。学术界对政治信任的理解长期存在两种传统[①]。一是从一般"信任"来推论政治信任。莱恩认为对候选官员的信任是人类信任的一个特例（Lane, 1959: 164），普特南认为政治信任一定程度上是社会信任的结果（Putnam, 1995）。二是认为政治信任不同于一般意义的信任，源于政治领域是其特性。伊斯顿认为政治系统中存在两种政治支持：具体支持和弥散支持，具体支持针对政治家和政治机构，而弥散支持涉及政治社群和

[①] 政治信任的概念及测量的更详细讨论，请参见 Citrin, Jack & Christopher Muste, "Trust in Government", in John P. Robinson, Phillip R. Shaver and Lawrence S. Wrightsman (Eds.), *Measures of Political Attitudes*, San Diego, London, Boston, New York, Sydney, Tokyo, Toronto: Academic Press, 1999。

政治体制（Easton，1975）。此后学者将伊斯顿的政治支持测量化为政治信任，但不同学者的侧重点不同。有学者强调具体支持，认为政治信任主要涉及政治家及政治机构的胜任力、动机和伦理（Listhaug，1995）；更多学者倾向于弥散支持的理解，将政治信任理解为公众对政治社群、政治体制、政治赖以运行的原则的支持（Citrin and Muste，1999）。具体到中国语境，史天健认为政治信任是公民对于政治体制的整体或部分将会带来积极成果的信念（Tianjian Shi，2001）。

无论理论还是实践，探索政治信任的影响因素对于维持稳定且高水平的政治信任都至关重要。学术界通常认为政治信任可以从制度和文化两个角度来解释（Mishler and Rose，2001）。制度的解释认为"政治信任源于政治领域，是人们对政治制度和政府的绩效、政治制度的可信性的一种理性的评估"（Newton，2001）。文化的解释则很不系统，主要解释包括早年社会化影响（Newton，2001）、社会信任产生政治信任说、后物质主义削弱政治信任说、独特民族文化说（Putnam，1995；Ingerhart，1997；Kochanowicz，2005）。此外，也有研究从公民的个性特质、政治交换理论、社会结构等视角提供解释（Stoneman，2008：69）。

2. 政府治理与政治信任

相对而言，治理绩效在形塑政治信任的过程中发挥着重要作用得到更多学者的支持。政治信任增强了政府的合法性和效能（Braithwaite and Levi，1998；Hetherington，1998），它代表公民对政府绩效的一种评价，展示着政府绩效是否与公众对政府的期望相一致（Miller and Listhaug，1999）。无论是政府的客观治理绩效，还是公众对政府治理绩效的认知，都对政治信任有促进的作用（Citrin，1974；Hetherington，1998；Mishler and Rose，2001；Uslaner，2002）。然而，治理绩效解释在理论的跨国适用性、经济增长决定论、前瞻性还是回顾性效应等解释机制上仍存在争论。

首先，治理绩效解释的关键挑战在于理论的跨国适应性。Criado 和 Herreros（2007）发现制度绩效对政治支持的影响会受到具体政治制度的影响，如制度绩效对政治支持的影响在多数代表制国家更高，在比例代表制国家较低，因为多数代表制国家的政府具有更明晰的治理责任。Mishler 和 Rose 发现该解释在东欧转型国家也具有强解释力。那么，政府治理的解释能否有效解释转型期中国的政治信任？近来，涉及中国政治信任的研究仍很少。然而，仅有的研究表明公众（农民）对主要政治机构有高信任（Shi Tianjian, 2001; Nathan, 2003; Li Lianjiang, 2004; Wang Zhenxu, 2005），一些学者从文化价值、后物质主义、威权主义角度提出解释（Shi Tianjian, 2001; Zhengxu Wang, 2005; 马得勇, 2007）。然而，政府治理的解释却没有得到充分的关注，近来胡荣等（2011）以厦门城市居民为例初步探讨了政府绩效与政府信任的关系，但该研究缺乏全国推广性，未将农村居民纳入分析，且没有探讨治理变革及客观治理绩效的影响。

其次，经济治理的绩效是否对政治信任的影响最大。有学者认为经济治理绩效对政治信任的影响最为重要（Citrin, 1974; Hetherington, 1998）。美国在 1970 年代糟糕的经济绩效比水门事件对政治信任的影响更大，而政治信任在 1990 年代则因积极经济绩效而增长，却并未受克林顿丑闻影响而下降（Hetherington, 2005）。劳伦斯则认为 70 年代以来美国政治信任的衰落看似与经济治理不善有关，但实际上是人们基于先前的经济绩效，对政府期望过高所致（Lawrence, 1997）。转型国家的研究也支持经济评价对政治制度合法性有重要影响（Kaase, 1994; Plasser and Ulram, 1996）。然而，只有经济增长仍是不够的，公众的政治支持还依赖于他们对经济社会秩序是否公正、政府是否开放有序的评价（Mason and Kluegel, 2000）。Stoneman 认为，英国人对教育、医疗、经济绩效的评价对政治信任的有最强的解释力，其中民生福利（卫生和教育）绩效至关重要（Stoneman, 2008: 93）。

第三，回顾性评价与前瞻性评价。回顾性评价强调公众对政府治理现状的满意度，而前瞻性评价更重视公众对未来政府实施良好治理的信心。有学者发现公众主要基于前瞻性预期产生政治信任（Stoneman, 2008: 149），我国台湾地区也有类似发现（Hsieh, John Fuh-Sheng etc., 1998: 383）。而

Clarke 等（1995）则发现不仅前瞻性评价有影响，而且回顾性评价也有影响。中东欧转型国家的经验也表明对当前经济状况的评价和对未来经济增长的预期都对公众评价新生政治制度有重要影响（Kaase，1994；Plasser and Ulram，1996）。

结合文献回顾和中国实践，本文试图在当前治理变革的大背景下考察政府治理对公众政治信任的复杂影响，即考察近来中国政府建设"和谐社会"和"服务型政府"的政策干预是否、在何种程度上，以及通过何种机制影响着政治信任的保持。下文将从政府治理的主观和客观维度，政府在经济增长、民生福利和纯公共产品供给三大领域的治理绩效，以及回顾性和前瞻性评价三个方面展开论述。

三、研究设计：数据、变量与模型

1. 数据

为客观分析城乡公民的政治信任及其与治理绩效的关系，本文采取基于全国性大样本调查数据的定量分析方法。个体层面数据来自"2008年中国公民意识年度调查"，该调查由北京大学中国国情研究中心设计并实施，在全国25个省市区，73个县级单位，146个乡镇街道，292个村/居委会访问了4004位受访人，有效完成率73%。该调查采取分层多阶段、GPS/GIS辅助的区域抽样方法，有效地解决了传统户籍抽样中的人户分离、一户多址以及行政区域抽样中的边界不清的问题。① 县级数据来自73个样本县的公开资料，《2008年中国区域经济统计年鉴》、《2008年中国县市社会经济统计年鉴》和政府网站。

2. 变量

这部分概要介绍变量的界定和测量，第四部分将详细介绍相关变量的测

---

① 参见沈明明等：《中国公民意识调查数据报告》，社会科学文献出版社2009年版。此外，该数据在某些变量上存在缺失值，本文对这些缺失值进行了均值插补的处理，但部分二分类变量缺失值难以处理，最终用于分析样本量为3830个。

量指标及分布。

因变量是政治信任,即公民对各类政治机构的信任程度。本文将公民对中央政府、法院、人民代表大会、村/居委会、中国共产党、检察院、县/市政府、新闻媒体①和公安机关九类政治机构的信任程度加总构建了一个指标变量,用以反映公民政治信任的总体水平。

自变量包括控制变量和解释变量。控制变量包括年龄、性别等人口学变量,教育、收入、流动人口等社会经济变量,政治介入、社会信任、幸福感等主观变量。控制变量的选择参考了国内外政治信任解释模型的已有研究。

解释变量包括主观和客观两个维度:主观维度主要是个体层面公民对政府治理的回顾性和前瞻性主观评价;客观维度用县级单位的客观政府治理水平来测量。具体地,个体层面的变量包括经济增长评价、经济增长预期、民生福利评价、民生福利预期、纯公共产品供给评价、纯公共产品供给预期六个变量。客观治理绩效包括2007年县级单位的人均GDP、人均福利支出、登记失业率、基尼系数。② 人均福利支出指县级单位花费在教育、卫生和社保领域的财政支出的人均水平;登记失业率为城镇登记失业人员数占总人口的比例;基尼系数基于调查样本报告的2007年家庭人均收入计算获得。③

3. 模型

学术界在这个领域的实证研究有两种方法。一是基于时间序列数据研究历史政府治理客观绩效与政治信任的关系;二是基于截面数据研究个体层面政府绩效主观认知对政治信任的影响(Nye, Zelikow and King, 1997)。然而,

---

① 考虑到政府在新闻媒体创办和管理上扮演重要角色,本文将其纳入政治信任的测量指标。
② 由于统计制度的差异,部分县级单位人均GDP、失业率、人均福利财政支出的数据存在缺失,这对本文的分析造成一定困难。因此,对这些缺失值,本文利用该县级单位所属的地级单位的相应数据进行弥补。
③ 我们基于PPS方法在每个县级单位抽取2个乡镇/街道,在每个乡镇/街道又分别抽取2个半分格(地理经纬度上30″×30″组成的单元格,相当于一个村庄或社区聚落),最后基于4个半分格随机抽取的约55个家庭估算县级单位的收入基尼系数。

它们在方法论上都存在固有困境,方法一忽视了政治信任的主体——公民,方法二则以主观评价取代政府治理绩效,混淆了政府治理的客观表现与主观认知。本文不仅关注公民对政府治理的主观评价对政治信任的影响,还关心居住在不同政府治理水平地区的公民在政治信任上是否有系统性差异,即不同地区政府治理客观绩效是否影响政治信任。

考虑到上述原因,本文选择分层线性模型(Hierarchical Linear Model)来同时分析政府治理的客观表现和主观评价对政治信任的影响。分层线性模型是近来统计学研究分层数据分析的最新成果(Raudenbush and Bryk,2007;Leeuw and Meijer,2008),这种方法注意到日益增加的具有嵌套结构(Nested Data)的多层数据在理论和统计上的挑战,多层数据的嵌套结构一方面增加了信息量,另一方面也违背了传统线性回归分析的正态性、方差齐性和独立性等基本假定,而多层分析可以有效地解决上述统计问题。此外,社会科学的很多现象(变量)不仅受到个体层面微观变量的影响,还受到其所隶属的环境变量的影响。该方法有助于从方法论上克服社会科学研究中的生态学谬误和简化论谬误(郭志刚,2004:23)。近来,这种方法为微观政治学所倡导,因为个体的政治态度和行为不仅受到个体微观变量的影响,也不可避免受到其所依存的政治环境的影响(Conover and Searing,2002)。

四、转型期的政府治理与政治信任

1. 县级政府的客观治理绩效

受数据限制,本文从人均 GDP、失业率、基尼系数、人均福利支出四方面来考察县级政府的客观绩效。

人均 GDP:人均 GDP 是经济增长的代表性指标。图 1 显示了 73 个样本县人均 GDP 的分布。县级单位平均的人均 GDP 为 20614 元,这与国家统计局提供的全国人均 GDP 为 18934 元的数据接近。同时,样本县人均 GDP 的标准差高达 18107，表明样本县的经济水平差别很大。其中，人均 GDP 万元以上的县有 42 个，占 58%，超过 50000 元的经济发达县有 8 个，而 5000 元以下的经济落后县有 7 个。

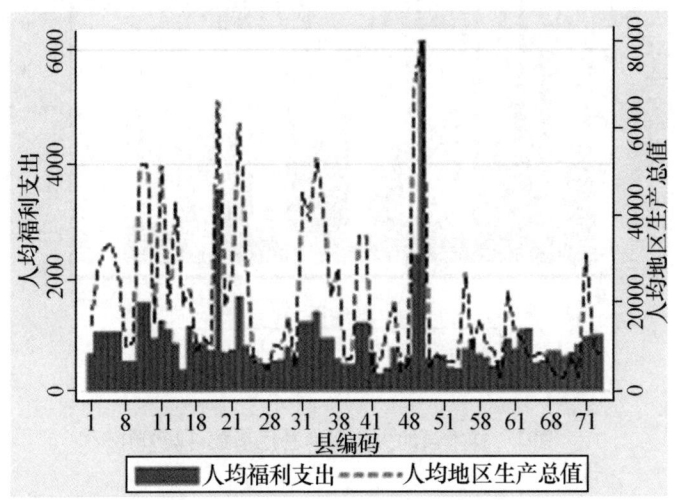

图 1 样本县的人均 GDP 和人均福利支出（2007）

人均福利支出：财政支出是政府治理的主要手段，而福利支出直接作用于公众，反映政府在民生福利领域的投入水平。根据图 1，总体上县级单位人均福利支出水平较低，人均支出仅为 934 元，且差异巨大，标准差达到 782。其中，53 个样本县的人均福利支出在千元以下，达到 73%，甚至有 10 个县级单位人均福利支出不足 500 元。

失业率和基尼系数：失业率和基尼系数是衡量地方政府社会发展水平的综合性指标。根据图 2，总体上县级单位的失业率较低，51% 的样本县的失业率不到 0.5%，只有 12% 的样本县失业率超过 1%；但基尼系数却总体偏高，55 个县级单位的基尼系数超过 0.4，占 75%，甚至有 16 个样本县的基尼系数超过 0.5。

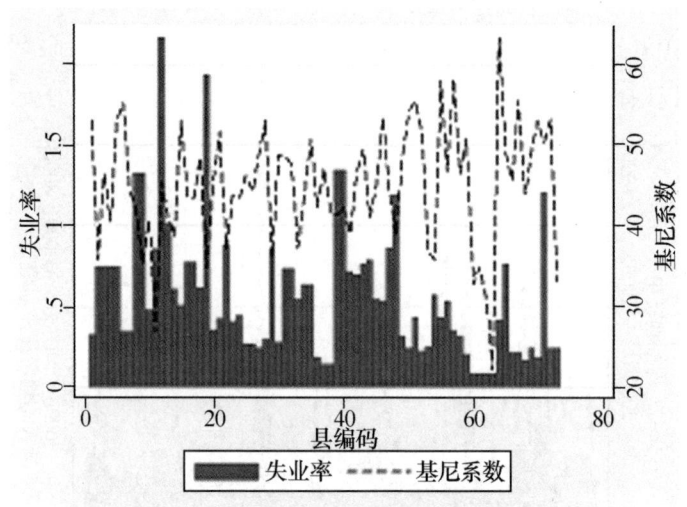

图 2　样本县的失业率和基尼系数（2007）

2. 公民对政府治理绩效的主观评价

中国公民如何评价政府的治理绩效？为全面考察人们对政府绩效的评价，本文将中国政府的主要治理领域分为三类：经济增长、民生福利和纯公共产品供给，后两者可归为广义的"公共产品"范畴。考虑到回顾性评价和前瞻性预期对政治信任可能存在不同影响，因此在测量上细分为经济增长评价、经济增长预期、民生福利评价、民生福利预期、纯公共产品评价、纯公共产品预期六个维度。"经济增长评价"指公众对全国、本地现在经济状况的评价；"经济增长预期"指公众对全国、本地和家庭经济状况未来一两年、五到十年改善的评价；"民生福利评价"测量公众对政府义务教育、公共卫生、社会保障工作的满意度；"民生福利预期"指公众对未来五年社会保障、社会平等得以改善的判断；"纯公共产品评价"用公众对政府社会治安、环境保护、基础设施建设工作的满意度来测量；"纯公共产品预期"指公众对未来五年社会稳定、法制建设、环境保护和政治民主得以改善的预期。主观评价在测量上采取逆向提问，即由小到大表示对政府治理越不满意或越缺乏良好期望。

信度分析显示各维度的观测变量都具有较好的一致性信度①,因而可加总构建各维度的得分。

根据表 1,公民总体上对政府在各个领域的治理绩效表现出较高水平的满意度和乐观预期。首先,无论是回顾性评价还是前瞻性预期,经济增长的主观评价最高,91%的公众对当前的经济增长表示满意,96%的公众仍然对经济的持续发展有信心;其次,民生福利的主观评价相对较低,但仍有 77%的公众对政府的民生福利工作表示满意,80%预期未来五年内民生福利将有所改善;第三,公民对政府在社会治安、公共安全、法制建设等纯公共产品供给方面的工作满意度较低,只有 65%表示满意,但 86%的公众认为未来五年纯公共产品供给会有所改善。公民对经济增长、民生福利、纯公共产品三领域的前瞻性预期普遍高于相应的回顾性评价,这一方面表明公民整体上对政府的治理能力持乐观态度,并对政府未来治理改革的方向有基本认同,另一方面也凸显出政府尚需改善治理以满足公众的政策需求。

表 1 转型期中国公民对政府治理的评价(百分比)

	非常好	比较好	不好	非常不好
经济增长评价	31.20	60.23	7.89	0.68
经济增长预期	80.50	15.07	3.60	0.84
民生福利评价	20.91	55.98	20.13	2.98
民生福利预期	17.10	63.11	18.96	0.84
纯公共产品供给评价	11.31	54.15	27.73	6.81
纯公共产品供给预期	14.52	71.46	27.55	0.99

3. 转型期中国政治信任

"2008 年中国公民意识调查"测量了公众对九类政治机构的信任程度。根据表 2,总体上公众对各类政治机构有较高的信任水平,分别有高达

---

① 主观评价指标的 Cronbach's Alpha 信度系数为:经济增长评价 0.759;经济增长预期 0.821;民生福利评价 0.658;民生福利预期 0.652;纯公共产品评价 0.704;纯公共产品预期 0.839。Cronbach's Alpha 是常用的测量内部一致性信度的重要指标,它反映量表的观测值能获得真值的能力,一般要求达到 0.6 的水平才可建立指标变量(Cronbach, 1951)。

60%—92%的公众对各类政治机构"非常信任"或"比较信任"。从数据来看，中国公众的政治信任存在一个受"距离感"影响的从遥远政府到一线政府的序列结构，"中央政府"、"中国共产党"和"人民代表大会"位于最受信任水平，分别有92.1%、89.4%和80.2%的公众信任这些机构；"法院"、"检察院"、"公安机关"和"新闻媒体"位于政治信任的次级水平，信任度分别有72.3%、71.1%、70.2%和71.2%；处于最低信任水平的机构是"县/市政府"和"村/居委会"，信任度只有69.0%和60.2%。这与胡荣等（2011）的发现类似，限于篇幅，我们将在他文中讨论这一结构。

表2　转型期中国公众的政治信任（百分比）

	中央政府	法院	人民代表大会	村/居委会	中国共产党	检察院	新闻媒体	县/市政府	公安机关
非常信任	63.8	37.1	46.0	22.8	60.6	35.0	29.7	30.0	32.2
比较信任	28.3	35.2	34.2	37.4	28.8	36.1	41.5	39.0	38.0
不太信任	3.3	13.4	6.4	23.8	4.6	10.6	14.6	16.8	15.5
非常不信任	.8	3.1	1.3	9.1	1.0	2.4	2.1	4.1	4.6
缺失值	3.8	11.2	12.1	6.9	4.9	15.8	12.0	10.0	9.8

主成分分析显示，九个项目可以提炼出一个公因子（方差负载为53.0%），且Cronbach's Alpha信度系数为0.903，我们将九个项目的得分加总构建了取值范围为"9—36"的"政治信任"变量。政治信任平均得分为29，得分超过27的占73%，得分介于18—27之间的有26%，只有1%的公民得分低于18。这与学术界对转型期中国政治信任的测量结果基本一致（Shi Tianjian, 2001；马得勇，2007；胡荣，2011）。这表明，中国公民对主要政治机构有较高水平的认可，这与公众对政府在各个领域的治理绩效的积极评价和信心保持一致。值得注意的是，图3显示73个样本县公民政治信任的分布无论是在集中趋势还是离散趋势上都差异很大（ANOVA：$F = 9.270$, $Sig < 0.001$），即不同治理水平的地区公众的政治信任可能存在系统性差异，这为

我们应用分层线性模型提供了依据。

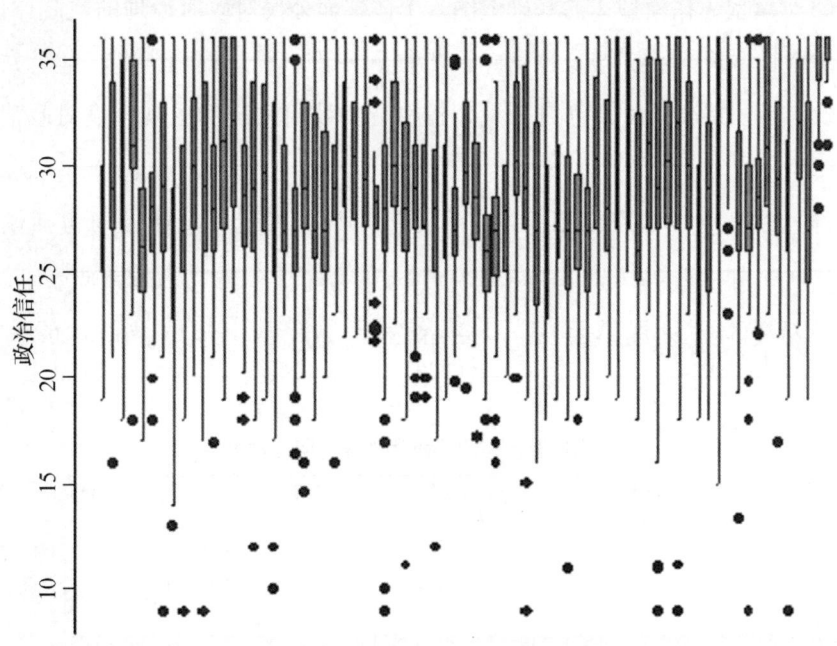

图3　73个样本县的政治信任分布

五、发现和讨论

1. 模型设计

为检验研究假设，本文定义四个二层线性模型，模型估计的结果呈现在表2中。

（1）模型1是随机效应的单因素方差分析。该模型的目的是检验因变量是否具有分层结构。模型在设计中既不添加个体（层一）自变量，也不设置县级（层二）自变量，目的在于获得组间相关系数 ρ，ρ 代表层二方差占总方差的比例；

（2）模型2仅在个体层面放入年龄、性别、教育、收入、流动人口、社会信任、政治介入和幸福感等控制变量；

（3）模型3在模型2的基础上纳入个体层面公民对政府治理的主观评价，即经济增长评价、经济增长预期、民生福利评价、民生福利预期、纯公共产品评价、纯公共产品预期等自变量，旨在分析政府治理的主观维度对政治信任的影响；

（4）模型4是最终模型。层一和层二都设自变量，个体层面包括模型3的所有变量，县级层面是人均GDP、人均福利支出、失业率和基尼系数等客观绩效。该模型只设定县级客观绩效对县平均政治信任的解释模型。

表2　政治信任的分层线性模型回归结果

	模型1	模型2		模型3		模型4	
	系数	系数	标准化系数	系数	标准化系数	系数	标准化系数
固定效应							
常数项	29.02***	28.112***		28.894***		31.760***	
客观政府治理绩效							
人均GDP(万元)						-0.360**	-0.137
失业率[0.09—2.17]						-1.042*	-0.091
基尼系数[22.15—62.73]						-0.050*	-0.080
人均福利支出(万元)						6.430*	0.106
控制变量							
年龄[18—70]		0.030***	0.085	0.025***	0.073	0.026***	0.075
男性[参照类:女性]		-0.345**	-0.036	-0.333**	-0.035	-0.342**	-0.036
受教育年限[0—22]		-0.116***	-0.101	-0.071***	-0.062	-0.067***	-0.058
收入(万元)		-0.240**	-0.041	-0.240**	-0.041	-0.220**	-0.037
流动[参照:非流动人口]		-0.514**	-0.037	-0.701***	-0.050	-0.662***	-0.048
社会信任[参照:不信任]		0.819***	0.087	0.651***	0.069	0.656***	0.069
政治介入[3—12]		-0.307***	-0.136	-0.186***	-0.082	-0.186***	-0.082
幸福感[0—50]		0.082***	0.169	0.029***	0.060	0.030***	0.062

续表

	模型1	模型2		模型3		模型4	
	系数	系数	标准化系数	系数	标准化系数	系数	标准化系数
政府治理主观评价							
经济增长评价[5—25]				-0.206***	-0.126	-0.204***	-0.125
经济增长预期[6—30]				-0.094***	-0.074	-0.094***	-0.074
民生福利评价[3—12]				-0.322***	-0.108	-0.321***	-0.107
民生福利预期[2—8]				-0.122	-0.025	-0.121	-0.024
纯公共产品评价[3—12]				-0.281***	-0.100	-0.281***	-0.100
纯公共产品预期[4—16]				-0.297***	-0.111	-0.297***	-0.111
随机效应(方差成分分析)							
层一方差 σ^2	19.557	17.834		15.713		15.712	
层二方差 tau	2.948	2.298		2.415		2.050	
p-value	<0.001	<0.001		<0.001		<0.001	
偏差 Deviance	22414	22097		21645		21670	
信度 Reliability	0.883	0.866		0.885		0.867	
组间相关 ρ	0.131						
方差削减比例：个体层面		0.0881		0.1965		0.1966	
县级层面						0.3046	

注：n = 3830；*** 表示0.01的显著性水平，** 表示0.05的显著性水平，* 表示0.1的显著性水平。

2. 政府治理主观评价与政治信任

首先考察个体层面自变量的整体解释能力，尤其是政府治理主观评价的解释能力。模型1的方差分析表明，政治信任存在分层结构，13.1%的政治信任方差是县级单位之间的差异造成的，其余86.9%则由个体层面的影响因素决定。模型2显示，个体层面的年龄、性别、教育、收入、流动人口、社会信任、政治介入和幸福感等控制变量显著地影响政治信任，此处限于篇幅，不对控制变量的影响——说明。重要的是模型 2 仅解释了政治信任个体层面方差的 8.8%，因此引入更为重要的自变量就非常必要。模型 3 引入政府治理主观评价变量，这样个体层面模型的整体解释能力提高了 10.8%，这个增幅超过所有控制变量影响的总和。这充分说明治理绩效主观评价是影响政治信任的非常重要的因素，这与胡荣等（2011）基于厦门数据的分析类似，值得我们深入分析。

第二，具体考察政府治理主观评价对政治信任的影响。模型 3 的结果基本支持了我们的理论预期，除民生福利预期外，经济增长评价、经济增长预期、民生福利评价、纯公共产品评价、纯公共产品预期都对政治信任有显著影响，且其作用方向与预期一致，即人们对政府在经济增长、民生福利、纯公共产品供给方面的治理越不满意（或越缺乏信心），其政治信任水平就越低。同时，其标准化系数也普遍较高，尤其是经济增长评价、民生福利评价、纯公共产品评价和纯公共产品预期对政治信任的影响远大于其他控制变量，即政府治理的主观维度是个体层面上影响政治信任的核心因素。改革以来，中国政府在主要治理领域都有较好表现，一方面长期保持着较高水平的治理绩效，另一方面较为良好的治理绩效保持了稳定发展的态势，也较为及时地在经济和社会治理的各个方面推动改革。从国际比较来讲，这非常类似于欧美"二战"后发展的黄金时代，因而大多数公众对政府在各方面的治理绩效总体上比较满意，对未来普遍有较乐观的预期，这是目前公民高水平政治信任得以产生的主要根源。

中国公众更多地基于回顾性评价还是前瞻性预期来供给政治信任呢？模型 3 显示，公民对政府在三个领域的治理绩效的回顾性评价和前瞻性预期都影响着公民的政治信任，这与中东欧国家公众对经济现状的满意度和对未来经济增长的预期都影响政治支持的现象类似（Kaase, 1994; Plasser and Ulram, 1996）。但相对而言，三个回顾性评价的标准化系数都高于相应的前瞻性预期，这表明中国公众更多地基于回顾性评价（满意度）而不是前瞻性预期（信心）来提供政治信任。这个结果不难理解，满意度指公众对党和政府等政治机构既有治理绩效的认知和评价,它能够直接产生政治信任,而信心更多地反映出公众对政府未来治理的需求,但只有这种需求与政府治理的实践指向一致时,政治信任才能产生。因此,注重功利的公众更多地依靠看得见摸得着的过去及当前"治理绩效"来生产政治信任是符合逻辑的,毕竟对未来治理绩效的良好预期在不确定性的影响下会大打折扣。

最后,我们来比较三个治理领域的影响,即探讨公众对政府的信任主要基于政府在哪个领域的有效治理。模型 3 显示,涉及法制建设、公共安全和社会治安的纯公共产品供给对政治信任的影响最大,标准化系数都很高,此后是经济增长和民生福利。这与欧美经验不同(Citrin,1974;Hetherington,1998),这可能源于转型期中国独特的治理实践。改革以来中国在经济增长领域保持了长期快速的势头,并使大多数公众从中受益,因而对经济增长的高评价和高预期已经成为公民的普遍态度。反之,政府的纯公共产品和准公共产品(如民生福利)供给则相对滞后,不仅没有满足大多数公众的需求,且在不同社会群体间有不公正对待,从而导致不同人群政府信任的差异。这个结论与 Yang Peihong 发现消极政府行为比积极政府行为对政治信任的影响更大基本一致。消极政府行为主要是指政府在法制建设、社会治安、政务公开等方面的行为(Yang Peihong,2007),胡荣也认为信访制度失灵是农民政治信任流失的主要根源之一(胡荣,2007)。

3. 县级政府治理客观绩效与政治信任

政府治理本质上是为实现特定政策目标而进行的活动,其绩效可以由一系列可度量的客观指标构成。而现实生活中由于信息困境和个体理性的存在,公民在很难对政府治理形成准确、同质的认知,因此区分主观认知和客观政府治理绩效对政治信任的影响非常必要。事实上研究客观政府治理绩效的影响不仅是一个理论问题,也是一个方法难题,因为政治信任只对公民个体是有意义的,而客观政府治理却首先是社会性、集体性的,是以国家、地区为分析单位的。然而,情景理论启发我们,客观政府治理是可以作用于个体之政治信任的,也是可以通过对个体层面某些因素施加影响来塑造政治信任的,近来政治心理学应用多层数据的统计技术，认为分层模型可以将情景（context）变量和个体变量结合起来，是最恰当的方法（Criado and Herreros, 2007），本文应用该方法。

首先，居住在特定县级单位的公民享有相同水平的政府治理客观绩效，因而其治理水平会影响该县政治信任的平均水平。模型4在县层面引入人均GDP、失业率、基尼系数、人均福利支出等客观治理绩效以考察其对县平均政治信任水平的影响。表2显示模型4解释了30.5%的县级单位间的政治信任差异，四个县级客观绩效都显著地影响着县平均政治信任，且个体微观变量对政治信任的影响关系也没有明显变化。此外，非常值得关注的是，涉及民生福利的失业率、基尼系数和人均福利支出的标准化系数大于人均GDP，即"民生福利"绩效对政治信任的影响高于"经济增长"绩效，这对近年来很多地方政府以大力促进"经济增长"以塑造、维持其政治合法性的施政策略提出了挑战。

其次，与预期一致，良好的民生福利绩效有助于维持高政治信任。一方面，失业率和基尼系数与政治信任负相关，即失业率和基尼系数越高，县平均政治信任就相应越低；另一方面，人均福利支出正相关于政治信任。县平均政治信任在民生福利水平高、分配更公平的地方更高。这是因为，伴随着县级单位对民生福利的越加重视，向公民提供更广泛、高水平的民生福利产品和服务，公民相应地更满意政府的施政作为，从而政治信任得以普遍提高。此外，相对剥夺理论（Relative Deprivation）也有助于解释这个现象（Stoneman, 2008），在基尼系数和失业率更低、人均福利支出更高的地方，人们在社会经济地位方面的相对剥夺感就越低，越感觉社会更公平，从而对政府治理就越满意。

最后，县人均GDP的增长却没有发生预期中促进政治信任的效果，反而微弱地负作用于政治信任，人均GDP每增加1万元，政治信任就相应下降0.36。王正绪认为批评性公民假设有助于解释这一现象，尽管他的研究没有发现自我表达价值对政治信任有显著影响（Wang Zhengxu, 2005），但本文却为"经济增长促生批评性公民"假设提供了实证支持。经济增长水平越高的地方，人们的物质生活水平、受教育水平和接触媒体的机会都会增加，因而受后物质主义影响的公众逐渐增加，公民的权利意识和批判精神（自我表达价值）会有所增强，这种现象在东部和大城市有逐渐显现的趋势。

六、结论

政府治理绩效的主观和客观维度的分析结果均表明，良好的治理绩效是转型期中国公民政治信任赖以形成的主要根源，而且经济增长的合法性效应已逐渐被公共产品（民生福利和纯公共产品）赶上并超越，后者逐渐成为生产政治信任的新源泉。一方面，个体层面公民对政府在经济增长、民生福利、纯公共产品方面治理绩效的回顾性和前瞻性积极评价都显著地促进着政治信任的提高，且其影响远大于人口学特征、社会经济地位等控制变量。更为重要的是，我们发现中国公民在表达政治信任时非常务实，更多地基于对政府过往表现的满意度而不是对未来的信心。纯公共产品总体上对政治信任的影响最大，其次是经济增长和民生福利，这反映出中国政府治理的当前实践问题，即经济增长成就得到了公众的普遍认可，但公共安全、社会治安和法治建设等纯公共产品供给和教育、医疗、社保和就业等民生福利事业发展则相对落后。另一方面，县级政府的客观治理绩效与政治信任之间存在紧密联系。县人均福利支出对县平均政治信任有促进作用，失业率、基尼系数的增长都引起政治信任的大幅下降，而人均 GDP 则不仅无助于政治信任的提高，反而与其负相关。简言之，经济增长的客观绩效已无助于政治信任的维持，而公共产品方面的治理绩效（如降低失业率、基尼系数和提高人均福利支出等）更有助于塑造政治信任。

可以说，政府的治理绩效对维持转型中国的政治信任有着举足轻重的作用。改革以来，中国在经济增长领域取得了令世界瞩目的"中国速度"，这在过去的转型阶段内确保中国政府获得了公民的广泛认可和支持，然而，快速的经济增长未能也不可能解决社会转型的所有治理问题，反而可能由于其片面性和不可持续性使政府陷入"经济政绩困境"而危及政治经济改革大局（龙太江、王邦佐，2005）。实际上，在"增长合法性"的大帽子下，社会发展和制度建设的相对滞后及其所带来的治理困境自20世纪90年代就逐渐凸显，其集中表现就是所谓的"看病难、上学难、就业难和贫富分化"等社会问题的激化和群体性事件、环境污染和腐败事件愈发严重，一些研究已经表明这些现象引起了公民政治信任的下降（胡荣，2007），何增科、王海对城市社区治理的长期研究也发现建立有效的社会保障系统而不是选举和公民参与构成了当前政治合法性的主要来源（何增科、王海等，2007）。本文也发现片面强调经济增长的治理模式已经难以维持高水平的政治信任，反而政府在民生福利和纯公共产品方面的积极治理正在成为政治信任的新源泉。近来，中国政府已逐步认识到"增长合法性"的局限性，开始向社会和经济发展并重的多元治理模式转变。例如，政府近来在养老、医疗和教育等社会政策领域推动一系列改革以改善民生福利服务的提供，加强法制和民主制度建设，改善社会治安和公共安全的管理和疏导机制等。然而，目前来看这些领域的治理绩效仍不乐观，政府继续强化公共产品治理的改革力度仍非常必要。

参考文献

郭志刚：《分析单位、分层结构和分层模型》，见《北京大学社会学学刊》，北京大学出版社2004年版。

何增科、王海、舒耕德：《中国地方治理改革、政治参与与政治合法性初探》，载《经济社会体制比较》，2007年第4期。

胡荣：《农民上访与政治信任的流失》，载《社会学研究》，2007年第3期。

胡荣、胡康、温莹莹：《社会资本、政府绩效与城市居民对政府的信任》，载《社会学研究》，2011年第1期。

龙太江、王邦佐：《经济增长与合法性的"政绩困局"——兼论中国政治的合法性基础》，载《复旦大学学报》（社会科学版），2005年第3期。

马得勇：《政治信任及其起源——对亚洲八个国家和地区的比较研究》，载《经济社会体制比较》，2007年第5期。

[美] Stephen W. Raudenbush, Anthony S. Bryk:《分层线性模型：应用于数据分析方法》, 郭志刚译, 社会科学文献出版社 2007 年版。

Almond G. A and Verba S., *The Civic Culture: Political Attitudes and Democracy in Five Nations*, Princeton, NJ: Princeton University Press, 1963.

Burns, John P., "Governance and Public Sector Reform in the People's Republic of China", in Anthony B. L. Cheung and Ian Scott (eds.), *Governance and Public Sector Reform in the Asia Pacific: Paradigm Shifts or Business as Usual?*, London: Routledge Curzon, 2003.

Braithwaite, Valerie A. and Margaret Levi (eds.), *Trust and Governance*, New York: Russel Sage Foundation, 1998.

Citrin, Jack., "Comment: The Political Relevance of Trust in Government", in *American Political Science Review*, Vol. 68, No. 3, 1974, pp. 973 – 988.

Clarke, Harold D. and Marianne C. Stewart, "Economic Evaluations, Prime Ministerial Approval and Governing Party Support: Rival Models Reconsidered", in *British Journal of Political Science*, Vol. 25, No. 2, 1995, pp. 145 – 170.

Conover, Pamela Johnston and Donald D. Searing, "Expanding the Envelope: Citizenship, Contextual Methodologies, and Comparative Political Psychology", in James H. Kuklinski (ed.), *Thinking about Political Psychology*, Cambridge: Cambridge University Press, 2002.

Cronbach, L. J., "Coefficient α and the Internal Structure of Tests", in *Psychometrika*, Vol. 16, No. 3, 1951, pp. 297 – 334.

Easton, D., *A Systems Analysis of Political Life*, New York: John Wiley and Sons, 1965.

Easton, D., "A Reassessment of the Concept of Political Support", in *British Journal of Political Science*, Vol. 5, No. 4, 1975, pp. 435 – 457.

Gu Edward and David Kelly, "Balancing Economic and Social Development: China's New Policy Initiatives for Combating Social Injustice", in Samir Radwan and Manuel Riesco (eds.), *The Changing Role of the State*, Cairo: The Economic Research Forum, 2007.

Henar Criado and Francisco Herreros., "Political Support: Taking Into Account the Institutional Context", in *Comparative Political Studies*, Vol. 40, No. 12, 2007, pp. 1511 – 1532.

Hetherington, M. J., "The Political Relevance of Political Trust", in *American Political Science Review*, Vol. 92, No. 4, 1998, pp. 791 – 808.

Hetherington, M. J. , *Why Trust Matters*, *Declining Political Trust and the Demise of American Liberalism*, Princeton, NJ: Princeton University Press, 2005.

Hsieh, John Fuh-Sheng, Lacy, Dean and Niou, Emerson M. S. , "Retrospective and Prospective Voting in a One-Party-Dominant Democracy: Taiwan's 1996 Presidential Election", in *Public Choice*, Vol. 97, No. 3, 1998, pp. 383 – 399.

Inglehart, R. , "Postmaterialist Values and The Erosion of Institutional Authority", in Joseph S. Nye, Philip Zelikow, David C. King (eds.), *Why People Don't Trust Government*, London, England, Cambridge, Massachusetts: Harvard University Press, 1997.

Jacek Kochanowicz, "Trust, Confidence, and Social Capital in Poland: A Historical Perspective", in Bo Rothestein (ed.), *Social Traps and the Problem of Trust*, Cambridge, UK: Cambridge University Press, 2005.

Kaase, Max, "Political Culture and Political Consolidation in Central and Eastern Europe", in Frederick D. Weil and Mary Gautier Greenwich (eds.), *Research on Democracy and Society*, CT: JAI Press Inc. , 1994.

Lane, R. E. , *Politcal Life*, New York: Free Press, 1959.

Lawrence, R. Z. , "Is It Really the Economy, Stupid? ", in Joseph S. Nye, Philip Zelikow, David C. King (eds.), *Why People Don't Trust Government*, London, England; Cambridge, Massachusetts: Harvard University Press, 1997.

Leeuw Jan De, Meijer Erik (eds.), *Handbook of Multilevel Analysis*, Springer, 2008.

Li Lianjiang, "Political Trust in Rural China", in *Modern China*, Vol. 30, No. 2, 2004, pp. 228 – 258.

Listhaug, O. , "The Dynamics of Trust in Politicians", in Klingemann, H. D. & Fuchs, D. (eds.), *Citizens and the State*, New York, NY: Oxford University Press, 1995.

Mason, David S. and James R. Kluegel. , "Introduction: Public Opinion and Political Change in the Postcommunist States", in David S. Mason et al. (eds.), *Marketing Democracy: Changing Opinion about Inequality and Politics in East Central Europe*, Lanham, Boulder, New York, Oxford: Rowman & Littlefield Publishers, 2000.

Miller, A. and O. Listhaug, "Political Performance and Institutional Trust", in Pippa Norris (ed.), *Critical Citizens*, Oxford, UK: Oxford University Press, 1999.

Mishler, W. and Rose, R., "What Are the Origins of Political Trust? Testing Institutional and Cultural Theories in Post-communist Societies", in *Comparative Political Studies*, Vol. 34, No. 1, 2001, pp. 30 – 62.

Nathan, Andrew J., "Authoritarian Resilience", in *Journal of Democracy*, Vol. 14, No. 1, 2003, pp. 6 – 17.

Newton, K., "Trust, Social Capital, Civil Society and Democracy", in *International Political Science Review*, Vol. 22, No. 2, 2001, pp. 201 – 214.

Nye, Joseph S., Philip Zelikow, David C. King (eds.), *Why People Don't Trust Government*, London, England; Cambridge, Massachusetts: Harvard University Press, 1997.

Plasser, Fritz, and Peter Ulram, "Measuring Political Culture in East Central Europe: Political Trust and Support", in Fritz Plasser and Andreas Pribersky (eds.), *Political Culture in East Central Europe*, Aldershot: Avebury, 1996.

Putnam, R. D., "Tuning In, Tuning Out: The Strange Disappearance of Social Capital in America", in *Political Science and Politics*, Vol. 28, No. 4, 1995, pp. 664 – 683.

Shi Tianjian, "Cultural Values and Political Trust: A Comparison of the People's Republic of China and Taiwan", in *Comparative Politics*, Vol. 33, No. 4, 2001, pp. 401 – 419.

Stoneman, Paul, *This Thing Called Trust: Civic Society in Britain*, Palgrave Macmillan, 2008.

Wang Zhengxu, "Before the Emergence of Critical Citizens: Economic Development and Political Trust in China", in *International Review of Sociology*, Vol. 15, No. 1, 2005, pp. 155 – 171.

Yang Peihong, "Government Behavior and trust: The Case of China", in *Cato Journal*, Vol. 27, No. 3, 2007, pp. 359 – 372.

（本文原刊于《经济社会体制比较》，2012年第4期，第122—135页）

"宪法司法化"：对中国司法实践的一种政治解读

于晓虹

"宪法司法化"是十年来中国的法律从业者为摸索中国宪政之路而独创的概念，起源于一次旨在于中国建立普通法院行使司法审查权的美国模式的暗度陈仓式的操作，并随着学界的深入探讨及实践中的修正最终以剥离"抽象审查"[①] 的方式存续下来。

"宪法司法化"这一独特概念的提出有着深刻的中国式背景：其一，在传统上，中国的法院在整个政权体系中处于弱势地位（特别是相较于行政权而言）。[②] 而 90 年代末期以来，社会主义法治被正式记入宪法，标志着官方对法治理念的认可。在这种大环境下，中国法院作为实践并保

[①] 抽象审查（abstract review），特指宪法审查中对规范性文件合宪性的审查；对应具体审查（concrete review），即宪法诉讼，在具体诉讼过程中审查宪法问题。司法审查或宪法审查制度通常同时包含抽象审查和具体审查两种功能。参见 Gustavo Andrade, "Comparative Constitutional Law: Judicial Review", *University of Pennsylvania Journal of Constitutional Law*, Vol. 3, May 2001, p. 979; See also John Ferejohn, "Constitutional Review in the Global Context", in *Journal of Legislation and Public Policy*, Vol. 6, 2002, p. 49。

[②] 司法相较于行政、立法等权力而言，通常是弱势权力。然则在中国语境下，司法在很大程度上依附于行政权，比如我国法院的人、财、事权通常都掌握在当地政府手中。也因此，中国的司法独立状况一贯受人诟病。参见 Lubman, Stanley, *Bird in a Cage: Legal Reform in China after Mao*, Stanford, California: Standford University Press, 1999。

障社会主义法治的主体，受益于长达30年的技术性的司法改革，从组织到人员已经具备了进一步扩张权威的条件。

其二，司法审查权通常被认为是保障宪法权威、建设宪政的首要制度①，而我国的宪法对此却语焉不详。② 在自1982年宪法以来的历次修宪中，呼吁明确设立司法审查权的动议也屡次搁浅。③ 宪法及立法法中所规定的相似的"法规审查"机制的运作也不过差强人意。④ "宪法司法化"概念正诞生于法院系统由弱转强而司法审查权花落谁家尚无定论之时。

作为一个背负着特有使命的概念，"宪法司法化"概念自诞生以来不断地进行着概念与理论的修正，并在此过程中与实践紧密结合。本文的主旨在于分析概念的源起与变迁，并探讨与之相关联的中国学人相继探索过的四条不同的宪政路径：即最高法院主导的宪法私法化路径（齐玉苓案），全国人大主导审查的路径（孙志刚案），地方法院主动抽象审查的路径（河南种子案），以及地方法院的宪法诉讼路径（身高歧视案等）。

"宪法司法化"是近十年来我国公法学界的显学，探讨其概念内涵的文章不可胜数。然则在梳理改革开放30年政治学关键词的大前提下，本文拟对此概念进行政治解读："宪法司法化"概念的提出，是否标志着中国技术性的司法改革已经逐渐涉入到政治领域？"宪法司法化"概念的一再修正以及其在实践中的种种发展，是否体现了一种中国式的司法扩张？⑤ 换言之，在"宪法司法化"概念变迁并实践的十年中，参与这场角力的各方：最高法院、全国人大、地方法院、地方人大以及包括法官、法学家、律师等在内的法律从业者是如何互动

---

① 参见 Stone Sweet, A., *Governing with Judges : Constitutional Politics in Europe*, Oxford; New York, Oxford University Press, 2000。
② 我国现行1982年宪法中只规定了"监督宪法"、"解释宪法"的权力，参见《中华人民共和国宪法》第62、67条。通常认为，宪法的解释与监督并不等同于违宪审查机制。
③ 关于历次修宪中关于宪法监督议题的搁置，参见 Cai, Dingjian, "Constitutional Supervision and Interpretation in the People's Republic of China", in *Journal of Chinese Law*, Vol. 9, 1995, pp. 219 - 245。
④ 参见后文。
⑤ 司法扩张（Judicial expansion），有多层解释，通常指司法权相对于其他权威，比如行政与立法权的扩张。参见 Tate, C. N.and T. Vallinder (Eds.), *The Global Expansion of Judicial Power*, New York and London: New York University Press, 1995。

的，各方角力的结果是否导致了在政治特别是地方政治中的权威结构的调整？

也因此，本文主要探讨四个问题：第一，"宪法司法化"概念本身的源起与变迁；第二，"宪法司法化"的四条实践路径（这与概念本身的演进交织在一起）；第三，"宪法司法化"的政治意义；第四，中国的"宪法司法化"的比较意义，如何在比较的框架内看待中国的"宪法司法化"运动。

一、"宪法司法化"的源起

早在20世纪90年代，某些法学者已在研究中提出"宪法司法化"的概念[1]，王磊教授更在2000年出版的《宪法的司法化》一书中以30多个案例来剖析这一概念[2]。然则真正在公法学界引发热议的，还是"齐玉苓案"以及黄松有对"齐案批复"的解读。

齐玉苓原是山东某市的中学毕业生，在1990年考上一所中专学校，然而其同学陈晓琪却从中学那里拿到了招生学校给齐玉苓的录取通知书，冒充齐玉苓上了学并在毕业后得到一份相当不错的工作。直到1999年齐玉苓发现被冒名顶替后，将陈晓琪及其他被告起诉到法院，请求责令被告停止侵害、赔礼道歉并赔偿经济损失。一审后，案件上诉到山东省高级人民法院。省高院就案件中法律适用上的疑难报请最高法院进行司法解释。最高法院在其《批复》中称，"经研究，我们认为，根据本案事实，陈晓琪等以侵犯姓名权的手段，侵犯了齐玉苓依据宪法规定所享有的受教育的基本权利，并造成了具体的损害后果，应当承担相应的民事责任。"

倘若没有最高法院黄松有、宋春雨法官同时在中国法院报上发表的两篇文章，仅仅规定宪法条文可以在案件中适用的"齐案批复"很可能会被法学家们忽视。[3] 黄松有在文章中直言"齐案批复"开创了"宪法司法化"的先

---

[1] 见胡锦光：《宪法司法化的必然性与可行性探讨》，载《法学家》，1993年第1期。
[2] 王磊：《宪法的司法化》，中国政法大学出版社2000年版。
[3] 黄松有：《宪法司法化及其意义》，载《中国法院报》，2001年8月13日；宋春雨：《齐玉苓案宪法适用的法理思考》，载《中国法院报》，2001年8月13日。

例，即"宪法可以像其他法律法规一样进入司法程序，直接作为审判案件的法律依据。"根据对美国与德国两种"宪法司法化"模式的比较，黄松有更在文中断言："由于我国没有设立专门的宪法法院，因此，我国"宪法司法化"的模式可以参考美国的普通法院模式，凡是有关宪法问题的纠纷都由我国普通法院按照普通程序审理，法院在审理此类案件时直接以宪法作为裁判的依据。"

尽管黄松有对"宪法司法化"的定义存在着极大的含混甚至冲突（见后文），"齐案批复"一出，中国公法学界的反应仍然是一片欢腾。毕竟这"对于许久以来仅仅在枯燥文本中认知宪法的国人而言，确是一个极具鼓舞力的理念和鲜活实例"①。然而，在最初的喧嚣沉淀之后，法学家们开始对"齐玉苓案"以及"齐案批复"进行批判性反思，问题争论的焦点在于：（1）受教育权是宪法权利么，换言之，"齐玉苓案"是否有必要适用宪法进行判决？（2）黄松有所主张的参照美国模式，由"普通法院"审理宪法问题的纠纷，是否得到了最高法院的首肯？最高法院在"齐案批复"甚至"宪法司法化"上的立场究竟是怎样的？

黄松有在其文章中，将公民的受教育权定义为"一种在宪法上有明确规定而又没有具体化为普通法律规范上的权利。"对此，童之伟、沈岿先后撰文指出，"受教育权"在我国《教育法》第9条、第81条已经有规定。判定陈晓琪等人在齐案中承担民事责任，完全可以适用《教育法》②。童之伟因此批判"齐案批复"的发布过于草率，"其草拟者和参与讨论者事前没有做过必要的调查研究，不了解《教育法》的有关规定"。

其实，从宋春雨法官同时在中国法院报上刊发的文章看，批复的草拟者们并非没有认识到《教育法》的相关规定，相反，宋法官将教育法诠释为"宪法类法律"，并对"宪法"做了扩张性理解，指"包括宪法典在内的宪法类法律"，从而应和了黄松有关于"受教育权是宪法权利"的判断。这一点也同样引

---

① 沈岿：《宪法统治时代的开始？——"宪法司法化"第一案存疑》，见《宪政论丛》，法律出版社2003年版。
② 参见童之伟：《宪法司法适用研究中的几个问题》，载《法学》，2001年第11期；另见沈岿文：《宪法统治时代的开始？——"宪法司法化"第一案存疑》，见《宪政论丛》，法律出版社2003年版。

起了法学家的质疑,沈岿指出,"是否凡是适用《教育法》、保护公民受教育权的裁判,都应该列为宪法案件?"对宪法做如此扩张性提法,对中国宪政之路是否真有益处。此外,有学者指出,"齐案批复"也并非第一次在司法批复或法院判决中引用宪法。① 可以说,在"齐案批复"发布的十年后的今天,法学界已经基本达成共识:将"齐案批复"等同于"宪法司法化"是一种误识。

既然如此,最高法院在"齐案批复"上的高调就更耐人寻味:毕竟,在批复发布的同时在官方报纸上发表批复作者的评论文章并不是常规模式。这种异乎寻常的高调是否表明了最高法院的一种策略性选择?最高法院的意图是否是通过某个不具争议性的案件(比如齐案的民事诉讼性质)来确立其在将来的案件中行使宪法审查或解释权的先例?

黄松有在文章中憧憬的"普通法院宪法审查"的模式迅速受到了最高法院的多重否认。在"齐案批复"发布几周后,三名来自青岛的高考生向最高法院提交诉状,状告教育部的招生计划侵害了他们受宪法保障的平等的受教育权。教育部每年发布的招生计划是根据不同地域范围对招生人数做了不同限定,实际上造成了来自不同区域的考生录取线的高低不等。比如当年山东省的考生重点大学录取线比北京市考生高出100多分。三考生因此诉请最高法院判定教育部招生计划违法。然而,一周后,最高法院电话通知原告及其代理人,此案因管辖误判的原因驳回起诉。最高法院认为根据《行政诉讼法》第14条第2款规定的属地原则,本案应当向北京市一中院而非最高法院提起。

本案的代理律师在解释管辖法院的选择时提到,之所以选择最高法院为一审法院,一方面是受到"齐玉苓案件"以及"齐案批复"的鼓舞;另一方面也认为这在法理上是站得住脚的。根据我国法律的相关规定,最高法院有权提审辖区内具重大社会影响的案件。而在本案中,教育部每年的招生计划影响到全国千万考生,本案所涉及的"平等保护权"以及"受教育权"或是经典意义上的宪法性基本权利,或是最高法院刚刚在"齐案批复"中确认过的宪法性

---

① 参见王振民:《法院与宪法——论中国宪法的可塑性》,法律出版社2001年版。

权利。最高法院如有意愿，完全可以将本案定义为有重大社会影响的案件。①

可以说，刚刚发布了"齐案批复"并将受教育权定义为"宪法基本权利"的最高法院，在目标直指教育部及其招生计划的"三考生案"中收回了探索的步伐，以技术原因驳回此案。最高法院的审慎态度在某种程度上也印证了学者们所猜测的"齐案批复"中所存在的策略性。

旋即，最高法院以内部电文的方式通令全国，严禁地方法院受理宪法相关的案件或在判决书中引用宪法条文或提及"宪法司法化"。后来在接受采访中，最高法院某负责人更明确声称，"齐玉苓案"绝非最高法院接受"宪法司法化"或"宪法诉讼"的标志。有趣的是，最高法院后来在2008年末正式废止"齐案批复"时的措辞也间接证明了内部电文的存在：其废止理由正是"已停止适用"②。

最高法院在"齐案批复"上的反复，并不能阻止法学家以及法律实践者们在"宪法司法化"的概念辨析以及实现路径上的尝试。批判这一概念的法学家们强调发挥现有法律框架的既有制度；而站在支持立场上的法学家们则试图通过摒弃"抽象审查"意涵来重新搭救这一概念。

二、对"宪法司法化"的批判

当黄松有将"宪法司法化"与美国的普通法院违宪审查模式类比，并主张中国法院在审理案件中直接以宪法作为裁判的依据时，黄松有本人实际上是将"宪法司法化"等同于"违宪审查"概念并直接主张美国模式。这也引发了来自许崇德、童之伟等学者的批判。

许崇德、郑贤君著文明确反对"宪法司法化"的提法，指出这种提法模糊了公法与私法之间的差异，降低了宪法作为根本法的地位。③ 童之伟更进一步指出，宪法司法化"意味着根本改变我国的政权组织体制"。童之伟认为，

---

① 笔者访谈。
② 参见《最高人民法院关于废止2007年底以前发布的有关司法解释（第七批）的决定》（法释〔2008〕15号）。
③ 参见许崇德、郑贤君：《"宪法司法化"是宪法学的理论误区》，载《法学家》，2001年第6期，第60页。

如果在中国实行所谓的"宪法司法化",将"意味着主张将现在的由全国人大及其常委会行使的宪法监督实施权和全国人大常委会行使的宪法解释权转移到各级法院手中,意味着可以对全国人大或其常委会的立法进行合宪性审查,意味着最高国家审判机关取得与最高国家权力机关相同或平等的宪法地位"[①]。也因此,"宪法司法化"从根本上不可行。

简而言之,对"宪法司法化"概念持批判态度的主张可以总结为两点:第一,依据宪法,我国司法机关完全没有违宪审查的职权;第二,在我国实施宪法适用的唯一途径是由全国人大及其常委会,根据宪法第62条和第67条的规定解释宪法,监督宪法实施。

基于某种巧合,2003年先后出现的"河南种子案"与"孙志刚案"刚好为理解这两种主张做了最好的现实意义上的注脚。"河南种子案"应和了许、童诸位学者的批判意见,在现实中由法院来审查规范性文件的合宪合法性行不通;而"孙志刚案件"则说明了这些学者寄予厚望的"全国人大及其常委会主导的审查模式"所面临的尴尬与无奈。

2003年5月,洛阳中院作出民事判决书,对两家种子公司的合同纠纷案作出判决。此案的核心问题在于赔偿损失计算的法律适用问题:适用国家《种子法》和适用河南省某地方法规将导致60万元的差价。审判长李慧娟最终决定适用《种子法》规定的"市场价"执行原则,然而其在判决书中同时认定河南省《农作物种子管理条例》"作为法律价位较低的地方性法规,其与《种子法》相冲突的条款自然无效"。这一判决书激怒了当地人大机关,同年10月,河南省人大常委会发文指出"洛阳中院在其民事判决书中宣告地方性法规有关内容无效,这种行为的实质是对省人大常委会通过的地方性法规的违法审查,违背了我国的人民代表大会制度,侵犯了权力机关的职权,是严重违法行为",要求洛阳市人大常委会"对直接负责人员和主管领导依法作出处理"。11月,洛阳中院党组拟出决定,准备撤销民庭负责副庭长以及审判

[①] 童之伟:《宪法司法适用研究中的几个问题》,载《法学》,2001年第11期。

长李慧娟的职务,免去李慧娟的助理审判员资格。

事实上,自20世纪80年代起,就曾发生多起地方法院审查地方法规合法性的案件,涉案法官多半接受了解除职务的处分。地方人大通过与地方法院在此问题上的一再交锋,明确表明了自己的态度:宪法赋予的地方立法及解释权不可侵犯。地方人大的强势态度在某种程度上是可以理解的,自改革开放以来,人大系统的改革高歌猛进,人大已经或者正在摘掉"橡皮图章"的帽子,向着更有权威的机关迈进。在人大权威上涨的大背景下,冀望于全国人大或地方人大主动放弃宪法规定的"宪法解释"权或宪法监督权是不理智的。

如果说"河南种子案"确认了由普通法院法官审查规范性文件的合宪合法性不可取,那么2003年更早时期发生的"孙志刚案件"则凸显了全国人大常委会同样无法轻易启动违宪审查制度。

2003年3月,暂住广州的湖北居民孙志刚死于广州某收容所内,尸检结果显示其系被殴打致死。由于诸多媒体的介入,本案迅速成为互联网上热议的案件,大众将孙志刚之死与同期发生的其他几件收容所惨剧相联系,并将愤怒直指收容孙志刚的法律依据:1982年国务院发布的《城市流浪乞讨人员收容遣送办法》(以下简称《收容遣送办法》)。2003年5月,北大法学院的三位博士生和五位教授相继上书全国人大,要求全国人大重新审查《收容遣送办法》的合宪性。然而两次上书都没有收到正式回应,只有上书的参与者贺卫方教授说,通过内部消息得知,"相关部门检讨了一些问题,收集了各地的地方法规,进行了调研"①。

耐人寻味的是,最终废止《收容遣送办法》的机构并非全国人大常委会而是国务院自身。6月20日,国务院发布第381号令,施行《城市生活无着的流浪乞讨人员救助管理办法》,同时废止1982年的《收容遣送办法》,新办法提出了全新的自愿救助原则,取消了强制手段。据马怀德教授回忆在国务

---

① 外滩画报:《〈收容遣送办法〉废止始末》,2003年7月2日。

院法制办参加专家论证会的情景，国务院的行为与孙志刚案件的关联似乎并非如学者想象般紧密。

值得一提的是，上书全国人大常委会请求违宪审查的模式自80年代以来即见诸报端，2003年末尚有四律师上书和1611名公民联名上书的事件。此类上书通常无声无息。甚至坚持应由全国人大进行宪法审查的童之伟教授谈及现实也不过一声喟叹："笔者常想，当年孙志刚案发生后，国务院对《城市流浪乞讨人员收容遣送办法》的处置虽然是值得充分肯定的，但可惜没有形成制度创新。"①

自2006年5月以来，全国人大常委会相继成立了法规审查备案室，随后出台了审查工作程序，并规定了专门委员会的主动审查权。然则几年之后，这个被法学者视为"我国建立违宪审查机制的一个试验"的创举依然只是无声无息的运作着，距离真正的"违宪审查机制"的建立为时尚远。

显然，在以许崇德、童之伟等学者为代表的法学家们在对"宪法司法化"概念进行激烈批判的同时，他们所寄予厚望的全国人大常委会主导的宪法审查方式离我国的实践尚远。而支持"宪法司法化"提法的法学家们则开始通过对"宪法司法化"的概念辨析，试图重新明确此概念的内涵外延，将"抽象审查"的意涵从"宪法司法化"中摘出去，以此为现实运作提供理论基础。

三、摒弃"违宪审查"之后

强世功将"宪法司法化"概念比作一个概念含混的特洛伊木马，指出学界如火如荼的讨论实际效果是将美国宪政模式的"司法审查"概念偷运到中国宪政中来。他首先区分了"司法判断"与"违宪审查"两个概念。所谓"违宪审查"，就是立法机构或行政机关制定的法律或法规因为与宪法相抵触

---

① 童之伟：《宪法适用如何走出"司法化"歧路》，载《政治与法律》，2009年第1期。

而无效，实际上是分权制衡机制中的一个环节。而"司法判断"则意味着在司法过程的法律推理中，必须考虑社会的、政治的、道德的各种因素，而不是仅仅考虑法律规则的三段论推理；以及法院是否适用实定法之外的原则，比如道德清理等。

基于这样一种概念区分，强世功进一步指出，黄松有对"宪法司法化"的原初定义——"宪法可以像其他法律法规一样进入司法程序，直接作为裁判案件的法律依据"，只是一个司法判断问题。亦即法官在司法过程中把宪法作为法律渊源来适用的司法判断。而在后文中，当黄松有论及马伯里诉麦迪逊、论及美国的普通法院违宪审查制度时，则做了一个概念拉伸，实际上已经将"宪法司法化"当作了特洛伊木马，试图为中国实践运送美国模式。① 从这个意义上说，"宪法司法化"概念产生以来学者们热切然则混乱的讨论，正是由于没有及时区分这两个概念。

蔡定剑教授的主张与强世功有异曲同工之妙，他同样建议把违宪审查机制排除在"宪法司法化"概念之外；这种排除是以扩张理解"宪法司法化"概念为基础的。蔡定剑指出，"所谓的宪法司法化，主要是指宪法作为法律裁判案件的直接或间接的法律依据。一种是指法院直接依据宪法对国家机关权限等有争议的事项进行司法裁决，亦即违宪审查；另一种情况则是将宪法直接适用于侵害公民权利的案件，包括政府侵害与私人侵害。"② 蔡定剑继而提出依据宪法的规定，由人大机关来执行违宪审查权，而由法院来执行第二种"宪法司法化"，亦即"宪法诉讼"。

蔡定剑继而将"宪法司法化"重新定义为"宪法私法化"，并针对沈岿的反对意见专门回答了宪法可不可以适用来解决私人之间的问题。蔡定剑认为，首先，中国政治社会发展的道路有别于西方，西方国家是从"弱国家权力、强公民权利"向"国家权力强化和限制公民权利"的方向演进，先相互

---

① 强世功：《立法者的法理学》，生活·读书·新知三联书店 2007 年版。
② 蔡定剑所称的两种"宪法司法化"，第一种"违宪审查"实际上指抽象审查；而后一种则指具体审查。本文采用了抽象审查与具体审查的说法。

制约自己的权力，然后慢慢的用来保护公民的权利。而中国可能更适合走一条先保护公民权利，然后再来约束国家权力的道路。这也是处于策略性的考虑，宪政建立的强大的挑战是以弱势的法律去约束、限制强势的政府权力，所以在权与法的较量中，法律往往会受到严重伤害，难以建立起公众对法律的权威和信念。因此，我国宪法实施机制的建立应先避锋芒。"大路不通走小路，正门不通走旁门"，这是一个策略上的选择。[①]

遗憾的是，当蔡定剑将"宪法诉讼"狭义理解为"宪法私法化"时，他忽略了通过行政诉讼这一公法诉讼来伸张宪法权利的路径，而通过行政诉讼或民事诉讼来伸张公民宪法基本权利这一路径正是"宪法司法化"讨论以来在实践中一再取得突破的领域。

当最高院从颇有争议的"齐案批复"的立场后退，事实上否定"宪法司法化"，禁止地方法院接受宪法相关案件时，中国的地方法院在过去十年中却出人意料的此起彼伏的积极受理并审理有宪法意义的案件。类似的案件包括2002年的"四川身高歧视案"，2003年"乙肝歧视案"，2004年"曹兵、王金山诉海南省公安厅录用人民警察身体健康歧视案"，2005年"张继延诉合肥工业大学英语水平歧视案"，"黄永歧等诉成都空气压缩机厂破产清算组性别歧视违反宪法男女平等案"，"李东照、任诚宇诉深圳龙岗公安分局悬挂横幅内容不当构成地域歧视案"，"朱素明诉昆明市公安局交通警察支队一大队公安交通行政处罚案"，2006年"周香华诉中国建设银行平顶山支行强制女性干部55岁退休案"，2008年"四川宪法自由权案"（"王登辉工伤认定案"）等。这些案件的共同特点是原告在诉状中都提出了一定的宪法诉求，请求法院保护自己由宪法保障的宪法基本权利（多是平等保护权或自由权）。

"齐玉苓案"后，再次引发"宪法司法化"讨论的是2002年的"身高歧视案"。本案中，四川大学应届毕业生蒋某对人民银行成都分行提起行政诉讼，控告其《招录行员启示》中关于男性申请者身高必须在168厘米以上的

---

① 蔡定剑：《中国宪法的实施之道——谈宪法的司法化与私法化》，见《宪政讲堂》，法律出版社2010年版。

规定侵犯了其"平等保护权利",因而诉请法院判定此启示违法。成都武侯区法院受理此案,并在开庭后发布行政裁定书,指出被告"对招录对象规定身高条件这一行为,不是其作为金融行政管理机关行使金融管理职权,实施金融行政管理的行为。因此不属于被告的行政行为范畴,依法不属于人民法院行政诉讼的主管范围"。法院因此裁定驳回原告的起诉。①

2003年另一件基于"平等保护权"的案件是发生在安徽芜湖的"乙肝歧视案",这一案件当选当年十大案件,再次将"宪法司法化"概念提到风口浪尖。本案的原告张某向安徽省芜湖县委办公室申请公务员职务并在公务员考试中排名第一。然而在随后的体检中,张被检验出他是乙肝病毒携带者并因"不符合公务员身体健康标准"而不被录取。张某于2003年11月将芜湖人事局告上法庭,新芜区法院在2004年4月作出确认判决,确认被告取消原告张某进入考核程序资格的具体行政行为主要证据不足。

在这一系列案件引发热议的同时,中西方学界也对案件提出了质疑:(1)这些案件是真正的宪法案件,还是某些法律从业者意图支持"宪法司法化"而导演的招数?(2)在多数案件中,当事人并未获得期待中的救济,这在多大程度上可以视作成功的案例?

童之伟指出这一系列看似令人激动的案件不过是某些法律从业者处心积虑制造出来的轰动效应,他们所使的招数不过是"千方百计在起诉状、答辩状、上诉状等诉讼文书中向法院提出宪法问题,迫使法院在裁判文书中对宪法问题作出回应。如果法院一不小心对宪法问题作出了回应,那就正中了这些人士的下怀,给他们提供了渲染'宪法司法化'的活材料"②。童之伟的批判在某种程度上反映了半数以上前述案件都由同一团队代理的事实。然则,即便是案件的提出带有随机性甚至强烈的设计性质,地方法院何以愿意受理并审判这些案件并在其力所能及的范围内作出判决?特别是在最高法院的审

---

① 成都市武侯区人民法院:《行政裁定书》,(2002)武侯行初字第3号。另参见《首例宪法平等权案引发的法律问题》,载《北京周报》,2002年9月。
② 童之伟:《宪法适用如何走出"司法化"歧路》,载《政治与法律》,2009年第1期。

慎态度的对比下，地方法院在此类案件中所展示的能动性更是耐人寻味：地方法院受理并审判此类案件究竟带有怎样的动机？

笔者在调研中发现在多数情况下，地方法院对此类案件的风险有相当程度的认识，而促使他们决定受理并审判案件决定的往往是他们的法律素养，以及对社会政策的某种偏好。换言之，法官的受理决定绝非简单的被设计的结果而是基于法官自身偏好的一种理性选择。

比如在"身高诉讼案"中，法官在谈到受理案件的决定时，谈到其本人对社会招工启事中普遍存在五花八门的限制条件这一现象的不满，认为这种现象应当有一定的社会政策予以调解。而法官个人在判决后受到来自上级法院的质疑后，正是这种歧视现象的缓解减轻了法官自身的压力。"乙肝诉讼案"中的新芜法院在接受案件时并未意识到此案的宪法意义，并在原告接受了包括中央电视台在内的媒体的一系列采访并宣扬此案的宪法意涵时承受了大量的关注与压力。作出确认判决后，其在法院系统内部的反省是此类案件正是每一位法官都梦寐以求的。言下之意，透露了法官本人对社会责任的认识与承担。在2006年的"男女平等案"中，受案的平顶山湛河区法院将此案定为重点宣传对象报送全国法院报，此案在开庭当日一举成为当日头条。

很显然，在这一系列案件中，地方法院及法官展现了强烈的能动性以及对社会的责任感，更表现出其在权益衡量上与最高法院存在一定的异质性。这种异质性何以产生并将如何发展，不仅将对中国的司法改革产生深远影响，更是一个尚待解决的有趣话题。

对案件成功度的质疑在很大程度上来自西方学界，这在某种程度上，再次反映了西方学人无法理解中国改革始终处于"螺蛳壳里做道场"的特有限制中，从而不可避免地带有的渐进性。与中国的经济社会改革的渐进模式类似，冀望于法院莽撞的大跨步前进不仅是不现实的，更是不可欲的。更为紧要的是，在单一追求"原告胜利"的诉求下，西方学人往往忽略了这一系列案件中中国法院谨小慎微所取得的成果。在"身高歧视案"中，在案件进入到法庭程序之后，成都分行已经取消了招录启示中关于身高的限制，并在实际中招录了数名身高不符原规定的行员。而在"乙肝歧视案"后，安徽省修改了省级公务员招录标准，其他各省市也相继修改了招录标准。更为直接的进步也许是，在2005年"身体健康歧视案"、2005年"朱素明案"、2008年"工伤认定自由案"中，地方法院无声无息的进行了诸多规则性的探索：在"身体健康歧视案"中，法院明确认定某些规范性文件"内容并没有与宪法和法律等上位法相抵触"。在2005年的"朱素明案"中，法院实际上对全国人大与全国人大常委会制定的法律在位阶上是否一致给出确认；而在2006年的工伤认定案中，法院更以"与我国宪法精神相悖"为由，不予支持原告诉求。

在某种意义上，"宪法司法化"的真正活力在摒弃掉"违宪审查"的含义后才真正迸发。法学家们的论辩与地方法院鲜活的实践都指向了对"宪法司法化"最原初的理解，即宪法在司法中的适用。

"宪法司法化"其实就是指宪法的司法适用，西方学界与之最类似的概念正是宪法的直接审查，亦即宪法诉讼。这一概念在法学界引发的混乱争论在某种程度上是概念的发起者本身对概念作了过分引申，试图引入美国的普通法院审查模式。然而丰富的司法实践显然远超一两位学者或法官所能预测。在本文中所探讨过的与宪政（"宪法司法化"）相关的路径可以简单地归纳为四条：（1）以"孙志刚案"为代表的启动全国人大宪法审查机制的路径，这正是我国法律框架中所明示的路径；（2）以"河南种子案"为代表的法院进行抽象审查的路径，这显然是违反现有框架并引发人大方面强烈反弹的路径；（3）以"齐玉苓案"为代表的最高法院宪法诉讼路径，随之而来的"青岛三考生案"不仅揭示了最高法院的高度审慎更预示了最高院随后正式废止"齐案批复"的立场；（4）以"身高歧视案"为代表的地方法院宪法诉讼路径，显然，这是一条生机盎然但同样前路崎岖的选择。

结合法学家们的理论探寻与法律从业者的鲜活实践，似乎可以对"宪法司法化"概念作如下总结：（1）"齐玉苓案"在某种程度上是一种误读；（2）抽象审查权属于全国人大；（3）地方法院通过宪法诉讼的形式正在实践着宪法司法化。换言之,"宪法司法化"以"司法能动地方化"的形式仍然在实践中鲜活着。

四、"宪法司法化"的政治意涵

"宪法司法化"的政治意涵主要涉及三个方面。第一,"宪法司法化"概念以及相关实践对于中国宪政建设的理论及现实意义。如前所述,我国现行宪法对司法审查权语焉不详而相关修宪动议也屡次被搁置。"宪法司法化"概念的提出直接应对的就是如何把宪法转化为"活法",从而实践中国的宪政。从这个角度理解,"宪法司法化"运动实际上可以理解为一种集中的"规则确认"的进程。从最高法院在"齐玉苓案"后的一再退缩,全国各级人大在诸如"河南种子案"等事件中的强硬态度来看,中国的法律法规审查权(或曰抽象审查权)应是全国人大的专属权力;全国人大随后先后建立相关办公室并公布具体规则,也可视作对这一专属权力的再次声张。同样的,在摘除"抽象审查"概念后的"宪法司法化"运动实际上是以"司法能动地方化"的模式由地方法院以宪法诉讼的方式在悄无声息地进行着。换言之,地方法院主动而坚定的把持了宪法诉讼(具体审查)的权力。"二元制"的宪法审查机制已经初现雏形。

第二,"宪法司法化"概念的源起与变迁,以及各级法院随后的各种行为是否意味着一种中国式的司法扩张:即司法权威相对于其他权威(特别是行政权、立法权)的扩张?也许以单个概念十年间的修正与实践而言,此时谈论中国的司法扩张为时尚早,但各级法院在诸案件中已经展现出鲜明的主观能动性:无论是最高院在"齐玉苓案件"中初期所表现的高调,还是地方法院如成都武侯法院在"身高歧视案"中对受案的坚持,都展示了改革开放30年来整个法院系统的发展与崛起,中国的司法改革逐步地涉入到了政治领域,司法能动主义[①]同样初具雏形。

---

① 本文所用的"司法能动主义"(judicial activism),不同于现行的官方法院用语,"能动司法"。具体区别参见张志铭:《中国司法的功能形态:能动司法还是积极司法》,载《中国人民大学学报》,2009年第6期。

一个进一步的问题则是，这种司法能动主义的表现是否有制度性的因素，换言之，是否具有可持续性？篇幅所限，不能就这个问题展开充分的讨论，但可能影响司法能动主义的制度性因素包括：由诸种因素（如教育等）所引致的法官偏好的生成，基于自生偏好的法官行为的策略性等等。这是值得中国法律学人与政治学人进一步探讨的话题。

第三，如果说在"宪法司法化"的运动中，中国各级法院体现了一定的司法能动性，则这种司法能动性相较于其他比较经验而言（比较经验见下文简短讨论），有着特殊的地方性的特色。这种司法能动的表现有鲜明的地方化趋势：地方法院在宪法诉讼方面的步伐远超上级法院，甚至在受理和判决宪法性案件中存在与上级法院异质性的问题。如何解释司法能动的地方化？这种地方化所带来的后果如何，是否能够达到从地方到中央的权威生成与传递机制？这同样是值得进一步发掘的问题。从这个角度上而言，中国法院的发展又进一步体现了政治学讨论的经典课题：央地关系问题。

五、"宪法司法化"的比较意义

"宪法司法化"的概念与实践直指中国的宪政建设，而一个相关的问题则是，"宪法司法化"是个本土概念么？换言之，中国的"宪法司法化"进程在何种程度上可以参考国外经验？学界目前的回答是极其含混的。多数学者认可"宪法司法化"是极具中国特色的提法，毕竟中国法院面临的宪法环境是极为特殊的，"世界上自有宪法以来，从来不曾有过没有合宪审查权而能够适用宪法，进行宪法性裁判的法院"。但同时，我国的学界也以异乎寻常的热情宣扬并建议参考美、德、法国的模式。然而中国法院所面临的事实始终是一个历史上处于弱势地位甚至从属地位的机构如何在社会变革中创造更大空间的问题。从某种程度上，目前正在兴起的"比较司法政治学"所研究的变革社会中的法院经验：拉美、中欧、东亚等的比较经验也许更可借鉴。

在后发展国家的司法扩张经验中，司法权威的增长通常外生或内生于司法改革本身。在诸如智利、阿根廷、韩国等后发国家，其法治宪制化进程在很大程度上取决于一种保险机制：即权力间隙的存在给予法院一定的制度空间；① 而在台湾等地区，司法权威的扩张则很大程度上取决于法院本身谨小慎微的渐进的改革方式。②

中国的"宪法司法化"的概念与实践，面临着与上述后发国家的司法扩张进程相类似的基本问题：即弱势的司法系统权威增长的问题。从这个角度理解，中国的"宪法司法化"在某种程度上结合了上述两种路径：在这场"宪法司法化"运动中，既有来自法院本身的谨小慎微的尝试，也有法院相对于其他权威的试探与碰撞。"宪法司法化"虽然是针对中国缺乏正式宪法审查制度而提出的"权宜之计"，却在一定程度上丰富了司法扩张的比较经验。

参考文献

黄松有：《宪法司法化及其意义》，载《中国法院报》，2001 年 8 月 13 日

沈岿：《宪法统治时代的开始？——"宪法司法化"第一案存疑》，见《宪政论丛》，法律出版社 2003 年版。

童之伟：《宪法司法适用研究中的几个问题》，载《法学》，2001 年第 11 期。

童之伟：《宪法适用如何走出"司法化"歧路》，载《政治与法律》，2009 年第 1 期。

强世功：《立法者的法理学》，生活·读书·新知三联书店 2007 年版。

蔡定剑：《中国宪法的实施之道——谈宪法的司法化与私法化》，见《宪政讲堂》，法律出版社 2010 年版。

Cai, Dingjian, "Constitutional Supervision and Interpretation in the People's Republic of China", in *Journal of Chinese Law*, Vol. 9, 1995, pp. 219–245.

Ginsberg, T., "Judicial Review in New Democracies: Constituional Courts in Asian Cases",

---

① 参见 Barros, R., "Courts Out of Context: Authoritarian Sources of Judicial Failure in Chile (1973 - 1990) and Argentina (1976 - 1983)", in T. Moustafa and T. Ginsberg (eds.), *Rule by Law: The Politics of Courts in Authoritarian Regimes*, Cambridge, Cambridge Univeristy Press, 2008, pp. 156 - 179 以及 Helmke, G., "The Logic of Strategic Defection: Court-Executive Relations in Argentina under Dictatorship and Democracy", in *American Political Science Review*, Vol. 96, No. 2, 2002, pp. 291 - 302. 又见 Ginsberg, T., *Judicial Review in New Democracies: Constituional Courts in Asian Cases*, Cambridge: Cambridge University Press, 2003。

② 参见 Ginsberg, T., *Judicial Review in New Democracies: Constitutional Courts in Asian Cases*, Cambridge: Cambridge University Press, 2003。

Cambridge: Cambridge University Press, 2003.

Hand, K. J., "Using the Law for a Righteous Purpose: Sunzhigang and Evolving Forms of Citizen Action in the People's Republic of China", in *Columbia Journal of Transnational Law*, Vol. 45, 2006, pp. 114 – 193.

Kellogg, T. E., "Constitutionalism with Chinese Characteristics? Constitutional Development and Civil Litigation in China", Indiana University Research Center for Chinese Politics & Business Working Paper No. 1, 2008.

Balme, S. and M. W. Dowdle (Eds.), *Building Constitutionalism in China*, Palgrave Macmillan, 2009.

（本文原刊于景跃进、张小劲、余逊达主编：《理解中国政治——关键词的方法》，中国社会科学出版社 2012 年版，第 129—144 页）

"策略性服从"：我国法院如何推进行政诉讼

于晓虹

《行政诉讼法》已经实施了20多年，然而行政诉讼的发展却不尽如人意：在经历了初期的快速增长后，自20世纪90年代中期以来，行政诉讼进入了发展平台期。全国法院每年受理的行政诉讼一审案件总量维持在十万件左右，行政诉讼在三大诉讼中所占的比例始终局限在2%以内，而原告胜诉率更是逐年走低。我国行政诉讼举步维艰，困难重重。[1]

然而，近十年来，各级法院依托行政诉讼制度审理了

---

[1] 本文得到教育部人文社会科学研究青年基金项目（批准号11YHC810038）的资助。作者感谢Gretchen Helmke、Benjamin Liebman、何海波、刘忠、贺欣、李学尧、程金华、陈越峰等学者对论文的有益评论。当然，文中可能的错误由作者自己负责。"行政诉讼发展平台期"特指1990年中期后行政诉讼总体陷入的停滞、波动期，参见应星、徐胤：《"立案政治学"与行政诉讼率的徘徊——华北两市基层法院的对比研究》，载《政法论坛》，2009年第6期，第111—121页；何海波：《困顿的行政诉讼》，载《华东政法大学学报》，2012年第2期，第86—96页；沈德咏：《积极回应人民群众司法需求着力解决行政审判突出问题——在全国法院行政审判工作视频会议上的讲话》，见中华人民共和国最高人民法院行政审判庭编：《行政执法与行政审判》（2012年第4集），中国法制出版社2012年版，第6—12页。国外学者的对行政诉讼的评述，参见Kevin J. O'Brien, & Lianjiang Li, "Suing the Local State: Administrative Litigation in Rural China", in *The China Journal*, Vol. 51, 2004, pp. 75-95; MinxinPei, "Citizens v. Mandarins: Administrative Litigation in China", in *China Quarterly*, Vol. 152, 1997, pp. 832-862; Susan Finder, "Like Throwing an Egg Against a Stone? Administrative Litigation in the People's Republic of China", in *Journal of Chinese Law*, Vol. 1, 1989, pp. 1-28。2011年全国行政案件达到13万件，创历史新高，但行政诉讼发展是否能突破这一平台期仍有待观察。

一系列具有深远意义的案件。例如，2002 年的"蒋韬身高歧视案"，2003 年的"张先著乙肝歧视案"以及"河南种子案"等，甚至在 2008 年最高人民法院正式废止齐玉苓批复后，地方法院仍然此起彼伏地受理类似案件。① 我国法院特别是地方法院在一系列行政案件中展现出令人惊诧的能动性。这与基于行政诉讼总体情况及历年统计数据而得出的行政诉讼"惨淡经营"的结论形成了悖论。在持续十几年的行政诉讼发展平台期间为何会出现持续的司法能动表现？我们是否需要重估我国行政诉讼的发展状况？具体说来，在过去十多年间，我国法院是如何推动行政诉讼发展的？这一发展路径折射怎样的司法权发展进路？其意义何在？这些是本文试图回答的问题。

本文梳理了最高人民法院历年来与行政诉讼相关的司法文件，并结合 2003 年以来对地方法院的实证调查来考察我国各级法院推动行政诉讼工作的实践逻辑。本文认为，我国行政诉讼的发展主要来自于地方法院在最高人民法院开拓的局面下的自行突围。最高人民法院对行政审判从规范层面与行政层面的双轨推动为地方法院提供了宝贵的"杠杆性手段"，地方法院则在此基础上发展了一系列"策略性服从"的行为，在适当尊让地方政府的表面下，进行了一系列自利性实践。这些实践包括接受新类型案件、对地方政策的核心性尊让、协调与案结事了、判决方式多样化等。这一过程同样可以被视为困在"条块"关系之间的地方司法权的策略性突围与扩张，这一扩张的特征是地方法院通过行政诉讼的开展更深、更广地涉入地方政治，甚至是部分核心性政策领域。② 这种"中国式"的司法扩张得益于我国特有的条块双重领

---

① 参见周伟：《从身高到基因：中国反歧视的法律发展》，载《清华法学》，2012 年第 2 期，第 15—30 页；于晓虹：《宪法司法化》，见景跃进、张小劲、余逊达主编：《理解中国政治——关键词的方法》，中国社会科学出版社 2012 年版，第 129—144 页。

② "条块关系"是西方学者李侃如在《治理中国》（Governing China）一书中发展的探讨中国政治形态的特殊框架。"条条关系"特指从中央到地方纵向的、工作性质一致的部门体系；而"块块关系"则指在特定行政区划内党委领导下的政治关系。具体到地方法院而言，其面临的"条条关系"是上下级法院之间的关系；而"块块关系"则是指当地党委领导下的几套领导班子之间关系。本文的第三部分将对地方法院的"条块关系"形态做更细致的描述。参见 Kenneth Lieberthal, Governing China: From Revolution Through Reform, New York W. W. North & Company, 2004；刘忠：《条条与块块关系下的法院院长产生》，载《环球法律评论》，2012 年第 1 期，第 107—125 页。

导体制，地方法院依靠其信息优势，策略性地妙用"条块"式双重权力结构中的权威缝隙并从中得益。但由于在这一过程中对公民权利的弱化保护，我国的法治建设依然道路修远。

一、我国行政诉讼发展：文献及方法论综述

我国行政诉讼经验研究一脉，研究者关注的核心问题之一在于总体性描述行政诉讼的发展，或归纳法院在不同领域所创制的规则。我国学者应星等以"立案政治学"归纳行政诉讼立案难问题，并以此解释20世纪90年代中期以来行政诉讼率的徘徊。[①] 我国学者汪庆华则审视行政案件从立案到执行的全过程，将我国行政诉讼归结为多中心的司法，这既是游移于多种原则之间的选择性司法，也是共生于司法与政治中的嵌入式司法。[②] 我国学者周永坤等则在行政争端解决机制的大框架下，探讨信访、行政复议等其他竞争型解决机制对行政诉讼制度的侵蚀。[③] 在规则创制方面，研究者强调以最高人民法院为首的我国法院在受案范围、正当程序、行政裁量、管辖制度等方面的规则性发展。[④]

这些既往的研究虽然促进了我们对我国行政诉讼实践的理解，却仍有不足之处。首先，既有研究过于强调最高人民法院对行政诉讼的推动，存在着潜在的"上令下达"的假设：最高人民法院的规范性突破会引致地方法院全

---

① 参见应星、汪庆华：《涉法信访、行政诉讼与公民救济行动中的二重理性》，见吴敬琏、江平主编：《洪范评论》（第3卷第1辑），中国政法大学出版社2006年版，第91—221页；另参见应星、徐胤："立案政治学"与行政诉讼率的徘徊——华北两市基层法院的对比研究》，载《政法论坛》，2009年第6期，第111—121页。

② 参见汪庆华：《中国行政诉讼：多中心主义的司法》，载《中外法学》，2007年第5期，第513—533页。

③ 周永坤：《信访潮与中国纠纷解决机制的路径选择》，载《暨南学报》（哲学社会科学版），2006年第1期，第37—47页；程金华：《中国行政纠纷解决的制度选择：以公民需求为视角》，载《中国社会科学》，2009第6期，第144—160页；贺欣：《作为政治控制机制之一的行政法——当代中国行政法的政治学解读》，见汪庆华、应星编：《中国基层行政争议解决机制的经验研究》，上海三联书店2010年版，第81—103页；贺欣：《行政复议对行政诉讼的制度性侵蚀》，见汪庆华、应星编：《中国基层行政争议解决机制的经验研究》，上海三联书店2010年版，第179—198页。

④ 参见何海波：《行政诉讼受案范围：一页司法权的实践史（1990—2000）》，载《北大法律评论》编辑委员会编：《北大法律评论》（第4辑第2期），法律出版社2002年版，第569—587页；何海波：《司法判决中的正当程序原则》，载《法学研究》，2009年第1期，第124—146页；余凌云：《对行政机关滥用职权的司法审查——从若干判决看法院审理的偏好与问题》，载《中国法学》，2009年第1期，第24—33页；何才林：《夹缝中的变革——以行政审判管辖权为视角的叙事》，载《北大法律评论》编辑委员会编：《北大法律评论》（第10卷第2辑），法律出版社2009年版，第520—545页。

心全意地遵从。然而，法院系统作为建立在等级制度基础上的科层体系，必然会受到委托—代理关系的制约。① 在现实中，下级法院无视上级法院指令的情况也屡见不鲜。在多数情况下，最高人民法院在规范层面的突破仅仅是为地方法院提供了可选择的杠杆性工具，地方法院依据其自身偏好作出策略性选择，并因此在行政诉讼发展上产生出鲜明的地方性差异，这需要更为系统的研究与解释。

其次，学界在描述我国法院制度的弊端时，通常分别探讨"司法行政化"与"司法地方化"② 问题，亦即法院系统内部运作方式的行政化与法院受外部机关特别是地方党委政府干预的状况。这些来自法院系统内外的干预被笼统地视为对法院审判活动的不当干涉，用以说明司法独立在我国的缺失。这种通行的论述方式忽略了内外干预之间的冲突以及地方法院由此所获得的操作空间。下文将会说明，在我国特有的双重管理体系中，"条块关系"之间可能存在权威缝隙，这催生了地方法院的策略性自利行为，这些行为又促成了地方行政诉讼的发展及其特色。

就方法论而言，对行政诉讼的经验研究包括案例研究以及基于问卷或面板数据的统计分析，但这仍然存在数据可靠性及选择性偏差问题。③ 基于个别

---

① 贺欣将行政诉讼解释为委托—代理关系下的政治控制手段，参见贺欣：《作为政治控制机制之一的行政法——当代中国行政法的政治学解读》，见汪庆华、应星编：《中国基层行政争议解决机制的经验研究》，上海三联书店2010年版，第87—88页。上下级法院同样受制于委托—代理关系。Shapiro 在其著作中将上诉机制视为上级法院控制下级法院的手段之一。参见 Martin Shapiro, *Courts: A Comparative and Political Analysis*, Chicago: The University of Chicago Press, 1981。

② 例如，在2000年年初，最高人民法院提出的关于司法改革的初步方案中，将现行司法体制的三大弊病描述为"司法权力的地方化"、"审判活动的行政化"和"法官职业的大众化"。参见季卫东：《最高人民法院的角色及其演化》，载许章润主编：《清华法学》（第7辑），清华大学出版社2006年版，第19页。在学界的探讨中，"司法行政化"与"司法地方化"的概念有一定程度的交叉。司法行政化既指代法院系统内部运作的行政化（包括上下级法院关系以及法院内部关系），也指代法院系统外部的机关对法院的干预，特别是地方行政机关、人大等。参见王申：《司法行政化管理与司法独立审判》，载《法学》，2010年第6期，第36页；李代松：《法院审判活动行政化之克服》，载《法学》，2010年第8期，第118页。本文将"司法行政化"主要描述为法院系统内部运作方式的行政化，而以"法院地方化"概念指代法院所受到的外部干预，这种干预通常也以"地方保护主义"概括。参见蒋惠岭：《司法权力地方化之利弊与改革》，载《人民司法》，1998年第2期，第29—31页；刘作翔：《中国司法地方保护主义之批判》，载《法学研究》，2003年第1期，第83—98页。

③ 参见 Ji Li, "Suing the Leviathan—An Empirical Analysis of the Changing Rate of Administrative Litigation in China", in *Journal of Empirical Legal Studies*, Vol. 10, No. 4, 2013, pp. 815 - 846。He and Su 也在对数据抽样的前提下探讨了谁在法院胜诉的问题。Xin He & Yang Su, "Do the 'Haves' Come out Ahead in Shanghai Courts?", in *Journal of Empirical Legal Studies*, Vol. 10, No. 1, 2013, pp. 120 - 145。

法院的研究推导的行政诉讼图景难免以偏概全；而基于全国性数据的研究则一方面难以解决数据的可靠性问题①，另一方面也必将忽略以非判决方式结案的行政案件。最高人民法院在不同场合曾多次强调，行政案件"决不能一判了之"②。以2010年为例，非判决方式结案的案件比例高达71.8%。③ 这正说明要理解我国行政诉讼，必须要深入到行政诉讼的决策过程中，探寻法官在审判全过程中的策略性选择。

本文对我国法院发展行政诉讼的考察主要建立在梳理两套经验材料的基础上：其一，是最高人民法院在行政诉讼方面公开发布的相关司法文件，文件来源于全国法院网、《人民法院报》以及《行政执法与行政审判》杂志等；其二，则是我们自2003年以来对各省法院的走访与调查，主要包括2005—2006年我们在四省的集中的田野调查，以及之前与之后的零星考察和持续关注。在历次考察中，我们走访了各级地方法院，访谈了法官、律师、政府或人大的官员以及个别当事人。在这些经验材料的基础上，本文探讨了最高人民法院统一的司法政策之下，行政诉讼发展的地区性差异问题。从这个角度上讲，本文并不是对地区性经验的一揽子讨论，而是立基于地方不同的司法环境，对行政诉讼发展的地方性经验的归纳与总结。

在我们展开论述之前，在方法论层面上有两点要特别强调：首先，在田野调查，特别是比较性的、基于结构性访谈的田野调查中，几乎难以回避资料的片段性问题。④ 本文只能在承认经验材料限制的前提下，从研究者个人视

---

① 关于数据可靠性的讨论，参见 Clarke, Donald, "Methodologies for Research in Chinese Law", in *Pacific Rim Law and Policy Journal*, 1996. 此外，解读行政诉讼质量的核心数据存在不确定性，例如，较低的行政机关败诉率既可以理解为行政诉讼的不力，未能有效监督行政违法行为；也可以理解为行政诉讼的有效：在行政诉讼的压力下，行政违法行为的比率大幅降低而导致了较低的败诉率。参见作者访谈；以及浙江省高级人民法院：《浙江行政案件管辖改革试点的调研报告》，见中华人民共和国最高人民法院行政审判庭编：《行政执法与行政审判》（2012年第3集），中国法制出版社2012年版，第156页。
② 王秀红：《切实贯彻司法为民思想努力开创行政审判工作新局面——在全国法院行政审判工作座谈会上的讲话》，见中华人民共和国最高人民法院行政审判庭编：《行政执法与行政审判》（2003年第4集），法律出版社2004年版，第18—33页。
③ 参见何海波：《困顿的行政诉讼》，载《华东政法大学学报》，2012年第2期，第89页。
④ 这种片段性可能来自访谈方法的天然局限，也同样受到文化、制度、常识与参与者性格等多方面因素的限制。

角出发，对行政诉讼发展的地区性差异及其背后的实践逻辑作出谨慎归纳与提取。其次，在文章的分析中，"地方法院"与"地方法官"是交替使用的——本文并不强调法官个人或者单一的典型案例，而更强调同一个法院内部法官的集体行为。换言之，本文是以地方法院而非法官个人为分析单位的。考虑到法院内部的行政化以及以"审委会"为主的一系列集体决策机制，这一假定有着相当的现实基础。①

此外，司法权或司法权威是本文的核心概念之一。但囿于篇幅与主题，本文并没有对这一概念本身做细致的分析与探讨，而是借用了 Solomon 在探讨俄罗斯司法权威时对这一概念所做的讨论，即从管辖权、裁量权与当事人遵从的角度探讨司法权威历时性的变化。②

二、最高人民法院与行政诉讼

学术界与实务界普遍认为，最高人民法院是扩大我国司法权的主导力量。③ 具体到推动行政诉讼发展，其主导性主要表现在两个方面：一是最高人民法院颁行的一系列司法解释，其具体条文通常是超越立法原

---

① 参见学界关于司法行政化与审委会制度的相关研究，例如王申：《司法行政化管理与司法独立审判》，载《法学》，2010 年第 6 期，第 33 页；李传松：《法院审判活动行政化之克服》，载《法学》，2010 年第 8 期，第 118 页；苏力：《基层审判委员会制度的考ოს及思考》，载《北大法律评论》，1998 年第 2 期，第 320—364 页；贺卫方：《关于审判委员会的几点评论》，载《北大法律评论》编辑委员会编：《北大法律评论》（第 1 卷第 2 辑），法律出版社 1999 年版，第 365—374 页；周登谅：《审判委员会制度的潜规则研究》，载《政治与法律》，2008 年第 6 期，第 20 页；洪浩、操旭辉：《基层法院审判委员会功能的实证分析》，载《法学评论》，2011 年第 5 期，第 123 页。

② 对司法权从学理上进一步阐发当然是有意义且相当宏大的任务，但这并非是本文讨论的核心，本文侧重于从运作化（operationalization）的角度来探讨并衡量司法权。参见 Peter, H Solomon, Jr., "Judicial Power in Russia: Through the Prism of Administrative Justice", in *Law & Society Review*, Vol. 38, No. 3, 2004, pp. 549 - 582。Peerenboom 在 2008 年探讨中国司法权与司法化时主要用了管辖权（Jurisdiction）的概念。参见 Randall Peerenboom, "More Law, Less Courts: Legalized Governance Judicialization and Dejudicialization in China", 见 http：//ssrn.com/abstract = 1265147，2008 年。

③ 最高人民法院对司法权的整体性推动，参见季卫东：《最高人民法院的角色及其演化》，载许章润主编：《清华法学》（第 7 辑），清华大学出版社 2006 年版，第 4—20 页。对行政法的推动，参见余凌云：《法院如何发展行政法》，载《中国社会科学》，2008 年第 1 期，第 87—99 页。关于法院系统内部的认识，在 2008 年，分管行政审判工作的最高人民法院副院长江必新在行政庭会议上强调"全国的行政审判希望于最高人民法院，寄希望于行政庭的全体同志"。参见江必新：《抓住机遇，加大工作力度，把行政审判工作提高到一个新水平——在最高人民法院行政审判庭全庭会上的讲话》，见中华人民共和国最高人民法院行政审判庭编：《行政执法与行政审判》（2008 年第 2 集），人民法院出版社 2008 年版，第 205 页。

意的;① 二是在最高人民法院通过各种渠道发布的典型案例中所推演出的新法律原则,如正当程序原则等。② 然而这一论点在方法论与实践两方面都受到了挑战。首先,从方法论上讲,这一论点过于强调典型性案例的效应,因此存在选择性偏差问题。典型性案例由最高人民法院从各地法院选送的案例中选择并加以剪裁,在缺乏判例制度的现有体制下对地方法院的行为并不产生必然的束缚。基于典型性案例所得出的结论难免过于乐观,有失偏颇。③ 其次,这一论点很难解释最高人民法院动作频频与行政诉讼成绩平平这一悖论。如何理解最高人民法院的积极作为与行政诉讼发展之间的反差?最高人民法院在行政诉讼发展中的地位与作用究竟如何?这是本节探讨的主要问题。

最高人民法院从规范层面和行政层面双轨推动行政审判工作发展,但同时,在不同时期或政策领域中,最高人民法院又通过行政手段释放出克制性信号,从而为其在行政审判工作中的总体导向增加了不确定性。在规范层面,最高人民法院通过司法解释等规范性文件与指导性案例等手段,逐步建立并发展了我国行政诉讼的几大主题,如诉权保护、协调机制、管辖改革等。在规范层面之外,最高人民法院通过一系列行政手段颁行相关的指示与精神。这些手段包括召开相关会议(工作会议、专题座谈、片会等),绩效考核,评优评先,选择制度创新试点并择优推广等。通常的情况是,最高人民法院以

---

① 如2000年《最高人民法院关于执行〈中华人民共和国行政诉讼法〉若干问题的解释》(以下简称《若干解释》)对受案范围的规定,最高人民法院在管辖方面的创新,以及历次司法解释对行政诉讼判决方式的创新等。参见江必新:《是恢复,不是扩大:谈〈若干解释〉对行政诉讼受案范围的规定》,载《法律适用》,2000年第7期,第16—19页;何海波:《行政诉讼受案范围:一页司法权的实践史(1990—2000)》,载《北大法律评论》编辑委员会编:《北大法律评论》(第4辑第2期),法律出版社2002年版,第87—701页;李广宇:《政府信息公开司法解释对判决方式的创新》,载中华人民共和国最高人民法院行政审判庭编:《行政执法与行政审判》(2011年第6集),中国法制出版社2011年版,第51—57页;何才林:《夹缝中的变革——以行政审判管辖权为视角的叙事》,载《北大法律评论》编辑委员会编:《北大法律评论》(第10卷第2辑),法律出版社2009年版,第520—545页。

② 历年来,最高人民法院发布典型案例的渠道有:最高人民法院公报案例,人民法院报发布的典型案例,各类最高人民法院参与的案例选编,以及近年来推行的指导性案例制度等。关于典型案例中所蕴涵的新法律原则,参见余凌云:《法院如何发展行政法》,载《中国社会科学》,2008年第1期,第87—99页;何海波:《司法判决中的正当程序原则》,载《法学研究》,2009年第1期,第124—146页。

③ 参见 Gretchen Helmke, "The Logic of Strategic Defection: Court-Executive Relations in Argentina under Dictatorship and Democracy", in *American Political Science Review*, Vol. 96, No. 2, 2002, pp. 291 - 302. 关于最高人民法院对公布典型案例的裁剪,参见何海波:《正当程序原则》一文中对《最高人民法院公报》刊载并剪裁田永案判决书的描述与访谈,何海波:《司法判决中的正当程序原则》,载《法学研究》,2009年第1期,第124—146页。

行政性指令提前释放司法政策与司法精神，随后将经受过实验的政策纳入到规范框架中去。在这两个层面上，最高人民法院逐步确立了行政审判工作的基本政策与精神。

然而，细究 20 世纪 80 年代以来最高人民法院的各种指示与政策，我们发现最高人民法院对行政审判的总体政策虽然保持了支持与鼓励的基本立场，但在不同时期，最高人民法院又多次释放出克制性信号。例如，在行政诉讼制度发展初期，1990 年郑州工作会议上，最高人民法院确立了"稳定压倒一切"的基本政策，指令地方法院要谨慎受理行政诉讼案件。这一限制性政策曾经束缚了诸多地方法院的行为，后来在 1993 年南宁工作会议中被"积极大胆收案"的新政策替代。最高人民法院也在 2000 年的《若干解释》中正式扩张了行政诉讼的受案范围。① 更为持续的克制性信号是，最高人民法院始终强调应不予受理具有高度政治性的行政争议，这是整个法院系统在受案方面坚持的死线。② 更多临时或局部的克制性信号出现在非常规期间，如非典、抗震救灾、金融危机等时期。③ 在一定程度上，最高人民法院在特殊时期释放出的这些克制性信号，可以视为出于保护地方法院的目的对党政部门核心政策的

---

① 作者访谈；参见江必新：《是恢复，不是扩大：谈〈若干解释〉对行政诉讼受案范围的规定》，载《法律适用》，2000 年第 7 期，第 16—19 页；何海波：《行政诉讼受案范围：一页司法权的实践史（1990—2000）》，载《北大法律评论》编辑委员会编：《北大法律评论》（第 4 辑第 2 期），法律出版社 2002 年版，第 569—587 页。
② 2003 年，江必新在讲话中指出"对于具有高度政治性或政策性、不能或者难以进行合法性判断、由行政机关协调处理更为妥当的行政争议，可以不予受理"，多年来，最高人民法院在不同场合都强调了政治问题这一死线。参见江必新：《牢固树立司法为民思想把行政审判工作提高到一个新的水平——在全国法院行政审判工作座谈会上的讲话》，载中华人民共和国最高人民法院行政审判庭编：《行政执法与行政审判》（2003 年第 4 集），法律出版社 2004 年版，第 1—17 页；沈德咏：《积极回应人民群众司法需求着力解决行政审判突出问题——在全国法院行政审判工作视频会议上的讲话》，见中华人民共和国最高人民法院行政审判庭编：《行政执法与行政审判》（2012 年第 4 集），中国法制出版社 2012 年版，第 6 页。
③ 例如在 2003 年非典传染时期，最高人民法院发出通知，指令"对政府及有关部门为防治'非典'而采取的各类具体行为提起的行政诉讼，人民法院应当书面告知暂不予受理。"在 2009 年 3 月 23 日发布的《最高人民法院引发〈关于处理涉及汶川地震相关案件适用法律问题的意见（二）〉的通知（法发〔2009〕17 号》》中，最高人民法院规定"对于可能影响灾后恢复重建工作顺利进行、群体性以及社会比较敏感的案件，对于有关部门已经协调处理过的案件，要慎重审查立案。"在 2009 年，最高人民法院在文件中要求"在审查非执行的审查标准时，要充分考虑应对金融危机和服务'三保'的特殊需要，不过多纠缠细枝末节，切实保证行政效率和人民群众合法权益的及时救济"。分别参见《最高人民法院关于在防治传染性非典型肺炎期间依法做好人民法院相关审判、执行工作的通知》，法〔2003〕72 号（已失效）；张友连《公共政策与最高人民法院的角色——以关于汶川、玉树和舟曲的通知为分析对象》，载《法律科学》（西南政法大学学报），2011 年第 5 期，第 13—20 页；最高人民法院：《最高人民法院关于当前形势下做好行政审判工作的若干意见》，载中华人民共和国最高人民法院行政审判庭编：《行政执法与行政审判》（2009 年第 3 集），人民法院出版社 2010 年版，第 20 页。

尊让（关于"核心尊让"的讨论，详见后文），但最高人民法院通过行政手段一再释放类似信号这一行为本身，的确为其在行政诉讼方面的总体性政策增加了不确定性。

显然，最高人民法院在过去 20 多年中推动行政审判工作的基本模式是行政与规范的交织，以及推动与克制的轮替，由此形成了行政审判领域的成套"工具包"。地方法院作为行政审判的实际操手，选择性使用最高人民法院提供的工具，并根据其特有的司法环境加以创造，从而发展地方行政诉讼工作。换言之，在缺乏立法框架方面的"大动"之前，发展行政诉讼的"接力棒"在过去十年被传递给了地方法院，地方法院的"策略性服从"行为建构了地方法院行政诉讼工作的特质，并孕育了行政审判的地方性差异。

三、地方法院与行政诉讼："策略性服从"的地方性发展

本节研究的核心问题是地方法院如何发展行政诉讼。在法院系统内或学界认知中，地方法院通常扮演"拖后腿"的角色。2009 年，最高人民法院将目前行政诉讼发展不力归咎为"法官自身指导思想问题"。[①] 我国学者何才林指出，在 2008 年出台的管辖司法解释中，最高人民法院之所以将"若干解释"中规定的"柔性提级管辖"制度更改为"刚性提级管辖"制度，是因为基层法院的表现令人失望。[②] 这种对地方法院相对负面的评价忽略了两个层面的问题：其一，发展行政诉讼是符合地方法院偏好；其二，地方法院在其特有的司法环境下运作，我国改革以来所蕴发的地区差异同样引致了地方法院在策略选择上的差异。理解这些策略性选择，对理解我国行政诉讼的发展至关重要。

我们首先要明确的问题是，发展行政诉讼，做好行政审判工作是符合法

[①] 江必新：《依法保护当事人诉权努力解决行政诉讼告状难的问题——在全国部分法院行政审判工作座谈会上的讲话》，载中华人民共和国最高人民法院行政审判庭编：《行政执法与行政审判》（2009 年第 3 集），人民法院出版社 2010 年版，第 15 页。

[②] 参见何才林：《夹缝中的变革——以行政审判管辖权为视角的叙事》，载《北大法律评论》编辑委员会编：《北大法律评论》（第 10 卷第 2 辑），法律出版社 2009 年版，第 520—545 页。

院、法院行政庭以及法官个人的偏好的。第一，行政诉讼制度是地方法院权威扩张的有效杠杆。对地方法院而言，由于历史与现实的原因，其在地方政治中的地位始终与"一府两院"的提法不相称。陈端洪曾将行政诉讼的构造解读为一种个人与政府之间的"对峙"，但在权力结构中，行政诉讼实际上创造的是司法权对行政权的一种"对峙"。① 当司法权可以审查行政行为的合法合理性时，其中隐喻的意涵是司法权独立于行政权，而非其附属。第二，发展行政审判工作有助于提高行政庭在法院内部结构中的地位。因其具有变动频繁、难度大的特点，行政诉讼对行政审判人员的政治素质、平衡能力、沟通能力等综合素质都提出了极高的要求，行政审判人员理应是法院顶尖人才之一。② 而由于历史原因，目前我国法院的领导层仍然是以民刑出身人员为主，他们对行政诉讼的工作往往因不了解而不重视。因此，在行政审判庭，"为"与"位"之间的关系更为紧密，行政庭必须"以为争位"，方能保障其在法院中的地位。③ 第三，对于法官个人而言，无论是出自"公心"还是"私利"，做好行政诉讼工作都是符合其偏好的。所谓"公心"是指受过法学教育的法官对社会正义等理想的追求使其愿意维护公民合法权益；而所谓"私利"是指做好行政审判工作带来的直接收益。在现有体系中，法官个人在法院中的经济收入与政治地位都在一定程度上与其完成工作的数量与质量直接相关，体面完成本职工作符合行政庭法官的行为偏好。

本节正是从这个基本前提出发，探讨在不同的司法环境下，地方法院如何在处理行政案件的过程中发展出一系列的创新性实践。通过这些实践，地方法院得以在收案并决案方面获得更大的自由度，从而在案件审判中得到更接近其自身偏好的结果。本文以"策略性服从"统称这些实践，策略性是指在地方法院在看似遵从地方政府的表面下，掩藏着地方法院的自利性思考。

---

① 陈端洪：《对峙——从行政诉讼看中国的宪政出路》，载《中外法学》，1995年第4期，第1—9页。
② 参见江必新：《认真开展"大学习、大讨论"活动加强行政审判和国家赔偿队伍建设——在最高人民法院行政庭、赔偿委员会办公室开展"大学习、大讨论"活动动员会上的讲话》，载中华人民共和国最高人民法院行政审判庭编：《行政执法与行政审判》（2008年第2集），人民法院出版社2008年版，第210—217页。
③ 作者访谈，关于法院内部权力结构与分庭管理制度，参见刘忠：《论中国法院的分庭管理制度》，载《法治与社会发展》，2009年第5期，第124—135页。

也正是在这一过程中,地方法院充分利用了最高人民法院创造的种种"杠杆性工具",接过最高院的接力棒,根据其各异的司法环境,因势利导,逐步推动地方行政审判工作。随着地方法院逐步成为地方政策制定过程中的常态参与者,其在地方政治中的地位也随之提升。

本节将分别描述地方法院在行政诉讼收案、审理、判决方面的实践:接受新类型案件与核心性尊让、协调与案结事了、判决方式多样化等,并探讨这些实践对发展地方司法权的意义。本节的资料主要来自 2003 年以来本人对四省法院法官的访谈及其他经验材料,如判决书、司法文件等。在论述中,本文也引用了散见于其他文献中的全国其他法院的相关数据,以提供更好的比较视角。

1. 接受新类型案件与核心性尊让

如前所述,在 1993 年的南宁工作会议上,最高人民法院以"积极大胆收案"取代了 1991 年郑州会议的"稳定压倒一切"的提法,标志着鼓励收案司法政策的正式出台,这也是行政诉讼领域最早也最为持续的主导性政策之一。在 2008 年绩效考核政策出台之前,地方法院收案数几乎是最高人民法院为省级法院排名的唯一指标。如何理解并实践这一政策,以及在这一政策精神下能走多远则是地方性事务,取决于地方法院对自身司法环境的感受及其对自身偏好的衡量。在本文考察的四省法院实践中,在立案与收案方面,可以观测到两种相辅相成的做法:一是积极接受新类型案件、拓展司法审查范围;二是在积极收案的同时,维持对地方核心性政策的尊让。这两种做法的直接后果是法院收案范围的边缘性扩张。而这正是在行政诉讼取得系统性发展之前,个别地方法院能主动受理并审判部分争议性案件的原因。

如果以收案数为指标衡量,我们考察的四省法院之间差别较大。H 省法院一贯在收案数上名列前茅,S 省与 A 省大约处在中间位置,而 G 省法院从收案数上讲相对落后。但四省法院,特别是在省内表现出色的法院,都不约而同地倾向于受理新类型案件。也就是说,虽然从绝对意义上而言,各法院的行政诉讼发展水平不一，但他们却在案件受理方面倾向于同一种选择——主张通过接受新类型案件来扩张法院的审查范围。

H 省 P 市法院一贯是接收新类型案件的标兵。据报道，早在 2003 年，该法院已经审判了七件"全国第一案"。其中"刘国聚诉平顶山煤矿技工学校案"是全国第一例以学校为被告的教育行政案件，在时间上尚早于刊载在最高人民法院公报上的"田永案"两年。在该案中，法院认定"平顶山煤矿技工学校属法律授权的组织"因而是适格的被告，并依法撤销了该校责令原告退学并注销学籍的决定。其他该院审理的新类型案件还包括全国第一例农民负担案件、全国第一例因被告超时限举证而败诉的案件等大量边缘性案件。[①] 诸多"全国第一案"的受理增长了 P 市法院在行政诉讼方面的声誉，该院行政庭庭长多次受邀在最高人民法院组织的会议及培训上发表其先进经验。值得注意的是，该院在收案方面的自由度一方面来自于其作为行政诉讼全国试点法院的认知，也来自于相对开明的上级法院的支持。在访谈中，来自 H 省高院的法官曾表示，他们在行政诉讼收案中掌握的工作原则是，除了纯粹的政治案件外均可受理，当然这一原则并没有公开的大幅宣讲。[②]

S 省 W 法院同样在本地享有积极受理新类型案件的声誉。[③] 2000 年该院受理了"张峻霄诉华西医科大学案"，并在受理后做了积极安排；最终，由于受到最高人民法院在刘燕文案中的立场影响，W 法院以此案不属于行政诉讼法受案范围为由驳回起诉。[④] 体现该院受案开明的还有 2003 年全国第一件物业管理划分案件。在此案中，黄金成等 25 人状告区房地产管理局对小区物业划分不当，损害了业主利益，请求法院判令撤销该行政行为。法院最终撤销

[①] 作者访谈；河南省平顶山市中级人民法院：《行政审判工作长期稳定发展的一些做法和体会》，载中华人民共和国最高人民法院行政审判庭编：《行政执法与行政审判》（2003 年第 1 集），法律出版社 2003 年版，第 93—100 页。

[②] 作者访谈。

[③] 作者访谈。

[④] 作者访谈。参见《校方，授不授予博士学位随你说了算?》，载《华西都市报》，2000 年 8 月 1 日，见 http://edu.sina.com.cn/edu/2000-08-01/9195.shtml（最后访问时间：2004 年 7 月 10 日）；《毕业四年未获学位成都一博士状告母校》，载《华声报》，2000 年 4 月 20 日，见 http://news.sina.com.cn/society/2000-4-20/83276.Html（最后访问时间：2014 年 7 月 20 日）。

了房管局涉案通知，并责令其依法划分物业管理区域。此案被 2005 年的《最高人民法院公报》选用。①

从最高人民法院历年公布的行政诉讼数据判断，A 省与 G 省收案数通常居于全国的中下水平，但两省个别法院都曾经进行过收案方面的探索。A 省高院一度推行过"行政诉讼沾边就上"的原则，随后高院法官承认，"他们可能走得过远"，从而对其进行了一定收缩。② 在 G 省 J 中院，法官表示该院在南宁会议之后放弃了以前在收案方面的消极原则，开始积极受理行政案件，并于 2000 年后开始探索接收新类型案件。到 2005 年，J 中院每年的收案数量大约在 70 件上下，这在 G 省已经算是佼佼者。③

如果把接收新类型案件视为法院司法审查边界的有意识的扩张，那我们必须探究的是，为什么不同发展程度的地方法院不约而同地选择积极受理新类型案件？地方法院在多大程度上能够从中获益？这种地方性司法审查的扩张边界何在？其意义又如何？

首先，积极收案，特别是受理新类型案件，能使地方法院在达到法院系统内考核标准的同时，在更为广泛的范围内涉入地方政治事务。其一，积极收案与来自最高人民法院的政策精神一致，有利于地方法院在绩效考核中争先。在最高人民法院及各省法院的考核体系中，收案数始终占据重要位置。2008 年最高院试行"行政审判工作绩效评估办法"，规定受案数与一审案件人口比两个比率共占 10%；而在地方性评估办法中，收案数占的比例更高，例如在山东，收案数的权重高达 35%。④ 其二，扩张性收案意味着对地方性事务在更广层面上的持续性参与。通过接受新类型案件，法院获得了更多与

---

① 作者访谈。参见《黄金成等 25 人诉成都市武侯区房管局划分物业管理区域行政纠纷案》，载《最高人民法院公报》，2005 年第 6 期。
② 作者访谈。
③ 作者访谈。
④ 各地方法院在绩效考核每个项目上的差别并不大，在这一前提下，提高收案数成为某些地方法院在绩效评估中争先的不二招数。作者访谈。另参见最高人民法院行政审判庭：《行政审判工作绩效评估办法》，2008 年 8 月 18 日；江怀玉，万进福：《行政诉讼简易程序适用绩效评估研究——以静态的制度价值和动态的体系运行为视角》，载中华人民共和国最高人民法院行政审判庭编：《行政执法与行政审判》（2011 年第 4 集），中国法制出版社 2011 年版，第 70 页。

行政机关互动的机会。特别是在中央提出"依法行政"的口号后，诸多地方政府将行政诉讼败诉率纳入到干部绩效考核框架中，在这种情况下，法院掌握了更强的与地方政府及其职能部门讨价还价的能力。在 H 省 P 市、L 市等地，地方政府每年会统计职能部门行政诉讼败诉的比率。受访法官均表示，他们因此获得了更多来自政府方面的尊重。① 此外，扩大受案范围在一定程度上有益于提升法院在民众中的合法性；而在群众路线、司法为民等政策的关照下，民众认可是衡量司法权威的重要一环。

其次，在积极收案的同时，地方法院也谨守两条基本界限。一条是规避政治性问题的铁律。最高人民法院在多个场合反复强调，政治性案件法院不宜受理。② 另一条是由地方法院自己把握的软性指标：对地方核心性政策的尊让。在法院系统的官方话语体系中，这是如何处理行政争议的大局问题，也是法院建构良好的司法环境的重要环节。尽管最高人民法院一再强调所谓"大局"是"党和国家的大局，而不是脱离党和国家大局的其他大局"，但这种辩证的说法实际上将诠释"大局"的主动权交由地方法院把握。③

地方法院把握的结果可能产生两种行为，一是地方法院自行规定不受理特定范围的案件；二是地方法院在受理案件后，于案件处理过程中适当尊让地方的核心性政策，本文称之为"核心尊让"。不同法院对两种行为模式的选择也在一定程度上反映了法院的策略性程度。前者通常会产生类同最高人民法院的限制性指令，甚至是一揽子式的拒绝收案文件。如 2003 年广西高院发

---

① 作者访谈。
② 参见江必新：《是恢复，不是扩大：谈〈若干解释〉对行政诉讼受案范围的规定》，载《法律适用》，2000 年第 7 期，第 16—19 页；另参见赵大光：《夯实基层打牢基础苦练基本功全力推动行政审判工作迈上新台阶》，载中华人民共和国最高人民法院行政审判庭编：《行政执法与行政审判》（2010 年第 2 集），中国法制出版社 2010 年版，第 1 页。
③ 参见汪庆华：《中国行政诉讼：多中心主义的司法》，载《中外法学》，2007 年第 5 期，第 513—533 页；王秀红：《切实贯彻司法为民思想努力开创行政审判工作新局面——在全国法院行政审判工作座谈会上的讲话》，见中华人民共和国最高人民法院行政审判庭编：《行政执法与行政审判》（2003 年第 4 集），法律出版社 2004 年版，第 18—33 页；江必新：《以推进三项重点工作为契机努力破解行政案件申诉上访难题》，载中华人民共和国最高人民法院行政审判庭编：《行政执法与行政审判》（2010 年第 3 集），中国法制出版社 2010 年版，第 1 页。在《最高人民法院关于坚决防止土地征收、房屋拆迁强制执行引发恶性事件的紧急通知》（法明传〔2011〕327 号）中，最高人民法院指出要"坚决反对和抵制以'服务大局'为名、行危害大局之实的一切错误观点和行为"。

出180号文件，规定对集资纠纷、土地纠纷等13类"涉及面广、敏感性强、社会关注"的案件暂不受理。虽然该文件引发了广泛批评，但据报道，这实际已经成为广西各级法院受理案件的准绳。① 类似行为在全国其他法院也是屡见不鲜。②

更为策略的地方法院则主张在受理案件后的具体审理过程中适当尊让地方性政策。在H省法院，法院对地方核心政策的尊让事实上成为法院扩大收案范围的一种工具。在访谈中，法官提到了2005年Z市的"一枝黄花案"和X市的"万人诉讼案"，前者关涉到省级林业部门保护生态安全的紧急行动，后者则有2000多当事人，更可能引发连锁反应。③ 在两个案件中，法院本着先受理再处理、以宣传行政审判工作的出发点，受理了案件，并在审理后驳回起诉。来自省院的法官评论说，要促进行政诉讼发展，需要法官和法院在具体的案件中宣传自己的工作，如何审判则是另一回事，他们可以立案之后再处理。④ 在这两个案件中，最终的处理方式并没有真正触动地方政府的逆鳞。

从H省的实践中可以看出，核心尊让的行为与积极接收新类型案件是紧密联系的。实际上，核心尊让是以法院受理案件为前提的，虽然法院尊让的

---

① 参见钱炜：《广西法院不受理13类案件，省高院称由国情决定》，载《中国青年报》，2004年8月24日，http://news.sina.com.cn/c/2004-08-24/14093481688s.shtml（最后访问时间：2014年7月10日）；罗昌平：《广西法院下文不受理13类案件希望政府处理》，载《新京报》，2004年8月12日，http://news.xinhuanet.com/news-center/2004-08-12/content_1764490.htm（最后访问时间：2014年7月10日）。

② 参见江苏省高级人民法院：《江苏宿迁中院发挥审判职能巩固农村税费改革成果》，载中华人民共和国最高人民法院行政审判庭编：《行政执法与行政审判》（2003年第7期），第261—262页。该文件规定，对于因"税费改革规定未落实引发的纠纷，一般不予受理"。

③ 在一枝黄花案中，花农陈某种植的200多万株一枝黄花被当地林业部门认定为有害生物而被铲除并焚毁。陈某随后出示了由权威机构出具的鉴定书，认定他种植的是中国产的无害黄花。陈某依此将省市区三级林业部门告上法庭，并索赔16万。Z市法院以新类型案件受理了此案，随后驳回了陈某的起诉。根据林业部门的说法，"此案对于深入开展'加拿大一枝黄花'清除工作，防范外来有害生物入侵，保护生态安全具有重要意义"。万人诉讼案是2007年X市法院受理的一起燃气案件，关涉到2000多当事人的集体诉讼并可能引发进一步的连锁反应。在受理并公开听审后，X市中院认定被诉行政行为是抽象行政行为，不在行政诉讼审查范围内，依法予以驳回。H省高院在后来的二审中维持了这一决定。参见作者访谈；《对质检强制更换燃气表答复不服新乡引发万人诉讼》，见http://kbs.cnki.net/forums/27161/ShowThread.aspx（最后访问时间：2007年6月21日）；王亚南：《老人多交2元燃气费用召集5万名用户上诉》，见http://news.sina.com.cn/s/l/2007-12-28/091414621292.shtml（最后访问时间：2007年12月28日）。

④ 作者访谈。

后果是对地方核心政策的执行，但与其说这是法院对地方政府的遵从，不如说这是法院与地方政府之间的一种交换，双方各有所得。地方政府获得了核心政策执行的法律保障，而法院则进一步扩张了法院审查的范围，甚至进入到了地方核心政策领域。这种法院对地方事务在更广范围内以及更常态性的审查与涉入意味着司法权的地方性扩张。

地方法院接受新类型案件与尊让地方核心性政策之间的权衡产生了法院的"策略性服从"行为。在法院看似遵从的表面之下，隐藏着法院自利性的思考。上文提到的悖论——为何在行政诉讼举步维艰的同时，部分地方法院仍积极主动受理并审查具有改革性质的典型案件——恰可以用地方法院的"策略性服从"行为来解释。众多案件是以"新类型案件"的身份挤进人民法院大门的。H省P市法院在2006年受理了"男女平等案"，该案虽然在庭审后以缺乏法律依据为由驳回，法院却在受理后进行了大量的宣传。法院宣传部门主动访问了原告周香华，并将此案作为新类型案件上报给人民法院报；此案在开庭当日也成为我国法院网的头条新闻。[①] S省W法院在2002年受理了"蒋韬身高歧视案"，主审法官认为本案涉及就业歧视这个重大的日常生活问题，应该给予相对人正式的救济手段。囿于来自最高院及上级法院的否定性意见，在最后的判决中，该院特意以技术处理绕过了宪法性思辨。[②] 同样的，A省W法院在2003年受理了"乙肝诉讼案"。据当事人回忆，此案的受理最初是作为诉人事部门的新类型案件被法院受理的。[③]

积极受理新类型案件，但在处理时秉承灵活原则，这两者在地方行政诉讼发展中是相辅相成的。行政诉讼案件通常是相对人最后的武器，一旦原告的高期望值遭遇拒绝或漠视，法院将承担相对人的怒火与怨气，这将极大损害法院的合法性。为解决这个两难困境，地方在实际操作中展现出惊人的创造力。在这方面最成功的地方性创新是行政诉讼的协调机制。

---

① 作者访谈。
② 作者访谈。
③ 作者访谈。

2. 协调与案结事了：从地方创新到最高院政策

行政诉讼的协调机制是在行政诉讼法明令禁止的情况下，地方法院在"强行政"环境下的地方性突围，并最终获得了最高人民法院的认可与推广。出于各种考虑，现行《行政诉讼法》明文禁止行政诉讼的调解，但自20世纪90年代初以来，个别地方法院已大量适用协调机制来解决行政争议，最高人民法院在2003年前后正式背书了这一地方性创新，并在2008年以司法解释的方式确立了行政诉讼的协调机制。在最高人民法院同年发布的"绩效评估办法"中，2个协调相关的指标被纳入考核机制。在最高人民法院的"大调解"时期，部分法院的行政诉讼调撤率甚至达到了80%—90%。①

从地方创新到中央政策，协调机制的演进提出了几个有趣的问题：为什么在法律禁止的情况下，地方法院仍然积极协调行政案件？这一地方创新为何最终得到了最高人民法院的认可乃至强制推广？法院是否能从协调机制中获益，如是，获益机制又是什么？司法权威是否在这一过程中得到提升？本节对四省法院经验的考察显示，法院在行政案件中居中协调，实际上扩张了地方法院在条块双重压力之下的腾挪空间。但这种扩张是以协调的策略性使用为前提的。在最高人民法院司法政策从弹性到强制的转换中，过度强调甚至强制协调反而会进一步压缩地方法院的行动空间。

G省法院是我们考察的最早也最为坚持协调行政案件的。早在20世纪90年代初期，G省法院已经开始协调行政案件。省院法官认为，在G省，特别是在个别经济落后地区，行政机关的权威极大，有时，针对县政府的行政诉讼必须在法院向政府报告后才能开始走法律程序。甚至有些案件受理与否是

---

① 2003年10月，江必新在讲话中肯定了协调的必要性，"对于法律政策界限把握不准，可能产生较大负面效应的案件……要多做协调工作"。2012年，他在文章中指出："从目前的实践来看，行政案件数量越来越多，且越来越多的案件涉及民事权益的处分，确立调解结案应当是可行的。"中华人民共和国最高人民法院行政审判庭编：《行政执法与行政审判》（2003年第4集），法律出版社2004年版，第1—17页。参见江必新：《完善行政诉讼制度的宏观思考》，载中华人民共和国最高人民法院行政审判庭编：《行政执法与行政审判》（2012年第3集），中国法制出版社2012年版，第52—66页。值得注意的是，在最新的行政诉讼法修改草案中，行政诉讼的协调并未写入草案，这可能意味着法院系统对大调解机制的重新反思。

由当地政法委而非法院决定的。而另一方面，1993年南宁会议后，最高人民法院开始通过开展评优评先工作来鞭策全国法院的行政审判工作。在评选中，受案与决案的基本情况是重要指标。G省在历次排名中名次皆不理想，法院因此陷入了强地方行政权与上级法院要求的两难境地。行政案件的协调机制为陷入"条"、"块"冲突的G省法院提供了突围的可能。由于行政诉讼法的明令禁止，在此期间，G省高院策略性地保持沉默：既不上报最高人民法院，也不明令通报下级法院，只是在日常请示等实践中潜移默化地影响或者默许地方法院对行政案件的协调。

在2003年重庆工作会议前后，最高人民法院已在司法文件中认可了协调行政案件的必要性。最高人民法院先后发出指令，要求在特定案件中多做协调工作。值得强调的是，此时的协调限制在"法律政策界限不清，可能产生较大负面效应"或"群体性行政案件"的有限范围内。[①] 各省法院随之根据地方特色开展协调工作，并在此过程中产生了显著的地方性差异。在G省D县，几乎所有的行政案件都要协调；而Z市与L市法院出于不同的原因，对协调案件却不算热衷。[②] 总的说来，G省在行政诉讼协调机制上的先行一步展现了这样一种图景：法院必须依靠行政案件的协调来逐步打开行政诉讼的局面，从而在与地方政府维持良好关系的同时，为权利受到侵害的行政相对人提供某种程度的救济。在D县的一起城市规划案件中，行政相对人的房屋被强行拆除却只获赔4万元。经过行政庭的协调，原告最终获赔市值16万元的两套住房。主审法官评论说，协调在行政赔偿案件中特别有用。在协调机制下，法院可以为相对人争取更多的赔偿金额并保障赔偿的到位速度。[③]

在H省，情况则不同。H省是行政诉讼大省之一，每年行政诉讼受案数量在全国法院名列前茅。来自H省高院的法官在总结本省的行政案件协调工

[①] 参见江必新：《依法保护当事人诉权努力解决行政诉讼告状难的问题——在全国部分法院行政审判工作座谈会上的讲话》，载中华人民共和国最高人民法院行政审判庭编：《行政执法与行政审判》（2009年第3集），人民法院出版社2010年版。
[②] 作者访谈。
[③] 作者访谈。

作时认为，他们的协调工作主要针对的是错误理解行政行为或者有强上访倾向的行政相对人。因为如果法院发现行政行为违法，可以直接撤销其行政行为，这类案件是无需协调的。① 换言之，在 H 省，协调在行政诉讼发展方面只发挥了辅助性功能。但在省内行政诉讼工作排名靠后的 L 地区，法官们同样注重协调。他们强调，在行政诉讼中最为重要的工作是解决问题。为案结事了，他们需要竭力协调。② 在 S 省与 A 省，协调同样是经常性的。在 S 省，即使法院决定要维持行政行为，法官仍然会尝试协调从而为原告争取更有利的结果。③ 在 A 省 W 市，受访法官特别强调，他们对多数案件都会协调，因为这有助于推进行政法治，建构良好的司法环境，而良好的司法环境对有深远意义的典型案件的审理和判决是有直接推动作用的。④

协调机制为何能够从地方实践走向全国政策？法院在协调过程中的损益如何？法院系统内部的解释通常强调协调可以"案结事了"。在 G 省 W 地区，为协调一件因规划公墓而引发的征地补偿案件，法院同时邀请了来自省院与地方民政部门的负责人到村民静坐现场，感受这一事件给地方稳定带来的威胁。地方官员当场拍板决定，村民可以优先获得在公墓周边经营的许可。基于对将来可能的商业收益的预期，村民最终满意地撤诉了。一场萌芽中的群体性事件得以消弭。⑤ 这一征地补偿案件能够得以案结事了，是因为地方法院成功利用了"条块领导"之间可能的冲突：对上级法院，地方法院强调协调带来的案结事了的效应，由此满足上级在受案率、结案率等硬指标上的要求；而对地方政府，法院则强调协调对地方稳定的促进。协调是法院主导的说服对方让步的平台，而作为协商平台的建构与主持者，地方法院增强了与双方当事人特别是地方政府协商并交易的能力。换言之，与我们在前一节讨论的"接受新类型案件"与"核心尊让"策略相类似，地方法院在协调过程中所

---

① 作者访谈。
② 作者访谈。
③ 作者访谈。
④ 作者访谈。在访谈中，受访法官将乙肝案件描述为一生中难得的（推动政策）机会，而良好的司法环境使得地方法官有机会把握机会。
⑤ 作者访谈。

获得的，是更深层次的对地方事务的参与，以及更为平等的与地方政府讨价还价的能力。在多个访谈中，受访法官均表示，通过协调并加深与行政机关的互动，他们获得了来自政府部门更大程度的尊重。在某些情况下，协调机制甚至成为地方法院不肯放弃的阵地。在 2012 年宁波法院针对非诉执行的一份调查报告中，宁波法院表达了对最高人民法院主推的"裁执分离"模式的反对，其理由之一正是这将导致"原有的法院主导协调机制的丧失"。①

需要指出的是，法院作为一个行为主体从协调行政诉讼案件中获益有一个基本前提，即协调是一种选择，而非强制。在协调中，地方法院或调或判的选择的不确定性，增加了他们在协调中说服行政机关的筹码，从而赋予其更大的主动权。地方法院受益于上级法院与地方政府之间的信息不对称并由此获得了空间。调与判之间的不确定性一旦消失，地方法院也就丧失了在协调中的有力筹码，而这正是 2008 年以来大调解机制转向后的情景：行政机关败诉率下滑而上诉率与申诉率高企，"因被告改变行政行为后撤诉"的比率从高峰期的 50% 强下降到不足 10%。② 2011 年最高人民法院作出了行政审判"形势逼人"的判断，并发起了上诉、申诉专项治理活动，一再发文要求地方法院正确理解"解决行政争议新机制"等提法的意涵。③ 地方法院在"条"、"块"之间操作空间的减缩，直接导致了法院策略性行为的削弱，乃至行政诉讼发展的停滞甚至后退。

---

① 谭星光：《房屋腾空非诉执行中权利保护的实际过程及其对执行方式的影响——宁波地区房屋征收非诉执行模式向〈规定〉靠拢时的思考兼论行政非诉司法审查的要点》，载中华人民共和国最高人民法院行政审判庭编：《行政执法与行政审判》（2012 年第 3 集），中国法制出版社 2012 年版，第 117 页。
② 赵大光在 2011 年先后用 9∶1 和 13∶1 来描述这一比例。参见赵大光：《在中国法学会审判理论研究会行政审判理论专业委员会 2010 年会暨"社会管理创新与行政审判"主题论坛上的总结讲话》，载中华人民共和国最高人民法院行政审判庭编：《行政执法与行政审判》（2011 年第 1 集），中国法制出版社 2011 年版，第 II 页。赵大光：《在行政审判案例指导调研工作会上的讲话》，载《行政执法与行政审判》，载中华人民共和国最高人民法院行政审判庭编：《行政执法与行政审判》（2011 年第 2 集），中国法制出版社 2011 年版，第 II 页。
③ 参见江必新：《拓宽行政审判职能 推进社会管理创新——行政审判在社会管理创新中的角色思考》，载中华人民共和国最高人民法院行政审判庭编：《行政执法与行政审判》（2011 年第 2 集），中国法制出版社 2011 年版，第 I 页。

3. 判决方式多样化

在之前的两节中，我们讨论的是地方法院在"一判了之"之前的策略性选择。《行政诉讼法》实施20余年，还有一个有趣的现象，就是判决方式的多样化。① 行政诉讼法规定了维持、撤销等四种判决方式，而2000年《若干解释》以及2011年的《最高人民法院关于审理政府信息公开行政案件若干问题的规定》（以下简称《信息公开规定》）中增加了驳回诉讼请求、确认判决、禁令判决等方式。② 这种多样化既源于最高人民法院在司法解释中的突破，也来自地方法院的实践需求，但更多的是来自最高人民法院对地方法院实践的事后追认。③ 本节要讨论的基本问题是，为什么地方法院在推行行政诉讼工作的过程中需要更为多样化的判决方式？④ 判决方式的多样化对地方法院的权威有怎样的影响？

应该明确的是，判决方式多样化的直接后果是增加了判决方式之间的相互替代性，这既体现在肯定性判决中，也体现在否定性判决中。首先，在现行框架中，存在三种肯定性判决方式：维持、驳回诉讼请求和确认合法或有效。⑤ 这种替代性特别体现在维持判决与驳回诉讼请求判决之间，2011年出台的《信息公开规定》直接规定了以驳回诉讼请求全面替代维持判决的诉讼

---

① 值得注意的是，行政诉讼判决方式的多样化是与整个法院系统益发倾向于以非判决方式结案同时发生的，且后者的影响远大于前者。这也是判决方式多样化的现象未得到系统性讨论的原因。
② 《行政诉讼法》第54条；《若干解释》第56—58条。参见李广宇：《政府信息公开司法解释对判决方式的创新》，载中华人民共和国最高人民法院行政审判庭编：《行政执法与行政审判》（2011年第6集），中国法制出版社2011年版，第51—57页。
③ 参见梁凤云：《关于〈行政诉讼法〉修改中完善判决方式的若干建议》，载《法律适用》，2005年第8期，第10—13页；吉罗洪：《新司法解释答疑（七）关于判决方式的几个问题》，载《行政法学研究》，2001年第4期，第1—5页；何海波：《行政诉讼法》，法律出版社2011年版，第408页。
④ 判决方式多样化的趋势，似乎是行政诉讼相较于民事诉讼与刑事诉讼所特有的现象。实际上，绝大多数讨论判决方式的文章的主题都是行政诉讼案件。何海波认为之所以判决方式多样化，是因为我国的行政法本身不够完善。这与学界主流的判断基本一致。在诸多建议完善行政审判决方式的论述中，学者们将满足审判实践需要列为增加判决方式的首要原因，特别是驳回诉讼请求判决，与确认违法判决。本节的探讨则更关注判决方式多样化的直接后果，以及基于《若干解释》第58条的情况判决。
⑤ 因为行政赔偿属于特殊的行政诉讼案件，本文对判决方式的讨论基本排除了关于"赔偿"和"不予赔偿"的讨论。

路线图,在一定程度预示了行政诉讼法修改的方向。① 从全国数据的情况来看,在维持判决的比率逐年递减的同时,驳回诉讼请求判决始终维持在8%上下。其次,在现有的否定性判决方式之间存在着多种替代关系,主要是在撤销判决与其他判决方式之间,如撤销并重做与变更判决之间、撤销判决与确认无效以及确认违法判决之间。② 目前学界的实证研究对确认违法判决的应用做了诸多批判。他们指出,在"城市规划许可"、"城市房屋拆迁"等复杂领域中,确认违法判决得到了大量运用。但由于法院通常并不明确具体的补救措施,这一判决方式实际上成为地方政府强拆行为的"定心丸"。③

如果诸多判决方式之间存在着相互替代性,那么为什么法院、特别是地方法院需要多样化但可替代的判决方式?我国学者黄启辉在近期的研究中指出,地方法院偏向在非对抗性行政争议中适用撤销判决。④ 以相似的逻辑,我们可以引申出这样一种假设,即法院倾向于在对抗性强的行政诉讼中适用"策略性"的判决方式。我们可以把部分撤销判决和基于情况判决的确认违法

---

① 参见江必新:《完善行政诉讼制度的宏观思考》,载中华人民共和国最高人民法院行政审判庭编:《行政执法与行政审判》(2012年第3集),中国法制出版社2012年版,第52页。在文章中,江断言"取消行政诉讼法关于'维持'行政机关行使职权的时机已经成熟"。参见李广宇:《政府信息公开司法解释对判决方式的创新》,载中华人民共和国最高人民法院行政审判庭编:《行政执法与行政审判》(2011年第6集),中国法制出版社2011年版,第51—57页。

② 但这些判决方式之间的替代性多数来源于法学者们的理论建构。例如变更与撤销并指明重做内容之间,以及以类似的逻辑,变更判决与明确履行内容的判决之间的替代性,在实践中长期存在着对重做判决与履行判决能否包涵特定内容的争议。参见孔繁华:《行政变更判决研究——以比较法为视角》,载《当代法学》,2006年第5期,第151—58页。杨伟东:《履行判决变更判决分析》,载《政法论坛》,2001年第3期,第91—97页。李广宇:《政府信息公开司法解释对判决方式的创新》,载中华人民共和国最高人民法院行政审判庭编:《行政执法与行政审判》(2011年第6集),中国法制出版社2011年版,第51—57页。此外,确认无效与撤销判决之间的理论区别也并未在实践中得到体现。法院一般并不区分重大违法(自始无效)与一般违法,更多的将无效看做是行政违法的一般后果。而且,由于确认判决的不确定性,行政相对人一般选择撤销之诉。参见何海波:《行政诉讼法》,法律出版社2011年版,第426—428页。李静、刘全来:《论部分撤销行政判决》,载《山东社会科学》,2012年第10期,第103—107页。

③ 金成波:《中国情境下的情况判决——经由案例的钩沉》,载《行政法学研究》,2011年第1期,第82—89页;郑春燕:《论"基于公益考量"的确认违法判决——以行政拆迁为例》,载《法商研究》,2010年第4期,第63—69页。一个有趣的现象是,在大调解时期,最高人民法院在两个类似案件中的处理似乎隐喻了协调对情况判决的替代关系。2010年在处理青岛燃气争议案件时,最高人民法院没有适用2004年周口燃气案中"确认违法"的判决方式,而是主张"法院无论判决确认被诉行为违法,还是驳回原告诉讼请求,同样不能最终解决李沧区十多万居民的供热问题",因次,最高人民法院主张以协调促进当事人达成了和解协议,使该案得以圆满解决。在法院系统反思大调解政策的现在,这一趋势是否持续,尚有待观察。参见蔡小雪、丁德申:《行政诉讼协调中的利益衡量原则之适用》,载《行政执法与行政审判》,2010年第2期,第68—78页。

④ 黄启辉:《行政诉讼一审审判状况研究》,载《清华法学》,2013年第4期,第73—85页。

判决看做是策略性的否定性判决,因为这两种判决都在一定程度上作出了妥协性、而非全输全赢式的直接否定性判决。特别是在确认违法判决中,行政相对人表面上胜诉,赢得了"面子";而败诉的行政机关却获得了"里子",即真正的实惠。从这个意义上讲,判决方式的增加特别是策略性判决方式的增加,为地方法院打开了更为宽广的操作空间。

H省2002—2005年拆迁类一审行政案件的处理结果为我们提供了一个有趣的案例。(参见图1)在这种典型的"对抗性"争议中,我们可以观测到2002—2003年与2004—2005年H省法院否定性判决的明显翻转趋势,在否定性判决总比例明显高于全国同期的前提下,直接否定判决与策略性否定判决之间有一个明显翻转:直接否定性判决从2002年的11.64%降低到2005年的9.78%(高峰是2003年的18.17%),而策略性否定判决则从2002年的4.75%上升到2008年的18.48%(高峰是2004年的26.92%)。这一点在我们的访谈中也得到了确认。来自H省的法官表示,确认违法是对棘手案件的常见选择。[①]

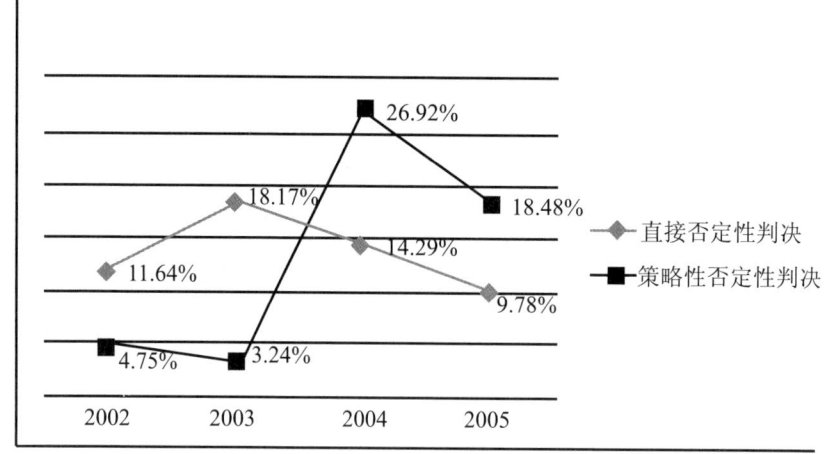

图1　H省法院拆迁类行政一审案件否定性判决分布情况(2002—2005)

注:直接否定性判决包括:全部撤销、变更、履行法定职责;策略性否定判决包括:部分撤销,确认违法或无效。
资料来源:H省访谈。

---

① 作者访谈。

与立案与协调相类似，判决方式多样化背后的逻辑始终是我国法院在条块双重压力下寻求出路的需要。一方面，虽然行政机关败诉率从未明确列入衡量法院行政审判水平或绩效的标准中，但始终或明或暗地体现在最高人民法院司法政策与学界的考查中。另一方面，人财物受制的地方法院也处在地方政府的压力之下。多样化的判决方式，特别是策略性判决方式的增补，为地方法院两面逢源提供了可能。然而在地方法院通过给予相对人部分胜利，在"面子"与"里子"的权衡中获得更好的制度性发展之余，相对人的实际权益仍未得到完全的保护。

　　本节探讨了地方法院在推动行政审判工作中的策略性行为：接受新类型案件，核心性尊让，协调与案结事了，判决方式多样化等。[①] 此外，对众多地方法院而言，忽略程序性审查也是常见的做法。一位来自 G 省 W 法院的法官评论说，如果已经有了足够多的证据撤销行政机关的决定，那就不必再在判决中提到可能存在的程序问题，这是出于为行政机关留面子的考虑。必要时，他们会在事后发出司法建议纠正行政机关的程序问题。[②] 但在实践中，对行政机关的严重程序瑕疵，法院仍可能采取宽松态度，"程序违法"与"程序瑕疵"之间的模糊边界同样在一定程度上反映了地方法院行为的策略性。[③] 其他常见的法院策略性行为还可能包括宽松审查非诉执行案件以及在宣传地方行政审判工作中着重强调地方政府对法院工作的支持等宣传策略。总体而言，地方法院通过策略性操作，在特定环境限制下，因势利导，利用最高人民法院提供的杠杆性工具，巧妙撬动地方强势的行政机关，逐步扩大司法审查范围，在与行政机关的合作式关系中换取在决案中更高的自主权，在推动行政诉讼的地方性发展的同时，扩张了法院系统在地方政治中的权威。

[①] 关于非诉执行，参见汪庆华：《中国行政诉讼：多中心主义的司法》，载《中外法学》，2007 年第 5 期，第 513—533 页；关于宣传策略，参见作者访谈。另参见四川省高级人民法院行政审判庭：《四川省德阳市政府出台〈德阳市行政机关法定代表人行政诉讼出庭应诉试行办法〉》，载中华人民共和国最高人民法院行政审判庭编：《行政执法与行政审判》，2003 年第 7 期，第 257—258 页。
[②] 作者访谈。关于司法建议的策略性写作，可见 XinHe, "Judicial Innovation and Local Politics: Judicialization of Administrative Governance in East China", in *China Journal*, Vol. 69, Jan. 2013, pp. 20 - 42。
[③] 参见何海波：《行政诉讼法》，法律出版社 2011 年版，第 310—312 页。

囿于本文所依赖的片段性证据，本文并不能系统地回答地方法院对策略性行为的选择问题：在何种情况下，地方法院会选择怎样的策略性行为？在一定程度上，地方法院的行为可按照法院能动性的强弱构成一个连续体。更为主动而强势的法院主张以为争位，对行政诉讼与非诉执行案件进行严格审查；而更为弱势消极的法院则强调对行政机关的维护与支持。但绝大多数法院的行为选择将落在这个连续体的中间，他们倾向于以一种或者多种策略性行为逐步打开行政审判工作的局面，不同法院对不同行为的选择在连续体上形成一种参差错落的形态。我们也可以从这个角度审视本文所探讨的四省案例。地区性特征将诱发不同法院策略性行为的选择模式：在相对严峻的司法环境中，G省法院更为推崇协调机制；在地方法律共同体较发达、或司法环境较好的时段与地区，S省与A省的法院都更为偏向接收新类型案件，从而扩张司法审查的边界。H省法院则灵活运用一系列的策略性行为以巩固并发展其本已"名列前茅"的行政审判工作。

四、策略性行为何以产生：条块缝隙间的不确定性

在之前的各节中，我们探讨了在行政诉讼发展过程中，法院系统特别是地方法院的策略性行为对行政审判的推进。一个有待回答的问题是，地方法院的策略性行为何以产生，又在什么情况下成功？本节将在两个层面上探讨这个问题：其一，在我国特有的双重领导体制下，地方法院的"条条领导"（上级法院）与"块块领导"（地方政府）之间可能存在制度缝隙。这种制度缝隙是地方法院策略性行为的前提；其二，地方法院相对于其条块领导而言享有一定的信息优势，而上文探讨的诸多策略性行为事实上增加了审判过程中的不确定性，这进一步强化了地方法院的信息优势。这两个条件使得在条块两个方向上存在的委托—代理关系进一步复杂化，而地方法院从中获益。

我们首先探讨"块块关系"中的地方法院。这里他们应对的主要是与地方政府的关系。在双重领导体制下，法院的人财物实际上掌握在地方政府手中。在人事制度方面，各级法院院长主要受到上级党委指派，而其中地方党

委的意见举足轻重,最高人民法院历年来数次试图改革地方法官的晋升体制但收效甚微。① 在司法经费体制方面,最高人民法院虽然进行了收支两条线的改革并逐步加大了中央转移支付的力度,但在实际运作中仍然呈现出"以收定支"、"以收抵支"的模式,法院经费受到地方财政部门的极大牵制。② 此外,各级法院也有赖于地方政府的物质支持,如两庭建设用地等。地方法院对地方政府人财物的依赖被认为是司法地方化的渊源,催生了大量地方保护主义现象。

行政诉讼的"对峙"属性使传统上依赖地方政府的法院地位更加尴尬,这也是行政诉讼近 30 年来举步维艰的原因。这种对峙不仅是公民个人与行政机关的对峙,更是司法权对行政权更深更广的审查。③ 也因此,在行政诉讼法立法前后都伴随着来自行政机关的反击以及规范层面上法院的一再妥协。④ 时至今日,行政机关首长应诉仍然可以成为新闻。⑤

但近年来,来自中央与国务院系统的两重因素为行政诉讼的开展提供了更强的支持。一方面,行政诉讼法的颁行本身被认为是中央控制地方恣行的

---

① 参见季卫东:《最高人民法院的角色及其演化》,载许章润主编:《清华法学》(第 7 辑),清华大学出版社 2006 年版,第 4—20 页。参见刘忠:《条条与块块关系下的法院院长产生》,载《环球法律评论》,2012 年第 1 期,第 107—123 页。
② 财政部、最高人民法院在 1996 年联合发布的《人民法院诉讼费用暂行管理办法》等。参见陈永生:《司法经费与司法公正》,载《中外法学》,2009 年第 3 期,第 390—410 页。湖北省高级人民法院课题组:《改革与完善人民法院经费保障体制的调研报告》,载《人民司法(应用)》,2009 年第 9 期,第 65 页。
③ 参见陈端洪:《对峙——从行政诉讼看中国的宪政出路》,载《中外法学》,1995 年第 4 期,第 1—9 页。王振宇:《"超越职权"之司法审查标准的运用与发展》,载中华人民共和国最高人民法院行政审判庭编:《行政执法与行政审判》(2010 年第 3 集),中国法制出版社 2010 年版,第 42—52 页。王振宇指出,"对事项管辖权的司法审查并不仅仅是明确裁判基准,其具有把行政权力在行政系统内部再分配的功能,这实际上已进入了行政自主范围的敏感腹地"。
④ 如顾昂然在行政诉讼法 20 周年座谈会上谈到,在 1990 年,曾有 2000 多乡村干部提出辞职;变更判决最终被限制在行政处罚显失公正的情况下,也是来自于立法过程中对公安等部门的妥协。实际上,变更判决始终遭受到来自公安、检察等部门的反对。参见顾昂然:《回顾制定情况加深对行政诉讼法重要意义的认识——在纪念行政诉讼法颁行二十周年座谈会上的发言》,载中华人民共和国最高人民法院行政审判庭编:《行政执法与行政审判》(2009 年第 2 集),第 12—16 页;参见杨伟东:《履行判决变更判决分析》,载《政法论坛》,2001 年第 3 期,第 91—97 页;庞友学:《浅析人民法院以显失公正判决变更的三件公安行政诉讼案件》,在《行政法学研究》,1993 年第 3 期,第 79—81 页;王祺国、陈旭昶:《全国首例行政变更判决抗诉案纪实》,载《政府法制》,1994 年第 5 期,第 28—30 页。
⑤ 在 2011 年,江苏省海安县人民法院专门召开工作现场会,推广行政机关负责人出庭应诉机制。参见江苏省海安县人民法院:《大胆探索勇于实践全面推进行政机关负责人出庭出声收效果》,载中华人民共和国最高人民法院行政审判庭编:《行政执法与行政审判》(2011 年第 3 集),中国法制出版社 2011 年版,第 128—131 页。

手段之一。地方政府是我国改革的排头兵，有中国特色的市场维护联邦主义对我国经济发展起了极大的促进作用。① 但同时随着经济发展，地方政府偏好逐渐偏离中央偏好，地方恣行与腐败丛生。在分税制改革之后，地方政府对预算外资金的渴求以及土地财政所衍生出大量问题，都意味着随着改革的深化，中央所面临的委托代理问题进一步复杂化，中央需要更为有效地控制地方政府。② 行政诉讼的重要性愈发凸显。③ 另一方面，行政系统内部横向与纵向的控制也为行政诉讼的发展提供了可能性。国务院在 2000 年发出了"依法行政"的号召，并在此后始终强调这一基本原则。④ 就地方政治而言，地方领导同样需要有效控制地方职能部门。在各地，行政诉讼败诉率都计入了职能部门考核指标内，这加强了地方法院在行政诉讼中的战略优势。⑤

其次，"条条关系"中的地方法院应对的主要是上下级法院关系问题。在一般的司法体系中，法院等级以及上诉审的存在是为由法院主导的"争议解决的三方结构"提供进一步的合法性与稳定性，为审判活动中的败诉方提供一个情感宣泄的出口以及相应的社会保护。⑥ 在我国特定的司法制度内，法院间关系则更为复杂。一方面，地方政府主导法院人财物的基本体制，导致同级政府而非上级法院可能对法院行为产生巨大影响；另一方面，上级法院以规范以及行政手段对下级法院进行领导、监督与规训。我国司法体系中特有

---

① 参见杨瑞龙：《我国制度变迁方式转换的三阶段论——兼论地方政府的制度创新行为》，载《经济研究》，1998 年第 1 期，第 3 页。Gabriella Montinola, Yingyi Qian & Barry R. Weingast, "Federalism, Chinese Style: The Political Basis for Economic Success in China", in *World Politics*, Vol. 48, No. 1, 1995, pp. 50 - 81.
② 参见贺欣：《作为政治控制机制之一的行政法——当代中国行政法的政治学解读》，见汪庆华、应星编：《中国基层行政争议解决机制的经验研究》，上海三联书店 2010 年版，第 81—103 页。刘佳、吴建南、马亮：《地方政府官员晋升与土地财政——基于中国地市级面板数据的实证分析》，载《公共管理学报》，2012 年第 2 期，第 11—23 页；刘剑雄：《中国的政治锦标赛竞争研究》，载《公共管理学报》，2008 年第 3 期，第 24—29 页。
③ 行政诉讼规训地方政府的功能同样适用于比较案例。参见 Tamir Moustafa, "Law and Resistance in Authoritarian States: The Judicialization of Politics in Egypt", in Tom Ginsberg & Tamir Moustafa, *Rule by Law: The Politics of Courts in Authoritarian Regimes*, New York: Cambridge University Press, 2008, pp. 132 - 155; Tom Ginsburg, "Administrative Law and the Judicial Control of Agents in Authoritarian Regimes", in Tom Ginsberg & Tamir Moustafa, *Rule by Law: The Politics of Courts in Authoritarian Regimes*, New York: Cambridge University Press, 2008.
④ 参见贺欣：《作为政治控制机制之一的行政法——当代中国行政法的政治学解读》，见汪庆华、应星编：《中国基层行政争议解决机制的经验研究》，上海三联书店 2010 年版，第 81—103 页。
⑤ 作者访谈。
⑥ 参见 Shapiro, Martin, *Courts: A Comparative and Political Analysis*, Chicago, The University of Chicago Press, 1981.

的请示制度、错案追究制度,以及近期推行的绩效考核制度等都进一步加强了上级法院对下级法院的影响。① 来自法院内部的观点认为,近年来"上下级法院关系日益行政化"②。在某种程度上,司法行政化是为了反击司法地方化。具体到行政诉讼方面,最高人民法院与地方法院频繁互动,在出台司法解释、批复、指导性案件之余,最高人民法院还通过频繁的会议与文件的发布指导地方法院的行政审判工作,2008年以来的绩效考核体制更进一步加强了法院内部的行政化。

与"块块关系"中的地方法院类同的是,在应对上级法院的指导与规训之余,地方法院同样有丰富的策略性操作空间,这种空间主要来自于地方法院的信息优势。在一般的法院系统内部,上诉审通常是上下级法院信息流动的核心机制。在我国语境下,存在着请示制度、统计或报告制度、评优制度、绩效考核制度等多样的信息传递渠道。但在实践中,虽然存在多种传递机制,信息传递的主导权还是掌握在下级法院手中,下级法院可以在保持数据一贯的前提下有选择的报告(或不报告)相关信息。前文所提到的G省法院在初期试行协调机制时,就有意对上保持了沉默。在访谈中,S省的法官提到他们有时是通过读报纸才得知下级法院的不当行为。③

我们可以用一个表格来描述地方法院可能面临的"条块关系"中的制度形态。表1以地方政府或上级法院遵循或偏离既定原则为轴(其中行政系统应对的基本原则是依法行政,而法院系统应对的基本原则是依法审判),将地方法院可能面临的条块制度环境划分为四种情景。情景Ⅰ与Ⅳ显示了地方政府与上级法院同时遵循或偏离基本原则的情况,在这种情况下,地方法院操作空间减弱,将遵循条块领导的一致指示,依法审判或者服从领导需要。而情景Ⅱ与Ⅲ则显示了地方政府与上级法院的不同向行为,一方遵循基本原

---

① 无论是在实务界或者学界,历年来对错案追究制度与请示制度都进行了深刻的反思,最高人民法院也对具体操作做了种种限制,但时至今日,这仍是上下级法院之间强化联系的主要手段之一,甚至为2008年以来的绩效考评体系进一步加强。
② 参见李传松:《法院审判活动行政化之克服》,载《法学》,2010年第8期,第118页。
③ 作者访谈。

则，而另一方偏离基本原则。正是在这两种情况下，我们可以观测到地方法院的策略性行为。换言之，在地方法院的"条"、"块"领导行为不同向时，条块之间的制度缝隙开启，而地方法院有策略性行为空间。在现实中，在不同的时间点或者不同的政策领域，情景Ⅱ与Ⅲ都可能出现。地方政府可能倾向于在地方核心政策中（如涉及地方经济发展或土地财政的事宜）要求地方法院服从；而上级法院也可能在特殊时期，如前文提到的非典防治、抗震救灾等情况下，要求下级法院服从地方需要。

表1　条块之间的制度缝隙

		地方政府与依法行政	
		遵循	偏离
上级法院与依法审判	遵循	情景Ⅰ（法院依法审判）	情景Ⅱ（策略性行为）
	偏离	情景Ⅲ（策略性行为）	情景Ⅳ（法院服从领导需要）

地方法院在制度缝隙中能够策略性行为的前提是，它是同时获取条块信息的唯一主体，换言之，地方法院有相对于其"条块领导"的信息优势。虽然我们普遍认为地方党政通过政法委领导包括法院在内的地方政法机关，但法院内部的各种公文与指令的最完全信息获得者仍然是地方法院。[①] 而在"条条关系"中，地方法院一方面掌握了向上级汇报信息的主动权，另一方面又掌握了地方具体情况，例如在城市规划案件中对涉案工程的公益性的判断等。

在本文前一节所描述的地方法院在行政审判的立案、协调与判决等各个阶段的策略性行为中，地方法院充分利用了它相对于条块领导的信息优势。在立案阶段，地方法院以上级法院对受案的强调为由说服地方政府认可法院

---

① 我国学者侯猛认为，地方政法委可能并不是特别活跃，特别是在地方政法委书记不入常的情况下。参见侯猛：《司法改革背景下的政治治理方式——基层政法委员会制度个案研究》，载《华东政法学院学报》，2003年第5期，第99—106页。

审理,同时保持对地方核心政策的服从;在协调阶段,上级法院的依法审判要求与上级政府维稳的大方向都成为地方法院说服诉讼双方和解的手段;而在案件审理与判决、乃至执行过程中,地方法院也充分利用了最高人民法院"创造"的判决方式,以"局部性胜利"的方式处理矛盾冲突尖锐的问题。特别值得指出的是,地方法院自创的诸多策略性行为,如在最高人民法院认可之前的协调,在争议性强的案件中适用情况判决等,实际上都有赖于或者增加了审判过程中的不确定性。不确定性的增加进一步强化了地方法院的信息优势。

如上所述,个别地方法院通过灵活运用一系列"策略性服从"手段,实际上促成了行政诉讼受案范围的地方性扩张,从而使得地方法院在更广层次上涉入地方性事务。而地方法院在处理案件中的体现出的灵活性(或调或判、采用灵活的判决方式),则增强了地方法院与地方政府讨价还价的能力。在发展地方行政审判工作的同时,地方法院作为一个自利的行为者,其权力得到明显扩张,具体表现在管辖权的扩张(受案范围),裁量权的扩张(调还是判,怎么判)以及来自双方当事人的遵从。

五、代结论:我国行政诉讼与司法权

本文强调了一种由地方法院策略性地利用最高人民法院提供的杠杆性工具或制度空间以推动行政诉讼工作的模式;在这种模式中,地方性操作与理解是主导力量。在行政诉讼发展中体现的这种"上下联动"的策略性行为,提出了一系列关于我国司法制度与司法权的问题:如何理解这一过程中最高人民法院与地方法院的角色及其互动?困在"条块"关系之间的地方法院究竟为谁虏获——地方政府还是上级法院?在我国行政诉讼发展的过程中,司法权的演进路径如何,又如何解释?

首先,本文分别考察了最高人民法院以及地方法院在发展行政诉讼方面的角色与行为,并强调了地方法院在最高院开拓的局面下的自行突围。在这一过程中,最先显现的是最高院对地方法院创新的肯定与推广,这一模式与我国改革的总体思路一致。① 在本文探讨的策略性行为中，协调与确认违法判决都是得到最高院背书的地方创新。此外，在上下级法院的互动中，最高人民法院固然执推动行政诉讼发展之牛耳，然而最高院政策一旦出台，最终的落实与选择权仍然在于地方法院。地方法院对上级政策的理解与选择性适用，孕育了行政诉讼发展的各种面向，在总体上推动了行政诉讼在不同情境下的生长。纵观这一过程，最高院与地方法院各有进退，呈现出一种犬牙交错的形态：在从柔性提级管辖到刚性提级管辖的改革中，最高人民法院显然更为激进；而在发展协调机制、宪法诉讼等方面，地方法院则前赴后继，持续突破。由此孕育出的行政诉讼发展的地方性差异，以及地方法院五花八门的策略性行为，未尝不预示着法治可期的光明图景。

其次，在"条块关系"中，究竟谁能虏获地方法院？学界的普遍看法是，由于地方法院实际上掌握着法院的人财物，法院将服从地方政府的指令，这正是导致"地方保护主义"的根源所在。在本文所描述的制度发展进程中，来自法院系统内部（"条条"）的规训与创新，既增加了地方法院应对地方政府（"块块"）的筹码，也扩展了地方法院在"条块"之间的空间。其中，来自最高院与上级法院的强行政性的紧急指令与政策精神，如对诉权保护的强调，对申诉上诉的专项治理，针对法院参与强拆的禁令等，都增加了法院对行政机关讨价还价的余地。② 司法行政化一贯为学界所诟病，然则对深陷于"条块关系"中的地方法院而言，上级指令与精神也能在一定程度上为其减压。

此外，法院的策略性行为，一方面增加了他们在案件处理中的空间，即可以先受理后驳回，以确认违法的方式制造"局部性胜利"等；另一方面也增强了行政机关在行政诉讼中所面临的不确定性：是调是判，是直接败诉还

---

① 从中央与地方的实验创新互动来考察中国改革的路径是近年来中国研究的主流学派之一。参见 Sebastian Heilmann, "Policy Experimentation in China's Economic Rise", in *Studies in Comparative International Development*, Vol. 1, 2008, pp. 1 - 26; Sebastian Heilmann, "Maximum Tinkering under Uncertainty: Unorthodox Lessons from China", in *Modern China*, Vol. 4, 2009, pp. 450 - 462; Sebastian Heilmann & Elizabeth J. Perry, *Mao's Invisible Hand: The Political Foundations of Adaptive Governance in China*, Cambridge, Harvard University Press, 2011.

② 当然，这种余地也可能来自上级行政机关，如国务院主推的"依法行政"等。这主要是由于上下级行政机关之间的委托—代理关系，参见贺欣：《作为政治控制机制之一的行政法——当代中国行政法的政治学解读》，见汪庆华、应星编：《中国基层行政争议解决机制的经验研究》，上海三联书店2010年版，第81—103页。

是确认违法? 这种不确定性的直接操作者是地方法院,受益者同样是地方法院。在条与块的间隙策略性操作的地方法院,可能才是最终的受益者。

最后,行政诉讼的发展在多大程度上影响了我国司法权? 20 世纪是司法权在全球范围内扩张的世纪。① 然而缺乏活跃的宪法审查机制的我国是否能被纳入这一潮流? 近一两年有数的几篇探讨我国司法扩张的文献无一例外的聚焦于最高人民法院。② 而本文所观测到的却是在我国语境下(特别是在"条块关系"中) 司法权依托行政诉讼机制的地方性突进。本文强调的是司法权扩张的地方性与策略性。在这一过程中,地方法院逐渐成为地方政策制定的常态参与者。③ 在个别领域,地方法院攫取了最高人民法院通过自我克制留出的空间,并利用条块间的制度性间隙在地方上扩张其权力。

司法权的地方性扩张也同时受益于行政权的刻意容让。近年来,有些地方政府及其职能部门刻意将部分争议推到法院,以回避尖锐的社会矛盾或利用法院作为国家强力机关的权威完成任务。例如。在非诉执行中,有行政强制权的机关有时也愿意申请法院执行,以"多快好省"地征收罚款。在各地的外嫁女争议中,地方政府也偏爱由法院来处置这些头痛问题。④ 在这方面最明显的案例仍然是近年来围绕征地拆迁与补偿问题的博弈,以及地方法院在此问题上的不同回应。司法权自愿而策略性的扩张与行政权的刻意容让构成了地方性司法权扩张的制度空间,贯穿其中的则是各机关的自利性思考。

此外,在这场源自司法能动与行政退让的司法权扩张过程中,同样也伴

---

① 参见 C. Tate, Neal & Torbjorn Vallinder, "The Global Expansion of Judicial Power: The Judicialization of Politics", in C. Neal Tate & Torbjorn Vallinder, *The Global Expansion of Judicial Power*, New York: New York Univeristy Press, 1995; Tamir Moustafa, "Law and Resistance in Authoritarian States: The Judicialization of Politics in Egypt", in Tom Ginsberg & Tamir Moustafa, *Rule by Law: The Politics of Courts in Authoritarian Regimes*, New York: Cambridge University Press, 2008, pp. 132 - 155。
② See Taisu Zhang, "The Pragmatic Court: Reinterpreting the Supreme People's Court of China", in *Columbia Journal of Asian Law*, Vol. 25, No. 1, 2012, pp. 1 - 61; Shumei Hou & Ronald Keith, "China's Supreme People's Court within the Political-Legal System", Bjorn Dresse, *The Judicialization of Politics in Asia*, New York: Routledge, 2012, p. 163.
③ 本文谈及的政策制定当时是广义理解上的,包含了法官造法过程。
④ See Xin He, "Why Did They Not Take on the Disputes? Law, Power and Politics in the Decision-making of Chinese Courts", in *International Journal of Law in Context*, Vol. 3, 2007, pp. 203 - 225.

随着来自法院的基本妥协，包括在事关大局的政策性问题上对行政相对人合法权益的妥协。如本文所描述的，司法权的自我限制是为了策略性地换取长远发展，但对基本权利的妥协以及由此造成的社会不公仍使我们质疑司法扩张与法治建设之间看似必然的联系。总的说来，在行政诉讼发展进程中，虽然我国法院的行为日益策略化，并由此增长了法院在地方层面上与其他机关讨价还价的能力，我国法院仍然远非真正独立情境下的机构。我国法院仍需在后续实践中审慎选择前进道路来确保司法权的持续增长以及法治社会的建设。

（本文原刊于《清华法学》，2014年第4期）

比较政治与国别研究

- 两种民主的概念和第三波民主化的稳固
- 公民社会与西班牙民主化
- 作为可传授知识的拉丁美洲研究：比较观察
- 美国、欧盟、中国与拉美双边经贸关系的比较研究

两种民主的概念和第三波民主化的稳固

刘 瑜

一、研究问题与背景

第三波民主化在民主稳固方面所遭遇的困境有目共睹。埃及和泰国民主的崩溃、乌克兰民主在应对政治危机方面的无力、委内瑞拉和匈牙利民主的倒退、肯尼亚和科特迪瓦选举后的骚乱……都是民主稳固难以实现的最近事例。《经济学人》2014年3月的一篇社论《民主出了什么问题》，典型地反映了这种"民主悲观主义"："赶跑一个独裁者比建立一个有生命力的民主政府要容易得多。新政权开始动摇，经济开始挣扎，整个国家发现自己至少和之前一样糟糕。这是阿拉伯之春中很多地方所发生的事情，也是十年前乌克兰橙色革命所发生的事情……民主正在经历一个艰难时世。在那些独裁者被赶跑的地方，反对派大多没能建立一个行之有效的民主政府。即使在那些民主得以建立的地方，系统的缺陷令人担忧地显现，对政治的幻灭也随处可见。但就在几年前，民主看上去似乎将统领世界。"[①]

---

① "What's Gone Wrong with Democracy", in *The Economist*, 2014.3.1.

什么是民主稳固？林茨（Linz）和斯蒂潘（Stepan）曾经就什么是"民主稳固"作出经典论述。他们指出，民主稳固的含义是：行为上，没有任何重要的政治力量企图通过颠覆民主或者退出国家来达成其目标；态度上，绝大多数社会舆论，即使是在重大的经济或政治危机时，也仍然相信民主制度是公共生活的必要方式；宪法上，政府或非政府力量习惯于用既定的、民主地产生的法律程序来解决冲突。一句话，当民主作为一种制度、规则、激励机制，已经成了"政治中唯一的游戏规则"，民主稳固才算实现。[1] 这个看似复杂的标准，简单来说，就是重要的政治力量都诉诸民主的游戏规则来表达偏好、制定政策、解决冲突。换言之，当重要的政治力量诉诸非民主的游戏规则——政变、革命、暴力、战争——来参政时，民主的稳固就没有实现。

根据"重要政治力量避免非民主手段"这一原则，民主稳固的最低标准，就是一个国家/地区民主得以存续以及没有大规模的暴力冲突。固然，民主稳固还可以有更高的标准——比如，重要的政治力量诉诸非民主手段，导致非暴力化的宪政危机，这种情形下也可以说民主尚未稳固。甚至，更高的标准还可以包括公共服务的提升、腐败的遏制、经济水平的提高等等。但是，从可操作的技术层面上来说，本文将以最低标准——非民主手段的缺席——来作为"民主稳固"的最低标准，即第一，民主没有崩溃；第二，没有出现大规模暴力冲突。用这一标准来衡量第三波民主稳固，当然不是说一个民主相对稳固的国家/地区没有重大社会问题，而是指这个国家/地区在第三波民主化浪潮中（1974年以来的民主化），所经历的问题没有导致民主崩溃或大规模暴力。

根据这一标准，第三波民主的"民主稳固"成果有限。从1974到2014，在92个进入到第三波民主化的国家/地区（此后简称"第三波案例"）中，有32个（超过三分之一）曾经经历过民主崩溃。尽管其中有18个已经又重返民主，但是如此之高的"崩溃率"还是展示了民主化道路之曲折。[2] 同时，

---

[1] Juan Linz and Alfred Stepan, "Toward Consolidated Democracies", in *Consolidating the Third Wave Democracies*, Johns Hopkins University Press, 1997.
[2] 刘瑜：《第三波民主化失败了吗》，载《新政治经济学评论》，2015年4月总第29期。

在这92个国家中,有27个在民主化后爆发了显著的暴力冲突(并不意味着它们在民主化之前没有显著暴力冲突)。[①] 考虑到民主崩溃国和暴力冲突爆发国之间有相当的重合率,实际上经历过"民主稳固困境"数量的为46个,也就是一半左右的第三波民主化国家。

表1 第三波民主化国家中民主稳固遭遇重大挫折的国家(1974—2014)

民主崩溃经历	大规模暴力经历
阿塞拜疆	阿富汗
白俄罗斯	阿尔巴尼亚
布基纳法索	阿塞拜疆
中非	波黑
刚果共和国	布隆迪
埃塞俄比亚	刚果共和国
海地	科特迪瓦
伊朗	克罗地亚
毛里塔尼亚	埃及
苏丹	埃塞俄比亚
乌干达	格鲁吉亚
莱索托	几内亚-比绍
泰国	印尼
埃及	伊拉克
孟加拉	肯尼亚
布隆迪	利比里亚
几内亚-比绍	墨西哥
科特迪瓦	摩尔多瓦
马达加斯加	尼泊尔
马里	尼日利亚
尼泊尔	秘鲁
尼日尔	俄罗斯
巴基斯坦	泰国
塞拉利昂	土耳其
委内瑞拉	乌干达
津巴布韦	乌克兰
阿尔巴尼亚	也门
亚美尼亚	
柬埔寨	
加纳	
尼日利亚	
秘鲁	

① 刘瑜:《第三波民主化失败了吗》,载《新政治经济学评论》,2015年4月总第29期。

一半左右的第三波案例经历了民主稳固的重大挫折，这是一个相当高的比例。① 但是同时也需要指出，另一半国家/地区能够在此期间实现民主的相对稳固，即民主化后没有经历民主崩溃或者大规模暴力，放在历史长河中看，这也是一个重大成就。历史上的政治转型往往伴随着腥风血雨（参见法国革命、英国内战和美国革命，更不用说苏联革命、中国革命），几十个国家能够相对平稳地完成政体转型，可以说是一个政治进步。

那么，如何解释第三波民主化过程中的"民主稳固"或"民主稳固困境"？为什么民主转型后，有些第三波案例中主要的政治力量诉诸政变、革命或战争来表达诉求，而在另一些国家，民主则能够比较顺利地走向稳固？这是本文试图研究探讨的问题。

本文剩下的部分将分为四节。第二节将就民主稳固的解释对现有文献进行回顾和简要分析。第三节将以"政治精英的行为选择"为出发点，提供一个新的解释框架。本节试图论证，两种民主观念（实体性的民主观与程序性的民主观）导致两种民主模式（多元制衡式民主与赢者通吃式民主），政治精英在二者之间的选择，对于民主能否稳固影响重大。第四节将试图通过委内瑞拉和南非两个案例的对比，对第三节中的核心观点进行进一步说明。第五节将对本文内容进行简要总结。

二、文献回顾与分析

民主何以稳固？对此，比较政治学界已经提出众多解释。大致来说，现有解释可以分为"经济水平论"、"社会结构论"、"政治制度论"、"国际环境论"和"政治文化论"。由于篇幅关系，本文只能对这些观点进行简要说明。

"经济水平论"强调，民主稳固的根本条件是经济发展。根据这个观点，民主是一种资源分配方式。在资源极度稀缺的地方，民主制度过于奢侈，因

---

① 当然，并不是说这些国家都没有走出民主稳固困境——事实上，上述国家有相当一部分在民主崩溃之后又重新走向民主化（比如尼泊尔、加纳、秘鲁等），或者暴力冲突已经终结（比如波黑、克罗地亚等），所以当下（2015）仍然卡在民主不稳固状态中的国家数量要更少。

为政治宽容的成本过高。只有经济相对发展的地区，资源才能满足多数人的需要，民主这种依靠"多数原则"的制度才能存活。普泽沃斯基（Prezworski）等曾经在《民主与发展》一书中对此有过经典描述。根据对1950—1990年民主政体的研究，他们发现，"人均收入对于民主的存活具有重大影响……在人均GDP1000美元以下的国家……民主的预期寿命是8年。在1001—2000美元之间……是18年。当一个国家人均收入超过4000美元时，民主崩溃的可能性接近0。事实上，人均GDP超过阿根廷1975年的水平（6055美元）后，民主还没有被推翻过"[1]。

"社会结构论"则强调，当一个社会在结构上存在严重对立时（尤其是二元对立）——无论是阶级对立，还是族群对立、宗教对立，或者地区对立、城乡对立——民主就很难实现稳固。这是因为，诉诸已有的社会裂痕进行政治动员，往往是投机主义政治家赢得选票最便捷高效的方式。如果说威权体制还有可能通过暴力压制来掩盖社会矛盾，民主内在的动员机制意味着要激活社会群体的派系认同，从而恶化社会裂痕。这一点在新生民主制度中格外显著，因为转型阶段意味着旧的国家机器已经瘫痪，而新的制度建设尚未成型，捉襟见肘的国家能力很难应对高涨的政治冲突。斯奈德（Snyder）和曼斯菲尔德（Mansfield）在《从选举到暴力》以及《选上去打》这两本书里集中论述了新生的民主制度如何恶化社会矛盾。[2] 戈尔德斯通（Goldstone）等也发现，过于活跃的派系政治——而不是民主政体本身——会增加暴力冲突的可能性。[3] 在《民主崩溃的政治学》中，包刚升也将选民的政治分裂作为民主崩溃的核心解释之一。[4]

"政治制度论"则强调正式制度选择的重要性。这方面的典型代表人物是

---

[1] Adam Przeworski, Michael Alvarez, Jose Cheibub & Fernando Limongi, *Democracy and Development*, Cambridge University Press, 2000, p. 98.
[2] Jack Snyder, *From Voting to Violence: Democratization and Nationalist Conflict*, New York, NY: Norton, 2000; Edward Mansfield & Jack Snyder, *Electing to Fight: Why Emerging Democracies Go to War*, Cambridge, MA: MIT Press, 2007.
[3] J. Goldstone etc., "A Global Model for Forecasting Political Instability", in *American Journal of Political Science*, Vol. 54, No. 1, 2010.
[4] 包刚升：《民主崩溃的政治学》，商务印书馆2014年版。

林茨以及利普哈特（Lijphart）。在其经典论文"总统制的危险"（The Perils of Presidentialism）中，林茨强调议会制相对于总统制的优越性。总统制内在的二元合法性（总统和议会各自有自己的合法性基础）、非赢即输的结果（议会制可以局部输赢）埋下了政治冲突的伏笔，而总统制缺乏弹性的制度设计又很难为冲突的化解提供台阶。① 利普哈特则把民主的制度设计分为两种：协作式的（consociational）和多数式的（majoritarian）。协作式的民主制度大体上包括议会制、比例代表制、联邦制、行政权力共享等要素，而多数式的民主则倾向于总统制、单一选区制、单一制和行政权力一党独享等元素。在他看来，协作式民主比多数式民主更有助于民主的稳固。②

"国际环境论"则认为民主的传播与稳固很大程度上取决于国际环境。根据这种观点，当国际秩序由民主国家主导时，民主更容易扩散和稳固，而当威权国家主导国际秩序时，民主则更可能衰落。卡根（Kagan）曾经这样概括："民主制度自1950年以来扩展到100多个国家，或许不仅仅是因为人们渴望民主，而是因为自1950年以来世界上最强大的国家是一个民主国家"③，"第三波中最值得注意的是民主和独裁之间的这种轮替被打断了。很多国家进入了一个民主阶段并且保持了下去，这是为什么？答案与世界实力与观念的格局有关。20世纪70年代中期以后的国际环境对民主更有利，而对独裁政府的挑战却比从前更大。"④ 博伊克斯（Boix）则用统计模型论证了同一个观点，即"民主霸权"的国际环境下，民主转型更容易发生和存活。⑤

"政治文化论"则强调民主稳固需要文化基础。当制度明显超前于或者落后于文化发展时，制度都是不稳定的。在这方面，作出最有力论证的是英格利哈特（Inglehart）和威尔泽尔（Welzel）。在《经济发展、文化变化和民主》以及《自由上升》两本书中，他们通过几十年的"世界观念调查"数据得出

---

① Juan Linz, "The Perils of Presidentialism", in *Journal of Democracy*, Vol. 1, No. 1, Winter 1990.
② Arend Lijphart, "Constitutional Choices for New Democracies", in *Journal of Democracy*, Vol. 2, 1991.
③ 〔美〕罗伯特·卡根，《美国缔造的世界》，刘若楠译，社会科学文献出版社2013年版，第3页。
④ 〔美〕罗伯特·卡根，《美国缔造的世界》，刘若楠译，社会科学文献出版社2013年版，第37页。
⑤ Carles Boix, "Democracy, Development, and the International System", in *American Political Science Review*, Vol. 105, No. 4, Nov. 2011.

上述结论。具体而言，Welzel 将有关平等、宽容、参与、自主性四个方面的观念表现总结为"解放的价值"。当"解放的价值"水平高时，民主就能够稳固，否则，政体制度的水平将跌回一个国家政治文化所能接纳的范围。[1]

本文无意于否定这些视角的解释力，甚至不否认在许多情境下，它们构成对民主稳固与否的主要解释。但是，它们分别都有其不足。就经济水平来说，很多第三波案例中的民主崩溃或动荡都难以用经济水平来解释，尤其是其中的大国。比如，转型之初，俄罗斯的人均购买力 GDP 高于波兰、立陶宛、保加利亚等国[2]，但是这几个国家都实现了民主的相对稳固，俄罗斯却没有。直到最近，委内瑞拉在拉美地区一直是经济上名列前茅，但是拉美大多数国家民主走向稳固时，委内瑞拉却走向了民主崩溃。非洲人口最多的国家尼日利亚，其民主也始终摇摇晃晃，但是从人均购买力 GDP 来看，尼日利亚明显高于赞比亚和加纳（以 2010 年为例，尼日利亚是 5230 美元，加纳和赞比亚分别是 3430 和 3381）——两个民主相对稳固的非洲国家。哪怕阿拉伯之春，从人均 GDP 来看，2011 年突尼斯和利比亚非常接近，如果从经济水平预测，两个国家民主稳固的成功率应该是相似的，但结果却截然相反。如果经济水平对这么多的国家（尤其是全球战略性大国）民主稳固的预测力不可靠，或许我们不能仅仅依靠它来作出判断。

同样，社会结构论也遭受了很多批评。比如，菲尔伦（Fearon）和雷汀（Laitin）在其经典论文"种族性、起义与内战"（Ethnicity, Insurgency and Civil War）中指出，如果控制经济水平，族群或者宗教的多样化乃至两极化，对于冲突爆发没有显著影响力。[3] 固然，清晰的社会裂痕为民主动荡准备了条件，但是，正如斯奈德和曼斯菲尔德的分析所微妙揭示的，族群裂痕并非一个静态的社会结构，而是一个动态的政治过程，这个裂痕的扩大往往是精英

---

[1] Ronald Inglehart & Christian Welzel, *Modernization, Cultural Change, and Democracy*, Cambridge University Press, 2005; Christian Welzel, *Freedom Rising*, Cambridge University Press, 2013.

[2] 根据世行数据，俄罗斯 1991 年人均购买力 GDP 近 8000 美元，其他几个国家都在 6000 美元左右。

[3] James Fearon & David Laitin, "Ethnicity, Insurgency, and Civil War", in *American Political Science Review*, Vol. 97, No. 1, 2003.

动员的结果。这一点，我们从台湾地区、伊拉克、埃及、乌克兰等地不断变化的局势都可以看出。换言之，特定社会结构下的选民分裂与其说是民主崩溃的原因，不如说是其临床表现。重要的是去分析这种分裂发生的动力机制，而不仅仅是将其看做一个静态的给定条件。

政治制度论也遭遇很多批评。尽管林茨和利普哈特的政治制度论逻辑上有其道理，但是经验研究却很难达成共识。一方面，格尔林（Gerring）等人的研究的确发现议会制比总统制更可能带来"良治"；[1] 另一方面，塞尔文（Selwyn）和坦普曼（Templeman）通过对101个国家的研究则发现，与利普哈特的预计相反，当社会族群结构分裂时，所谓"协作式的民主"（比例代表制以及议会制）实际上恶化冲突，而不是缓解它。[2] 从案例来看，似乎很难找到一个清晰的规律。阿富汗和伊拉克都没能实现民主稳固，但是一个是总统制（阿富汗），一个是议会制（伊拉克）。议会制的泰国政治持续动荡，但是总统制的印尼却民主相对稳固。采取混合式选举制度的台湾地区、韩国民主相对稳固，但是同样采取混合式选举制度的俄罗斯、委内瑞拉民主却难以稳固。或许，当政治冲突激化到一定程度，政治制度的选择很难对政治进程起到一个决定性的作用。

"国际环境论"的缺陷则显而易见。尽管它对于民主化与否的整体性趋势具有相当的解释力，但是却很难解释同一个大的国际环境或地区环境下，不同国家在民主稳固方面的不同表现。冷战结束后，以美国为主导的所谓民主霸权崛起，但是如前所述，一半左右的第三波案例相对顺利地走向了民主稳固，而另一半则历经坎坷。"国际环境论"显然不足以解释这种国家间的差异。"政治文化论"具有类似的缺陷。毫无疑问，政治文化对一个国家的政治走向具有相当的影响力，但是文化作为一种相对稳定的政治因素，往往很难解释转型过程的一波三折。2011年埃及人民风起云涌地走上街头推翻穆

---

[1] John Gerring, Strom C. Thacker, Carola Moreno, "Are Parliamentary Systems Better?", in *Comparative Political Studies*, Vol. 42, No. 3, 2009.

[2] Joel Selwyn & Kharis Templeman, "Myth of Consociationalism", in *Comparative Political Studies*, Vol. 45, No. 12, 2012.

巴拉克统治，但是2013年却接受了军人独裁的回归——很难说一个国家的政治文化在两年间会有根本性的变化，变化更多地发生在政治形势与力量对比之上。

有鉴于上述观点的不足，本文试图找到一个新的角度，去补充、弥合、连接上述角度，这就是"政治精英行为"的角度。具体而言，本文试图论证，两种民主观念会推导出两种不同模式的民主，而两种民主模式对民主能否稳固会产生根本性的影响。在笔者看来，前述已有的解释大多过于聚焦于相对静态的结构性因素，而忽略了急剧变革时代中"人"——尤其是政治精英——对于左右局势所起到的巨大作用。当然，人的因素和结构性因素不可能相互割裂，人只能在一定的结构性约束中行动，结构性因素也必须通过"人"的中介才能变成政治过程。

在展开论述这一观点之间，必须指出，"精英行动"理论在民主转型学当中并非本文的独创。奥当纳（O'Donnel）和施密特（Schmmitter）在《从威权统治中转型》（*Transitions from Authoritarian Rule*）中和黑格力（Higley）在《自由民主制的精英基础》（*Elites Foundations of Liberal Democracy*）中都强调精英行动的重要性。[1] 但是，上述"精英行动"理论主要用于民主转型的"发生学"，而非民主转型后的"稳固学"研究，更少用于分析第三波民主稳固问题。在现有文献中，与本文视角最接近的，是梅韦林（Mainwaring）等的《拉美的民主与专制》（*Democracies and Dictatorships in Latin America*）。[2] 在该书中，作者用政治家"是否激进化"来分析民主能否存活问题。但是，该书作者对"激进与否"的分析与本文的民主模式分析不尽相同，也没有将"激进与否"追溯到民主观念的不同，此外，他们只分析拉美地区，所以分析对象与本文也有所不同。

---

[1] Gillermo O'Donnell and Philippe Schmitter, *Transitions from Authoritarian Rule*, The Johns Hopkins University Press, 1986; John Higley and Michael Burton, *Elites Foundations of Liberal Democracy*, Rowman & Littlefield Publishers, 2006.
[2] Scott Mainwaring & Anibal Perez-Linan, *Democracies and Dictatorships in Latin America*, Cambridge University Press, 2014.

三、两种民主观念与民主稳固

本文的核心观点是,政治精英对民主存在着"实体性的"和"程序性的"理解,程序性的民主观念带来多元制衡式的民主模式,而实体性的民主观念带来赢者通吃式的民主模式,前者比后者更容易形塑民主稳固。如果用图表来表述这一观点,大致可以表述如下。

大多政治转型研究聚焦于"民主—专制"二分法,而往往忽略民主制内部的类型差异,更少将这种差异和民主的稳固程度相联系。本文认为,为了理解转型的成败,我们必须理解民主的不同模式,而民主的不同模式可以追溯到不同的民主观念。固然,民主的多样性往往与各国的历史文化、社会结构、经济水平等条件的多样性相关,但是民主概念本身所蕴含的巨大诠释弹性以及政治精英在这种弹性中的选择,对于塑造一个国家民主的走向也起到相当大的作用。在转型阶段这样一个历史"关键时刻",政治精英的选择格外重要。

可以说,对于民主能否稳固,在前述各种解释之外,本文强调"观念行动者"的视角。首先,这是一个"政治人"的视角,而不仅仅是"结构性"或"制度性"视角。如前所述,结构性视角和制度性视角往往过于机械,难以解释同一结构性或制度性条件下多样性的民主转型结果,唯有引入"人"的视角才能弥补各种解释框架无法覆盖的地方。当然,这里所说的"政治人"更多的是指"政治精英",即林茨所说的"重要的政治力量"。政治精英未必是指掌握正式政府权力的人,而是指对政治局势发生重大影响的行动主体——除了掌握公共权力的人,也可以是公民社会、媒体、反对党、街头运动甚至市场当中的领导力量。这当然不是说普通人对于民主转型不重要,而是基于这样一个认识：在充满不确定性的转型时代，对于把控政治方向，政治精英往往比普通人具有更多的信息、资源和权力优势。

其次，这是一个强调"观念"的视角，即强调政治精英对民主的理解方式具有重大后果。显然，一个人的行为不仅仅由其观念所决定，对利益的"理性计算"往往深刻影响一个人的行为，而理性计算往往由一个人在权力和经济体系当中的位置塑造。但是，对特定位置的人而言，很难说有一个"客观理性"。理性本身往往与一个人的观念相互塑造，否则难以解释为什么美国的开国之父们会有"联邦党人"和"反联邦党人"的区别，清廷当中为什么会有"慈禧"和"光绪"的区别，苏东阵营当中为什么会有戈尔巴乔夫和齐奥塞斯库的区别。需要指出的是，政治观念视角和政治文化视角具有相通之处，但是不尽相同。当代"政治文化"研究强调的是"大众文化"（往往以大规模抽样调查为基础），而本文更关注政治精英的政治观念及其引发的行动。固然，正如英格利哈特和威尔泽尔所指出，大众文化对于精英文化具有一种"上渗"的作用[1]，但是，在特定历史时刻，精英的政治观念也可能超前于也可能落后于民众，并反过来通过他们的权力和资源优势塑造大众文化。

民主观念在何种意义上"分叉"？大体而言，政治精英可能对民主概念采取两种不同的理解方式："实体性理解"和"程序性理解"。二者的根本分歧在于如何理解"民众统治"（rule by the people）的规范性含义：到底"民众统治"意味着定位一个边界清晰且具有道德先天优势的"人民"实体，并将其意志作为公共决策的绝对基础，还是指程序上而言，所有民众都有平等地参与政治对话的机会，而这场"无尽的对话"构成政治决策的基础？前者意味着民主是一个通过选举"发现人民"，并因为"人民"的道德优势而将选举授权不断放大的过程，后者则意味着民主的真谛在于组织一场开放、持续、包容性的制度性对话，而民主的质量取决于这种制度

---

[1] Ronald Inglehart, Christian Welzel, *Modernization, Cultural Change and Democracy*, Cambridge University Press, 2005, p.218.

性对话的开放、持续和包容程度。根据程序性民主观念，这一对话框架不但从技术上不可能发现一个固化的"人民"群体（"阿罗悖论"的政治推论）①，而且其开放性、持续性和包容性的要求反对寻找这样的群体。由于篇幅和主题所限，本文无法追溯这两种民主观念的历史根源与演变（笔者将另文分析），只将对这两种观念带来的不同民主模式及其对民主稳固的后果辨析一二。

不同民主观念引发的政治行为非常不同，可以体现在政治动员、对选举的态度、权力结构的塑造、对政治反对派的态度以及对宪政规则的态度上。表2列举两种民主观念渗透到政治过程的这些方面时，主要的差异表现是什么。这些不同，最后汇总成起来，就构成了两种不同的民主模式。需要指出的是，表2列举的是一种接近于"理想类型"的差异，现实的第三波案例往往处于两个极端之间，但又有所偏向。同时需要指出，尽管两种民主模式存在显著的差异，它们又分享着"共同的底线"：竞争性选举，并且其选举结果具有相当程度的不确定性。有无"结果开放的竞争性选举"，构成两种民主模式共同区分于威权政体的特征。

赢者通吃式民主v. 多元制衡式民主的区分，似乎与利普哈特的民主二分法（多数式民主v. 协作式民主）有相通之处，但其实非常不同。利普哈特是从正式制度的角度来区分民主模式（选举制度，行政—立法机构关系，联邦制等），而本文是从政治精英的行为方式出发区分不同类型的民主。正式的制度安排固然影响民主的稳固，但就转型期而言，过于强调正式制度对于民主稳固的影响力，解释力有限。一方面，在威权主义巨大的历史惯性下，转型初期正式制度安排往往不能立刻扭转人们的行为习惯；另一方面，转型期往往是制度尚未成型的阶段，此时往往不是正式制度决定人们的行动，而是人们的行为方式决定着正式制度如何"尘埃落定"。

不同民主观念和模式，深刻地影响着新生民主的稳定性。表2中列举的

---

① 关于这一点，William Riker 在其经典著作 *Liberalism against Populism* 中作了经典论述。William Riker, *Liberalism against Populism*, Waveland Press Inc., 1988.

政治过程五个方面，可以说构成民主模式影响民主稳定性的五种机制。

表2　两种民主模式的具体表现

	实体化的民主观念	程序化的民主观念
政治动员	清晰的敌我划分，寻找边界清晰的"人民"实体	诉诸跨派系的政治话语，对政治派系去道德化
选举地位	选举至上主义	选举是必要的，但仅被视为政治对话的引擎与压力机制
权力结构	强调垂直责任制	强调权力机构间的水平制衡
政治自由	"人民"的自由以"敌人"的不自由为前提	反对派的政治自由是民主的必要条件
宪政规则	强调民意对宪法的塑造功能	维护宪法对民意的约束功能
	赢者通吃式民主	多元制衡式民主

首先，将民主之"民"理解为一个边界清晰、排他性的、道德化的实体，恶化社会裂痕。实体性民主观念倾向于以"人民—敌人"的二分法理解社会构成，在整个社会中"划分敌我"，因此其动员机制常常是神圣化"人民"并辅之妖魔化"敌人"。这种敌我划分在不同国家标准不同（可能是阶级、宗教、种族、民族或者部落等），但不管标准是什么，具有一定阶级、宗教、种族或民族部落属性的"我们"才构成"民主"当中的"民"，而被"选中"的"民"具有道义上的天然优势。"他们"则是"敌人"，在道德上被赋予"原罪"。这种观念下，政治动员往往成为一个动员"我们"对抗"他们"的过程。

程序性民主观念则倾向于认为，不存在一个具有道德先天优势的、排他性的、内部利益一致的"人民"实体——鉴别这样一个实体在技术上不可能，在道义上则不正当。"民主"当中的"民"只能是一个多元的、包容性的、道德中立的概念。既然民主的本质在于塑造一个开放、持续、包容性的"论坛"，那么，这个"论坛"越开放、越持续、越具有包容性就越民主。即使"多数原则"作为一个决策技术有其必要性，但这只是民主理念的一个权宜之计，必须依靠其他策略来缓解这一原则可能的危害——策略一，选举作为一种可重复博弈最终可能将"多数原则"引向"平等原则";策略二,稀释选举在整个民主过程中的权重,将其视为民主的必要但绝非充分条件。

现代政治以政党为轴心的特性决定了,即使是在程序式民主观念下,政治动员的对象也不可避免地具有派系性。即使在相对成熟的发达国家,政党也有左中右之分,地方性或族群性政党也很普遍。但在程序性民主观念下,不同派系——只要不反对非暴力的政治对话本身——具有对等的政治对话资格。政治精英避免从道义上妖魔化对手——即使否定对手政治理念的正当性,也同时承认其政治对话资格。而且,在程序式民主观念下,由于"民"的政治资格来源于参与公共对话的意愿与努力,而非其固化的身份认同,因此政治精英尽量以观念认同而非身份认同来动员民众——我是不是黑人或者图西族无法改变,而我是不是左派则不但可能变化,而且需要论证。以观念而非身份为动员基础,为政治的包容性和开放性留下了可能。

不难理解,"划分敌我"的政治动员依赖但同时也恶化一个社会已有的裂痕,从而动摇民主稳固的基础。比如,津巴布韦刚独立不久,穆加贝政府就将反对派力量ZAPU称为"敌人",将其领袖恩科莫（NKomo）赶出政府,在部队中清洗其势力,发动其支持者袭击反对派,造成1983—1987年的津巴布韦内战,上万人在内战中丧生。白人也是穆加贝政府的"敌人"。当1985年白人社区的选举结果令其不满时,穆加贝发誓:"我们要杀死那些毒蛇,我们要把他们给彻底打烂。"[①] 之后的暴力土改更是用实际行动"彻底打烂"了"那些毒蛇"。同样,布隆迪的胡图族政治家将图西族称为"蟑螂",伊拉克萨达姆政权倒台后逊尼派被全面清洗出权力机构,查韦斯将其反对派媒体称为"帝国主义走狗",都是这种"敌我划分"的行为,为这些国家民主崩溃或动荡准备了条件。

第二,由于选举过于清晰的"胜败"特征,过于强调选举和选举授权,忽视民主作为一个政治过程中其他环节,容易塑造"你死我活、非此即彼"

---

① Martin Meredith, *The State of Africa*, Jonathan Ball Publishers, 2011, p. 629.

的政治文化。实体化民主观念下"人民"具有至高无上的主权者地位,而选举又是一个"发现人民"甚至"加冕人民"的过程,因此选举就成了一个生死攸关的事件。赢得选举的"人民"可以无限放大其"选举授权"(electoral mandate),可以重写一切游戏规则,失去选举不但意味着一次政治受挫,甚至可能意味着基本权利受到威胁。

程序性民主观念当然也承认选举的重要性——毕竟,从操作性的角度而言,如前所述,有无竞争性的选举,是区分民主与威权制度的根本性标志。但是,从功能上而言,程序性民主观念更多地将选举视为一种强制性对话的压力机制,而非一个"主权者"的搜索和定位机制——正是选举的压力,"强迫"各种政治力量加入到政治对话的过程中,而不至于在权力垄断中失去了对话的动力。

换一种表述方式,出于对开放、持续对话框架的重视,程序性民主观念更多地将选举视为一个化学而非数学过程,即选举的根本性意义不在于通过选票计算决定胜负,而在于带动选举前后的政治辩论和协商并成为这种辩论和协商持续的发动机。因由于不将选举视为一个"加冕主权者"的事件,程序性民主观念反对无限扩大"选举授权",而主张对选举授权划定一个半径,将相当一部分公共权力——更不用说基本权利——划定在"选举授权"之外,从而避免"一赢皆赢、一输皆输"的政治局面。

对选举这一事件赋予过重的意义,显然不利于民主稳固。选举过于清晰的"输赢"特性,加上选举授权的无限放大,后果有两个:选举过程中广泛的舞弊,以及败选后失败方不接受失败。就第三波民主化而言,这两个后果都严重阻碍了民主稳固。南斯拉夫、格鲁吉亚、乌克兰、吉尔吉斯斯坦等国颜色革命爆发,都是因为选举舞弊;而布隆迪 1993 年的屠杀、2007 年肯尼亚的骚乱和 2010 年科特迪瓦的内乱,则都是因为败选方拒绝接受选举结果。显然,将民主简化为选举不利于民主稳固,只有将民主理解为一个持续的过程,令人们意识到即使输了选举,他们依然有政治参与、影响决策的可能性,并且基本权利不会因为选举结果而失去保障,失败者才可能在败选后继续参与民主这个游戏。

第三，只强调权力的垂直制衡，忽视权力结构的水平制衡，造成赢者通吃的政治局面，激化社会矛盾。在"人民选择了我，我只对人民负责"的观念之下，实体化民主观强调"垂直的责任"，甚至以"对人民负责"的名义取消不同权力机构之间的水平制衡，而程序化的民主观念则隐含着这样一种认识：不同权力机构之间的水平制衡，对于保卫一个开放、持续和包容性的政治对话最有利。

由于强调并且只强调垂直负责，实体化民主观念下，民选的行政权力吞噬其他国家机构的权力成为普遍现象。最高民选行政官员，作为"人民"的化身，往往具有至高无上的政治乃至道德优势。司法、立法机构——更不用说其他专业性权力机构（比如央行、选举委员会、公共电视台）——很难对行政权力构成有效制衡。由于非直接民选，最高法院的法官往往不具有这种优势；而议员——由于其选民的地方性特点，也并不具有最高行政官员的"全民代表性"优势。因此，我们看到，很多第三波国家，总统们（或首相们）常常打着"忠于人民"的口号拆除碍手碍脚的权力制衡机制。在俄罗斯，杜马成了普京的橡皮图章；在委内瑞拉，国会主动通过"授权法"，允许总统未经议会批准进行"政令统治"；在津巴布韦，当白人诉诸法院来表达对土地强征的不满时，穆加贝说："我，罗伯特·穆加贝，不可能被殖民者拽到法庭上去。"[1]

程序化民主观则强调权力的水平制衡。权力的水平制衡既体现于"三权分立"（在议会制国家往往是"两权分立"）、司法独立、一系列国家机构的政治中立（军队、央行，选举委员会，公共电视台、大型国企、公务员体系等等），也体现于联邦制这样的中央地方分权体系。权力水平制衡之所以重要，是因为选举的结果常常胜败分明，为了维持政治对话的持续性与开放性，为败选者提供一定的"政治保留地"非常重要。否则，政治决策很可能被一

---

[1] Martin Meredith, *The State of Africa*, Jonathan Ball Publishers, 2011, p. 632.

个实体化的"多数意志"垄断,从而关闭"胜利者"与"失败者"政治对话的可能性。

是否保留充分的水平制衡,对于民主稳固的重要性显而易见。如果行政部门"吞噬"其他权力机构,使得失败者在整个政治体制中"走投无路",他们就很可能选择诉诸"非民主"手段来表达政治意见,其结果就是民主的动摇甚至崩溃。埃及就是一个例子。"阿拉伯之春"后,2011年12月的埃及议会选举中,穆斯林派(穆兄会和Salafists加起来)获得了三分之二的多数席位。2012年5月穆兄会的莫西又赢得了总统选举。也就是说,此时穆兄会接近了一种"赢者通吃"的状态。对于世俗派来说,他们唯一可以寄望的水平制衡力量就是最高法院——一旦最高法院"失守",世俗派就很可能会因为没有制衡穆兄会的权力机构而走向"非民主手段"。不幸的是,这正是后来发生的事情。2012年11月22日,莫西宣布在制宪过程中上议院(下议院之前被法院解散)和制宪会议可以不受法院裁决的影响。对于穆兄会来说,这是捍卫民选机构的至高无上性,而对于世俗派来说,这是在侵吞他们在权力体系中最后的地盘,将他们彻底赶出"权力的游戏"。群情激奋之下,爆发了大规模抗议——后来的事情举世皆知。可以说,莫西拆毁了埃及新生民主中的水平制衡体系,也就是拆毁了埃及民主的未来。

第四,剥夺反对派的政治自由,直接恶化政治矛盾。在"人民—敌人"的话语下,实体化的民主观倾向于限制甚至剥夺反对派的政治自由:只有剥夺"敌人"的自由,才能保护"人民"的自由。在第三波民主化国家中,"不自由的民主"成为一种普遍现象。莫勒(Moller)以自由度对民主政体进行分类,其中"自由民主制"只有40个(以2012年为标准),而不自由的或部分自由的民主政体("多元政体","选举式民主"和"最小化民主"三个政体的加总)则有50多个,其中绝大部分属于第三波国家。[①]

由于反对派的政治自由被限制,选举成为一个倾斜的擂台。通过打压

[①] Jorgen Moller & Svend-Erik Skanning, "The Third Wave: Inside the Number", in *Journal of Democracy*, Vol. 24, No. 4, 2013, pp. 99 – 100.

反对派，在任者拥有更多竞选资源，因而更容易当选；当选则意味着它们拥有了更多的"合法性"，可以更理直气壮地打压反对派。于是，这构成了一个"选举霸权"与"自由侵蚀"之间的恶性循环：当权者的民意基础越来越大，而政治自由却越来越恶化。这种恶性循环的关系显示，赢者通吃的局面往往不是一步到位形成的，而是沿着一个不断加速的漩涡逐渐形成。

程序化的民主观念则强调"政治自由"这个限定语对于民主的根本性意义。这不仅仅是因为自由所具有的内在价值，而且因为政治自由对于民主的前提性意义。如果将民主理解为持续、开放、包容性的政治对话，那么政治自由是维护对话的开放性、持续性和包容性的基本条件。从功能上而言，如果说民主选举构成一个"政治市场"，正如商品市场中信息不对称往往导致"市场失灵"，政治市场中的信息堵塞也会导致"政治市场失灵"。在这个意义上，政治自由是民主的必要条件。

反对派自由与否，也深刻影响着民主稳固的可能性。自由的侵蚀到达一定程度之后，从定义上就瓦解了民主政体："自由公正的选举"往往构成民主的操作性定义。即使自由只是处于被蚕食的过程中，一步步被边缘化的反对派也往往会对当权者实行"防御性反击"，从而引爆社会冲突。

最后，两种民主观的不同还体现在对宪政规则的态度上。实体性的民主观念强调民意对宪法规则的塑造功能，而程序性民主观则强调宪法对民意的约束功能。"人民"的实体化与"人民意志"的神圣化，很自然地推导出民意对宪法的优先性。在"民意"的掩护下，本应用以约束政治家的宪法反过来成为政治家的橡皮泥。民主与法治，本应是相互关联但又相互制约的两个政治机制，却出现民主"同化吸收"法治的趋势。

因此，在实体性民主观念下，宪法往往是非常不稳定的。这种不稳定性的一个典型案例，就是第三波民主化国家近年延长总统任期的修宪风潮。比如，过去20年，在18个拉美国家中，有12个国家通过了修改总统任期限制的宪法条款，其中只有智利是减少总统任期。11个寻求延长总统任期的国家里，有 6 个是寻求无限的任期次数。① 当然，并不一定所有的总统任期延长都一定是坏事，但是，频繁地就修宪进行公投——比如，委内瑞拉就曾经在短短十年就修宪三次进行公投（1999，2007，2009），并且内容普遍是扩大行政首长的职权或延长其任期，显示出法治被民主吸纳的倾向。

程序性民主观念下，宪法的稳定性有两个来源。一方面，宪法不仅仅以"民意"为基础，而且以"自然权利"为基础。既然自然权利是稳定的，那么宪法规则本身也应该是相对稳定的。另一方面，由于程序化民主观念强调权力机构之间的水平制衡，任何宪政规则的变动往往要经过极其复杂的政治博弈，从技术上而言，宪政规则的变动也很难实现。

以一次选举结果去定义民意，又以这样的民意引领制宪，或者频繁诉诸公投去修宪，加剧了民主的不稳固。如果说政治反对派可能通过"等待"去忍耐一次选举失利的话，宪政规则的变更则往往使这种等待变得漫长甚至绝望，而绝望助长暴力或政变的可能。2014 年乌克兰暴力冲突的升级，就很大程度上可以追溯到亚努科维奇推动修宪、企图建立"超级总统体制"有关。亚努科维奇 2010 年一上台，就着手强化总统权力。在议会得不到足够人数的支持后，他转向了另一个策略：以程序有问题为由，要求宪法法院废除 2004 年的"强议会"宪法，恢复 1996 年的"强总统"宪法。成功恢复旧宪法后，亚努科维奇立刻开始挥舞他新获得的权力，其中包括任免官员的权力。一个直接后果，就是地区联合党几乎控制了所有行政部门和地方政府。虽然修宪本身并没有立刻爆发宪政危机，但是这一举动及其后续影响在反对派心中深深埋下了政治不信任的种子，并成为后来暴力冲突的缘由之一。

综上所述，两种民主观念造成政治精英的两种行为方式，从而形成两种民主模式。敌我划分下的政治动员、选举至上主义、只强调垂直政治责任、打压政治反对派的自由以及以阶段性民意为基础去轻易修宪，汇总起来，就构成了一种赢者通吃式民主模式，反之则构成"多元制衡式"的民主模式。

---

① 其中有 3 个要求中间有间隔期，也就是虽然对任总统次数不设限，但是不能一直连任。

表面上看，因为强调垂直责任性、民意高于宪法、民主高于自由、选举至上以及"人民"垄断权力等观点，似乎实体化的民主观念更接近民主的核心价值，但是，由于实体化民主观导致对选举授权的绝对化理解，将政策改造的授权上升为权力结构重构的授权，导致一次（或几次）选举结果固定化、永久化，从而否定了"人民"本身的流动性、多元性和成长性，进而妨碍了民主对话的可持续前景。这种民主模式走到极致，就是一部分人以一次性选举结果去宣称权力垄断的合法性，以民主的当下性吞噬了民主的可持续性。一个极端案例，就是纳粹党利用一次选举的成果摧毁了民主制度本身。

当一次（或几次）选举带来的不仅仅是政策的变化，而且是权力结构的重构、宪法规则的变形、政治自由的缩小和政治动员的派系化，可以想象"选举失败者"所感到的恐慌与反应。令人恐慌的不是政治方向的变化，而是这种变化的不可逆性。民主制度并不排斥政策变化，甚至并不排斥政策向"错误"的方向变化（至少对于某些社会群体来说是"错误"），因为定期选举是将"纠错能力"制度化的一种政治安排。但是，通过将政策性变化的授权上升为结构性重塑的授权，赢者通吃式民主强化了政治扭曲的不可逆性。一次输球可以通过下次踢好而"掰回来"，但是，如果在一次输赢后，胜方得以改变游戏规则本身，那么输方可能永远不再有赢球机会了。这是赢者通吃式民主为什么导致社会冲突加剧、民主难以稳固的根本逻辑。

四、案例分析

为了进一步说明本文的核心观点，本节将详细分析两个案例：查韦斯治下的委内瑞拉和曼德拉治下的南非。这两个案例并非第三波案例中的随机选择，而是基于二者之间相当的可比性。一般来说，最有效的案例比较基于两个原则[①]：或者是找到两个条件足够相似的案例，去分析它们为什么得到不同的结果；或者是找到两个条件足够不同的案例，去分析它们为什么得到相似

---

① John S. Mill, *A System of Logic*, CreateSpace Independent Publishing Platform, 2012.

的结果。只有根据这样两个原则,案例比较才能尽可能"控制"其他变量,摸索一个现象的因果机制。本文的案例选择基于上述这两个原则中的第一条。

查韦斯治下的委内瑞拉,和曼德拉治下的南非,有足够的条件相似性,但民主稳固的结果迥异。从人口规模来说,南非 1994 年(曼德拉上台时)人口是 4000 万,委内瑞拉 1999 年(查韦斯上台时)是 2500 万,都属于中等大小国家。从经济水平来说,1994 年的南非经济在整个非洲名列前茅,人均 GDP 3650 美元,1999 年委内瑞拉经济在整个拉美地区名列前茅,人均 GDP 4078 美元;此外,委内瑞拉的经济严重依赖石油这种自然资源,而南非的经济严重依赖金属矿产这种自然资源。从社会结构来说,两个国家都贫富悬殊很严重,都是世界上经济最不平等的国家之一,1995 年南非的基尼指数高达 0.63(1994 年数据缺失),1999 年委内瑞拉的基尼指数 0.48。从正式的制度选择来说,两个国家都选择了总统制、联邦制、并都有相当程度的比例代表制。[①] 从民主的历史与文化条件来说,两个国家——相比很多其他第三波国家——都可以说都有一定的民主文化传统:南非虽然长期种族隔离,但是在被隔离的很多"自治区"内(至少是白人地区)存在竞争性选举,这也是为什么 1994 年以前,南非在 Polity IV 上的政体分值并非负值(威权政体一般都是负值),而是 5 分;而委内瑞拉是拉美地区极少数在冷战时期就进入并维持了民主政体的国家,1999 年其 Polity IV 分值是 7 分。从国际和地区环境而言,两个国家在 20 世纪 90 年代都目睹了全球性和地区性的民主化浪潮。

经济水平、社会结构、正式制度选择、国际环境和社会文化的相似性,使得我们能够大体"控制"这些因素对于两个国家民主能否稳固的解释,从而集中于本文的核心变量——政治精英的行为。当然,二者之间也存在着一些条件性的不同。但是,如果说两国民主稳固条件存在着一定差异,那也只是南非民主稳固的条件更加恶劣而已。一个显然的区别是南非黑人和白人种族对立的社会结构(部分解释为什么南非的经济基尼指数比委内瑞拉更高)。

[①] 委内瑞拉是混合选举制度,南非是比例代表制,这一点有所不同,但不是黑白对比。

另一个区别是地区性环境，90年代拉美地区总体而言进入了一个史无前例的民主相对稳固期，而非洲地区的民主化则要肤浅和脆弱得多。

这两个国家转型条件的相似性，使得民主稳固结果的不同格外费解。查韦斯上台之后，委内瑞拉在Polity IV上的政体分值一路下滑，从1999年的7分降到了2009年的-3分，也就是说，到2009年，委内瑞拉的民主政体被学界最权威的政体数据库视为已经崩溃。① 而南非在曼德拉上台后，政体分值从5分上升到9分之后，就一直停留在9分（截至2014年），也就是说，南非迄今为止维持了民主制度，一定程度上实现了民主稳固。如何解释这种不同？本文认为，由于两国转型条件在经济水平、政治制度选择、社会结构、民主文化、国际格局方面的相似性，要解释两个国家民主稳固效果的不同，应当集中于政治精英的行为这个因素。下面将详细分析。

委内瑞拉

在整个拉美，委内瑞拉的民主传统可谓历史悠久。② 事实上，70年代初，委内瑞拉、哥斯达黎加还有哥伦比亚是当时拉美仅有的三个民主国家。然而，此后40年，当其他"落后"拉美国家纷纷步入民主化浪潮，只有委内瑞拉经历了全面系统的民主倒退。1999年Polity IV的民主分值是7分；到2009年，Polity IV已经下降到了-3。最近，世界各大媒体上，关于委内瑞拉的新闻总是与下列字眼联系在一起：超级通货膨胀、食品短缺、排队购物、骚乱、抗议示威、抢劫、犯罪率居高不下、人才流失。

何以在民主表现上，委内瑞拉不但没有像周边大多国家一样取得重大进步，反而"一枝独秀"地严重倒退？常见的民主稳固理论显然不足以解释委内瑞拉的情况。从经济水平而言，90年代末委内瑞拉是拉美地区最富裕的国家；直到2005年，委内瑞拉的人均GDP还是拉美最高（到2015年已经降到第

---

① 当然，2013年查韦斯去世，Polity IV重新将委内瑞拉的政体分值评估为4分。
② 严格地说，委内瑞拉不属于"第三波民主化"国家，因为当第三波民主化在七八十年代席卷拉美的时候，委内瑞拉已经是一个民主国家了。但是鉴于Polity IV 2009年将委内瑞拉归入民主崩溃国家，而2013年又重新视其步入民主化进程，在这个意义上它仍可以被视为第三波国家。

7)。如果"经济水平论"是对的,委内瑞拉的民主应该是拉美地区最稳固的。从社会结构而言,固然委内瑞拉存在着长期的贫富悬殊、因而阶级矛盾比较突出,但是,这是拉美地区一个普遍的情况,难以解释为什么只有在委内瑞拉出现了民主的大规模倒退。政治制度的设计而言,委内瑞拉的总统制、联邦制、混合选举制也并不是一个地区性例外。由于其相对悠久的民主传统,委内瑞拉的政治文化和历史传统只能被视为有利于而非有害于民主稳固。

答案只能从政治精英的选择当中去寻找。确切地说,只能从查韦斯和查韦斯主义当中去寻找。1998年底,左翼政治家查韦斯在"重建共和国"的口号下夺得了选举的胜利,开始了他"建设21世纪的社会主义"工程。此后的14年,他展开了一系列经典的左翼经济政策,从温和逐步走向激进:从加大扶助穷人的社会再分配政策、建设全民医疗保障体系和教育体系,逐渐走向国有化通讯、电力、水泥和石油等产业、增加了公有部门及其就业人数,再到对经济实行价格管制到外汇管制甚至是直接没收和处罚私营企业主……总之在其执政后16年间(查韦斯2013年去世,但其指定继承人马杜罗与其政策一脉相承),"查韦斯主义"不但改造了委内瑞拉的政治生态,而且很大程度上改变了整个拉美地区的政治潮流。

如果说委内瑞拉经济的衰落是其经济政策左翼激进化的必然产物,经济政策的激进化则是其民主制度越来越走向赢者通吃模式的必然产物。查韦斯一开始并不是威权主义政治家,而是沿着实体性民主观念的轨道滑向了威权主义。他是通过民主选举上台的——不但最初上台,后来反复连任从投票程序上来说都是民主的。除了2007年修宪公投和2010年执政党失去了议会多数席位,查韦斯上台后,其政党委内瑞拉联合社会主义党(PSUV)几乎赢得了所有选举或公投。1998年的选举,查韦斯以16个百分比的领先度赢得总统选举;2000年大选,领先度提升到了22%;2006年,则领先了反对党领袖26个百分点。2012年的选举虽然只领先11%,但2011年他公布了癌症消息后仍然得到这个选举结果,可以说"成绩斐然"。2013年他指定的继承人马杜罗同样是通过选举上台的(虽然这次选举优势非常微弱)。不但委内瑞拉有竞争性选举，而且单就投票本身的过程而言——如果不考虑动员过程中的种种操控——委内瑞拉的选举还是相当透明和公平的。2004年委内瑞拉就引入了自动计票系统，使得选票舞弊很难发生。

因此，查韦斯主义显然不是一种典型的威权主义；从定期举行结果开放的、竞争式选举这个角度而言，应该承认查韦斯式政体——至少在起点处——是一种民主体制。问题在于，查韦斯式民主是一种赢者通吃式民主，而非多元制衡式民主，其结果是经济困境与民主动荡。

查韦斯的民主观中，"民"是一个实体性概念，确切地说，是一个阶级性的概念，因而其政治动员是以"敌我划分"为前提的。在查韦斯的话语体系中，资产阶级 v. 无产阶级、精英 v. 人民、财阀 v. 穷人、资本主义 v. 社会主义等二分法无处不在，前者往往在道德上被赋予原罪，而后者则具有道德上的先天优势。在位期间，查韦斯反复重申"要把权力交给穷人"，至于富人，"我们必须挑战那些特权精英，因为他们摧毁了这个世界的一大部分"。尽管委内瑞拉的绝大部分媒体已经被查韦斯"驯服"了，但是当个别媒体仍然表达反对派的声音时，查韦斯将其划入了"敌人"阵营。"祖国的敌人，尤其是那些屏幕后面的人，我给你一个名字：Globovision（笔者注：委内瑞拉极少数的反对派电视台之一）。"[1] 到其执政后期，他对"资本主义"的仇恨已经到达了一种匪夷所思的地步："我已经说过、听说过一种一点也不奇怪的看法，火星上有过文明，但是也许资本主义抵达了那里，帝国主义抵达了那里，然后摧毁了那个星球。"[2]

由于查韦斯的一切合法性基础都来自于选举的胜利，执政党对选举的重视不言而喻。尽管投票过程本身相当透明公平，但是选举动员的过程则不是。查韦斯和查韦斯主义者可以充分享有媒体资源，而反对党在媒体上则"窗口"很小，导致了竞选资源的不公平。事实上，根据一个学者的统计，在"查韦斯时代"的16次选举中，有45种"选举异常情况"，包括执政党对公共资金

---

[1] http://www.reuters.com/article/us-venezuela-television-idUSN2949211020070530.
[2] http://www.reuters.com/article/us-venezuela-chavez-mars-idUSTRE72L61D20110322.

的过度使用和公共电视台资源的超时使用,限制特定反对派的参选,对国有部门雇员的投票方式进行威逼利诱,威胁特定选区"一旦投错票"就撤销福利等等。①

从权力制衡上来说,查韦斯上台后,为了实现"人民的意志",逐步拆除了立法机构和司法机构对总统权力的水平制衡。由于联合社会主义党在国会的多数地位(部分感谢2005年反对党的罢选),国会很大程度上成了查韦斯的橡皮图章。为了绕开"饶舌"的反对党议员,国会甚至不惜以"功能性自杀"的方式来成全查韦斯独揽大权。在查韦斯当政期间,国会曾经四次(1999,2000,2007,2010)授权总统实行"政令统治"(rule by decree),即,总统可以在广泛的政策领域,无需经过立法机构的批准就制定公共政策。尤其是2010年,由于反对党决定参选,并且赢得了相当席位,为了避免新国会给查韦斯"捣乱",即将结束任期的旧国会紧急"午夜立法",一次性给查韦斯授权18个月的"政令统治"。

司法独立也逐步变得荡然无存。为了保证最高法院多数法官来自于查韦斯主义者,2004年查韦斯将最高法官的人数从9个扩大到17个人,从而解决了人数优势问题。② 扩大法官人数后,由于国会控制最高法官的任命,而国会又是查韦斯的橡皮图章,实际上查韦斯就成功地将最高法院变成了政府的行政分支。一项研究显示,从2005年开始,最高法院作出的45474项裁决中,没有一项是不利于政府的。③ 因此,当因批评总统而被罚款的电视台Globovision试图从法院找回公正、或者当反对党2013年试图通过法院起诉来挑战选举结果时,法院的反应就不难想象了。

尽管受到各种打压,反对力量仍然掌握一部分权力——比如,能够赢得一些地方性选举胜利。但是,当反对党在地方选举中取得相当份额的胜利时(最典型的一个案例,就是反对派的领袖雷德兹马当选首都加拉加斯市

---

① Javier Corrales,"Autocratic Legalism in Venezuela", in *Journal of Democracy*, Vol. 26, No. 2, 2015.
② 30年代大萧条阶段,美国罗斯福总统曾试图通过同样的"填塞计划"来控制最高法院,但是由于国会的反对而失败。
③ Javier Corrales,"Autocratic Legalism in Venezuela", in *Journal of Democracy*, Vol. 26, No. 2, 2015, p. 44.

长),为了"抵消"选举结果,查韦斯成立了无数"公社委员会"(community councils)来实施其政策,等于在正常的官僚体系之外重建另一套行政系统,以绕开可能被反对派"把持"的地方政府。同时,他加强了中央集权,取消了很多地方政府的权限,实际上就是架空了联邦制的意义。根据委内瑞拉市长协会主席卡洛斯·欧卡里兹(Carlos Ocariz)的说法,委内瑞拉 2012 年以来当选的 78 个反对派市长中,有 33 个因为各种原因面对法律诉讼。

反对派的政治自由也逐渐萎缩。查韦斯在历次选举和公投中屡屡得手,得益于政治竞争中"倾斜的擂台"。而擂台之所以倾斜,与查韦斯政府极大地限制政治自由、操控公民社会相关。与威权制度直接忽略和践踏民意不同,赢者通吃式民主常常需要"制造"民意来论证其权力合法性。"制造"民意一个必要的途径,就是对媒体的控制。查韦斯上台后,不断推出限制媒体言论自由的法律。比如,2000 年的《通讯组织法》(*Organic Laws of Telecommunication*),允许政府收回广电公司的经营许可证,如果"国家利益、公共秩序和安全需要的话";2004 年的《社会责任法》(*Law for Social Responsibility*)禁止可能"煽动仇恨和暴力的言论",2010 年后又将该法律适用于互联网;2005 年《刑法典》进一步缩减了"批评官员的尺度"和示威游行的空间。

对付不听话的市场媒体,政府的"制度创新能力"非常强大,比如拒绝续发经营许可证(比如 2007 年针对 RCTV)、罚款(比如针对 Globovision)、起诉、禁止国有部门向其发放广告、拒绝它们报道政府的重大活动、给支持政府的电视台"社区频道"身份从而给它发放补助等等。互联网也不能完全逃离政府的掌控——2014 年就有七个人因为互联网言论而被拘捕。这一切管控效果还不令人满意——为了形成政府主导的"信息霸权",政府还创办很多免费的"公共媒体",主导"舆论的方向",从经济上将私营媒体"挤出市场"。一项研究显示,1998 年委内瑞拉 100% 的全国性报纸和 88% 的全国性电视频道可以被称为"独立媒体",但是到了 2014 年,这一比例分别下降为

56%和46%。①

这种情况下,"识时务"的媒体开始纷纷自我审查,政治反对派能够发声的平台越来越少。政府不但掌控了大量媒体资源,查韦斯本人还自我赋予了可以随时"冲进"任何电视频道、对全国民众"即兴讲话"的权力。也就是说,本来坐在电视前看节目的普通人,可能会在毫无防备的情况下看见总统"突袭"屏幕、开始发表慷慨激昂的演说,而他们也无法预计这通演说将会持续多久。

自从查韦斯就任总统,委内瑞拉在"自由之家"上的政治权利与公民自由上的分值就一路下跌。在这个1—7分的自由尺度上(7为"最不自由"),委内瑞拉1998年被评估为2.5分,但是到2012年查韦斯去世前,估分已经下降到了5分。这不仅仅是"自由之家"一个组织的判断:德国阿登纳基金"拉美发展与民主指数"2012年给了委内瑞拉整个拉美地区的最低分;从2007年开始,美洲间人权委员会(the Inter-American Commission on Human Rights,简称IACHR)的年度报告就开始针对委内瑞拉进行连年的批评。

在民意吸纳宪法的理念下,宪政规则也根据政治需求而变得"能屈能伸"。查韦斯1999年上台后第一件事,就是召集宪法大会来制定新宪法。这部新宪法至少从字面上尚且保留了权力制衡和人权保障的部分,但是它已经开始显现了查韦斯的民粹主义倾向:它授予了总统解散国会的权力、扩大了总统的法官提名权、赋予了总统召集公投的权力;取消了参议院,改成一院制,从而删除了制衡体系中一个重要的否决点。2007年查韦斯再次发起修宪,其中条款包括废除民选总统任期限制,也就是允许查韦斯无限次数参加竞选。尽管2007年这次公投查韦斯没能成功,之后他不但成功地将这次公投方案中的很多内容"化整为零"地在国会通过,而且在2009年的另一次公投中成功地实现了废除任期限制的"夙愿"。

查韦斯的统治方式体现了赢者通吃式民主的所有特点——它不是一般的

---

① Javier Corrales,"Autocratic Legalism in Venezuela", in *Journal of Democracy*, Vol. 26, No. 2, 2015, p. 44.

威权政体，而是从实体性民主理念出发蛀空民主的内涵。查韦斯通过选举上台，通过公投修宪，获得国会授权进行"政令统治"，通过民主程序"吸收"司法独立……这一切做法似乎都能追溯到一个民主的起点，但是，由于取消民主体制的水平制衡维度、政治自由维度、多元协商维度，查韦斯主义又逐步将民主悄悄改造成了威权体制——一种"民粹—威权"两极相通的独特政体。

问题在于，也正是赢者通吃的民主模式，给委内瑞拉带来社会动荡、经济危机以及民主崩溃。无可否认，查韦斯的"21世纪社会主义"工程对于缓解底层贫困问题起到了一些作用①，问题在于，当这种进步不可持续，并且引发社会冲突持续恶化时，就应当去反思它们是否是缓解贫困的最佳途径。

从查韦斯上台之后，委内瑞拉社会就越来越走向两极化和冲突。可以说，在他执政的14年中，整个社会进入了"过山车"模式。2002年4月，查韦斯上台不久，出于对他的偏激政策的不满，就爆发了大规模的示威游行要求查韦斯下台，至少15万人参加了大罢工，示威冲突中21人丧生。对抗升级过程中，反对派在混乱中愚蠢地诉诸了军事政变，将查韦斯赶下台去。但是由于军队重新倒戈以及大量查韦斯支持者的抗议示威，两天后政变就瓦解了，查韦斯重回总统职位。8月，反对者又发起了总罢工，同样未能撼动查韦斯的地位。

2004年，反对派又通过征集300多万签名的方式迫使国家选举委员会就查韦斯的去留进行公投。查韦斯虽然赢得了这次选举，但是整个社会的裂痕因此更加加深。2007年，查韦斯的修宪方案再度燃起对立双方的政治激情，社会又一次被撕裂。2009年，卷土重来的查韦斯终于得手，但是55%对45%的力量对比彰显出对立的激烈程度。

2013年的大选中，马杜罗以查韦斯"指定继承人"的身份以微弱优势当

---

① 尤其是在其统治的初期。根据官方数字，委内瑞拉的极端贫困率从2004年的12.2%下降到了2013年的5.4%，但是独立研究否认这些成果（参见 The Economist 2015年6月20号的文章"Let them eat Chavismo"），并且有研究显示拉美其他没有"查韦斯主义"的国家的脱贫成就更大。

选。由于选举动员过程中的种种不公,受够了查韦斯主义的民众再度抗议示威,7个人在冲突中丧生。2014年,虽然查韦斯本人已经去世,在马杜罗的领导下,查韦斯主义变本加厉。然而,马杜罗既缺乏查韦斯的个人魅力,又没有碰上石油价格高涨的运气,于是,经济衰退、超级通货膨胀、物资和食品短缺、失业问题开始纷纷显露。最近的新闻显示,2015年委内瑞拉的通货膨胀率在整个世界遥遥领先——即使根据官方数字,本年通货膨胀率也已达到149%(有迹象表明实际情况更糟),"屈居第二"的北朝鲜也只达到55%。① 此外,本来委内瑞拉犯罪率就居高不下,十几年"劫富济贫"的民粹主义话语更是使问题雪上加霜。目前,委内瑞拉的谋杀率为拉美地区最高,为全球平均水平的十倍。② 面对这些问题,2014年2月开始,街头示威再度风起云涌。这次示威持续了几个月,至少16个州、38个城市、80万人参加。政府的打压导致冲突不断升级,最终导致43个人丧生,1300多个示威者被捕。

可以看出,在查韦斯上台后的这十几年中(马杜罗政府也可以归入广义的查韦斯主义政权),没有什么结构性或者制度性的因素会必然摧垮委内瑞拉民主。摧垮委内瑞拉民主的,是政治领袖特定的民主理念及其推出的民主模式。将民主之"民"狭隘地理解为一个封闭性的实体,并将其意志在道义上神圣化,只能推导出片面的政治动员、选举至上主义、权力水平制衡的拆除、取消反对派政治自由和宪政规则的随意变动,而这种赢者通吃式民主恶化社会冲突、推动经济政策极端化并最终摧毁民主制本身。

南非

如前所述,南非的转型条件和委内瑞拉有很多相似之处。如果说有什么明显不同的话,其不同点也只是使南非的民主稳固更加困难而已。一个不同

---

① "How Does Venezuela Compare to the World'S Worst Managed Economies?", http://www.follownews.com/how-does-venezuela-compare-to-the-worlds-worst-managed-economies-3mdl, 2015.9.
② "Justice Decayed", in *The Economist*, 2015.4.29.

是周边环境的不同。90年代整个拉美地区走向真实且持续的民主化进程，而90年代非洲的民主化浪潮则要微弱和犹疑得多。比如，扎伊尔和尼日利亚的独裁者曾经试探走向民主化，但是权力轮替的可能性真的出现时，当权者立刻退回到威权体制；多哥、乌干达之类的国家换汤不换药，开始搞花瓶式选举；加纳、加蓬和肯尼亚这样的国家，在极大限制反对派自由的情况下，搞一边倒的选举；与南非一样摆脱了白人统治的津巴布韦，迅速坠入了内战、独裁和经济灾难。如果如同某些学者论证的那样，周边国家的民主水平会影响一个国家民主转型的话，那么南非民主化的国际环境要比委内瑞拉更恶劣。

南非还有一个显然不利的转型条件：黑人和白人的二元社会结构。这是一个火药桶式的社会结构。像伊拉克、布隆迪等国家一样，占人口少数的族群（在伊拉克是逊尼派、在布隆迪是图西族、在南非是白人）通过封闭的权力结构长期压迫占人口多数的族群。现在，随着民主化的到来，多数派正好可以利用其人数优势开始"复仇"、实施"多数暴政"——某种意义上，这正是伊拉克和布隆迪所发生的事情。并且，种族裂痕恶化了南非的阶级差异。虽然委内瑞拉已经是世界上最不平等的国家之一，如前所述，南非的基尼指数比委内瑞拉更高。如果说"民主可能成为国家暴力支持下的劫富济贫"这一担忧有其道理的话，南非似乎是最天然的适用对象。

种族与贫富裂痕还不仅仅是南非唯一的结构性问题。与许多新兴民主国家一样，南非面临少数民族的分离主义威胁，而委内瑞拉并不面临同样的威胁。南非最著名的分离主义运动，是夸祖鲁-纳塔尔省（Kwazulu-Natal）的自治运动。种族隔离时期，该部落在分治的名义下曾经获得过"独立"的地位，解除种族隔离意味着他们不得不"回到祖国的怀抱"，因此出现一个颇为奇怪的情形：同为黑人的祖鲁族，比很多白人更反对非国大的领导权。90年代初非国大的政治崛起开始势不可挡时，祖鲁族在因卡塔自由党（Inkatha Freedom Party）带领下，就开始致力于和非国大的斗争，其中不乏武装斗争。直到大选前几乎最后一刻，因卡塔自由党才放下武器，以政党身份参与1994年大选。可以想象，当时这种妥协是非常脆弱的，祖鲁人随时可能重新走上武装分离主义的道路。

南非还有一个转型的不利条件,即曼德拉上台之前整个社会的暴力化倾向。众所周知,暴力往往具有历史惯性。民主化之前,南非社会弥漫着分散但广泛、低烈度但持续的暴力。白人统治者利用国家机器对黑人实施的制度化暴力自不待言,甚至非国大包括曼德拉本人从未承诺过停止暴力反抗(南非国民党声称这是不能释放曼德拉的主要原因)。从 80 年代初开始,非国大加大了针对体制性机构的暴力袭击力度。同时,它还发起了所谓"人民战争"和"人民法庭",对公职人员和与公职人员合作的"奸细"进行袭击。其中,非国大一个标志性的暴力行为就是所谓的"项链处决"——在一个轮胎里灌满汽油,挂到"敌人"脖子上,然后点燃轮胎。并且,如前所述,90 年代初非国大和因卡塔自由党之间的暴力斗争也逐步升级。各方混战的结果,是从 1990 年非国大解禁到 1994 年大选,南非至少 1.3 万人死于分散的政治暴力袭击。即使是选举过程中,暴力袭击也没有停止。[①] 可以说,南非 1994 年的大选是发生在一个火山口上。

但是,正是在这样相对不利的转型条件下,委内瑞拉走向了民主崩溃,而南非却阶段性地实现了民主稳固。当然,今天的南非还有种种问题,其中不乏严重经济和社会问题。[②] 但是,至少在 90 年代中后期,在南非民主转型最脆弱、最危险的阶段,它成功避免了内战和民主崩溃——这本身已经是巨大成就。到 2015 年,南非已经成功举行了五次大选,而且,早期的选举暴力逐渐消退,极端主义的政治势力(无论黑人、白人或是祖鲁人)也逐渐失去了市场。南非终于出现了一个黑人中产阶级阶层,贫困人口也从 1994 年的 41% 下降到了 2013 年的 31%;绝对贫困人口则从 1996 年的 12% 下跌到了 2010 年的 5%。从 1994 年开始,年平均经济增长率是 3.3%。虽然增长不算高速,但是在一个政治大转型的年代,也算是平稳的增长了。

---

① 选举过程中,发生了 4 起炸弹袭击,导致 21 人死亡。在夸祖鲁-纳塔尔省,13 个人被杀害。
② 政治上而言,从曼德拉到姆贝基到祖玛,领导层似乎是"一代不如一代",到今天,腐败、公共服务水平低下已经成为南非的顽疾。经济上而言,祖玛上台以来经济政策越来越民粹化,也使南非出现了种种经济困难,失业问题始终无法好转。

为什么南非能够"逆水行舟"实现民主稳固？政治家的行为模式起到了根本性作用。显而易见，曼德拉总统的个人领导力功不可没。很多人将曼德拉视为推动南非民主化的英雄，事实上，他在民主稳固方面的功劳和推动民主转型本身一样重大，甚至可能更难能可贵——很多非洲领导人都曾经推动本国的民主化，都曾经具有巨大的道德感召力，哪怕津巴布韦的穆加贝总统80年代初时也曾经是非洲的"反殖民斗争"英雄，但是在权力的诱惑面前，往往纷纷沦为独裁者。

曼德拉的努力首先是建构一种和解的文化。实现这一点，象征性的行为非常重要。经过27年的牢狱之灾，曼德拉并没有将仇恨注入到新的政治进程当中。担任总统后，他拜访过前总统维沃尔德（种族隔离制度的缔造者）的遗孀；他出现在英式橄榄球球赛观赛——这项运动在南非被视为白人的运动，几乎没有黑人参与；他学习并经常使用"Afrikaner"语（荷兰裔白人的语言）和公务员交流；他主持定期的"和解午餐"——将隔离时期当权者和受害者或其家属组织到一起聚会；他的政府甚至没有发起过"修改路名、推倒雕塑、铲除纪念碑"之类的城市面貌更新运动（比如维沃尔德大道依然叫做维沃尔德大道），而此类运动在很多转型国家都发生过。

新政府也从来没有发起过复仇式的起诉与审判。为在抚平创伤与政治和解之间找到平衡，新政府发起了举世闻名的"南非真相与和解委员会"，由图图大主教担任主席。该委员会的基本原则是"以坦白换大赦"。可贵的是，该委员会不仅仅调查、公布白人种族隔离当局的种种暴行，同时也调查、公布黑人反抗组织的恐怖暴力活动（包括对前述"项链处决"的调查）。当副总统姆贝基不得不给该委员会提供关于非国大暴力活动的报告时，他愤怒地抱怨，将捍卫和反抗一个邪恶制度的暴力相提并论是"不道德和非法的"，非国大只是在所有非暴力的反抗方式都被堵住之后才诉诸暴力的。当然，三次被传唤的德克勒克也抱怨真相与和解委员会"拉偏架"。然而，恰恰是这种令各方都不满的情况，说明南非没有出现赢者通吃的局面。

作为前执政党的领袖，德克勒克及其领导的民族党，在转型过程中能够始终和平参与，不"掀棋盘"，也是南非民主得以稳固的一个关键因素。很多情况下，决定转型成败的不是胜利者，而是失败者。失败者能否接受失败，往往是转型能否稳固的分水岭。无数前独裁者都在这一测试中败下阵来。通过1990年释放曼德拉和解禁非国大，德克勒克不但启动了南非的民主化转型，而且在国民党败选后的表现也令人钦佩。他和国民党不但接受了败选，而且在败选后仍然以副总统和第二大党的身份积极参与政府事务。虽然合作过程不免与非国大磕磕碰碰，并且几年后最终退出了联合政府，但在转轨最危急时刻的合作是维持局势稳定的重要因素。此外，国民党手把手将其治理经验（尤其是经济政策上）传授给非国大、将其精干的公务员体系遗留给新政府，也是南非民主走向稳固的重要条件。

当然，光是两个领导人的姿态并不够。对白人而言（以及其他有色人种——南非还存在大量的印裔或混血人种），面对黑人人口的绝对优势，除了在个别省份，想要通过选举夺回政权希望极其渺茫。因此，对他们来说，更重要的不是赢得选举，而是为"选举授权"划定一个半径，从而保障少数群体权利。如何划定这个半径？与委内瑞拉式"赢者通吃"模式相反，南非实践的是比例代表制、独立司法、新闻自由、公民结社自由以及联邦制，即前述的多元制衡式民主。

由于单一选区选举制度"放大大党、缩小小党"的效果，南非从一开始就采取了比例代表制原则。1994年大选，尽管非国大以63%的选票赢得了议会的绝对多数席位，但是国民党也赢得了20%的席位，加上因卡塔自由党等其他小党的席位，代表少数群体的其他党派也赢得了1/3左右的席位，从而避免了国会里的赢者通吃。第一次大选后，民族党德克勒克继续担任副总统，很多原民族党官员继续留在新政府内阁中，一定程度上保持了南非政治的稳定与连续性。祖鲁人聚居的夸祖鲁省，还有白人聚居的西开普敦省，都因为松散的联邦制安排而获得了相当的自治权。

就权力的水平制衡而言，从一开始，新南非就注重司法独立的原则。与查韦斯治下最高法院对政府百依百顺相反，民主化以来，南非宪法法院有一个长长的"反执政党"记录。哪怕曼德拉在台上时，宪法法院就通过裁决迫使政府不情愿地接受了废除死刑和同性恋婚姻合法化。曼德拉对司法独立的尊重深深影响了新南非的政治传统。2001年，当姆贝基总统出于古怪的反主流医学心理，对泛滥成灾的艾滋病消极应对时，最高法院裁决政府必须为HIV阳性的孕妇提供药物，预防母婴传染。祖玛总统上台后，宪法法院仍然经常作出不利于政府方面的裁决。比如，为了阻止议会中非国大一党独大的倾向，宪法法院支持了少数党议员"无需多数支持就可以引入议案"的主张；在反对党民主联盟就国家公诉机构领导人提名问题起诉祖玛总统时，最高法院站在反对党而不是执政党一方；当政府试图通过施压左右司法判决时，2015年7月，宪法法院的大法官摩根（Mogeng）召开了记者招待会，严厉批评政府试图干涉司法过程

反对派的政治自由也没有像"不自由的民主"国家一样被破坏，曼德拉时代的政治自由传统延续至今。2013年，一份周刊爆料，大约有2.1亿兰特（2200万美元）公共资金被用于总统祖玛老家私宅的"保安"，而"保安"措施包括一个游泳池，一个农场和一个家庭影院。当南非政府试图禁止媒体曝光其私宅照片时，媒体的反应是将其铺满了报纸的头版头条。一份报纸可以坦然批评总统而不被打压，这是南非的常态，但在委内瑞拉这样的国家却是一种奢侈。

政治反对派的结社和组党自由也没有受损。更倾向自由主义（也被视为白人利益代表）的民主联盟能够不受干扰地自由竞选，而且能够赢得某些地方选举的胜利。新生激进左翼政党"经济自由战士"（Economic Freedom Fighters）也能在大选中分得一瓢羹，并且向非国大的经济政策施压。遗憾的是，由于历史或种族原因，非国大——尽管近年统治绩效下滑，始终能够笼络2/3左右的选民，从而使得南非民主难以从真正有力的政治竞争中获益。

在宪政规则上，曼德拉也从未通过修宪寻求过延长总统任期或者扩大总统权限。事实上，到1999年，曼德拉几乎是"迫不及待"地交出了总统位置。尽管年龄是一个因素（1999年曼德拉已经81岁），但是考虑到非洲有太

多八九十岁仍然拒绝退休的领导人（到 2015 年，穆加贝已经 91 岁还在台上；喀麦隆的比亚总统现在已经 83 岁；马拉维的班达快 100 岁时才被赶下台去），曼德拉的举动仍然可钦可敬。在他缔造的这种传统下，之后的领导人也遵循了"到期退位"的原则。

尤其难得的是，尽管非国大历史上与南非共产党有着千丝万缕的联系，并且曼德拉是个共产主义的深切同情者（他一直视卡斯特罗甚至卡扎菲为朋友），但是上台之后，新政府本着经济务实主义的态度，抛弃了之前的经济国有化立场，也没有推动经济的急剧左转（像其邻国津巴布韦那样）。相反，新政府推出的经济政策倡导减少贸易壁垒、外汇去管制化、减少预算赤字和控制通货膨胀甚至局部的私有化（比如私有化航空公司、广播公司以及部分通信公司），哪怕这些举措得罪其"盟友"南非共产党和南非总工会。面对风起云涌的街头政治文化，曼德拉并没有鼓励"会哭的孩子有奶吃"，反而是直言不讳地泼冷水："政府并没有钱满足所有被提出的要求。集体行动不会创造政府并没有的资源。我们所有人必须摆脱政府在哪藏着一大袋子钱的观念。政府没有这样的钱财。我们必须摆脱授权文化（culture of entitlement），这种文化带来政府应该立即无条件提供一切的预期。"①

因此，与很多人担忧的不同，民主化之后的南非并没有出现"黑人利用选票打劫白人"这种情况。事实上，南非的问题是相反的：始终没有解决贫富悬殊问题。作为之前务实政策的结果，与很多新兴民主国家不同（比如前苏东地区），南非经济在 90 年代中后期政治"换轨"过程中表现良好，出现了连年增长。通货膨胀率也没有因为"民主带来的再分配压力"而飙升，90 年代末始终保持在个位数。政府赤字则处于下降状态。当然，由于种族隔离政策下黑人人力资本的极度匮乏，新政府在教育政策上的失败，以及邻国大量技术型人才的流入（以津巴布韦难民为主），南非始终没有解决高失业率的问题。

---

① Martin Meredith, The State of Africa, Jonathan Ball Publishers, 2011, p. 657.

遗憾的是，随着政治家本身的"退化"，尤其是2009年祖玛总统上台后，南非的民主能否依然稳固被打上了问号。祖玛成为非国大领袖后，曾经以783种罪名被起诉。但当选总统之前，公诉机构神奇地取消了所有这些起诉。因此有人怀疑检察机关的政治独立性已经变得可疑。选举委员会——另一个对于民主质量意义重大的机构——2015年被宪法法院裁决为曾经"默许选举舞弊"。公共媒体的中立性也变得有沦为执政党宣传平台的倾向，反对党民主联盟不得不以起诉的方式要求国家广电公司也去报道它的活动。

或许，南非的案例恰恰说明，没有任何新兴民主国家的民主稳固是一劳永逸的，即使是五轮选举之后，狭隘的选民和傲慢的政治精英同样可能使民主脱轨。但不管怎么说，通过南非的案例，我们看到，即使一个国家民主转型的结构性、历史性和国际性条件不利，如果存在着尊重多元、强调制衡的政治家，民主稳固仍然是可能的。而委内瑞拉的案例则说明，即使一个国家的民主转型条件更有利，狭隘、激进的政治精英同样可能将现有的民主制度毁于一旦。

五、总结

著名政治学家林茨曾经将民主稳固定义为"主要政治力量将民主规则作为政治的唯一游戏规则"。根据这一定义，70年代以来的第三波民主化在民主稳固方面遭遇了重大挑战，一半左右的新兴民主国家经历过民主崩溃或大规模暴力冲突。

如何解释民主稳固的困难？一部分学者试图在民主化本身与政局动荡之间建立必然的联系，但是实证材料显示并非如此。如前所述，大约有一半左右的新兴民主国家走向了相对的民主稳固，也就是说，在发展中国家引入民主制度，并不必然引发系统性、暴力性的政治危机。这当然不是说这些国家没有重大的政治、经济和社会问题，而是说，当这些国家面对这些问题时，其主要政治力量将民主规则视为解决这些问题的根本途径。

那么，为什么有些国家/地区能够相对顺利地实现民主稳固，而另一些则不能？政治学家提出了各种各样的解释——经济水平的解释，社会结构的解释，国际环境的解释，正式政治制度的解释以及政治文化的解释。这些解释都相当有力，在不同的情境下帮助我们理解民主稳固困局的发生机制。但是，在现有的解释机制之外，本文试图提出一个很重要但被严重忽视的视角——"精英行为"的视角。与前述结构性、制度性等相对静态的解释不同，这是一种强调"政治人"主观能动性的视角，尤其是政治精英作为转型掌舵者的角色。同时，本文格外强调观念——尤其是民主观念的重要性。很大程度上，政治精英如何理解、实践民主形塑着新兴民主的前途。具体而言，两种不同的民主观念——实体化民主观和程序化民主观——形成两种民主模式，一种是赢者通吃式模式，一种是多元制衡模式，前者往往是导致民主难以稳固的重大原因，而后者更有利于民主稳固。通过具体分析这两种民主行为模式的异同，本文展示了赢者通吃式民主模式何以带来民主稳固的困局。此外，本文还通过委内瑞拉和南非这两个案例，进一步演示了两种民主模式和民主稳固的关系。

在民主稳固的各种解释中，强调"精英行为"的视角，不仅构成对现有理论的有力补充，也具有特殊的现实意义。这是因为，在政治转型的"关键时刻"（critical juncture），经济水平、社会结构和政治文化都是相对静态的，只有政治行动者的行动最具动态性，因此对于寻求"怎么办"的人来说，最具有政治实践意义。固然，政治行动者往往是在一定的约束下进行选择，而且其选择空间往往随着局势发展而变化，但是结构性约束并不意味着任何选择空间都不存在。事实上，一定程度上可以说，政治行动者的选择对于经济水平、社会结构和政治文化具有内生性塑造效果——查韦斯主义的行动导致了委内瑞拉经济的衰退与危机、亚努科维奇的行为恶化了乌克兰的东西结构性分裂、莫西和穆兄会塑造了埃及转型期一种水火不容的政治文化。换言之，经济水平、社会结构和政治文化塑造政治行动者的行动空间，反过来政治行动者也塑造这些结构性约束的"松紧程度"。

正如阿西蒙格鲁（Acemoglu）和罗宾逊（Robinson）在《国家为什么会

失败》中指出，人们在历史的"关键时刻"所作出的选择往往具有以小化大、积少成多的"锁定效应"。[①] 最初的选择限定后来的选择，选择的半径随着路径依赖逐渐缩小，到最后行动者往往发现自己已经没有了选择。当赢者通吃式的行动恶化了社会对立、两极化政治文化甚至造成了经济危机，一个社会要从民主危机轨道切换到民主稳固轨道通常极其困难。为了导向良性均衡，从一开始人们就应当意识到"实体化民主观念"的观念陷阱。事实上，将民主之"民"理解为一个排他性的、道德优越的实体，并因此无限扩大选举授权，不仅仅是一个陷阱，而且是一种诱惑。只有将民主理解为一种向全社会开放的、持续的、包容性的对话机制，而选举——和司法独立、新闻自由、地方分权、自主的市场与私域、部分国家权力机构的政治中立一起——推动这场"无尽的对话"，民主才可能逐渐走向稳固。

（本文原刊于《开放时代》，2016 年第 3 期）

[①] Daron Acemoglu & James Robinson, *Why Nations Fail*, Crown Business, 2012.

公民社会与西班牙民主化

谈火生

一、引言

在很多研究者看来，公民社会在民主化过程中扮演着重要的角色。公民社会不仅是推动转型发生的关键行为者，而且有助于民主价值的培育。① 强大的公民社会是创造一个从独裁到民主的通道的前提，公民社会的存在和运行是实现政治民主的必要条件。② 尽管现在没有多少学者会简单地主张，公民社会自身就能带来民主的巩固。但是，奇怪的是，大量关于公民社会的论述都包含这样的假设，特别是新托克维尔主义的理论家们。③ 几乎所有认为公民社会和民

---

① Caroline Boussard, "Civil Society and Democratization: Conceptual and Empirical Challenges", in *Development and Democracy: What Have We Learned and How?*, edited by Ole Elgström and Goran Hyden, Routledge, 2002, pp. 156 - 172.

② 一般认为，民主化的研究路径主要有两个：一是结构取向；二是行为者取向。结构取向的核心假设是民主化的道路取决于结构性力量，而不是政治精英之间的策略选择和互动，特定的结构性力量会引导政体朝着民主化的方向发展。行为者取向则将民主化视为一个高度不确定的过程，其中充满了精英的分化、冲突、无法预测的策略计算、各种未预期的后果。因此，它强调政治精英的偏好、行为以及它们之间的互动在民主化进程中的作用。就此而言，强调公民社会在民主化过程中有重要作用的观点一般出自结构取向的研究。

③ Omar G. Encarnacion, *The Myth of Civil Society: Social Capital and Democratic Consolidation in Spain and Brazil*, Palgrave Macmillan, 2003, p. 23.

主之间存在因果关系的人都会引用阿列克西·德·托克维尔（Alexis de Tocqueville）下面这句名言："在民主国家，结社的学问是一门主要学问。其余一切学问的进展，都取于这门学问的进展。"按照托克维尔的观点，公民社会之所以具有促进民主的功能，是因为志愿性社团及其活动有助于提高公民的民主能力，培养出具有美德的公民。大量的公民结社是美国能够进行前所未有的民主实践的关键原因。[1] 沿着托克维尔的思路，学者们发展出更为精致的理论论述，在活跃的公民社会和民主之间建立起因果关系。[2] 但是，我们在西班牙看到的情况却是：虚弱的公民社会和非常成功的民主转型。

按照学者们通常使用的衡量标准，西班牙无论是在民主化过程中还是在民主化之后，其公民社会的发育程度都是非常低的。在历史上，西班牙的公民社会就不发达，其社会组织呈碎片化状态，且发展迟滞。[3] 即使是在佛朗哥掌权之前，西班牙人要想组织起来都是非常困难的。20世纪初，西班牙著名的思想家何塞·奥尔特加·加塞特（José Ortegay Gasset）曾痛心疾首，称其祖国是"一盘散沙"。整个国家处于深深的分裂状态，缺乏社团生活作为纽带，各种对立——共和主义者 vs. 君主论者、科学主义者 vs. 神学家、专制论者 vs. 无政府主义者——将西班牙撕成了碎片。这些对立的最终结果就是内战。[4] 如果用托克维尔在《论美国的民主》中的术语来描述西班牙人的话，可以说西班牙是一个"孤独的民族"（a nation of loners）。按照"世界价值观调查"，直到今天为止，西班牙仍是对社团生活最缺乏兴趣的国家之一，西班牙人参加志愿性社团（无论是工会、宗教团体，还是政党）的比例是最低的。[5] 以至于有学者提出了所谓"西班牙参与之谜"的问题：尽管民主程序已经非常制度化，但是，公民参与却步履蹒跚，西班牙的参与率非常低，无

---

[1] 〔法〕托克维尔：《论美国的民主》，董果良译，商务印书馆1988年版，第213—221、635—640页。
[2] 其中，最著名的要数罗伯特·帕特南（Robert Putnam），其名著《使民主运转起来》是代表之作。〔美〕罗伯特·帕特南：《使民主运转起来》，王列等译，江西人民出版社2001年版。
[3] Omar G. Encarnacion, *The Myth of Civil Society: Social Capital and Democratic Consolidation in Spain and Brazil*, Palgrave Macmillan, 2003, p. 47.
[4] Howard J. Wiarda and Margaret MacLeish Mott., *Catholic Roots and Democratic Flowers: Political Systems in Spain and Portugal*, Praeger Publishers, 2001, p. 106.
[5] Omar G. Encarnacion, *Spanish Politics*, Polity Press, 2008, p. 69.

论是志愿性社团还是其他的公民活动。在西班牙，只有 1/3 的成年人加入至少了一个社团，与之形成对照的是，在巴西，只有 1/3 的人没有参加任何社团；韩国则有 9/10 的人至少加入了一个社团。这种状况不禁让人惊呼："公民意识贫血症在西班牙到处流行"[1]。

参加志愿性社团的人数所占比例（%）

国家	宗教团体	工会	休闲团体	文化团体	政治团体
美国	27.9	1.7	8.3	9.9	4.7
中国	2.5	0.8	6.7	8.2	19.3
芬兰	6.4	8.0	15.9	8.5	6.8
加拿大	15.5	3.6	12.3	9.2	3.7
智利	11.9	2.1	6.5	6.2	2.3
比利时	6.8	1.9	6.1	7.4	1.6
墨西哥	9.5	1.9	4.5	5.2	3.1
巴西	12.6	1.7	3.6	2.8	2.3
匈牙利	2.4	4.4	3.6	2.7	4.6
日本	2.5	1.4	2.8	3.0	1.4
西班牙	2.1	0.7	1.3	1.3	0.5

资料来源：World Values Survey, 1991—1993。

与此同时，西班牙的民主化无疑是非常成功的。尽管在佛朗哥去世之时，大多数政治家和政治学家对于西班牙的民主化前景并不看好，甚至可以说是非常悲观。但是，西班牙后来所取得的民主成就让很多人都大跌眼镜。当西班牙开始向民主蹒跚起步时，胡安·J. 林茨（Juan J. Linz）警告到，西班牙社会存在的极化和碎片化状态会引发一场"迫在眉睫的合法化危机"[2]。事实却

---

[1] Peter McDonough, Samuel H. Barnes and Antonio López Pina, *The Cultural Dynamics of Democratization in Spain*, Cornell University Press, 1998, p. 1.

[2] Juan J. Linz, "Europe's Southern Frontier: Evolving Towards What?", in *Daedalus*, Vol. 108, No. 1, Winter 1979, pp. 175–209.

是，过去几十年的经验表明，西班牙的民主化堪称范例。在1970年代末，佛朗哥去世后的仅仅几年时间，西班牙就实现了从威权政体向民主政体的平稳过渡，缔造了1970年代最成功的一个转型范例，以非常有序的方式将民主植入政治社会的肌体；在1980年代，民主政体成功地应对了各种挑战，如经济改革、军队现代化、分权化改革，这些挑战曾让很多新兴的民主国家痛苦不堪。这一成就被拉美、亚洲和中东欧的新兴民主国家惊为"奇迹"和"模范"。从1990年代中期到21世纪初，当很多新兴民主国家退化为委任制民主（delegative democracy）或"非自由的民主"（illiberal democracy）时，西班牙的民主制度仍然保持了良好的品质，没有像那些国家一样受到普遍的腐败、大规模的侵犯人权、政府不透明、不负责任，权力高度集中等问题的困扰。[1]以至于林茨感叹到：正如魏玛共和国是研究民主崩溃的理想案例一样，西班牙是研究协议式民主转型与迅速民主巩固的典型个案。[2]

面对如此巨大的反差——虚弱的公民社会和成功的民主转型，我们的心中不禁会浮现出一个问题：公民社会和民主化之间到底是什么关系？为什么西班牙在公民社会非常不发达的情况下顺利实现了民主化，而且成为民主化的样板？

本文试图通过对西班牙个案的研究，对本文开头所引述的观点提出质疑，并尝试提出一种更为复杂的解释框架。本文考察的时段主要集中在1975年11月佛朗哥去世后到1982年西班牙工人社会党上台。当然，在具体的论述过程中，也会向前延伸到佛朗哥去世之前十几年所发生的一些事件，因为它们是后来历史进程的一个必要准备，不对这个准备阶段进行梳理，就无法理解后来发生的很多事情。

二、西班牙公民社会的性质与特点

在考察西班牙公民社会与其民主化的关系之前，我们首先需要做的工作

---

[1] Omar G. Encarnacion, *Spanish Politics*, Polity Press, 2008, p. 4.
[2] 〔美〕胡安·林茨、阿尔弗莱德·斯泰潘：《民主转型与巩固的问题：南欧、南美和后共产主义欧洲》，孙龙等译，浙江人民出版社2006年版，第91页。

是对西班牙公民社会的性质和特点进行考察。

1. 公民社会的性质：合作型公民社会

宽泛地讲，公民社会是这样一个"有组织的社会生活领域：它是开放的、自愿的、自发形成的，至少在一定程度上是自我维持的，有着相对于国家的自主性，又受着法律秩序或者一套共有的规则的制约"。公民社会与政治社会不同，政治社会由政党和国家机关、政府组成；它也不同于经济社会，经济社会由追逐利润的企业和公司构成。[①] 学界对公民社会有不同的分类，就其与民主化的关系而言，笔者拟从国家与社会关系的角度将公民社会分为合作型公民社会和对抗型公民社会。合作型公民社会承认现存的基本政治社会秩序，其目标仅限于通过自身的行动来推动局部改革或对公共政策施加影响。因此，它愿意与国家合作，起码不将与政府对抗作为基本的手段。对抗型公民社会则否定现存的基本政治社会秩序，其目标是对秩序进行根本性变革。因此，它与国家处于对立的状态，试图颠覆现存秩序。在这个意义上，合作型公民社会的基本态度是温和的，而对抗型公民社会的基本态度则是激进的。但这不是说合作型的公民社会就没有抗争，而是说其抗争的目标更多地是针对具体的政策，而不是整个政治秩序；其诉求更多地是经济性和社会性的，而不是政治性的。

就西班牙而言，公民社会的主要组成部分是工会、邻里协会、学生社团、天主教会组织和异见团体。可以说，从历史上讲，西班牙的公民社会就非常脆弱，经过内战和随后的独裁统治，本来就虚弱不堪的西班牙公民社会几乎完全被摧毁。但是，在佛朗哥统治晚期，西班牙的公民社会曾经历了一次真正的复兴，其最典型的表现是城市草根运动的兴起，工会、学生社团、邻里协会、异见团体等都十分活跃。此次复兴的起点是邻里协会，这个活跃的社会网络最开始是 1970 年代早期出现在马德里和巴塞罗那这些工人阶级比较集中的城市。1970 年，邻里协会刚刚组建之时只有 6 个人，到 1977 年，加入其

---

① Diamond, L., *Developing Democracy: Toward Consolidation*, Johns Hopkins Press, 1999, p. 221.

中的家庭达到 1400 个。开始，协会的目标仅仅是提高生活质量（特别是改善居住条件），但很快其目标就扩展到政治自由化等要求。但当时公民社会最重要的发展可能是有组织的工人运动重新登上政治舞台。我们知道，直到 1976 年，随着《政治改革法》的出台，独立工会才获得合法地位，但是，在此之前，西班牙工人组织的各种协会早已取得了长足的发展。合法化之后，工会更是发展迅速，1977 年，有 400 个国家级工会和 2400 个地方工会登记成立。①

在这些公民社会组织及其所发起的各种社会运动中，工会和它所领导的工人运动最能反映西班牙公民社会的性质及其特点。② 下面，我们就以它为例来进行说明。

有学者认为，西班牙民主转型及巩固的一个关键条件是，工人阶级的要求和行为相对来说比较温和。无论是面对新的民主政治制度还是随后的经济危机，工人阶级都能及时进行调整。③ 但是，在作出这一论断时，我们不能不注意到一个事实：在整个民主转型时期，工人罢工不断，在民主转型的关键时期 1976—1978 年，西班牙每年因罢工而损失的工时达到 1200 万到 1600 万个工作日，这几乎是同时期法国的六倍。

西班牙民主转型时期的罢工（1975—1982）

年份	罢工次数	参与罢工的人数
1975	855	556371
1976	1568	3638962
1977	974	2317026
1978	1356	3633004

---

① Omar G. Encarnacion, *Spanish Politics*, Polity Press, 2008, p. 73.
② 邻里运动持续的时间不长，在西班牙的社会影响有限。邻里运动没能亲眼见证西班牙成功的民主转型，它过早地夭折了。就在 1977 年第一次选举之前，邻里组织就急剧地衰落了。天主教会基本属于佛朗哥政权的外围组织，虽然后期与佛朗哥政权保持一定的距离，但还是通过政权获得很多特权。在民主转型过程中，天主教会对于大众动员异常冷漠。它对民主化袖手旁观，既不反对，也不支持。这与东欧、亚洲和拉美的情况截然不同，在那些地区，教会在民主化进程中扮演着极其重要的角色。Omar G. Encarnacion, *The Myth of Civil Society: Social Capital and Democratic Consolidation in Spain and Brazil*, Palgrave Macmillan, 2003, pp. 50-58.
③ Victor M. Pérez-Díaz, *The Return of Civil Society: The Emergence of Democratic Spain*, Harvard University Press, 1993, p. 236.

续表

年份	罢工次数	参与罢工的人数
1979	1789	5752304
1980	1669	2461061
1981	2556	3358214
1982	2582	1634062

资料来源：Comisiones Obreras, *De los Pactos de la Moncloa al ASE*, Madrid C. S. Comisiones Obreras, 1989. Quoted from Omar G. Encarnacion, *Spanish Politics*, 2008, p. 74.

那么，如何解释如此频繁的罢工和所谓的温和之间的矛盾呢？我们可以将问题换一个问法：工人罢工所要求的是更为实质性的变迁，还是仅仅在现存框架下的利益冲突呢？佩雷斯－迪亚斯（Victor M. Pérez-Díaz）通过对相关调查数据①的分析后发现，工人不仅对于企业和工会的态度是非常温和的，而且对宏观层次的政治和经济秩序的态度也是很温和的。这种态度上的连续性取决于工人对自身在社会秩序中的位置的理解。调查显示，西班牙工人的阶级意识是很淡漠的。1980年，只有37%的产业工人认为自己是工人阶级（这一比例在1984年下降到20%），同时，有37%的人认为自己是中产阶级（这一比例在1984年上升到44%）。另外，只有47%的人认为自己属于哪个阶级是很重要的，39%的人则认为无所谓。与此相应，工人对资本主义和市场经济的认同度很高（当然，这并不意味着他们会热情地拥抱它），这至少有两个后果：其一，即使大多数工人支持左翼政党（工人社会党或共产党），这并不意味着他们会赞成对社会进行根本性变革，或赞成采取激进的改革形式。其二，即使工人赞成建立另外一种政府形式，这也不意味着他们会拒斥现任政

---

① 基于三次针对产业工人进行的大样本全国性民意调查，这三次调查分别于1978、1980和1984年举行，样本数分别为：3500、2200和2200人。

府的政策。①

从1980年开始，调查问卷中设计了两个关于参与管理的问题让工人来回答：（a）工人应该有机会参与与其工作相关的各种组织问题的决策，但是，管理、投资等决策则应交给企业的管理部门。如果工人对此问题回答是"不"，那么，就要进一步回答下一个问题："请简要回答你为什么不同意"。对于这个问题，问卷设计了两个选项："工人没有理由对其工作的组织问题进行决策"或"工人应该参与投资等问题的决策"。（b）工会应该尽可能地争取提高工资，为了实现这个目标，工会应该提高产量，这样就有更多的资金用于分配，同时又不用分担管理层的责任。如果工人不同意这个观点，就要进一步追问："你不同意的究竟是哪一点？"，给出的选项是："工会不应该操心产量问题"或"工会应该分担管理层的责任"。调查结果是，1980年，受访者中85%的人同意观点a（1984年则有89%的人同意观点a，只有6.5%的人不同意，也就是说，6.5%的人认为应该扩大工人参与决策的权力），71%的人同意观点b（1984年则有73%的人同意观点b，11.7%的人不同意，也就是说，11.7的人认为应该扩大工会的权力）。这个调查结果显示，工人的态度是温和的，希望改变现有权威结构的人是很少的。②

那么，为什么西班牙工人阶级的态度会比较温和？起码有两个方面的原因，一是原有政治社会结构的影响，特别是佛朗哥时期法团主义政治遗产的影响。二是自1950年代末以来经济改革所产生的积极后果。

第一，我们先来看法团主义政治遗产的影响。按照威廉姆森（P. J. Williamson）的考察，法团主义（Corporatism）的重要思想渊源是欧洲天主教教义。③ 而我们知道，西班牙是欧洲天主教最坚固的堡垒，因此，法团主义传统在西班牙根深蒂固。即便是佛朗哥上台，他也不得不按照这一传统来构造其

---

① Victor M. Pérez-Díaz, *The Return of Civil Society: The Emergence of Democratic Spain*, Harvard University Press, 1993, pp. 244 - 245.

② Victor M. Pérez-Díaz, *The Return of Civil Society: The Emergence of Democratic Spain*, Harvard University Press, 1993, p. 264.

③ 张静：《法团主义》（修订版），中国社会科学出版社2005年版，第22页。

统治体系。佛朗哥出台了一系列的法律来规制公共生活，作为自由结社生活的替代品，佛朗哥支持的是一种强制性的公民社会构建计划，组织"公民社会"的任务就由天主教会来承担。① 从一开始，佛朗哥政权就试图回应内战造成的广泛分裂，倡导"有机法团主义"（organic-corporatist），将其作为国家的组织原则，旨在促进社会的和平，西班牙社会被描绘为一个和谐的金字塔结构，在金字塔的塔尖是国家，底部则是家庭。国家掌控着批准社会组织、政治组织和其他各种组织的权力。这个政治金字塔的主体由以下几部分构成：省和市的行政部门、统一的等级制国家机构，即西班牙工团组织，一般称之为垂直工会（the Vertical Syndicate）。尽管我们可以用各种方式来描述佛朗哥政权的法团主义特征，但工团可能是佛朗哥法团主义策略的主要支柱。它遍布每一个工厂车间，控制着劳工关系的每一个环节，甚至产品本身的各种特征。可以说，法团主义策略的高度制度化就体现在工团之中。② 佛朗哥通过鼓励公民参加由国家批准的各种组织来创造一种公共生活，国家有选择地和工人运动合作，并将天主教会整合进国家的结构之中。③

那么，这种法团主义的政治遗产对民主转型时期的工人阶级有何影响呢？

首先，法团主义的政治实践强化了西班牙人传统的政治态度和政治倾向。传统的法团主义结构是伊比利亚版本的公民社会的基本骨架。在这种社会结构之中，社会成员的义务和角色要求是确定的，确定的根据是阶级、性别甚至是出生的等级。将政治体黏合在一起的绝对不是托克维尔所说的社团生活，而是一种信念，它相信垂直的等级制社会结构绝对是天经地义的：国王就应该统治其臣民，教皇就应该统治主教，老板就应该统治工人。即便是著名的共和主义思想家加塞特也从来不鼓吹社会平等，他相信群众就应该接受睿智

---

① Omar G. Encarnacion, *The Myth of Civil Society: Social Capital and Democratic Consolidation in Spain and Brazil*, Palgrave Macmillan, 2003, p. 59.
② Joe Foweraker, "Corporatist Strategies and the Transition to Democracy in Spain", in *Comparative Politics*, Vol. 20, No. 1, Oct. 1987, pp. 57 - 72.
③ Omar G. Encarnacion, *Spanish Politics*, Polity Press, 2008, p. 70.

的贵族的领导。① 佛朗哥40余年的法团主义政治实践强化西班牙人的这种政治倾向。1970年代所进行的社会调查显示，大多数人对于佛朗哥政权是持默许的态度。西班牙人对政党没什么好感，他们更希望有一个强有力的领袖，能解决西班牙面临的各种问题。② 也正由于同样的原因，西班牙人认同君主制，这是君主制在西班牙能重新确立并与民主制共生共荣的重要前提。

其次，法团主义的政治实践培养了西班牙人通过协商而不是对抗来解决社会冲突的行为模式。按照菲利普·施密特（Philippe Schmitter）的经典解释，法团主义是这样一种代表系统，它由一些有选举权的单位（constituent units）构成，这些单位数量有限，按照功能分化的原则被组织进一个等级秩序之中，在其中，它们具有明确的责任（义务），它们之间是一种非竞争性的关系。这些单位得到国家的认可（如果不是由国家创建的话），并被授权在各自的领域中享有垄断性的权力，代表该行业参与协商（a deliberate representational monopoly）。作为交换，它们在领导人的选择、需求的表达和组织支持等方面，在一定程度上要受国家的节制。③ 从这个定义中，我们发现法团主义其实是一种制度化的协商机制，它按照行业来加以组织，并在国家的统一协调下进行。尽管它是一种等级体系，尽管国家在其中具有举足轻重的地位，但是，其基本的运作机制不是镇压或对抗，而是协商。代表功能利益的垄断组织与国家之间建立常规协商关系，国家要求它们为有关的公共政策提出意见，但作为交换，它们必须说服其成员与国家合作，来实现政策的有效实施。④

我们注意到，西班牙民主转型的一个重要特点是，其威权体制和民主体制之间没有明显的界线。整个转型是在现有政权的主导下完成的。在此过程中，不仅反对派能与政府通过协商的方式达成共识，公民社会也认同精英们

---

① Howard J. Wiarda and Margaret MacLeish Mott, *Catholic Roots and Democratic Flowers: Political Systems in Spain and Portugal*, Praeger Publishers, 2001, p. 106.

② Victor M. Pérez-Díaz, *The Return of Civil Society: The Emergence of Democratic Spain*, Harvard University Press, 1993, p. 31.

③ Philippe Schmitter, "Still the Century of Corporatism?", in Fredrick B. Pike and Thomas Stritch (eds.), *The New Corporatism*, Notre Dame, 1974, pp. 85 - 131. 此处翻译参考了张静译文。见张静：《法团主义》（修订版），中国社会科学出版社2005年版，第25—26页。

④ 张静：《法团主义》（修订版），中国社会科学出版社2005年版，第27页。

达成的这些共识。那么，这种处理冲突的方式是如何产生的呢？除了内战记忆的抑制作用之外，法团主义政治实践也在其中发挥着重要的作用。垂直的辛迪加联合体不仅提供了政治空间，而且提供了政治激励，使得工人委员会组织并创造了议会中的直接民主传统，以及有效而自由的集体协商。工人委员会开始赢得策略性斗争的胜利，成为有效的代表，并建立起一种非正式的传统：与企业主进行"自由的"集体谈判。① 随着民主化进程的启动，"自由的"集体谈判的历史经验不仅重建了国家与公民社会之间的关系，而且为协议型政治转型奠定了基础。

第二，我们再来考察1950年代末以来经济改革所产生的积极后果。可以说，这种积极后果是一种未预期的后果，佛朗哥当年在启动这场改革时，可能并没有想到它会重新塑造西班牙人的政治态度和政治倾向。

从长期来讲，1950年代开始的经济发展带来了西班牙社会基本结构的深刻转型。经过20多年的发展，西班牙从一个农业国转变为一个工业化城市化的国家，农业人口从49%下降到1975年的26%。经济的发展使成千上万的西班牙人转移到中心城市。这种结构性变化不仅使得农村地区的意识形态色彩淡化，农业不再是社会冲突的源泉，而是发挥着稳定器的作用；而且，更重要的是，它使西班牙的工人阶级从经济增长中获得了巨大的好处。1975年，工薪阶层收入占国民收入的比重比1962年高12个百分点。社会保障资金在国民生产总值中所占比重也翻了一番，从4.2%提升到9.3%。国家对教育的投入在政府开支中的比重也从1953年的8.2%上升到17.7%。佛朗哥政权晚期的经济发展使绝大部分西班牙人的生活水平与他们的西欧邻居们不相上下。因此，在普通民众的眼中，国家是工人的保护者和恩人。在这一背景下，西班牙工人阶级的政治态度和政治倾向得到了重新塑造。佛朗哥政权晚期的经济好运使工人阶级从激进转为温和，在政治上相当地节制。有学者认为，经济的发展使西班牙的普通民众经历了某种意义上的资产阶级化，阶级之间的

---

① Foweraker, Joe, *Making Democracy in Spain: Grass-roots Struggle in the South, 1955 - 1975*, Cambridge University Press, 1989, p. 9.

屏障被部分地溶解了。因此，毫不奇怪，在民主转型期间，西班牙的无产阶级存在"阶级意识的危机"。这也解释了为什么在民主转型期间西班牙的工人阶级很少表现出改变现存社会经济秩序的热情。[1]

按照我们前面的分类，西班牙的公民社会可以称之为合作型公民社会。[2]西班牙公民社会的这种特殊性质是其民主转型及巩固的一个重要条件。除此之外，西班牙公民社会的结构性特点也是我们不能不加以留心的。

2. 公民社会的结构性特点

西班牙公民社会的结构性特点主要有两个：一是集中化程度非常高；二是左翼政党的突出作用。

我们先来看第一个特点。在前佛朗哥时期，最强大和最重要的工会是"全国工人联盟"（Confederación Nacional del Trabajo, CNT）和"全国工人联合会"（Unión General de Trabajadores, UGT），前者无政府主义者，后者则属于社会主义者。但在内战结束后，前者完全解体，后者急剧衰落，UGT当时只有区区数千会员，主要集中在巴斯克地区和阿斯图里亚斯地区。[3] 前文已述，在佛朗哥统治初期，西班牙的公民社会几乎被打压殆尽，至佛朗哥统治晚期才逐渐复苏。其中，公民社会最重要的发展可能是有组织的工人运动重新登上政治舞台。当民主化启动之初，工人运动成为公民社会最重要、也是组织最完善的部分。

我们知道，直到1976年，随着《政治改革法》的出台，独立工会才获得合法地位，但是，在此之前，西班牙工人组织的各种协会早已取得了长足的发展。合法化之后，工会更是发展迅速，1977年，西班牙有超过400个全国

---

[1] Omar G. Encarnacion, *The Myth of Civil Society: Social Capital and Democratic Consolidation in Spain and Brazil*, Palgrave Macmillan, 2003, pp. 89-90.

[2] 当然，这并不是说西班牙的公民社会就完全没有对抗性的成分，而是强调从整体而言，西班牙公民社会更倾向于合作式的互动模式。这也不否认在某些特定的阶段，其对抗性的成分可能有所上升，例如，在1975—1976年间。甚至可以说，在这段时间，西班牙公民社会更接近一种对抗型的公民社会模式。同时，在这段时间，它也处于比较活跃的状态。

[3] Omar G. Encarnacion, *The Myth of Civil Society: Social Capital and Democratic Consolidation in Spain and Brazil*, Palgrave Macmillan, 2003, p. 51.

性的工会和2400个地区性工会。① 其中，最大的工人组织无疑是工人委员会（workers' commissions, CCOO），它成立于1960年代初，当时处于非法状态，尽管她寄生于佛朗哥政权的垂直工会之中，但其目标却是反对佛朗哥政权。它很快成为反对佛朗哥统治的关键力量。在相当长一段时间里，CCOO基本上就是西班牙工人运动的代名词，直到民主转型之后，UGT才重新恢复生机，到1978年，UGT的力量仍不及CCOO的一半。而且，西班牙产业工人工会还有一个非常重要的特点：集中化程度非常高。大约80%的工人加入的是两个最大的工会：CCOO和UGT，小工会几乎没有多少生存的空间。②

我们再来看第二个特点。西班牙公民社会主要是在左翼政党的领导下发展，并在左翼政党的组织下成为民主化的推动力量。西班牙的左翼力量主要有三支：无政府主义、工人社会党和共产党。西班牙共产党（Partido Comunista de España, PCE）的力量其实一直很弱小，在内战前党员人数从来没有超过5000人。当时左翼运动的主角是无政府主义和社会主义。特别是无政府主义，它才是西班牙最强有力的群众组织，在内战爆发前，其党员人数超过100万。当时西班牙的公民社会组织基本在其麾下，西班牙的工人阶级也是在无政府主义者而不是在共产党的领导下走上街头。③

西班牙工人社会党（Partido Socialista Obrera Español, PSOE）在内战后流亡西欧，并在海外组织流亡政府，希望通过国际压力来促使佛朗哥政权实现自由化。而西班牙共产党则转入地下斗争，组织公民社会来反对佛朗哥政权。1960年代到1970年代，反佛朗哥的公民社会的形成得益于西共成功的组织工作。学生运动、工人运动和邻里组织，均是在西共的组织下发展起来的。④

CCOO之所以能够很快成为反对佛朗哥统治的关键力量，这要得益于西班牙共产党有力的组织和领导。CCOO成立不久，西共就控制了它的基层组

---

① Omar G. Encarnacion, *Spanish Politics*, Polity Press, 2008, p. 73.
② Victor M. Pérez-Díaz, *The Return of Civil Society: The Emergence of Democratic Spain*, Harvard University Press, 1993, p. 267.
③ Mujial-Leon, Eusebio, *Communism and Political Change in Spain*, Indiana University Press, 1983, pp. 5 - 6.
④ Omar G. Encarnacion, *Spanish Politics*, Polity Press, 2008, p. 75.

织①，共产党的工人运动领袖在其中扮演了重要的角色，他们充实了各级工人委员会的组织系统（包括省、地区乃至全国性工人委员会），在工人委员会中发挥着实质性的影响。尽管工人委员会自称是独立自主的，但它实际上是西班牙共产党在国内的工会。工人委员会领导机构的27名成员中有21人是西班牙共产党党员。② 通过对 CCOO 的组织控制，西班牙共产党成功地将 CCOO 转变为公民社会的主要力量，从佛朗哥威权政体内部起而反对之。③ 对当时的佛朗哥政权来讲，CCOO 简直就是"西班牙共产党的分店"或"工具"。④

可以说，在西班牙民主化的准备期和启动阶段，公民社会的动员机制的核心是西班牙共产党，它在佛朗哥晚期成为西班牙公民社会复苏的孵化器。事实上，如果不算共产党的活动的话，不仅公民社会的复苏根本谈不上，而且更谈不上将公民社会整合进民主转型的共识政治之中了。毫不夸张地讲，直到民主转型启动之时为止，西班牙共产党是西班牙组织最完善的政党，其组织网络覆盖了每一个村庄，其党员的数量最大，并深深地扎根于公民社会之中，与反对佛朗哥政权的斗争紧密地关联在一起，因此，或者直接加入共产党，或者与共产党合作，参与共产党领导的反佛朗哥政权的斗争，这几乎已经成了新一代西班牙人走上政治舞台时必须通过的一项仪式。⑤

值得注意的是，西班牙共产党在公民社会中的这种压倒性优势对后来的民主转型具有重要意义。1977年之后，西班牙共产党和工人社会党都致力于

---

① Omar G. Encarnacion, *Spanish Politics*, Polity Press, 2008, p. 73.
② Mujial-Leon, Eusebio, *Communism and Political Change in Spain*, Indiana University Press, 1983, p. 60, 72. 1966 年以后，共产党在工人委员会中的影响急剧上升。这主要是因为以下两个方面的原因：（1）作为一个有着真正全国性网络的组织，它可以支配工人委员会，并对其决策进行控制。（2）共产党可以从国外（如苏联支持的世界工会联合会）获得大量资金，并可用于工人委员会的组织。Mujial-Leon, Eusebio, *Communism and Political Change in Spain*, Indiana University Press, 1983, p. 63.
③ Omar G. Encarnacion, *The Myth of Civil Society: Social Capital and Democratic Consolidation in Spain and Brazil*, Palgrave Macmillan, 2003, p. 51.
④ 〔西德〕瓦尔特·豪布里希、卡斯滕·莫泽尔：《佛朗哥的遗产》，林荣远、张鲁迪译，商务印书馆1980年版，第107—108页。当然，在不同的地区，共产党对 CCOO 的控制程度是不一样的，在北部地区，如加利西亚和桑坦德，几乎没有共产党人位居工人委员会之首；相反，在马德里和巴塞罗那，共产党人在 CCOO 中占统治地位。
⑤ Omar G. Encarnacion, *The Myth of Civil Society: Social Capital and Democratic Consolidation in Spain and Brazil*, Palgrave Macmillan, 2003, pp. 92 - 93.

塑造一种温和的形象，并告别过去那种政治极端主义的做法。他们支持苏亚雷斯的共识政治，坚决支持蒙克洛阿盟约，支持通过协商制定新的宪法，并推动工人运动与政府进行合作。1977年选举过后，西班牙共产党和工人社会党就开始对公民社会进行收编，很多社会运动兴起没多久就被遣散。正是因为这个原因，草根形式的社会动员——城市的邻里运动——才突然中断了；[①]也正是因为这个原因，西班牙产业工人工会的会员人数在1978—1984年间大幅度下降；1978年，工会会员占工人总数的57.4%，到1980年，这一比例只有33.8%，1984年更是降至23%。[②]

与此同时，这两个政党在签署了蒙克洛阿盟约之后就对其麾下的工会进行约束，使之不再进行罢工。这就是为什么在整个民主化过程中总罢工（general strikes）非常少见的关键原因之一。而在其他国家，总罢工常常成为民主化进程中政治稳定的巨大威胁。[③]

可以说，在整个民主转型和巩固过程中，西班牙共产党和工人社会党这两个左翼政党扮演着重要的角色，用林茨的话来说就是，它们一直是"忠诚的反对派"。在新兴的民主体制中，左翼政党在民众的政治倾向的塑造过程中仍发挥着关键作用。左翼政党将共识这种价值取向带给了他们的选民，用共识和实用主义代替了对抗和极端主义。[④]尽管两党中有很多人还是主张激进的变革，但是，两党愿意与政府合作，这无论是对于民主而言还是对于公民社会而言都是一件大好事。如果没有左翼政党的指导和支持，我们很难想象在

---

① 西班牙共产党是邻里运动的幕后支持者，据报道，西共第14次代表大会的代表中，有68%的代表是各级邻里协会的会员。Omar G. Encarnacion, *The Myth of Civil Society: Social Capital and Democratic Consolidation in Spain and Brazil*, Palgrave Macmillan, 2003, p. 93.

② Victor M. Pérez-Díaz, *The Return of Civil Society: The Emergence of Democratic Spain*, Harvard University Press, 1993, p. 267.

③ Omar G. Encarnacion, *The Myth of Civil Society: Social Capital and Democratic Consolidation in Spain and Brazil*, Palgrave Macmillan, 2003, p. 94. 尽管在1977—1986这十年间，西班牙的罢工人数在欧洲仍然是最高的国家之一，但是，因罢工而损失的工作日从1977年的16641.7天降低到1986年的2279.4天。而且，全国性的总罢工几乎绝迹，民主化之后，第一次全国性总罢工发生在1987年，此时民主化已经有十年之久。而在1930年代的西班牙和1980年代的南美，总罢工几乎是家常便饭，成为其政治最重要的特征之一。Omar G. Encarnacion, *The Myth of Civil Society: Social Capital and Democratic Consolidation in Spain and Brazil*, Palgrave Macmillan, 2003, p. 70.

④ Omar G. Encarnacion, *The Myth of Civil Society: Social Capital and Democratic Consolidation in Spain and Brazil*, Palgrave Macmillan, 2003, p. 92.

1976—1982年间西班牙的公民社会会是一个什么状况。西班牙公民社会的去动员化和1977年后的迅速衰落，其根源都在左翼政党，但是，公民社会的衰落并没有妨碍西班牙民主巩固的步伐。西班牙经验告诉我们，只有当公民社会与支持民主的政府不再处于对抗状态，而是走向合作，民主巩固才有可能变成现实。①

三、公民社会与西班牙民主转型

西班牙的民主化包含三个相互交错的过程：1. 转型过程。即新的游戏规则的确立。这些规则主要针对限制国家权力、政党和社会获取权力的途径和方法、权力运行的形态。这一过程的结束以1978年的宪法公投和1979年巴斯克地区自治公投为标志。2. 新政体的巩固过程。其特征是新政体没有遭遇颠覆的危险，无论这种威胁是来自外国干涉、军队干预、社会革命、还是反对党。在西班牙，这一过程的完成是以1982年第一届社会主义政府的建立为标志的。3. 政体的制度化过程。大多数人都认为新的政体是合法的，基本的政治游戏规则不仅在事实上得到遵守，而且被政治家和公众内化于心。这一过程需要很长的时间才能完成。② 下面，我们就按照这一线索来考察西班牙公民社会与其民主转型之间的关系。

1. 公民社会与西班牙民主化的启动

公民社会以两种方式来促进民主：一是促成从威权主义统治向（至少是部分的）选举民主的转型；二是在民主建立起来之后深化和巩固民主。③

有学者认为，在西班牙民主转型的过程中，公民社会的作用甚微，主要是政治精英之间的谈判、协商等策略互动在发挥着主要作用。这种说法当然

---

① Omar G. Encarnacion, *The Myth of Civil Society: Social Capital and Democratic Consolidation in Spain and Brazil*, Palgrave Macmillan, 2003, p. 96.
② Victor M. Pérez-Díaz, *The Return of Civil Society: The Emergence of Democratic Spain*, Harvard University Press, 1993, pp. 3 - 4. 注意，此处论述与前面讲的转型与巩固两个阶段是不相矛盾的，事实上，从时间的维度上讲，第三个过程贯穿于整个时段，它既包括转型前的准备阶段，也包括巩固之后的相当长一段时间。
③ Diamond, L., *Developing Democracy: Toward Consolidation*, Johns Hopkins Press, 1999, p. 233.

有相当的道理,但是,完全忽视公民社会的推动作用也有失偏颇。事实上,在西班牙民主转型的过程中,公民社会的作用还是很重要的。不要忘记,精英之间的协商或协议是在持续不断的社会压力的推动下形成的,并深受社会压力的影响。①

前文已述,在佛朗哥统治晚期,西班牙的公民社会曾经历了一次真正的复兴,各种政治活动伴随着西班牙的民主化进程展开,工会、学生社团、邻里协会、异见团体等都十分活跃。这些团体在民主化过程中扮演了重要角色,他们给威权体制的精英们施加压力,迫使威权体制打开大门,从威权统治的阴影中走出来。②

1950年代开始的经济发展带来了西班牙社会基本结构的深刻转型,它不仅使大量人口从农村转移到城市,也为新的工人运动创造了结构性条件。从1951年巴塞罗那交通工人大罢工开始,一直到1970年代,罢工成为西班牙人日常生活的一部分。③ 1956年春,新的罢工浪潮从潘普洛纳逐渐向巴塞罗那和阿斯图里亚斯等地蔓延,参加罢工的人数非常庞大。更为重要的是,罢工第一次在政治上公开声明反对佛朗哥政权。④ 1967年的马德里工人罢工是一个标志性事件,当时有10万工人走上街头,打出的标语是"不要佛朗哥,我们要民主"(Franco no, democracy yes)。1970年代早期,CCOO公开要求结束佛朗哥统治。在佛朗哥统治晚期,罢工是如此频繁,以至于在1960年代初期其频率超过了除英国和意大利之外的所有欧洲国家。⑤ 在西班牙,因工人罢工造成的工时损失在1966年是150万个工作日,1970年是870万个,1975年达到1450万个。而且,工人的斗争越来越具有政治性质。在1963—1967年间,只有4%的罢工有政治诉求,但是,在1967—1974年间,这一比例上升

---

① Damián A. González Madrid, Óscar J. Martín García, "In Movemen: New Players in the Construction of Democracy in Spain, 1962 - 1977", in *Political Power and Social Theory*, Volume 20, 2009, pp. 39 - 68.
② Omar G. Encarnacion, *Spanish Politics*, Polity Press, 2008, p. 73.
③ Omar G. Encarnacion, *Spanish Politics*, Polity Press, 2008, p. 74.
④ Mujial-Leon, Eusebio, *Communism and Political Change in Spain*, Indiana University Press, 1983, p. 55. 当然,罢工主要的诉求还是经济性的。
⑤ Omar G. Encarnacion, *Spanish Politics*, Polity Press, 2008, p. 74.

到45.4%。①

1976年，这是佛朗哥去世后的第一年，也是西班牙民主转型处在十字路口的一年，这一年有360万工人参加罢工，其人数是1975年的6.54倍，也是1930年代以来最多的一年。这种增长速度是非常惊人的，完全可以用风起云涌来形容。相对而言，这一时期的西班牙公民社会不仅在性质更接近于对抗型的公民社会，政治诉求占了相当大的比例，并试图改变现存的政治秩序，而且，其规模和活跃程度也都处于历史上的最高点，60%以上的工人均是工会会员，以家庭主妇为主体的邻里协会也异常活跃。工人阶级的动员是推动西班牙走向民主关键因素。这种强有力的工人动员成为公民社会反对威权政体最主要的工具，并加速了佛朗哥政权的解体。它使得后佛朗哥时代的政治精英们意识到，所谓的"没有佛朗哥的佛朗哥主义"是行不通的，仅仅"自由化"是不够的，还必须实现民主。② 正如何塞·M. 马拉巴尔（José M. Maravall）所指出的，在佛朗哥政权晚期，由工人运动和学生运动所产生的自下而上的大众压力，是导致佛朗哥主义产生危机的原因之一。③ 佛朗哥去世后，这些动员得到了进一步加强，它对于激起威权国家内部危机和民主化进程的启动而言都是非常关键的。④

事实上，在1976年春天、冬天和1977年夏天这几个关键的时间节点上，公民社会的反应成为西班牙民主转型的关键因素。首先，从1975年11月到1976年6月，佛朗哥主义阵营作为一个整体其反应非常迟钝，并严重分裂。正是公民社会的骚动表明了佛朗哥主义者的失败，并为国王启用苏亚雷斯铺平道路。1976年的春天可以说是一刻也不得安宁，经济危机的警报不断在西班牙人的耳边响起，随之而来的是一轮又一轮的集体谈判。其次，当苏亚雷斯在1976年秋冬之际启动《政治改革法》时，民主反对派开始犹豫了，并反

---

① Maravall, José María, *The Transition to Democracy in Spain*, London: Croom Helm, 1982, pp. 8-10.
② Omar G. Encarnacion, *Spanish Politics*, Polity Press, 2008, p. 74.
③ Omar G. Encarnacion, *The Myth of Civil Society: Social Capital and Democratic Consolidation in Spain and Brazil*, Palgrave Macmillan, 2003, p. 52.
④ Omar G. Encarnacion, *The Myth of Civil Society: Social Capital and Democratic Consolidation in Spain and Brazil*, Palgrave Macmillan, 2003, p. 93.

对参与 12 月举行的关于政治改革的公投。而人民则用手中的选票表明,他们相信苏亚雷斯的良知和他的政治判断。最后,1977 年 6 月的大选是人民第三次关键的干预。民众在大选中表现出来的温和倾向将极左和极右均驱逐出局。这一结果为随后宪法的起草和其他社会经济政策共识的达成定下了基调。在这个意义上讲,政治精英的成功不是因为他们能引领民众,而是因为他们善于学习,并顺应民心。①

2. 公民社会与改革共识的达成

几乎所有的研究者都公认,协商和共识在西班牙民主化进程中扮演了重要的角色,甚至有很多学者将西班牙政治转型称之为"共识型转型",其基本特点是通过政治精英之间的谈判与约定以及公民之间的共识,以来避免报复行为、暴力对抗和内战。② 很显然,这种共识显然包括两个层次:水平层次的政治精英之间达成的改革共识、垂直层次的社会共识。第二个层次的共识显然需要公民社会的参与,通过公民社会,将精英之间达成的改革共识扩散到社会领域。

在这一过程中,左翼政党的作用非常重要。就此而言,有两个问题需要讨论:其一,左翼政党的温和化,这是精英共识达成的重要前提;其二,左翼政党对公民社会组织的掌控,这是精英共识能顺利向社会领域传递的关键。

我们知道,左翼政党一向以激进为其特征,但西班牙的左翼政党从佛朗哥晚期开始逐渐温和化。这首先是从西班牙共产党开始的。从 1939 年内战结束开始,西共就变成了非法政党,直到 1977 年恢复合法身份,西共一直是组织化程度最高的政党,也是西班牙最有效的反对力量。1956 年后,西共在圣地亚哥·卡里略(Santiago Carrillo)的领导下在很多领域都对政策进行了调整,在西班牙社会发展问题上采取了更为灵活的姿态,采取了"全国和解"

---

① Victor M. Pérez-Díaz, *The Return of Civil Society: The Emergence of Democratic Spain*, Harvard University Press, 1993, p. 34.
② Josep M. Colomer, "Transitions by Agreement: Modeling the Spanish Way", in *The American Political Science Review*, Vol. 85, No. 4, Dec. 1991, pp. 1283 - 1302.

（national reconciliation）的政策，决定放弃通过革命推翻佛朗哥政权的策略，试图"以和平的方式取代佛朗哥政权"，以合法的斗争取代地下斗争。西共愿意通过谈判、协商，与所有"赞成全国和解的"政治团体进行联合，特别是与天主教实现和解与联合。① 共产党在这一时期的策略转变对于后来的民主转型是非常关键的。② 正是在这一思想的指导下，才有了后来的一系列步骤：1970年的《自由协定》(the Pact for Freedom) 开启了西共通过改革而不是革命来实现转型的大门。1976年，西共和工人社会党一起接受在西班牙重建君主制的主张，通过这一让步来加速民主的回归。③ 在1976年4月巴黎召开的一次记者招待会上，卡里略表示，如果出现奇迹，国王要实行民主改革，共产党不会成为这一历史进程的障碍。④ 1977年之后，西班牙共产党致力于塑造一种温和的形象，支持苏亚雷斯的共识政治，10月份签订的《蒙克洛阿盟约》就是这一策略的产物。这份盟约明白地显示了中间政党和共产党之间利益的汇合。而工人社会党在签署这一盟约时是非常不情愿的。⑤ 可以说，西班牙共产党策略的转变是蒙克洛阿盟约得以达成的关键。卡里略对这种议会外的协商最最起劲，事实上，正是他的态度迫使工人社会党人跟着走。⑥

如果说共产党的温和化是精英共识达成的关键，那么，它对公民社会组织的掌控则是精英共识向社会领域传递的链条。我们知道，作为西班牙共识政治之象征的蒙克洛阿盟约尽管是在政治系统内部完成的，但它得到了公民社会绝大多数组织的拥护。这一点之所以能够做到，在很大程度上得益于左翼政党对其麾下的公民社会组织的去动员化（demobilization），让各个阶级保

---

① Laura Desfor Edles, *Symbol and Ritual in the New Spain: The Transition to Democracy after Franco*, Cambridge University Press, 1998, p. 49.
② 有人对此评论道：如果卡里略没有善于把国家利益放在他的政党的利益之上，那么，毫无疑问，今天的西班牙民主生活不会像现在这样。菲利普·努里：《胡安·卡洛斯：共和派的国王》，杨恩瑞、赵铭贤译，昆仑出版社1990年版，第292页。
③ Omar G. Encarnacion, *Spanish Politics*, Polity Press, 2008, p. 75.
④ Mujial-Leon, Eusebio, *Communism and Political Change in Spain*, Indiana University Press, 1983, p. 154.
⑤ Mujial-Leon, Eusebio, *Communism and Political Change in Spain*, Indiana University Press, 1983, p. 168. 其中有苏亚雷斯领导的中间政党民主中间联盟（Unión de Centro Democrático, UCD）与西班牙共产党联手狙击工人社会党的因素在，而且，共产党策略的转变过程亦非常复杂，此不赘述。
⑥ 菲利普·努里，《胡安·卡洛斯：共和派的国王》，杨恩瑞、赵铭贤译，昆仑出版社1990年版，第311页。

证协议的执行，防止政治极化现象的发生。在这一过程中，西班牙共产党和工人社会党的领导人劝阻社会抗议的发生和政党之外的组织的建立。首当其冲的就是邻里运动和学生运动。①

一份研究转型时期邻里运动的报告指出，由于邻里运动和西班牙共产党之间关系密切，共产党的战略转变直接影响了邻里运动的策略选择。此前，邻里运动倡导的是一种断裂式的民主转型，也就是要将威权政体的政治精英排除在民主过程之外，但是，现在这种政治诉求没有了，取而代之的是它们接受由政党和政府组织的协商。

与此同时，左翼政党还让工会接受蒙克洛阿盟约，他们还对几个主要的工会进行约束，使之不要发动过多的罢工。尽管人尽皆知西班牙工人在转型过程中表现温和，但是，工会领袖并不愿意通过与国家或企业主进行妥协的方式进入民主。由于意识形态方面的原因，在民主化启动之时，劳工精英反对工会直接卷入政策制定过程。对于 UGT 的多数领导者而言，他们反对由他们曾经的对手制定的盟约，更反对与一个曾经数十年对工人运动进行镇压的威权政体进行合作。对于 CCOO 的大多数领导者来说，工会参与盟约的制定无异于阶级背叛。当苏亚雷斯谈到社会公约时，转型时期最著名的工运领袖尼古拉斯·萨托里俄斯（Nicolás Sartorious）在西班牙最重要的报纸《祖国》（*El País*）上撰文警告道，工人运动应该反对这样的盟约，因为它会削弱工人阶级在政治变迁中的主体地位，从而伤害民主化进程。尽管这两个组织都对盟约持保留态度，但是，它们都不愿意反对工人社会党和共产党支持盟约的政治决定。最后，工会不得不将组织原则和意识形态搁置一边，以便与他们的上级党组织保持一致。②

工会态度的转变起码产生了三个后果。其一，佛朗哥去世前后不断高涨的罢工热潮开始消退。在前面的表格中，我们看到，1977 年和 1976 年相比，

---

① Omar G. Encarnacion, *Spanish Politics*, Polity Press, 2008, p. 76.
② Omar G. Encarnacion, *The Myth of Civil Society: Social Capital and Democratic Consolidation in Spain and Brazil*, Palgrave Macmillan, 2003, p. 95.

罢工次数急剧下降，从1568次降为974次。当然，在这个表格中，仍有需要解释的地方，因为在1978年以后罢工的次数又涨起来了，而且数量翻了快一倍，1978年是1356次，且一路上涨到1982年的2582次。这又该如何解释呢？对此，有两点需要注意：一是单次罢工的人数。1976年，罢工次数是1568次，参加罢工的人数是3638962人，平均每次2321人；1980年，罢工次数是1669次，参加罢工的人数是2461061次，平均每次1475人；1982年，罢工次数是2582次，参加罢工的人数是1634062人，平均每次633人。也就是说，罢工的规模在不断下降。二是罢工的诉求结构。让我们来看另一组数据：

1977—1978年间参与示威的人数

诉求内容	1977年（人数）	1978年（人数）	1977—1978年（百分比的变化）
劳动条件	378950	249450	-34.17
经济要求	1673000	1322650	-20.94
实行大赦	887210	2700	-99.69
自治／独立	3475500	1548001	-55.46
自由	435760	43950	-89.91
支持佛朗哥极右翼	261980	199700	-23.77
反抗国家的压迫	76700	141350	+84.28
邻里运动	130869	83320	-36.33
反核	226500	124700	-44.95

资料来源：Ignacio Sánchez-Cuenca and Paloma Aguilar, "Terrorist Violence and Popular Mobilization: The Case of the Spanish Transition to Democracy", in *Politics & Society*, Vol. 37, No. 3, September 2009, pp. 428–453。

我们会看到，与政治相关的游行示威活动急剧下降，下降幅度排在前三位的均是政治性诉求：要求"实行大赦"下降了99.69%，要去"自由"下降了89.91%，要求"自治或独立"下降了55.46%。唯一一项上升的是"反抗国家的压迫"，增长幅度很大，但总量并不大，而且它和要求自治或独立的示威一样，主要集中在巴斯克和加泰罗尼亚等少数几个地区。这些北部地区恰好也是西班牙共产党力量相对较弱的地区。

其二，会员人数在 1978—1984 年间大幅度下降。1978 年，工会会员占工人总数的 57.4%，到 1980 年，这一比例只有 33.8%，1984 年更是降至 23%。① 作为西班牙公民社会最重要组成部分的工会，尽管没有像邻里组织一样走向解体，但其力量受到严重削弱。

其三，帮助《蒙克洛阿盟约》得到了工人的拥护。CCOO 称赞盟约是一个"历史性的契约"，"无论是对于工人运动来说还是对于民主来说，它都是一个重大的胜利，它能让工人们在独裁时期所作出的牺牲得到补偿。"通过它们，改革共识传递到工人和其他民众之中。一项针对工人对《蒙克洛阿盟约》的态度所进行的调查发现，无论是出于何种理由，工人都找不到比政府所提出的这项政策更好的替代性经济政策了。②

随后产生的各种协议继承了《蒙克洛阿盟约》的精神：社会信任、团结和合作的精神，社会共商成为西班牙民主巩固阶段最重要的政治经济特征。这解释了为什么在后佛朗哥时代西班牙成为一个新合作主义的社会，无论是在国家—社会关系上，还是在政策制定领域，协商和共识（bargaining and consensus）都成为主流。在 1977—1986 年这十年间，《蒙克洛阿盟约》成为经典模板，每当这个新兴的民主政体遇到困难时，如控制通货膨胀、面对不断攀升的失业率、面对军事威胁，人们都倾向于通过社会协商的机制来制定公共政策。③ 从某种意义上讲，整个社会民主协商的过程恰好体现了新法团主义的理念，民主共识的达成依赖于不同社会力量在如下问题上达成一致：为了民主这一长期的宏伟目标，抑制短期利益，甚至对他们的政治信仰进行修正。④

---

① Victor M. Pérez-Díaz, *The Return of Civil Society: The Emergence of Democratic Spain*, Harvard University Press, 1993, p. 267.
② Omar G. Encarnacion, *The Myth of Civil Society: Social Capital and Democratic Consolidation in Spain and Brazil*, Palgrave Macmillan, 2003, p. 90.
③ Omar G. Encarnacion, *The Myth of Civil Society: Social Capital and Democratic Consolidation in Spain and Brazil*, Palgrave Macmillan, 2003, p. 68.
④ Joe Foweraker, "Corporatist Strategies and the Transition to Democracy in Spain", in *Comparative Politics*, Vol. 20, No. 1, Oct. 1987, pp. 57 - 72.

无论是1977年的第一次选举,还是1978年新宪法的通过,西班牙人都获得了全新的政治体验:相对和平、平静、温和的改革。伊比利亚的民主诞生于险情之中,因而它只能是温和的。时至今日,政府和在野派达成协议,至少是各方的主要领导人进行富有成果的讨论,这种习惯做法仍是西班牙政治生活的特点。①

3. 公民社会与民主政治文化的形成

在西班牙,民主的政治文化包含两个方面的内容:一是对民主价值和制度的认同;二是对共识型而不是竞争式的民主的青睐。

其实,在佛朗哥去世之前的15—20年中,新的政治文化传统即在孕育之中,这一过程一直没有间断,它为其后的政治转型铺平了道路。这些传统的形成是由那些倾向于改革又有机会推动改革的社会团体启动的。前文已述,在佛朗哥晚期,西班牙曾经历了公民社会的复兴,在这一过程中,CCOO利用体制内的集体协商机制在车间、办公室内部催生了民主结构的成长,并带动了邻里协会等组织的发展。公民权和民主的思想正是在这个过程中培养的。②

随着人口的转移、技术的更新和经济的发展,不仅城市生活的结构发生了巨大的变化,农村社会亦是如此。推动变革的社会团体面临着新的环境,这迫使他们去寻求新的生活方式。同时,这些人有机会接触新的文化,据此,他们可以对他们所处的环境进行重新界定,赋予他们的行为以新的含义和方向。例如,欧共体的模式、欧洲知识分子的异议传统、教会的现代化和新的消费模式。这些社会团体引入新的传统,并逐渐占据社会的中心舞台,通过他们,新的传统辐射到其他的人群当中。③

当时还有一个很有意思的现象是旅游业对西班牙民主政治文化的影响。1960年代中期,西班牙的地中海沿岸已经成为欧洲人的度假天堂,这些旅游者以其惊人的收入和闲暇对佛朗哥的国家构成了巨大的冲击。一些学者在对

---

① 菲利普·努里,《胡安·卡洛斯:共和派的国王》,杨恩瑞、赵铭贤译,昆仑出版社1990年版,第311页。
② 雷蒙德·卡尔:《西班牙史》,潘诚译,东方出版中心2009年版,第267页。
③ Victor M. Pérez-Díaz, *The Return of Civil Society: The Emergence of Democratic Spain*, Harvard University Press, 1993, pp. 35-36.

欧洲人在西班牙的旅游进行评估时，强调它对西班牙社会民主化的作用。按照一位外国游客令人印象深刻的观察："外国旅游在西班牙年轻人中激起了一股难以抑制的愿望，他们希望能像欧洲人一样生活。"西班牙著名的历史学家安赫尔·比纳斯（Ángel Viñas）评论道：旅游者使西班牙人认识到，"生活方式是多种多样的，政治制度也可以是多种多样的，并不是像民族主义者所宣传的那样一成不变"①。

到1970年代中期，公民社会在很大程度上已经接受了自由民主的生活方式。相互宽容、按照既定的游戏规则进行谈判，这些都已经成为社会的基本规范。对社会、经济和文化领域掌权者权力的运用进行制衡也已常态化。在公共领域公开宣称各种观念、主张自己的利益，这也不是什么新鲜事。与之形成对照的是，越来越多的人将佛朗哥政权视为一种反常的现象。正常与反常的标准已经开始发生逆转。据此，我们才可以理解，为什么苏亚雷斯在1976年夏天的公开演讲中呼吁人民通过政治改革法案能获得成功。在这次演讲中，苏亚雷斯运用对立的修辞——正常的社会生活 vs. 不正常的政治生活——来打动民众。其基本的逻辑是：我们应该打通这二者，将日常生活中的规则引入到政治生活中，这就是政治民主的目标所在。②

媒体在很大程度上强化了民众对民主的好感，并将精英之间达成的共识成功地传递到社会之中，传递到普通民众之中。调查显示，到1984年，有91%的西班牙人认为选举是必要的，有81%的人认为议会是必要的。民众对其政治制度和民主过程的高度评价反映了这样一个事实：公共舆论强烈支持民主，并坚决反对任何其他的替代形式，包括军人政府。1978年，有77%的西班牙人认为"民主是最适合于西班牙人的政治制度"，只有15%的人认为威权体制是"最适合于西班牙人的政治制度"。1985年，76%的民众为转型感到骄傲，只有9%的人认为转型不值得骄傲。认为民主是"最适合于西班牙

---

① Sasha D. Pack, *Tourism and Dictatorship: Europe's Peaceful Invasion of Franco's Spain*, Palgrave Macmillan, 2006, p. 1, 3.
② Victor M. Pérez-Díaz, *The Return of Civil Society: The Emergence of Democratic Spain*, Harvard University Press, 1993, pp. 35-36.

人的政治制度"的人，在 1981 年是 81%，1988 年是 85%，1993 年是 79%。[1] 另一项调查也显示了类似的结果：

问题："您认为在西班牙过去 60 年中什么时候在政治上是最好的?"

	1984	1985	1986	1987	1988	1989	1990
普里姆·德·里维拉的独裁时期	3%	2%	2%	1%	1%	1%	1%
共和时期	5%	3%	3%	4%	2%	2%	3%
佛朗哥时期	21%	16%	15%	15%	12%	7%	8%
今天的民主时代	58%	58%	62%	62%	67%	77%	76%
不知道	9%	18%	13%	13%	13%	10%	10%
没有回答	4%	3%	5%	5%	5%	3%	2%
样本数（CIS，社会调查中心）	1441	1495	1558	1715	1764	1851	1908

资料来源：Paloma Aguillar, "Institutional Legacies and Collective Memories: The Case of the Spanish Transition to Democracy", in Jeffrey K. Olick (ed.), *States of Memory: Continuities, Conflicts, and Transformations in National Retrospection*, Duke University Press, 2003, pp. 128 – 160。

但是，仅有对民主价值和制度的认同是不够的，在西班牙，我们还需要解释另外一个事实，即西班牙人对共识型而不是竞争式的民主的青睐，因为西班牙在转型期间所采用的是一种共识型的民主模式。共识型民主需要共识型政治文化的支撑，而共识型政治文化要求社会主体和政治主体愿意通过协商和妥协来解决问题。[2] 这种共识型的政治文化一方面源于佛朗哥时期法团主义政治实践的塑造，一方面也源于转型时期大众媒体的塑造。关于前者，我们前面已经有所论及；下面，我们就来看看媒体在公民政治文化的塑造过程中发挥了什么样的作用。

---

[1] Omar G. Encarnacion, *The Myth of Civil Society: Social Capital and Democratic Consolidation in Spain and Brazil*, Palgrave Macmillan, 2003, pp. 62 – 63.
[2] Omar G. Encarnacion, *Spanish Politics*, Polity Press, 2008, p. 23.

自 1960 年代以来，电视开始进入西班牙人的生活。1960 年，只有 1% 的家庭拥有电视机；1969 年，62% 的家庭都拥有了电视机。① 1966 年的《新闻法》更是让新闻的影响力大增。无论是民众对民主价值和制度的认同，还是共识型政治文化的培育，媒体的作用都是非常巨大的，它将精英和大众联接起来。有学者通过对转型期间重要报刊的分析，向我们展示了主要的报纸在转型期间是如何支持由主要政党制定的政治改革方针和共识策略的，从而凸显了媒体在转型中的作用和地位。②

他们的分析所采取的是复式取样，一是日报，二是政治事件。报纸样本是 12 种报纸的社论；事件样本则是转型期间具有标志性意义的 21 个事件。

在全部 441 篇社论中，"民主"概念以名词、形容词和副词的形式明确地出现在 2/3 的社论中，"公民自由"出现在 1/2 的社论中，特赦和自治也出现，但没有那么频繁。

与民主相关的词汇在西班牙报纸社论中出现的频率（1975—1978）

频率（%）	
民主	69.8
公民自由	46.0
自治	32.9
特赦	18.8
选举、公民投票	59.4
和睦、和解等	54.6
权威、秩序	27.0
佛朗哥、佛朗哥主义或内战	57.6

注：总样本数：441 篇；时间节点：21 个。

---

① 雷蒙德·卡尔：《西班牙史》，潘诚译，东方出版中心 2009 年版，第 267 页。
② Barrera, Carlos and Ricardo Zugasti, "The Role of the Press in Times of Transition: The Building of the Spanish Democracy (1975 - 1978)", in *Mass Media and Political Communication in New Democracies*, Edited by Katrin Voltmer, Routledge, 2006, pp. 18 - 34.

在 1975 年 11 月 22 日卡洛斯国王第一次发表正式的官方讲话之前，基本很少有报纸敢明确而公开地使用"民主"一词。《消息》（*Informaciones*）和《加泰罗尼亚邮报》（*El Correo Catalán*）是少见的例外。但是，当卡洛斯国王在 1976 年 6 月访问美国并在国会做了那次著名的演讲之后，所有的报纸都开始广泛地使用"民主"一词了。和谐、和解在当时的报纸上是经常使用的两个词，这与卡洛斯的讲话精神也是一致的。除了极右翼的《堡垒》（*El Alcázar*）以外，所有的报纸都频繁地呼吁全国和解。卡洛斯国王继续担当社会和谐保证人的角色。与之相关的词汇——共识、共处、协商——也逐渐出现在记者的笔下。对于和谐这一主题而言，有两个事件是标志性的，一是国王 1977 年 7 月 22 日在民主议会第一次会议时的讲话，一是 1978 年的宪法公投。在议会第一次会议上，内战中相互敌对的双方坐在了一起，这一画面以形象的方式阐释了"和解"的内涵。对宪法持批评态度的只有两家报纸：极右翼的《堡垒》和巴斯克民族主义的报纸。

极左和极右势力的激进主义可以说是民主过程最大的敌人，因此，大多数人都希望实现相互之间的和解。1977 年 1 月，当绑架潮和暗杀潮来袭时，转型处于危急之中。当时马德里所有的报纸都发表了一篇题为"所有西班牙人团结起来"的社论。这种一致性是一个历史的里程碑，它代表了转型过程中西班牙人对和谐和团结的渴望。马德里所有的报纸都采取集体行动，即使是极右的《堡垒》也不例外，这非常不容易。这篇社论指出，无论是谁，他只要发动绑架和暗杀，他就是我们每一个人的敌人，是西班牙人民的敌人。他们的阴谋很清楚：阻止西班牙人享有公民权利，以及建立在此基础上的开放的公共生活和和平共处。面对这样的挑战，所有的政治力量和社会力量都有义务进行抵制，大家应该求同存异，下定决心，努力通过自由的选举走上民主之路。① 在此，我们也看到，作为公民社会之重要组成部分的媒体，在此期间和其他的社会团体一样，采取和政府合作而不是对抗的态度。除了《堡

---

① 1977 年 1 月 29 日，马德里所有的报纸。

垒》之外，所有的报纸都明确地支持政治改革，他们认为，议会民主是西班牙最佳的政治制度。①

四、何种公民社会、何种民主化？

回到我们在文章开头提出的问题：虚弱的公民社会和非常成功的民主转型，这究竟是如何发生的？西班牙案例提醒我们，公民社会和民主化之间不是简单的线性关系，不是说一个强大的公民社会就一定有助于民主的转型与巩固（巴西是一个反例）；也不是说，民主化要想顺利进行，首先必须要建立一个强大的公民社会。反过来讲，不是说一个弱的公民社会就一定不利于民主的转型（西班牙是一个反例）；也不是说，民主化要想顺利进行，首先必须要削弱公民社会。尽管跨国调查的数据表明，有着稳定民主最悠久历史的国家，也是公民社会密度最高的国家；反之亦然。但是，"相关"（Correlation）并不意味着因果，西班牙和巴西的经验正好说明这一点。在这两个国家，公民社会的发展状况完全无法解释各自民主巩固的命运。② 这两个案例对我们通常的一个理论假设提出了挑战，该假设认为，健全的公民社会与民主巩固之间存在很强的正相关关系。③ 而且，它们不是孤例。跨国数据也表明，社团的密度和民主的质量之间没有必然的联系。一些公民社会力量很弱的国家却建立了成功的民主体制；而一些公民社会力量很强的国家却在建立稳定民主制度的过程中步履蹒跚。④ 正如拉里·戴蒙德（Larry Diamond）所言，在很多脱胎于长期的威权主义统治的新生民主国家中都存在一个深层次的问题，这问题来自公民社会作为抵抗国家的运动取向。一个极度活跃、满怀对抗精神而

---

① 当然，支持民主化并不意味着他们就一定会反对佛朗哥主义。相反，有些报纸还是认为佛朗哥主义有可取之处的，例如，其社会进步和经济发展。
② Omar G. Encarnacion, *The Myth of Civil Society: Social Capital and Democratic Consolidation in Spain and Brazil*, Palgrave Macmillan, 2003, pp. 35 - 36.
③ Omar G. Encarnacion, *The Myth of Civil Society: Social Capital and Democratic Consolidation in Spain and Brazil*, Palgrave Macmillan, 2003, p. 163.
④ Omar G. Encarnacion, *The Myth of Civil Society: Social Capital and Democratic Consolidation in Spain and Brazil*, Palgrave Macmillan, 2003, p. 36.

又残酷无情的公民社会,可能靠着它对国家提出各式各样的大量要求而压垮一个脆弱的民主国家。① 而西班牙的经验则告诉我们,只有当公民社会与支持民主的政府不再处于对抗状态,而是走向合作,民主巩固才有可能变成现实。当然,只有当政治制度值得公民社会信任和尊重时,政府才能取得这样的成绩。②

那么,公民社会和民主化之间究竟是完全没有关系,还是有某种关系?如果有关系,它是什么样的关系?应该说,二者之间还是有非常紧密的关系的,但是,这种关系不是像有些学者所理解的那样简单。关键的问题是:公民社会是如何与民主化进程关联起来的。也许,对于这一问题,我们首先应该追问的是,什么类型的公民社会,什么类型的民主化,以及公民社会在民主化的哪个阶段以何种方式发挥作用。只有这样,我们才也可能对问题看得更加清楚。但是,这一任务已经超出了本文所能处理的范围,只能留待以后另撰专文来加以处理了。

(本文原刊于《开放时代》,2013 年第 5 期,第 154—172 页)

---

① Diamond, L., *Developing Democracy: Toward Consolidation*, Johns Hopkins Press, 1999, p. 251. 但是,我们必须承认,对抗型公民社会对于无论哪种类型的民主化的启动都是有积极作用的,即使在西班牙这样的自上而下型的民主化中,如果没有来自公民社会的压力(1975—1976 年初急剧增加的罢工,而且是政治性罢工),其民主化进程能否在 1976 年启动都是有疑问的。在这一阶段,西班牙的公民社会更接近一种对抗型的公民社会模式。
② Omar G. Encarnacion, *The Myth of Civil Society: Social Capital and Democratic Consolidation in Spain and Brazil*, Palgrave Macmillan, 2003. p. 96.

作为可传授知识的拉丁美洲研究：
比较观察

陆楠楠[*] 苏毓淞

拉丁美洲的多样性与同质性并存使其成为全球范围内便于进行科学研究调查的地区，因而受到诸多社会科学研究者的偏爱。具体说来，拉丁美洲的多样性体现为因国而异的自然资源禀赋和迥然有别的地理风貌，各有所长的经济活动和农业生产，多种多样的政治思潮、政治制度及体制，各行其道的经济政策以及丰富多彩的历史文化。然而，在其殖民历史、人种特征、语言类型、宗教信仰等层面上，拉美各国却又维持了相当程度的同质性。由此，拉丁美洲堪可成为一个"天然的"实验室，社会科学研究者可以在此比较研究拉美各国的不同点与相似处，使用求同法、求异法或同异混合法[①]来推导或验证各种理论的普适性价值或

---

[*] 陆楠楠，女，清华大学人文社会科学学院中国语言文学系博士研究生。

[①] John Stuart Mill, *A System of Logic, Ratiocinative and Inductive: Being A Connected View of the Principles of Evidence and the Methods of Scientific Investigation*, New York: Harper, 1846. 书中第八章对三种不同方法的论述。

个殊性特征①。实际上，透过对拉美的深度研究所获得的丰富知识，也确实是社会科学领域诸多重要概念、基本理论和理论命题得以生成、修订和校验的知识基础，例如依附论（dependency theory）、官僚威权主义（bureaucratic authoritarianism）②、授权民主（亦译"委任制民主"，delegative democracy）③ 以及民主转型和巩固理论（democratic transition and consolidation）④ 和新自由经济改革（neoliberal economic reform）⑤，等等。也正是在这个意义上讲，拉丁美洲研究往往成为社会科学各个主流学科在传授基本知识时必然触及的背景、场域或语境。

正是因为这样，长期以来欧美学者投身于拉美研究者不在少数，出身于拉美研究的社会科学名家亦是屡见不鲜。但相对而言，拉美研究在中国却长期处于边缘的境地，专志研究者为数寥寥，专门机构屈指可数，相应的知识推进工作处于艰难的行进之中。一般说来，这种状况的形成有着极其复杂的原因，既与中国对拉美地区展开认知的求知动力、社会需求和支持资源相关联，也受到特定的理论假设影响且受制于特定的学术组织形式。但笔者既无力亦无意探究这种状况的具体成因，相反，本文有意进行一项知识史的考察，希望通过对拉美研究"作为可传授的知识"进行比较分析，从而获得更加独特的观察结论。在这里，所谓"可传授的知识"特指在大学课堂里通过专业教师、经由专门课程和专用教材的方式而讲授、传播和扩散的专类知识。这样的知识具有特定的稳定性、系统性和指向性，从而有助于专业人才的再生

---

① 如 Guillermo, 1973; Przeworksi et al, 1991; Linz and Stepan, 1996; Stokes, 2001 及 Anthony W. Marx, *Making Race and Nation,* New York, NY: Cambridge University Press, 1998; Beatriz Magaloni, *Voting for Autocracy: Hegemonic Party Survival and Its Demise in Mexico,* New York, NY: Cambridge University Press, 2006。
② Guillermo O'Donnell, *Modernization and Bureaucratic-Authoritarianism: Studies in South American Politics,* Berkeley, Institute of International Studies, University of California, 1973.
③ Guillermo O'Donnell, "Delegative Democracy", in *Journal of Democracy,* Vol. 5, No. 1, January 1994, pp. 55 - 69.
④ 如 Adam Przeworski, Michael E. Alvarez, Jose Antonio Cheibub, Fernando Limongi, *Democracy and Development: Political Institutions and Material Well-Being in the World 1950 - 1990,* New York, NY: Cambridge University Press, 2000; Juan J. Linz, Alfred C. Stepan, *Problems of Democratic Transition and Consolidation: Southern Europe, South America, and Post-communist Europe,* Baltimore: Johns Hopkins University Press, 1996。
⑤ Susan Carol Stokes, *Mandates and Democracy: Neoliberalism by Surprise in Latin America,* New York: Cambridge University Press, 2001.

产和专门知识的新推进,并由此使原本相对狭隘艰深的学术探讨成为吸引更多人才和更多关注的一项事业。易言之,通过对"可传授的知识"的比较分析,可以更加完整和具体地评估特定主题领域的发展历程和基本趋势,并由此探讨未来应对挑战和走出困境的出路问题。

因此,本文将首先对中国的拉美研究作出宏观描述,然后以美国高校的拉美教学状况为参照体系评介其拉美研究的基本态势,再引入中国高校的拉美教学个案展开更具体的分析,最后,本文对在中国更好地开展拉美教学提出若干建议,希冀由此改善拉美研究在中国的处境。

一、拉丁美洲研究在中国的现况

在相当长的一个时期里,中国与拉美的相互关系处在一种停滞状况。相应地,中国的拉美研究也未能受到足够的关注。按照学界已有的共识,中国与拉美关系的发展可分为四个阶段[①]:第一阶段是以民间交往为主(1949—1969)。时值冷战期间,由于面对国际两极格局,受制于美国的阻挠和台湾因素的影响,中国与拉美地区各国的往来主要采取民间贸易和文化交流的方式。第二阶段属于建交高潮时期(1970—1977),由于中国恢复了在联合国的席位并打开与美国关系的僵局,中国先后与十数个拉美国家建交,双方交流不再局限于民间往来,开始走向正式的官方交往。第三阶段则是平等互利、共同发展时期(1978—1992)。在改革开放的进程中,中国与拉美发展经贸合作成为双边交往的重中之重。在这一时期,中国与拉美的贸易总额较前一时期激增五倍之多。第四阶段则为建立长期稳定关系的时期(1993—2000),中国的改革开放取得巨大成果,庞大的经济实力使得拉美各国普遍重视与中国的关系,中国和拉美政治领导人频繁密切互访,中国与拉美许多地区组织也在多个领域达成多项经济合作协议。由此展望 21 世纪,中国同拉美关系在前期稳定的基础上,理应有着跨越式的发展。然而,较之于中国和拉美之间政治经

---

① 郑秉文、孙洪波、岳云霞:《中国与拉美关系 60 年:总结与思考》,载《拉丁美洲研究》,2009 年增刊 2,第 3—17 页。

济关系的发展，大众媒体和专业领域有关拉美地区的信息传播和知识扩散却远未体现出相应的增长，因而形成了一种"认知上的落差"。特别是相对于其他地区和国家而言，这种"落差"更加明显。

1. 关于拉美地区的媒体报道

坦率地说，有关拉美的时事动态在中国国内媒体上并未得到充足的报道。图1呈现了2011年中央电视台《国际时讯》专题对于世界新闻播报数量的趋势，图中仅比较了有关美国和拉美的新闻报道数量在新闻报道总量中分别所占的比重。显然，2011年全年有关拉美的新闻报道所占的比重一直呈现出持平的趋势，大致维持在1%—1.5%左右，相当于拉美新闻每月在中央电视台的曝光率仅仅在3—5条新闻左右。作为一个地区而言，拉美33个国家的新闻动态，其所吸引的关注远不及美国，平均每个月民众可以透过《国际时讯》看到约25条以上与美国有关的新闻。尽管在2011年第三季度有关美国的新闻报道数量有所滑落，但可辨识的是，这是因为新闻重点当时主要聚焦在中东地区，这一地区各国动乱和战争威胁事件频频发生。随着中东地区新闻在2011年第四季度的退烧，美国新闻占有《国际时讯》的比重再度跃上10%的水平，而拉美新闻仍然只占有1%左右的比重。再细看报道内容，媒体所关注的拉美新闻约有一半是以"软新闻"（社会花边新闻、娱乐新闻、体育新闻、服务性新闻等）为主。

同样，在最近十年期间，《人民日报》对于拉美新闻也未能给予足够的重视。图2描绘了2000—2011年《人民日报》每年刊登国际新闻的数量。由此可见，长期以来《人民日报》平均每年刊登美国和日本的新闻约3000—3500条左右，中东地区每年也至少有400—500条之多，而拉美新闻每年得到刊登的数量只有250条左右，平均每天不足1条。相对于大众媒体报道的稀疏，这一时期中国与拉美地区的相互关系却有了实质性的发展。应当说，所谓发展中国同拉美关系"跨越式"政策的出台及其实施，并未转化为大众媒体对该地区的关注度。

作为可传授知识的拉丁美洲研究：比较观察 | 411

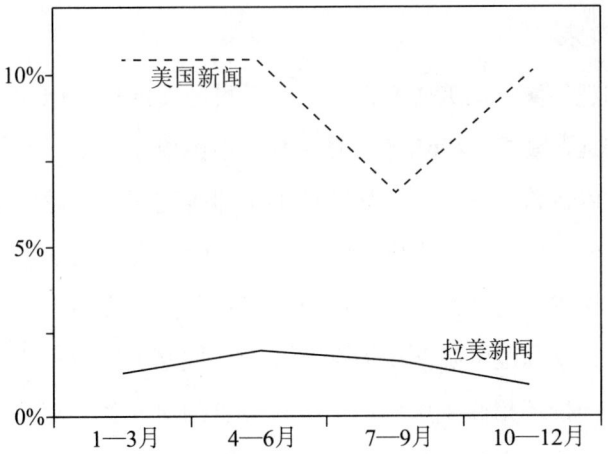

**图1　2011年中央电视台《国际时讯》播报拉美新闻与
美国新闻数量占总新闻量的比重**

注：比重趋势线采每三个月平均数，消弭某地区在某月突发重大事件造成播报数量突增的效应，更精确地凸显大体趋势走向。
资料来源：数据由作者从中央电视台《国际时讯》网站（http://cctv.cntv.cn/lm/guojishixun）公布新闻统计得之。

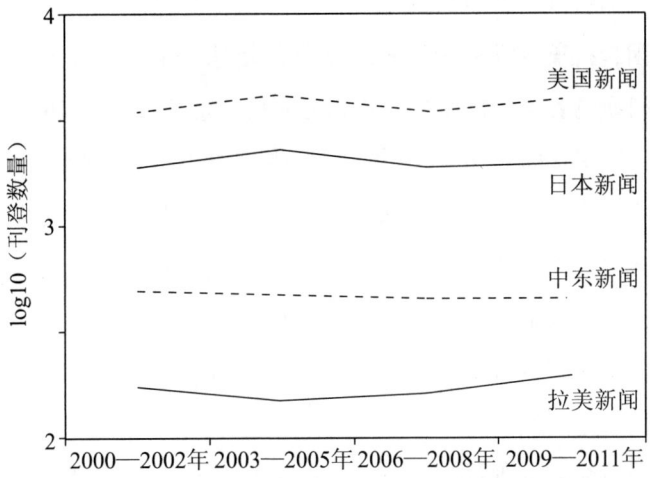

图2　2000—2011年《人民日报》刊登国际新闻的数量

注：刊登数量的趋势线采每三年平均数，消弭某地区在某年突发重大事件造成刊登数量突增的效应，更精确地凸显大体趋势走向。
资料来源：数据由作者从《人民网》网站（http://www.peopledaily.com.cn）统计得之。

2. 学科发展

在专业知识领域，拉美研究作为一门学科的发展也未能如预期那样有所发展，相反却逐渐萎缩。1961年7月4日，中国成立了第一个专门研究拉美地区问题的学术机构——中国科学院拉丁美洲研究所。而后在20世纪60年代初，北京大学、中国人民大学、北京师范大学和复旦大学等高等院校先后开设了拉美史课程；南开大学还专门成立了拉美史研究室，复旦大学成立了拉美研究室，武汉师范学院（现为湖北大学）成立了巴西史研究室；北京大学、复旦大学等校还招收了中国第一批拉美史的研究生。随后，拉美研究发展因为"文化大革命"而中断。20世纪90年代改革开放后，随着各个研究机构和学术社团的恢复或建立，拉美研究逐渐复苏，并取得了长足的进展。此时，有关拉美问题的学术会议和学术活动也如雨后春笋般地陆续开展。① 但在进入21世纪以后，许多原来开设拉美相关课程的高校，却已经停止开设此类课程，尤其是拉美史教学和研究并未能承接20世纪60年代拉美研究已经奠定的基础，而有逐渐式微的趋势。②

究其原因，拉美史学科所陷入的停滞和衰退，除了"文化大革命"中断了各高校的科研与教学的因素外，在相当程度上应当归因于1997年教育部对历史学门类的重新调整。在这次调整中，拉美史原本所隶属的世界史学科，从原来的属于历史学科门类的一级学科，降级为二级学科，这大大地限制了拉美研究在科研与教学方面的发展。加之老一代教师和研究人员的退休，一些原本属于拉美研究的人员编制被自动取消。于是，在老一代研究人员凋零、新人不得其门而入的情况下，拉美史研究走入青黄不接、研究人员减少的处境，自在情理之中。③

至于拉美研究的其他题域，在中国社会科学院拉丁美洲所的努力下，尚有明显的成果产出。拉美所成立45年以来，针对拉美政治、经济、国际关系

---

① 徐世澄：《十一届三中全会以来中国对拉丁美洲的研究》，载《拉丁美洲研究》，1998年第6期，第12页。
② 洪国起、韩琦：《发展中拉美关系与拉美史学科建设》，载《拉丁美洲研究》，2009年增刊2，第27页。
③ 洪国起、韩琦：《发展中拉美关系与拉美史学科建设》，载《拉丁美洲研究》，2009年增刊2，第27—28页。

和社会文化等领域，成立了新的研究室和课题组，对各个领域中的重大理论问题和现实问题展开了宽广且深入的研究，拉美所的刊物《拉丁美洲研究》更成为国内拉美研究领域唯一的学术平台。① 尽管如此，拉美学术研究仍面临资源投入不足的局面，已是国内拉美学界普遍知晓的现实。而如何将拉美研究及教学发展到更多的研究机构和高校，吸引更多的人才投入，一直以来始终是拉美研究人员为之萦绕于怀的难题。

3. 文学现象

但在另一方面，对于爱好文学的国人而言，拉美地区却在相当程度上呈现为一种文学现象和文化符号。拉美文学曾经对20世纪80年代初期刚刚走上改革开放之路的中国文学创作产生了巨大影响，并在整个中国社会引发了拉美文学热。②

在一项针对《世界文学》杂志"中国作家谈外国文学"栏目所做的统计中可以看到，从1987年该栏目开办至2008年，期间中国作家专门谈及拉美文学和拉美作家的文字所占比重为8.4%（表1）。③ 从更长的时段来看，这种状况在以欧美文学为主要引进对象的百年中国近现代文学史上，无疑是很高的比重。从前述共时比较来看，相比中国当代对拉美经济、政治、国情等其他方面约1%的新闻报道占有率，8.4%的比重堪称显著的差异。

作家的评论之多无疑体现了拉美文学之于文学界的影响之巨。而以拉美文学所用语言在中国的使用状况而言，拉美文学作品的译介更是达到了前所未有的规模。据学者统计，1979年至1989年上半年，中国出版的拉美文学作品有40余部，报章杂志刊发的拉美文学小说100余篇。④ 云南人民出版社

---

① 江时学、吴国平等：《辛勤耕耘硕果累累——拉美所45年科研成果巡礼》，载《拉丁美洲研究》，2006年第4期，第3—33页。
② 吕芳：《新时期中国文学与拉美爆炸文学》，载《文学评论》，1990年第6期，第87页。
③ 由于统计数据来自1980年、1990年和21世纪初三个时间段，其实不能完全反映拉美文学热的盛况，但即便如此8.4%的占有率也仍然是很高的。
④ 滕威：《拉美"文学爆炸"神话的本土重构》，载《文学理论与批评》，2006年第1期，第87页。

"拉美文学丛书"于1987年启动,丛书第一本《弗洛尔和她的两个丈夫》一经出版即风靡全国,再版发行达15万册。① 此后"丛书"每年推出5—7册,累年共计60余种。这种状况体现了一般读书界对拉美文学的追捧和推崇。

表1 《世界文学》"中国作家谈外国文学"栏目涉及的主要国家或地区作家统计

国家或地区	人数	次数	比重(%)
法国	70	215	16.6
美国	75	207	16.0
俄苏	56	201	15.5
英国	64	178	13.8
拉美	24	109	8.4
日本	47	68	5.3
德国	20	58	4.5
奥地利	4	44	3.4
意大利	3	35	2.7
爱尔兰	4	30	2.3
东欧	17	28	2.2
亚洲	11	23	1.8

资料来源:李卫华:《新时期中国作家对外国文学的接受:一个统计学的视角》,载《世界文学评论》,2011年第1期,第289页。

确切地说,拉美文学热反映了中国文学再次现代化的内在需要,其引爆点是1982年马尔克斯获得诺贝尔文学奖。同属第三世界的想象导致拉美文学成为民族文学进入世界文学的典范②,直接催生了"寻根文学",为中国的"先锋文学"带来了灵感与给养。但在这一过程中,文学策略与政治态度发生

---

① 张文凌:《拉美文学丛书该谢幕了》,载《中国青年报》2003年6月21日。
② 1982年哥伦比亚作家马尔克斯获得诺贝尔文学奖在此过程中起到了关键性作用。

了交叠与混淆，中国文学界出于自身需要参与制造了相应的"神话"，拉美文学在西方的影响力在中国语境中得到进一步的"聚焦"和"放大"，同时"真实"的拉美与中国的差异性却被遮蔽起来。就此而论，20世纪80年代以来中国文学界对于拉美文学的推崇，并没有增进中国大众关于拉美地区的理解程度和知识存量。而拉美文学也因此在80年代的文学热潮之后渐渐受到冷落。①

4. 经贸交流情况

另一个值得重视的事实是，中国与拉美之间的经贸关系的发展在绝对值方面有着明显的变化，但在相对意义上却未能呈现出突生性的变化。就此而论，中国与拉美双边贸易及经济交流总量屡创历史新高峰且被解读为中国与拉美关系在经贸层面实现了"跨越式"的进展②，在一定程度上应当归因于中国对外经贸的整体发展。事实上，过去十年来，中国与拉美双边贸易只能说是"稳中有增"。图3呈现了1999—2010年，北美洲、欧洲、非洲和拉丁美洲占中国进出口贸易的比重趋势。仅次于亚洲国家③，北美洲是中国第二大贸易往来地区，十年来始终维持在20%的水平；欧洲地区次于北美洲而占中国进出口贸易比重的第三位，其比重从十年前的18%逐渐降至15%左右；非洲国家所占比重则从2%提高到4%左右；而拉丁美洲占中国进出口贸易的比重则从原来2.5%，10年间缓慢增长超过5%。细究其增长的原因，主要是为了实现能源采购的多样化以避免单一进口源的风险，力争开拓除中东地区以外采购石油的来源。④ 简言之，中国与拉美双边贸易总额虽然从2000年的不足150亿美元，到2010年突破1200亿美元，但这主要是自改革开放后，中国整体经济发展快速、贸易量逐年巨量增长的结果，由此尚难以断言为在经贸

---

① 张文凌：《拉美文学丛书该谢幕了》，载《中国青年报》2003年6月21日。
② 郑秉文、孙洪波、岳云霞：《中国与拉美关系60年：总结与思考》，载《拉丁美洲研究》，2009年增刊2，第7—9页；苏振兴：《中拉关系如何面对未来》，载《拉丁美洲研究》，2009年增刊2，第19页；杨志敏：《中拉经贸合作面临的新形势与政策选择》，载《拉丁美洲研究》，2009年增刊2，第31页。
③ 亚洲国家占中国进出口贸易的比重，过云十年来稳定维持在65%左右，为了更清楚地呈现其他地区占中国进出口贸易比重的趋势线，图3因此省略亚洲地区。
④ 杨志敏：《中拉经贸合作面临的新形势与政策选择》，载《拉丁美洲研究》，2009年增刊2，第31页。

上对于拉丁美洲有特别的投入与重视的结果。从拉美占中国贸易总额的比重来看，中国与拉美贸易的增长属于平稳的增长，而其增长的幅度远非双边贸易额绝对值增长比重所显示的那样明显和突出。

中国与拉美双边直接投资和经济合作的增长也同样如此。投资的总体数量和合作项目的经费总额确有大幅的增长，但换算成比重来说，且与其他地区相比较，中国对于拉美在经贸方面的投入尚无法给出乐观的评价。

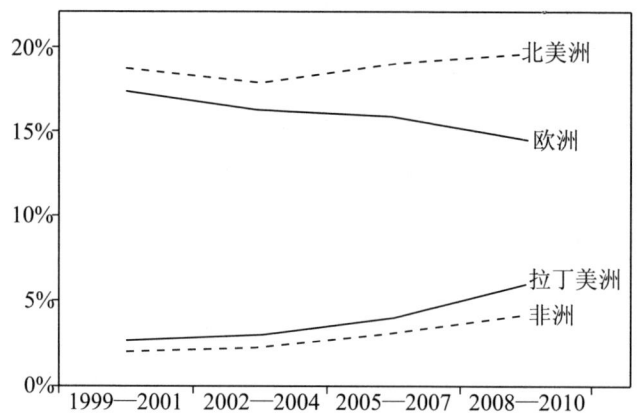

图3　1999—2010年各地区占中国进出口贸易的比重

注：比重趋势线采每三年平均数，消弭某地区在某年贸易量突增的效应，更精确地凸显大体趋势走向。
资料来源：中国统计年鉴（http://www.stats.gov.cn/tjsj/）。

当然，上述事实的澄清并非有意导出消极的结论。相反，本文在此特别强调，中国与拉美之间的经贸关系仍有进一步开拓和发展的空间。以拉美的体量之大、需求之巨以及其资源之厚实而论，拉美将是中国下一步扩大对外经贸关系大有作为之地。

5. 中国人心目中的拉美

与上述种种相对应，中国一般民众对于拉美地区的认知也是相当欠缺的。

一项针对中国青年人的调查指出,多数人仍无法正确辨别拉美国家名称。他们对于拉美的印象,约有70%的受访人是透过足球或桑巴、探戈狂欢节而片面且简单地了解拉美;而他们了解拉美的途径,亦多数是透过平面媒体或电子媒介。一如前述,这种状况的出现与中国大众媒体的拉美消息报道中多以软新闻报道为主的情况相吻合。因此,前述调查反映出多数受访民众对于拉美的了解"仅限于几个球星或政治领导人"。当然,调查还显示出,有超过半数的民众希望增加拉美消息的来源,并有约七成的民众希望在教科书中增加关于拉美的内容。① 这对于中国的拉美研究者而言则显然是一个值得庆幸的消息。

总之,中国民众对于拉美的认知程度不高,获取信息主要来源是大众媒体。而在大众媒体对于拉美欠缺足够关注的情况下,民众对于拉美正确的认知也难有持续的提升。这反过来又更加突出专业教学的重要性。因为唯有透过学校教学,才能正确地呈现复杂的拉美风貌。这无疑说明在中国进一步完善高校的拉美教学具有更加重要的意义和作用。引入美国的案例也说明了这一情况。

二、拉美教学在美国学界情况

作为美国的"后花园"以及美国第二大语言使用族群起源的地区,拉丁美洲在美国的高校课程设置中占有非常重要的地位。从专门的学科建制、研究中心的成立和拉美课程群设置,都可显示出美国高校教育对于拉美研究的重视。从20世纪70年代开始,美国高校课程表上必备有拉美相关的课程。当然,作为一种典型意义上的"地区研究",拉美本身的多样性和复杂性,其发展的动态性和易变性,使得拉美研究作为"可传授的知识",无论在课程设计上还是在教学内容编排上都有一定的难度。然而,比较分析美国高校的拉美教学在70年代以及当下的发展状况,仍可看出拉美研究在美国的基

---

① 郑秉文、刘维广等:《中国人心目中的拉丁美洲——中国社会科学院国际问题舆情调研结果分析》,载《拉丁美洲研究》,2008年第5期,第31—40页。

本趋势。

1. 20 世纪 70 年代拉美教学

美国亚利桑那大学教授 Kenski 在 1973 年春天对于美国国内教授拉丁美洲政治的政治学家进行了一项调查，目的是要了解以下四个问题，即讲授拉丁美洲政治的教学技巧，教学使用的教科书，课堂中最常提及拉美的政治系统，以及对于拉美政治课程有兴趣的学生人数。[1] 2003 年，佛罗里达国际大学的 Arrarás 又进行了一次类似的调查[2]，他采用了同样的问题以期对近 30 年的发展状况作出比较。两次调查所得到的发现相当有趣，值得重视。

图 4 左侧小图呈现了在两次调查中，拉美各国家在课程中被提及的比重。右侧小图则是 Arrarás 在 2003 年的调查结果。调查显示，拉美大国如墨西哥、智利、巴西、阿根廷等国是课程中最常被提及的，各占课程 70% 以上的比重。拉美小国如洪都拉斯、巴拉圭、海地等国则乏人问津，只占课程不到 10% 的比重。其中古巴虽算不上拉美大国，但由于其特殊的政治背景、地缘因素和作为拉美唯一的共产党执政国家，因而在美国拉丁美洲政治的课程中得到异乎寻常的重视，被提及的比重也有 60% 左右。至于排在首位的墨西哥，其重要性则显然是因为与美国接壤的地缘因素所致。

图 5 展示了美国教师掌握拉美各国专业程度的比重。如图 4 所示，拉美几个大国仍是美国教师最为关注及投身研究的地区。墨西哥仍然由于特殊的地缘因素，有五成以上的美国教师都觉得自己了解这个国家，其中有三成以上的教师曾亲自到墨西哥去做实地调研。在学术研究上，研究大国和重要的战略大国是必要的选择，所以这些教师们在墨西哥以外，有 25% 以上选择研

---

[1] Henry C. Kenski, "Teaching Latin American Politics at American Universities: A Survey", in *Latin American Research Review*, Vol. 10, No. 1, 1975, pp. 89 - 104.

[2] Astrid Arrarás, "Teaching Latin American Politics to Undergraduates in American Colleges and Universities", in *Politics & Policy*, Vol. 32, No. 1, March 2004, pp. 176 - 195.

究智利、巴西、秘鲁、阿根廷和古巴，并有15%的教师曾到这些国家去做田野调查。当然，古巴是唯一的例外，由于70年代以来美古关系紧张，所以几乎没有美国教师有机会到古巴去做调研。而拉美小国如海地、萨尔瓦多、巴拉圭和洪都拉斯等国则难以受到关注，教师的了解程度和投身去做调研的几乎不到5%。

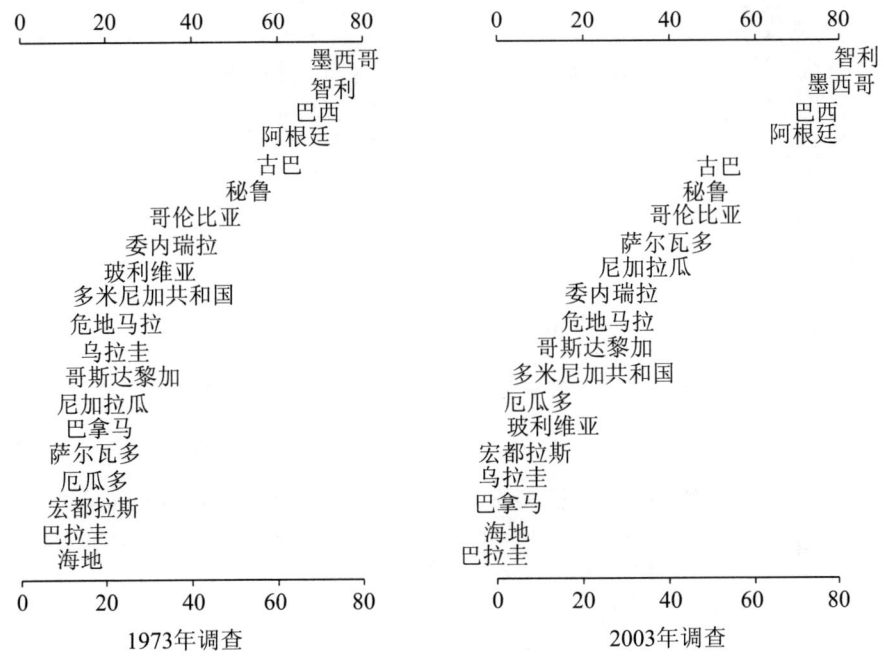

图4　拉丁美洲国家在课程中所占的比重

资料来源：1973年调查来自Henry C. Kenski, "Teaching Latin American Politics at American Universities: A Survey", in *Latin American Research Review*, Vol. 10, No. 1, 1975, pp. 89–104; 2003年调查来自Astrid Arrarás, "Teaching Latin American Politics to Undergraduates in American Colleges and Universities", in *Politics & Policy*, Vol. 32, No. 1, March 2004, pp. 176–195。

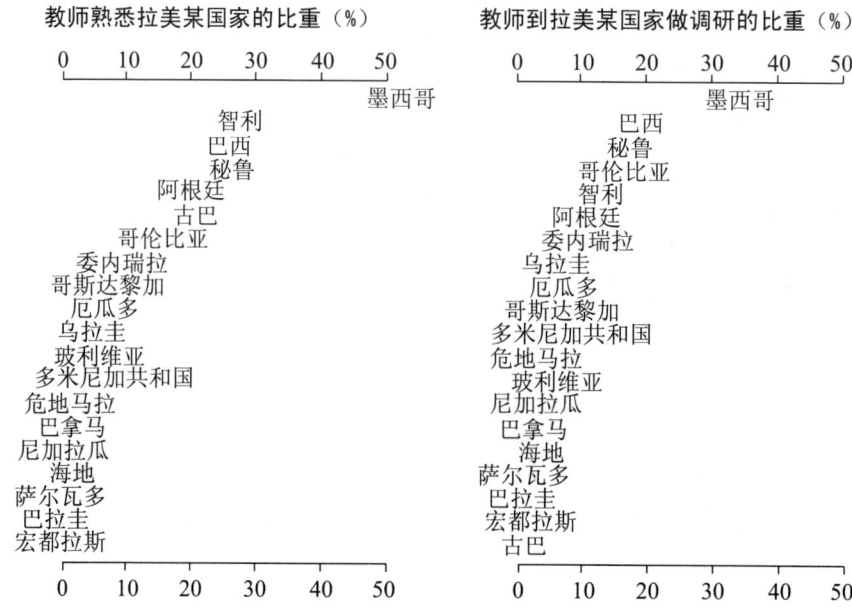

图 5　美国教师掌握拉美国家专业知识所占的比重

> 资料来源：Henry C. Kenski, "Teaching Latin American Politics at American Universities: A Survey", in *Latin American Research Review*, Vol. 10, No. 1, 1975, pp. 89 – 104。

美国教师对于拉美政治课程所选用的教科书并无共识。在调查中，教师们提到了22本相关的书籍，被采用最多的是 Robert Tomasek 编撰的 *Latin American Politics: Studies of the Contemporary Scene*，但也只有约16.8%的受访教师采用此书，其他如 Jacques Lambert 著的 *Latin America: Social Structure and Political Institutions*（12%），John Martz 主编的 *The Dynamics of Change in Latin American Politics*（11.4%），James Petras 和 Maurice Zeitlin 合编的 *Latin America: Reform or Revolutions?*（11.4%），Charles Anderson 著的 *Politics and Economic Chang in Latin America*（10.9%），Seymour Marin Lipset 和 Aldo Solari 合编的 *Elites in Latin America*（10.4%），以及 Irving Luis Horowiz, Josué de Castro

和 John Gerassi 合编的 *Latin American Radicalism*（10.3%）等书，也仅为一成左右的教师采用。至于其他 15 本被提及的书籍，被采用率均不到一成。值得注意的是，Charles Anderson 著的 *Politics and Economic Chang in Latin America* 一书，虽然只有大约一成的教师将其指定为课程教科书，却大约有 40% 教授拉丁美洲政治的教师认可该书对于拉美政治教学的重要性。除此之外，其余各书都被只有不到 10% 的教师认为是教授拉美政治的重要用书。这个结果并不意外，事实上，调查指出，约有 16.3% 的教师认为没有任何一本书是拉美政治教学所必须使用的。

美国教师教授拉丁美洲政治课程的方式虽然多种多样，但是他们却发现传统的授课方式能够最有效地帮助学生了解拉丁美洲。调查发现，有超过五成的教师会采用学生讨论或报告的方式，也有超过六成的教师会使用多媒体教材辅助教学，不过只有三成左右的教师发现这些方式能够极为有效地帮助学生学习。但是，仍有 15% 的教师在课程全程采用传统授课方式教学，其中 64% 的教师认为这个方式已能够极为有效地协助学生学习拉丁美洲知识。

2. 当代拉美教学

2003 年 Arrarás 重新对美国拉丁美洲教学做了调查①。有别于 Kenski 采用问卷信访教师的方式，Arrarás 收集了 56 份课程大纲进行分析。

图 4 右侧小图描绘了拉美国家在 2003 年的调查中所占课程的比重。大体上，国家的排序与 Kenski 在 1973 年的调查差异不大，几个大国如智利、墨西哥、巴西、阿根廷等都占有 75% 以上的比重。智利取代墨西哥成为课程中最重要的国家，Arrarás 推测是因为自 1970 年后，智利发生诸多的政治事件，成为比墨西哥更为重要的实例教材。②

表 2 排列了美国教师教授拉美政治时各主题所占的比重。历史背景居于

---

① Astrid Arrarás, "Teaching Latin American Politics to Undergraduates in American Colleges and Universities", in *Politics & Policy*, Vol. 32, No. 1, March 2004, pp. 176 - 195.
② 随着冷战结束、苏联解体及东欧剧变，古巴的重要性较前期调查要低，但仍居于前位，占有 53% 的比重。

首位,占课程大纲的81.5%,其次分别是民主与民主化(79.6%)、经济与政治发展(70.4%),以及革命运动与暴力(70.4%)。历史背景是无法避免的主题,拉美许多政治和经济发展与过往历史的遗留有着密切的关系,在课程的开始几周,提供学生关于拉美的被殖民和独立革命史,将有助于学生更好地了解拉美后来的发展。其他主要主题切入的面向,也多与拉美广为人知的问题不谋而合,尤其拉美各国争取民主和各国不断在民主与独裁体制之间摆荡的现实,更突出了讲授民主与民主化主题的重要性。

表2 拉丁美洲各教学主题占课程的比重

主题	比重(%)	主题	比重(%)
历史背景	81.5	性别问题	20.4
民主与民主化	79.6	政治人物	14.8
经济与政治发展	70.4	国家和国家构建	13.0
革命运动与暴力	70.4	社会运动	13.0
独裁统治	55.6	政治文化	11.1
政治制度	40.7	毒品交易	9.3
新自由主义	35.2	贪腐	9.3
国际关系	33.3	环境问题	7.4
种族问题	27.8	拉美裔移民	5.6
宗教问题	20.4	其他	14.8

资料来源:Astrid Arrarás,"Teaching Latin American Politics to Undergraduates in American Colleges and Universities", in *Politics & Policy*, Vol. 32, No. 1, March 2004, pp. 176 – 195。

随着时间的演进,学者们选用了不同的教科书。但与之前调查所获结论相似,对于应该采用哪一本书作为教科书,学者们仍然没有定见。56份课程大纲中,有44.4%采用了Thomas Skidmore和Peter Smith合著的 *Modern Latin America*,13%采用了Howard Wiarda和Harvey Kline合编的 *Latin American Politics and Development*,11%分别采用了Richard S. Hillman著的 *Understanding*

Contemporary Latin America 和 Harry Vanden 和 Gary Prevost 合著的 *Politics of Latin America: The Power Game*，此外还有其他 6 本书被超过 5% 以上课程所采用。简言之，除了 Skidmore 和 Smith 的著作外，学者们在教科书采用上并未达成一致。

在教学方式上，美国教师们在此时期为提高学生参与课程讨论，采用了不同的方法。最常使用的前三种方法各是网上讨论（47%）、个人课堂报告（35%）和辩论（29%）。82% 以上的课程会采用网络教学方式，其中又有 32% 的课程有课程网页。科技的进步是这时期教师结合网络教学的主要原因。

从上述两次调查所显示的结果可以看出，作为可传授的知识，拉美研究在美国高校始终得到了足够的关注。尽管在教材教法方面有着很大的差异，但课程设置的普遍性和广泛性足以保障美国在拉美研究方面有着充分的人力资源，在知识推进方面始终保持着足够的动力，而这又为美国处理与拉美的关系奠定了必要的知识基础。这一事实从一个重要的面向证明了在中国高校改善和提升拉美研究的必要性。

三、拉美教学在中国高校的情况

在美国所开展的调查，不仅成为考察拉美教学在中国的参照系，而且成为考察中国拉美教学的导引。与上文调查中美国高校全方位、多角度的教学状况相对应，本文对于中国拉美教学的考察也将主要集中在本科层次。

坦率地说，中国高校在本科生层次开授拉美相关课程的情形并不多见①。除了相关研究人员的缺少，拉美本身的多样性和复杂性也为拉美教学增加了相当的难度。作为可传授知识的拉丁美洲研究来说，教学切入的面向与关心的问题，也决定了拉美研究课程所偏重的学科，其中拉美史课程主要集中在拉美殖民史、独立运动史等历史的演进；拉美经济研究则注重拉美农业和土地、债权、经济发展战略和经济改革等问题；拉美国际关系研究则关心不同

---

① 洪国起、韩琦：《发展中拉美关系与拉美史学科建设》，载《拉丁美洲研究》，2009 年增刊 2，第 29 页。

时期拉美在国际问题所扮演的角色；拉美政治研究偏重于政治制度、民主化、政治思潮等政治理论的发展。① 所以，在本科生层次开设一门具有介绍拉美多样性而又不过分注重某专业的课程无疑是一件艰巨的任务。

在有限的样本中，本文将针对清华大学拉美政治的课程进行分析，分析时间为 2011 年和 2012 年春季学期两次开课的情况。该课程是面向全校本科生开授的公共选修课程，课程且并未设置选课的资格和必备的知识条件，任何一位清华大学的本科生都可以选修拉美政治。课程唯一的限制是规定 50 人的课容量，但最终结果是选修学生都未满 50 人。根据对课程选修者的问卷调查，可以得到如下一些有意思的发现。

1. 学生选课动机

学生选修拉美政治的动机可分为对拉丁美洲有兴趣和没有兴趣两大类。首先，超过五成的学生都是为了"政治"这个关键字而来。同样，在清华大学海量般的课程门类中，"政治"是筛选课程的热门关键词。相关课程如东南亚政治和美国民主政治也都是在这种情况下吸引了大量的学生。拉丁美洲课程在 2011—2012 年学期开始，都吸引了满额 50 位学生选修，在听完教师解释课程内容后，会有少部分学生退选，由此可以推测他们对拉丁美洲并不感兴趣或兴趣并不持久。另外，还有 1% 的学生是随机选课，误打误撞选上这门课。以上这两类学生的选修课动机完全与拉美不相干。

第二类真正对拉美有兴趣的学生，有 20% 是为了足球而来的，他们希望透过课程去了解他们喜爱的球星和球星所属的国家，这个结果呼应了中国社会科学院的调查，有不少的青年人对于拉美的兴趣来自足球这项运动。② 另外也有 20% 的学生曾对拉丁美洲的文化和历史有所涉猎，希望能透过该课程多了解拉美，其中大约有 4—5 位学生选修课动机是因为学习过西班牙文或对西班牙文有兴趣。仅有一成不到的学生是为了政治人物而来，被提及的人物有

---

① 张凡：《当代拉丁美洲政治研究的主要问题与方法》，载《拉丁美洲研究》，2009 年第 5 期，第 29—35 页。
② 郑秉文、刘维广等：《中国人心目中的拉丁美洲——中国社会科学院国际问题舆情调研结果分析》，载《拉丁美洲研究》，2008 年第 5 期，第 31—40 页。

切·格瓦拉、卡斯特罗、皮诺切特等。

还有一成多的学生因为拜读过拉美小说而来选修课。如前所述，1980年左右在中国文学界和读书界曾一度出现拉美文学热潮，而这些对拉美文学有兴趣的学生，对于著名的拉美作家有较高程度了解，特别是博尔赫斯、略萨、马尔克斯等；最常被提及的小说是马尔克斯的《百年孤独》，他们大多阅读过他们的著作，并由此希望进一步对他们所在的国家和地区有所了解。

2. 教材不足与过时

教科书的选择一直是教授该课程最大的困难。首先，国内合适的教科书不多。许多拉美相关书籍大多针对一个或数个国家撰写，属于概论性质的教科书并不多见。依据教师的判断，较合适的教科书有徐世澄撰著的《拉丁美洲政治》（中国社会科学出版社，2006 年）、袁振东和徐世澄合著的《拉丁美洲国家政治制度研究》（世界知识出版社，2004 年），以及张凡撰著的《当代拉丁美洲政治研究》（当代世界出版社，2009 年）。但这三本书的共同问题还是时效性的问题，虽然三本书写作时间均在 2000 年后，但是他们对于 2000 年后许多拉美国家重大的经济和政治发展收录较少。此外，这三本书出版后都未再版，其中前两本甚至很难在一般实体或网络书店购买到。再者，坊间其他有关拉美政治的书籍专业性太高，对于从未修习过政治学相关课程的学生来说，阅读上会较吃力。

使用英文教科书作为补充教材的可行性也不高。美国关于拉美政治的教科书几乎每 1—2 年就会更新，但是鉴于国情，在本科生层级使用英文教科书的成功率不高。一者，英文教科书的购书成本太高；再者，对于部分本科生而言，阅读英文教科书仍有障碍。该课程使用了 *Latin America Weekly Report* 作为补充教材。该周刊是电子期刊，以英文撰写，整理了每一周拉美各国的重要经济、社会和政治发展新闻，每期内容约在 15 页左右，适合给本科生作为补充教材。遗憾的是，国内订购该电子期刊的高校并不多，所以获得该期刊仍有一定的成本。

3. 课程设计

设计一套适合中国学生修习的拉美政治课程必须参考拉美研究在中国的现况。首先，为了增加学生对于拉美国家的认识，课程安排学生以分组的方式认领一个拉美国国家，在每周教师正式授课前，参考 *Latin America Weekly Report*，对该国家进行简短的时事报告，并在期末做该国家的专题深度报告。学生们反映，这种参与方式增加了他们对于拉丁美洲的基本认识。

讲授的课程内容主要以介绍政治制度、民主化和政治思潮为主，这两方面所需的政治学专业知识较高，也是了解拉美历史、经济、社会文化演进的基础。课程加入了"拉美文学与政治"专题，为的就是配合拉美文学引进在中国当时特有的政治和时代背景，为同学理清其中的误区，并还原属于拉美文学在中国真正的历史地位。

四、结语

本文通过对媒体报道、学术关注、经贸交流情况等方面的数据整理，不难发现，尽管中国和拉美之间的交流往来在绝对数字上增量显著，但这是伴随着改革开放30年来中国在对外开放过程中取得的巨大成果发生的，拉美在各项指标中所占的比重尚没有明显的突生性的变化。与此相应，中国人心目中对拉美的认知也不够深刻。其中，拉美文学曾经作为一种文学现象，表面上曾一度在20世纪80年代获得了广泛的影响和知名度。但由于去政治化的解读，事实上并未增进中国人对拉美的知识存量；同时随着中国综合国力的提升，拉美文学的经验也渐渐被边缘化。同样，拉美教学在中国也面临着特定的困难，首先是相关教材数量不足，已有教材相对过时，同时高校在拉美研究方面的投入少也是重要的影响因素。相形之下，美国高校关于拉美的教学与研究却呈现出持续稳定的充足状态。

但本文并不认为拉美研究在中国的这种相对薄弱的状况会长久地持续下去。随着中国与拉美经贸关系的进一步发展，随着现代化传播手段和交流途径的发展，中国与拉美之间的文化交往乃至一般大众的旅游往来更会有巨大的增长。尤其是 2011 年 4 月以来国家开发银行对加强拉美地区研究而专门作出的科研部署和资源投入，2011 年 11 月教育部启动了新的"地区与国别研究培育基地"项目，以国家投入的方式扩大和加强对包括拉美地区以及拉美大国在内的地区和国别研究，所有这些都预示着具有实质性的新一轮地区和国别研究热潮的到来，进而突显了对于高校拉美教学的迫切需要。因此，本文不仅建议在更多研究性高校增设拉美研究课程，以更多的人力和资源投入拉美教学，而且依据中美高校拉美教学的现状分析进一步建议以现有经典教科书为基础，实现逐年的补充更新。在具体的课程教学方法方面，笔者曾尝试采取分组报告、国别认领的形式，以各国具体政治、经济、历史等为基础背景，并辅以时事新闻报道和电影观赏的方式，增加学生参与度，也使书本中僵化的拉美知识"活"起来。同时，增加拉美文学与政治内容，在中国与拉美之间建立更多相关性。这些尝试取得了一定的效果，想必亦可在更大范围内推广使用。

总之，对于中国这样的大国而言，无论是要争取更多更好的合作环境以满足自身更强发展的需要，还是要在更大更高的国际舞台上承担更多的责任，都有必要在最基础最根本的知识方面做好准备和铺垫。作为可传授知识的拉美研究，无疑会在这一进程中发挥关键性的作用；而作为拉美研究的专业人士，亦将在此进程中扮演关键性的角色。

（本文原刊于《拉丁美洲研究》，2012 年第 2 期）

美国、欧盟、中国与拉美双边经贸关系的比较研究

苏毓淞

经历了数百年的起伏与动荡，在进入21世纪的第二个十年之后，拉丁美洲的经济发展呈现出总体良好的势头。随着拉美地区各国政治纷乱的减少或缓解，拉美已逐渐摆脱20世纪80年代以来的萧条颓势，整体经济态势呈现出大幅复苏的样式。[①] 但是，拉丁美洲经济与对外贸易的发展在很大程度上取决于其自然环境和人文历史。首先，拉美各国多种多样的地形地貌和丰沛富足的自然资源，在相当程度上决定了其产业发展的重心。农、林、牧、渔、矿和石化燃料等初级产品向来是拉美对外出口的主要商品。其次，长期的历史发展和现实的政治环境，包括与主要两大贸易伙伴——美国和欧盟——之间特殊的历史纠葛与复杂的外交关系，决定了拉美各国在相当长的一个时期内仍然难以摆脱与美欧双边贸易交流的历史模式；欧盟主要成员国在拉美经营数百年的殖民史，美国自1823年发表的《门

---

① 苏振兴：《拉丁美洲经济：从衰退到繁荣》，载《拉丁美洲研究》，2013年第6期，第7—18页。

罗宣言》将拉美视为"后院"的政策主张及其初衷，使得拉美长期以来与美国和欧洲各国在经济上保持着明显的"中心—外围"的结构性关系；在这样一种结构性的框架内，拉美提供原材料等初级商品，用以换取欧美的制造业商品。同时，欧盟和美国又利用各种方法和手段，努力对拉美各国维持着较大的政治、法律和社会影响，进而又巩固和强化着特定样式的经贸关系。

然而，21世纪伊始，中国经济持续而强劲的发展，中国超越日本，成为仅次于美国的世界第二大经济体。在这一进程中，中国极大地发展了与拉美的经贸关系。2008年，中国政府发表了《中国对拉丁美洲和加勒比政策文件》，表示在经贸往来方面要本着平等互惠的原则，扩大和平与双边贸易。这标志着中国正在从国家战略的高度、顶层设计的方式和统筹协调的行动，发展与拉美各国的政治关系和经贸关系。到2013年，中国超越了欧盟，成为拉美第二大贸易伙伴。同时，伴随着中国与拉美国家之间政治关系的良好发展，中国对拉美的投资也在持续增长。在可以预期的未来，中拉经贸关系还会有进一步的发展，而政治关系还会进一步得到加强。在这个意义上讲，中拉经贸关系的发展和政治关系的加强必然会引起欧盟和美国的高度关切和战略反应。在这样的背景下，中国在发展与拉美的经贸关系时，必需全面考虑欧盟和美国的因素，必需根据相应的情况和态势对拉美国家制定适时适宜的战略和策略，还应当采取有针对性的综合举措和配套行动。

因此，本文将在分别考察欧盟因素和美国因素的基础上，以综合和比较的方式深入分析欧盟、美国和中国三个经济主体与拉美的经贸关系。具体说来，本文首先将透过宏观数据来检视中拉经贸发展的历史，描述和概括自1980年以来中国—拉美经贸关系的基本状况。其次，本文将比较研究中国、欧盟和美国与拉美经贸关系的相似处和差异点，包括比较中拉、美拉和欧拉三组双边进出口贸易总量数据以及拉美个别国别数据，分析中拉美贸易关系的地理分布和贸易结构问题，进而透过双边贸易的商品结构数据，使用贸易引力模型分析2001—2010年期间中拉的双边贸易数据和其他宏观经济数据，分析影响中拉双边贸易的美国因素，进而概括中拉经贸交流的基本样式。最后，本文将概括性地描述欧盟和美国推进其与拉美的经贸关系时所采用的战略和策略，并对中国应当采取的行动提出概略性的建议。

一、"新来者"的新姿态

自改革开放以来，中国与世界各国的经济往来急剧增长。相对而言，中国与拉美之间的经贸往来则呈现稳中缓步增长的态势，而在进入21世纪后又表现为跨越式增长的基本特征。中拉双边贸易的总量，从2000年的不足150亿美元，大幅增加到2010年的1200亿美元。这一增幅确实令人印象深刻。然而，这仅仅是以中国与拉美的绝对数量而言的，只有在相对孤立的或区隔的视角下才会产生过分乐观的评价。[1] 因为在这一时期，中国对外贸易均有巨大的增长。如果从中国进出口贸易地区的构成来看，2000—2010年期间，拉美占中国进出口贸易的比重仅仅从2000年的2.5%，缓慢上升到2010年的5%。就此而论，较之于中国对外贸易总量的增长，中国与拉丁美洲之间的经贸交往显然还有巨大的成长空间。[2] 同时，还必须看到，这一时期中拉经易往来的增长，主要得益于中国能源进口多样化战略下的具体行动。为避免能源进口源局限于中东的风险，中国开始从拉美进口大量燃料和能源产品。[3]

图1显示，从拉美的角度来看，中国在过去的十年间，逐渐提高了在拉美进出口贸易中的占比。中国对拉美出口占拉美总出口的比重从2001年的1.5%，提高到2010年的8.4%；中国从拉美的进口占拉美总进口的比重从2001年的2.7%，提高到2010年的13.2%。而同一时期，美国对拉美的出口和从拉美进口的占比却逐年滑落；出口占比从2001年的56.5%，下滑至

---

[1] 卢国正：《近十年拉美对外贸易和中拉贸易发展的特点》，载《拉丁美洲研究》，2002年第6期，第38页；郑秉文、孙洪波、岳云霞：《中国与拉美关系60年：总结与思考》，载《拉丁美洲研究》，2009年增刊第2期，第7—9页；苏振兴：《中拉关系如何面对未来》，载《拉丁美洲研究》，2009年增刊第2期，第19页；杨志敏：《中拉经贸合作面临的新形势与政策选择》，载《拉丁美洲研究》，2009年增刊第2期，第31页；杨建明、张勇：《当前的中拉关系特点评析》，载《拉丁美洲研究》，2013年第2期，第36页；岳云霞：《中拉经贸合作潜力与环境研究：基于拉美市场条件的分析》，载《拉丁美洲研究》，2013年第2期，第43页。
[2] 陆楠楠、苏毓淞：《作为可传授知识的拉丁美洲研究：比较观察》，载《拉丁美洲研究》，2012年第2期，第18—19页。
[3] 杨志敏：《中拉经贸合作面临的新形势与政策选择》，载《拉丁美洲研究》，2009年增刊第2期，第31页。

39.8%，进口占比从 2001 年的 45.3%，下滑至 29.6%。欧盟则在对拉美进出口的占比上大体维持了稳定的数据，进出口的占比在这一时期大都维持在 12%—15% 的水平。从图 1 比较看来，作为拉美经贸领域中的新来者，中国对于欧拉的双边贸易影响并不明显，却在相当程度上挤占了美拉的双边贸易份额。尽管中国对美国的这种挤占情形，因拉美各国的情况不同而有所差异，因为各类商品的差异性而对各类商品的影响也有不同，但总体而言，挤占的情况是明显的。同时，由于中国对美经贸关系的发展，中国也挤占了拉美各国商品在美国市场所占的份额。①

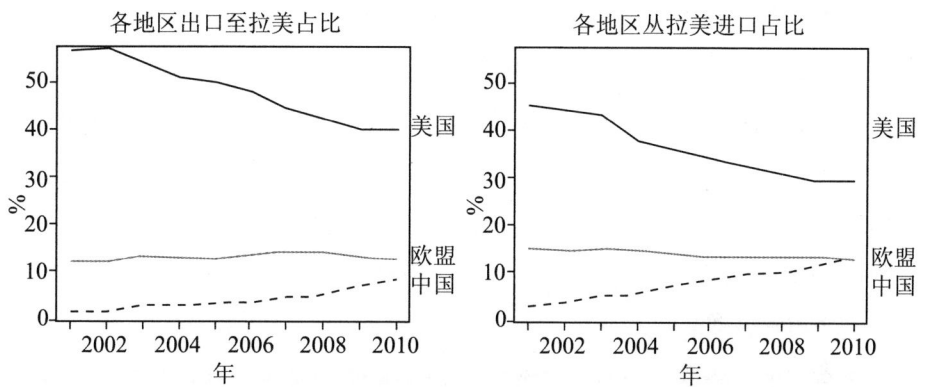

图 1　2001—2010 年间中、美、欧盟三个地区占拉丁美洲国家进出口贸易的比重

资料来源：IMF, Direction of Trade Statistics (DOTS), http://elibrary-data.imf.org/FindDataReports.aspx? d = 33061&e = 170921。

反过来也可以讲，在过往的十年中拉经贸关系发展中，美国因素的影响作用远大于欧盟因素的影响。这更意味着，美拉经贸关系的变化，较之于欧

---

① 详细的实证分析，请参考 Jorge Chami Batista, "Competition between Brazil and Other Exporting Countries in the US Import Market: A New Extension of Constant-Market-Shares Analysis", in *Applied Economics*, Vol. 40, No. 19, 2008, pp. 2477 - 2487; Rhys Jenkins, "China's Global Expansion and Latin America", in *Journal of Latin American Studies*, Vol. 42, No. 4, November 2010, pp. 809 - 837; 王飞：《中国和拉美主要国家在美国市场上的出口挤占》，载《拉丁美洲研究》，2013 年第 2 期，第 60—67 页。

拉经贸关系的变化，对中拉经贸关系的发展有着更大的影响。确切地说，这不仅是因为此前美拉经贸往来的数量远大于欧拉经贸往来，而且是因为美拉经贸关系的若干特质与中拉经贸关系有着明显的关联性。

中国对拉美各国的直接投资，是又一个值得关注的问题。尽管中拉的双边直接投资尚处于摸索与起步的阶段，但中国对拉美的直接投资仍有持续的增长。但必须注意的是，虽然中国对拉美的直接投资在2010年时已占中国对外总投资约15%，但是超过90%的资金是流向开曼群岛（Cayman Islands）和英属维尔京群岛（British Virgin Islands）等两个国际知名的避税地区。相形之下，实际流入拉美其他各国的投资资金，只占中国对外总投资不到5%左右①，主要投资者则集中于国企和央企②。

必须指出的是，考察中拉经贸往来的整体贸易额以及相对和绝对的数量特征，并不能全面呈现中拉经贸关系的基本特点，还必须具体地讨论更具体的领域和指标，必须参照欧盟和美国的相应情景进行比较研究，由此才可以得到更加全面的图景，具体描述出中国、欧盟和美国三者之间的相似处、差异处以及相互影响的交集处。

还必须指出的是，为便于完整地呈现和系统的理解，本项研究专门采用了数据可视化的多种方法和技术，将中国、欧盟和美国与拉美经贸关系的诸多历史数据整合并融入为多种比较图示之中。由此，中国、欧盟和美国之间的共同处和差异点可以通过相对简单的图形比较而呈现出来。

二、共同点：相似中有所差异的双重分布

此处的双重分布，是指中国、欧盟和美国与拉美经贸关系中所存在的地理区域分布状况和贸易商品结构分布状况。

从数据分析所得到的图景来看，中国、欧盟和美国与拉美的双边贸易，

---

① 商务部、国家统计局、国家外汇管理局：《2010年中国对外直接投资统计公报》，中国统计出版社2011年版。
② 吴国平：《后危机时期中国企业投资拉美和加勒比地区的机遇与挑战》，载《中国社会科学院研究生院学报》，2011年第2期，第128页。

有总体相似的发展趋势，尤其体现为较高程度的国别集中度。但在具体的集中点即具体的国别方面，中国与欧盟有着更高的相似性而与美国相比则有特定的差异。

图 2 所提供的多个图例明确地显示出，中国对于拉美的经贸交流一直以来存在着较高的国别集中度。[①] 中国从拉美的进口，自 20 世纪 80 年代以来，一直集中在巴西和阿根廷等大国；1981—1990 年期间，中国从拉美的进口，36% 来自巴西，22% 来自阿根廷，14% 来自古巴；1991—2000 年期间，巴西仍高居 37%，阿根廷占 20%，智利则取代了古巴，成为中国在拉美的第三大进口国，占比为 15%；至 2001—2010 年期间，中国从拉美的进口基本上维持了前一时期的国别分布，排名第一的仍是巴西，但是占比微降至 33%，智利的占比则有持续的攀升，达到与阿根廷相近的程度，约为 22%。中国从智利的进口之所以在这个时期有更进一步的上升，应该归功于 2005 年两国共同签订的自由贸易协定。

欧盟则是超稳定的典型。欧盟从拉美的进口，在国别分布中主要集中在巴西、墨西哥和阿根廷三国。在本项研究所涵盖的 1981—2010 年期间的 3 个 10 年中，巴西一直维持 33%—35% 的占比，而阿根廷和墨西哥则维持 10%—12% 的占比，智利则是紧追其后的国家，但一直以来还是只有 9% 的占比，未能突破 10%。

美国从拉美的进口则发生了明显的偏转，尤其偏重于墨西哥一国。从墨西哥的进口在美国从拉美进口中的占比，1981—1990 年期间不过 34%，但自 1990 年后大幅攀升到 70%。这样的结果，应与 1992 年美国和墨西哥所签订的北美自由贸易协定有关。美国的其他主要拉美进口国主要是委内瑞拉和巴西，但自 1990 年后，占比均不足 10%。

总体而言，中国、欧盟和美国从拉美的进口，在国别集中度方面的态势，

[①] 宋海英：《中国——拉美农产品贸易的影响因素：基于引力模型的实证分析》，载《农业经济问题》，2013 年第 3 期，第 75 页；左品：《影响中国与拉美贸易发展的问题与对策》，载《对外经贸实务》，2009 年第 8 期，第 22 页；岳云霞：《中拉经贸合作潜力与环境研究——基于拉美市场条件的分析》，载《拉丁美洲研究》，2013 年第 2 期，第 44 页。

中国和欧盟大体相似,位居前二的进口国分别是巴西和阿根廷,而美国则集中在墨西哥和巴西。这种状况的出现,在一定程度上应当归因于中欧美三方与特定的拉美国家所建立和发展出有所差异的双边联系,例如美国与墨西哥以及 20 世纪 80 年代中国与古巴的情形。但又在更高的程度上归因于拉美各国所特有的自然资源禀赋和商品生产结构,归因于拉美国家间在经济体量上的大小悬殊和对外贸易依存度方面的差异。因此,中欧美三方从拉美的进口均表现出较高的国别集中度,且共同指向了墨西哥、巴西和阿根廷。

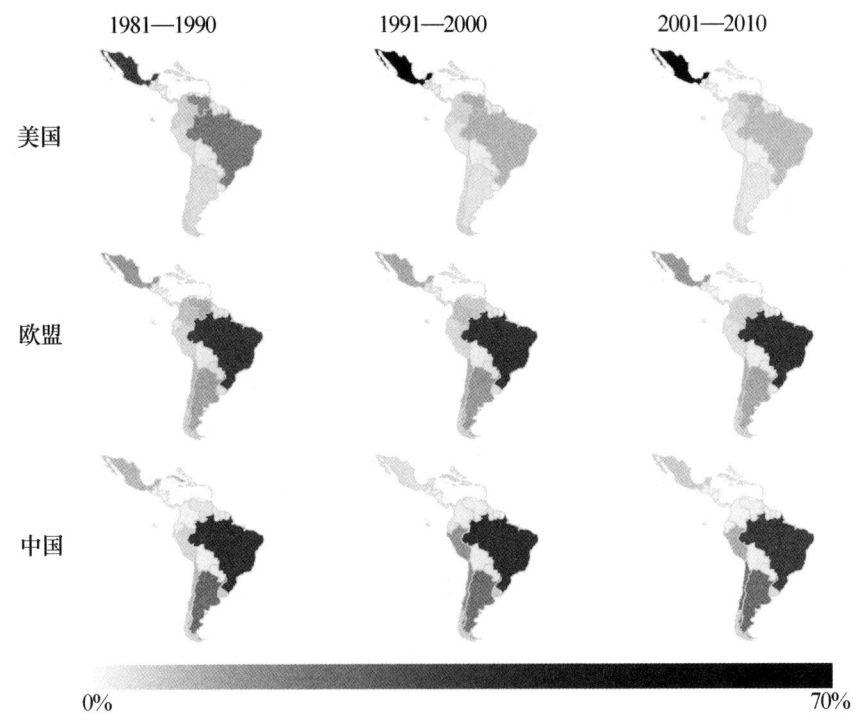

图 2　1981—2010 年期间中国、美国、欧盟三个地区
从拉丁美洲各国进口比重分布图

资料来源:IMF, Direction of Trade Statistics(DOTS), http://elibrary-data.imf.org/Find Data Reports.aspx? d = 33061&e = 170921。

由图 3 可知,对拉美的出口分布方面,中国也表现出与从拉美进口相近的情形,但在本项研究所涵盖的历史时期内则又有相对较大的变化。1981—

1990年期间，中国对拉美的出口大半集中于巴西一国，其占比为53%，古巴则排第二，占19%，墨西哥占13%；1990—2000年期间，墨西哥跃居为中国在拉美最大出口国，约有三成的出口集中在墨西哥，巴西则大幅滑落至21%，阿根廷占比上升为17%，古巴的重要性则大幅减弱，只占5%；2001—2010年期间，墨西哥占比持续上升至40%，巴西则继续滑落，与阿根廷占比同在12%—15%的区间，同一时期中国对拉美出口的另一个主要国家是智利，占比在10%。这种情形的出现，至少对古巴出口的占比变化，在很大程度上应当归因于中国对拉美出口总量的增长及其影响下的国别占比变动。

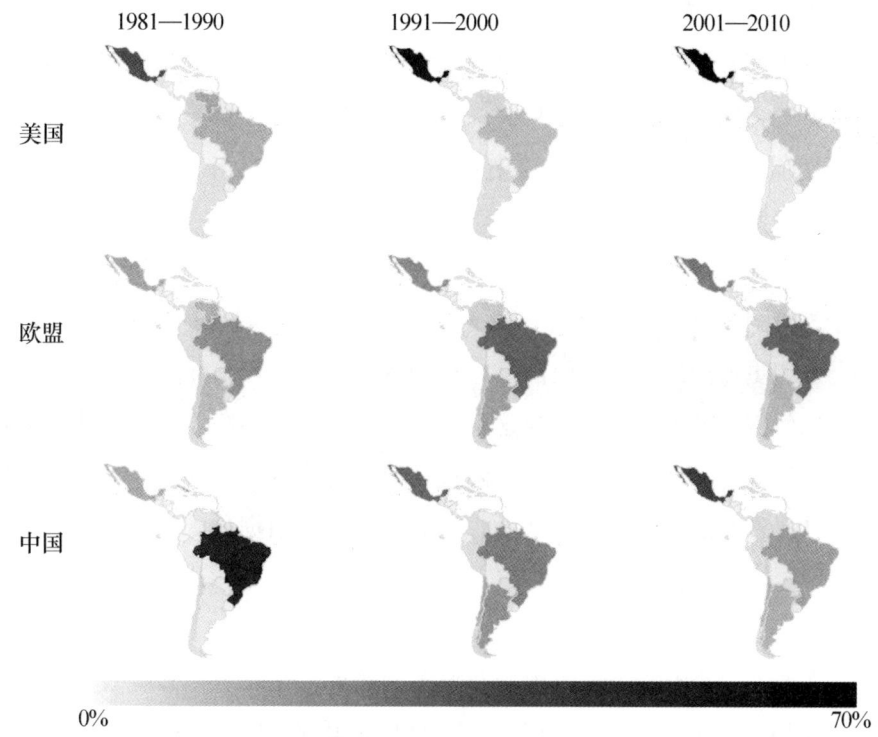

图3　1981—2010年期间中国、美国、欧盟三个地区
对拉丁美洲各国家出口比重分布图

资料来源：IMF, Direction of Trade Statistics（DOTS），http：//elibrary-data.imf.org/FindDataReports.aspx？d=33061&e=170921。

欧盟对拉美的出口则始终稳定地集中在巴西、墨西哥和阿根廷三国。但自 1990 年以来，欧盟进一步集中在巴西和墨西哥两国，这两国的占比均超过了 25%；对阿根廷的出口占比则逐渐滑落，到 2001—2010 年期间，其占比不足 10%。

美国对拉美的出口则高度集中在墨西哥，从 1981—1990 年期间的 37%，到 1990 年之后，大幅攀升到 70%，这仍然是受美墨缔结北美自由贸易协定的巨大影响；对巴西和委内瑞拉的出口在 1981—1990 年期间占比约为 10%，但是在 1990 年之后，由于美国对拉美的出口高度集中于墨西哥，只剩下巴西勉强维持了 10% 的占比。

总的来说，中国、欧盟和美国对拉美出口的国别分布状况，总体而言分别与其从拉美的进口占比分布相类同，高度集中于几个拉美大国，但在具体的国别分布方面又有所差别。在中欧美的三方比较中，中国与欧盟相类似，有异于美国。

综上所述，中国对拉美的进出口贸易高度集中于几个大国的现象，基本类同于拉美另外两大贸易伙伴——美国和欧盟；但在具体的国别分布方面，中国与欧盟更加接近。正如前面已经提到的那样，这种状况的出现与拉美各国目前的经济发展水平相关，与这些国家的自然禀赋相联。尤其是从拉美进口中的占比大国如巴西、墨西哥、阿根廷乃至智利等国，都是原材料和农牧产品等初级产品的出口大国。因此，也有不少论者根据这一情况，认为这是"新殖民主义"的复苏，中国正在步欧美国家之后尘，借由进出口贸易剥削拉美国家。[1]

也正是在这个意义上讲，中国与拉美的经贸关系状况又涉及双边贸易的商品结构问题，而且同样也必须在与欧盟和美国进行比较的框架内加以认知

---

[1] Mauricio Mesquita Moreira, "Fear of China: Is There a Future for Manufacturing in Latin America?", in *World Development*, Vol. 35, No. 3, 2007, pp. 335-376; Nicola Phillips, "Consequences of an Emerging China: Is Development Space Disappearing for Latin American and the Caribbean?", in Working Paper No. 14, The Centre for International Governance Innovation, 2007, pp. 1-35; Eva Paus, "The Rise of China: Implications for Latin American Development", in *Development Policy Review*, Vol. 27, No. 4, 2009, pp. 419-456；杨建民、张勇：《当前的中拉关系特点评析》，载《拉丁美洲研究》，2013 年第 3 期，第 38—39 页。

和评价。在这里,有必要指出的是,欧盟和美国与拉美的经贸关系一向被指为具有典型的国际政治经济学中的"中心—外围"结构,尤其体现为双边贸易商品结构中的"中心—外围"形式。

"中心—外围"理论首先由阿根廷经济学家劳尔·普雷维什(Raúl Prebisch)提出,主要是指位于世界经济结构中的中心国家(西方工业大国),从"外围国家"(不发达国家或发展中国家,如拉美、非洲各国)进口大量的初级产品,然后使用这些产品制造价值较高的制成品后,再出口给"外围国家",贱买贵卖,即是所谓的剥削。这种状况因长期的持续循环过程而将"外围国家"固化在现有的受剥削之中。[1]

由此观之,美国是这个指控下最典型的代表。2001—2010年期间,美国从拉美各地区进口各类商品的构成如图4所示。首先,从拉美各个地区的角度来看,美国从加勒比海地区进口贸易的商品结构在这一时期并未有明显改变,进口商品以制造业产品占最大宗,但在美国进口中拉美制造业产品占比仅约15%。从中美洲进口的贸易商品在这段时期改变也不大,但在2004年后纺织、服装、鞋制品有小幅增长,与制造业产品一起,同为美国进口该区商品位居前二名次的商品,但占比都在三成上下。从南美洲进口的贸易商品结构同样也并未有明显改变,其中初级产品和农业产品为美国从该地区进口商品中位居前二的商品,占比超过七成。美国从墨西哥进口贸易的商品结构也并未有明显改变,其中以资本与消费产品为美国从该国乃至整个拉美最大宗的进口商品,占比超过70%。

2001—2010年期间,美国对拉美各地区出口各类商品的构成如图5所示。其中,美国出口加勒比海地区的贸易商品结构在2000—2010年期间并未有明显改变,出口商品以原油和石油产品占最大宗。在美国出口中美洲的贸易商品中,2004年后原油和石油产品以及纺织、服装、鞋制品小幅增长,为美国出口该地区位居前二的商品类型。在美国出口南美洲的贸易商品中,制造业

---

[1] Raúl Prebisch, *The Economic Development of Latin America and Its Principal Problems*, New York, United Nations, 1950.

产品和原油、石油产品在 2007 年以后，均有小幅增长，纺织、服装、鞋制品和资本与消费产品为美国出口该地区位居前二的商品。在美国出口墨西哥的贸易商品中，除纺织、服装、鞋制品外，均为美国出口拉美地区的最大宗商品，但原油和石油产品自 2004 年后出口逐渐萎缩，下降幅度约为 30%。

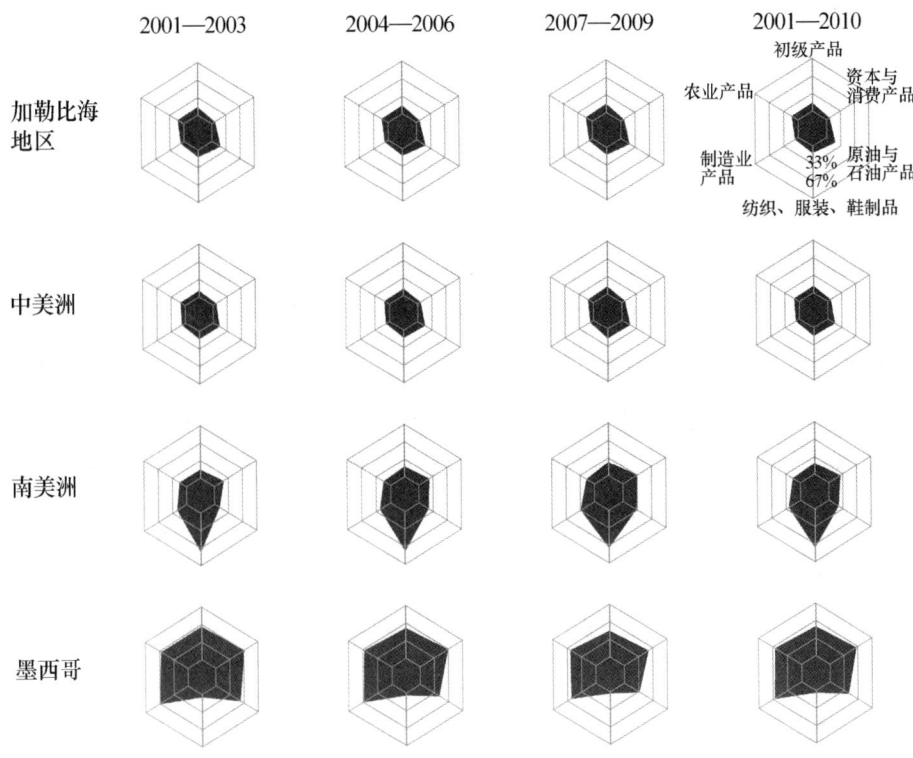

图 4　2001—2010 年期间美国从拉丁美洲地区进口各类商品比重分布趋势图

资料来源：United Nations, UN Comtrade Database, http://comtrade.un.org。

综合考察美国与拉美的经贸关系可以发现，从美国对拉美各个地区的各类进出口商品的结构来看，在 2001—2010 年期间，只有在南美洲才维持了明显的"中心—外围"的模式。但必须指出的是，美国与加勒比海地区和中美洲地区的贸易总量并不大，同时，这两个地区提供初级产品的能力也相当不足，所以并不适用"中心—外围"的贸易模式，而不是是否存在这一贸易模式的问题。而墨西哥则属于特异案例，因为地理环境和加入北美自贸区等因素，墨西哥与美国的双边贸易发展较为全面，各类进出口商品相对比较平均，但仍然维持着对美国的长期入超，经济上的不对等关系显而易见。

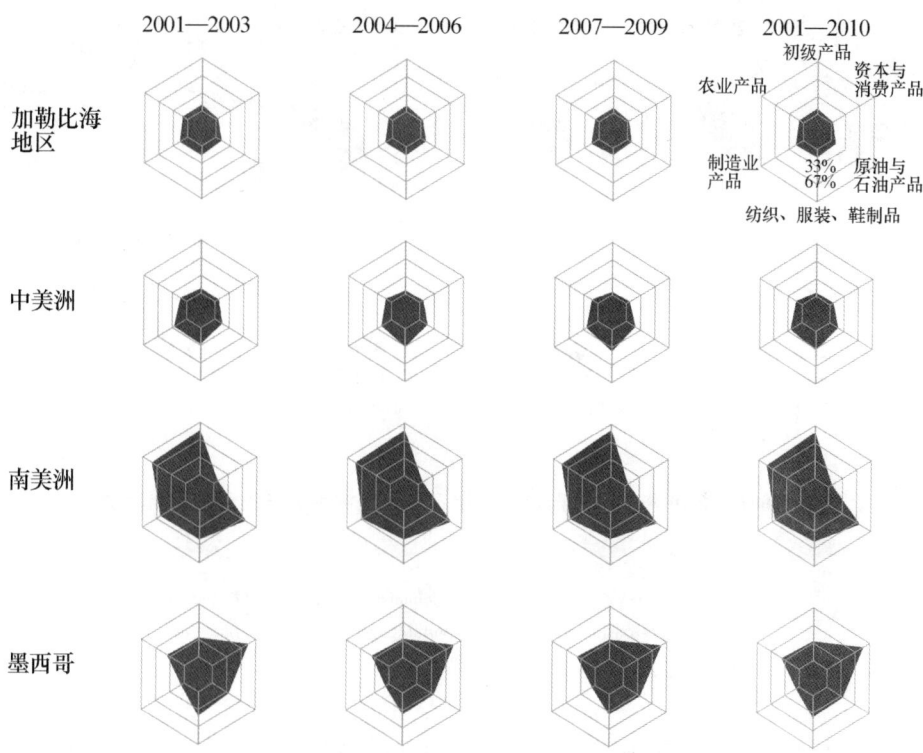

图5　2001—2010年期间美国对拉丁美洲地区出口各类商品比重分布趋势图

资料来源：United Nations, UN Comtrade Database, http://comtrade.un.org。

2001—2010年期间，欧盟对拉美的出口商品，以及从拉美进口商品构成均非常稳定，图9显示了欧盟出口拉美贸易商品结构在2001—2010年期间并未有明显改变。这一期间,欧盟对拉美的出口以机械及运输设备产品为最大宗,占其对拉美总出口比重的60%左右,其次为化学品和制造业产品,占比约为20%。欧盟从拉美进口的商品则以食物、饮料及烟酒和原材料为位居前二的大宗进口商品,占比分别约在40%和20%。从这种情形来看,欧盟与拉美的进出口贸易结构,仍然摆脱不了"中心—外围"的贸易模式。

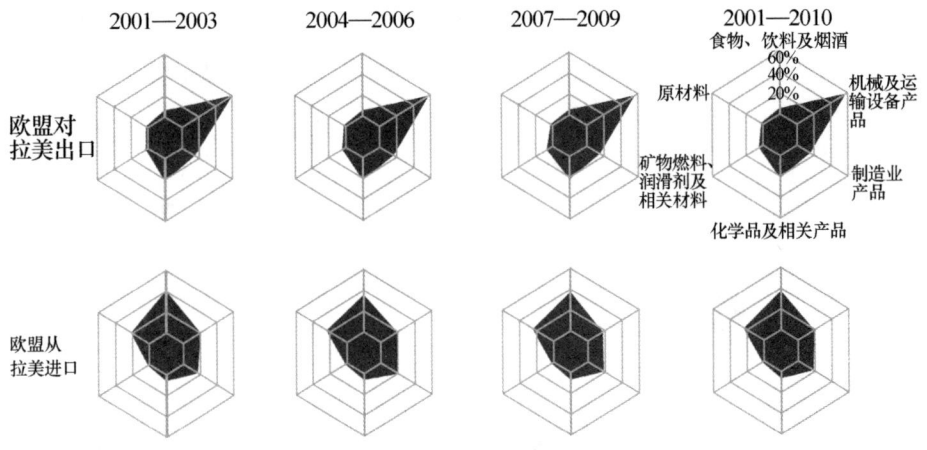

图6　2001—2010年期间欧盟进口与出口拉丁美洲地区各类商品比重趋势图

资料来源:European Commission, *EUROSTAT Database*, http://epp.eurostat.ec.europa.eu/portal/page/portal/population/data/database。

但与此同时,从中国对拉美的进出口商品结构来看,中国与拉美的经贸关系也大体符合"中心—外围"的结构特点。图7显示了2004—2009年期间中国出口或进口拉丁美洲地区各类商品占出口或进口商品总值的比重趋势。从出口商品来看,在图7所涵盖的2004—2009年这个时间段中,中国对拉丁美洲地区的出口商品结构并未有明显的改变;制造业产品和机械与运输设备一直是排名前二位的两大出口商品类别。但比较前后两个三年来看,制造业产品所占比重略为滑落约1.3%,但同时,机械与运输设备所占比重则上升了约2.2%。从进口商品来看,中国从拉丁美洲地区进口商品的结构较之对拉美的出口商品结构略有浮动和变化，进口商品中始终以燃料、矿物和原材料为最大宗的商品，但这个比重从2004—2006年期间的43%，到2007—2009年期间，大幅上升到55%。这大概与中国当时急速的城镇化发展、交通业的巨大增长有关。但从拉美进口的制造业产品从2004—2006年期间的23%，大幅下滑到2007—2009年期间的仅仅5%。而食物和农渔产品则从原先的28%，上升到了35%，成为中国从拉美进口商品中所占比重第二大的商品类型。

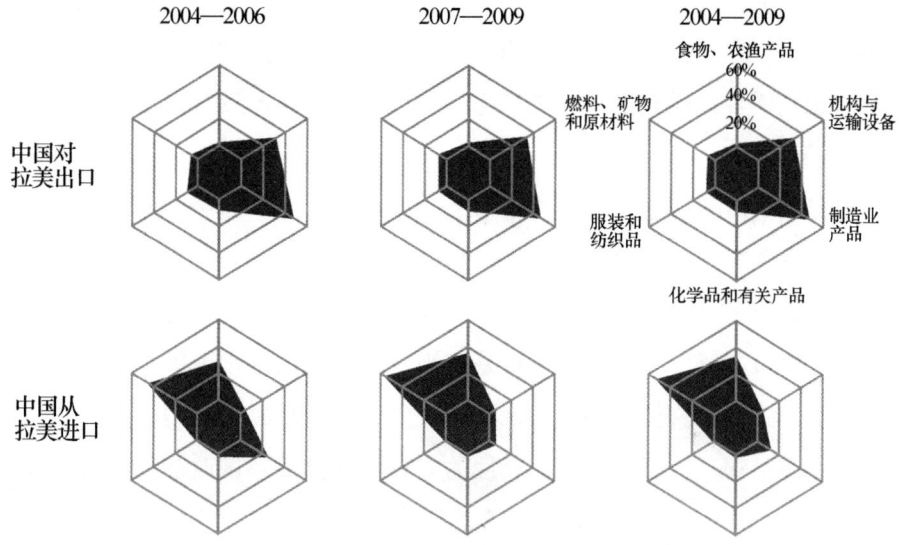

图7　2004—2009年期间中国出口或进口拉丁美洲地区各类商品占出口或进口商品总值的比重趋势图

注：左侧及中间两行图中各类商品所占的比重采用了三年的平均数，消弭了某个年度中某类商品出口拉丁美洲或从拉美进口出现激增的效应。右侧两个图是2004—2009年期间各类商品所占比重的平均数，呈现这六年中国出口或进口拉丁美洲各类商品占出口或进口商品总值的比重。资料来源：《世界经济年鉴》，2006—2012。

整体来看，2004—2009年期间，中国主要从拉美进口燃料、矿物和原材料及食物、农渔产品等初级产品，对拉美的出口则以制造业产品及机械与运输设备为主。在这个意义上讲，中国与拉美的经贸关系也属于典型的"中心—外围"贸易模式，这也是中国与美国和欧盟相似的共同点之二。

但必须指出的是，进出口贸易的商品结构固然与贸易双方之特定的进出口战略及其政策措施有关，但在很大程度上又取决于贸易双方的自然资源禀赋和经济发展水平。在拉美的经济发展水平及其产业结构未发生根本性的变化之前，中国与拉美经贸关系的结构属性不能不受制于基础条件的限制。在这个意义上讲，指责中国作为"新来者"跟从"中心—外围"的模式，重走"殖民主义"的老路，显然是没有道理的。其实正是因为这样，"中心—外围"理论在学界也受到批判，被指为是有启发有揭露却没有给出解决办法的"悲观主义"理论。

还必须指出的是，在目前的情形下，特别是由于中国制造业的发达和科技创新的发展，在可以预期的未来，物美价廉的中国工业制造品还将在拉美进一步扩大市场份额。同时，由于中国自身的发展需求，其对拉美资源和初级产品的进口还会持续扩大。这将是相当一个时期内中国发展与拉美经贸关系的基本样式。在这种条件下，中国如何更好地应对源于"中心—外围"理论的指责和批评，进而如何以创新性的方式帮助拉美各国改变经济发展样式和产业经济结构，则是一个值得研究的新课题。

三、差别点：更加平衡的中拉经贸关系

然而，从数据分析来看，中拉之间的经贸关系又确有更加独特之处。相对而言，中国对拉美的出口商品，尽管也同样集中于工业制成品领域，但相对于欧盟和美国而言，却多是拉美所急需的、相对廉价的产品而少有专供社会上层使用的、欧美传统的奢侈品。更重要的是，从双边贸易平衡的视角来看，除了墨西哥之外，自1981年以来，中国与拉美地区的贸易伙伴，基本维持着贸易平衡。这甚至与中国和世界其他地区的经贸往来构成了一种鲜明的差别。

图8即显示出，1981—2010年期间，中国对拉美的前六大贸易伙伴所保

持的贸易平衡的基本趋势。其中,墨西哥自20世纪90年代以后,对中国呈现出大规模的入超,即出口至中国的总量,远远低于入口的总量,而且这个逆差的幅度还逐年的增加,至2001—2010年期间,逆差平均接近35亿美元。但除了墨西哥之外,中国与拉美其余各国都基本上保持着贸易均衡的态势,双边贸易的顺差或逆差均不超过2亿美元。

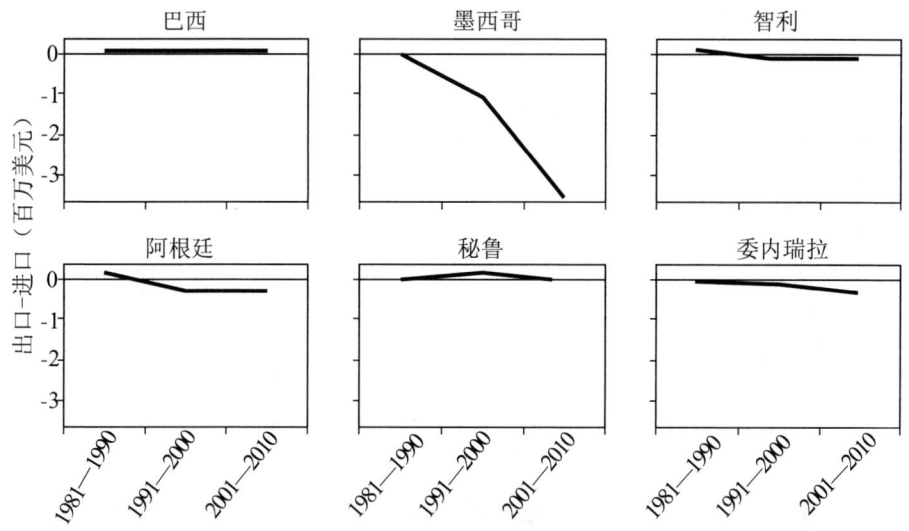

图8 1981—2010年期间拉丁美洲国家与中国贸易平衡趋势图

注:平衡趋势即为拉美对中国出口减去拉美从中国进口之所得。但本图仅选取拉丁美洲国家与中国在1981—2010年双边贸易总量排行前六的国家;排行从左上的巴西到右下的委内瑞拉,分别位列拉丁美洲各国与中国双边贸易的首位和第六位。
资料来源:IMF, *Direction of Trade Statistics* (*DOTS*), http://elibrary-data.imf.org/FindDataReports.aspx? d = 33061&e = 170921。

图9则表明,在欧盟的前六大拉美贸易伙伴中,巴西自20世纪80年代以来,对欧盟一直呈现大幅出超,但顺差的幅度自90年代后逐渐缩小,从1981—1990年间的58亿美元,减少到2001—2010年期间的20亿美元。墨西哥自90年代后,对欧盟则呈现大幅入超,逆差幅度逐年增加;2001—2010年期间,逆差平均可达67亿美元。除此以外,欧盟与拉美其余各国保持着相对

的贸易均衡的态势,尽管整个拉美地区对欧盟入超 67 亿美元,但顺差或逆差平均不超过 10 亿美元。当然,较之于中国,这一幅度还是不小。

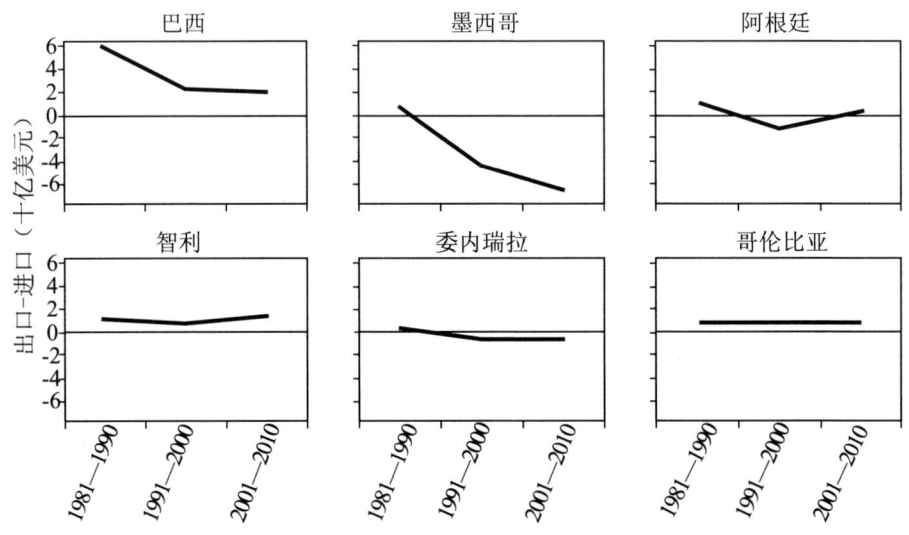

图 9　1981—2010 年期间拉丁美洲国家与欧盟贸易平衡趋势图

> 注:平衡趋势即为拉美对欧盟出口减去拉美从欧盟进口之所得。但本图仅选取拉丁美洲国家与欧盟在 1981—2010 年期间双边贸易总量排行前六的国家;排行从左上的巴西到右下的哥伦比亚,分别位列拉丁美洲各国与欧盟双边贸易的首位和第六位。
> 资料来源:IMF, *Direction of Trade Statistics* (*DOTS*), http://elibrary-data.imf.org/FindDataReports.aspx? d = 33061&e = 170921。

相对而言,美国与拉丁美洲各国间的贸易则相当失衡。图 10 显示,在美国前六大拉美贸易伙伴中,自 90 年代后期,墨西哥和委内瑞拉对美国均呈现大规模的出超。委内瑞拉对美国的出超增幅最大,从 1981—1990 年期间不足 15 亿美元,到 2001—2010 年期间,增加到 87 亿美元,增幅约达六倍。这样的增幅,当然是拜石油出口所赐。巴西原先是对美的出超国,但是自 1991 年后,则变成对美入超国。阿根廷则长期以来对美保持 20 亿美元左右的贸易逆差。但从总体上看,拉美整个地区对美国出超 110 亿美元。

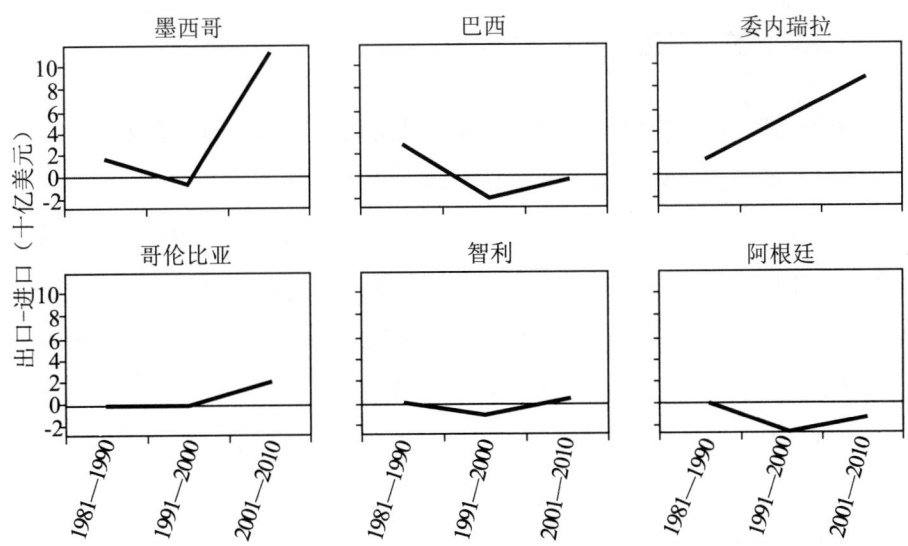

图 10　1981—2010 年期间拉丁美洲国家与美国贸易平衡趋势图

注：平衡趋势即为拉美对美国出口减去拉美从美国进口之所得。但本图仅选取拉丁美洲国家与美国在 1981—2010 年期间双边贸易总量排行前六的国家；排行从左上的墨西哥到右下的阿根廷，分别位列拉丁美洲各国与美国双边贸易的首位和第六位。
资料来源：IMF, *Direction of Trade Statistics* (*DOTS*), http://elibrary-data.imf.org/FindDataReports.aspx? d = 33061&e = 170921。

从中国、欧盟和美国三方比较来看，正如图 8、图 9 和图 10 所显示的那样，中国与拉美之间的贸易来往显然要比美拉以及欧拉之间的贸易更加平衡。尽管其中的深层原因尚不得而知，但这种平衡显然是相当难得的，也是有别中国与世界其他地区和国家的双边贸易往来的一般情形。在这个意义上讲，所谓中国与拉美的贸易往来也是一种"新殖民主义"形式的说法，显然是站不住脚的。当然，这也许还提示着，中国与拉美的经贸关系显然有进一步发展的空间，特别是在适宜的贸易政策支持下，平衡而又活跃的贸易往来是可以实现的。

四、交集点：美拉双边贸易对中拉双边贸易的影响

如前所述，从历史数据的分析来看，作为拉美经贸领域中的新来者，中国对于欧拉的双边贸易影响并不明显，却在相当程度上挤占了美拉的双边贸易份额。反过来也可以讲，美拉之间的贸易往来对于中拉双边贸易具有特定的影响。相形之下，欧拉贸易往来却影响甚微。然而，美国因素的影响究竟指向何处，对中拉贸易究竟有何影响，仍是值得研究的问题。为了科学地分析和评价美拉贸易对中拉贸易的影响，本文专门使用贸易引力模型（Trade Gravity Model）来分析美拉和欧拉双边贸易与中拉双边贸易之间的关系。

相对于传统的国际贸易理论①，贸易引力模型的建立不是从理论的演绎出发，而是以对现实贸易关系更为直观的观察和判断为依据，试图以建模方式研究并探讨双边贸易流动和流向的形成和确定。一般来说，贸易引力的分析经常引入贸易双方的经济规模、人口、空间距离及双边贸易的制度安排等变量来解释双边贸易流量及流向的问题；同时，贸易引力模型还可以对发生贸易往来的双方所实际进行的双边贸易进行量化处理，从而为国际贸易开拓计量研究的空间。尽管贸易引力模型理论往往被视为缺乏坚实的理论基础，但在关涉实际贸易流动的研究中却得到了广泛的应用。② 不同的学者出于不同的目的而添加了不同的变量。尽管解释变量的属性大多区分为助力因素和阻力因素，但解释变量的选择和设定则基于研究目的的不同和数据获得可能性的差异而有所不同。当然，由于纳入模型的解释变量有多少之分，模型本身又有繁简之别，因而模型最后产出的结果所具有的解释力和启发性也有很大的不同。

对于本文而言，由于必须考虑中国、欧盟和美国三个经济主体间的互动

---

① 例如李嘉图的比较优势理论（Theory of Comparative Advantage），赫克歇尔（Eli Heckscher）与俄林（Bertil Ohlin）的要素禀赋理论（Factor Endowment Theory），以及克鲁格曼（Paul Krugman）的新贸易理论（New Trade Theory）。

② 例如 J. Tinbergen, *Shaping the World Economy: Suggestions for an International Economic Policy*, The Twentieth Century Fund, 1962；P. Poyhonen, "A Tentative Model for the Volume of Trade between Countries", in *Weltwirtschaftliches Archiv*, Vol. 90, 1963, pp. 93-100。

关系,因此,使用贸易引力模型是极其必要的。具体说来,本文所建构的贸易引力模型的求解目标是辨识和认知影响中拉双边贸易额的主要因素,因此,以中拉双边贸易额的变动为因变量,解释变数则设定为拉美各国人均国内生产总值、拉美各国消费物价指数、拉美各国对外开放程度、拉美各国首都与北京的直线距离以及本项研究最为关注的美拉和欧拉的双边贸易额。其中,拉美各国的人均 GDP 和消费物价指数可以看作是基础性的经济条件,开放程度则属于制度因素,这属于影响中拉贸易的积极因素,其分值越高则助力影响越大;拉美各国首都与北京的距离,则属于阻力影响的物理因素,但作为代表性的指标,此处的距离实际上标识了包括历史传统上的联系直至当代航班开设状况等一系列要素。当然,美拉和欧拉的贸易额则设定为影响因素,成为本文贸易引力模型重点考察的对象。

必须指出的是,常见的应用引力模型往往着重于面板数据的分析,而忽略了序列相关性的影响。这在贸易引力模型应用于实际的双边贸易发生状况时往往会产生误导的结果。例如,在现实生活中,从事对华进出品贸易的阿根廷商人,会在每一笔具体业务中考察前一笔的交易情况和兑现情况等;其综合性的总体效果就会呈现出阿根廷 2002 年对中国的出口必然与 2001 年对中国的出口高度相关。考虑到这种情况,解决序列相关性的一般常用的方法就是使用因变数的一阶滞后变数(lagged variable),即特意使用因变数之上一年的观测值。[①] 同时,为使本文所使用的贸易引力模型具有可操作性和可验证性,采取了统计学界通常使用的差异数据取得平衡的技术和方法。例如,为了消除人均 GDP 不同年份中美元币值波动和购买力差异的影响,本项研究使用的人均 GDP,是以 2005 年为基期,经购买力平价调整的国际美元(PPP, Constant 2005 International US $)为计量单位所统计的结果;对外开放程度,本项研究则使用的是,以 2005 年为基期,调整统计各国进出口总量和 GDP 数据后,计算而得的对外开放程度百分比指数;计算公式为:

[①] 该方法的讨论,请参考 Beck, Nathaniel, "Estimating Dynamic Models is not Merely a Matter of Technique", in *Political Methodology*, Vol. 11, 1985, pp. 71 - 89。

（出口＋进口）/GDP；消费物价也是以美国的消费物价为100来调整各国消费物价的指数。

按照上述处理原则和方法，本项研究得到了表1所得到的结果，这一结果呈现了使用引力模型回归解释影响中拉双边贸易额的结果。其中，本模型所应用的面板数据包含了30个拉美国家在2001—2010年期间的数据，然后再应用多层次线性回归模型求解。除了"国家—年度"（country-year）为基本层次以外，本模型还分别估算了"国家层次"（country level）和"年度层次"（year level）间的变异量；平均数据则包含了30个拉美国家2001—2010年十年数值的平均数，并应用线性回归模型求解。由此生成了两个贸易引力模型，意图用于解释影响中拉双边贸易额的影响因素。所设定的解释变数包括拉美各国人均国内生产总值、拉美各国对外开放程度、拉美各国首都与北京直线距离、拉美各国消费物价指数以及欧拉和美拉的双边贸易额。依照一般引力模型的做法，模型中的解释变量和因变量都采用了自然对数。

两个贸易引力回归模型得到了一致的结论。首先，一般常用来解释双边贸易的变数在这两个模型中都无法达到一定的显著性；拉美各国对外开放程度、人均GDP、首都与北京的直线距离、消费物价指数等在回归模型所得到的系数都没有达到显著性水平。其次，欧拉双边贸易额的系数也未达到一定的显著性水平，所以欧拉双边贸易的增减与中拉双边贸易的增减不存在相关性。最后，唯一达到0.1%显著性水平的变数是美拉双边贸易额；[1] 其中，在2001—2010年期间，在其他变数维持不变的情况下，每增加1%美拉双边贸易额，就会增加0.24%（使用面板数据）或0.76%（使用平均数据）的中拉双边贸易额。这意味着，美拉双边贸易与中拉双边贸易的关系是正相关的。

---

[1] 因变数的一阶滞后变数是用来解决序列相关性的变数，所以尽管它的系数也达到0.1%的显著性水平，在解释模型的意义时忽略不计。

表1　引力模型回归结果

	ln（中拉双边贸易额）	
	平均数据	面板数据
常数项	8.69	72.45
	(7.12)	(45.85)
ln（拉美各国对外开放程度）	−0.41	−1.82
	(0.25)	(0.75)
ln（拉美各国人均GDP）	−0.12	−0.21
	(0.13)	(0.36)
ln（拉美各国首都与北京的直线距离）	−0.85	−7.08
	(0.67)	(4.19)
ln（拉美各国消费物价指数）	0.42	1.14
	(0.46)	(5.23)
ln（美拉双边贸易额）	0.24*	0.76*
	(0.05)	(0.15)
ln（欧拉双边贸易额）	0.03	0.15
	(0.05)	(0.14)
ln（中拉双边贸易额）$_{t-1}$	0.74*	
	(0.03)	
变异量：国家（30个拉美国家）	0.00	
变异量：年（2001—2010年）	0.28	
样本数	298	30
R^2		0.80

括号内的数字代表该系数的标准差；星号（*）表示达到0.1%的显著性水平。

资料来源：《世界经济年鉴》，2006—2012；IMF, *Direction of Trade Statistics*; Alan Heston, Robert Summers and Bettina Aten, *Penn World Table Version 7.1*, Center for International Comparisons of Production, Income and Prices at the University of Pennsylvania, July 2012; World Distance Calculator, http://distancecalculator.globefeed.com/。

五、结束语

本文所建构的贸易引力模型及其分析结果似乎与前面所提到的挤压情形大相径庭，也与常识性的理解相背悖。然而，上述贸易引力模型所发现的情形恰好从一个特定的维度揭示了中拉美经贸关系发展中的一个特殊困局，说明了在此前的美拉经贸关系研究中所已经提示的内容。具体说来，尽管其间包含了若干推论性的因素，但仍然可以得到一些尝试性的发现；尽管不无过度解释的弊病，但其间所包含的启示却值得高度重视。

首先，尽管在历史数据的变动中表现出中拉贸易与美拉贸易之间存在着某种"替代"效果，并因而留下了"挤压"的印象，但实际上，中拉贸易至少目前在某种程度上仍居于美拉贸易的"从属"地位。

其次，这种"从属"地位在相当程度上肯定了美国对拉美各国政治经济和社会法律的关键性影响，印证了本文所提示的拉美各国在政治法律等基础条件方面受到美国之影响至深且巨的事实。在宪政基础和商法环境均受到美国明显影响的条件下，中拉的经贸关系发展也必然受到这些基础性条件的制约。

再次，模型并未明确提示但已强烈暗示，中拉的贸易发展，会在许多技术要素方面，包括商品运输航线、商品品牌营销以及工业制成品的创新性等方面，受到多种因素的影响和制约。

最后，中拉经贸关系的发展显然还受制于诸多非经济、非经贸因素的影响，尤其是在中国的特定环境中，中国政府的政治行动和外交实践，乃至对外贸易政策，必然会受到政治与法律、战略与策略、政策主张与具体举措的多重影响。关于此点，还有待后继的研究展开进一步的分析和评价。简言之，单纯从经贸关系的经济维度进行研究，显然还无法揭示欧拉和美拉经贸关系中的特殊内容。

（本文原刊于《拉丁美洲研究》，2014 年第 3 期）

附录
清华政治学人掬英

一代宗师

余日宣：1920年8月—1928年8月，清华政治学教授/1926年4月—1928年8月，政治学系系主任

钱端升：1924年9月—1927年3月/1930年9月—1934年7月，清华政治学教授，第一届"中研院"院士

刘师舜：1925年11月—1927年2月，清华大学政治学系教授

杨光泩：1927年3月—1928年1月，清华政治学教授，清华英烈碑第一人

金岳霖：1927年9月—1928年9月，清华政治学教授

吴之椿：1928年9月—1931年9月，清华政治学系教授/1928年9月—1930年9月，政治学系系主任

浦薛凤：1928年8月—1939年3月，清华政治学系教授/1931年8月—1937年月，政治学系主任

王化成：1928年8月—1937年9月，清华政治学教授/1937年9月—1939年7月，西南联大教授

张奚若：1929年8月—1951年4月，清华政治学系教授/1937年月—1949年8月，政治学系主任

邹文海：1930年9月—1935年7月，清华大学政治学系助教

萧公权：1932年9月—1937年8月，清华政治学教授，

第一届"中研院"院士

沈乃正：1933年9月—1936年8月，清华大学政治学系教授。

陈之迈：1934年9月—1937年8月，清华政治学系讲师/教授

杜汝楫：1944年8月—1952年10月，清华大学政治学系助教/讲师，哲学和政治学界巨头

曾炳钧：1948年4月—1952年10月，清华政治学系教授/1949年5月—1952年10月，政治学系主任

陈体强：1948年9月—1952年9月，清华大学政治学系讲师/副教授，国际法界名师

王铁崖：1944年9月—1949年9月，清华政治学系兼职讲师，国际法界名师

海外名师

麦克洛伊（Robert McNutt McElroy），1916年9月—1917年6月，清华访问教授

魁格雷（又名"桂克礼"，Harold Scott Quigley），1921年9月—1923年6月，清华访问教授

劳力（Selden Gale Lowrie），1922年9月—1923年6月，清华访问教授

克尔文（又译"恪而温"，Edward Samuel Corwin），1928年9月—12月，清华访问教授

莱特（Quincy Wright），1929年9月—12月，清华访问教授

学子丰彩

向哲濬：预备部学生

吴国桢：预备部学生

张忠绂：预备部学生

潘大逵：预备部学生

张彝鼎：预备部学生，张友渔之亲弟，国民党上将，政战部主任

罗隆基：预备部学生，历任西南联大教授，民主同盟领导人

王造时：预备部学生，光华大学和复旦大学教授

彭文应：预备部学生

王赣愚：1929 年第一届毕业生，历任西南联大和南开大学教授，南开政治学系主任

汤象龙：1929 年第一届毕业生，历任西南联大和南开大学教授，西南财经大学教授

张汇文：1929 年第一届毕业生，历任西南联大和南开大学教授，上海社科院教授

邵循正：1930 年第二届毕业生，北京大学历史系教授

姜书阁：1929 年第二届毕业生，曾任民国财政部副部长，历任青海师范大学和湖南大学教授

邸维周：1931 年第三届毕业生，留学爱丁堡大学，历任河北省立法商学院、北大、东北大学等校教授

姚锦新：1931 年肄业生，女，姚依林之姐，清华艺术中心教授

叶叶琴：1932 年第四届毕业生，女，曾任民国立法委员

李成藩：1932 年第四届毕业生，历任朝阳学院、华北大学讲师、教授

唐明照：1932 年肄业生，曾任联合国副秘书长

王铁崖：1933 年第五届毕业生，历任武汉大学和北京大学教授，后任国际大法官

楼邦彦：1934 年第六届毕业生，留学英国，历任西南联大、武大、中央大学、北大和外交学院教授

俞国华：1934 年第六届毕业生，哈佛大学政治学硕士，1947 年后入职经济界，后任台湾"行政院"院长

周世述：1936 年第八届毕业生，读研究生，哈佛大学政治学博士

方矩成：1938 年第十届毕业生，英文版《周恩来传》作者

编后记

本书是为纪念清华大学政治学系建立 90 周年而编辑的文集，收录了目前政治学系在职的八位同仁已经发表的十多篇学术论文。这些文字均由各位作者自行选择，可以说从一个特定角度呈现了清华政治学系同仁的学术认知以及机构的整体状况。

文集的冠名"理解政治：全球视野与中国关怀"体现了 2009 年清华政治学系全面重组时确立的基本理念：以比较的视野和科学的方法来研究中国政治。简要地说，这一表达涉及了三重关系：理解政治与改良政治的关系、比较视野与中国国情的关系、科学分析与价值理念的关系。如何处置这三重关系中可能存在的张力，是一个需要时常关照的话题，并不存在一劳永逸的解答。我们唯一能够肯定的是，为了更好地改造世界（改良政治），首先必须认识世界（理解政治）。只有在理解政治的基础上，我们才能提出切合实际的政策建议，顺利地推进政治体制改革的事业。

作为国内恢复政治学专业较为晚近的高校，清华政治学系的师资力量还是一支相对"年轻"的队伍，尚处在发展中的状态。不过在年龄构成上，亦已形成代际更替的有序格局。本书作者既有50后和60后，也有70后和80后，前后横跨30多年，大致可以区分为三代：高考恢复后进入大学的77—78届学者、学科全面恢复后成长起来的年轻一代（包括海外留学归来的及本土培养的），以及介于两者之间的中青代。那么，文集中的论文是否也呈现出相应的时间刻度，折射出这个巨变时代的印记？作为编者，我们殷切希望历史上曾经发生的故事不再重复，学术发展的脉络不再中断；我们真诚期待在代际连续传承的过程中，与国内同行一起完成知识生产模式的转型，构建学术规范，形成知识传统。这也是我们编辑这本文集的一个心愿。立此存照，作为此后发展的一个起点吧！

在清华这所有着漫长历史的高校，追比先贤似乎是一个恒久的话题。在一次开放式的学术会议上，作为主持人的清华经济学教授李稻葵在众人面前曾提出过一个颇具挑战性的问题：清华的社会科学具有辉煌的传统，和前辈相比，我们现在处在一个什么样的位置？这也是清华政治学人不断自问的问题。这无疑是一个很难回答但注定是无法回避的问题。

当我们汇聚在一起，纪念90年之前所发生的事件，便以一种特定的方式将自己与前辈们联系了起来。本书的导言已经颇为详细地介绍了清华政治学系的发展历程以及前辈学人对中国政治学所作出的学术贡献；随后汇集的文字无疑也是向这些我们尊重和敬仰的前辈表示学术敬意的结果。但与此同时，我们仍不得不面对这个学术传统的拷问：我们是否站在他们的肩膀上，向前推进了他们的事业？也许，我们编辑的这本文集能从一个特定的角度来回答这个提问。但回答得是否令人满意，却还是一个我们需要不断反思的问题。

本书的编辑是在一个相当短的时间内完成的，从萌发设想到最终出版只有一个多月的时间。年富力壮的谈火生老师承担了诸多具体细碎的工作，其间系里各位同仁经常相互沟通，就本书的标题名称、文章的逻辑编排等事项进行了充分的协商。在如此紧凑的时间要求下，中央编译出版社的相关领导给予了大力支持，可谓一路绿灯；作为本书的责任编辑，侯天保从头至尾参与其中，为本书的印制出版付出了大量的时间和精力，提出了许多宝贵的建议。在此，我们表示由衷的感谢！没有这些同道学友的通力协作和倾力支持，本书的出版是不可想象的。

编者

2016年4月

图书在版编目（CIP）数据

理解政治：全球视野与中国关怀：清华政治学系建系九十周年志庆／张小劲，景跃进主编．—北京：中央编译出版社，2016.5
ISBN 978-7-5117-2997-2

Ⅰ．①理…
Ⅱ．①张…②景…
Ⅲ．①政治学－文集
Ⅳ．①D0-53

中国版本图书馆 CIP 数据核字（2016）第 081895 号

理解政治：全球视野与中国关怀（清华政治学系建系九十周年志庆）

出 版 人	葛海彦
出版统筹	刘明清　董　巍
责任编辑	侯天保
责任印制	尹　珺
出版发行	中央编译出版社
地　　址	北京西城区车公庄大街乙 5 号鸿儒大厦 B 座（100044）
电　　话	（010）52612345（总编室）　（010）52612339（编辑室）
	（010）52612316（发行部）　（010）52612317（网络销售）
	（010）52612346（馆配部）　（010）55626985（读者服务部）
传　　真	（010）66515838
经　　销	全国新华书店
印　　刷	北京时捷印刷有限公司
开　　本	787 毫米×1092 毫米　1/16
字　　数	452 千字
印　　张	32.5
版　　次	2016 年 5 月第 1 版第 1 次印刷
定　　价	99.00 元
网　　址	www.cctphome.com　邮　箱：cctp@cctphome.com
新浪微博	@中央编译出版社　微　信：中央编译出版社（ID: cctphome）
淘宝店铺	中央编译出版社直销店（http://shop108367160.taobao.com）　（010）52612349

本社常年法律顾问：北京嘉润律师事务所律师　李敬伟　问小牛
凡有印装质量问题，本社负责调换，电话：（010）55626985